"十二五"普通高等教育本科国家级规划教材

浙江省高等教育重点建设教材

高等院校工商管理系列

Service Marketing

# 服务营销

## （第二版）

王跃梅　高海霞　陈　颖 / 编著

ZHEJIANG UNIVERSITY PRESS
浙江大学出版社

图书在版编目（CIP）数据

服务营销/王跃梅等编著. —2版. —杭州:浙
江大学出版社,2016.12(2020.8重印)
ISBN 978-7-308-16350-7

Ⅰ.①服… Ⅱ.①王… Ⅲ.①服务营销—研究 Ⅳ.
①F719.0

中国版本图书馆 CIP 数据核字（2016）第 257024 号

服务营销(第二版)

王跃梅　等编著

| | |
|---|---|
| 责任编辑 | 周卫群 |
| 责任校对 | 杨利军　高士吟　张　颖 |
| 封面设计 | 春天书装 |
| 出版发行 | 浙江大学出版社 |
| | (杭州市天目山路 148 号　邮政编码 310007) |
| | (网址:http://www.zjupress.com) |
| 排　　版 | 杭州中大图文设计有限公司 |
| 印　　刷 | 临安市曙光印务有限公司 |
| 开　　本 | 787mm×1092mm　1/16 |
| 印　　张 | 23.5 |
| 字　　数 | 572 千 |
| 版 印 次 | 2016 年 12 月第 2 版　2020 年 8 月第 2 次印刷 |
| 书　　号 | ISBN 978-7-308-16350-7 |
| 定　　价 | 45.00 元 |

# 第二版前言

　　《服务营销》第一版得到浙江省教育厅的资助,获立浙江省高等教育重点建设教材,并于2011年12月由浙江大学出版社出版发行。2014年5月至2015年5月我受国家留学基金公派剑桥大学做为期一年的学术访问,在此期间《服务营销》入选第二批"十二五"普通高等教育本科国家级规划教材(2014年11月),这一方面是对教材质量的充分肯定,另一方面也是因为过去的五年,我国服务经济发展蓬勃发展,服务在企业竞争力提升中的作用更显突出,尤其是随着服务在社会经济中的地位和作用与日俱增,服务业从劳动密集型转向知识密集型,知识、技术含量高的现代服务业,成为我国经济发展的新引擎,也是经济发展的主要动力和最大潜力。在经济新常态与"互联网+"背景下,我国服务业将在更高平台上实现创新、协调、绿色、开放和共享发展。尤其是作者所在的"浙江服务"正以更强有力的姿态为浙江经济输入发展新动力。浙江服务业拉动GDP增长并快于全国,在信息、环保、健康、旅游、时尚、金融、高端装备制造等七大产业中服务是主流业,服务理念和水平提升,如浙江政务服务网基本实现全省"一站式"网上运行,特色小镇和产业集聚区建设加快,成为推进服务经济和投资的新增长点,并且突出创新驱动,积极推进先进制造业与现代服务业融合发展。

　　修订版仍然以服务经济时代为大背景,从介绍国内外服务业的发展状况入手,在剖析国内外服务营销理论与实践的基础上,系统阐述了服务营销的相关理论。重点探索和总结服务营销的核心问题与流程管理。修订版教材保持原版教材的结构框架,第1章介绍服务经济的大背景和服务营销的概念基础,第2章系统分析服务营销环境,修订版主要以"PEST"分析法替代原教材的"PESTED"分析法,使服务营销环境分析更聚焦,从而有效地捕捉市场机遇,规避风险。接着介绍企业进行竞争分析的常用工具即波特的"五力竞争"模型,进一步分析服务环境下的消费者行为。第3章"服务市场一般战略与策略"内容丰富,也是本教材不同于其他同类教材之处,即把STP营销(市场细分、市场选择、市场定位)和"4Ps"(服务产品、服务价格、服务渠道、服务促销)策略融合在一起介绍,把通常教材分为多章的内容合并为一章学习,从而留出更大的篇幅重点介绍服务营销的核心内容即"3P"(服务人员、服务过程、服务有形展示),即第4章和第5章。第6章详细介绍了服务营销管理,包括服务供求管理、服务排队管理和服务接触管理。第7章是服务质量与补救,重点对服务失败和服务补救进行了理论的探索与实践的总结。修订版对第8章的"非营利组织服务营销"有较大幅度的修改:首先是修改后的教材写作体例与特色更清晰突出,由于该章内容比较前沿,原教材以文献阅读写作方法为主,分片内容篇幅过大,条理不够清晰;其次是内容的调整,包括非营利组织的分类与特点、非营利组织服务营销概述和非营利组织服务营销发展三部分,修订后的本章第三节"非营利组织服务营销发展"在介绍非营利组织服务营销新观念和非营利组织领域新发展基础上再介绍原教材中的"政府营销"，使内容更完整，重点更突出。修订版的第9章"服务行业的国际化"在阐述了服务营销全球化趋势的基础上，介绍了国际市场的特点和进入障碍，增加了"服务企业国际营销能力的构成"内容，对第三节"服务企业市场进入策略"进行了适当修改，更加聚焦服务营销主题内容。第10章"服务营销的发展前景"包括"服务文化与伦理"、"服务营销研究与创新"、"新型服务产业的发展"三节内容，做较大修改的是第二节，修改了原来关于"服务营销研究的热点"的内容和文献综述式的写作方法，使教材写作体例更规范，并在内容上更突出服务营销创新。

修订版修改篇幅较大，除了对原书中不恰当的表达做了修正外，几乎更换了覆盖原书的导入案例、正文中的实例和知识链接、每章后的案例分析。如第11章的综合案例修订为"顺丰速运的服务"。援引和剖析的例子多为近几年中国服务业经营成败的例子，使案例和实例更加契合书中涉及内容，更加突出服务行业和服务营销特色，尤其是更加突出时代性和创新性。各章后的思考题也进行了修订，使问题覆盖更全面更切合章节内容。

修订后的教材依然保持原教材的特色，体现以下几个方面：1. 可读性。书中对服务营销相关理论做介绍的同时，穿插相当篇幅的导入案例、实例、知识链接和案例分析，使教材内容更加可读易懂、丰富生动。修订后的案例更加关注"互联网＋"背景下的金融、电子商务、电信、旅游与餐饮等行业的商务服务。2. 实践性。每章有导入案例开篇，章节中穿插实例和知识链接，章后是案例分析，书后综合案例分析贯穿，使理论落地，使读者能从身边发生的实例与案例分析实践中体会服务营销理论。3. 系统性。全书在阐述服务营销类同于一般市场营销的4Ps理论基础上重点突出服务营销的3Ps理论，由浅入深介绍服务营销管理、质量与补救以及非营利组织服务营销学内容，增强知识连贯性和系统性。4. 前瞻性。体现在前沿的服务营销最新理论及其发展阐述，引例、案例、知识链的新颖引领性。5. 新颖性。谋篇布局编排新颖，章前明确学习目标和导入案例，章中有实例、链接和即问即答，章后有本章小结、案例分析和思考题等内容，激发读者兴趣的同时既有利于轻松把握每章内容，也便于教师的备课、讲授、复习和测评。

本教材修订由王跃梅教授负责主持，重点补充和更新了相关前沿理论并修正原书中的纰漏，全面更新后的导读案例、实例、小案例与课后大案例，包括课后思考题和全书的参考文献更加体现时代性和新颖性，王跃梅教授负责主要修订工作（第5、6、7、8、10章），高海霞教授（第1、4、11章）和陈颖副教授（第2、3、9章）也参与了本教材的修订工作。最后由王跃梅教授全面审定修订和统稿。

本教材在获立浙江省省级重点教材（2010年）和入选第二批"十二五"普通高等教育本科国家级规划教材（2014年）过程中，均得到浙江财经大学、浙江财经大学东方学院、杭州电子科技大学等高校的支持，写作和修订过程中还得到了浙江大学出版社的指导和帮助，参考了国内外有关著作、教材和文献及相关网站，在此一并致以最真挚的感谢。囿于修编时间和水平，教材中仍有疏漏和不足有待进一步修正，敬请同行学者和广大读者批评指正。

王跃梅

2016年冬于杭州

# 前　　言

　　《服务营销》以服务经济时代的来临为大背景,以服务业的蓬勃发展和服务在企业竞争力提升中的战略作用为起点,从介绍国内外服务业的发展状况入手,以服务和服务经济的内涵与外延为突破点,在剖析国内外服务营销的理论与实践误区和挑战的基础上,系统阐述了服务营销的相关理论基础。

　　本书重点总结和探索了企业从事服务营销中的核心问题与整个流程,并在总结国内外成功服务营销与管理实践的基础上,系统地介绍了服务营销环境分析的分析方法,同时结合服务中的消费者行为、顾客需求的管理以及关于营销在服务营销中的有效运用等问题,剖析服务营销的内外部环境。以现代市场营销理论为基础,透视了服务营销的一般战略与策略,包括服务市场细分、服务产品、服务价格、服务渠道、服务促销等"4P"为其核心内容,并进而结合国内外企业的实际情况,进行案例分析。服务营销的核心是在传统市场营销理论基础上,以新"3P"为其核心内容的,即有形展示、人的因素和作业过程。因此,本书的中心和重心就抓住服务营销中的关键概念——服务的有形展示、服务人员和服务过程展开了论述,并详细介绍了服务营销管理,包括服务供求管理、服务接触管理和服务排队管理。服务质量考虑到以下两个方面的因素:一是服务不同于实体产品的关键特征导致了服务失败不可避免;二是服务失败已经成为制约企业成功从事服务营销的瓶颈。本书中还重点对服务失败和服务补救进行了理论的探索和实践的总结,其中援引和剖析了许多中国服务企业经营成败的例子。为适应企业实践的最新要求和国外有关服务营销的最新热点,本书还重点归纳了非营利服务机构管理、服务行业的国际化和服务营销的前景。

　　本教材特色表现在以下几个方面:1.可读性。书中对相关理论进行全面介绍的同时,插入相当篇幅的引例、案例、知识链接等,使内容更加丰富生动,便于读者对理论的理解与掌握。其中案例分析涉及不同的行业背景,使读者认识不同行业的具体特点,尤其注重结合浙江省行业特色,在教材编写中,引用大量零售、金融、电信、旅游、餐饮、商务服务等行业的资料,提高本书的实用性和普及性。2.实践性。章首由案例引出相应的理论,使读者可以明确学习目标,激发学习兴趣,完成学习任务。书中增加实例,对理论更容易理解,书末增加综合案例分析,使读者系统掌握服务营销重点理论。3.系统性。由浅入深,分量适中,结构合理,全面系统地介绍服务营销的基本概念、理论和方法,并运用丰富翔实的案例进行分析。本书最后一章运用一个综合案例,将全书的关键知识点串联起来,把零散的理论整合起来,打破章节的划分,培养学生综合运用知识解决问题的能力。4.前瞻性。阐述服务营销的最新理论及其发展,充分考虑到服务营销环境的新发展,实用性。运用引例、案例、知识链和最后大案例等贯穿全书。本书格式编排新颖。除了在每章开头准确地阐述学习目标以外,还在正文之后增加了案例分析、本章小结、关键概念、复习思考题和补充阅读材

料等内容,既有利于读者把握每章学习的主要内容,也有利于激发读者的兴趣,更便于教师的备课、讲授、复习和测评授课效果;

本教材由王跃梅负责框架体系、大纲设计和部分章节(第5、6、7章)的编写,高海霞(第1、4、11章)、陈颖(第2、3、9章)和吕丽辉(第8、10章)等教师参加了本教材的编写。最后由王跃梅、陈颖老师审定初稿,王跃梅负责全书的总纂和统稿。

本教材编写过程得到了浙江省教育厅的资助,获立了浙江省2010年度的省级重点教材,并得到了浙江大学出版社的指导和帮助,参考了国内外有关著作、教材和文献及相关网站,在此一并致以最真挚的感谢。囿于编写人员的编写水平和编写时间,教材中存在的诸多疏漏和不足,敬请广大读者批评指正。

王跃梅

2011年夏于杭州

# 目 录
Contents

# 第 1 章

## 服务经济与服务营销 ≫ ≫ ≫    ≫

- 服务与服务经济
- 服务营销
- 服务营销理念

## 导入语

服务行业是现代经济的驱动力。服务行业在全球范围内,产生了大量的新增工作机会。服务部门涵盖了大量不同的行业,除了营利性服务企业,还包括政府部门以及非营利机构。

正如本章所描述的,服务营销与制成品营销在许多方面有着本质的区别,因此服务营销管理需要一种独特的方法。也就是说,服务企业的管理者们,不能照搬制成品营销领域的理念及方法用于服务营销。本章着重探讨了服务的本质、服务产品与有形产品的区别,以及由此而产生的服务营销理念。

**当你学完本章后,你将能:**

◆ 了解服务业在国民经济中的重要性。

◆ 理解服务的概念以及服务产品与有形产品的本质区别。

◆ 把握服务营销演变过程。

◆ 掌握服务营销理念。

## 关键词

服务;服务经济;服务营销;服务营销理念

## ➥【导入案例】

立邦和多乐士一直都是国内涂料品牌的两大巨头,尤其是立邦,更有涂料行业"老大哥"之称。近年来,涂料行业的竞争日益加剧,部分企业为了适应市场需要开始调整经营战略。立邦率先提出从涂料制造商向"全方位涂料服务商"迈进,通过实现从涂料生产向服务运营的转型,以撬动新的经济增长点。为了配合向涂料服务商的转变,立邦提出了"立邦刷新服务"。

立邦刷新服务是由立邦公司为消费者提供的涂料施工服务,包括墙面涂刷和木制品家具涂刷。主要是帮助用户翻新旧房及木质家具,服务项目包括解决墙面裂纹、污渍、掉皮、发霉等问题;轻松更换墙面颜色;提供艺术漆施工及家具门窗等木制品的油漆翻新。

多年来,国内涂料企业一直在围绕环保产品做文章,毫无创新。立邦独辟蹊径将卖产品向卖服务转,立足于服务,消费群体定位在二次装修用户。找工人、买油漆、还得搬家具,地板、灯饰、踢脚线、家居物品都要遮严实,涂刷完还要大扫除……这些,二次装修用户都不用担心,简单的一个电话,立邦刷新服务统统都能解决,完全不用你动手,让你轻轻松松焕新家。立邦刷新服务还提供完善的遮蔽保护措施,并采用立邦净味产品,更环保更放心。此外,立邦刷新服务提供的搬移家具和归位服务,省心又省力! 同时立邦提供一年的免费质保服务免除用户后顾之忧。随着服务的开展,立邦刷新服务很快赢得了消费者的认可,拢住了一批二次装修用户的心。企业的竞争到最后一定是服务的竞争,提高服务质量是企业长远发展的有效方法。

## 1.1　服务与服务经济

在服务经济和知识经济时代,伴随着消费者中心时代的来临,服务已经不再仅仅局限于服务业了,它已经成为各行各业竞争制胜的关键所在,并逐渐向服务营销整合管理的趋势发展。这种发展的新局面,得益于经济的全球化、企业竞争的加剧和顾客角色的根本转变。

### 1.1.1　服务经济时代的到来

作为消费者,我们日常的衣食住行,无时无刻不是在消费某种服务产品,这些产品可能是由零售业、房地产业、娱乐资讯、电信金融服务、交通运输、公用事业服务、教育卫生服务等行业提供的,可以说我们每天都在使用服务。商业机构和其他社会团体,则是在更大规模上购买、消费服务产品。毫不夸张地讲,人类社会正从一个由工业主导的社会逐步演进为一个服务业主导的社会,当今社会是服务经济社会。

服务构成了现代经济的重要组成部分,在美国和加拿大,服务业对 GDP 的贡献分别达到 73% 和 67%,在世界其他发达国家也是如此。

服务业不但对一个国家的 GDP 贡献良多,服务业也为创造新的就业岗位做出了贡献。有关数据显示,在过去的 30 年中,服务业为美国社会创造了 5000 余万个就业岗位,大大缓解了美国经济衰退所带来的负面影响,促进了美国经济大复苏。被认为是世界第二大经济强国的日本,服务行业的从业者也超过就业人数的 70%。世界银行统计显示,不仅在发达国家,在许多拉美国家和加勒比沿岸国家,服务业对 GDP 及就业的贡献均超过 50%。可以说,随着一国经济的发展,人均 GDP 的提升,在一个国家的经济生活中,服务业的地位和影响力与日俱增,在国民经济中发挥着举足轻重的作用。

2011 年至 2014 年,服务业在中国 GDP 中的比重增长了 4 个百分点,增至 48%,同期工业占中国 GDP 的比重降至 43%。而 10 年前,工业占中国 GDP 的比重为 47%,服务业仅占 41%。这是一个显著的变化。很多服务业在中国蓬勃发展,2014 年电子商务业增长了

31.4％。2010 年至 2015 年,中国娱乐业保持着年均 17％的增幅。美国麦肯锡咨询公司预计,中国的医疗保健支出将从 2011 年的 3570 亿美元增至 2020 年的约 1 万亿美元。

在服务经济时代,不但服务业需要更加重视服务营销与服务管理,而且制造企业也意识到:要想在激烈的竞争中获胜,提供优质服务是必不可少的,企业的很大一部分利润来源于服务。因此,很多企业逐渐将业务重心转向服务领域。

**【链接 1-1】**

### 制造业服务化

对服务化的解释,简单地说就是制造业企业由仅仅提供物品或物品与附加服务向物品——服务包转变。完整的"包"包括物品、服务、支持、自我服务和知识,并且服务在整个"包"中居于主导地位,是增加值的主要来源。

中国工程院院士汪应洛教授认为,"制造业服务化"是指在经济全球化、客户需求个性化和现代科学技术与信息化快速发展条件下,出现的一种全新的商业模式和生产组织方式,是制造与服务相融合的新的产业形式。这种产业形式使企业实现了从单纯产品或者服务供应商,向"综合性解决方案"供应商的转变。

总体而言,制造业服务化可以分为两个部分:一是制造业投入服务化,包括新技术研发、市场调研和广告、物流、技术支持、零部件供应、信息咨询等方面;另一个是制造业产出服务化,包括销售服务、维修保养、金融租赁和保险等方面。

服务化制造模式与传统制造模式的区别体现在三个方面:在价值实现上,传统制造通过有形产品实现价值增值,而服务化制造则强调通过向客户提供整体解决方案来实现;在工艺流程上,传统制造仅关注产品本身的制造,而服务化制造强调以人为中心,重视知识的积累和传递;在组织模式上,传统制造常常通过纵向或横向一体化来实现规模经济,而服务化制造则强调通过网络协作关系来实现知识的共享,实现资源的优化配置。

(资料来源:制造业服务化时代已经到来,聚集协同服务平台模式. 中国经济网,http://www.ce.cn,2015-08-10.)

**【即问即答 1-1】**

服务经济迅速增长的原因是什么?

### 1.1.2　什么是服务

作为服务市场营销学基石的"服务"概念,营销学者一般是从区别于有形的实物产品的角度来进行研究和界定的。如菲利普·科特勒(Philip Kotler)把服务定义为"一方提供给另一方的不可感知且不导致任何所有权转移的活动或利益。它的产生可能与某种有形商品联系在一起,也可能毫无关系"。又如,美国市场营销学会(AMA)将其定义为"主要为不可感知,却使欲望获得满足的活动,而这种活动并不需要与其他的产品或服务的出售联系在一起。生产服务时可能会或不会利用实物,而且即使需要借助某些实物协助生产服务,这些实物的所有权将不涉及转移的问题"。

1963 年著名学者雷根(Regan)将服务定义为:"直接提供满足(交通、房租)或者与有形商品或其他服务(信用卡)一起提供满足的不可感知活动。"泽斯曼尔(Zeithaml)则为服务提出了一个简单而广泛的定义:服务是行动、过程和表现。

1990年北欧著名学者格罗鲁斯(Gronroos)在研究了服务的众多定义之后,基于服务特性的角度给出了以下的界定:"服务是指或多或少具有无形特征的一种或一系列活动,通常(但并非一定)发生在顾客同服务的提供者及其有形的资源、商品或系统相互作用的过程中,以便解决消费者的有关问题。"

在综合各种不同服务定义和分析"服务"的真正本质的基础上,我们认为,服务是一种涉及某些无形因素的活动、过程和结果,它包括与顾客或他们拥有的财产间的互动过程和结果,并且不会造成所有权的转移。服务不仅是一种活动,而且是一个过程,还是某种结果。例如,个人电脑的维修服务,它既包括维修人员检查和修理计算机的活动和过程,又包括这一活动和过程的结果——顾客得到完全或部分恢复正常的计算机。

**【实例 1-1】**

## 豪华车:从营销产品到营销服务

豪华车企在售后服务市场的争夺悄然开始。2014年7月1日起,奔驰售后维修保养价格全面下调。几乎同时,沃尔沃官方也正式宣布,针对旗下产品在保养工时费和易损件价格方面进行下调。业内认为,在豪华车价格日趋下探的背景下,车企下调保养费用,可以扩大其中低端车型目标客户群体范围,抢夺更多的普通消费群体。

业内普遍认为,目前,在中国的高档车竞争格局中,虽然奥迪、宝马、奔驰三家几乎垄断了这一细分市场,但在与对手的较量中,奔驰始终处于追赶者的角色。一直以来,奔驰在德系三大豪华品牌中的售后保养费用方面是偏高的,高高在上的保养价格一直让奔驰广受诟病,这甚至成为不少人放弃购买奔驰车型的重要原因。

此前,在售后服务方面做得最好的是日系豪华车企业。在进入中国市场之初,凭借4年/10万公里免费保修保养政策和人性化的服务流程,日系三大品牌雷克萨斯、讴歌和英菲尼迪均在国内站稳了脚跟。而最早推出标准保养套餐的德系豪华车企是宝马,2008年,宝马率先在全国范围内针对常见的12项保养服务执行全国透明和统一的价格。"BMW保养套餐"推出后,不仅获得了客户的赞赏,也赢得了更多车主对宝马授权经销店服务的放心和信赖。

虽然此前并未听到太多有关车主对于沃尔沃保养费用偏高的抱怨,但沃尔沃也调整了售后保养的费用,以期待能够得到更多入门级消费者的青睐。根据最新的政策,其旗下车辆的全部易损配件更换后均享有24个月质保服务,并且全部采用原厂配件;新车在原有3年不限里程的质保基础上,增加了1年质保服务,变为4年不限里程质保服务。此外,沃尔沃表示基础保养费用也将进行下调。

汽车分析师贾新光认为,从长远来看,虽然随着中产阶层的扩大、价格下探,豪华车市场的发展大有潜力。但对于豪华品牌来说,在拼新车、拼价格之后,售后服务将成为下一个竞争的主力区域。

(资料来源:奔驰、沃尔沃发起售后服务价格战.北京商报,2014-06-24,第3版.)

### 1.1.3　服务的特征

大多数服务产品具有以下共同特征：

1. 无形性(intangibility)

服务与产品的最主要差别就是无形性。服务的无形性是指服务被购买之前是看不见、摸不着的，没有具体的量化指标对服务进行评价。比较而言，纯粹的产品则是高度有形的，而纯粹的服务是高度无形的。在高度有形的产品与高度无形的服务之间，存在着一系列连续变化的中间状态，如图 1-1 所示。不过，在更多的情况下，有形产品可能是无形服务的载体，而无形服务则可能是有形产品价值或功能的延伸，而纯粹的产品和纯粹的服务则非常少，许多企业向顾客提供的都是产品与服务的"综合体"。

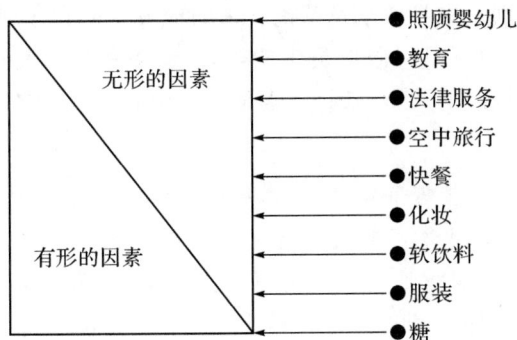

图 1-1　服务与产品——无形与有形的连续谱

【实例 1-2】

#### 万家乐空气能热水器销售：硬产品和软服务

身处制造业的空气能，自然是很"硬"的工业产品。而随着近年来业内品牌雨后春笋般的涌现，无论是空气能制造企业还是经销商，都感受到市场的棱角要比产品更"硬"。为了卖出"硬"的空气能产品，已有企业开始"软硬"结合，卖"软"的服务。

在保证产品本身质量的同时，服务水平的高低也成了市场竞争的成功要素之一。优质的服务不仅能促进终端销售成交，更是企业宣传品牌的有效的方式。特别是对于空气能热水器而言，并不是买回家就能马上使用，在没有安装之前只能叫半成品，需要有专门的技术人员上门安装。

俗话说：三分产品，七分安装，空气能热水器安装的质量也直接影响产品使用，从安装一开始的地形分析，到当地气候，再到水埋管等都得充分考虑进去，任何一环节的松懈都有可能导致整个系统的安全运行，甚至影响空气能热水器的使用寿命。所以售后服务在整个空气能热水器产品的销售中显得尤为重要。

目前万家乐空气能热水器尤为注重售后服务这一块，并做得非常出色。不仅将万家乐家用空气能热水器的包修期提升至 6 年，还提供节能中央热水系统咨询、工程设计服务以及成本核算的服务，帮助加盟商及时解决各种售后问题。

在竞争日益激烈的空气能市场，品牌商只有要把软性的服务常规化，形成完整系统的售前、售中、售后服务体系,为消费者提供专业化的放心服务,才能提升自身品牌、乃至整个行业的竞争力。

(资料来源:万家乐空气能热水器销售:硬产品和软服务.慧聪热泵网,http://www.hp.hc360.com,2015-08-24.)

2. 不可分离性(inseparability)

服务的不可分离性即是指服务的生产过程与消费过程同时进行,服务人员提供服务于顾客之时,也正是顾客消费、享用服务的过程,生产与消费服务在时间上不可分离。由于服务是一个过程或一系列的活动,故而在此过程中消费者与生产者必须直接发生联系,消费者不参与服务生产过程,即不能享受服务。这一特征要求服务消费者必须以积极的、合作的态度参与服务生产过程,只有参与才能消费服务,否则便不能消费服务。如医疗服务,病人接受治疗,只有主动地诉说病情,医生才能做出诊断,并对症下药。

服务的这一特征有别于产品质量及营销管理的地方主要在于:服务营销管理将对顾客参与生产过程纳入管理,而不只局限对员工的管理;服务的这一特征表明服务员工与顾客的互动行为既是服务质量高低的影响因素,也是服务企业与顾客之间关系的影响因素。

**【链接 1-2】**

服务通常是生产与消费同步进行的,美容店的服务在没有出售前是不能提供出来的,服务在生产的时候同时被消费。这种同步性也意味着较高的顾客参与度,服务的质量与顾客满意度将在很大程度上依赖于"真实瞬间"的情况,如果能在这些"接触瞬间"提炼出可以标准化的部分,对企业本身而言无疑是一大挑战,同时也会成为服务的亮点。"接触点"的服务标准化,主要体现为服务人员的仪表、语言、态度和行为标准等。

3. 品质差异性(heterogeneity)

服务品质差异性是指服务的构成成分及其质量水平经常变化,难于统一认定的特性。服务的主体和对象均是人,人是服务的中心,而人又具有个性,人涉及服务方和接受服务的顾客两个方面。服务品质的差异性既由服务人员素质的差异所决定,也受顾客本身的个性特色的影响。不同素质的服务人员会产生不同的服务质量效果,同样同一服务人员为不同素质的顾客服务,也会产生不同的服务质量效果。全国劳动模范李素丽的售票服务不仅给人购买的方便,还使乘客感受到自尊、温暖、体贴和愉悦;相反,素质低下的售票员会给人带来烦恼、冷淡、不安全感。顾客的知识水平、道德修养、处世经验、社会阅历等基本素质,也直接影响服务质量效果。服务品质的差异性会导致"企业形象"混淆而危及服务的推广。同一企业的若干分店,如果是销售产品,易于统一企业形象;如果是销售服务则会产生各分店服务质量优劣不等的差异性,由于这种差异性的存在,提供劣质服务的分店对整个企业带来的负面影响将大大盖过大多数优质服务分店所形成良好企业形象而产生负面效应。

4. 不可贮存性(perishability)

服务的不可贮存性是指服务产品既不能在时间上贮存下来,以备未来使用,也不能在空间上,将服务转移带回家去安放下来,如不能及时消费,即会造成服务的损失。如车船、电影、剧院的空位现象。其损失表现为机会的丧失和折旧的发生。

服务的不可贮存性是由其不可感知性和服务的生产消费的不可分割性决定的。服务的不可贮存性也为加速服务产品的生产、扩大服务的规模提出了难题。

在上述 4 种特征中,无形性是最基本的特征,其他的特征都是由这一基本特征派生出来的。服务的这 4 个特征从各个侧面表现了服务与实体商品的本质区别。

**【即问即答 1-2】**

服务最基本的特征是什么？

### 1.1.4　服务的分类

现实经济生活中的服务可以分为两大类。一种是服务产品，产品为顾客创造和提供的核心利益主要来自无形的服务。另一种是功能服务，产品的核心利益主要来自形成的成分，无形的服务只是满足顾客的非主要需求。贝瑞和普拉苏拉曼认为，在产品的核心利益来源中，有形的成份比无形的成分要多，那么这个产品就可以看作是一种"商品"（指有形产品）；如果无形的成分比有形的成分要多，那么这个产品就可以看作是一种"服务"。

此外，服务依据不同的划分标准，还可以进行以下的分类。

1. 服务推广顾客参与程度分类法

此法依据顾客对服务推广的参与程度，将服务分为三大类：

(1) 高接触性服务。是指顾客在服务推广过程中参与其中全部或大部分的活动。

(2) 中接触性服务。是指顾客只是部分地或在局部时间内参与其中的活动。

(3) 低接触性服务。是指在服务推广中顾客与服务的提供者接触较少的服务，其间的交往主要是通过仪器设备进行的。

这种分类法的优点是便于将高接触性服务从中低接触性服务中分离出来、突现出来，以便采取多样化的服务营销策略满足各种高接触性服务对象的需求；其缺点是过于粗略。

2. 综合因素分类法

此法从服务的综合因素着手，分别从不同的侧面进行分类。

(1) 依据提供服务工具的不同分两类：以机器设备为基础的服务和以人为基础的服务。

依据顾客在服务现场出现必要性的大小分为两类：必须要求顾客亲临现场的服务和不需要顾客亲临现场的服务。

(2) 依据顾客个人需要与企业需要的不同分两类：专对个人需要的专一化服务和面对个人需要与企业需要的混合性服务。

(3) 依据服务组织的目的与所有制分四类：营利性服务，以营利为目的的服务；非营利性服务，以社会公益服务为目的的服务；私人服务，其所有制为私人所有的服务；公共服务，以社会主义全民所有制和集体所有制为主体、面对全社会公益事业的服务等。

这种分类法综合考虑了各类因素，对其客观状态进行了分类，包容性较广，但从服务营销管理角度考虑不够，并对服务业的管理不太协调。

3. 服务营销管理分类法

此法吸收了前几种分类法的优点，并重点结合对服务业的管理过程进行分类。

(1) 依据服务活动的本质分四类：作用于人的有形服务，如民航、理发服务等；作用于物的有形服务，如航空货运、草坪修整等；作用于人的无形服务，如教育、广播等；作用于物的无形服务，如咨询、保险等。

(2) 依据顾客与服务组织的联系状态分四类：连续性、会员关系服务：如银行、保险、汽车协会等；连续性、非正式关系的服务：如广播电台、警察保护等；间断的、会员关系的服务：如电话购买服务、担保维修等；间断的、非正式关系的服务：如邮购、街头收费电话等。

（3）依据服务方式及满足程度分四类：标准化服务，选择自由度小，难以满足顾客的个性需求，如公共汽车载客服务等；易于满足要求但服务方式选择自由度小的服务，如电话服务、旅馆服务等；提供者选择余地大，而难以满足个性要求的服务，如教师授课等；需求能满足且服务提供者有发挥空间的服务，如美容、建筑设计、律师、医疗保健等。

（4）依据服务供求关系可分为三类：需求波动较小的服务，如保险、法律、银行服务等；需求波动大而供应基本能跟上的服务，如电力、天然气、电话等；需求波动幅度大并会超出供应能力的服务，如交通运输、饭店和宾馆等。

（5）依据服务推广的方法可分为六类：在单一地点顾客主动接触服务组织，如电影院、烧烤店；在单一地点服务组织主动接触顾客，如出租汽车等；在单一地点顾客与服务组织远距离交易，如信用卡公司等；在多个地点顾客主动接触服务组织，如汽车维修服务、快餐店等；在多个地点服务组织主动接触顾客，如邮寄服务；在多个地点顾客和组织无距离交易，如广播站、电话公司等。

由于服务内涵的复杂性，决定了人们考察服务时会从不同的角度去考察，因而导致了不同的分类法。服务的分类是为认识不同行业、不同部门服务的特征服务的，它是制定服务营销战略的基础。

# 1.2  服务营销

【链接 1-3】

服务营销究竟是什么？其实，服务营销是一种行为，包括企业从产品的研发、设计、生产之初就应考虑到要在营销的每一个细节中为消费者提供最大的利益价值，比如说品质的卓越化、包装的个性化等，同时，服务营销也是一种理念，更是一种满足消费需求、创造消费需求的实践。事实上，中国的市场正在悄悄地发生着变革，诸如一些企业倡导的体验营销和顾问营销，都是服务营销的雏形，这些新型营销的核心特点无一不是强调售前和售后的健康服务，并且以健康服务带动产品销售，维系消费者忠诚。保健品的消费者到底需要什么呢？其实很简单，他们需要的是一个贴心的、保姆式的健康服务方案，而不是虚无的口号式的承诺。21世纪的竞争是服务的竞争，服务营销必将创造21世纪中国市场营销的新格局。

## 1.2.1  服务营销的涵义与特征

1.服务营销的涵义

与服务的这种区分相一致，服务营销的研究形成了两大领域，即服务产品的营销和顾客服务营销。服务产品营销的本质是研究如何促进作为产品的服务的交换；顾客服务营销的本质则是研究如何利用服务作为一种营销工具促进有形产品的交换。

【实例 1-3】

### 营销故事：真诚的服务

一天夜晚，天空突然下起了瓢泼大雨，风刮得路边的大树摇摇摆摆，正在这时有一对老人来到路边的一间旅馆前台希望住宿。

但是,夜间看守的服务生无奈地告诉老人:"对不起先生,当天的所有空房都已被白天来召开会议的团体订完,如果平时出现这样的情况,我会送你们到另外的旅馆住宿,但我难以想象你们还要再次置身风雨之中,若不介意的话你们可以在我的房间里住宿一晚,尽管它算不上豪华,但却很干净,我今晚值夜班所以可以在办公室里睡。"这位服务生十分真诚地提出自己的建议。

最终,两位老人欣然地接受这个提议,并向服务生表示谢意。第二天,雨停了,老先生来到旅馆前台准备结账,依然还是那位好心的服务生在值班,他态度温和地说:"昨天晚上您所住的并非是我们旅店的客房,所以您不需要支付房钱,希望昨晚您和夫人睡得舒服!"老人高兴地说:"你是所有老板最渴望拥有的员工,说不定哪一天我能够为你修建一栋旅馆!"听了老人的话,服务生只是淡淡地笑了笑。

过了几年以后,那位服务生接到了一封来信,信里面提起了那天雨夜里的事情,并且信封内还附有一张邀请函和美国纽约的往返机票,老人希望他能够到纽约旅行。那位服务生到达纽约后,在曼哈顿见到了邀请他来纽约的老人,一座新修建的高级大楼屹立在他们所站立的路口,老人笑眯眯地说道:"你看,这就是我专门为你修建的旅馆,我想让你来帮我打理它,还记得我曾说过的话吗?"

听到老人的话之后,那位服务生感到非常震惊,他颤抖地问道:"你有何条件?为什么要让我来经营你的旅馆?你的真实身份是什么?"

"不,我并不需要你答应我什么条件。我的名字是威廉姆·沃尔道夫·阿斯特,我曾告诉过你,你是我最渴望拥有的员工。"

服务产品的特殊性决定了其销售过程及消费行为等都必然与有形产品的销售过程和消费行为有很大的区别。服务营销就是一门讨论如何有效开展无形服务的营销活动的学科。其研究的内容不仅包括纯粹无形服务的营销过程,也包括与有形产品组合起来向消费者提供的无形服务部分的营销活动。

在企业经营实践中,服务营销的发展首先导源于银行、医院等服务行业发展的需要,而在理论研究中,将服务营销作为一个专门的问题进行研究则是在 20 世纪五六十年代。大量的研究和进展则是在 20 世纪 80 年代中期之后。服务营销实践和理论研究的发展主要受两方面因素的驱动。

第一,市场竞争的不断加剧促使越来越多的企业寻求开辟新的市场空间,而随着收入、生活水平提高及新科技的发展而产生的巨大的服务需求无疑为企业提供了极有价值的市场机会。与此同时,科技的普及和发展使制造商之间在有形产品竞争中拉开差距的难度越来越大,从而迫使各类制造商在提供优质的有形产品的同时,也必须提供优质服务。大量服务活动的开展必然要求有相应的理论和方法指导。

第二,有形产品营销的经验并不能简单地应用于服务营销。服务产品的特点决定了其营销活动中的若干特殊性。例如,由于服务产品的生产与消费往往是同步的,顾客参与到服务过程之中,对服务提供过程及服务的质量有很大的影响;享用服务的顾客之间会相互影响,"口碑"对新顾客的消费决策有更大的影响力。又如,服务产品不能受专利保护,因而很容易为新的进入者模仿,服务业,特别是进入障碍较低的服务业,往往存在着较为激烈的竞争。再如,服务产品不像有形产品那样可以很方便地进行展示和沟通;服务的提供和顾客的满意程度主要取决于雇员(服务人员)的行为等。

**【实例 1-4】**

## 国航服务产品全线升级

### 航空新内饰　彰显天地人和

国航全机队新航空内饰设计强化了公司 logo 的凤凰主题，配以"祥云、瑞凤、陶纹"核心元素，反映出"行于天、立于地、以人为本"的精神。写意凤凰的艺术设计结合具有中国特质的色彩，通过先进的纺织工艺呈现，为旅客营造了一个更加温馨的机舱环境，彰显"天地人和"的理念。同时，配套上线的机供品陆续投放，从 21 种精简为 12 种，更加环保亲肤、精致典雅，包括头片、靠枕、被子、枕头、拖鞋等旅客寝具。同时，国航还特别结合乘务员服装、配餐用具及餐食呈现效果，与专业公司设计了从登机到下机共 8 个环节的 21 个场景的灯光配色，从而进一步提升了国航品牌形象，增加了竞争软实力。为了进一步统一客舱整体风格，机供品的设计使用客舱内饰采用的设计元素，并为每一个舱位都定义了传奇的专属色彩：头等舱的金色尊贵、公务舱的紫气东来、超级经济舱的凝集致远、经济舱的满天吉祥。高舱位机供品的设计灵感同样来源于瑞凤，突出凤纹局部特征，可以更加清晰地看到凤纹灵动的笔触，让旅客感到"乘凤来去，吉祥如意"；超级经济舱、经济舱以祥云为主题，使乘客感受到"享受云端，自在国航"的体验；经济舱采用红色的靠枕，增加了视觉的跳跃性，与灰蓝色的椅套匹配更有画龙点睛的妙处，深受旅客欢迎。在"国际品质、专业信赖、中国风范"的产品定位引领下，公司一直致力于给旅客带来与众不同的服务产品体验。此次邀请韩美林艺术大师与英国著名设计公司 JPA 参与公司新航空内饰设计，秉承让全世界的国航乘客在中国风范的机舱环境中，既不失旅行的新奇，又有在家一般的踏实和舒坦。

### 空中新视听　国内独占鳌头

为了继续扎实、高效的提升娱乐产品面向旅客需求、体验的满意度，产品服务部在 IFE 系统平台及媒体包，耳机，报刊等 3 大类娱乐产品上，立足于全方位持续加强针对产品属性的管理，着力优化设计标准，抓好过程管理，加强成本控制，设计研发并交付运营了多种新娱乐产品。为了更好地为旅客提供机上娱乐服务，国航采用多种形式开展机上娱乐产品对标调研，形成了《对标调研报告》，掌握业界最新动态；跟踪、推进娱乐系统点击率软件的全机队改装上线，实现数据下载与处理分析的跨部门合作；改进了与中航传媒公司的联合工作组机制，针对《对标调研报告》，重点就"机上娱乐节目的丰富度和新鲜度"、"旅客交互界面"、"频道/栏目的专用宣传导视"，推出机上娱乐节目的宣传导视、着力开发国航特色的机上娱乐节目、做好机上娱乐节目的结构调整等主要媒体产品品质的提升办法；完成了"梦娃"系列动画视频通过机上媒体渠道进行广泛播出的专项任务；借助航空旅客体验协会平台，开拓节目内容市场的国际视野和合作方式，逐步塑造国航娱乐品牌形象。现在每个月，产品服务部都会通过"员工服务中心"微信公众号，分享最新电影、主题电影、最新电视片及最新音乐，让内部员工"抢鲜"知道机上娱乐更新情况，同时，推出中英双语版本的乐视乐听故事，通过"国航cabin"公众号，以电台主持形式，向乘务员介绍更新的节目亮点。

**安全新视频　尽显国航风范**

新版安全宣传视频采用中国传统剪纸元素，主打中国风，使用真人与电脑CG技术相结合，并以一只非常可爱的动画熊猫作为短片主要角色对安全宣传视频的内容进行诠释，该片实用性与艺术性并存，令观众耳目一新。新版安全宣传视频聘请了我国著名现代立体剪纸艺术家李闻先生作为艺术指导，整部影片呈现出浓郁的中国风，在传统剪纸元素中融入了多层立体效果，既包含"吉祥如意"的美好寓意，又具有灵动柔美的诗情画意，高雅而不失时代感，恰与国航全新机舱内饰的审美意境互相辉映，在弘扬中国民间传统艺术的同时，更彰显了中国风范的如虹魅力。在新版安全宣传视频中，有一名特殊的乘客——一只可爱的大熊猫，这只由电脑制作的动画熊猫萌功无敌，那毛茸茸、胖乎乎的模样逗人捧腹，过目不忘。该片的动画导演和制作团队在做这只熊猫的时候下足了功夫，希望给观众呈现一只与众不同的萌宝熊猫。作为中国唯一载旗飞行的航空公司，国航放在第一的永远是安全问题，此次推出的新版安全视频，既是国航与时俱进，从细节出发，旨在全面提高旅客安全飞行意识的体现，又是国航不断提高自身服务水平以传统中国元素为切入点的新的尝试。熊猫是中国的国宝，是友谊、和平的象征，新版安全宣传视频加入熊猫这一角色，也是国航向世界展示中国胸怀，传递中国情谊的友好行动，为国际友人更加深切地了解中华传统文化，提供了一个便利的通道。

**机上新 WiFi　乐享互联生活**

国航加速推进机上网络建设，积极推动空中互联网产业联盟发展，目前，机上网络建设项目进入实质性推进阶段，以A330和B777机型为主的21架网络飞机已投放在沪、广、深和新加坡、夏威夷等国际国内重点航线上。完成KU卫星验证飞行，地空通信领域取得重大突破，成为中国民航首家可以提供客舱直播卫星电视节目的航空公司。全面启动KA验证项目，筹备签署KA验证飞行协议，发挥首发用户优势；启动软件平台第二阶段建设，着手开展App等深度业务规划；商务合作持续拓展，新增意向合作伙伴十余家，合作形式异彩纷呈，盈利能力提升；构建机上网络平台生态系统。

（资料来源：张敏，孙鑫，田奋飞.国航服务产品再升级 只为让您飞行时更舒适.民航资源网，http://www.carnoc.com，2015-07-15.）

以向消费者提供尽可能大的价值，使消费者满意，从而以实现企业利益的最大化为目的，除一般营销学所涉及的市场研究和市场开发内容外，服务营销特别注重对营销质量管理、顾客满意度、内部营销、服务的分类与设计等问题的研究。

**【实例 1-5】**

### 像制造业一样生产服务——携程旅行网

携程旅行网是将高科技和传统产业完美结合的成功典范。携程旅行网是旅游业与网络的结合。以强大的科技力量作为后盾，业务模式也区别于其他的传统旅游公司。携程成功地运用了互联网这个IT技术，全新演绎了旅游服务业这个最传统的商业模式，通过互联网平台为近800多万的携程会员提供专业、可靠的出行预订服务。也正是因为潜在的巨大的旅游市场，再加上互联网广泛的营销效应,才成就了携程率先走上纳斯达克的辉煌之路。

携程的核心竞争力是用技术去大规模制造优质服务,其最独特的东西,就是重视服务。携程旅行网准确的定位于旅行服务,认为其优质的服务就是携程的生命线,甚至比营销更加重要。比如,携程内部有一句口号叫做"像制造业一样生产服务",要求员工把服务当做产品去看待,并且统计次品率。制造业大规模集中的管理模式,使其能把握好任何一个细微的环节;服务虽然是感性的东西,可是携程旅行网把感性的服务分解成了理性的指标,希望自己能像制造业那样把服务流程分割为若干环节,从服务态度、回复速度等诸多因素着手,全面提高服务水平。

携程首先把客人呼叫的等待时间缩短。他们有个统计,从平均 30 秒控制到 20 秒以下。打电话如果时间稍长,就会觉得很不耐烦。那么,什么才是叫做标准时间? 他们有一个要求:一定要在 20 秒内。第二个要求是:接听比例要从 80% 提高到 95% 以上。这就是对客户的一个承诺。

随着人们出游频率的提高,旅游者的旅游经验也日渐丰富,对旅游品质的要求越来越高。相对于"走马观花"式的组团出游,以"机票＋酒店"套餐为组合的"自由行"出游因其自由度强、随意性大而越来越受到国内旅游者,特别是时尚人士的青睐和喜爱。"自由行"尤其适合旅游者"驻景式"的深度旅游。同时,携程度假也以专注提供"机票＋酒店"套餐新一代自由产品而成为业内一个新的亮点。

(资料来源:根据相关资料整理。)

**2. 服务营销的特征**

由于服务的特征,服务营销具有一系列不同于产品营销的特征:

(1)供求分散性。服务营销活动中,服务产品的供求具有分散性。不仅供方覆盖了第三产业的各个部门和行业,企业提供的服务也广泛分散,而且需方更是涉及各种各类企业、社会团体和千家万户不同类型的消费者,由于服务企业一般占地小、资金少、经营灵活,往往分散在社会的各个角落;即使是大型的机械服务公司,也只能在有机械损坏或发生故障的地方提供服务。服务供求的分散性,要求服务网点要广泛而分散,尽可能地接近消费者。

(2)营销方式单一性。有形产品的营销方式有经销、代理和直销多种营销方式。有形产品在市场可以多次转手,经批发、零售多个环节才使产品到达消费者手中。服务营销则由于生产与消费的统一性,决定其只能采取直销方式,中间商的介入是不可能的,储存待售也不可能。服务营销方式的单一性、直接性,在一定程度上限制了服务市场规模的扩大,也限制了服务业在许多市场上出售自己的服务产品,这给服务产品的推销带来了困难。

(3)营销对象复杂多变。服务市场的购买者是多元的、广泛的、复杂的。购买服务的消费者的购买动机和目的各异,某一服务产品的购买者可能牵涉社会各界各业各种不同类型的家庭和不同身份的个人,即使购买同一服务产品有的用于生活消费,有的却用于生产消费,如信息咨询、邮电通信等。

(4)服务消费者需求弹性大。根据马斯洛需求层次原理,人们的基本物质需求是一种原发性需求,这类需求人们易产生共性,而人们对精神文化消费的需求属继发性需求,需求者会因各自所处的社会环境和各自具备的条件不同而形成较大的需求弹性。同时对服务的需求与对有形产品的需求在一定组织及总金额支出中相互牵制,也是形成需求弹性大的原因之一。同时,服务需求受外界条件影响大,如季节的变化、气候的变化科技发展的日新月异等对信息服务、环保服务、旅游服务、航运服务的需求造成重大影响。需求的弹性是服务业经营者最棘手的问题。

（5）服务人员的技术、技能、技艺要求高。服务者的技术、技能、技艺直接关系着服务质量。消费者对各种服务产品的质量要求也就是对服务人员的技术、技能、技艺的要求。服务者的服务质量不可能有唯一的、统一的衡量标准，而只能有相对的标准和凭购买者的感觉体会。

**【链接 1-4】**

　　同传统的营销方式相比较，服务营销是一种营销理念，企业营销的是服务，而传统的营销方式只是一种销售手段，企业营销的是具体的产品。在传统的营销方式下，消费者购买了产品意味着一桩买卖的完成，虽然它也有产品的售后服务，但那只是一种解决产品售后维修的职能。而从服务营销观念理解，消费者购买了产品仅仅意味着销售工作的开始而不是结束，企业关心的不仅是产品的成功售出，更注重的是消费者在享受企业通过产品所提供的服务的全过程中的感受。牢牢抓准客户的真正需求能够带来客户的忠诚度。

**【即问即答 1-3】**

　　什么是服务营销？

## 1.2.2　服务营销学的兴起与发展

1.服务营销学的兴起

服务营销学于 20 世纪 60 年代兴起于西方。1966 年，美国拉斯摩（John Rathmall）教授首次对无形服务同有形实体产品进行区分，提出要以非传统的方法研究服务的市场营销问题。1974 年由拉斯摩所著的第一本论述服务市场营销的专著面世，标志着服务市场营销学的产生。在该著作中，作者明确指出仅把市场营销学的概念、模型、技巧应用于服务领域是行不通的，而必须建立服务导向的理论架构。视服务营销学为市场营销学的衍生还不够，必须认清服务营销学与市场营销学之间存在着某种明显的区别才使服务营销学成为独立的学科。在服务营销学的形成中，北欧以格罗鲁斯（Gronroos）和赫斯基（James Heskett）为代表的诺迪克学派（Nordic School）起了巨大的推进作用。他们有关服务质量的理论及服务营销管理的理论成为服务营销学的重要理论支柱。

服务营销学的兴起缘于服务业的迅猛发展和产品营销中服务日益成为焦点的事实。随着经济的发展，服务业（或称第三产业）在国民经济中的比重日益扩大，产业升级与产业结构优化的直接结果必然导致服务业的强劲发展和产品营销中服务成为企业竞争焦点的局面。具体而言，服务业的发展与下述因素有密切的关系：科学技术的进步和发展是服务业扩展的前提条件；社会分工和生产专门化使服务行业独立于第一、第二产业之外；市场环境的变化推动新型服务业的兴起和发展；人们消费水平的提高促进了生活服务业的发展。

同时，企业在进行有形产品营销时，服务已成为销售的重要手段，成为企业间进行市场竞争的焦点，并日益成为产品市场竞争的主角。企业营销及市场竞争不仅需要市场营销学作为理论基础，而且需要服务营销学作为行动指导。中国服务营销学的兴起和广泛传播将是继市场营销学的蓬勃发展之后掀起的又一个高潮。

**2.服务营销学的发展**

服务营销学脱胎于市场营销学,在自己的空间得以茁壮发展。科特勒曾指出,服务代表了未来市场营销管理和市场营销学研究的主要领域之一。在欧美地区,服务营销学正蓬勃地发展起来。自20世纪60年代以来,服务营销学的发展大致上可分以下三个阶段:

第一个阶段(20世纪60年代—70年代):服务营销学的脱胎阶段

这一阶段是服务营销学刚从市场营销学中脱胎而出的时期。这一阶段主要研究的问题是:

(1)服务与有形实物产品的异同;

(2)服务的特征;

(3)服务营销学与市场营销学研究角度的差异。

第二阶段(20世纪80年代初—中期):服务营销的理论探索阶段

这一阶段主要探讨服务的特征如何影响消费者购买行为,尤其集中于消费者对服务的特质、优缺点及潜在的购买风险的评估。这一阶段具有代表性的学术观点主要是:

(1)顾客的评估服务如何有别于评估有形产品;

(2)如何依据服务的特征将服务划分为不同的种类;

(3)可感知性与不可感知性差异序列理论;

(4)顾客卷入服务生产过程的高卷入与低卷入模式;

(5)服务营销学如何跳出传统的市场营销学的范畴而采取新的营销手段等。

在这一阶段,美国亚利桑那州州立大学成立了"第一跨州服务营销学研究中心",标志着对服务营销理论探索的深入。

第三阶段(20世纪80年代后期—):理论突破及实践阶段

这一阶段,市场营销学者们在第二阶段取得对服务的基本特征的共识的基础上,集中研究了在传统的4P组织不够用来推广服务的情况下,究竟要增加哪些新的组合变量的问题。这一阶段具有代表性的学术观点是:

(1)服务营销应包括7种变量组合,即在传统的产品、价格、分销渠道和促销组合之外,还要增加"人"、"服务过程"和"有形展示"3个变量,从而形成7P组合;

(2)由"人"(包括顾客和企业员工)在推广服务以及生产服务的过程中所扮演的角色,并由此衍生出两大领域的研究,即关系营销和服务系统设计;

(3)服务质量的新解释,确认服务质量由技术质量和功能质量组成,前者指服务的硬件要素,后者指服务的软件要素。

(4)提出了服务接触的系列观点,包括服务员工与顾客相互之间沟通时的行为及心理变化,服务接触对整项服务感受的影响,如何利用服务员工及顾客双方的"控制欲"、"角色"和对投入服务生产过程的期望等因素来提高服务质量等问题。

(5)从对7P研究的深化,到强调加强跨学科研究的至关重要,服务营销学强调从人事管理学、生产管理学、社会学以及心理学等学科领域观察、分析和理解服务行业中所存在的各种市场关系;

(6)特殊的服务营销问题,如服务价格理论如何测定、服务的国际化营销战略、资讯技术对服务的生产、管理及市场营销过程的影响等。

**3.服务营销的重心转移与演进**

如前所述,尽管服务营销活动在20世纪60年代就已经出现了,但在大约30年以前,服务营销还仅仅是市场营销学中的次要角色。时至今日,随着服务营销的发展与演进,其重心也在不断地发生转移,如图 1-2 所示。

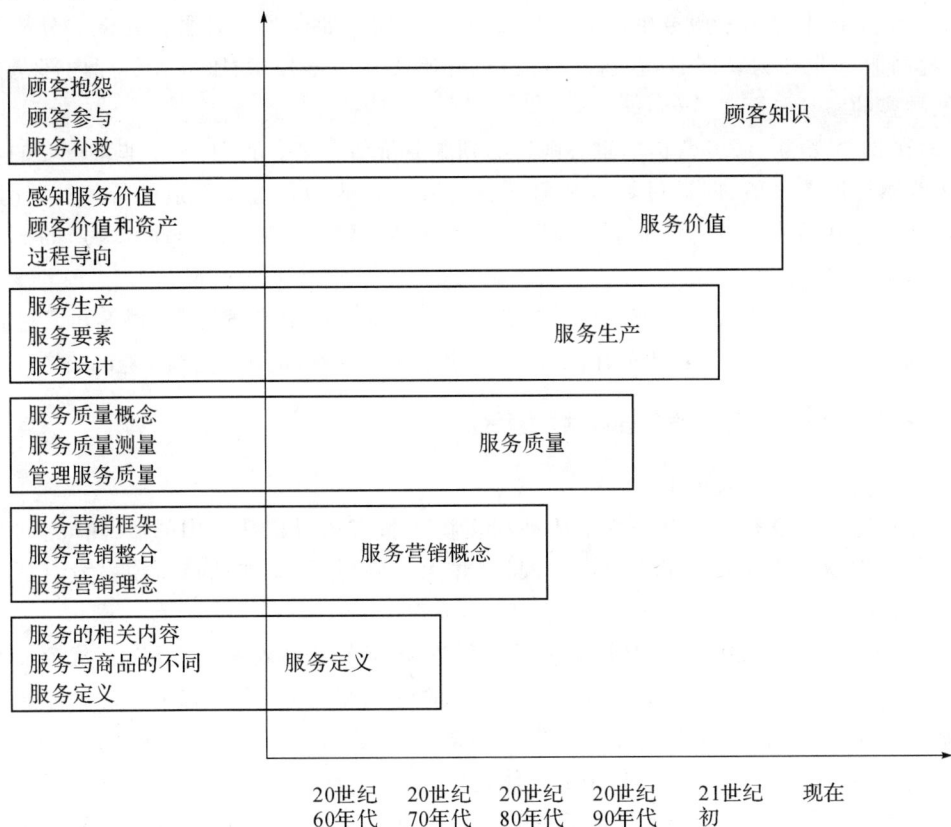

图 1-2　服务营销与管理重心的转移

(资料来源:Manfred Bruhn,Dominik Georgi. 服务营销.王永贵,译.北京:化学工业出版社,2008.)

(1)在 20 世纪 60 年代,人们普遍关注的是服务的定义。在这一阶段,已经开始涉及"服务"这一概念,不过重点集中在服务的相关内容、服务与商品的区别以及服务的准确定义方面。例如,人们普遍认识到服务行业的持续增长,探讨了服务与商品之间的主要区别,认为服务是一种过程,其主要收益是通过服务过程所创造的(如餐馆老板在餐厅为顾客提供服务,病人通过医生的行为来获得医疗服务等)。

(2)在 20 世纪 70 年代,人们普遍关注的重心转移到服务营销观念上,并在 20 世纪 70 年代末至 80 年代初达到了巅峰。这一阶段所强调的主要是把服务区别于商品的典型差异转化为针对服务的市场营销观念,并提出了服务营销的基本架构和服务机构的整合营销。同时,新的营销观念——关系营销也开始在服务营销中崭露头角。

(3)在 20 世纪 80 年代,服务营销的重心开始转移到服务质量的测量上。在这一阶段,不仅产生并开始强调服务质量这一概念,而且已经开始将其作为服务企业的主要挑战。其中,比较典型的代表就是应用最为广泛的差距服务质量模型和 SERVQUAL 测量体系。同时,也有学者强调服务接触是服务质量管理的核心,并提出了"真诚瞬间"的概念,诸如关键实践法和服务蓝图法等工具应运而生。

（4）在 20 世纪 90 年代，服务营销的重心逐渐转移到服务的生产或服务运营上来。在这一阶段，企业开始越来越关注服务的收益率和服务成本，在剖析服务生产过程中的投入与产出关系的基础上提出了服务生产力的概念，并开始探讨如何基于对服务要素的分析与管理，来提高服务生产力。同时，在这一阶段，也开始关注服务技术、服务人员和内部营销实践以及顾客的参与。

（5）在 21 世纪初，服务营销的重心则转移到服务价值上来。其中，一个非常重要的概念就是顾客感知服务价值，即通过顾客视角来分析服务企业为顾客所创造的价值。同时，学者和管理者也开始关注顾客能够给企业所带来的价值，顾客终身价值和顾客资产的概念开始受到越来越多的关注。

（6）在 21 世纪的今天，服务营销在强调服务价值的同时，更是强化了对顾客知识的管理。其中，诸如顾客抱怨、顾客参与、服务补救和顾客创新管理等主题，正日益受到普遍的关注。

### 1.2.3　服务营销学与市场营销学

**1. 服务营销学的研究视角**

服务营销学把服务业的市场营销活动和实物产品市场营销活动中的服务作为研究对象。服务与实物产品本来是相伴而生的，起初并无严格界限，正如斯密所说："没有任何评价标准可以明确地分开这两种产业（产品和服务）。"

从本质上看，产品和服务都是提供满足和利益，产品和服务都是"产品"，正像商品和货币都是商品一样。从营销的视角看，消费者购买的商品和服务，都具有实体性和非实体性两种成分。只不过购买商品时，实体成分占主导地位；购买服务，则以非实体占主要成分。服务业显现的特征以及在市场销售中的客体地位，只是表明在服务产品的名称下对非实体属性的偏重。服务是产品，但又不同于一般产品而是特殊产品，产品营销与服务营销之间并没有不可逾越的鸿沟，不存在本质上的差异，但存在着营销领域、程度和重心上的不同。

服务营销学从两个角度切入：一是研究服务业的整体市场营销活动；二是实物产品市场营销活动中的服务。

服务业是泛指第三产业的各个行业，其社会覆盖面相当宽阔，包括生产性服务业、生活性服务业、流通性服务业、知识性服务业及社会综合服务业等，各类服务业分别包含众多的服务行业，其跨度之广、情况之复杂，非第一、二产业可比。但不管哪类服务行业或企业，其市场营销行为均是服务营销的研究对象。

实物产品市场营销中的服务亦是服务营销学所关注的对象。服务已成为实物产品市场竞争的重要手段，而且它提供了形成产品附加价值和巨大竞争优势的潜力。

服务的方方面面之所以成为产品制造业竞争的焦点，其原因在于：

（1）传统产品生产领域的需求已被拉平；

（2）国际竞争跨入国内，国内竞争受国际竞争的巨大影响；

（3）产品的技术或营销方式的特征优势是短暂的，易为竞争对手模仿；

（4）服务所形成的附加价值构成了潜在的利润领域。

在当代社会，许多传统意义的产品制造商已经以这种或那种形式深深地投入到服务中去。在产品制造业从事研究、后勤、维修、产品设计、会计、金融、法律和私人事务等服务的人员一般为该行业的 65%～76%。

在社会大系统中,服务业与制造业、制造业中的产品生产和社会服务彼此交织、互相推动,从而使制造产品与服务之间的界限很难割清。服务与制造已经卷入高度相关和补充的阶段。

实物产品市场营销活动中的服务是现代产品营销竞争的焦点。随着消费水平的提高,消费者对产品的附加价值的要求越来越高,而产品附加价值的集中体现就是技术含量、服务含量。服务质量的高低从某种意义决定了产品附加价值的大小。故而研究服务成为现代商品竞争中提高竞争力的重要方面。服务营销学要在建立顾客服务系统,培养顾客忠诚度,推行让顾客让渡价值,加强服务人员内部管理和服务过程管理上的全面研究。

服务业的市场营销活动虽有许多与产品营销相同之处,也有自己的特色,这些特色是产品营销中难以囊括的。关于营销理念、营销战略选择、营销环境分析等问题,产品营销与服务营销是相通的,但在市场分析的侧重点、营销规划的着眼点、制定企业战略及其方针选择以及营销策略组合等方面,服务营销有其独特的考虑和要求。

服务营销学的研究视点集中要从服务业的无形性、不可分离性、不可贮存性等基本特征出发,只有扣住了服务业的这些本质特征,服务营销学的研究才突现了学科的特色,才有助于解决服务业市场营销活动中的营销目标、营销战略、营销策略、营销组合等一系列问题。

2. 服务营销学与市场营销学的差异性

服务营销学是从市场营销学中派生的,服务营销学从理论基础到结构框架都脱胎于市场营销学,读者在论及服务营销学与市场营销学时,可从这个基本点出发。

服务营销学作为一门独立的学科,与市场营销学仍存在着如下差异:

(1)研究的对象存在差别。市场营销学是以产品生产企业的整体营销行为作为研究对象,服务营销学则以服务企业的行为和产品营销中的服务环节作为研究对象。服务业与一般生产企业的营销行为存在一定的差异。服务与产品也不能等量齐观。服务营销的组合由市场营销组合的 4P 发展为 7P 即加上了人、过程和有形展示 3P。

【链接 1-5】

4P 与 7P 之间的差别主要体现在 7P 的后三个 P 上。从总体上来看,4P 侧重于早期营销对产品的关注上,是实物营销的基础,而 7P 则侧重于后来所提倡的服务营销对于除了产品之外服务的关注上,是服务营销的基础。

从营销过程上来讲,4P 注重的是宏观层面上的过程,它从产品的诞生到价格的制定,然后通过营销渠道和促销手段使产品最终到达消费者手中,这样的过程是粗略的,并没有考虑到营销过程中的细节。相比较而言,7P 则是在这些宏观的层面上,增加了微观的元素,它开始注重营销过程中的一些细节,因此它比 4P 更加细致,也更加具体。它考虑到了顾客在购买时的等待,顾客本身的消费知识,以及顾客对于消费过程中所接触的人员的要求。

从所站立的立场来说,4P 可以说是站在企业的角度所提出的,而 7P 则更倾向于消费者的一面。站在企业的这一面,往往会忽略掉顾客的一些需求,有时候这种忽略是致命的。7P 完善了企业的这种忽略,虽然不是完整的,起码给企业一个提醒:顾客的需求是不容忽视的。

从营销对象来讲,4P 组合侧重于对产品的推销,而 7P 组合则侧重于对顾客的说服。4P 讲究推的营销策略,而 7P 则更加注重拉的策略。

（2）服务营销学加强了顾客对生产过程参与状况的研究。服务过程是服务生产与服务消费的统一过程，服务生产过程也是消费者参与的过程，因而服务营销学必须把对顾客的管理纳入有效地推广服务、进行服务营销管理的轨道。市场营销学强调的是以消费者为中心，满足消费者需求，而不涉及对顾客的管理内容。

【实例 1-6】

## 星巴克的 7P

7P 的实用性和优势究竟如何，我们通过利用其分析星巴克成功之道的案例来体验一下，如图 1-3 所示。

| 7P组合 | 顾客期望 | 星巴克的表现 | 得分（顾客经验） |
|---|---|---|---|
| 产品 | 优质 | 优质 | ★★★ |
| 价格 | 合理 | 中上 | ★★ |
| 通路 | 方便 | 市区精华地段 | ★★★ |
| 促销 | - | 无广告促销活动 | - |
| 人员 | 礼貌、亲切、训练有素 | 礼貌和亲切不足、训练有素 | ★ |
| 过程 | 简单、快速、有条有理 | 简单、有条有理、排队等候 | ★ |
| 环境 | 时尚、舒适、自由自在 | 座位紧张、拥挤 | ★ |

（评分标准：非常不满意＝★／非常满意＝★★★★）

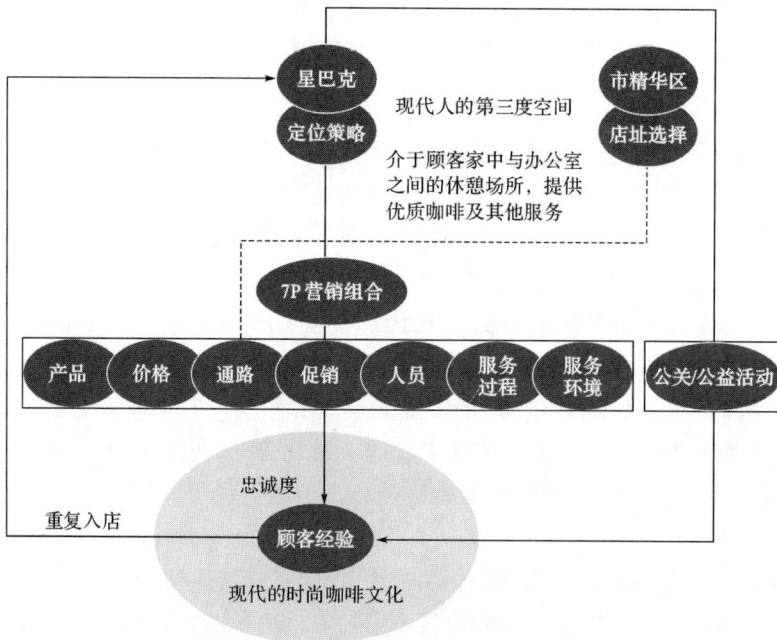

图 1-3　星巴克成功之道

没有人会对星巴克的成功提出质疑，它在全球拥有 5000 家以上的门店，以优异的定位——"现代人的第三度空间"——也就是介于顾客家中和办公室之间的休憩场所,提供优质咖啡和其他服务,创造了"现代的时尚咖啡文化",持续在世界各地扩张它的"咖啡王国"版图。

尽管我们已经拥有诸如 7P 营销理论等一系列实用的营销利器,并且相信将来会衍生出更具体细化的理论,但实际操作中,所有企业管理者和营销人员还是需要进一步把理论吃透并真正运用到实际营销中,尤其是 7P 理论新加入的关于人员、服务过程和服务环境的要求,更加注重服务,带给客户更优质的消费体验。

(资料来源:7P 营销理论:扩展的营销组合.媒介 360,http://www.chinamedia360.com,2011-11-23.)

(3)服务营销学强调人是服务产品的构成因素,故而强调内部营销管理。服务产品的生产与消费过程,是服务提供者与顾客广泛接触的过程,服务产品的优劣,服务绩效的好坏不仅取决于服务提供者的素质,也与顾客行为密切相关,因而研究对服务员工素质的提高,加强服务业内部管理,研究顾客的服务消费行为十分重要,人是服务的重要构成部分。市场营销学也会涉及人,但市场营销学中人只是商品买卖行为的承担者,而不是产品本身的构成因素。

(4)服务营销学要突出解决服务的有形展示问题。服务产品的不可感知性,要求服务营销学要研究服务的有形展示问题。服务产品有形展示的方式、方法、途径、技巧成为服务营销学研究的系列问题。这也是服务营销学的突出特色之一。市场营销学不需要涉及这方面问题的研究。

【实例 1-7】

### 杭州地铁导乘和服务功能升级

地铁 2 号线东南段刚刚投入运行,地铁 4 号线首通段又即将通车,杭州地铁让越来越多的市民享受到了地铁生活的便捷与舒适。与此同时,市地铁集团积极听取采纳市民相关合理化意见建议,使杭州地铁的导乘和服务功能更加便民。

进入地铁 2 号线东南段,乘客会发现,服务和设施更加人性化,比如鼓型车厢感觉空间更大、更舒适;空调风是往两边吹的;自动售票机上,已经能找 10 元纸币了,用 50 元的整钞也能用来买票了;闸机刷卡区增加了提示光圈,刷卡成功与否光圈有光闪提示,减少了乘客误刷区域的可能。

车站外的标志牌上,增加了"国标的列车图形符号"及"地铁"文字信息和"线路号"等,并增加了标示牌的高度,更为明确地指导乘客进站。车站内,出入口标示牌上增加了周边道路信息,墙面上的导向牌增加了出口信息、街道信息、交通接驳信息等,立体化的车站示意图,方便乘客能快速明白自己所在位置、找到合适的出口出站。

(资料来源:杭州地铁导乘和服务功能升级.杭州日报,2014-12-04,A2 版.)

(5)服务营销学与市场营销学在对待质量问题上也有不同的着眼点。市场营销学强调产品的全面营销质量,强调质量的标准化、合格认证等。服务营销学研究的是质量的控制。质量控制问题之所以成为服务营销学区别于市场营销学的重要问题之一,就在于服务的质量很难像有形产品那样用统一的质量标准来衡量,其缺点和不足不易发现和改进,因而要研究服务质量的过程控制。

　　(6)服务营销与市场营销在关注物流渠道和时间因素上存在着差异。物流渠道是市场营销关注的重点之一,而由于服务过程是把生产、消费、零售的地点连在一起来推广产品,而非表现为独立形式,因而着眼点不同。对于时间因素的关注,产品营销虽然也强调顾客的时间成本,但在程度上还不能与服务营销相比。服务的推广更强调及时性、快捷性,以缩短顾客等候服务的时间。顾客等候时间的过长,造成顾客购买心情的破坏而产生厌烦情绪,会影响企业的形象和服务质量,因而服务营销学更要研究服务过程中的时间因素。

　　服务营销学与市场营销学还存在其他的差异,这表明服务营销学有独立存在的必要。

　　3.服务营销学与相关学科

　　服务营销学与服务贸易相比,其共性都是以服务业为研究对象,但二者研究的视角不同。服务贸易是以研究国内外服务业的交换关系、服务资源配置以及服务交易理论、政策为主的经济学科。服务营销学则是研究服务业的整体营销行为及战略、策略为主的集经济学、行为学特色于一体的边缘管理学科。

　　服务营销学与关系营销学之间则是互相交叉、互相渗透的关系。服务营销学要研究在服务企业与顾客之间如何建立与保持长远的关系,并构建关系营销系统,确立顾客满意理念,实施让客价值;但关系营销只是服务营销全面研究实施7P策略中有关顾客与过程策略中的一个部分。关系营销学研究企业与顾客、中间商、竞争对手之间的关系,也包含着对服务业面临的相同关系的研究,然而,关系营销学也不限于对服务业的营销研究,它还包括对有形产品的关系营销的更大范围来研究关系营销。

　　服务营销学与消费者行为学也互有交叉。服务营销学不可避免地要涉及消费者对服务的消费行为,包括购买时的心理分析、行为决策过程、消费行为的变化等。消费者行为学是从消费者的行为共性出发展开研究的。共性中寓含个性,服务消费行为也必然是消费行为学研究中的应有之义。这种交叉点分别是两个学科各自构造体系的有机组成部分,对于各自都是不可分的,由于这种不可分性,使这种交叉的存在成为必要,而不会产生重复之嫌。

　　服务营销学以政治经济学、商品流通经济学和市场营销学作为先修课程。政治经济学在经济理论上为服务营销学打基础,商品流通经济学和市场营销学则在专业基础理论上为服务营销学奠定基石。服务营销学是在市场营销学规范的理论框架下的延伸和发展,学习服务营销学不能不以市场营销学作为前提和基础。

## 1.3　服务营销理念

　　所谓服务营销理念,是指人们从事服务活动的主导思想意识,它反映了人们对服务活动的理性认识。先进的服务营销理念能指导人们提供更好的服务产品,更有效地拓展市场。理念是企业行为的指南,是企业制定营销规划的基本出发点和依据。理念要顺应时代的发展而不断创新,只有新助理念才能产生新的行动。服务营销创新首先应该是服务营销理念的创新。

【实例 1-8】

## 火爆的绿茶餐厅

每天排队 1—2 个小时；5 年间发展到 30 家连锁店，目前 0 关店；人均消费仅 60 元，但每家门店都盈利；单店日客流超过 1500 人次，这家餐厅名字叫绿茶。为啥绿茶餐厅可以这么火？

舒适的就餐环境、性价比高的产品、贴心的服务都是关键。除了别致的装修风格之外，为了保证菜品相对标准化的口味和质量，绿茶餐厅是较早建立中央厨房的中餐品牌。通过中央厨房统一采购、加工一些菜品，再向分店进行统一配送。绿茶的中央厨房的直接目的不是为了通过规模降低成本，而是为了"稳定"。目前中央厨房最大的作用是尽可能标准化，这样即使一个粤菜厨师请假，另外一个川菜的厨师也可以保证菜品供应，而不至于影响用户口感。而相对标准的口感则是中餐品牌规模化最需要解决的问题。此外，保持菜品质量的同时，还需依照本地人的口味进行调整，绿茶餐厅还会通过用户点评信息进行分析，例如重庆的用户喜欢哪些风格的菜品，并会针对本地人的餐饮喜好对菜品的口味进行微调，比如上海可能需要微甜，而重庆需要加辣。

绿茶餐厅也十分注重服务，即使是就餐人数最多的时候，这里的每个服务人员都始终保持着微笑，他们没有因为忙碌而显得急躁，依旧可以在你看着菜单纠结的时候为你耐心推荐菜品。餐厅装饰本来就温馨浪漫，加上服务人员绝佳的服务态度，让人沁身于此。

绿茶餐厅非常在意用户的评价和体验，会有专门的客户采集用户评价信息并确保及时反馈到店长甚至更高层的管理人员那边。在 O2O 平台的合作上，绿茶餐厅的合作平台有大众点评，绿茶通过大众点评来推广绿茶餐厅的品牌、团购和优惠，吸引线上客流，而绿茶本身的品牌也能帮助大众点评增加用户关注度。绿茶餐厅显然对客流有很深刻的理解，立足线下商圈保证客流，并结合 O2O 平台进行线上客流导入和调整。

绿茶餐厅不跟风，上线的产品优先选择跟用户服务相关的。比如绿茶迄今未建立会员系统。因为绿茶本身性价比很高，很多用户需要排队等位才能就餐。而针对等位这样的用户痛点，绿茶餐厅则很早就上线了叫号系统和就餐提醒短信（微信），人们在等位的时候拿了排号后，不用坐着干等，可以走开逛逛商场，快到就餐的时候，餐厅给顾客发短信（微信）提示"您前面还有 2 桌，可以过来等待就餐"等。这种小细节可以"召回"部分因等位而流失的客户，也会让用户感觉更加方便，提升顾客就餐的体验。

（资料来源：根据相关资料整理。）

无论是服务产品营销，还是顾客服务营销，服务营销的核心理念都是顾客满意和顾客忠诚，通过取得顾客的满意和忠诚来促进相互有利的交换，最终实现营销绩效的改进和企业的长期成长。

### 1.3.1 顾客满意理念

**1.顾客满意理念的内涵**

在现代社会,企业要赢得长期顾客,就要创造顾客满意。菲利普·科特勒在《营销管理》一书中指出:"企业的整个经营活动要以顾客满意度为指针,要从顾客的角度,用顾客的观点而非企业自身利益的观点来分析、考虑消费者的需求。"科特勒的观点成了现代市场营销观念的经典名言。

顾客满意是一种心理活动,是顾客的需求被满足后的愉悦感。菲利普·科特勒指出:"满意是指一个人通过对某一产品和服务的可感知的效果与他的期望值相比较后形成的感觉状态。"因此,满意水平是可感知的效果和期望值之间的差异函数。

顾客可以经历三种不同的满意度中的一种。如果可感知效果低于期望,顾客就会不满意;如果可感知效果与期望相匹配,顾客就会满意;如果可感知效果超过期望,顾客就会高度满意、高兴或欣喜。但是,顾客是如何形成期望值的呢?期望是在顾客过去的购买经验、朋友和伙伴的各种言论、销售者和竞争者的信息和许诺等基础上形成的。如果销售者将期望值定得太高,顾客很可能会失望。另一方面,如果公司将期望值定得太低,就无法吸引足够的购买者或客户。

顾客满意战略的指导思想是,企业的全部经营活动都要从满足顾客的需要出发,以提供满足顾客需要的产品或服务为企业的责任和义务,从而满足顾客需要,使顾客满意成为企业的经营目的。

**【链接 1-6】**

#### 神秘顾客——改善服务质量的新工具

神秘顾客方法是一种检查现场服务质量的调查方式。其方法起源可追溯到文化人类学对原始部落居民生活和文化的观察。神秘顾客调查由神秘顾客,通常通过聘请独立第三方的人员担任,如研究人员或经验丰富的顾客,通过参与观察的方式,到服务现场进行真实的服务体验活动。神秘顾客特别适合于评价以下方面的顾客服务,如快餐店、汽车销售维修、娱乐、休闲服务行业、产品零售店、政府市民服务等。

从调查技术的角度,神秘顾客方法与顾客调查方法存在以下区别:

调查方法的区别。神秘顾客方法采用隐蔽的观察方式进行调查,如果需要还可使用隐蔽式摄像、录音设备。传统的顾客调查采用访问形式,包括面对面的访问(如家庭调查)或非面对面的访问(电话访问、网上调查)。

调查过程的区别。神秘顾客调查采用隐蔽的方式,服务人员不知道神秘顾客的观察,调查的结果自然真实。对于传统的调查方式,被访者知道自己正在接受访问,可能会产生影响结果的试验效应、社会赞许反应。

信息特点的区别。由于神秘顾客采用观察方法,不涉及主观感受,调查得到的信息均是客观性信息,即事实性信息。但传统顾客访问可调查客观性内容,也可调查其主观性感受。神秘顾客调查的缺点是:首先,该方法虽然能很好发现服务现场的各种现象和问题,但不能发现现象和问题发生的原因,这是神秘顾客方法本身的局限。其次要求神秘顾客对调查行业的业务和服务流程有很好的了解,因此对于神秘顾客的素质及其培训,比传统调查方法要求更高。第三,由于神秘顾客不能在现场直接记录观察结果,通过回忆填写问卷可能对调查的可信度和有效度产生影响,神秘顾客的实施过程本身需要严格的质量控制。

为了达到神秘顾客在企业服务质量管理中的作用,需要收集足够的信息进行分析,因此其调查一般需要包括以下内容:

外部环境检查。神秘顾客来到指定的服务现场,在进入门口前神秘顾客观察门店标志、外部秩序与环境状况、橱窗产品摆放、促销海报张挂等情况。

服务现场扫描。神秘顾客进入服务现场,观察门店内布局与服务设施、用品配备状况,职员和顾客的比例、服务人员的活动以及现场是否混乱等。

服务过程体验。神秘顾客随机或按照事前抽样来到相应区域或窗口申办服务、购买产品,检查服务人员的操作处理情况。在此过程中检查评价服务人员的服务态度、服务规范、业务熟练程度以及顾客与服务设备、顾客与服务人员以及顾客与顾客的互动过程等。

业务测试。在购买产品或申办服务过程中,神秘顾客向服务人员提出产品使用、设备操作、服务流程或服务疑难等问题,或制造需要求助的情境。在此过程中检查服务人员的业务知识熟悉程度、业务熟练程度以及应急或灵活处理能力。

现场服务改进指导。神秘顾客在完成调查后,一种做法是在现场向门店负责人员反映存在的问题,便于门店经理安排现场改进。另一种做法是企业在分析结果后通知门店安排改进。

[资料来源:蒋廉雄,卢泰宏.神秘顾客——改善服务质量的新工具.中国技术监督,2005(9):34-35.]

### 2.顾客满意的营销效应

顾客满意对企业来讲至关重要。良好的产品或服务,最大限度地使顾客满意,成为企业在激烈竞争中独占市场、赢得优势的制胜法宝。只有让顾客满意,他们才可能持续购买,成为忠诚顾客,企业才能永远生存,财源滚滚。所以,顾客满意是企业战胜竞争对手的最好手段,是企业取得长期成功的必要条件。可以说,没有什么其他的方法能像令顾客满意一样在激烈的竞争中提供长期的、起决定作用的优势。

研究表明,顾客满意能够产生积极的营销效应,如促进顾客重复购买、影响顾客保留与忠诚、提升企业市场份额与获利能力等。这些积极作用成为企业竞争优势的重要来源,所以,越来越多的企业把顾客满意作为经营成功的绩效指标。

(1)顾客满意与再购买意愿(repurchase intention)

顾客满意会带动再购买行为。1987年,施乐公司在进行顾客满意度的评估中得出进一步的结论,即不仅满意与再购买意愿相关,而且完全满意的顾客,其再购买意愿远高于仅表示满意的顾客,其相差程度在5倍以上。从顾客的角度讲,满意将意味着顾客会减少再次消费的风险和不确定性。由于顾客在购买或消费后有第一手资料评价自己的满意程度,这对于顾客是否再次购买或消费起着关键性作用。

(2)顾客满意与顾客忠诚(customer loyalty)

哈佛大学商学院的研究人员发现,只有最高的满意等级才能产生忠诚。在对医疗保健业和汽车产业的一项研究中,使用5分制的满意度测评量表,结果选择3分的顾客的忠诚比率为23%,选择4分的顾客的忠诚比率为31%,当顾客选择5分,即感到"完全满意"时,忠诚比率达到 75%。在竞争强度较高的产业里,满意度与忠诚度的相关性较小。当顾客面对许多选择时,只有最高等级的满意度才能加强忠诚度。而在垄断的行业里,满意度不起什么作用,顾客会保持很高的忠诚度。

(3)顾客满意与顾客保留(customer retention)

美国贝恩咨询公司(Bain)的研究显示,保留顾客和公司利润率之间有着非常高的相关性,顾客满意是顾客保留的前提。在一般的市场环境下,没有顾客满意,很难有顾客保留的可能性。同样,公司的实证研究也得出了以下的结论:开发一个新的顾客所花费的费用是保留一个顾客费用的 5 倍以上。忽略已有顾客的利益,而只将运营重点放在吸引新顾客上,必然会导致公司利润的下降和市场份额的降低。

菲利普·科特勒认为,保持顾客的关键是顾客满意。一个满意的顾客会:购买得更多和对产品"忠诚"更久;听从公司介绍,购买附加产品和对产品进行升级换代;为公司和产品说好话;忽视竞争品牌和广告,对低价也不敏感;向公司提出产品或服务的建议;由于交易规范化而比新顾客降低了服务成本。另据美国汽车业的调查,一个满意的顾客会引发 8 笔潜在生意,其中至少有 1 笔成交,一个不满意的顾客会影响 25 个人的购买意愿。争取一位新顾客所花的成本是留住一位老顾客所花成本的 5 倍以上。

3. 顾客满意理念指导下的营销策略

现代企业实施顾客满意的服务战略的根本目标,在于提高顾客对企业生产经营活动的满意度,而要真正做到这一点,则必须切实可行地制定和实施如下关键策略:

(1)塑造"以客为尊"的经营理念

"以客为尊"的企业服务经营理念,是服务顾客最基本的动力,同时它又可引导决策,联结公司所有的部门共同为顾客满意目标奋斗。比如美国新港造船和码头公司的创办人杭亭顿之所以成为市场的大赢家,就是因为他亲身认识到一个重要的事实:"以客为尊"才是一家公司欣欣向荣的基本要素。麦当劳成功的要素就是它始终重视顾客,千方百计让顾客满意,它的整体价值观念是质量、服务、卫生和价值。

【实例 1-9】

### "陪伴您,见证爱"——东方航空

东方航空充分运用信息化、移动互联技术,全新推出线上集成服务,给旅客带来便捷的服务体验。

东方航空推出的线上集成服务,重点关注于特殊旅客群体,包括残疾旅客、无成人陪伴儿童、导盲犬、担架/用氧旅客、宠物运输等。在保留原直属售票处功能的基础上,公司开通了包括官网、M 网站、移动 App、95530 热线等在内的便捷的线上全服务渠道,旅客可在网上或是电话中一次性办理完成。目前,东方航空是特殊旅客线上受理渠道最全、受理种类最多的国内航空公司。

近年来,东方航空致力于优化客户体验,充分运用信息化技术和移动互联技术,积极推动服务转型和创新。据悉,公司 2014 年开始引进的 20 架全球顶级配置的波音 777—300ER,已有八架投入国际远程航线,借助于新机型,东方航空采用了大量客户化的新概念设计,打造新一代旅客服务系统。

(资料来源:王璐.东航升级线上服务 重点关注于特殊旅客群体.上海证券报,2015-08-19.)

（2）开发令顾客满意的产品

顾客满意战略要求企业的全部经营活动都要以满足顾客的需要为出发点，把顾客需求作为企业开发产品的源头。所以企业必须熟悉顾客，了解用户，即要调查他们现实和潜在的要求，分析他们购买的动机和行为、能力、水平，研究他们的消费传统和习惯、兴趣和爱好。只有这样，企业才能科学地顺应顾客的需求走向，确定产品的开发方向。

（3）提供令顾客满意的服务

热情、真诚为顾客着想的服务能带来顾客的满意，所以企业要从不断完善服务系统，以便利顾客为原则，用产品具有的魅力和一切为顾客着想的体贴去感动顾客。售后服务是生产者接近消费者直接的途径。它比通过发布市场调查问卷来倾听消费者呼声的方法要有效得多。由此不难看出，今后企业的行为必须以"消费者满意"为焦点。

【实例 1-10】

### 28 年创新驱动　招行服务"因您而变"

从 1987 年偏居蛇口一隅的区域性小银行，到今日总资产近 5000 亿元的全国股份制银行龙头，招商银行的跨越发展史印证了"深圳奇迹"。

2014 年年报显示，招行全年实现归属于本行股东的净利润 559.11 亿元，同比增长 8.06%；归属于本行股东的平均净资产收益率和平均总资产收益率分别为 19.28% 和 1.28%，居于行业领先位置；非利息净收入占比为 32.47%，创历史新高，经营效益稳步提升，持续为股东创造价值。在中国银行业协会首次推出的商业银行稳健发展能力"陀螺（GYROSCOPE）评价体系"中，招商银行收益可持续能力、风险管控能力在全国性商业银行中排名第一。

成绩背后的动力，来源于以客户需求为中心的持续创新。近年来，招行以零售金融为"一体"，以公司金融、同业金融为"两翼"，加强零售"一体"对公司、同业的带动作用，加大公司、同业"两翼"对零售的支持作用，推进一体两翼协同共进，打造差异化竞争优势。

招行致力于构建互联网金融"平台、流量、大数据"的整体结构布局，推动业务经营模式向网络化转型，同时，以平台化、开放式的竞争合作结构，融入互联网经济形态，形成多元化的异业联盟，打造互联网金融生态体系。平台建设重点推动移动金融平台、小企业 E 家平台、智慧供应链平台、银 E 通平台的建设，以平台型业务模式，实现资源聚合、产品创新和流程协同，为客户提供超越预期的全方位金融服务。

在全行互联网金融战略框架下，零售金融、公司金融、同业金融积极探索、协同发展，在互联网金融领域取得了良好成效。种种创新落实到服务界面，给客户带来极大的便利。如今身为招行客户，可在手机、网络端顺畅办理各类业务，在营业厅也不用排长龙，有科技感十足的可视柜台恭候你；钱存在招行，能享受高端资产配置技术带来的增值；要借钱消费，也可以在手机端"闪电"一般贷到款。

2015 年初，招商银行"零售信贷拥抱互联网金融"座谈会在招商银行大厦举行，招商银行零售信贷部副总经理赵晓君及各大新闻媒体机构共同出席了此次座谈会，会上展示了试运营半年多的国内首款移动互联网贷款产品——"闪电贷"，客户通过手机在线自助申请贷款,60秒即可完成贷款的发放。媒体记者现场试用了招行推出的"闪电贷"移动互联网贷款产品,拿起手机,在屏幕上触碰几下,3步操作,无须提交任何资料,贷款资金就打到了个人账户里面。如今,招行让这样极速的贷款办理流程成为了可能。

传统模式下,客户从申请贷款、递交资料到贷款审批和发放至少需要3个工作日以上的时间。"闪电贷"无须提交任何纸质贷款申请资料,只要客户符合招行"闪电贷"贷款申请资格,通过招行手机银行即可在线申请贷款,系统自动审批,60秒完成审批放款,贷款实时到账。"移动端,全自助,零资料,60秒","闪电贷"让客户真正获得了闪电般的极速贷款体验。

互联网时代,如何接招互联网金融公司和P2P平台网上贷款带来的冲击,是传统商业银行发展零售信贷业务面临的巨大考验。招行拥有庞大的存量零售客群和金融资产数据优势,"闪电贷"是招行利用大数据和云计算技术将传统信贷业务和互联网金融融合后给出的应对方案。此举是招行以更轻的经营方式、更低的经营成本提升客户体验、提高零售业务价值、再塑现代化商业银行经营模式的重要举措,也为商业银行发展互联网金融提供了极具价值的参考样本。

近年来居民理财需求的觉醒,催生了百花齐放的资产管理市场。招行"资产配置系统"自2013年6月推出市场以来,获得市场与客户一致好评。招行"资产配置系统"是结合国内外成熟的经济理论,基于目前市场环境与阶段性特点,做出的一步重要创新与尝试。资产配置系统集"资产配置服务"与"资讯信息分析"两大功能于一身,可以向客户提供一站式的财富管理解决方案服务。

其服务流程是基于金融市场理论、结合客户理财需求而设计:系统通过了解客户年龄、收入、资产状况、家庭情况、投资习惯等信息,全面刻画客户的流动性需求、投资需求与保障需求信息,并自动通过可投资市场的历史数据与未来投资机会分析,向客户出具涵盖现金类资产、固定收益类资产、股票类资产、另类资产与保险类资产的解决方案,同时记录客户的资产配置信息并制定未来的检视与调整计划,以持续向客户提供完整地财富管理服务。

该系统还提供资讯服务,内嵌"资讯信息分析",基于境内外市场行情、新闻资讯、研究报告、市场表现、产品数据,结合客户及客户经理使用习惯而设计,不仅包括市场资讯的归类分析与解读,还支持不同金融产品的详尽介绍与比较。系统通过量化分析与定性分析等多重维度,建立不同金融产品的评价体系,例如公募基金,投资者可通过系统直接获得已持有产品或拟投资产品的基金管理人、基金经理、产品持仓、过往表现、投资风格、经风险调整的收益评价指标、产品投资建议等信息,以便及时有效地做出投资选择。

烦透了银行排队叫号?营业厅的"神器"可视柜台可以帮你大大减少排队机会。这种机器可通过视频互动方式实现远程柜员在线为客户办理银行业务。该设备配置了身份证识别器、摄像头、读卡器等功能模块,借助先进的网络视频技术,客户可通过可视柜台与后台运营中心的远程柜员进行"面对面"沟通,办理银行卡申请、激活、客户资料维护、书面挂失等复杂业务,从而替代大量原来只能在网点柜台"面签"的复杂业务。

引入可视柜台后,招行遍布全国的"自助银行"从无人网点变成有人服务。目前,招行自助银行的数量是物理网点数量的 2.3 倍,大众客群使用自助设备频次高于使用柜台频次。可视柜台可以灵活摆放在全国超过 2000 家 24 小时自助银行内,与传统自助设备的现金交易进行优势互补,提供全功能零售业务服务,将传统自助银行升级为 24 小时营业的零售全功能网点。

"未来业务发展成熟后,可视柜台还可进一步提供理财类、保险类产品的咨询和销售服务,使自助银行向'交易服务+销售服务'模式转型。"招行零售业务人士介绍。

可视柜台不仅是将远程渠道与柜面服务进行简单地优势互补,而是从根本上革新了传统银行单一设备与单一柜面的服务模式。招行还将推出壁挂式、便携式、超薄式等不同形态的新设备,从而逐步建立前、中、后台"三台合一"云端服务的集约化支持框架,以适应未来网点以综合网点、专业网点、智能网点等多种形态存在、大规模部署的要求,将其转变成为实时支撑的集约式在线服务模式。

(资料来源:28 年创新驱动 招行服务"因您而变".深圳特区报,2015-08-13,A5 版.)

【即问即答 1-4】

招行在服务方面是如何考虑顾客需求的?

(4)科学地倾听顾客的意见

现代企业实施顾客满意战略必须建立一套顾客满意分析处理系统,用科学的方法和手段检测顾客对企业产品和服务的满意程度,及时反馈回企业管理层,为企业不断改进工作,及时、真正地为满足顾客的需要服务。目前,很多国际著名企业都试图利用先进的传播系统来缩短与消费者之间的距离。像日本的花王公司可以在极短的时间内将顾客的意见或问题系统地输入电脑,以便为企业决策服务。美国的 P&G 日用化工产品公司首创了"顾客免费服务电话"。顾客向公司打去有关产品问题的电话时,一律免费。不但个个给予答复,而且进行整理与分析研究。这家公司的许多产品改进设想正是来源于"免费电话"。

21 世纪将是以服务取胜的年代,这个年代企业活动的基本准则应是使顾客感到满意。不能使顾客感到满意的企业必无立足之地。因为在信息社会,企业要保持技术上的优势已越来越不容易,企业必须把工作重心转移到顾客身上,从某种意义上说,使顾客感到满意的企业,将是成功的企业。

## 1.3.2　关系营销理念

传统市场营销理论认为,企业营销的核心是制定并实施有效的市场营销组合策略,利用企业内部可控因素,如企业的产品、价格、分销和促销决策,对外部不可控因素做出积极的动态反应,从而达到促进产品销售的过程。但是,随着社会经济的不断发展,市场竞争出现了新变化。人们发现,许多经过悉心策划的市场营销组合策略在具体实施过程中困难重重,很难达到预定目标。面对这种情况,唯有突破传统市场营销理论的桎梏,发展出一种新的营销理念,以适应社会经济发展的新特点。关系营销理念正体现了这一要求。

1.关系营销理念

关系营销的概念是美国营销学者白瑞(L. Beny)于 1983 年首先提出的,以系统论和大市场营销理论为基本思想,将企业置身于社会经济大系统中来考察企业的市场营销活动,认为企业营销是一个与消费者、竞争者、供应商、分销商、政府机构和社会组织发生互动作用的过程，企业营销的核心是正确处理与这些个人和组织的关系，将建立与发展同相关个人和组织的良好关系作为企业市场营销成功与否的关键因素。关系营销与传统的交易营销相比，它们在对待顾客上的不同之处如表1-1所示。

表1-1　交易营销与关系营销的比较

| 交易营销 | 关系营销 |
|---|---|
| 关注一次性交易 | 关注保持顾客 |
| 较少强调顾客服务 | 高度重视顾客服务 |
| 有限的顾客承诺 | 高度的顾客承诺 |
| 适度的顾客联系 | 高度的顾客联系 |
| 质量是生产部门所关心的 | 质量是所有部门所关心的 |

关系营销的本质特征可以概括为以下几个方面：

(1)双向沟通。在关系营销中，沟通应该是双向而非单向的。只有广泛的信息交流和信息共享，才可能使企业赢得各个利益相关者的支持与合作。

(2)合作。一般而言，关系有两种基本状态，即对立和合作。只有通过合作才能实现协同，因此合作是"双赢"的基础。

(3)双赢。即关系营销旨在通过合作增加关系各方的利益，而不是通过损害其中一方或多方的利益来增加其他各方的利益

(4)亲密。关系能否得到稳定和发展，情感因素也起着重要作用。因此关系营销不只是要实现物质利益的互惠，还必须让参与各方能从关系中获得情感的需求满足。

(5)控制。关系营销要求建立专门的部门，用以跟踪顾客、分销商、供应商及营销系统中其他参与者的态度，由此了解关系的动态变化，及时采取措施消除关系中的不稳定因素和不利于关系各方利益共同增长因素。此外，通过有效的信息反馈，也有利于企业及时改进产品和服务，更好地满足市场的需求。

2.关系营销理念的产生背景

(1)营销观念的转变。企业营销观念的转变经历了六个阶段，即生产观念、产品观念、推销观念、营销观念、社会营销观念、大营销观念这六个发展阶段。其中，大营销观念产生于20世纪80年代，由营销学大师菲利普·科特勒提出，其目的是为了解决企业如何在全球市场上进行营销的问题。某一公司进入外国市场时可能会面临政治壁垒和舆论障碍的问题，要解决这两个问题，营销人员必须了解他国的政治状况，借助政治技巧进行推销，运用公关手段在他国公众心目中建立良好的企业形象和产品形象。大营销观念指导下的营销活动，要求经济系统中的关系各方应发展互助或合作的关系。

大营销观念的提出直接导致了关系营销新观念的产生。现在，众多的企业已认识到关系对营销的重要性，关系营销正受到普遍的关注和重视。

(2)市场竞争的新特点。传统意义上的市场竞争，是企业之间为了争夺资源、原材料、市场等而进行的你死我活的残酷竞争，这种竞争策略也是传统市场营销的主题。但是随着社会经济的发展，人们的竞争观念发生了变化，认为企业间实行合作同样可以实现社会资

源的有效配置,也不会阻碍规模经济的形成。人们认识到企业作为一个经济组织,其存在的目的是为社会创造价值和财富,满足人们的需求,竞争只是作为企业生存和发展的手段之一,但并非最佳策略。当企业之间日益相互依赖,最终成为一个事业共同体时,企业间必将用优势互补的合作关系来取代过去你死我活的残酷竞争。合作代替竞争能够带来资源共享、分担成本、分散风险等多种好处。

关系营销的核心是建立与发展同相关个人和组织的关系,这正是顺应了现代市场竞争的特点。

(3)信息技术的发展。信息技术的发展速度,比20世纪以来的任何其他技术(如原子能技术、空间技术和生物技术)的发展速度都要快,这导致了新的营销方式的产生。例如,利用互联网技术出现了网络营销。信息技术的发展,使得广大普通消费者可通过互联网直接与企业进行联系,企业可按顾客的要求进行定制生产,同时生产厂商还可与原料供应商、产品分销商、政府机构等联网,实现信息快速交换、传递、共享。生产企业可根据各方面传来的信息,迅速调整生产,改进工艺,改变库存。

信息技术的迅速发展也为关系营销的顺利进行提供了技术基础。通过网络,可将供应厂商、销售商和客户联系起来,信息在各个网络结点间流动,供应商、生产商、销售商、客户任何一方的要求都可迅速传递出去,使其他各方采取相应措施来满足要求,这样一来,既提高了反应速度,减少了很多中间费用,又使各方的联系更为紧密,减少了扯皮和抱怨现象,使得各方之间关系更融洽。

【实例 1-11】

### “好厨师”:家庭餐桌上的私人订制

一款上门做饭 App 自 2014 年上线以来,受到了众多家庭的热烈追捧。客户只需在微信公众平台或 App 客户里下订单,一个会做饭的“男神”就会空降到家里,麻溜地做出可与饭店媲美的美食。这个用专业厨师订制服务 PK 饭店,并升级了“阿姨做饭”传统模式的 App,名叫“好厨师”,2014 年 9 月创立于上海,2014 年年底扩展到杭州和北京。

“好厨师”的 CEO 徐志岩是一名 80 后,创业源于他的亲身经历。跟现在大多数的 70 后、80 后一样,吃饭一直是他头疼的问题:每天吃外卖受不了,下馆子费钱费时,自己在家做又太折腾……左右为难之际,让厨师上门做饭的想法一点点在徐志岩心里成型。一个月后,想法开始演变为商业计划书,三个月后,市场调研、推广、招募团队等工作已经完成,创业团队组建完毕,愿景也渐渐清晰:用互联网去改变消费者的生活习惯,未来消费者去饭馆吃饭的习惯将转变为在家里享受家宴。

“好厨师”App 从上线到现在已经更迭了四个版本。第一版本只是单纯提供服务,消费者下单后,客服回电话确认。第二个版本大厨的数量增多,信息也更加全面,并且客户界面也进行了美化。第三个版本打通了支付环节,引进了支付宝等在线支付方式,同时也接入了会员模式。客户可以单次购买,也可以加入会员,进行充值。第四个版本则增加了北京和杭州两个服务城市,并解决了之前使用中存在的问题。在《家庭服务》记者采访时,“好厨师”App 又迭代了新版本,增加了

"我的现金券"和"活动中心"板块,时不时给用户们送福利。

徐志岩笑称,这就是互联网时代的速度,唯快不攻,"在这个时代,创新的机遇转瞬即逝,想到了就要立刻动手去做,不然很可能就被别人占了先"。现在"懒人"们的要求越来越高,效率、口味、形式、个性化一个都不能少。"好厨师"为客户提供多个套餐选择,四菜一汤79元,六菜一汤99元,八菜一汤169元,还有十菜到二十菜不等的规格。客户根据菜系以及厨师厨龄、拿手菜等个性化标签,自由选择爱吃的菜品和口味。之后"好厨师"后台客服根据客户的选择为客户推荐附近匹配的厨师。

厨师接到订单后,与客户进行进一步沟通,确定菜品、是否需要代买食材、客户的偏好及忌口、厨房器具是否齐全等。客户如果需要厨师代买食材,还可选择让厨师去超市购买或者去客户指定的菜市场购买,这个服务是完全免费的,而且超市购买还会提供收银小票。从用户下单到厨师上门完成服务。每一个与用户响应的环节都进行过高效高标准的服务流程设计。让用户在厨师服务过程中享受放心、透明、安全、满意的服务。

(资料来源:根据相关资料整理。)

### 3.关系营销的市场模型

关系营销的市场模型概括了关系营销的市场活动范围。要做好关系营销,一个企业要处理好下面六个子市场的关系。如图1-4所示。

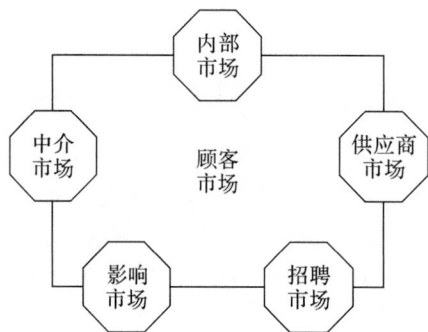

图1-4　关系营销的市场模型

(1)顾客市场。顾客是营销活动的主要关注领域,然而,"交易营销"关注要少些,只强调一次性地销售和俘获新顾客,关系营销则是建立与顾客的长久关系。当一些服务企业充分采纳关系营销时,而其他企业却十分缺乏。某些发展滞后的企业只习惯于将投资都用在赢得新顾客上,一旦成功,就转向下一个目标,很少在保留顾客上花力气。

如今,企业已开始认识到现有顾客是更容易销售的对象,而且往往是更有利可图。但是,当管理者理智上认同这个观点时,常常把更多的注意力和资源花到吸引新顾客上,而把现有顾客认为是理所当然的。只有在服务质量上出了事,顾客离开了或者有某些背叛,现存顾客才显得重要。当然,并不是说新顾客不重要——他们对多数服务业务的未来当重要。因而,需要努力在现有顾客和新顾客间达到一种平衡。

(2)中介市场。服务营销的优劣是由该企业所拥有顾客的多少来体现的。企业拥有的顾客越多表明该企业服务营销效果好、质量优;反之为效果差、质量劣。服务营销活动中顾客是构成中介市场的资源但不是唯一资源。顾客作为中介市场是通过顾客的口传并进而形成口碑来体现的。然而,任何服务企业都不能仅仅靠顾客的口传、口碑来扩大拥护者,它们还要同中间商、代理商、联系人、增值者等诸多社会力量建立关系,这些社会力量也构成中介市场。

(3)供应商市场。企业既要与顾客建立良好的买卖关系,又要与供应商建立合作关系。在美国企业对供应商的关系被称为"反向营销"。在欧洲,被称为"共同制造关系"或"卖主伙伴关系"。不论是制造企业还是服务企业,都离不开供应商。企业应本着双赢的理念,在市场寻求共同的商机和合作开发的契机。只有与供应商的亲密合作才能谋求低成本、高效益和建立长期的业务往来关系。许多企业只重视顾客而忽视与供应商的关系。而要认识到在现代营销的条件下,供应商也应该纳入关系营销圈,在企业营销的成败上,妥善安排和处理与顾客、与供应商的关系是同等重要的。

(4)招聘市场。招聘市场实质上涉及企业员工的来源及其素质问题。对众多的具有竞争意识的企业来说,最缺乏的关键资源是有技能的熟练人才,这些人才在为顾客服务的活动中是活跃的甚至最为活跃的因素。招聘市场的开发过程就是物色人才、罗致人才的过程。对招聘市场的重视,也是对企业人才的重视,对提高企业素质的重视。企业要发展、要创新,就要不断地引进人才,招贤纳士以图创新。企业优秀人才的聚集首先是从招聘市场得来的,忽视招聘市场即堵塞了人才的来源。

(5)影响市场。影响市场倾向于市场随机构所存在的行业和行业部门类型的变化而变化。参与销售基础设施的企业,如通信和公用事业,会把它们必须面对的政府部门和管制实体高高地放在市场名单中。许多公司把各种形式上的金融团体——中间商、分析人员、金融记者等等放到影响范围中。其他例子包括标准化机构、政治团体、消费者协会、贸易协会、活动分子团体和环境控制当局等。

(6)内部市场。内部市场包含两个主要概念:第一是机构里每个职员和每个部门,他们都是内部的顾客和内部的供应商。当每个人和每个部门都提供和受到最好的服务时,可以确保机构最佳运转。第二是确保全体员工以同机构阐明的任务、战略和目标一致的方式共同工作。这一点的重要性在服务企业特别明显,其与顾客有着非常密切的关系。内部营销的目标是成功处理电话、邮政、电子的和与顾客(包括以上所列来自其他市场的顾客)的个人接触,确保全体员工提供机构的最佳代理。

【链接 1-7】

### 销售:从基于事物模式到基于关系模式

"今天的商业模式不一样,Uber 是否生产拥有汽车? 它只拥有车跟乘客之间的关系,但它的估值已经大于汽车公司。想理解到底互联网思维讲什么,为什么整体大于部分之和,无中怎么生出而有,这就是我们要研究的。"中欧商学院教授李善友表示。

的确,一些有趣的事情正在发生:全球最大的出租车公司 Uber 没有一辆出租车;全球最热门的媒体 Facebook 没有一个内容制作人;全球市值最高的零售商阿里巴巴没有一件商品库存;全球最大的住宿服务提供商 Airbnb 没有任何房产……如何与用户建立联系,并且靠一定诉求维持这种关系,成了新商业世界的制胜之道。

在这种情况下,就出现了一种观点:优秀的产品应该由功能型变为服务型。

美国加州大学伯克利分校哈斯商学院营销学教授大卫·艾克(David A. Aaker)认为,一个客户体验产品或服务有三个层面:第一是功能性,客户如何使用你的产品,想从中得到什么;第二是清晰性,即你的产品和服务能给他或者她提供什么样的感觉;第三是自我表达,你的产品和服务能够使他或者她成为什么。

"如果用户感觉不好,虽然拿到钱但我们终将会失去这个客户。有些人会说,我们很重视客户关系,我们有建立 CRM 系统,但很多企业的 CRM 系统仅仅是记录了客户的基本信息,姓名、电话、出生年月日。实际上更重要的是建立人与人之间真正的关系。因为有了移动端,客户的各种行为更容易被记录,有了更多的数据对这种关系进行科学的分析。因为销售产品,开始有了关系;因为经营关系,明白他到底要什么,这样后面的决策和经营都有了依据。"品途网创始人兼 CEO 刘宛岚表示。

(资料来源:根据相关资料整理。)

4.关系营销的价值测定

关系营销为顾客创造和传递的价值一般用"让渡价值"来衡量。所谓让渡价值,是顾客总价值与顾客总成本之差。对顾客总价值的分析是顾客理论研究的重点。

(1)顾客盈利能力。关系营销涉及吸引、发展并保持同顾客的关系,其中核心原则是创造真正的顾客。"真正的顾客"是指:一方面,他们认为自己得到了有价值的服务,愿意与企业建立和保持长期、稳定的关系;另一方面,他们是有利可图的顾客,除了愿意为企业提供的便利支付高价外,还将该企业介绍给他人,义务宣传其产品和服务。对许多企业来说,最大的客户一般要求周到细致的服务和最大程度的折扣,这降低了公司的利润水平;中等规模的客户接受良好的服务,几乎能按全价付款,在大多数情况下是最具盈利能力的;最小的客户也能按全价付款,但只接纳最低程度的服务,但交易费用降低了公司的利润率。因此,大部分可盈利客户并不是企业的最大客户或最小客户,而是中等规模的客户。影响顾客盈利能力的因素有很多,包括需求性质和大小、顾客的讨价还价能力、顾客的价格敏感度、顾客的地理位置和集中度等。

(2)顾客保留成本和顾客流失成本。由于吸引新顾客的成本高于保留老顾客的成本,而且老顾客的盈利能力一般也高于新顾客,因此关系营销的最终目的就是要通过关系的建立和发展留住老顾客。是否采取顾客保留措施的决策分为四步。首先是测定顾客的保留率。顾客保留率即发生重复购买的顾客比率。其次要识别造成顾客流失的原因,并且计算不同原因造成的流失顾客比率。第三步是估算由于不必要的顾客流失,企业利润的损失。这一利润就是顾客生命周期价值的总和。最后一步是决策,即企业维系顾客的成本只要小于损失的利润,企业就应支付降低顾客流失率的费用。

**【链接 1-8】**

### 新关系营销的核心是关系,而不是媒体
—— 本·格罗斯曼,Big Mark 创始人

目前全世界有 20 亿人能够访问 Internet,几乎达到世界总人口的 30%。另

外,还有超过 53 亿手机用户(占世界人口的 77%)。全世界最大的社交网站 Facebook 正在迅速迎来它的第 10 亿个成员。

如果你是企业经营者、企业家或者市场营销总裁,上述转变对你的意义就是,你需要成为关系营销专家,你需要在两大领域磨炼自己的技能:(1)正确地利用各类社交工具的技能。(2)通过这些社交工具有效地建立坚实关系的软技能。这是一个全新的世界,发展得非常迅速,一次失误就会让你的声誉付出代价,所以你需要一个可靠的路线图。

要记住的最重要一点是:关系营销基本上包含了所有营销类型,包括线上的和线下的。营销的范围从电视、电台到排行榜和直邮,从 Facebook 和 Twitter 到电子邮件和手机。通信技术的加速发展迫使人们以全新和完全不同的方式联系在一起。我们必须达到更高的真诚度、正直和透明度,我们必须真心关注整个世界和世界中的所有人。力量已经从企业转移到消费者,从统治者转移到民众。正如盖伊·川崎所说:"平凡人就是新的大人物。"

(资料来源:节选自 Mari Smith. 关系营销 2.0.北京:人民邮电出版社,2013.)

**5.关系营销发展的新趋势**

随着消费者日益理性、成熟以及市场对个性化和人情味的产品和服务的需求,关系营销将出现一系列新的变化并体现出新的性质和特点。

(1)营销传播由大众传播变成个人传播。营销传播步入成熟期,由大众营销快速变为一对一营销,大众传播变成个人传播。在营销传播的运用上,大众媒体将由盛转衰,国际性电子传播系统将取代地方媒体,往日传播系统的时空固定将变为以消费者的需要和时间而机动调整。生产者收集顾客的讯息并存进资料库,顾客则通过购买、市场调查或其他方式,将意见反馈给生产企业。在未来关系营销的年代中,传播将是建立及维持关系不可或缺的因素。

(2)关系营销与数据库营销的联系越来越紧密。数据库营销是建立在关系营销的基础上,且充分体现全面质量管理的原则,并借助于信息技术发展而日益强大起来的。所谓数据库营销,就是企业通过搜集和积累顾客的大量信息,经过处理后预测顾客有多大可能去购买某种产品,以及利用这些信息给产品以精确定位,有针对性地制作营销信息以达到与顾客沟通的目的。数据库可以不断地更新和改善,能够及时反映市场的实际情况,是实施关系营销的重要工具。而关系营销则是数据库营销的基础,可以给企业一个有利的工具去分析失去顾客的根本原因,指导数据库营销的改进。二者是相互支持,密不可分的。并且随着关系营销的发展,数据库营销也必将从顾客数据库发展到所有与企业相关主体的数据库的全面建立。

(3)网络营销的出现使关系营销表现出虚拟化的特征。网络营销是伴随着网络时代的来临而产生的。它所具备的一对一的营销能力,正符合关系营销未来的趋势。互联网络为企业与关系主体提供了一个全新的沟通渠道,企业与关系主体不但可以通过电子邮件进行彼此之间的交流,网上的论坛也为企业提供了一个了解关系主体的通道。与传统媒体相比,互联网络双向交流的特点有利于企业与关系主体做进一步的深入沟通。互联网络将使企业与各相关主体之间的关系出现"虚拟化"的特征。各主体之间是另一种"面对面,耳对耳"的沟通,数字信息流成为各种关系的联系渠道,而互联网络将成为关系营销不可或缺的工具。

### 1.3.3 服务利润链理论

随着服务营销学的发展,1994年哈佛大学的赫斯凯特等教授在前人研究的基础上提出了服务利润链理论。该理论认为,在利润、顾客忠诚、顾客满意、提供给顾客的产品与服务价值、员工满意、忠诚度以及工作效率之间存在着直接相关的联系,如图1-5所示:

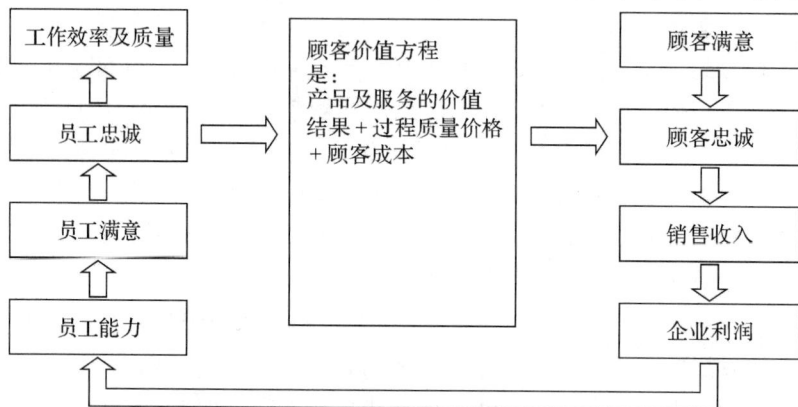

```
┌──────────┐        ┌──────────────┐        ┌──────────┐
│工作效率及质量│        │ 顾客价值方程  │        │ 顾客满意 │
└──────────┘        │ 是:          │        └──────────┘
     ↑              │ 产品及服务的价值│             ↓
┌──────────┐   ⇒   │ 结果+过程质量价格│   ⇒   ┌──────────┐
│ 员工忠诚 │        │ +顾客成本     │        │ 顾客忠诚 │
└──────────┘        │              │        └──────────┘
     ↑              └──────────────┘             ↓
┌──────────┐                                ┌──────────┐
│ 员工满意 │                                │ 销售收入 │
└──────────┘                                └──────────┘
     ↑                                           ↓
┌──────────┐                                ┌──────────┐
│ 员工能力 │                                │ 企业利润 │
└──────────┘                                └──────────┘
     ↑───────────────────────────────────────────┘
```

图1-5  服务利润链

服务利润链是表明利润、顾客、员工和公司四者之间的相互关系,服务利润链有三层含义:战略服务观、顾客忠诚度和员工忠诚度。其内在逻辑表述是:企业获利能力的强弱主要是由顾客忠诚度决定的;顾客忠诚度是由顾客满意决定的;顾客满意是由顾客认为所获得的价值大小决定的;价值大小最终要由工作富有效率、对公司忠诚的员工来创造;而员工对公司的忠诚取决于其对公司是否满意;满意与否主要应视公司内部是否给予了高质量的内在服务。从图1-5中可以看出:

1. 顾客满意和忠诚是企业利润的源泉。传统的市场营销战略根本目标是市场份额的扩大,其基本前提是市场份额的扩大会带来利润的提高,从而导致企业将其目标主要放在通过大力促销和广告来吸引顾客,扩大市场份额,却忽视了对顾客的保留以及长期关系的建立。随着科技进步和消费者心理与文化的变迁,市场环境发生了改变,使市场份额和利润之间的作用关系大大减弱。研究发现,吸引一位新顾客所花的费用是保留一位老顾客的5倍以上;美国消费者协会所做的一项调研发现,高度满意与忠诚的顾客将向其他至少5人推荐产品,而对产品不满意的顾客将告诉其他11人;忠诚的顾客每增加50%,所产生的利润增幅可达25%~85%。所有这些都说明,忠诚顾客的多少在很大程度上决定了市场份额的质量,它比以实际顾客多少来衡量市场份额的规模更有意义,是企业利润的真正源泉。

2. 顾客价值方程式是联系企业与顾客的桥梁。顾客方程式以顾客的眼光来看待产品与服务的价值,企业员工所提供的产品和服务价值与顾客满意和忠诚有直接的联系。由于不同的顾客对产品和服务价值的期望不同,所以价值的大小是相对的。价值是因人而异的,它基于顾客对产品和服务方式的理解,同一种产品或服务对不同的顾客而言,其价值水平可能相差很远。同时,顾客需求及心理的复杂性,决定了其对价格反应模式的复杂性,对于同样的产品或服务,顾客会愿意付出不同的价格,这可能取决于特定的时间、地点以及此产品和服务的相对重要性。在顾客方程式中的结果、过程质量、价格和顾客成本是企业可以控制的因素,企业可以通过对这四个要素的灵活运用,来提高顾客价值。

3. 员工的满意和忠诚以及由此带来的高效率和高质量的工作是提高顾客价值的保障。企业员工的工作是产生顾客价值的必然途径,员工工作效率和高质量决定了他们所创造价值的高低。而满意和忠诚的员工意味着对企业未来发展有信心,进而自觉承担起一定的工作责任,全心为企业服务,其工作效率相应会提高。相反,对企业缺乏满意和忠诚的员工所带来的损失也是灾难性的,例如人才流失率过高,使得企业在招聘、培训上将花费更多的成本;缺乏满意和忠诚的员工往往工作效率低下,最终导致顾客满意度降低,对企业持续发展十分不利。

4. 企业发展的目的是为了使员工更满意。在企业内部,员工就是管理者的顾客,企业发展同时也是使员工满意的前提。企业利润增加、品牌得到社会的认可、管理更加成熟,就必然会通过提供高质量的内部服务给内部员工带来更多的利益和荣誉,激发员工的积极性和归属感,达到更高层次的员工满意,从而进入一个更好的服务利润链循环。

## 本章小结

- 服务和服务营销在现代经济生活中具有重要的意义。服务产品是能够满足人们某种需要的行为、过程与表现,服务具有无形性、不可分离性、品质差异性及不可储存性等特征。
- 服务营销就是一门讨论如何有效开展无形服务的营销活动的学科。其研究的内容不仅包括纯粹无形服务的营销过程,也包括与有形产品组合起来向消费者提供的无形服务部分的营销活动。
- 无论是服务产品营销,还是顾客服务营销,服务营销的核心理念都是顾客满意和顾客忠诚,通过取得顾客的满意和忠诚来促进相互有利的交换,最终实现营销绩效的改进和企业的长期成长。
- 关系营销将服务企业置身于社会经济大系统中来考察企业的市场营销活动,将建立与发展同相关个人和组织的良好关系作为企业市场营销成功与否的关键因素。服务利润链是表明利润、顾客、员工和公司四者之间的相互关系。

## 【案例分析】

### 小米:先让员工满意,顾客才会满意

雷军说过:"小米团队是小米成功的核心原因。当初我决定组建超强的团队,前半年花了至少80%时间找人。"在创办2年的时间里,小米团队从14个人扩张到约400人,整个团队平均年龄高达33岁,几乎所有主要的员工都来自谷歌、微软、金山、摩托罗拉等公司,拥有5~7年以上的工作经验。

创业初期,小米公司很长一段时间不能公开小米公司的真正目标,作为2010年前后的一个看起来貌似做Android App的公司,想招募到顶尖人才的难度可想而知。雷军说:"如果你招不到人才,只是因为你投入的精力不够多。"雷军每天都要花费一半以上的时间用来招募人才,前100名员工每名员工入职雷军都会亲自见面并沟通。有一个硬件工程师被"面

试"了整整 12 个小时。

小米给员工的另一笔隐形激励是粉丝带来的尊荣感，这也是小米粉丝文化产生的独特化学作用。员工说，自从做了小米手机以后，感觉到自己是重要的，因为不管是七大姑八大姨都会打电话过来："听说你在做小米手机，能不能给我搞一台。"这种感觉是很爽的。小米速度的另外一个源头是透明的利益分享机制。小米公司刚刚成立的时候，就推行了全员持股、全员投资的计划。小米公司的一个理念：要和员工一起分享利益，尽可能多地分享利益。

小米式营销上有三板斧。

第一板斧是把新营销当作战略。不是试验田，而是主战场。因为没有预算，只能选择社会化营销的手段。很幸运的是，小米碰上了一个大的顺风车，2010 年正好是微博大爆发的时候，小米迅速抓住了这个机会，并变成品牌的主战略。从小米网的组织架构上，你能看到这种战略聚焦，小米网的新媒体团队有近百人，小米论坛 30 人，微博 30 人，微信 10 人，百度、QQ 空间等 10 人。

第二板斧是做服务。客服不是挡箭牌，客服就是营销。小米论坛是这种服务战略的大本营，微博、微信等都有客服的职能。小米在微博客服上有个规定：15 分钟快速响应。为此，还专门开发了一个客服平台做专门的处理。特别是微博上，不管是用户的建议还是吐槽，很快就有小米的人员进行回复和解答，很多用户倍感惊讶。小米还有一个全民客服的理念，鼓励大家真正近距离地接触用户。从雷军开始，每天会花一个小时的时间回复微博上的评论。包括所有的工程师，是否按时回复论坛上的帖子是工作考核的重要指标。

第三板斧是涨粉丝。小米涨粉丝的秘密武器就是事件营销。小米在微博上做的第一个事件营销是"我是手机控"，从雷军开始，发动手机控晒出自己玩过的手机，大概吸引了 80 万人参与。

如何能让"与米粉交朋友"落到实处，而不是一句空话？在这方面，小米学习的是海底捞。就是把它变成一种文化，变成一种全员行为，甚至赋予一线以权力。比如，小米给了一线客服很大的权利，在用户投诉或不爽的时候，客服有权根据自己的判断，自行赠送贴膜或其他小配件。另外，小米也非常重视人性服务。曾经有用户打来电话说，自己买小米是为了送客户，客户拿到手机还要去自己贴膜，这太麻烦了。于是在配送之前，小米的客服在订单上加注了送贴膜一个，这位用户很快感受到了小米的贴心。

在小米，雷军的第一定位不是 CEO，而是首席产品经理。雷军不喜欢开管理会议，小米公司现在 2500 多人的规模，雷军在整个公司的管理上却只有每周一次、每次 1 小时的公司级例会。雷军 80% 的时间是参加各种产品的会，每周都会定期和 MIUI、米聊、硬件和营销部门的基层同事坐下来，举行产品层面的讨论会。

为了让工程师拥有产品经理思维，小米采取了反常规的办法。和许多公司都禁止开发人员上网聊天什么的不同，小米公司从一开始就鼓励，甚至要求所有工程师通过论坛、微博和 QQ 等渠道和用户直接取得联系。让工程师们直面每一段代码成果在用户面前的反馈，当一项新开发的功能发布后，工程师们马上就会看到用户的反馈。

雷军有一句话才是小米秘密背后的秘密。他说："小米销售的是参与感。小米的出发点很简单，我们有一个极其清晰的定位，就是聚集这么多人的智慧做大家能够参与的一款手机。这种荣誉感是他们推销小米很重要的动力。"

（资料来源：根据相关资料整理。）

**案例讨论题**

1. 小米是如何做到让员工——"小米团队"满意的？

2. 你是如何理解"先让员工满意，顾客才会满"的？

## 【思考题】

1. 在现代市场经济条件下，为什么要研究服务营销理论和方法？

2. 服务产品具有哪些特征？ 这些特点对服务营销过程提出了哪些特别的要求？

3. 服务营销学与市场营销学有什么差别？

4. 举例说明服务营销是如何有效开展无形服务的营销活动的。

5. 从服务营销的核心理念，举例阐述服务营销新理念。

# 第 2 章

## 服务营销环境分析 ▷ ▷ ▷ ▷

- 服务营销宏观环境分析
- 服务营销竞争分析
- 服务环境下的消费者行为

### 导入语

　　服务营销环境分析是服务企业开展营销活动的前提和基础,在当今急剧变化的环境和激烈竞争的市场条件下,服务企业必须动态监测和把握各方面环境因素的变化,进行认真的市场分析,正确认识自身的优势和劣势,以便在不断变化的环境中,寻求企业发展的机会,规避市场风险,求得企业长期的生存和发展。从根本上讲,企业的营销活动就是企业适应环境变化并对变化的环境做出积极反应的动态过程。

　　本章服务营销环境分析的主要内容包括服务营销宏观环境分析、服务营销竞争分析和服务环境下的消费者行为三部分。

　　**当你学完本章后,你将能:**

- ◆ 了解服务营销环境分析的主要内容和意义。
- ◆ 掌握服务营销宏观环境的基本方法。
- ◆ 掌握服务营销竞争分析的基本理论和方法。
- ◆ 掌握服务环境下的消费者行为特点和购买过程。

### 关键词

　　宏观环境(PEST)分析;波特五力模型;购买情境;服务消费三阶段

### ➦【导入案例】

#### 百思买折戟中国

　　在北美如鱼得水的百思买不仅被称为极富创新精神的企业,更是在 2009 年金融危机的当口,逆市上扬,创下了销售额 450 亿美元的新高。但是,这个全球最大的电器零售巨头在中国市场却遭遇了"滑铁卢",不仅没有发展壮大,反而黯然退出中国市场。百思买失败的缘由主要有两个方面:

　　1. 买断模式的水土不服。连锁零售业一般有两种模式:一是以百安居、百思买为代表的买断模式；二是以国美、苏宁为代表的代销模式。买断模式虽然在产品标准化、服务质量、卖场环境等方面有一定优势，但与代销模式相比，买断模式具有其天然的劣势，而这些劣势在中国不成熟的市场中又被放大了。首先，买断模式的扩张成本较高。百思买需要负担扩张过程中的选址成本、装修成本等基础成本，而代销模式只负责选址成本。扩张成本的压力，使百思买在市场扩张方面明显弱于国美、苏宁等本土企业，严重制约了百思买前进的步伐。其次，运营成本较高。除负担扩张成本外，百思买还要负担卖场销售人员成本和产品的损耗；而在代销模式下，这些成本都是由供应商来承担。运营成本过高，吞噬了百思买很大利润空间。再次，买断模式依赖规模效应。百思买在中国最高峰也只有 9 家门店，与苏宁的 1724 家、国美的 1079 家相比差距巨大。没有规模经济效益，买断模式的成本优势就无从谈起。

2.消费者的差异性。在美国市场，百思买凭借对消费者需求的深刻理解和消费者行为的精确把握，使其赢得了众多消费者的青睐。在进入中国市场后，百思买将这种经验复制到中国市场，但它忽略了中美消费者之间的差异。首先，对价格的敏感程度不同。由于两国经济发展水平、文化的差异，导致两国消费者对价格的敏感程度不同。美国消费者是客户体验第一、价格第二，而中国消费者刚好相反。因此，百思买以牺牲价格优势建立起的客户体验，并不被大多数中国消费者所接受。其次，对于体验营销的认知不同。百思买服务模式的本质是类似 VIP 的一对一精英服务模式，强调"自由购物"的理念，注重个人隐私和独立性，这些符合美国消费者。而在中国，消费者更加注重交流与分享，强调购物过程中的沟通与交流，而百思买恰恰忽略了这一点。再次，消费者的认知差异。在美国市场，消费者强调个性自由和独立，因此，百思买美国的店面较为宽阔，而商品层次感不强，品类也不丰富，良好的顾客体验才是首要因素。而中国消费者更强调组织与全面，他们需要更多的品牌选择和产品，但百思买中国销售的产品以外资品牌为主，缺乏海尔、美的等主流家电品牌的产品线，留给中国消费者的选择余地很小。

[资料来源:慈鹏鹏. 百思买折戟中国[J]. 销售与市场(评论版),2012(12):55—57.]

# 2.1　服务营销宏观环境分析

服务企业在开展营销活动之前，首先需要对其所处的环境有一个清晰的认识和了解。所谓服务营销环境是指影响服务企业营销活动及营销目标实现的各种因素和外部力量，通常可以分为两大类，即宏观环境和微观环境。服务企业与环境的关系见图 2-1 所示。

宏观环境是指对各类企业营销都有普遍影响的主要社会力量，包括政治法律环境、经济环境、社会文化环境、科

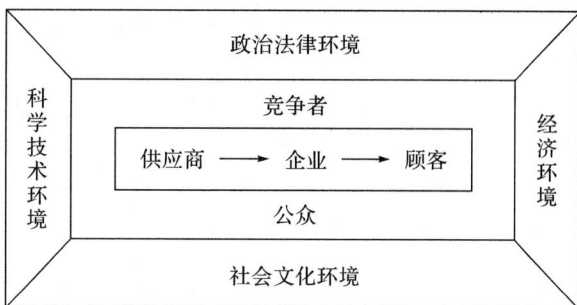

图 2-1　影响服务企业营销的环境因素

学技术环境(PEST)。微观环境，是指与特定企业相关的，直接影响该企业营销活动的各种因素。对服务企业来讲，主要有供应商、顾客、竞争者等。我们将在本章第二节，运用五种

竞争力模型进行分析阐述。本节将主要从宏观环境的四大主要因素分析其对服务营销的影响。

### 2.1.1　政治法律环境

政治法律环境是指一个国家或地区的政治制度、体制、方针政策、法律法规等方面。这些因素常常制约、影响企业的经营行为,尤其是影响企业较长期的投资行为。

政治环境对企业的影响特点是:

(1)直接性:即国家政治环境直接影响着企业的经营状况;

(2)难于预测性:对于企业来说,很难预测国家政治环境的变化趋势;

(3)不可逆转性:政治环境因素一旦影响到企业,就会使企业发生十分迅速和明显的变化,而这一变化企业是驾驭不了的。

在过去,服务业一直处于高度管制,在市场准入、价格水平、分销渠道等方面受到各种法规、条例的约束。近年来,各国政府开始放宽了对服务业的限制。美国从20世纪七八十年代起,就在努力实践把对空中货运、航运、铁路运输、公路运输、银行、证券、保险等领域的限制降到最低程度。继美国之后,欧盟成员国之间也大量放松贸易管制,纷纷将国有公司推向市场竞争。拉丁美洲国家也采取了类似的行动。我国政府顺应市场经济发展的要求,也采取了有效的行动,如取消和放松部分价格限制,拆分中国电信,打破电信行业的垄断等,与此同时,以保护消费者权益、提高公众安全和保护环境为目的的法律、法规也在不断完善。

2001年我国加入 WTO,按照有关"入世"的协议内容,我国将走向全方位、多层次的对外开放,其中很重要的一项内容就是,开放金融、电信、商业、影音产品、旅游及专业服务等过去受到重点保护的国内市场。我国将逐步放开服务市场,对外商设立合营公司的数量、地段、股权等的限制也将逐步取消。这意味着中国将不再有受到政府保护的产业,所有中国企业都将在境内按照同一规则与外资企业展开平等的市场竞争。这无疑给外资服务业创造了巨大的机会,同时也给我国的服务企业带来了巨大的挑战。

【链接 2-1】

#### 新《广告法》的极限禁语

十二届全国人大常委会第十四次会议审议通过了新《广告法》,于2015年9月1日起正式实施,号称"史上最严广告法"。内容也由95版《广告法》的49条扩充到75条,首次明确列出不能使用的极限用语,极限用语处罚由退一赔三变更为处罚20万元起。如遇顾客投诉极限用语,并维权成功,赔付金额将由商家全部承担。出现极限用语的地方包括但不限于:商品列表页、商品标题、副标题、主图及内容详情、商品包装等。

国家级、世界级、最高级、最佳、最大、第一、唯一、首个、首选、最好、最大、精确、顶级、最高、最低、最、最具、最便宜、最新、最先进、最大程度、最新技术、最先进科学、国家级产品、填补国内空白、绝对、独家、首家、最新、最先进、第一品牌、金牌、名牌、优秀、最先、顶级、独家、全网销量第一、全球首发、全国首家、全网首发、世界领先、顶级工艺、最新科学、最新技术、最先进加工工艺、最时尚、极品、顶级、顶尖、终极、最受欢迎、王牌、销量冠军、第一(NO.1\Top1)、极致、永久、王牌、掌门人、领袖品牌、独一无二、独家、绝无仅有、前无古人、史无前例、万能等均属于极限用语。

## 2.1.2　经济环境

从全球范围来看,继农业经济时代、工业经济时代之后,全球经济已进入新经济(或服务经济)时代。新经济时代的突出特点就是服务业在国民经济中的比重逐步扩大,并成为国民经济的主导。

在美国,服务业在国民经济中所占的比重已达75%以上,相应的,80%的就业人士所从事的工作不是制造产品,而是传输产品和提供服务。在美国的产品制造业从事研究、后勤、维修、产品设计、会计、金融、法律和私人事务等服务的人员一般为该行业的65%～76%。新经济已成为美国等发达国家的现实。

在我国等发展中国家,服务业正呈现日渐扩大的趋势。近年来,随着人们消费水平的不断提高,人们对生活质量和生存环境的要求日益提高,音像、电视、多媒体等文化娱乐服务业,美容、按摩、健美等保健服务业,外卖、送货、家政等生活服务业,以及各种以维护环境、保护生态平衡为核心的环境检测、环境保护、排污处理等服务业正在蓬勃兴起。现代社会的高度复杂化也迫使人们对法律、金融等咨询服务业产生了很大需求。当然由于我国地域辽阔,且地域间差异显著,因此还需要结合具体地区的经济发展状况做具体分析。

近20年来,经济全球化进程明显加快,成为世界经济发展的主流。经济全球化的最主要内容就是各国经济互相渗透、互相依存,其中国际贸易迅猛发展是其重要表现,而在国际贸易中,服务贸易的发展尤为突出。据统计,服务贸易在整个国际贸易中的比重,20世纪七八十年代占1/5,90年代则增至1/4。伴随着经济全球化的发展,金融全球化、信息全球化、营销网络全球化得到快速扩张,并带动和促进了各种相关服务业如金融法规服务、金融传输机制、传送手段服务、金融人才培养训练、电脑及网络服务等的繁荣。可以说,经济全球化推动了服务营销在更大范围、更多领域的发展,同时,服务营销的繁荣与发展也有利于促进经济全球化的进一步推进。

【实例 2-1】

### 经济新常态下快递行业何去何从?

中国经济正在向形态更高级、分工更复杂、结构更合理的阶段演化,经济发展进入新常态,正从高速增长转向中高速增长,经济发展方式正从规模速度型粗放增长转向质量效率型集约增长,经济结构正从增量扩能为主转向调整存量、做优增量并存的深度调整,经济发展动力正从传统增长点转向新的增长点。

国内快递业同样进入新常态。截至2015年11月,全国快递业务量已达182.5亿件,同比增长48.1%,其中约7成为电商快件。阿里研究院预计,全年快递业务量将达到200亿件左右,稳居世界第一快递大国地位。然而,快递业务总量增长速度已从过去爆发性增加阶段向稳定增长阶段过渡,从2010年开始,全国快递业务量均以超过55%以上速度迅猛增长,2013年一度超过60%。2015年快递业务量同比增速已降到50%以下,这与宏观经济新常态的发展趋势是一致的。快递业作为新动能的组成部分,形势依然比传统行业要乐观。

2015 年"两会"期间,李克强总理在政府工作报告中充分肯定了快递发展的成效,明确要求"发展物流快递,把以互联网为载体、线上线下互动的新兴消费搞得红红火火"。在与中外记者见面时,更是向世界发出"我很愿意为网购、快递和带动的电子商务等新业态做广告"的最强音。以往被认为只是"跑腿搬货"的快递,已深入人们生活的各个角落和消费的各个领域:网上购物、跨境购物、生鲜订购、校园包裹、同城快递……同时,快递入厂区、入园区,增进制造业、服务业的细分化、专业性,提高生产效率、降低生产成本。环顾国内,在餐饮外卖、食材配送、校园快递、众包跑腿等领域,一大批创新性的快递企业如雨后春笋般涌现。此外,以服务"智慧生活"为核心的智能快递,也成为各类企业竞逐的阵地。

但是,快递业也呈现出"成长的烦恼"。首先,同质化竞争严重,对电商件依赖过高,高附加值的服务产品培育滞后:价格战持续多年,一些快递公司"赔本赚吆喝"。其次,服务质量良莠不齐,消费者投诉时常成为热点;违规寄递、"带险上路"时有发生,快递安全仍暴露漏洞等等。最后,加盟门槛低管理不规范,从业者认为,当前快递公司普遍采用加盟制度,这一模式解决了企业发展之初因资金不足导致的线路铺设能力有限等问题,但是随之而来的高层人员过多、网点管理松散等问题却令快递公司转型困难重重。

(资料来源:黄玥.经济新常态下,快递行业何去何从.新华网,2015-3-27.)

**【即问即答 2-1】**

以"互联网+"为契机,国内快递如何做"强"做"优"?

## 2.1.3　社会文化环境

一个社会中,占主导地位的价值观念、基本信仰、行为准则、风俗习惯等的总和构成了社会文化环境。任何消费者都是在特定的社会文化环境中成长和生活的,其思想、行为无不体现着特定的文化环境的潜移默化的影响。社会文化环境通过影响消费者的行为及偏好,间接影响着企业的营销活动。因此要求企业在服务营销中,要深入分析和了解消费者所处的社会文化背景,才能更好地迎合消费者的需要。

随着经济的全球化,相应的,也应该有一个文化的全球化。文化全球化是指随着人类交往关系的发展不同文化模式之间的交流日益广泛和深入彼此之间相互认同、相互融合的程度不断提高并在此基础上形成某些具有普遍意义的文化通性(价值观念和生活方式的一致性)的趋势。这种文化全球化,是指地球上各种不同的文化,通过各种形式、各种范围、各种程度、各种途径的交往、碰撞,互相影响、互相渗透、互相融通,虽然在某些方面或某些部分难以一体化(或者说不可能一体化),但可以在保持个性化、多元化的情况下,互相理解,彼此尊重,达成某种价值共识和价值共享,促成全球性的人类文化繁荣。

自 20 世纪 80 年代以来,世界经济呈现出全球化趋势。在不断增长的国际间货币、商品、人员、影像和信息之流日趋强劲的调和下,人类生活的各个领域正日益成为一个联系更为紧密、差异可能缩小的整体,各种特殊文化(民族的、国家的、地域的和社群的)以当代传媒技术为支持,借助不断扩张的资本运作,在全球规模上持续、深入地交流与互动,越来越呈现出整体性发展的趋势,相似性在增加,色彩鲜明的差异在消失,文化认同与价值认同越来越有超越本土化的趋势。美国学者彼得·伯杰概括了文化全球化的四种载体,一是被称为"达沃斯文化"的国际商业精英群体;二是被称为"学院俱乐部文化"的国际知识精英群众;三是"麦当劳世界文化";四是"福音派新教"或任何大规模的群众运动,通常指宗教性群众活动。

我国自 1979 年改革开放以来,短短 30 多年的时间社会经济环境和文化环境发生了天翻地覆的变化,传统的消费观念和价值取向也受到了极大的冲击,上述这些变化,无疑为服务企业营销提供了有利的发展机遇。但是,我们也应该认识到,尽管全球化是一股不可逆转的历史潮流,然而它却不应该、也不可能使未来的世界变成一个完全同质或均质的体系。由于世界经济发展的不平衡性,民族经济仍应是世界经济的基本组成部分,各国家、各民族之间的差异仍将长期存在。因此,面对不同社会文化环境下的服务消费者,企业营销时必须要入乡随俗,去迎合消费者的不同偏好。

【实例 2-2】

### 中美消费者不同年龄段对芭比娃娃的认知心理反应

美泰公司的芭比娃娃一直被喻为美国文化的象征。近年来,芭比不断征战国际市场,更是将中国作为其全球化的重要基地。然而芭比首家旗舰店却在上海呈现出叫好不叫座的销售现象,并终于 2009 年 3 月关闭。美泰投入了大量精力在这家跨国旗舰店上却还是以关门收场,到底是什么原因导致了美泰中国市场的失利?

原因之一就是美泰在决策过程中犯了一个在跨文化营销中大多公司都会出现的问题——自我参考,即人们根据自己过去对自己的看法来判断别人的行为,认为在本国市场好的产品到了其他市场依然如此,因此导致了对异域文化的偏见。另外美泰也没有考虑到在没有文化情感的支撑下年龄对审美和心理认知的差异。自我参考易导致文化敏感度的缺失,从而做出错误决策。直到现在美泰公司依然认为芭比将是永远不老的大众情人。即便美泰组建了精心设计团队为上海市场特别设计了"上海娃娃玲",但在中国消费者看来这不过是染成了黑发的芭比,是美国人心中的上海女孩形象。

1. 对"玩"的认知

正如美泰进入中国市场前做的调查显示的一样,中国的确有着比美国多许多的孩子,然而这并不意味着中国对玩具、特别是玩偶玩具有巨大的需求量。与美国家长不同,中国父母更希望孩子(5～16 岁)努力学习,而不是玩。这是发展中国家的客观国情,这种功利的消费原则也阻挡了女孩与芭比亲近的机会。

对于 16 岁以上的女性来说,她们玩什么就不再受制于父母的安排了。但是她们对"玩"的概念已经不限于玩具,而是更广泛的社交、旅游、派对等等,玩娃娃显得幼稚。所以美泰如果希望抓住白领消费者就应该将市场细分做得更细致,将芭比与 SPA、美容美甲和玩具售卖分开,作为时尚的引领者,吸引白领客群。

2. 对产品审美的认知

美国的孩子受开放式文化影响比较早熟,美国的家长较东方家长来说也更加开明。因此对于美国的小女孩来说,芭比的长相、身材所呈现的性感是可以接受的。芭比具有美化自我、向往生活的引导力，它的服饰丰富多彩且分类到位，可以唤起孩子们注意外表形象。"每个女孩都有一个公主梦"是伴随着几代美国人的成长的，因此受到文化价值观的影响，在美国无论是女孩还是女人都可以是芭比的受众群。

而在中国，过去的女孩是玩布娃娃长大的，它是中国文化的意象反映，是儿童或婴儿意象的萌芽般的朦胧状态。因此对于 14 岁以上的女孩和女人来说，娃娃应该继承传统形象——毛茸茸、胖乎乎、活泼可爱等。近年来时尚潮中，类似儿童装的宽筒裤、松糕鞋、宝宝领等轮番上演，"袋袋猫"、"米奇妙"、"KT 猫"等原本属于儿童的服装或饰品在青年女性身上随意可见。这种回归童趣的着装风貌，其实正是当年布娃娃游戏的投影与呼应。对于该年龄阶段的女性来说，类似 Hello Kitty 的卡通形象更受欢迎，它的可爱文化可以运用在各个方面且接近布娃娃意象。因此，在中国想拓展白领市场的话，可以将芭比具体的形象抽象化符号化，使其不带有明显的"成年人形"，并运用一些周边时装、美容美甲等把这个概念时尚化，更贴近中国白领和青年的需求。

对于 14 岁以下的孩子来说，信息时代对儿童造成的最大影响就是儿童兴趣成人化。而"童年浓缩"就是指现在的孩子们心智提前成熟。美泰内部的人士也表示，"因为计算机、网络与电视、录像带等信息的洗礼，现在许多八九岁的孩子，思想成熟度已经像是十三四岁的青少年，所以他们对于太过孩子气的玩具会排斥"。这里并不是说芭比不够成熟，相反，芭比建立了非常成人化的网络体系，但是，很多儿童认为拿着它会让人感觉幼稚，不够成熟，这正是电子化时代的孩子非常抗拒的，也是由于电子化所产生的审美变化。过去，12 岁的女孩子可能还会玩娃娃，可是今天洋娃娃最主要的消费群却是 3～5 岁的小女孩。芭比娃娃成了一个婴儿玩具。面对电子商品的冲击，现在更多的父母选择 iPad 作为早教玩具，在他们看来 iPad 没有明确年龄区分，可以锻炼孩子的观察力、行动力，比玩偶精彩。

［资料来源：节选自徐烨儿，等.芭比在中国遇到的文化陷阱：原因及发展建议.现代市场营销，2013(3)：23—28.］

### 2.1.4　科学技术环境

当代科学技术的迅猛发展刺激了社会对新服务种类和对以先进技术为基础的优质服务的需求，同时也大大有利于企业改进和提高服务质量。詹姆斯·A.菲茨西蒙斯和莫娜·J.菲茨西蒙斯在《服务管理》一书中提出了科技发展对服务营销可能带来的五个方面的影响。

1.新技术带来规模经济

因为企业营销规模的增加可以使技术的固定成本得到分摊，导致单笔交易成本降低而实现规模经济。如 ATM(自动提款机)进入银行，使得银行的业务量成倍增加，不仅提高了服务效率，同时也提高了顾客满意度。

2.新技术带来范围经济

范围经济是指利用已建立的分销网络销售新的服务产品。在新技术的支持下，要实现范围经济是比较容易的。例如，花旗银行利用其 MIS(管理信息系统)中的顾客数据库资料，可以将新开发的金融产品通过直复营销推销给顾客。

### 3.科技的发展使服务竞争变得复杂

服务不能储存,一架尚有空位的飞机起飞后就失去了携带额外顾客而获得收益的机会,因此,销售管理在服务业是非常重要的环节。航空公司通过采用自动售票系统、预定系统等,则有助于该类问题的解决,同时也使得整个行业不得不采用这类系统。紧跟科技发展的步伐,成为企业竞争的有力武器。

### 4.科技的发展打破了一些行业的界限

尽管在我国金融行业还是分业经营,但在其他许多国家,银行、保险公司等都提供相同的产品和服务。如花旗银行就自称为"金融超市",通用汽车公司向购车者提供利率优惠的消费贷款。

### 5.科技的发展有助于提高服务企业的国际竞争力

信息技术、医疗技术和交通通信技术的长足发展,使得服务业产生了巨大的变化,许多原本在本国范围内开展业务的航空公司和航空货运公司都建立了国外航线网络,Internet使地球变小了,也使服务企业的触角变长了,地理距离已不再是太大的障碍。

**【实例 2-3】**

## 从 AWE2015 看智能家居的发展

2015 年 3 月 11 日,AWE2015 中国家电博览会在上海新国际博览中心盛大开幕,跻身全球三大消费电子展的 AWE 吸引了国内外超过 550 家企业参展,汇集了几乎全部家电及消费电子主流品牌。AWE2015 特别打造了一个 6000 平方米的"未来@家智慧家庭体验馆"(FUTURE@HOME),让智能家居概念更直观地展现给人们。"智能"在这次 AWE,是最火的两个字。从这一点来看,智能家居必然是家电行业发展的趋势。

#### 1.引领行业发展:京东微联 App

京东用三百平方米的展台,搭建了一个完整的智能家居环境。通过智能客厅、智能卧室、智能书房、智能厨房和智能健康几大分区来对应不同的生活场景,参观者可以看到不同品牌的空气净化器、空调、烟机、热水器、灯具、净水设备、烤箱、插座、加湿器、取暖器等智能家电都通过"京东微联"App 实现了互联互通,通过智能手机轻松操控所有加入京东智能生态的家电产品。如可以设置启动净化器时把加湿器同时唤醒启动,避免室内太干燥;设置智能电灯和智能窗帘联动,享受宁静的夜晚;设置智能电视和智能插座联动,使音响等设备能和电视一起关闭来节省耗电。

#### 2.向用户敞开智能家居的大门:海尔 U+智慧生活 App

海尔 U+智慧生活 App 为众多企业和用户提供了一个统一的入口,将智慧家居真正的带到生活中去。它不是一个封闭的智能家电操作 App,而是对行业全生态圈开放,向合作厂商敞开大门,全面整合了上下游产业链,将不同品牌的硬件与软件完美结合,为用户提供全方位的智能家居服务的新产品。用户可以通过海尔 U+智慧生活 App 一站式接入各种智能家电,根据自己的需求定制属于自己的智慧生活,对自己的智能生活需求进行增减,随时随地对自己的智能家居进行控制。目前海尔 U+已经实现了安全、健康、美食、洗护等七大智慧生态圈的搭建,也已实现冰箱、空调等产品的定制化。

3.智能家电的黏合剂："机智云"物联网云服务

机智云是国内第一个专门为智能硬件提供后台支持的云服务平台，其接入的智能家电和可穿戴设备等智能硬件已超过200万台，是国内最大的智能硬件集群。这次展会上机智云和20余家通讯模组和方案商共同展示物联网解决方案和云服务。机智云CEO黄灼认为，在智能家居的大环境下，每一个厂家都可以拥有自己的生态系统，每个厂家的系统既可以自成一体，也可以通过授权的方式互联互通，形成一个非常庞大的生态系统。机智云提供的软件和云端服务结合模组和方案商的硬件可以快速地帮助家电企业实现产品的互联网化，构成以用户为中心的智能家居系统。

（资料来源：Roy Wong. 从 AWE2015 看智能家居的发展. http://ianpo.com/Article_retrieve_view-7373.html.2015-03-14.）

## 2.2　服务营销竞争分析

美国哈佛商学院教授迈克尔·波特（Michael Porter）于20世纪80年代初，在其著名的《竞争优势》一书中提出，任何产业，无论是国内或国际的，无论生产产品或提供服务，竞争规律都将体现为五种竞争的作用力：供应商的讨价还价能力、购买者的讨价还价能力、潜在竞争者进入的能力、替代品的替代能力、行业内竞争者现在的竞争能力（如图2-2所示）。此理论被称为波特五力模型（Michael Porter's Five Forces Model），又称波特竞争力模型。该模型简单而实用，能使企业透过复杂的表象看到本质，明确产业竞争的五种主要来源，通常用于分析一个行业的基本竞争态势。按照波特的观点，如果这五种力量都强有力地作用在企业身上，就会使企业的赢利大幅度降低。相反，如果这五种力量比较分散，竞争就会变得不很激烈，企业获利机会就要大增。因此，企业成败的一个关键是要选准行业，即选择那些具有较大吸引力的行业。

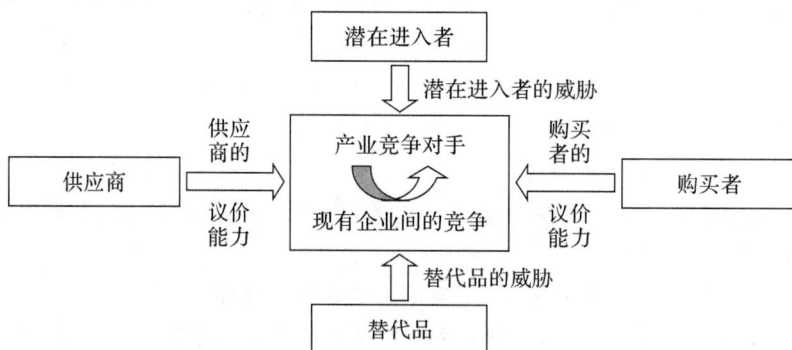

图 2-2　波特五力分析模型

【实例 2-4】

### 虎扑网：一个垂直体育社区崛起之道

虎扑体育成立于2004年，是中国资源优势及营销实力的专业体育营销公司。

旗下拥有中国的体育网站——虎扑体育网。经过十年的发展与积累,虎扑已成为集体育营销策划、赛事营销与管理、活动管理、公关传播、体育市场调研、新媒体运营、体育公益为一体的体育整合营销机构,为各大企业、品牌与机构提供全方位体育营销服务。

在体育行业这片红海里,虎扑选择做一匹黑马,悄无声息地做着巨头不愿干的累活苦活,却在这个芜杂的市场中找到了价值洼地。

在篮球项目上,NBA 不再只是一个大洋彼岸的体育赛事,中国已经成为 NBA 在美国之外的第二大市场。NBA 在推进本地化的进程中,正在与新浪和腾讯两大传统门户结成同盟。新浪不仅拥有 NBA 的线上赛事转播权,还依托微博平台创建了 LOVE-NBA 社区,培养了一批颇具影响的篮球主题账号。这实际上是在与虎扑争夺用户。为了守住自己的地盘,虎扑必须要做的一件事就是进一步确立自己在篮球领域的权威,这就决定了虎扑必须向主流资源靠拢。由于毕竟与新浪、搜狐等传统门户相比实力还存在差距,虎扑目前还无法拿到 NBA 和 CBA 这两大含金量颇高的职业赛事资源,于是,虎扑采取了一种曲线救国的道路借助自己做论坛积累的运营能力,运营大型体育赛事的官网。

从 2012 年开始,虎扑成为了 NBL(CBA 的次级联赛)的官网运营商。因为在合作中表现出很高的专业素养,中国篮协主动找到虎扑,委托其运营 WCBA 的官网。除了与篮协官方的合作,虎扑目前还与 CBA 的一些俱乐部合作,为它们运营线上社区。这些举措背后的最终目的其实只有一个,那就是等待合适的时机抢下 CBA 这块暂时被搜狐"霸占"的蛋糕。

当然,如果还是把目光盯在跟门户抢夺流量,与新浪等争夺体育赛事资源的话,虎扑很有可能会让自己陷入一场不对称战争而逐渐被拖垮。在移动互联网时代,虎扑也需要重新找到自己的位置。目前,虎扑已经迈出了第一步,将移动互联网的团队从原先的部门独立出来,并在 2012 年 11 月发布了全新的产品虎扑看球伴侣,一款能够随时查看 NBA 赛事直播的 App。"我们是把 PC 抛到一边,看让体育和移动互联能够创造出什么价值。"

而在布局移动端之外,虎扑找到了另外一个自己可以去颠覆的广阔市场。多少有些出人意料的是,虎扑将赌注押在了线下。虎扑特意避开了资源集中、成本高企的一线城市,转而进入交易模型简单、亟待开发的二三线城市。在北上广三个城市,几个大型承办商几乎垄断了所有赛事的运营,在这笔交易里,虎扑毫无议价优势。但在二三线城市,举行一场体赛事是一个市场化的行为,承办商各自报价,最后竞标高者获得资格。虎扑很快在二三线城市打开市场。

(资料来源:节选并整理自杨钊.商业价值:颠覆者虎扑.商业周刊,2013-01.)

## 2.2.1　供应商的议价能力

供应商主要通过提高投入要素价格与降低单位价值质量的能力,来影响行业中现有企业的盈利能力与产品竞争力。供应商力量的强弱主要取决于他们所提供给买主的是什么投入要素,当供应商所提供的投入要素其价值构成了买主产品总成本的较大比例、对买主产品生产过程非常重要、或者严重影响买主产品的质量时,供应商对于买主的潜在讨价还

价力量就大大增强。一般来说,满足如下条件的供应商会具有比较强大的讨价还价力量:

1. 供方行业被一些具有比较稳固市场地位而不受市场激烈竞争困扰的企业所控制,其产品的买主很多,以至于每一单个买主都不可能成为供方的重要客户;

2. 供方各企业的产品各具特色,以至于买主难以转换或转换成本太高,或者很难找到可与供方企业产品相竞争的替代品;

3. 供方能够方便地实行前向联合或一体化,而买主难以进行后向联合或一体化,简单地说,店大欺客。

## 2.2.2　购买者的议价能力

购买者主要通过压价与要求提供较高的产品或服务质量的能力,来影响行业中现有企业的盈利能力。一般来说,满足如下条件的购买者可能具有较强的讨价还价力量:

1. 购买者的总数较少,而每个购买者的购买量较大,占了卖方销售量的很大比例;

2. 卖方行业由大量相对来说规模较小的企业所组成;

3. 购买者所购买的基本上是一种标准化产品,同时向多个卖主购买产品在经济上也完全可行;

4. 购买者有能力实现后向一体化,而卖主不可能前向一体化,简单地说,客大欺主。

## 2.2.3　新进入者的威胁

新进入者在给行业带来新生产能力、新资源的同时,将希望在已被现有企业瓜分完毕的市场中赢得一席之地,这就有可能会与现有企业发生原材料与市场份额的竞争,最终导致行业中现有企业盈利水平降低,严重的话还有可能危及这些企业的生存。新进入者的威胁的严重程度取决于两方面的因素,这就是进入新领域的障碍大小与预期现有企业对于进入者的反应情况。

进入障碍主要包括规模经济、产品差异、资本需要、转换成本、销售渠道开拓、政府行为与政策(如国家综合平衡统一建设的石化企业)、不受规模支配的成本劣势(如商业秘密、产供销关系、学习与经验曲线效应等)、自然资源(如冶金业对矿产的拥有)、地理环境(如造船厂只能建在海滨城市)等方面,这其中有些障碍是很难借助复制或仿造的方式来突破的。

预期现有企业对进入者的反应情况,主要是采取报复行动的可能性大小,则取决于有关厂商的财力情况、报复记录、固定资产规模、行业增长速度等。总之,新企业进入一个行业的可能性大小,取决于进入者主观估计进入所能带来的潜在利益、所需花费的代价与所要承担的风险这三者的相对大小情况。

## 2.2.4　替代品的威胁

两个处于同行业或不同行业中的企业,可能会由于所生产的产品是互为替代品,从而在它们之间产生相互竞争行为,这种源自于替代品的竞争会以各种形式影响行业中现有企业的竞争战略。第一,现有企业产品售价以及获利潜力将受到用户易接受替代品的限制;第二,由于替代品生产者的侵入,使得现有企业必须提高产品质量、或者通过降低成本来降低售价、或者使其产品具有特色,否则其销量与利润增长的目标就有可能受挫;第三,源自替代品生产者的竞争强度,受产品买主转换成本高低的影响。总之,替代品价格越低、质量越好、用户转换成本越低,其所能产生的竞争压力就强;而这种来自替代品生产者的竞争压力的强度,可以具体通过考察替代品销售增长率、替代品厂家生产能力与盈利扩张情况来加以描述。

### 2.2.5　同业竞争者的竞争程度

大部分行业中的企业,相互之间的利益都是紧密联系在一起的,作为企业整体战略一部分的各企业竞争战略,其目标都在于使得自己的企业获得相对于竞争对手的优势,所以,在实施中就必然会产生冲突与对抗现象,这些冲突与对抗就构成了现有企业之间的竞争。现有企业之间的竞争常常表现在价格、广告、产品介绍、售后服务等方面,其竞争强度与许多因素有关。

一般来说,出现下述情况将意味着行业中现有企业之间竞争的加剧,这就是:行业进入障碍较低,势均力敌竞争对手较多,竞争参与者范围广泛;市场趋于成熟,产品需求增长缓慢;竞争者企图采用降价等手段促销;竞争者提供几乎相同的产品或服务,用户转换成本很低;一个战略行动如果取得成功,其收入相当可观;行业外部实力强大的公司在接收了行业中实力薄弱企业后,发起进攻性行动,结果使得刚被接收的企业成为市场的主要竞争者;退出障碍较高,即退出竞争要比继续参与竞争代价更高。在这里,退出障碍主要受经济、战略、感情以及社会政治关系等方面考虑的影响,具体包括:资产的专用性、退出的固定费用、战略上的相互牵制、情绪上的难以接受、政府和社会的各种限制等。

行业中的每一个企业或多或少都必须应付以上各种力量构成的威胁,而且客户必须面对行业中的每一个竞争者的举动。除非认为正面交锋有必要而且有益处,例如要求得到很大的市场份额,否则客户可以通过设置进入壁垒,包括差异化和转换成本来保护自己。当一个客户确定了其优势和劣势时,客户必须进行定位,以便因势利导,而不是被预料到的环境因素变化所损害,如产品生命周期、行业增长速度等等,然后保护自己并做好准备,以有效地对其他企业的举动做出反应。

根据上面对于五种竞争力量的讨论,企业可以采取尽可能地将自身的经营与竞争力量隔绝开来、努力从自身利益需要出发影响行业竞争规则、先占领有利的市场地位再发起进攻性竞争行动等手段来对付这五种竞争力量,以增强自己的市场地位与竞争实力。

【链接 2-2】

### 服务营销的三类主要竞争者类型

服务营销竞争亦可分为:价格竞争、线上竞争和文化竞争。

1. 价格竞争。无论是对于营销人员,还是对于研究者,服务定价问题都是个复杂的问题。造成困难的主要原因表现在如下几个方面:首先,人们对无形服务的定价应该考虑的问题缺乏理解,这些独特问题是关于消费者如何购买、体验及如何从服务中获得收益的问题。其次,关于服务定价的这些问题,仍没有权威的学者、机构或企业提出正式的研究方法或产生成熟的、有代表性的研究成果与实践经验。最后,现存的服务定价理论或实践,大多数都带有很强的针对性和片面性,并且彼此之间缺乏必要的联系。但无论现状如何,定价都是服务人员寻求竞争优势的武器之一,因为任何一个顾客都无法抵挡低价又高品质的服务诱惑。因此,价格是企业竞争的重要因素。

2.线上竞争。在如今这个电商时代,传统的面对面服务已远远不能满足顾客的需求。因此,要开辟适应当今时代背景的线上服务竞争,才能在竞争激烈的市场中占据一定的地位。主要有两种服务方式:建设完善网上商城和开发相关 App。

网上商城的完善可以使顾客更加便利与快捷的选购自己想要的产品,同时建立健全的客户服务系统,使顾客提出反应的问题可以及时得到回答与解决,足不出户就能满足需求。而 App 的开发,可以自主研发也可以与他人合作完成,或者采取收购等手段,让消费者在购买到了产品后可以得到一些延伸服务。如运动服品牌 Under Armour 收购的健身类 App,化妆品牌 L'OREAL 的试妆类 App 等,为自己的产品提供了长期可靠的后续服务,提高了品牌对于消费者的影响力和黏性,也在无形中增加了回头客的数量。

3.文化竞争。企业文化的竞争,是在保证了顾客能看得见的面对面服务质量后,企业所能给到的更高层次的精神服务。一个企业的文化,是一个企业精神、价值、信念等的象征。顾客实际亲身体验到贴心服务的同时,企业文化的一些细节可以满足顾客心理的追求。

首先是实体店面装修风格,这是一个企业给予顾客最直观的企业店面文化。在实际生活中,企业文化也可以通过其广告等宣传活动来体现。其次便是一个品牌的广告,其广告词简单直接地传达给了顾客该品牌赋予的精神和力量。最后是它的赞助与代言,当一个企业的赞助随处可见、其代言人为国际一线明星时,该品牌在顾客心中的满意度也会大大提升。企业文化的竞争虽然表面上看上去并未提供任何有形的服务,但却在无形中施予了消费者下次再来的暗示,提高了企业的竞争力。

## 2.3　服务环境下的消费者行为

### 2.3.1　服务市场的消费者行为特点

与有形产品消费者行为的特征相比,服务市场的消费者行为有其独特性,主要表现在消费者收集信息的方法、消费者对服务的感知风险、品牌忠诚以及对服务质量的评估与购买后失调等方面。了解服务市场中的消费者行为特征,有助于提高企业的服务质量,提高企业的综合竞争力。

1.消费者收集信息的方法

消费者在制定购买决策的过程中,很重要的一个步骤就是要收集各种信息。信息搜寻可以从内部、外部或内外部同时产生。内部信息搜寻是对记忆中原有的信息进行回忆的过程。如果内部搜寻没有产生足够的信息,消费者就会通过外部的搜寻来得到另外的信息。消费者外部信息来源主要包括个人来源(家庭、朋友、同事等)、商业来源(广告、推销商、展览等)、公共来源(大众媒体、消费者评比机构等)以及经验来源(产品的操作、检查与使用等)。在互联网时代,消费者更大程度地参与进了服务销售的完整过程中。消费者通过更加个性化、情景化和具有交互性的社会化媒体(例如微博、微信、QQ 等),来获取更多感兴趣的信息;商家则通过与这些社会化媒体的合作更好地了解消费者的需要,从而我们看到当今如此多电商与社会化媒体"联姻"的关系,电商所设的"评价"一栏也提供给消费者很好的收集信息的途径,它有些相似于传统获取信息方式中的个人来源,来自身边亲友的评价,但取样更大,信息量更充裕;另一方面网络的匿名性也带来可信度低的风险。相对于有形产品的购买,服务市场消费者主要通过人际交流来获取所要购买的服务信息,而广告等媒体沟通手段相对地不被服务消费者所重视。也就是说,在服务市场中,消费者更多的是依靠口碑营销,而不是物质产品本身。因此,服务市场上的消费者可能在很大程度上依靠朋友和同事的推荐,特别对于像理发和餐馆这类的服务,就更是如此。

　　2. 消费者对服务的感知风险

　　感知风险(perceived risk)是指顾客在购买或使用特定服务时所感知到的风险。由于服务的无形性特征,顾客在购买前很难对服务质量等做出科学的判断,因此会存在着相当大的风险。感知风险有很多种,在服务购买中包括:财务风险、功能风险、物质风险、社会风险、心理风险、生活方式风险、时间风险和环境风险。我们在表 2-1 中对这些风险进行了详尽的说明。

表 2-1　服务中的风险因素

| 风险 | 可能产生的效应 |
| --- | --- |
| 财务风险 | 指消费者购买服务的付出超出其应支付的数额。对于无形的服务绩效和消费者应当支付的费用之间,消费者是难以计算的。有些时候,顾客可能仅仅因为服务提供者的品牌,愿意支付高于正常价格的"溢价"(price premium)。 |
| 功能风险 | 指消费者难以确定服务提供者所提供的是"应当"提供的服务。这涉及服务是否与顾客的期望值相一致。由于企业无法向消费者提供标准化的服务产品,所以消费者无法根据自己的消费经历对不同的服务做出比较,从而降低功能风险。 |
| 物质风险 | 指所接受的服务是否安全。服务或服务传递过程是否会对自己或他人造成伤害?例如,我们在滑雪和跳伞时,就必须考虑这些因素。 |
| 社会风险 | 指消费者对所接受服务或服务提供者对其社会声誉等是否会造成影响。一个消费者选定一家餐馆,带生意伙伴去吃饭,他就必须考虑餐馆对自己的客人心理影响如何。 |
| 心理风险 | 是社会风险的延伸。它是一种对服务选择不当,从而对消费者形象产生影响的担心。这种担心可能集中在消费者和服务提供者两者之间是否品位相投上。 |
| 生活方式风险 | 与前两个风险相似,但这种担心更集中于服务是否会对自己生活方式产生不良影响。很多情况下,消费者期望通过特定的服务来保持自己的生活方式。 |
| 时间风险 | 指消费者对服务搜寻浪费的时间和对所接受的服务与自己期望不一致的担忧。这与顾客服务购买时间配置及时间成本大小有关。顾客有时必须在短时间内做出自己并不熟悉的服务购买决策。 |
| 环境风险 | 指消费者对服务或服务传递过程可能对环境造成破坏的一种担忧(如航空运输过程中燃料的使用是否环保等)。现在,这类风险因素已经成为顾客做出服务购买决策时非常重要的一个影响因素。 |

(资料来源:汉斯·卡斯帕尔. 服务营销与管理——基于战略的视角. 第 2 版. 北京:人民邮电出版社,2008. )

　　在特定的购买情境和服务传递过程中,消费者总感知风险可能是上述 8 种风险的集合。

由于服务的无形性特征,消费者在购买服务时,必须考虑这些风险,他们不但要考虑买什么服务,还要考虑买谁的服务,以及由此而产生的积极和消极的后果,即从服务消费中所得到的利益和有可能产生的风险。

尽管这些感知风险是现实存在的,但这并不是说,所有的感知风险的重要性是一样的,不同的服务类别,感知风险可能会不同。此外,感知风险是一个相对的概念,感知风险的程度高低是一个变量。同时,感知风险还与以前的消费经历有关,如果一个消费者良好的消费经历不断增加,其感知风险就会逐步消失。不同顾客的感知风险也是不一样的,不同顾客群的感知风险不同,不同服务、不同购买情境和不同文化背景所带来的感知风险都是不同的。因此,我们可以利用感知风险来对市场进行细分。

高感知风险顾客群在服务选择上可能会比较挑剔,只选择一些自己熟悉的服务,他们通常是品牌的忠诚者。相反,那些低感知风险的顾客选择服务的面会更宽一些,品牌忠诚度会相对较低。但是,不同服务类别,其感知风险是没有办法进行比较的,例如,电影市场的感知风险和人寿保险市场的感知风险就完全不同。在不同的情境下,顾客感知风险也会产生差异。例如,复杂购买决策、简单购买决策和日常购买决策的感知风险就存在着很大的差异。

顾客可以通过多种方式来消除感知风险。最常见的行为战略是在做出购买决策之前,搜集与该项服务有关的详尽信息。如征求朋友或其他熟人的意见,从销售人员或企业前台人员处获取信息等。一般情况下,组织的信誉和形象对消费者做出决策也将起到影响作用,当然,广告和消费者协会公开发表的研究报告也可能成为消费者信息来源的重要途径。

在有些情况下,感知风险并不容易消除。因为顾客并不总是知道到哪儿去寻找信息,也不知道服务的成本和收益到底是什么。更重要的是,顾客对企业广告所发出信息的真实性难以做出判断,因为这些广告信息通常都是一种完全理想化了的产物。

第一次购买比重购的感知风险要大,因此,品牌忠诚度、店铺忠诚度或者是供应商忠诚度都是顾客用来消除感知风险比较有效的策略。

顾客还能将价格视为质量指示器,并由此而依赖价格因素来消除感知风险。很多顾客将高昂的价格与优质服务等同起来。在有些极端的情况下,顾客干脆选择最昂贵的服务作为问题的解决方案,以彻底消除感知风险。"一分钱一分货",这就是顾客心理的真实写照。当然这种策略并不是总能奏效,特别在信息对称度很低的服务市场上更是如此,高价不一定高质。另外一种方法是购买做出担保或承诺的服务,或者是售后服务优良的服务。

由于服务的无形性的特征,顾客在购买前很难对服务质量等做出科学的判断,感知风险重要性因服务类别会不同,感知风险的程度高低是一个变量,消除服务感知风险最简捷的方式是提高服务有形性:

例如虚拟试衣间的技术应用,我们在网上买衣服,很难看出衣服尺寸是否标准,穿在身上是否合身,PhiSix技术可以为图片、图形文件以及其他来源的服装建立3D模型,并且可以模仿不同体型的人穿上衣服的实际效果。用户只需要提供一个基本的身型尺寸即可享受这项服务。PhiSix技术可以应用于各种不同的设备,例如笔记本电脑、平板电脑以及智能手机等。同时,PhiSix技术还能够根据用户输入的身型尺寸来推荐合适的服装尺码。这项技术可以有效提高零售商的销量以及为消费者提供愉快的购物体验。

**【实例 2-5】**

## 充绒"车间"搬进了商场

俗话说,百货迎百客,而北京王府井大楼则亮出新招,把南京羽绒厂的充绒"车间"搬进了商场,果然,飞行羽绒被的日销售额由 3000 元上升到万元以上。这个现场充绒"车间"有 15 平方米,透过全封闭铝合金玻璃墙,3 位工人称绒、充绒、缝纫的一举一动,顾客一目了然。含绒量有 50%、70%、90% 3 种,重量可多可少,高密度防绒布袋有 7 种颜色和图案可供选择。"车间"外,围满了驻足的顾客。

相对于其他家纺产品而言,羽绒被是近年来才开始在市场上露面的一种新产品,很多消费者之前并没有体验过,因此在购买行为中存在着很大的不确定性,这种不确定性就是消费者购买行为中产生的感知风险。案例中王府井百货大楼将南京羽绒厂的充绒"车间"搬进了商场,使消费者参与到产品的个性化设计和销售中来,一方面,使消费者能够目睹羽绒被的制造过程,增加了消费者对该产品质量的信任,降低了消费者在购买过程中产生的感知风险。另一方面,消费者由于生活阅历、文化水平、性格特点、审美追求的不同而有着迥异的个性追求,对个性化的追求往往通过居室环境以及当代家用纺织品的审美表现出来。商场提供了 7 种颜色和图案的高密度防绒布袋供消费者选择,而且羽绒被的重量根据消费者的需求可多可少,价位有高有低,充分满足了消费者的个性化需求。

该公司所实行的参与营销方式,使得消费者现在不仅仅是处在被动的买家的立场进行消费,现在也可以使得消费者参与到产品的生产、制作当中,成为生产上游中的一员,这种营销方式也不是与高档的定制品的营销方式完全相同,这种更加贴近消费的营销方式能够更加普遍、方便被运用到各种产品的营销当中,消费者既可以享受到独特的"定制服务",又不必花费太多的金钱,能够很普遍地享受到这种方便贴心的特质服务。

[资料来源:李磊.基于消费者行为分析的家纺产品营销策略.河北纺织,2007(4).]

**【即问即答 2-2】**

北京王府井大楼把南京羽绒厂的充绒"车间"搬进了商场,其本意是应对了消费者什么心理?为什么?

### 3. 消费者的品牌忠诚度

如上所述,由于购买服务具有更大的风险,因而消费者对品牌有更高的忠诚。特别对于像理发这类服务来说,因为服务时必须有个人接触,而且发型对个人的形象又极为重要,所以在没有别人特别推荐或介绍的时候,消费者轻易不会变换自己认为不错的发型师。

正因为如此,服务业的促销就比较难一些。消费者一般不会因为一个暂时的价格优惠而转向其他的不熟悉的服务提供商。所以,对服务业来说,鼓励已有的消费者保持品牌忠诚是可能的,但创造新的消费者就比较难。服务业吸引新的消费者比较典型的做法是服务提供者把注意力集中在与竞争对手有明显区别的问题上。比如,大连市的某家医院宣布,为了解除上班族和学生看病难的后顾之忧,将把医院正常的营业时间推迟到晚上 8 点,而且保证在这一时段全部有副高职称以上的医生坐诊。另外,也可以通过"会员制"的方法来吸引新的消费者。比如,一次购买金额达到了多少数目,就可以成为该企业的会员,那么以后每次购买时都会因会员的身份而有一定的优惠。与此相似的是会员卡积点制，即消费一定金额就可以积一个点，积点到一定数量的时候就有相应的礼品相送。这些方法都能比较有效地吸引新的顾客群。

**【实例 2-6】**

### 返利导购网站

如今，返利导购网站遍地丛生，如何能够吸引更多消费者并提升消费者忠诚度，成为每个返利导购网站负责人关注的首要问题。国内知名返利导购网站——返利网负责人表示，在返利导购网站迅猛发展的时代，如果网站墨守成规、一成不变，那么必然会逐渐走向死胡同，在给消费者带来可观消费返利的同时，分析其消费习惯，揣摩消费者心理并不断推陈出新，才是返利导购网站发展的正道。

记者了解到，目前返利网用户已超过 5000 万，其中女性用户达 70%。女性消费的一大特点是感性，她们认为"便宜"的商品是返利高的商品。基于这一情况，返利网推出"超级返"活动，线上 PC 端"超级返"活动通过直接与平台商家对接，在给用户带去高返点的同时，也为商家直接导入了更多有效流量。不仅如此，"今日值得买"、"9 块 9"也为用户提供了各种价格极具诱惑力、品质有保障的商品。目前，返利网拥有千万级注册会员，保持了千万级月度返利，累计返利超过 5 亿元。这样的成绩让返利网在业界极具口碑，2013 年，返利网获评"最佳返利及网购导航服务商"。

（资料来源：返利导购网站生存法则：抓住消费者心理才是王道.莆田网，2014-9-16.）

**4. 对服务质量的评估与购买后失调**

对服务企业来说，服务质量的评估是在服务传递的过程中进行的。在服务过程中，消费者与服务人员要发生接触。消费者对服务质量的满意可以定义为：对接受的服务的感知与对服务的期望的比较。也就是说，当感知超出期望时，消费者就会认为质量很高，就会表现出高兴甚至惊讶；当没有达到期望时，消费者就会认为这种服务是不可接受的，就会表现出不满甚至愤怒；当期望与感知一致时，消费者就处于满意状态。

服务失败是指"企业所提供的服务没能达到顾客可接受的最低水准，不能满足顾客的要求和期待导致的顾客的不满意的情况"。服务失败可分为"过程失败"和"结果失败"。前者是指顾客服务接触过程中，顾客并未得到应有的服务，后者则侧重于顾客对服务方式、过程、态度不满意。服务失败可分为"核心服务失败"和"服务接触失败"。前者涵盖了所有与服务本身有关的失败或技术问题，后者则指顾客在与服务人员互动过程中所发生的问题。

那么，如何避免失败的服务呢？不同企业服务失败的原因是不同的，现如今的顾客对服务失败的感知的反应也是不同的，因此不能简单地说首先应该怎样，其次应该怎样。企业需要以顾客为调查对象，了解顾客经历的服务失败事件、顾客抱怨的行为、顾客期待企业提供补救措施的内容、企业实际服务补救措施及希望企业加以改进的事项。将服务失败类型进行分类、导致服务失败的决定性事件分类、各个失败类型的发生频率、比例、顾客对补救的评价及在购买意图等分析。第一类服务失败，服务提供系统的失败：服务产品缺陷、服务提供时间缓慢和库存不足等失败的性质比较严重。企业就应该从该方面做出服务补救措施。第二类服务失败，员工的反应、态度、行为方面的失败。根据服务失败关键原因，进而决定企业是首先改善员工服务还是提升产品服务,进而有针对性的实施有效的服务补救措施。

　　总之,由于服务产品的特殊性,要求市场营销人员要正确对待和处理服务消费者的购买后失调。这是因为,对于一个不合格的服务赔偿,很难像物质产品的赔偿那样确定恰当的赔偿水平。比如,一个消费者买了一双皮鞋,如果鞋子在“三包”期内出现鞋底断裂等问题,那么他就会很容易得到商家或厂家相应的赔偿,即退款或维修或换一双。然而,对于某些服务来说,比如烫发,如果当事人觉得不太满意,再次服务是不可能的。在这种情况下,全部退款也许有点过分,那么可以考虑部分退款。问题的关键是怎样判断消费者不满意的程度以及寻找赔偿消费者的最佳方式。另外,和物质性产品相比较,消费者对服务的不满意更容易倾向于使用消极的口头表达,而不是积极的口头表达。但是,正确地处理消费者的抱怨,将产生一个比好的服务本身更积极的口头表达。这意味着一个愿意接受赔偿的不满意的消费者,将比一个第一次就得到满足的消费者更可能积极地想到服务提供者。当然,这并不是说服务人员在第一次提供服务时可以掉以轻心(相反,第一次就应该做好),而是强调确保不满意的消费者发泄他们的不满意并有效地解决那些不满意是非常重要的。

## 2.3.2　服务市场的购买情境和服务消费三阶段

### 1. 购买情境

　　消费者可能会面临不同的购买情境,初始购买和重购肯定是不一样的,顾客对所购服务的特性了解程度不同,服务过程中的参与程度也不相同。在初始购买中,一切都是崭新的和未知的,因此,感知风险会非常高。而在重购中,上次购买所积累的美好的消费经历会对本次购买感知风险的降低起到积极的作用。

　　消费者面临的购买情境包括四类,如图 2-3 所示。

　　(1)复杂的购买行为(complex buying behavior),是指消费者在购买价格高昂、购买频率低、不熟悉的产品时,会投入很大精力和时间,如电脑、汽车、商品房等;

　　(2)习惯性的购买行为(habitual buying behavior),是指在购买商品价格低廉、品牌间差异性小的商品时,消费者的介入程度会很低,并且会形成购买习惯,如酱油、啤酒等;

　　(3)减少不协调感的购买行为(dissonance-reducing buying behavior),是指消费者在购买产品时的介入程度并不高,但在购买后容易产生后悔、遗憾,并会设法消除这种不协调感;

　　(4)寻求多样性的购买行为(variety-seeking buying behavior),是指消费者在购买某些价格不高但各品牌间差异显著时,容易有很大的随意性,频繁更换品牌。

|  | | 参与程度 | |
| --- | --- | --- | --- |
|  | | 否 | 是 |
| 品牌差异 | 大 | 复杂的购买行为 | 寻求多样性的购买行为 |
|  | 小 | 减少不协调感的购买行为 | 习惯性的购买行为 |

图 2-3　消费者的购买情境

**【链接 2-3】**

## 电通公司的 AISAS 模式

电通公司针对互联网与无线应用时代消费者生活形态的变化,而提出的一种消费者行为分析模型,即含有网络特质的 AISAS 模式。attention——引起注意;interest——引起兴趣;search——进行搜索;action——购买行动;share——人人分享。

在全新的营销法则中,两个具备网络特质的"s"的出现,指出了互联网时代下搜索(search)和分享(share)的重要性,而不是一味地向用户进行单向的理念灌输,充分体现了互联网对于人们生活方式和消费行为的影响与改变。

在搜寻信息环节中,作者将信息来源分为内部信息与外部信息,而外部信息着重指朋友亲戚间的口碑宣传与服务方直接或间接提供的信息。然而在最近几年随着网络点评平台的出现,例如大众点评网站等的出现以及微博等的效应,人们在外部信息的搜寻上不局限于亲戚朋友的口碑宣传,而更多的通过网络共享的大平台得到更广泛的资料。例如,当顾客 A 想要在一个陌生景点进行就餐时,恰巧因为陌生的情境导致了相关记忆缺失,抑制了内部信息来源,而如果亲朋好友也未在此处就餐,此时顾客 A 搜集信息的一个可能性就是通过美团、大众点评等服务平台,通过内部的评分以及上传的图片进行分析选择。即便现在微信朋友圈的推荐是围绕亲朋好友,但许多理智的消费者仍然会搜索相关更多的信息来决定该项服务对自身的适合程度,毕竟个体存在着差异性。

(资料来源:吴英鹰.大数据背景下旅游企业网络营销的创新——基于 AISAS 消费者行为分析.中国商贸,2013.)

**2. 购买利益组合**

服务是一组品质的集合,具有不同的特性。每个特性可以为消费者提供一种利益或价值。顾客对服务结果的感知可能是积极的,也可能是消极的。当顾客对服务结果的感知是积极的时候,他们认为自己得到了利益;而当顾客对服务结果的感知是消极的时候,他们则会认为自己在承受一种风险。

**3. 服务消费三阶段**

服务消费划分为三个阶段:购买前阶段、服务接触阶段和接触后阶段。购买前阶段包括四个步骤:需求唤醒、信息搜寻、替代品评价、做出购买决策;在服务接触阶段,顾客开始接触、体验服务,并且对服务进行消费;服务接触后阶段包括顾客对服务绩效和服务结果的评价,顾客的服务评价会对以后的顾客重构、顾客推荐意愿起决定性作用。

**(1)购买前阶段**

服务消费者行为的购前阶段是指消费者在服务消费之前所发生的所有活动。当消费者在受到外界刺激,意识到需要购买某种服务时,这一阶段就开始了。外界刺激包括广告启示、社会启示或实物启示及网络口碑。广告启示较为普遍,例如,服务消费者会经常在街上收到一些服务人员的传单,比如提供健身、餐饮、美容等服务的行业,都喜欢在附近的社区发传单进行宣传;社会启示则指的是从身边的伙伴或者亲戚朋友那里获得服务产品的有关信息,通常称之为口碑宣传;还有在实物启示下,人们也可能受到刺激,比如美容院展示的美容效果、装修的设计样图,都是对顾客需求的一种实物刺激。与社会启示的口碑不同,网络口碑实现了组织和消费者个人之间双向的沟通,消费者主动、实时地参与到营销活动之中;传播方式也多种多样,文字、图片、视频等通过交友网站、企业官网购买评价、搜索引擎等等得到传递与分享;它突破了时间和空间的限制,将口碑的传递效率大为提升。

刺激形成作用时,消费者会开始检查是否对产品有确实存在的需要。当消费者认定其确实存在对该服务产品的需求时,那么就存在着潜在的购买机会。消费者在确定需求后,便会进入对该产品的信息收集阶段。信息来源有很多,可以来自于以前的经验,可以来自于使用过服务的亲朋好友、广告宣传以及消费者服务机构和服务热线的帮助、专家咨询等。信息来源还包括内部来源和外部来源。内部来源的信息基本上是来自于消费者自己记忆中对相关信息的搜索。消费者在购买决定前,首先在自己记忆里寻找原来购买积累的同类服务产品的信息。外部来源的信息则主要来自于朋友亲戚间的口碑宣传以及服务方直接或间接提供的信息。一般而言,消费者总认为购买服务产品存在着较高的风险,包括购买的产品种类是否正确,购买后是否能够达到效果,是否对消费者自身产生侵害等等,都是消费者比较难把握的。再加上服务的不可感知性,只能在购买和消费之后才能对其加以评估,这就进一步提高了购买前的不确定性。在实际购买中,消费者往往甚少考虑所有的可行方案。他们更可能根据过去的经验、朋友的宣传和肉眼看到的一些实物来选择有限的一种方案。在购买风险较高的服务产品时,更可能依赖的信息来源是口碑宣传。收集到足够的信息后,消费者通过方案评价做出购买决策,进入实际的消费服务阶段。

(2)服务接触阶段

经过购买前的一系列准备,做出购买决策后,服务消费者进入服务经历的核心阶段:服务接触阶段。消费者在这个阶段会与自己选择的企业发生一系列的接触。服务接触阶段经常开始于下订单、服务预订甚至是递交服务申请(如贷款申请、保险申请、入学申请)。消费者与企业的接触可能是与服务人员之间的人际接触,也可能是与机器、网站之间的非人际接触。在服务传递的过程中,许多顾客就开始对所接受的服务进行评价,判断服务是否符合他们的期望。高接触度服务一般会比低接触度服务提供更多的服务质量评价线索。

服务接触是客户与服务系统之间互动过程中的"真实瞬间",是影响客户服务感知的直接来源。服务质量很大程度上取决于客户感知,客户感知又以服务接触能力为基础。有关服务接触更详细的内容,请见本书 6.3 服务接触管理。

(3)服务接触后阶段

在服务消费的"服务接触后"阶段,顾客对自己体验到的服务表现进行评价,并且与顾客先前的期望进行比较。服务产品属于主观性比较强的产品,比较难以评价。消费者在消费一些重要的以及第一次购买的服务时做出的评价,往往成为消费者以后是否再次购买这种服务的重要条件。而且在购后评价过程中,消费者有时会怀疑自己所做出的购买决策是否正确,从而产生认识的不协调和心理上的不平衡,影响他们的再次购买行为和口碑宣传。营销者可以采取有效措施,使消费者相信自己的决策是明智的,购买到的服务是合算的,尽量降低心理上的不平衡感觉。比如,主动与顾客接触,提供更多的售后服务,加大广告宣传的力度,提供产品保证,及时、圆满地处理顾客的投诉等。

在当今社会,当服务产品得到良好口碑时,服务产品消费者的增长速度将无法想象;相反,当服务产品得到负面口碑时,如果不及时补救,由于信息透明度更大,对企业的打击也会比传统模式下严重无数倍。因此如何处理负面口碑的补救行动也是服务营销中十分重要的一个方面。服务提供者及营销人员在对待服务消费的售后评价上,其实可以做得更好,比如,顾客吃到不干净的豆腐前来投诉时,服务员的第一件事就是说:"这是我们的错。"第二件事便是在赔礼道歉后,免费送上几包新鲜的豆腐。这样,顾客的心理会获得补偿,企业才不会失去客户。在这一点上,网上订购网站"当当网"做得非常好。顾客在网络订购后由于书籍缺货,没有及时收到货品。书籍到货之后,"当当网"会立即免费寄送书籍给顾客,并且随书附送一张 DVD 光碟以及一封道歉信以示道歉。这样的结果不仅可以给顾客满意的答复,而且使得顾客对"当当网"更加信任。然而,有些网站的售后服务则不是这样做的,他们首先会推脱责任:"这不是我的问题。"顾客便会纳闷:"那究竟是谁的问题?"收到的回答是:"是供应商的问题。"这样推脱责任的后果就是消费者对该服务失去信心,不再消费。因此,当问题出现时,作为直接面对消费者的服务提供者,必须意识到主动接受顾客投诉及建议,跟踪顾客的抱怨,并最终妥善解决问题,这是服务接触后阶段最重要的环节。

评估服务表现,通常用"顾客满意度"来衡量;评估消费者的未来意图,通常用"顾客忠诚度"来衡量。其中,满意是产品的感知性能和购买者期望的函数。许多公司认识到高满意度导致高顾客忠诚度,因此目标是追求全面顾客满意。满意依赖于质量、功能完整度、用来满足声明或暗含的需求的产品或服务的特点。衡量满意度的方法通常有:定期调查、顾客流失率计算、神秘顾客以及监视竞争者表现。有关顾客满意更详细的内容,请见本书 6.3服务接触管理。

【实例 2-7】

### 董积忠百里送嫁妆

在天津,流传着一个"董积忠百里送嫁妆"的感人故事:一对新婚夫妇从汉姑区赶到天津买彩电,下定决心要买海尔彩电作为陪嫁,可是他们要买的这种型号恰好都卖光了。望着小夫妻依恋又失望的样子,负责商场销售的董积忠站长赶紧过来安慰,并答应送货上门。回到中心后,董积忠立即多方联系,经过核实,静海国合专卖店有这种彩电,但两地相距两百余里,运费昂贵,调动手续复杂,怎么办?董积忠想到用户的需求就是命令,终于用海尔服务车把一台崭新的海尔彩电"影音王"送到了这对小夫妻家中。正在准备婚事的小夫妻几乎不相信自己的眼睛,姑娘激动得跳起来。新郎面对准备整齐的嫁妆,连声致谢说:"海尔彩电让我们幸福生活更美满。"

### 本章小结

◆ 环境理论认为,要想在复杂的环境中生存下来,组织必须定期对环境进行"扫描",并不断地制定、调整和实施正确的公司政策。本章主要从宏观营销环境、行业竞争情况和服务市场消费者行为三个方面,阐述了服务营销市场分析的主要内容。

◆ 影响服务营销的宏观环境因素,包括政治法律环境、经济环境、社会文化环境、科技环境、人口环境、自然环境六大因素。本章阐述了运用"PEST"分析法进行环境分析的具体内容。企业需要密切关注这些因素的发展及变化,有效地捕捉市场机遇,规避风险。

◆ 美国哈佛商学院教授迈克尔·波特提出的五种竞争力量模型,是企业进行竞争分析的常用工具。这五种竞争的作用力量分别是:供应商的讨价还价能力、购买者的讨价还价能力、潜在竞争者进入的能力、替代品的替代能力、行业内竞争者现在的竞争能力。该模型简单实用,有助于企业分析和把握行业的基本竞争态势。

◆ 在现代市场经济条件下,企业研究消费者行为是着眼于与消费者建立和发展长期的交换关系。研究消费者行为的意义包括两点:消费者行为研究是营销决策和制定营销策略的基础;为消费者权益保护和有关消费政策制定提供依据。

## 【案例分析】

### 无印良品年销售百亿产品秘密

"无印良品(MUJI)"创始于日本,其本意是"没有商标与优质"。虽然极力淡化品牌意识,但它遵循统一设计理念所生产出来的产品无不诠释着"无印良品"的品牌形象,它所倡导的自然、简约、质朴的生活方式也大受品位人士推崇。

1. 让顾客参与设计

从 2001 年起,无印良品开始通过网络与消费者沟通,共同激发创意。

企划人员首先订出一个主题,如"床边照明",接着在无印良品网站的社群中,公开募集意见,以了解网友们心中最理想的商品为何。统计整理后挑出几个方案让网友投票选出最想要的商品。接下来,负责人员会根据得票数最高的点子画出设计蓝图,再次举行投票,做出样品,并利用网络进行满意度调查和意见征询,进一步修正结果。在决定好规格与价格后,便开始接受顾客的预订。一旦订单达到最小生产量,便开始正式进行商品化。无印良品通过这种手法开发出了不少热门商品。如"懒骨头沙发"就造成抢购热潮,卖出 8 万个,创下 10 亿日元的惊人业绩。

2. 洞察消费需求

2003 年,MUJI 实施名为"观察"的开发计划,开发团队会直接拜访消费者,观察其日常生活,并对房间内每一个角落,乃至每件商品一一拍照,照片随后被提交讨论分析,以此挖掘潜在消费需求。

一开始,是由一名美术大学的学生到友人家访问,将其房间的每一个角落,甚至连皮包里的东西,全都拍照下来。之后改成了在网络上募集自愿受访者,并由一名无印良品的员工进行访问。访问所得的照片便被分送到各企划设计室,让相关人员由各种角度进行讨论,从中挖掘出新需求,进行企划设计。例如,浴室里的洗发液、润发素等用品容器的大小都不同,而且多为圆筒形,很难放置于浴室的墙上或浴缸边缘,倘若有方形容器,就能整理得有条不紊,于是无印良品便赶紧推出这项商品,满足顾客需求。

3. 重视每一位消费者

关于业绩爆棚的管理秘密全在金井政明的手机邮箱内。其中最受其珍视的邮件来自"生活良品研究所"——每个顾客的反馈意见均会直达其邮箱。

"这些都是顾客所不知道的,他们不知道这些意见居然社长都会亲自看。每分每秒,我都会看这些意见。"金井政明狡黠地说。此类邮件到达的高峰是在周三,总数超过 100 件,平常亦有 30 到 50 件。有人指责某款晾衣架会因紫外线的照射而变脆断裂,有人抱怨最新款的拖鞋"头太小"……

**4.冷酷的陈列标准**

每一件商品都能在MUJI的商店里拥有自己的精确坐标。视觉营销部门会依据总部的基本方法论,为每个货架设计一张陈列图。基本货架用于正常陈列,而侧货架则用于售卖战略商品和促销产品。

在占中国总销售额50%的服装销售区,MUJI要求但凡折叠摆放的衣服,必将每一摞衣服最上面一件的领口向外对准通道——MUJI发现顾客购买衣服时往往很在意领口,如此摆放能让顾客不弯腰亦能轻易看清每层货架衣服的领口款式。

**5.贴心的本地化**

2012年3月,成川卓也作为营业改革担当被派驻到中国。他曾前往宜家和中国本土家具城,记录下每个卖场里所售床的尺寸与每个尺寸的产品数量,并向日本总部提出改进提案。这份提案和海外源源不断的"大床"要求,促使MUJI于2013年1月起在中国售卖1.6米、1.8米宽的大床。除了床,一款符合本地市场、特殊尺寸的桌子亦在中国出现。

本地化的商品开发对拉升销售额亦至关重要。成川卓也曾在日本总部负责生活杂货类商品开发,早年出差到中国,他曾听到中国员工抱怨日式设计的床的尺寸大小并不符合中国国情。在日本,其国民居住空间较小,家居尺寸亦因此偏小,通常床的设计宽度为1.4米,而在中国和欧美等地,床的宽度往往为1.6米或1.8米。"尺寸毕竟是中国需求的一部分,如果我们没有这个尺寸的话,销售基本上是不可能的。"成川说。

**6.全球化的视野**

"FoundMuji"集合了世界各地经过长时间发展出来的"生活必备品",从全球实用的日常用品中学习,通过向世界收集材料与元素,再融合本地需求进行产品改造,以全球视野将产品开发提升到更高的层次。将那些地域性的素材,进行最大限度的利用,改造成为能够纳入无印良品系列中的商品。在无印良品的商品标签上,顾客常常会发现有"埃及棉"、"印度棉手织"等标注,注释那些编织技术名称,实际上是让购买者联想手工艺生产的过程。此外,无印良品还定期举办国际设计大赛,为其商品开发提供了源源不断的创意来源。

[资料来源:节选并整理自东方紫月.无印良品年销售百亿产品秘密.创业邦,2014(4).]

**案例讨论题**

1.MUJI对消费者的态度体现了哪些消费者行为的知识?

2.MUJI的贴心本地化对我国企业有什么启示?

🡢 **【思考题】**

1.服务经济社会的到来及全球化的发展,给我国服务企业的营销带来哪些机会和挑战?

2.哪类服务的提供者会关注汇率波动的情况?

3.运用波特五力模型,对电信运营商中国联通做出简要的分析。

4.讨论购买汽车保险、短途旅游、英语四级辅导、美容护甲分别属于哪类购买情境。

5.结合你所在的大学来说明你第一次选择在这里求学时的决策过程。

# 第 3 章

## 服务市场一般战略与策略

> > > >

- 服务市场的细分、选择与定位
- 服务产品与品牌
- 服务成本和定价
- 服务网点和渠道
- 服务促销与沟通

### 导入语

市场表现为消费需求的总和,它包含着不同的、千差万别的需求形态。任何一个企业,无论其规模如何,它所能满足的也只是市场总体中十分有限的部分,而不可能予以全面满足,不可能为所有的消费者都提供有效的服务。因此,企业在进入市场之前,必须先进行市场细分,寻找其目标市场,并确定自己在市场中的竞争地位;随后企业的市场营销组合,包括服务产品、价格、渠道和策略,必须围绕市场定位进行设计和执行,来满足消费者的需求。

本章服务营销环境分析的主要内容包括服务市场的细分、选择与定位,服务产品与品牌,服务成本和定价,服务网点和渠道,服务促销与沟通这五个部分。

**当你学完本章后,你将能:**

- 了解服务市场一般战略与策略的构成。
- 理解服务市场的细分、目标市场选择与服务市场定位。
- 理解服务产品的整体概念和服务品牌策略。
- 理解影响服务定价的因素,掌握服务定价方法和策略。
- 理解服务分销类型,服务分销网点的选择策略,以及互联网时代下的虚拟分销。
- 把握服务促销的一般策略,思考沟通方式的创新以及社会化媒体下的服务促销。

### 关键词

市场细分;目标市场选择;市场定位;产品的整体概念;服务品牌策略;服务定价方法和策略;服务分销网点的选择策略;服务促销的策略

⤷【导入案例】

## 特斯拉：神话背后的理性

　　特斯拉汽车公司(Tesla Motors)成立于 2003 年,总部设在了美国加州的硅谷地带。特斯拉致力于用最具创新力的技术,加速可持续交通的发展。特斯拉在技术上为实现可持续能源供应提供了高效方式,减少全球交通对石油类的依赖;通过开放专利以及与其他汽车厂商合作,大力推动了纯电动汽车在全球的发展。与此同时,特斯拉电动汽车在质量、安全和性能方面均达到汽车行业最高标准,并提供最尖端技术的空中升级等服务方式和完备的充电解决方案,为人们带来了最极致的驾乘体验和最完备的消费体验。

　　来自于硅谷的特斯拉,站在科技业与汽车业的交叉口,从一开始就以制造最先进的纯电动汽车为目标,通过机电整合技术将机械语言与 IT 语言融合,完美实现车联网技术,使 Model S 成为全球最先进的智能汽车。借助车联网技术,特斯拉为车主提供了汽车行业从未出现过的新服务,包括炫酷的"远程诊断"和"空中升级"等。

　　"一个电话解决问题,根本不用到店!"家住北京的车主黄先生最近对特斯拉的"远程诊断"服务深有体会——有一天他的车启动不了,立刻拨打车主热线,售后人员通过电话为他"修车":"给我您的车辆编号,我利用网络为您的车远程诊断一下……OK! 您现在只需要使劲踩一下电门,问题就解决了。"黄先生一脚踏下电门,他的 Model S 立刻启动了。"这样的服务才是无所不在!"他感叹道,"这是一种全新的思维和生活方式,就看你愿不愿意去拥抱它。"

　　除远程诊断外,特斯拉还通过车联网技术为车主带来了革命性的车辆升级服务——"空中升级"。Model S 的升级方式和手机类似——可以通过无线升级增加新功能。例如,发布 V6.0 版本仅三个月之后,特斯拉又在中国市场发布新版本 V6.1,为车主带来了倒车辅助、温度预设、日历管理等诸多新的智能功能。

　　在发生交通事故等状况时,Model S 可能需要维修。有些消费者可能会担心进口豪车 Model S 的配件价格较高,但特斯拉采取"直营"模式,在售后服务环节不以营利为目的,因此其维修价格极为"透明"。例如,Model S 车钥匙的价格约为 1100 元,而市场同类车钥匙的均价为 5000 元左右。

　　特斯拉还专门制定了一套高效的维修流程,以最大限度地减少车主的等待时间:车主如果有问题需要处理,可拨打特斯拉的 24 小时服务热线或体验中心电话;特斯拉的工作人员会与车主安排服务预约,在服务当日上门取车并送达服务中心进行维修;在服务中心,多位特斯拉技术人员组成的维修团队会立即确定车辆问题;整个过程中,服务顾问会让车主随时了解车辆的情况。如车辆自身故障被判定出需维修 2 天以上,特斯拉还会为车主提供代步车,以保证车主的日常使用。

　　全世界汽车营销渠道基本都是通过 4S 店或者是经销商,而特斯拉完全绕过这个模式,它的渠道包括体验店和网络直销。特斯拉的体验店通常在高端的购物中心内,内部环境非常舒适。和苹果一样,用户可以到体验店里去感知产品,体验店里的销售人员不做任何的推销,用户看中某款产品可以在网上预约试驾,也可以在网上下订单,产品直接从厂家寄给用户。特斯拉还建造了一个世界级的电子商务系统,希望为用户打造一个无缝汽车购买体验。

[资料来源:陈司星.特斯拉:神话背后的理性[J].国企杂志,2014,(4).]

# 3.1　服务市场的细分、选择与定位

在营销理论中,市场细分(Segmentation)、选择(Targeting)与定位(Positioning)都是构成公司营销战略的要素,被称为营销战略的 STP 营销。

## 3.1.1　服务市场细分

所谓服务市场细分,是指企业根据消费者需求的差异,按照细分变数将某一整体服务市场划分为若干个消费群体,每一个消费者群都是一个具有相同需求或欲望的细分子服务市场,从而找出适合本企业为之服务的一个或几个细分子服务市场的过程。

市场细分对于服务企业具有极为重要的意义。随着服务市场上新的竞争对手的不断加入和服务产品项目的增多,企业之间竞争日益加剧,市场细分将有助于企业投资于能够给其带来经济效益的领域,从而避免因盲目投资而造成的资源浪费;同时,市场细分将有助于企业通过服务的差异化建立起竞争优势。即使在较为成熟的行业里,市场机会仍然存在。企业通过市场调查和市场细分将会发现尚未被满足的顾客群体,如果企业能够根据这一顾客群体的需求特征设计出独具特色的服务产品肯定会获得巨大成功。比如,在金融服务市场上,信用卡提供客户仍是信誉、便利和声望。美国运通公司就瞄准了消闲市场,向商业人士和拥有较高社会地位的人士提供价格高昂的运通卡。这种信用卡实际上同 VISA 卡与 MASTER 卡没有什么区别,但是,由于它更强调信用卡使用者的声望而更具吸引力。

【实例 3-1】

### "斯航"成为明星

斯堪的那维亚航空公司（简称"斯航"）是由挪威、瑞典和丹麦三国合资经营的公司:由于价格竞争、折扣优惠及许多小公司的崛起,斯航在其国内和国际航线上都处于亏损状况。

1982 年初,"斯航"首先设计了一种新的、单独的商务舱位等级,这种商务舱是根据工商界乘客不喜欢与那些寻欢作乐的旅游者同舱的特点设立的。工商界乘客常常因为一些情况必须改变日程,他们需要灵活性;他们在旅途中关心的是把工作赶出来,这意味着他们需要读、写,为会议或谈判做准备,或睡觉以便到达目的地后能够精力充沛地投入工作。换句话说,他们不需要分散注意力或娱乐。旅游者却没有这种压力,对他们来说,旅途就是假期的一部分,而机票价格则是一个敏感的决定因素。设置紧凑的座位和长期预备的机票,使航空公司有可能出售打折扣的机票,故而使一些人获得了旅行的机会,这些人则把省下的钱更多地花在异国情调的度假生活中。商务旅行者与此不同,他们最重视的是时间和日程表,在"斯航"以前,没有一家航空公司懂得怎样在同一架飞机上满足这两类顾客不同的需求。

"斯航"的商务舱票价低于传统的头等舱,高于大多数的经济舱,但给予顾客更多的方便。在每个机场,"斯航"都为商务舱的乘客设置了单独的休息室,并免费提供饮料,有的还可看电影。在旅馆,为他们准备了有会议室、电话和电传设备的专门房间,并提供免费使用的打字机,使他们能够完成自己的工作,他们还可以保留这些房间,而且不受起程时间、时刻表变动及最低住宿时间的限制,所有这些都以经济实惠的价格提供。机场还为商务舱乘客设置了单独的行李检查处,他们不必去和普通乘客一起拥挤地通过安检。在飞机上,他们享有单独的宽大座椅,放腿的空间更为宽敞,还装置了一些传统的头等舱才有的装饰品,比如玻璃器皿、瓷器、台布等,他们还可享用美味佳肴。

"斯航"开辟了一个独特的市场,并正在赋予它更多的价值。对工商界乘客来说,头等舱太贵,经济舱又太嘈杂,太不舒服。他们可能与旅游者挤在同一舱内,享受旅游者同等的待遇但却付出较高的价格因为他们不能像旅游者那样,由于不受日程限制而等待减价或折扣机票,商务舱成为工商界乘客及航空公司双方都很适宜的较好的供需办法。

**1. 市场细分的主要步骤**

市场细分是一个将异质市场划分成若干个同质市场的过程,它基本上包括三个步骤:

(1)界定相关的市场。相关市场的界定就是确定企业推广其服务所要寻找的顾客群体。比如,一家投资银行将资产超过100万元的人士作为自己的客户;一家酒店则瞄准商务人员市场。在确定顾客群体时,企业必须明确自身的优势和劣势,并审核一下可能拥有的资源,然后,在以下几个方面做出选择:服务产品线的宽度;顾客类型;地理范围;以及企业所要涉入的价值链的环节。成功的市场细分意味着企业在明确的细分市场上满足现有顾客和潜在顾客的需求,这就要求企业必须了解顾客的态度、偏好及其所追求的利益。

(2)甄别细分市场的各种依据。在确定了相关市场之后,企业必须甄别细分市场的各种标准或依据。下面我们简单加以描述(见表3-1)。

表3-1　服务市场细分的标准

| 市场细分的标准 | 具体内容 |
|---|---|
| 按人口和社会经济因素 | 人口因素包括年龄、性别、家庭人数、生命周期等;<br>社会经济因素包括收入、教育、社会阶层和宗教种族等。 |
| 按心理因素 | 包括生活态度、生活方式、个性和消费习惯等。 |
| 按地理因素 | 包括地理环境、自然气候、文化传统、风俗习惯和经济发展水平等。 |
| 按顾客利益 | 根据顾客在购买过程中对不同利益的追寻进行市场细分。 |
| 按用途 | 根据顾客对产品的使用方式及其程度进行细分:经常使用者、一般使用者、偶尔使用者和无使用者。 |
| 按促销反应 | 不同的顾客对于诸如广告、销售推广、室内演示和展览等促销活动的反应是各不相同的。 |
| 按服务要素 | 顾客对企业服务产品中不同要素的看法及反应各不相同。 |

(3)选择细分市场的最佳依据。 建立最佳细分依据的第一步是先把各种潜在的、有用

的标准都列出来。比如,一家金融服务公司在选择客户时可以从以下几个方面考虑:地理位置;客户大小;行业类型;购买经济;对服务的需求;等等。在列出这些标准之后,要对其重要性做一下评估,选择出那些被认为是重要的标准。与此同时,还要对那些重要的标准再做进一步的详细划分。在某些情况下,这种划分可能比较直接和显而易见,如年龄、性别和地理位置等,而对于那些心理因素则要做较为深入的市场调查,以了解它们的特征和需求类型。

2.服务市场细分的基本条件

服务市场细分的依据和方法有很多,但并非所有的市场细分都是有效的,因此,细分出的市场必须具备以下几个基本条件。

(1)可衡量性

细分市场的规模及其特征可以测量出来。在实践中,有许多顾客的特征是不易衡量的,所以,这些特征不适宜作细分市场的标准。

(2)可接近性

这是指企业容易进入细分市场:一方面,被选定细分市场的消费者能有效地了解企业的服务,并对服务产生购买行为,能通过各种销售渠道购买到服务;另一方面,企业通过营销努力,诸如广告和人员推销等可达到被选定的细分市场。否则,就不值得去细分这些市场。

(3)可营利性

主要指市场细分要有适当的规模和发展潜力,同时有一定的购买力。细分市场对企业来说,必须具有一定的规模和相当的发展潜力,过大或过小,都不利于企业的发展。

【实例 3-2】

### 与众不同的楼下 100

2012 年 11 月,"楼下 100"在上海创立,是国内首家下午茶外卖 O2O 平台。楼下 100 是集订购和配送于一体的外卖平台,主要为女性及办公室白领阶层提供便捷的下午茶上门服务。楼下 100 将平台品类由甜品扩充到整个轻食类食品,目的是为用户带来更多的下午茶选择,满足用户的多元化需求。2013 年,楼下 100 网站上线;2014 年 7 月,楼下 100 获五百万的天使轮融资;2014 年 10 月底楼下 100 的 App 在 iOS 与 Android 两个平台上线,一个月内注册量超过十万;截至 2014 年 11 月初,楼下 100 共有 53 个品牌超过 1300 种产品。

楼下 100 细分出了外卖行业的下午茶市场,其特性就是精致:

1.用户可消费时间段拉长:传统外卖平台消费时间段 11:00—13:00 和 17:00—19:00 为主,楼下 100 的消费时间段是 9:00—21:00;

2.产品品类的不同,人均消费比较高,平均在 60—80 元;

3.用户针对的群体是女性,发力在她经济;

4.自建物流十冷链配送是服务质量的核心;

5.主打办公室下午茶,多为中高端写字楼。

从上线初始,"楼下 100"就选择相对更重的运营模式——自建物流体系,定位于中高端的白领女性市场,其中女性用户约占 82%,白领用户约占 47.27%。目前,市面上比较知名的针对女性的 O2O 电商平台已有很多家,代表企业有化妆品产业的聚美优品、乐蜂网,服饰产业的唯品会、蘑菇街等等,这个时候,此类平台都在不同层次上满足了女性的外表修饰和美妆需求。所有的商家也都利用互联网模式,竭尽可能地抓住"她经济"的热潮。楼下 100 就是一个为女性提供精致的下午茶的存在,抓的是女性"精致食"的需求。而很多办公室白领都是一个忙碌的工作状态,正餐都是便当外卖随便解决,更别说下午茶了。有了楼下 100 就方便多了,在手机 App 选好蛋糕甜品咖啡或其他下午茶点心,然后下单,一个小时之内楼下 100 的专业配送员就把一份精致的下午茶送到客户的办公桌上了。

(资料来源:与众不同的楼下 100. 国际品牌网,2015-02-03.)

### 3.1.2 目标市场选择

企业在划分好细分市场之后,可以进入既定市场中的一个或多个细分市场。目标市场选择是指估计每个细分市场的吸引力程度,并选择进入一个或多个细分市场。

1.无差异性营销战略

企业把整体市场看作一个大的目标市场,不进行细分,用一种服务、统一的市场营销组合对待整体市场。采用这一策略的企业,一般都是实力强大运用大规模生产方式,又有广泛而可靠的分销渠道,以及统一的广告宣传方式和内容。但如果同类企业也采用这种策略时,必然要形成激烈竞争。

2.差异性营销战略

企业把整体市场划分为若干个需求与愿望大致相同的细分市场,然后根据企业的资源及营销实力选择不同数目的细分市场作为目标市场,并为所选择的各目标市场制定不同的市场营销组合策略。这种战略的最大优点是可以有针对性地满足具有不同特征的顾客群的需求,提高服务的竞争能力,能够树立起良好的市场形象,吸引更多的购买者;最大缺点是市场营销费用大幅度增加。比如爱迪生兄弟公司经营了 900 家鞋店,分为 4 种不同的连锁店形式,有的专售高价鞋,有的专售中价鞋,有的专售廉价鞋,有的专售时髦鞋。在芝加哥斯泰特大街短短距离的 3 个街区内就有该公司的 3 家鞋店。

3.集中性市场战略

把企业资源集中在一个或几个小型市场,不求在较多的细分市场上得到较小的市场份额,而要求在较小的市场上得到较大的市场占有率。采用集中性市场策略,能集中优势力量,提高企业和产品的知名度。但这种策略有较大的经营风险,因为它的目标市场范围小,品种单一。

**【实例 3-3】**

**从游戏到现实,风靡的密室逃脱**

"真人密室逃脱"将现在社会的休闲娱乐市场为自己的主要市场,并且根据心理因素进行市场细分,根据现代人们生活态度、生活方式、个性和消费习惯等作为深入的市场调查,想要吸引的是追求更多休闲娱乐方式,追求新鲜互动,寻求刺激的人群。

有的人喜欢"奔跑吧兄弟"里的团队合作竞争,有的人喜欢探险类的未知刺激,有的人喜欢悬疑电影般的惊悚探索,还有的人作为专业的密室爱好者,他们思路严谨而挑剔,注重密室的整体故事性、机关的表现形式、环境的体验感和关卡的思路逻辑等。

随着密室逃脱发展,出现了一些专业的密室逃脱设计制作公司。密室逃脱可以因不同的设计思路衍生出不同的主题,从古墓科考到蛮荒探险,从窃取密电到逃脱监笼,玩家尽可以在自己喜好的主题场景中扮演理想中的角色,凭借细致的目光,缜密的推理,强健的体魄和齐心的协作,最终在规定时间内完成任务,获取奖励。

"人们已经厌倦了虚假的娱乐",伦敦最新的密室逃脱游戏 Lock'd 创始人 Alexander Shaf 接受卫报采访时说,"人们玩电脑游戏,把越来越多的时间用在网上。现在他们意识到,在现实中尝试这些游戏是更为有趣的事情。"

（资料来源:从游戏到现实,风靡的密室逃脱. http://www.ithome.comhtmlit/139083.htm.2014-04-04.）

### 3.1.3　服务市场定位

市场定位是在 20 世纪 70 年代由美国营销学家艾·里斯和杰克·特劳特提出的,其含义是指企业根据竞争者现有产品在市场上所处的位置,针对顾客对该类产品某些特征或属性的重视程度,为本企业产品塑造与众不同的、给人印象鲜明的形象,并将这种形象生动地传递给顾客,从而使该产品在市场上确定适当的位置。

1.服务市场定位的意义

第一,市场定位能够根据市场需求寻找区别点,把自己的服务个性化、特殊化,使企业与顾客接触的每一个点上都区别于其他企业,从而满足顾客的需求,增强对品牌的依赖和信任;第二,企业的市场定位决策是制定市场营销组合策略的基础,市场定位包括三个步骤:识别据以定位的可能性竞争优势,选择正确的竞争优势,选择一个总体的市场定位战略。

【实例 3-4】

#### Caffebene 产品定位

韩国最大的咖啡连锁企业 Caffebene,自 2008 年成立以来在韩国已有 900 多家门店,总部位于首尔市江南区清潭洞。除咖啡外还经营各种高档茶、拿铁、果汁、华夫饼、面包类等商品。2012 年 3 月 Caffebene 进入中国市场,4 月北京奥体店和望京福码店的开张标志着 Caffebene 在中国市场的全面展开。

（资料来源:咖啡伴你官方网站. http://www.caffebenechina.com. 2014-09-10.）

2.服务市场定位的主要内容

以零售业为例看,如图 3-1、如表 3-2 所示。服务市场定位包括三个方面内容:

(1)规模定位。所谓规模定位,就是确定企业经营规模的大小。零售企业的经营规模包含两个方面:一是企业规模,即分店的数量、销售额的大小;二是店面规模,即零售店面积的大小、商品的多少。

图 3-1　Caffebene 产品定位

表 3-2　零售店功能示意表

| 功能 | 作用 | 具体内容 |
| --- | --- | --- |
| 一站购齐 | 顾客能一次性买齐所需商品 | 提供齐全的品类、丰富的商品 |
| 便利服务 | 满足顾客便利性需求 | 自助银行、美发美容、西服定制、钟表维修、电器维修、免费巴士、便民咨询等 |
| 餐饮 | 顾客既能购物,又能吃喝 | 西式快餐、中式快餐、冷饮、小吃等 |
| 娱乐 | 顾客既能购物,又能娱乐 | 卡拉 OK、电子游戏、球类场所、影视厅、棋牌室等 |
| 休闲 | 顾客既能购物,又可以休闲享受 | 提供良好的环境,提供休息室、休息椅、观光电梯等 |

(2)功能定位。所谓功能定位,是指企业在开店或进行重大经营调整时,确定分店的具体功能。在一些大型的百货店、综合商场、购物中心中,企业需要满足的不应该仅限于顾客的购物需求,更应该努力满足顾客的其他需求,如娱乐、餐饮、休闲等,这样才能进一步增强企业的竞争力。

(3)业态定位。所谓业态定位,就是选择和确定企业的经营业态。零售业的业态有多种模式,如便利店、折扣店、超市、大型超市、仓储会员店、百货店、专业店、专卖店、家居建材店、各类购物中心等。需要指出的是,零售企业在业态定位过程中,可以选择单一业态进行经营,也可以选择多种业态的复合业态进行经营。

【链接 3-1】

## 品牌集合店

品牌集合店也被称为"品牌概念店",即在一家统一名字的大门店内,汇集多个品牌的产品,货品种类可涵盖服装、鞋、包、首饰、手表等多个品种,不同风格及设计理念的各个品牌被同一店面"召集"在一起,融合为一个备受关注的品牌集合店。近几年,我国零售终端竞争日益加剧,品牌集合店已成为一股强大的新生力量。传统的百货业品牌重复率高、承租能力差、聚集人流能力下降,随着现代消费者越来越注重个性化、时尚化、特色化,对个人感知增强,因而难以以大众化、无特色的普通商品抓住消费者的心。品牌集合店与百货不同,其产品和经营方式完全由店铺方操控,品牌方则以卖货、寄卖或被代理的形式和店铺方合作。品牌集合店在欧美国家早就占据零售市场的主导地位,在中国才刚刚起步,虽然作为未来商业的主流发展趋势,但是目前仍遇到了不少问题和挑战,主要有:

1. 品牌集合店的实质是买手制的普及,而买手制的发展在国内相对滞后。没有本土企业愿意斥巨资培养买手,所以没有练手的机会。如果没有买手,集合店营利的方式还是小百货店的方式。最后,这种小百货店的联营方式又发挥不出集合店应有的作用,就会变成面积比传统百货小一点的主题百货,但这种主题百货并不是集合店。

2. 国内没有完全充分的市场竞争环境。即使本土百货和购物中心之间的竞争非常残酷,但仔细思考便会发现,他们的竞争其实很简单,就是"遇到竞争便调整策略"。也就是说没有哪一个企业遇到竞争时去深度剖析市场细分的需求,而集合店恰恰是在市场空间非常狭小的情况下采取的创新方式。所以集合店在中国最大的挑战就是本土市场环境还不能完全支撑它的良性发展。

3. 真正有消费档次的消费者不多,对于品牌认知度非常有限,且消费层次参差不齐。本土消费者还不能很快接受所谓的"陌生大牌",导致一些集合店在国内的运营并不那么顺利,只有在面对同一消费水平的顾客群时,集合店才能发挥真正的作用。

(资料来源:解读品牌集合店的机遇、挑战和发展趋势. http://www.linkshop.com.cn/web/archives/2014/295844.shtml. 2014-07-22.)

(4)经营方式定位。所谓经营方式定位,就是选择和确定企业的具体经营方式。零售企业的经营方式可分为自营、联营、租赁三种类型。零售企业的日常经营,可以采用以一种经营方式为主、其他经营方式为辅的经营模式。

【链接 3-2】

## 联营的特点

联营即"企业与供应商联合经营"的意思,是指供应商在企业提供的经营场内以专柜形式经营、受企业统一管理、每月向企业交纳一定比例的销售额抽成的一种经营方式(注:专柜多采用店中店形式,以下统称为"专柜")。这种经营方式有几个特点:

企业提供经营场地,聘用管理人员,负责零售店整体管理和宣传并负责各种营业证照的办理;供应商提供商品,聘用营业员,以企业名义、以专柜形式进行经营,负责自己专柜的日常管理。

企业负责零售店的店面装修和店内整体装修,提供主要设施设备(如停车场、洗手间、休息椅、电梯、照明、空调等);供应商负责专柜装修,提供专柜经营需要的设备(如货架、陈列架、展台、形象柜、试衣间等)。

专柜的补货、上货、陈列、定价、销售、促销、卫生等工作由专柜员工完成,受企业监督和管理,专柜的营业人员受企业管理。

专柜自负盈亏,日常销售由企业统一收银,企业根据合同在一定期限内向供应商结款。

企业每月按专柜销售额的一定百分比抽取管理费用和场地使用费用。专柜的月销售额一般都设有保底点,如果某月的销售额达不到保底点,企业也按保底点抽成。

(5)管理方式定位。所谓管理方式定位,就是企业寻找和确定适合自己的管理方式。目前主要有自行管理、引进专业管理公司、加盟三种类型。

(6)商品定位。所谓商品定位,是指企业选择和确定所要经营的商品类别与档次,也就是进行品类规划和档次规划。商品是影响消费行为最基本的因素,当企业在确定零售店的经营规模、经营业态、经营方式后,必须对商品进行合理的定位,选择最合适的品类、品牌、品种和档次进行经营。

(7)价格定位。所谓价格定位,是指企业选择和确定商品的价格水平。价格是影响消费行为最关键的因素之一,它对消费者的购买行为产生重要影响,同时也关系到企业在消费者心目中的形象塑造。

(8)购物环境定位。所谓购物环境定位,就是确定零售店购物环境的档次。购物环境包括店面装潢、店内装修、卖场设计、卖场卫生、商品陈列、宣传海报、灯光照明、空气温度、空气质量等方面的内容。

(9)企业形象定位。所谓企业形象定位,就是设计和塑造企业的特色、个性、风格(即企业形象)。进行有效的企业形象定位要考虑到三个方面的因素:一是确定什么样的企业特色、个性、风格和行为;二是通过什么样的传播途径、传播过程向社会公众传递信息;三是接受信息的目标公众是哪些群体。

(10)企业文化定位。所谓企业文化定位,就是明确企业文化的层次、方向和战略。企业文化是企业在长期经营过程中形成的价值观、经营思想、群体意识和行为规范的综合,是企业长远发展、立于竞争不败之地的最重要、最关键的因素。

## 3.2   服务产品与品牌

### 3.2.1   服务产品的整体概念

1.服务产品的层次

服务是一个广义的概念,而服务产品是从企业经营内容的角度进行界定的一个相对狭义的概念。在日常生活中,我们通常把"服务产品"简称为服务。服务营销管理者应该理解服务产品的五个层次,进一步认清服务的本质,如图3-2所示。

下面用菲利普·科特勒所阐述的关于酒店客房的例子,来具体说明服务产品的五个层次。

第一层次是基本层次,是无差别的顾客真正所购买的服务和利益,实际上就是企业对顾客需求的满足。对酒店客房服务的顾客而言,其真正购买的是"休息与睡眠"。

第二层次是抽象的核心利益转化为提供这个真正服务所需的基础产品,即产品的基本形式。如这个酒店的客房应配备床、衣橱、桌子、椅子、毛巾、浴室、厕所等。

第三层次是顾客在购买该产品时期望得到的与产品密切相关的一整套属性和条件。对旅馆的客人来说,期望得到的是整洁的床、干净的卫生设施等。

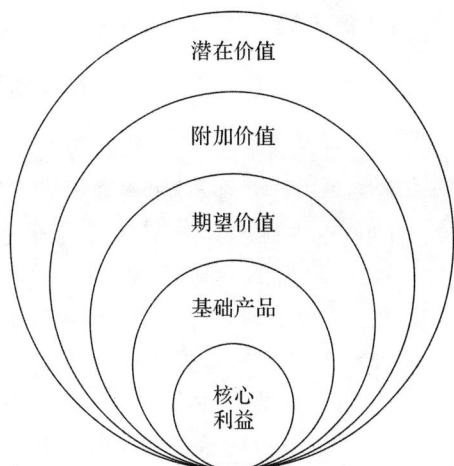

图 3-2　服务产品层次

第四层次是附加价值,指增加的服务和利益。这个层次是形成与竞争者的差异化的关键。例如,针对住房客人的大堂免费自助咖啡、快速离店手续、赠送免费服务项目等。

第五层次是潜在价值,指服务产品的用途转变,由所有可能吸引和留住顾客的因素组成。租用酒店套房的顾客可能不仅仅是为了休息,还把房间当作会见商务客人的场所。

2.服务之花

随着所考察的服务产品种类的增多,我们发现这些服务中大多数都拥有共同的附加服务。核心服务差异较大,但附加服务大同小异,归纳起来可以分为 8 种具体的情况,用图形表示就是以核心服务为中心,其他 8 种附加服务为补充的花蕊和 8 个花瓣构成的"花",这就是克里斯托弗·洛夫洛克命名的著名的"服务之花"。附加服务分为便利性的附加服务(使得服务更加流畅)和提高服务水平的附加服务(顾客获得的额外价值)。便利性的附加服务包括信息、订单处理、开账单、付款;提高服务水平的附加服务包括咨询、招待服务、保管服务、例外服务。如图 3-3 所示。

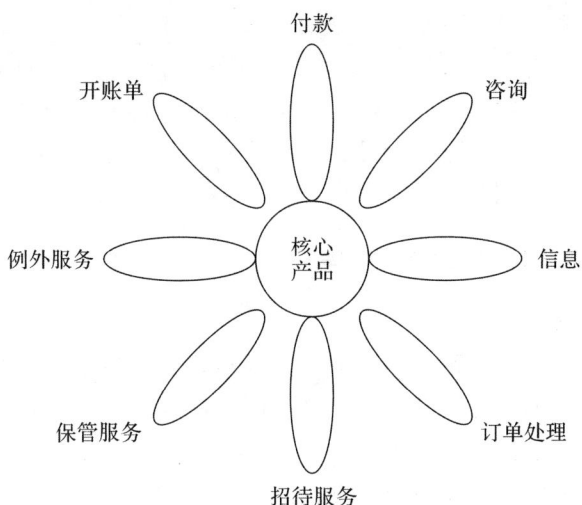

图 3-3　服务之花——被附加服务包围的核心产品

**【实例 3-5】**

### 当运动打开体验阅读的窗口

倡导读书改变人生、倡导运动健身的健康生活方式,是杭州图书馆运动分馆的办馆理念。身为"未来精神聚落"的核心阅读运动场所,杭州图书馆运动分馆在1000余方的场地内,汇聚了海量运动、旅游为特色的藏书体系。现场更配备了高尔夫、射箭、瑜伽等运动体验馆,让每位光临的人们都享受专业教练的免费指导。大型咖啡区的设计,则让阅读空间变得更为小资和随性。阅读、运动、咖啡三者交相辉映,安静和活力在这里真正地融为一体。

1."运动+"体验

围绕运动主题特色,将图书与运动有机结合在一起,馆内呈现动静相宜的形态。其馆藏文献以体育运动类专业图书为主,辅以旅游、摄影等休闲文化书籍供读者借阅。同时,馆内计划引入多个运动体验项目,首批推出射箭和高尔夫体验2个项目,以取中西合璧、古今交融之意。市民朋友不仅可在图书馆内、还可在馆外体验点亲自体验射箭运动和高尔夫运动,由专业老师现场指导,促进市民了解运动项目知识。

2."运动+"阅读

运动是动态的,人们通过参与能够获得更为深刻、全面的知识。运动分馆在阅读服务上,将读者参与、地方特色人文等元素融入传统阅读,与相关机构、高校联手打造主题多样的自主参与平台,鼓励读者成为运动主题阅读活动的主角,通过馆内阅读、馆外走读相结合的形式,在活泼的动态活动中领略历史人文风情和运动的独特魅力,获取科学健身、健康生活的知识。目前已成立"杭州图书馆市民运动队",内容涉及"骑行"、"酷跑"、"射箭"和"高尔夫"。

3."运动+"交流

运动是一种健身方式,其贵在坚持,也重在适度。运动项目因人而异,因此,在全民健身的热潮下,运动常识的普及显得尤其重要。运动分馆作为杭州市公共图书馆体系中的一员,秉承图书馆社会教育职能,将积极组织开展相关主题的讲座、沙龙活动,向市民朋友普及传播健身养生知识,指导市民朋友科学参与运动健身,为杭城的运动爱好者搭建交流、互动、分享的精神栖息地和共同进步的平台。

(资料来源:郑娟娟.当运动打开体验阅读的窗口——杭图运动分馆盛大开馆.杭州网,2015-09-19.)

## 3.2.2　服务产品的营销三角形

### 1.服务的过程消费

服务的本质是一种过程。顾客对服务产品的消费是一种过程消费,而不是结果消费。由于有形产品的生产与消费是分开的,在顾客进行购买前有形产品已被事先生产出来,因此有形产品是作为生产过程的结果被顾客消费的,是一种完全的结果消费。而对于生产与消费同时进行的服务来说,服务产品不可能事先被生产出来。因而顾客对服务产品的消费不可能是完全的结果消费,服务过程的消费也是服务消费的重要组成部分。在服务消费过程中,顾客不仅视服务过程为服务消费的有机组成部分,而且会亲自参与服务过程,服务产品的消费过程对于顾客来说就是一种结果。图 3-4 归纳了有形产品消费和服务产品消费的本质,同时也表明了生产、消费和营销三者之间的关系。

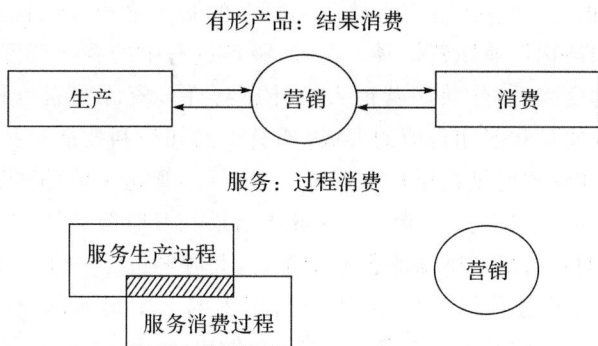

图 3-4　有形产品消费、服务消费的本质及营销的作用

(资料来源:克里斯廷·格罗鲁斯.服务管理与营销:基于顾客关系的管理策略.第 2 版.韩经纶,等,译.北京:电子工业出版社,2002.)

上半部分图形表示有形产品的消费,无论从空间上还是从时间上看,生产和消费过程都是分离的。传统营销理论正是以这一点为基础而建立的:由于生产过程与消费过程相互分离,所以在两者之间就需要有一座联系生产和消费的"桥梁"。自 20 世纪初以来,这座"桥梁"一直被称为营销。

下半部分图形所表示的是服务产品的过程消费。在这里,生产与消费同步进行,消费者与生产资源——人、有形资源、营运系统和信息系统等产生交互作用。观察上图,传统营销的连接功能在服务的生产和消费过程中不再是那么必要。这里可以将连接在一起的服务生产和消费的过程视为进行服务营销的关键环节,将营销有机地融入到服务过程中,这与传统营销是完全不同的。服务营销的核心是如何将服务的生产过程与服务的消费过程有机地结合起来,如何使顾客在消费时感知到良好的服务质量,并愿意与企业建立长期的关系。当然,传统营销的桥梁功能也不会完全消失,例如市场调查、争取潜在顾客的活动依然需要,但服务营销的重点已经转向顾客关系管理及其他市场关系的管理,而且它们已经成为服务生产与消费过程中的有机组成部分。

2.服务营销三角形

服务产品不同于传统有形产品,其服务营销的过程、内容与传统营销也有很大不同。由于服务产品具有生产与消费的同时性,不能提前生产出来,只有顾客参与之后,服务才能开始生产,因此服务产品的生产过程是一个开放的过程。

在顾客到来之前,企业的营销部门会根据对市场需求的调查,向市场的潜在顾客宣传企业的经营范围和服务理念。当顾客带着特定的需求前来接受服务时,企业会根据顾客的特定需求和大致计划的服务流程来调配员工、设备和事先准备好的其他资源,并在顾客与这些资源的互动中生产出服务产品。只有顾客对企业提供的服务产品感到满意,顾客才会再次购买。因为服务针对的是具有个性化的顾客个体,如果每次都改换不同的新顾客,就需要不断适应新顾客的特定需求,因此,服务企业愿意同顾客保持长期的关系,这样不仅可以提高服务效率也可以减少营销投入。提供服务产品的企业中营销和销售部门依然存在,专职营销人员也存在,但他们只是企业营销系统的一部分,而不是全部。在大多数情况下,企业的服务人员与顾客直接接触,获取每个顾客的信息,并为他们提供个性化的服务。这些服务人员不是专职的营销人员,其数量往往远远超过专职营销人员的数量,他们直接获取顾客的信息,其知识、技术和态度都直接影响顾客的服务感知,他们的服务行为本身就是一种营销,所以,他们被称作兼职营销者。再者,服务过程中的企业资源也与顾客存在着交互作用。从营销的角度来看,除兼职营销人员外还有许多资源要素也是非常重要的,他们影响着顾客感知服务质量和感知价值的形成,如员工的知识和技能对技术解决方案的形成影响很大,顾客的时间管理也可视作技术资源。另外,不管是个体的顾客还是组织用户,都可以成为决定价值形成的要素。在最终形成服务结果和及时服务性方面,顾客都能产生积极的作用,并且由他们自己形成感知的服务质量,因此顾客也是一种重要资源。

图 3-5 所表示的是服务营销三角形,服务营销中的三个组成部分是指企业、顾客和员工。三角形的三条边表示营销的三个基本功能,即做出承诺、遵守承诺和兑现承诺。首先,由企业专职营销部门向市场搜集市场信息,确定服务要满足的顾客需求,并向潜在顾客做出承诺;然后根据顾客需求由服务人员利用企业资源在与顾客的互动中向顾客提供服务,如果所提供的服务满足了顾客的需求,即达到使顾客满意的目的,则企业遵守了承诺;最后,企业利用内部营销人员提供的顾客需求信息不断改进服务产品,并通过内部营销对服务员工提供支持,在营销中贯穿关系营销的理念,从而继续为顾客提供满意的服务,最终兑现承诺。

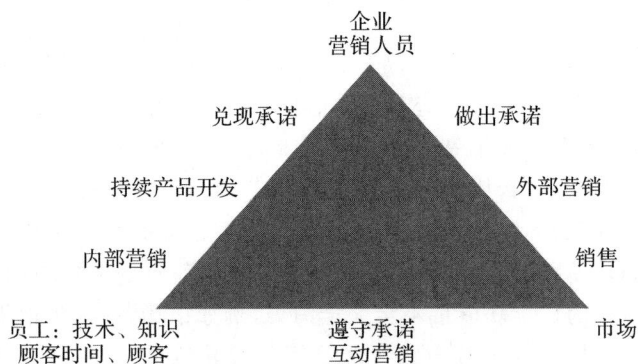

图 3-5　服务营销三角形

(资料来源:克里斯廷·格罗鲁斯.服务管理与营销:基于顾客关系的管理策略.第 2 版.韩经纶,等,译.北京:电子工业出版社,2002.)

【实例 3-6】

## 联邦快递的服务营销三角形

美国联邦快递公司是服务营销三角形三条链很好结合的一个例子。

在外部营销方面,联邦快递是行家,它了解自己的顾客。公司经常开展广泛的市场研究,每季度进行 2400 项的顾客调查,每天都调查顾客的满意度并倾听顾客的意见。公司通过获取广告信息以及员工所做的宣传,有效地向市场传达承诺。

保持承诺是联邦快递经营战略的核心。在互动营销方面,公司发给每位联邦经理人员一本《经理人员指南》强调,"每一次与顾客接触都是一个展示联邦快递形象的关键时刻"。公司内的一个共同目标是使顾客感到:"这些服务过程中的每一环节都是无懈可击的。"直接提供联邦快递服务的人们(司机、前台人员、业务后勤顾问)都知道达到 100% 的互动式营销成功的目标。联邦快递公司也知道,除非服务提供者具有提供优质服务所需的奖励支持系统,否则,100% 的成功是不可能的。

　　与员工的广泛沟通也是全体员工发挥积极性和创造性的关键。对员工的支持和公平对待换来了联邦快递员工的高度忠诚,并保持对顾客的承诺。

### 3.2.3　服务品牌策略

1.服务品牌的构成要素

菲利普·科特勒在《营销管理:分析、计划、控制》一书中将品牌定义为"一个名字、名词、符号或设计,或是上述的总和,其目的是使自己的产品或服务有别于其他竞争者"。品牌由品牌名称和品牌标志组成,这是品牌的最基本的概念。服务品牌是消费者对有形部分的感知和服务过程的体验的总和。服务品牌的构成如下:服务质量、服务模式、服务技术、服务价格、服务文化、服务信誉。

2.服务产品线和品牌

许多服务企业不仅仅只提供单独的服务产品,而是提供一个产品线,以适应不同的细分市场需求,产品线中的每个产品有某些部分与其他产品显著不同。服务企业对于产品线上的每一个品牌都要有一个关键性品牌计划和一套阐述清晰的产品说明,介绍各项服务要素。企业还可以把管理和发展每个品牌的责任委派给一个品牌管理小组。通过内部和外部沟通,使员工和顾客同样了解每个品牌的特点。

3.服务品牌建设与管理

(1)服务品牌合理命名。第一要突出独特性,品牌名称能立即将企业同其他企业区分开来,例如科龙曾提出的"全程无忧服务"、方正科技也提出的"全程服务",从品牌名称上有同质化现象,并且在房地产、咨询服务领域的很多企业都打出了类似的服务品牌,必然影响到品牌个性、传播力;第二要强调恰当性,品牌名称要能表现服务的特点或优点,如"联邦快递",中国工商银行"金融 e 通道",海尔"星级服务"等;第三要提高可记性,品牌名称要易于理解、使用和记忆,比如外国企业灵活的运用缩写,也可以塑造简洁的名称,GE、P&G、AT&T 等;第四要尽量灵活性,品牌名称要能适应企业不可避免的策略调整。以上四个特性是检验名称品牌效力的四种方面。

(2)专业服务运营机构。企业要想打造服务品牌,就必须建立专业品牌管理组织体系,包括组织机构和专业人员配置,负责品牌规划、管理、推广、传播等工作。创维集团在推广"顾客,您是总裁"这一服务理念时,就成立了"创维集团服务文化推广中心",负责品牌全面推广与管理工作,遗憾的是创维在品牌名称上的作为不大;汕头 PLUS(普乐士)有限公司副董事长兼总经理也表示,建立"贴心 24"服务品牌体系并不是销售系统的补充,而是有独立机构、人员的专业服务中心。

(3)专业服务形象体系。品牌识别系统(BIS)是形成品牌差异并塑造鲜明个性的基础,分为三个组成部分:理念识别(MI,包括服务宗旨、服务方针、服务哲学、传播定位等)、视觉识别(VI,包括标准色、标准字、logo、卡通形象、服务车辆、人员着装等基础要素、应用要素系统)、行为识别(BI,包括服务语言、服务动作规范等)。

(4)专业服务渠道体系。专业化服务渠道是一个体系,可以包括多个子渠道,如人员服务渠道(销售服务人员主动服务)、电话服务渠道(电话中心或呼叫中心)、网络服务渠道(专业服务网站)、渠道媒体服务(专业平面服务刊物、声光电媒介服务资料等)、店面服务渠道(如特许授权服务店)、会议服务渠道(组织客户俱乐部)等多方面。

(5)建立快速反应机制。企业快速反应不仅代表诚信形象,更可把有损品牌形象的危机事件化解萌芽之中。企业优质高效的服务对化解危机有用武之处,因为很多危机事件甚至那些把企业搞垮的危机事件,是因为企业在客户投诉或索赔过程中没有端正服务态度或采取有效措施加以解决,结果产品的牌子"砸"了。产品品牌怕负面传播,服务品牌亦是如此。

(6)科学运作服务品牌传播。服务品牌塑造离不开传播,但在服务品牌传播过程中,仅凭"说"得好听还不行,在实际中"做"得好才行。确切地说,服务品牌是实实在在地"做"出来的,因此服务人员才是最实效、最权威的传播大使。在服务品牌的传播方面,公关传播的作用恐怕要优于广告传播,因为服务品牌更需要口碑。对于口碑的形成,双向沟通(公关传播)比单向沟通(广告传播)更有效。因此,企业要把活动传播、事件传播、新闻传播、人际传播等工作做好。

【实例 3-7】

### 外婆家的"小而精"餐饮新品牌

随着人们通过微信、微博、手机 App 等渠道与周边的人(不管认识与否)、事务的互动更加便捷、频繁,人们的追求变了,个体意识越来越强烈。现在的人们追求的是让自己欢欣雀跃、让自己心动的东西,餐饮行业应消费者的需求变化而转变,到餐厅也不再是简单的吃饱、吃好,而是在向吃"爽"升级,也就是在什么环境下吃?怎么吃?现阶段越来越多的消费者告别大场面的酒楼式圆桌餐,进入到以时尚、创意、个性所营造的小氛围,餐饮行业的"大而全",正慢慢地被"小而精"所取代。

外婆家餐饮集团董事长吴国平曾说:"我做餐饮,就是在和顾客谈恋爱,先研究你是怎么样一个人,喜欢什么东西。"可以说,他经手创建的品牌就是和不同类型顾客谈恋爱的产物。目前集团除了外婆家、金牌外婆家、穿越外婆家外,还有众多颇具特色的品牌。

动手吧:开创餐饮和夜店跨界经营的先河。进入餐厅后首先感受到的是荧光、酷 hi 音乐及墙上投影的超炫热舞;没有餐桌和筷子,只有吧台、高脚凳和戴面具的服务员;每个人带着"动手吧"的特色围裙,从贴在墙上的"报纸"中点餐、然后戴手套或干脆直接用手抓着吃;香槟、鲜啤、美食、音乐加一群好友,想一想心都醉了。客单价 90～100 元。

锅小二:开创"超市自选食材"的用餐形式。选好座位和锅底后,到开放式的冷柜前自选食材,食材的新鲜度、分量一目了然,收银口结账后回到座位上用餐。有效节省点菜、传菜人员,提高结账效率,这是外婆家各个品牌中劳效最高的店。

客单价 60～70 元。

　　第二乐章：适合白领、闺蜜聚会，店名和装修突出小资氛围，菜单中以果汁、甜品居多，菜品的更新频率也很快。客单价 60～70 元。

　　炉鱼：专业烤鱼店，已经申请设计专利的大烤炉和霓虹灯会给人留下深刻印象。5 种左右的特色鱼品加 20 种丰富口味，再配以凉菜和小菜。客单价 70～80 元。

　　Uncle 5：创意杭帮菜，由五个大叔合伙一起创立的牌子，率真而任性。5 的外形与鞠躬动作相似，意在诚心为顾客提供高端服务。同时 Uncle WU 也是员工对外婆家董事长吴国平的昵称。客单价 50～60 元。

　　三千尺：就是"快"！点完餐后不足 1 分钟，面条便会端上餐桌。110 平方米的餐厅装修花了 150 多万元；48 个座位一个小时能卖出 150 碗面。品种上，有笋干、雪菜等杭州特色面，也有麻辣等"重口味"的四川面。平均每碗面的价格约 20 元，客单价 20～30 元。

（资料来源：节选自王昊. 外婆家"小而精"动手吧等各副牌引领餐饮新时尚. 联商网，2015-03-28.）

# 3.3　服务成本和定价

服务定价不仅仅是给服务一个价格标签，还在传达服务质量方面发挥着重要作用，这就要求企业必须重视定价在服务营销中的战略地位。

## 3.3.1　影响服务定价的因素

　　定价是个复杂的决策，涉及的因素非常多，包括货币因素和非货币因素，货币因素如服务成本、顾客购买力水平；非货币因素如顾客的购买欲望、竞争环境、国家政策与法规以及企业的经营目标。许多国际定价专家也声称定价系统是如此的复杂，以至很难用一个模型来制定价格，间接影响因素也多。根据定价专家多年研究的成果，总结出影响服务定价的主要因素有 5 个，分别是对顾客的感知价值、成本、竞争、公司目标和政府管制，其对价格的影响结构如图 3-6 所示。其中，"单位"服务产品的市场需求是指消费者愿意支付的最高价格，这一价格水平应等于顾客所感知的服务价值水平，它决定了价格的上限；服务成本为价格设立了下限；而竞争因素、公司目标和政府管制等因素使得服务价格在上限与下限之间进行变化及浮动。

　　1. 顾客的感知价值

　　汤普森等人将客户感知价值管理定义为："为了获得具有营利性的战略竞争地位、实现企业能力（如过程、组织结构）和价值链之间协调统一的一套系统方法。其目的在于确保当前的或未来的目标客户能够从企业提供的服务、过程或关系中获得最大化的利益满足。"

　　2. 服务成本

　　服务成本是服务企业在经营服务过程中所花费用全部耗费，它包括服务活动中所发生的物质消耗和活劳动消耗。服务成本是服务企业一项综合性经济指标，反映了企业经营服务成果和经营管理水平，是制定服务价格的重要依据。

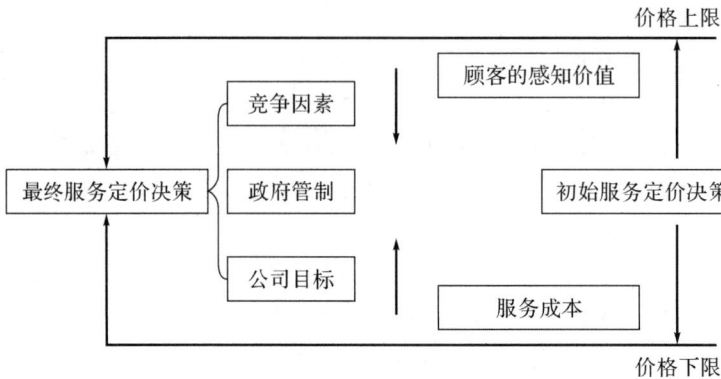

图 3-6  影响服务定价的因素

(资料来源:肯特·B.门罗,孙忠.定价:创造利润的决策.第 3 版.北京:中国财政经济出版社,2005.)

### 3. 竞争因素

竞争的存在意味着顾客可以从多个服务供应商那里购买服务,而最终的选择当然是符合他们的价值最大化准则的服务者。市场竞争直接影响着企业定价决策。每个企业都希望顾客选择购买它的服务产品,为此会主动降低价格,力图使自己的服务价格具有更大的吸引力。

企业在制定服务产品价格时,应首先了解竞争对手的产品、成本结构、质量、市场定位等因素,综合自身条件,分析企业在市场上的非价格竞争优势与劣势,进而判断是否有必要通过价格差别化来增强本企业的综合竞争优势。

### 4. 公司目标

公司推出一个服务产品所制定的市场定位和目标必然会影响到该产品的定价决策。从某种意义上说,定价可以是一种市场营销手段,通过对价格水平以及价格形式进行调整都能够产生一定的市场反应。企业利用这种市场反应规律,在定价决策中考虑公司的目标,将有利于通过一个适当的价格来实现有关的经营目标,比如利润最大化、维持生存、扩大市场占有率。

### 5. 国家政策法规

在那些存在政府价格管制的服务领域,企业定价必须执行国家的政策法规,服从政府的价格管理规定。例如中国移动通信的电话资费就受到政府规定的约束。

### 【实例 3-8】

### 上海航空公司"请"一位旅客免费打了一次高尔夫球

在某高尔夫球场练习场地,这位旅客痛痛快快地挥杆打了 90 个球,交通费、打球费均由上航"买单"。上航之所以"请客",只因为这位旅客乘坐上航航班的飞行里程达到了 1000 公里,而他早已注册成为上航的"常旅客",故而按上航的有关规定得到了这次奖励。其实,除了免费打高尔夫球之外,假如你是上航的"常旅客",只要飞行里程数达到一定标准,便可得到免费机票、免费升舱位等级、免费住宿宾馆等待遇。拿上航推出的"常旅客计划"来说,旅客申请十分简单,只要买机票乘坐上航班机,再填写一张申请表格,便可成为上航的常旅客。从此,只要你乘坐上航班机,便可获得相应的奖励里程,计入你的账户中累积。当达到一定累积数,便可享受到各种免费服务。比如说,旅客只需乘坐 10 次上航上海至北京的航班,便可得到一张上海至北京的免费机票。而且这些累积数不会过期作废,还可转让给他人享用。"常旅客计划"是与国际民航界惯例接轨的现代经营方式,有助于培育越来越广阔的民航消费群体,是一个航空公司与旅客"双赢"的营销模式。

为方便旅客加入"常旅客计划",上航已从多种渠道着手,在各个办事处与售票处摆放申请表格,供旅客随时填写,还在机场办票柜台与航班上,向有意加入的旅客提供表格。上航又在网上开通了便捷途径,让旅客上网便能加入"常旅客计划"。两年多来,上航的常旅客已达 5.8 万人以上,其中 20% 已尝到了甜头。

（资料来源：上海航空公司机票里程积分. http://www. 360doc. com/content/06/1018/22/4338_233969. shtml. 2006-10-18.）

### 3.3.2　服务定价的方法

**1. 成本导向定价法**

成本导向定价法是企业依据提供服务的成本来制定价格方法。其基本公式是：

$$价格＝固定成本＋变动成本＋（边际）利润$$

其中边际利润是总成本（固定成本＋变动成本）的某个百分比。

成本导向定价法的主要优点：一是简单明了,有利于企业开展经济核算;二是对于买卖双方来说都比较公道,卖方能维持一个比较合理的盈利水平,而当需求旺盛时,买方的购买费用则可以合理降低。

但是,成本导向定价法也有局限性,表现在：首先,对于难以将服务单位化的企业不适用于此法。咨询、家教等服务行业可以以小时为单位计量服务,但是对于银行而言,要确定出工作人员在开支票、储蓄上的时间来计量服务却是困难的;其次,服务人员的劳动难以定价。在服务行业中影响成本的主要因素是服务人员的时间而不是材料,而人所花费的时间的价值是难以计算和估计的。常用的成本导向定价法有以下 4 种具体方法：成本加成定价法、盈亏平衡定价法、投资回收定价法、目标效益定价法。

**2. 竞争导向定价法**

竞争导向定价法是企业通过研究竞争对手的生产条件、服务状况、价格水平等因素,依据自身的竞争实力、参考成本和供求状况来确定服务价格。竞争导向定价法主要用在以下两种情况中：第一,市场上只存在少数大型的服务提供商。如航空业,在这一行业里任何一个公司制定的价格都会被其他竞争者比较效仿,而不会使任何一个低成本的企业具有显著的优势;第二,提供标准化服务的行业。如干洗业、邮政快递、电信服务等行业,竞争者提供的服务具有高度的同质性和标准化的特点。竞争导向定价法主要包括随行就市定价法、产品差别定价法和密封投标定价法。

**3. 需求导向定价法**

需求导向定价法是指企业以顾客对服务价值的理解度为依据制定服务价格的方法。企业运用此法所需要做的工作是了解购买者对所提供服务的感受并促使其愿意为服务做出支付。要做到这一点,可通过以下步骤来实现：首先,通过市场调查让顾客以自己的方式对服务的价值下定义,兼顾所有因素;其次,把握顾客价值定义、顾客关键利益及与其相关的服务质量方面的内容,明晰顾客对价值的定义;再次,捕捉具体层次上要求的信息并与顾客的关键利益相联系,使得定义有理有据;最后,区分顾客的货币与非货币价值的含义,根据服务给顾客带来的价值订立价格。需求导向定价法主要包括理解价值定价法、需求差异定价法。

### 3.3.3　服务定价的策略

1. 心理定价策略

心理定价策略是指运用心理学原理,根据不同顾客购买和消费服务时的心理动机来确定价格,引导顾客采用本企业服务的定价策略,主要分为:尾数定价策略、整数定价策略、声望定价策略、习惯定价策略、招徕定价策略等。

2. 折扣定价策略

折扣定价策略是指对基本价格做出一定的让步,直接或间接降低价格,以争取顾客,扩大销量。其中,直接折扣的形式有数量折扣、现金折扣、季节折扣;间接折扣的形式有回扣和津贴。

3. 撇脂定价策略

撇脂定价法,又称取脂定价法,是指在服务生命周期的最初阶段,把服务的价格定得很高,以取得最大的利润,就像从牛奶中撇去奶油。

(1)撇脂定价策略适用条件:市场上存在一批购买力很强、并且对价格不敏感的消费者;这样的一批消费者的数量足够多,企业有厚利可图;暂时没有竞争对手推出同样的服务,本企业的服务具有明显的差别化优势;当竞争对手加入时,本企业有能力转换定价方法,通过提高性价比来提高竞争力;本企业的品牌在市场上有传统的影响力。

(2)撇脂定价策略优点:一是有利于树立服务的良好形象;二是为企业调整服务价格留有余地;三是有利于企业调整市场需求。

(3)撇脂定价策略缺点:一是高价服务的需求规模毕竟有限,过高的价格不利于拓展市场、增加销量,也不利于占领和稳定市场,容易导致新服务开发失败;二是高价高利会导致竞争者的大量涌入;三是价格远远高于价值,在某种程度上损害了顾客利益,容易招致公众的反对和顾客抵制,甚至会被认定为暴利而遭到取缔,诱发公共关系问题。

4. 渗透定价策略

这是与撇脂定价相反的一种定价策略,即在新服务上市之初将价格定得较低,以吸引大量的购买者,提高市场占有率。例如沃尔玛、家庭仓库和其他折扣零售商采用了渗透定价策略,以低价格来换取高销售量。高销售量导致更低的成本,而这又反过来使折扣商能够保持低价。

(1)渗透定价策略适用条件。利用渗透定价的前提条件有:第一,新服务的需求价格弹性较大;第二,新服务存在着规模经济效应。采用渗透价格的企业无疑只能获取微利,这是渗透定价的不足之处。

(2)渗透定价策略好处:由低价产生的两个好处,首先是低价可以使服务尽快为市场所接受,并借助大批量销售来降低成本,获得长期稳定的市场地位;其次是微利阻止了竞争者的进入,增强了自身的市场竞争力。

5.差别定价策略

是指对同一服务针对不同的顾客、不同的市场制定不同的价格的策略。其种类主要有：以顾客为基础的差别定价策略、以服务为基础的差别定价策略、以地区为基础的差别定价策略和以时间为基础的差别定价策略。

（1）差别定价策略适用情况。差别定价策略对建立基本需求，尤其是对高峰期的服务最为适用；其次是用以缓和需求的波动，降低服务易消失性所带来的不利影响。

（2）差别定价策略的形式。包括：价格/时间的差异（如公用事业及电话服务在假期使用的价格）；顾客支付能力差异（如管理顾问咨询、专业服务业、银行贷方利率）；服务的品种差异（如银行推出的信用卡与储蓄卡）；地理位置差异（如剧院的座位定价差异）。

（3）差别定价策略适用条件。采用差别定价法的条件在于市场"可以根据价格进行细分"。

（4）采用差别定价策略可能产生的问题。主要可能产生顾客延缓购买，一直等到差别价格的实施；顾客可能认为采用差别定价的服务属于"折扣价格"，并认为这是一种例行现象。

6.组合定价策略

定价的依据是服务的消费单位，也就是定价的对象与范围。专业咨询服务、酒店客房出租、电话通话服务等按时间收取费用，运输企业根据距离收取费用。但是服务企业往往面临更复杂的情况，其中相对重要的是，怎样对服务组合中的部分服务进行定价？主要有以下几种方法。

（1）服务线定价法。服务线定价是根据购买者对同样产品线不同档次产品的需要，精选设计几种不同档次的产品与价格点。某酒店的商务套房定价 998 元，豪华套房定价 1709 元，贵宾套房定价 2186 元，这样，不同的顾客会按照自己的需求来选择不同的房间。

（2）附属服务定价法。以较低价销售主服务来吸引顾客，以较高价销售备选和附属服务来增加利润。比如以较低价销售邮政基础业务，包括邮政企业开办的各项寄递业务，以及邮资凭证的销售、发行；以较高价销售邮政附属业务，包括代办电信业务；代收、代发业务（公共事业费、工资、养老金等）；代销、代理业务（保险、基金等）以及邮政企业利用现有网络资源，并经国务院通信主管部门同意开办的适合邮政企业经营的其他业务。

（3）两部收费定价法。两部收费指先向消费者收取一定数量的固定费用，然后再按消费数量向消费者收取使用费。例如移动通信企业会收取固定的月租费，然后再按使用时间计价收费；游乐园通常在门票中包括部分可玩项目以及单独付费项目。

（4）捆绑定价法。将数种服务组合在一起以低于分别销售时支付总额的价格销售。例如微软公司将 IE 与 Window98 浏览器捆绑，并以零价格附随出售；中国移动开展的"移动资费＋宽带"联合促销，其中福建泉州移动预存 300～1000 元的移动话费，便可享用每月 30 元的"超低价"宽带包月费。

【实例 3-9】

### 杭州黄龙亚朵酒店的定价策略

杭州黄龙亚朵酒店坐落于杭州黄龙体育中心内环北侧、黄龙 CBD 商圈中央地带，毗邻杭州新西湖十景"黄龙吐翠"，距著名的西湖景区与西溪湿地公园仅 15 分钟车程,杭州旅游集散中心(换乘中心)步行 5 分钟即达,距杭州萧山国际机场 40 分钟车程,杭州火车东站 25 分钟车程。周边金融商业科技大厦林立、餐饮娱乐集中,地理位置优越,多条公交线路直达,出行便利。

酒店由专业的台湾设计团队精心打造,简约时尚,温馨自然,部分客房更坐拥独家庭院。所有房间均采用堪比五星级酒店的普兰特系列优质床品、全套高端 BODYLABO 体研究所草本精华洗浴用品,免费 100M 光纤全 WiFi 覆盖,免费洗熨烘干自助洗衣,亚朵专属签约摄影师精选作品与您分享。优质专业的服务,遍布酒店内的千册书籍和照片给您提供一个自在、放松的居停空间,使您在这得到休憩、充电,获得心灵上放松及人生感悟的共鸣。

1.心理定价策略

表 3-3　亚朵酒店定价

| 房型 | 门市价 | 银会员价 | 金会员价 | 铂金会员价 |
| --- | --- | --- | --- | --- |
| 高级大床房 | ￥439 | ￥403 | ￥395 | ￥386 |
| 高级标准房 | ￥459 | ￥423 | ￥413 | ￥403 |
| 行政大床房 | ￥489 | ￥449 | ￥440 | ￥430 |
| 行政标准房 | ￥499 | ￥459 | ￥449 | ￥439 |
| 园景大床房 | ￥599 | ￥551 | ￥539 | ￥527 |
| 园景标准房 | ￥599 | ￥551 | ￥539 | ￥527 |

亚朵酒店的心理定价是利用服务的无形性而赢得顾客的手段之一。其主要有下列几种形式:

尾数定价:我们由表 3-3 可以看出,亚朵酒店门市价多以"9"结尾,对其价格尾数给予顾客心理暗示。

分档定价:亚朵酒店将产品按档次分为几级,不同档次制定不同价格,满足不同层次顾客的需求心理。核心在于通过价格创造消费者对产品的质量差异感,但最可贵的是,亚朵酒店在提供产品质量差异感的同时又不会让顾客感受到服务上的"差别对待"。

声望定价:亚朵酒店以其优质的服务以及完美的顾客体验,凭借其在顾客心中良好的声誉及消费者对高档产品"价高质优"的心理,以较高价(却合理)吸引顾客入住。

招徕定价:亚朵酒店推出会员服务,办理会员卡的顾客会享受低于门市价的优惠价格,个别甚至低于其服务产品成本,在达到吸引顾客目的的同时又增加了消费者忠诚度。

2.折扣定价策略

亚朵酒店根据不同交易方式、数量、时间、条件等给基本价格以适当的折扣而形成的价格:

现金折扣:亚朵酒店对及时或提前付款(例如携程网上预定该酒店,并在网上进行预付会返还现金30~50元不等)的消费者或团体经常给予现金折扣。需要提示的是,酒店实行现金折扣有三个因素需要考虑:现金折扣率;现金折扣的有限期限;付清房款期限。

季节折扣:又称季节差价,是酒店在淡季给予顾客的折扣优惠。由于酒店产品不可存储性等特点,例如,杭州旅游淡季或者无特殊节假日,亚朵酒店的入住率不高,为了分摊固定成本(电费、租赁费、劳务费等),酒店会给入住的客人一些适当的优惠。

同业折扣及佣金:主要是指酒店给予旅行社的价格折扣。亚朵酒店会根据具体情况给予旅行社等优先订房权及一定的折扣和佣金。

(资料来源:黄龙亚朵酒店. http://www.guanhotel.com/gh/361623/?id=361623. 2014-05-27.)

## 3.4　服务网点和渠道

渠道是企业连接顾客的桥梁。只有通过一定的渠道,企业的服务才可以快速准确地传递到顾客手中。也就是说,无论服务质量、服务标准怎样,如果不能在合适的时间和合适的地点提供服务,企业的所有行为就等同于零。因此,科学合理的渠道选择将使服务企业受益无穷。

### 3.4.1　服务的分销渠道

服务的分销渠道是指服务通过交换从生产者手中转移到消费者手中所经过的路线。根据服务在其分销活动中是否通过中间商,可以分成直接渠道和间接渠道。直接渠道就是服务从生产领域转移到消费领域不经过任何中间商转手的分销渠道。间接渠道则是服务从生产领域到消费者或用户手里经过若干中间环节的分销渠道。间接渠道是两个以上层次的分销渠道模式。

1. 直销

直销可能是服务生产者选定的销售方式,也可能是由于服务和服务提供者不可分割所致。

(1)直销是经由选择而决定。经营者的目的往往是为了获得某些特殊的营销优势:对服务的供应与表现可以保持较好的控制;以真正个性化的服务方式,产生富有特色的服务的差异化;从顾客那里直接了解当前的需求;保证经营原则始终得到贯彻;保证服务组织的利润在内部进行分配,而不需要与其他组织分享。

(2)直销是因为服务的不可分割性造成。如家政服务,则服务提供者会面临业务扩充受限的问题,如地域性限制(局限于地区性市场)、资源限制(人员、资金、技术等)。

【链接 3-3】

### 国内直销银行现状

面对国内互联网金融(ITFIN)的飞速发展,客户消费习惯的转变以及银行利率市场化步伐的加快。2013 年 7 月,民生银行成立了直销银行部。2014 年 2 月 28 日,国内首家直销银行民生银行直销银行正式上线。民生银行直销银行突破了传统实体网点经营模式,主要通过互联网渠道拓展客户,具有客群清晰、产品简单、渠道便捷等特点。客户拓展上,直销银行精准定位"忙、潮、精"客群;产品设计上突出简单、实惠,首期主打两款产品,一是"随心存"储蓄产品,确保客户利息收益最大化;二是"如意宝"余额理财产品,对接货币基金,具有购买门槛低、实时支取、日日复利的特点;渠道建设上,充分尊重互联网用户习惯,提供操作便捷的网站、手机银行和微信银行等多渠道互联网金融服务。

2014年3月,兴业银行推出直销银行,其特点在于用户可以持工行、建行、农行、招行、中信等多家银行卡,通过电脑、手机等移动设备直接在其上选购热销理财产品、基金以及定期存款、通知存款等,免掉了繁复的注册、登录、跨行资金划转步骤,一键购买,省时省力。可以随时随地随身"一站式"查看、管理、调拨上述各家银行卡上的资金,享受在线理财规划服务。

中信银行与百度2015年11月18日举行战略合作发布会,宣布共同发起成立百信银行。首家独立法人模式的直销银行或问世。目前,有20多家银行开展了直销银行业务,但是此前,直销银行业务都是在传统银行内部展开,而中信银行此次的尝试是以子公司独立法人的模式发起。

(资料来源:直销银行落地一周年,业务呈现多元化.新华网,2014-10-13.)

**2.经由中介机构销售**

服务业市场的中介机构形态很多,还可能承担其他多种职能。

(1)服务业市场中介机构常见的五种形态。代理,一般在观光、旅游、旅馆、运输、保险、信用、雇用和工商服务业市场出现。代销,专门执行或提供一项服务,然后以特许权的方式销售该服务。经纪人,在某些市场,服务必定要或因传统惯例要经由中介机构提供才行,如股票市场和广告服务。批发商,批发市场的中介机构有"商人银行"(merchant bank)等。零售商,包括照相馆和提供干洗服务的商店等。

中介机构可能的形式还有很多,在某些服务交易进行时,可能会牵涉到好几家服务企业。例如,某个人长期租用一栋房屋,可能牵涉到的服务业包括:房地产代理、公证人、银行、建筑商等等。另外在许多服务业市场,中介机构可能代表买主或卖主(如拍卖)。

(2)服务业市场中介机构的多种职能。随着服务需求的不断膨胀和服务业发展要求的不断升级,服务中介机构在服务营销过程中的作用除了交易职能外,还可能承担其他多种职能:引入职能。服务中介机构地域分布的广泛性能够使服务在更多的地方、更长的时间内进行销售,将更多的顾客引入服务的销售系统中。比如在各级音像店中销售音乐会、歌舞剧的门票等。信息职能。依靠服务中介机构的参与可以缓解服务生产者人员不足的问题,以便向潜在的购买者提供更全面的信息。承诺职能。服务提供者关于服务质量保证的承诺能够通过分销渠道有效地传递给顾客,并且因为顾客容易接近的原因增加了质量承诺的可信度。中介机构的介入保证了服务的可靠性。支持职能。对服务生产者而言,流通环节的外移节约了其固定成本的投入和管理精力,通过中介机构进行销售在某种程度上弱化了服务提供者的市场风险。后勤职能。对于中介机构而言,在正式服务前的一些准备工作,如旅行团的集合、分组、统一服装等工作可以由它们来进行。跟踪职能。跟踪职能表现为服务的一些善后工作,包括解答疑问,取得反馈信息等。中介机构的加入能大幅度地弥补这一职能的欠缺,在保险服务中这一点体现得最为明显。投保人希望遇险后立刻获得损失检验和赔偿支付,这往往是保险公司力不能及的。

**【实例 3-10】**

### 海底捞火锅——每日微信支付 100 万

作为国内最具口碑的餐饮连锁服务机构,海底捞是较早试水 O2O 营销的餐饮连锁服务企业之一,凭借在微博、点评网站等互联网平台的口碑,海底捞迅速聚焦起了大量忠实粉丝。

加强客户关系管理一直是海底捞的追求,特别是移动互联网时代,新技术手段层出不穷,对经营者而言如何选择更好的管理方式是他们需要思考的问题。

首先,创意活动吸引,消费者一旦关注海底捞火锅的微信,就会收到一条关于发送图片可以在海底捞门店等位区现场免费制作打印美图照片的消息,是不是瞬间就有吸引力? 其次,自助服务全,通过微信可实现预约座位、送餐上门甚至可以去商城选购底料,你想要外卖简单输入送货信息,你就坐等美食送到嘴边吧! 当然,其设计的菜品图案也是看着就有流口水的欲望,最后加上线下优质的服务配合,同时享受"微信价",怎么能没有吸引力? 据悉,海底捞每日通过微信预订量高达 100 万。

(资料来源:中国电子商务研究中心.海底捞火锅:每日微信预订 100 万. http://b2b. toocle. com/de-tai—6170235. html. 2014-05-04.)

## 3.4.2　服务分销网点的选择

**1.服务分销网点的选择标准**

分销系统包括六个要素,即成本(cost)、资本(capital)、控制(control)、市场覆盖(coverage)、特性(character)和连续性(continuity)。在英文中这六个因素均以字母"C"开头,因此有人称之为"渠道六个 C"。这六个"C"共同构成了服务分销网点的选择标准。

(1)成本。服务分销网点的成本由两部分构成,一是开发的成本,包括固定设备的投资,调研费用;二是维持的成本,包括设备租金,车辆油耗,人员工资等各项可变成本。服务企业在选择分销系统时应从长远发展角度权衡这两种成本。

(2)资本。服务公司在选择分销系统时要考虑不同方式的资金要求和现金流转方式。例如:如果建立自有的分销系统,一般需要大量的资金投入;通过中间商分销服务通常不需要公司进行现金投入。

(3)控制。是指服务企业对分销渠道的控制能力。如果公司的这种控制能力较强,就能够较好地管理销售人员,了解市场需求的变化,从而以更有效的方式销售自己的服务。

(4)市场覆盖。市场覆盖的三层目标:达到目标销量;达到目标市场份额;取得满意的市场渗透率。有时由于种种原因企业不能同时实现上述三层目标,而总是顾此失彼。此时企业需要为这三个目标确定优先级,明确哪一个是对公司长远发展最为重要的核心目标。

(5)特性。这里所说的特性包括公司特性和目标市场特性。前者主要是服务的性质,以及与公司相关的内容,例如公司的规模、声誉和财务状况等。这些性质决定了公司适合采用什么样的渠道销售,比如保险产品要求短渠道销售,而标准化的服务可以通过长渠道销售;目标市场特性包括顾客特性、中间商特性和竞争者特性。假如顾客的购买数量少,购买频率低,公司宜采用较长的分销渠道。

(6)连续性。实际上这里要考虑的是分销渠道的寿命,即选择哪些分销方式才能保证销售渠道的畅通与稳定。为避免分销渠道中断,公司必须建立优秀品牌,以防中间商转向其他企业。

**【实例 3-11】**

### I.T 集团的品牌集合店模式

I.T 集团实行统一直营的品牌集合店模式。品牌集合店也被称为"品牌概念店",即在一家统一名字的店面里,汇集多个品牌的当季新品。品牌集合店的货品种类并不限定于某个类别,涵盖了服装、鞋、包、首饰、手表等多个品种。虽然每个品牌的风格与设计理念不尽相同,但却被同一店面召集在一起,互相融合成为一个值得关注的品牌集合店。

I.T 在总体上严格控制渠道,因为它的集合店追求品牌和精品的影响,所以实体店只开设自营店,统一供货标价,提高网络商店渠道,单只进行单一网络授权,可以更好地控制产品质量,增加购买产品时的优越感,防止品牌形象下滑。

相比单一品牌服装公司,I.T 大多数门店更像小型商场。I.T 集团既会在一个大型门店内销售多个品牌,也会为某一品牌开出专卖店。

I.T 与品牌间的合作多样而灵活。I.T 集团最初是以买手制开拓道路,在品牌拓展中也逐渐衍生出代理与合资公司两种模式。I.T 代理的品牌包括 Kenzo、French Connection、YSL、Alexander McQueen;也有部分品牌授权 I.T 独家代理权,并为其制订在中国市场的开拓计划。合资公司是较为深入的合作模式,I.T 与合作方建立各占 50% 股权的合资公司,共同开拓市场。

**表 3-4  I.T 旗下四种形式的多品牌集合店**

| 中高端 | 售卖国际知名品牌的 I.T 门店 |
|---|---|
| 中端价位 | 销售新兴国际品牌和自有、特许品牌的 I.T 门店 |
| 专营鞋和配饰 | ETE 门店 |
| 青少年街头时尚 | double-park 门店 |

目前,I.T 旗下共有四种形式的多品牌集合店(见表 3-4)。从实际运营的效果来看,I.T 的多品牌模式实现了很好的经营效率。I.T 在香港的平效高达 52860 元/m²/年,其内地业务的平效也达到了 25750 元/m²/年,远高于同行其他品牌。近年来走红的快时尚品牌如 Zara、H&M 在这方面与 I.T 的逻辑是一样的:用丰富的产品来满足女性多样化的需求。只不过,I.T 采用的是多品牌的模式,Zara 和 H&M 则采取了单品牌多设计的发展模式。

I.T 的品牌自营店模式可以解决传统百货业"品牌重复率高、定位模糊、承租能力差、聚集人流能力下降"的问题,并结合网络渠道,实现了快速发展的态势。与此同时,在国内市场百货商场仍是据主导地位,吸引带动着庞大的人流量,I.T 的集合店入住各顶级商场,可以最大限度地吸引人流,增加品牌形象,借助商圈的讨巧选址也对 I.T 的市场推广起到重要的帮助。

[资料来源:王怡洁.I.T C&J 品牌集合店.服装时报,2012,(3).]

2.服务分销网点的层级

一般而言,服务企业的地理层级包括从地域到地区再到地点的三个层级:地域层级是确定服务上限的最大范围,对待定区域市场的调研和需求的评估是地域层级的基础和前提。地区层级是在选定的区域中选择最易于经营的城区或街区,诸如繁华区、商业中心、专业街等。地区层级主要考虑该地区的人口密集度、服务企业密度以及服务企业之间的结合力等。地点层级是指最狭义的服务设施和店铺的位置选择。在此引入服务圈的概念。服务圈是指服务网点以其所在地位为中心,沿着一定的方向和距离扩展,吸引顾客的辐射范围,简单地说,就是吸引顾客的地理区域。服务圈的大小与顾客购买服务的特点、顾客行为、交通因素等有很大关系。

因此,服务企业在进行服务分销网点的地理选择上,必须遵循两条原则:一是服务网点"三层级"必须坚持统一的定位标准,同时要在考虑同业的集中情况和交通便利情况等基础上做到灵活变通;二是地理位置的选择必须按照"区域地区地点"的顺序进行。有些企业先考虑地点,对地区乃至地域的现状和发展趋势分析不够,如果当地人口外迁、地域经济中心转移,将导致有悖于预期的投资失败。

**【链接 3-4】商圈研究计划**(见图 3-7)

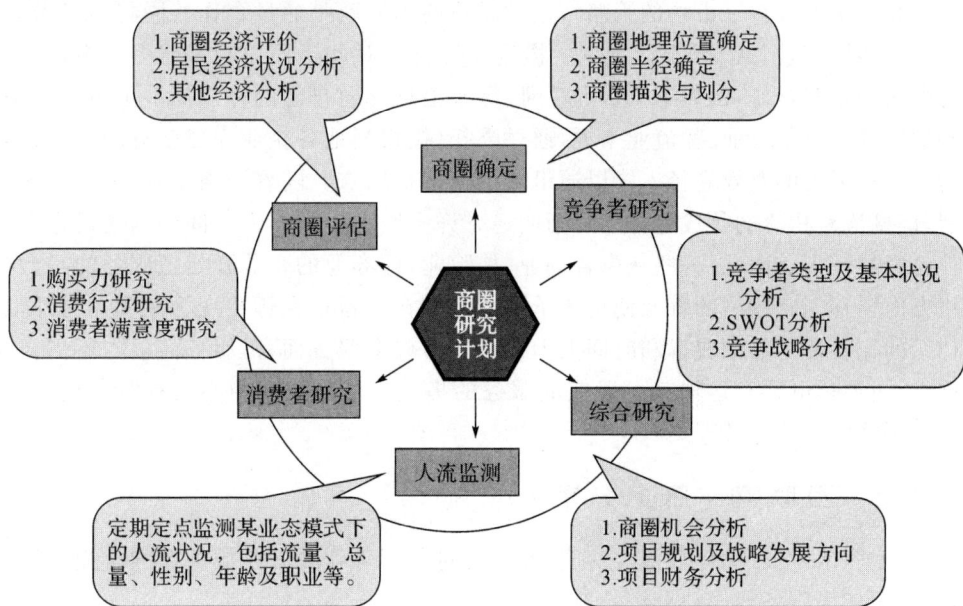

图 3-7　商圈研究计划

3.服务分销网点的选择策略

随着现代服务营销观念和技术的不断发展,打破传统、寻求创新的网点定位策略已成为各大服务企业增强服务竞争力和创造力而竞相突破的方向。我们来具体看看以下一些服务分销网点的选择策略。

(1)分散策略。这是将服务企业的网点布局分散,即多店铺和多点化策略。分散策略通过将网点布局的均衡区域放大,扩大目标市场的覆盖面,提高竞争力,并由此可获得至少三点优势:有效扩大知名度;利用先行优势取得良好回报;统一调度资源,扬长避短。

(2)群落策略。"群落"原本是一个生物学概念,这里用来指商家群聚的现象。群落策略包括竞争群落策略和饱和群落策略。①竞争群落策略是指在众多的竞争者集中的地方设立店铺,这样会导致共赢的现象。这是基于对顾客在众多竞争的服务企业之间选择时表现出的消费行为特征的分析和实践证明总结出来的。②饱和群落策略,则是竞争群落策略的进一步,指在繁华市区、交通流动率高的街区集中、饱和地汇聚了众多提供相同服务的场所或店铺。尽管其对资源的理论性浪费显而易见,但在实践中,因此而获得的广告费用的降低、便于监督和识别等优点,远比其缺点更有价值。比较著名的马连道京城茶叶第一街、王府井的小吃一条街等等,都是这种策略运用的体现。

(3)替代策略。服务分销网点的选择策略的本质在于利用网点抢占市场先机,用最低的成本为最大范围的目标顾客服务。①以营销中介替代网点。利用分销商的信誉和网点出售服务凭证或承诺,是服务提供商实现低成本扩展的最佳选择。实践中,这种替代策略已经为不少服务商带来了良好的收益。例如,代办信用卡的零售商便是银行服务的虚拟网点。服务企业虽然付出了一些佣金,让渡了部分利润,但是节省了网点建设的成本,缩短了建设工期,避免了市场风险和经营风险。②以委托和授权替代网点。是指有声誉、有实力的同业服务商之间通过委托或者授权的方式建立合作关系,利用对方的网点作为自己"虚拟网点",以此来发展自己市场的策略。这种思路的本质就是通过合作共同将市场做大,这符合大家的共同利益。银行业、审计业、物流业等行业对此运用得越来越多。银行业通过往来行之间的相互合作,例如ATM机联网,每家银行都向自己的客户提供了更大范围、更加便利的服务。对审计业、物流业来说,通过委托、授权当地各企业完成就近的业务也是节省人力、运力、财力的有效途径。③以通讯和运输替代网点。随着网络技术、电信技术的不断发展,信息流对物流的替代趋势已日渐明显。许多服务中人与人之间的沟通通过电话和网络就已经足够了。因此,一些从事咨询业、保险业、证券业的企业开始把服务的平台向通信网络方面转移。互联网的普及使得电子商务的潜在力量也在逐步变为现实。另外,城乡交通体系的完善使运输的成本和时间大大缩减。对许多服务而言,服务商根本不需要设立众多网点,而通过电话和运输就可以完成服务的提供。例如急救中心没有遍布全区,只需用电话就可临时调遣急救车。

### 3.4.3　互联网＋服务分销

随着"互联网＋"行动计划深入实施,互联网对各行各业尤其是服务业的全面渗透开始加速,并逐渐成为服务业虚拟分销的新模式。

1. 互联网＋服务分销的作用

(1)"互联网＋"服务分销孕育催生新业务新模式新业态。"互联网＋"使人、物、业都能够突破时空限制发生互联,引发诸多跨界融合创新和产业、资本、估值等多个方面的结构重构。原有经济结构中信息不对称、不透明等问题,有望在"互联网＋"中得到解决。智能交通、互联网金融、现代服务业等的分销渠道,配以"互联网＋",相对于传统三次产业的分销模式进行了"基因重组"。

(2)"互联网＋"服务分销为产业转移和就业带来了前所未有的机遇。不论对于生产性服务业还是消费性服务业,"互联网＋"的"风口"正是提供大众创业、万众创新的绝佳时机。特别是,在此过程中"互联网＋"将对产业转移产生影响,进而改变就业与产业转移的关联性。随着各种智能终端日益普及的移动互联网,为产业转移和就业带来了前所未有的机遇,微商等新模式的出现使得创业就业门槛极大降低,劳动力市场流动性大大增强,解决结构性失业问题出现新的途径。

(3)"互联网＋"服务分销改进民生服务增进人民生活福祉。互联网与公共事业、生活服务融合创新,有利于优化资源配置、丰富服务内容、有效提升服务水平。"互联网＋益民服务"全面覆盖与广大人民群众日常生活密切相关的重要领域。发展电子政务、便民服务、在线医疗、健康养老、网络教育,既是发挥互联网优势改进民生服务的新途径,也是全面建成小康社会的根本要求。"互联网＋便捷交通"将促进公共交通服务效率、治理能力大幅提升。"互联网＋绿色生态"将构建面向循环经济的绿色发展新模式。

**【实例 3-12】**

### "互联网＋"城市服务 普及度浙江省最高

截至 2015 年底,全国有 19 个省份、124 个城市入驻支付宝城市服务平台,包括政务办事、医疗、交通出行、充值缴费等在内的 9 大类服务,涉及 40 个不同类别,共计 4000 多项业务,为 1 亿多的用户提供便捷服务。

目前,浙江全省已经全面接入支付宝"城市服务",省内居民通过手机,就能享受到政务办事、医疗、交通出行、气象环保等服务。让人意想不到的是,2015 年浙江人使用最多的创新特色服务是"台风查询"。在 2015 年 7 月 9 日到 11 日 3 天时间内,由于"灿鸿"调皮捣蛋,风向和级别变幻无常,共计 175 万人次打开支付宝查看及时台风动向。此外,通过支付宝享受挂号、缴费以及查报告等移动医疗服务也备受市民青睐。目前,包括浙大邵逸夫医院、浙大附属第二医院、杭州市红十字会医院在内的多家医院已加入支付宝。

根据报告,综合支付宝"城市服务"平台提供的公共服务种类与用户的使用情况来看,浙江省成为"互联网＋"城市服务普及度最高的省份,广东、上海、北京、湖北分列 2—5 位。值得一提的是,浙江省政府一直致力于通过"互联网＋政务"搭建起市民与政府之间的沟通桥梁,2015 年在支付宝"城市服务"内首开"网上议政厅",通过网络征集"2016 年省政府为民办实事项目",最终征集出浙江老百姓最关心的三件事:农村电商、雾霾治理和河道整治。

(资料来源:节选自刘永丽.支付宝发布 2015"互联网＋"城市服务报告.青年时报,2016-01-15.)

2. 互联网＋服务分销的新业态

(1)"互联网＋"金融分销。互联网金融最早的概念提出者谢平认为,以互联网为代表的现代信息科技,特别是移动支付、云计算、社交网络和搜索引擎等,将对人类金融模式产生根本影响。从广义上讲,凡是具备互联网精神的金融业态统称为互联网金融。而从狭义的金融角度来看,则应该定义在跟货币的信用化流通相关层面,也就是资金融通依托互联网来实现的方式方法。理论上,任何涉及广义金融的互联网应用,都应该是互联网金融,包括但不限于为第三方支付、在线理财产品的销售、信用评价审核、金融中介、金融电子商务等模式。

互联网金融模式。目前来看,互联网金融包括第三方支付、P2P 小额信贷、众筹融资、新型电子货币以及其他网络金融服务平台。所谓第三方支付是指具备实力和信誉保障的第三方企业和国内外的各大银行签约，为买方和卖方提供的信用增强的第三方独立机构提供的交易支持平台；P2P小额信贷是一种将互联网、小额信贷等紧密联系的个人对个人的直接信贷模式，通过P2P网络融资平台，借款人直接发布借款信息，出借人了解对方的身份信息、信用信息后，可以直接与借款人签署借贷合同，提供小额贷款，并能及时获知借款人的还款进度，获得投资回报；众筹融资是通过社交网络募集资金的互联网金融模式，这种模式的兴起打破了传统的融资模式，使得融资的来源者不再局限于风投等机构；新型电子货币如今在网络盛行，如比特币是一种无中央发行方的、基于网络运算产生的、开源的匿名新型电子货币，不同于早期电子货币形式（如虚拟货币，预售电子卡）。

互联网金融运行方式。互联网金融有三个核心部分：支付方式、信息处理和资源配置。支付方式方面，以移动支付为基础，个人和机构都可在中央银行的支付中心（超级网银）开账户（存款和证券登记），即不再完全是二级商业银行账户体系，证券、现金等金融资产的支付和转移通过移动网络进行，支付清算电子化以替代现钞流通。信息处理方面，在云计算的保障下，资金供需双方信息可以通过社交网络揭示和传播，被搜索引擎组织和标准化，最终形成时间连续、动态变化的信息序列。资源配置方面，互联网金融模式形成了"充分交易可能性集合"，诸如中小企业融资、民间借贷、个人投资渠道等问题就容易解决。总之，在互联网金融模式下，支付便捷，市场信息不对称程度非常低，资金供需双方直接交易，不需要经过银行、券商和交易所等金融中介。

"互联网＋"金融分销的发展趋势及前景。在全球范围内，互联网金融已经出现了三个重要的发展趋势：第一，移动支付替代传统支付业务。随着移动通信设备的渗透率超过正规金融机构的网点或自助设备，以及移动通信、互联网和金融的结合，全球移动支付交易总金额2011年为1059亿美元，预计未来5年将以年均42％的速度增长，2016年将达到6169亿美元。第二，P2P小额信贷替代传统存贷款业务。其发展背景是正规金融机构一直未能有效解决中小企业融资难问题，而现代信息技术大幅降低了信息不对称和交易成本。第三，众筹融资替代传统证券业务。众筹融资是近几年国外最热的创业方向之一。2012年4月，美国通过JOBS法案，允许小企业通过众筹融资获得股权资本，这使得众筹融资替代部分传统证券业务成为可能。

（2）"互联网＋"医疗分销。互联网正催生医疗业向移动化、智能化和信息化前进。"互联网＋"医疗分销的商业模式主要有医药电商、在线问诊预约、可穿戴设备、远程医疗四大领域。

医药电商。是指以医疗机构、医药公司、银行、医药生产商、医药信息服务提供商、第三方机构等以赢利为目的的市场经济主体，凭借计算机和网络技术（主要是互联网）等现代信息技术，进行医药产品交换及提供相关服务的行为。医药电商的优点：第一，电商提供充分的药品资源，简化了购药流程，针对非处方药品购买而言，节约了用户的时间成本。第二，所有药品在电商平台上价格透明、来源透明、信息对称。

在线问诊。是指医生在互联网上通过患者解答问题，在线预约是指患者通过网络预约去医院问诊的时间。在线医疗效率高，流程少，资源多的优点，有效平衡我国医疗资源的配置。

可穿戴设备。是指应用穿戴式技术对日常穿戴进行智能化设计、开发出可以穿戴的设备的总称，如眼镜、手套、手表、服饰及鞋等。随着越来越多的消费者开始注重健康管理，老龄化、慢病患者的增加,增加了对可穿戴设备实时检测、远程监控等功能的需求。供给端的可穿戴设备厂商也正积极地以可穿戴设备为数据交互中心,为患者提供移动智能云服务,采集并建立大数据库,探索更多基于患者数据的模式创新。由于现在有关互联网健康管理仍处于数据收集环节,行业仍处于各自为战的探索阶段。

远程医疗。是指通过计算机技术、通信技术与多媒体技术,同医疗技术相结合,旨在提高诊断与医疗水平、降低医疗开支、满足广大人民群众保健需求的一项全新的医疗服务。在远程医疗方面,较先进的医院在移动信息化应用方面发展较快,可在医院内部和医院之间联网实时共享相关信息。但是目前欠缺长期运作模式,缺乏规模化、集群化的产业发展,还存在成本高昂、安全性及隐私问题。

## 3.5 服务促销与沟通

在服务营销过程中,顾客不仅要知道核心服务的存在,还需要获取服务的地点、时间、价格和针对他们需求的种种信息。因此,能否与顾客进行有效沟通将直接决定前期服务营销活动的成败。产品促销中使用的一般沟通工具,比如广告、公共关系、人员销售和销售促进,在服务企业的促销与沟通环节中同样适用,但是,服务本身的特性又促使促销与沟通的方式进行不断创新和升级。

### 3.5.1 服务促销与沟通一般工具

服务促销的一般组合包括服务广告、公共关系、人员推销、销售促进。作为促销工具,每一个都有优缺点,当一个服务组织的目标发生变化时,它的促销组合也会发生相应的变化。因此,营销人员应该针对不同促销工具的优势和特点进行有效的促销。

1.服务广告

所谓服务广告,是指广告主在对用户进行售前、售后服务工程中,对其进行的已有或者新推出的各种服务进行宣传,是借助一定的宣传媒体将企业服务的信息传递给消费者或用户的一种宣传方式。一则成功的服务广告,必须把顾客的注意力吸引或转变到服务上,使顾客对服务广告中所推销的服务产生兴趣,这样顾客欲望也就随之产生,尔后再促使采取购买行为,达成交易。即 AIDA:引起注意(attention);诱发兴趣(interest);刺激欲望(desire);促成购买(action)。

服务广告的最大难题在于,要以简单的文字和视听形象传达所提供服务的领域、深度、质量和水准。有些服务广告可以使用图像或符号等来协助传送信息,但有些则必须更详尽地解释其服务(例如专业服务业)。广告代理商因此而面临的问题是:如何创造出简明精练的广告语和相关形象,贴切地把握服务内涵的丰富性与多样性。尽管服务是无形的,服务广告发布者应该尽可能使用有形线索作为提示,才能增强促销努力的效果。这种较为具体的沟通展示可以变成非实体性的化身或隐喻。知名的人物和物体(如建筑、飞机)经常可用来为服务提供服务本身无法提出的"有形展示"。

服务广告的主要任务是:在顾客心目中创造公司形象;建立公司良好的个性;建立顾客对公司的认同;指导公司员工如何对待顾客;协助业务代表顺利工作。

**【实例 3-13】**

图 3-8　最具煽动性的中文广告

### GO,到全世界,收集每一个国家

　　由各国的出入境章拼凑成的 GO,最让人动心和最具煽动性的是中文版广告上附的那句话:到全世界,收集每一个国家(见图 3-8)。这个广告把消费者梦想周游世界的渴望激发出来,看到护照上贴满花花绿绿的各国签证,盖满形状颜色各异的海关章,是多么让人快乐和享受的事情。

　　(资料来源:VISA 广告创意. http://blog.sina.com.cn/s/blog_958448920100y899.html.2012-03-06.)

　2.公共关系

　　是以社会组织为主体,主要研究组织与组织内外有关公众建立的各种关系,其目的是谋求各有关公众之间建立良好关系,为组织创立一个良好的社会关系环境。公关目标及公关工作对于服务企业的作用表现在以下几个方面:协助新任务的启动;建立并维持形象;处理危机;加强定位。

　　公共关系传播可以分为自发传播与自觉传播两种。为此,自觉传播必须对媒介进行有效的运用,以提高传播效果。公共关系的传播媒介既有大众媒介(广播、电视、报纸、杂志等),又有群体媒介(联谊会、新闻发布会、茶话会等)和人际媒介(具体的个人);既有符号媒介(掌声、姿态、图画等),也有实体媒介(公共关系礼品、象征物、购物袋等)和人体媒介(社会名流、新闻人物、舆论领袖等)。由于是在有意识、有计划地开展各种信息传播活动,因此这种自觉的传播活动比自发传播要高效得多。

　3.人员推销

　　在服务市场上,人员推销的执行手段与制造业市场有相当的差异。比如,在某些服务业市场,服务业者可能必须雇用专门技术人员而不是专业推销人员来推销其服务。George和 Myers 对人寿保险业中顾客"如何看待服务的购买","购买服务时的行为"以及"购买服务与有形产品有何不同"等观点(见表 3-5)的调查,反映出推销服务比推销有形产品更困难。

表 3-5　推销产品和推销服务的差异

| 顾客对服务采购的看法 | 顾客们认为服务业比制造业缺乏一致的质量标准。 |
| --- | --- |
|  | 采购服务比采购产品的风险高。 |
|  | 采购服务似乎总有比较不愉快的购买经验。 |
|  | 服务之购买主要是针对某一特定卖主为考虑对象。 |
|  | 对服务业公司的了解程度是决定购买的一个重要因素。 |
| 顾客对服务的采购行为 | 顾客对于服务不太做价格比较。 |
|  | 顾客对服务的某一特定卖主寄予最多关注。 |
|  | 顾客受广告的影响较小，受别人介绍的影响较大。 |
| 服务的人员销售 | 在购买服务时顾客本身的参与程度很高。 |
|  | 推销人员需要花很多的时间来说服顾客对购买的犹疑不决。 |

对于服务业的人员推销，我们重点介绍六项指导原则的模式。

(1)积累服务购买机会。投入，即寻求卖主的需要和期望及获取有关评价标准的知识；过程，如利用专业技术人员、将业务代表视为服务的化身及妥善管理卖主与买主，卖主与生产者互动的各种印象和诱使顾客积极参与等；产出，特别是愉快的、满意的服务购买经验，且使其长期化。

(2)易于评估质量。包括建立合理的预期表现水平和利用既有预期水平作为购后判断质量的基础。

(3)将服务实体化。指导买主应该寻求什么服务、如何评价和比较不同的服务及指导买主发掘服务的独特性等。

(4)强调公司形象。包括评估顾客对该基本服务、该公司以及该业务代表的认知水平，传播该服务、该公司以及该业务代表的相关形象属性。

(5)利用公司外的参考群体。激励满意的顾客加入参与传播过程。

(6)让所有员工了解对外接触的重要性。鼓励员工感受其在顾客满足过程中的直接角色和所做出的贡献，了解在服务设计过程中顾客参与的必要性，并通过提出问题、展示范例等方式，形成各种顾客所需要的服务规范。

【实例 3-14】

### 澳洲卖房：可怕的营销细节

3月初，我去澳大利亚墨尔本探亲。到达那里的第二天，天气晴好，又赶上是休息日，叔叔全家开车，带我去几十公里外的郊区旅游，整个上午玩得非常尽兴，直到肚子开始咕咕叫时，才想起要找饭店吃饭。

**细节一：保安主动邀请品尝免费美食**

车子在干净的路面上飞驰着，窗外的风景让人惊叹不已，很快，在我们眼前出现了一栋栋别墅，看上去非常别致尊贵。车一靠近，几个穿着红色风衣的别墅保安立即向我们跑来，彬彬有礼地邀请我们下来休息一会儿，去销售部看看房子，并表示，里面有免费的海鲜和饮料。一听说有吃有喝，而且还免费，我们自然十分愿意,特别是才6岁大的小堂妹,乐得直拍小手。在售楼部的餐厅里,服务员不停地为我们续饮料,送这送那。虽然叔叔没有买房的计划和打算,但是吃完一顿可口的免费午餐后,我们觉得无论如何也要去看看样板房,否则实在不好意思。于是便在销售人员的带领下,走进了样板间。

### 细节二:样板房事先摆好客户全家福

但一进去,我们几个人都惊呆了:不仅房子布置和装修得极好,更出人意料的是,在客厅和各个房间的桌子上、墙壁上,全是叔叔一家三口人的甜蜜温馨照片!还没等我们反应过来,又从厨房里走出一位保姆,毕恭毕敬地站在叔叔和婶婶的面前,说:"先生、太太,欢迎你们回家!"

经销售人员解释,我们才明白,原来,在我们吃饭的时候,售楼部的人已悄悄拍下了叔叔一家人的照片,并且快速打印出来,用早已准备好的精美相框将照片装上,摆进房间里,让客人参观时,达到"这就是自己家"的逼真效果。果然,堂妹兴奋地冲进儿童房,抱起放在床上的一只芭比娃娃,高声嚷着:"爸爸,我要住在这里!"

### 细节三:眼看耳听,精准判断客户信息

让我不解的是,我们是四个人一起来的,为什么他们就能准确判断出,我跟他们不是一家?叔叔替我问了这个问题,销售人员微笑着回答说,这很容易猜出来,首先,他不可能是你的儿子,因为你们的年龄看起来相差不会超过20岁(叔叔比我大14岁),而且,他在吃饭时表现得相当有礼貌,是亲戚家的那种礼貌。当然,更主要的是,小朋友天真的话语透露了一切。

参观完房子后,婶婶说要先回去商议,再做决定。销售人员依然是笑脸相迎,表示,不买也没有关系。最后,他们还把所有的相片以及堂妹爱不释手的芭比娃娃送给了我们,叔叔想付钱,但被友好地拒绝了,而他们对我们的唯一请求是:如果你身边有朋友想买房,劳烦把他们介绍到这里来。这个请求,让人无法拒绝。据悉,这里卖出的许多栋别墅,正是通过这种朋友亲人之间的互相"转介"销售出去的,其效果比在电视上做广告更好。

### 细节四:免费帮所有来访客户保养车辆

当我们出来时,又惊讶地发现,叔叔的车早已被他们清洗得干干净净,还简单保养了一番,这,也是免费的!

(资料来源:澳洲卖房:可怕的营销细节. http://hhht. loupan. comhtmlnews/201401/1133881. html. 2014-01-23.)

### 4.销售促进

销售促进是指除了人员推销、广告和宣传报道以外的、刺激消费者购买和经销商效益的种种企业市场营销活动,例如,陈列、演出、展览、示范表演以及种种非经常发生的推销努力。简单地说,销售促进就是一种能直接刺激以求短期内达到效果的促销方法。其要点是:直接和迅速。这就与促销组合的另一种方法公共关系形成了鲜明的对比,公共关系更注重的是间接的、长期的效果。

服务营销人员可以采用六种促销技术来增加顾客对服务的兴趣,刺激他们采取购买行动。这些方法包括样品赠送、价格/数量促销、优惠券、未来折扣补贴、礼品赠送和有奖

销售。

（1）样品赠送。它给了顾客一个免费试用服务的机会。比如，美国在线向电脑所有者提供调制解调器 10 分钟的试用，以鼓励他们使用其网络服务。

（2）价格/数量促销。这种方法如果被顾客理解为短期促销而不是鼓励持续的大额订购，那么就应该在一个有限的时间内采用，而不宜作为长久之策，如航空公司在旅游淡季推出机票折扣。

（3）优惠券。它通常采用以下三种形式之一：①直接降价；②与最初购买者同来的一个或多个顾客可享受折扣或费用减免（如两张半价戏票的优惠券）；③在基本服务的基础上提供免费或有价格折扣的延伸服务（如在每一次洗车时都提供免费上蜡服务）。

（4）未来折扣补贴。它被竞争性市场上的航空公司、酒店和汽车租赁公司广泛用来保持那些频繁外出旅行人员的品牌忠诚度，他们在加入某一个特定的常客计划之前必须签约。这类折扣采取一系列分阶段奖励的形式，如提供免费的服务升级（提供头等舱标准的服务、房间更大、汽车更好）、免费的陪同票等。

（5）礼品赠送。它是一种为了给短暂易逝的服务增加有形要素而提供的特殊促销方式。例如，银行和保险行业提供的服务很难进行差别化，在美国，这些行业就广泛使用礼品赠送。银行定期卷入礼品战，向储户提供金额大小逐步累进的礼品，从厨房用品到钟表、收音机，作为对拥有不同的最初存款额的储户的回报。

（6）有奖销售。这种方式引入了机会这个要素，如抽签中奖。它可以被用来有效地增加顾客对服务经历的参与和兴奋感，及鼓励顾客增加对服务的使用。

【实例 3-15】

### 2015 年淘宝天猫"双 11"活动

2015 年淘宝天猫双 11（双十一）活动，是继 2014 年双 11 之后，阿里巴巴集团的第七个双 11。如今，"双 11"已不仅是天猫或者是阿里的狂欢，更是全民的狂欢。同时，2015 年淘宝天猫双 11 主分会场在进入门槛上，除了海选报名、设置店铺红包、店铺满减、承接页设置外，还增加了卖家大促规则考试。今年双 11 有一个特色是抽奖活动。抽奖活动双 11 红包面额为 1 元、2 元、5 元、10 元、20 元、1111 元；双 11 购物券面额为 10 元；如有多个双 11 红包，可以叠加使用，叠加上限为 10 个。红包使用时间：2015 年 11 月 11 日 00：00：00 至 2015 年 11 月 11 日 23：59：59，逾期作废。

2015 年淘宝天猫双 11 共设置 1 个主会场，31 个分会场（包括 12 个特色会场），以及 25 个大促外场。所有的会场将继续沿用赛马晋级机制，根据卖家全店成交情况安排展示位置。另外，2015 年淘宝天猫双 11 对商家还提供了流量激励计划，同时也加大了对违规卖家处罚力度。2015 年"天猫双十一全球狂欢节"期间，部分行业陆续推出了各类秒杀活动。

（资料来源：2015 天猫双十一活动时间，1111 购物狂欢节最新动态. http://mt. sohu. com/20151103/n425098940. shtml. 2015-11-03.）

### 3.5.2　服务促销的创新与升级

**1.口碑营销**

(1)口碑营销概念与作用。口碑营销是企业有意识或无意识的生成、制作、发布口碑题材,并借助一定的渠道和途径进行口碑传播,以满足顾客需求、实现商品交易、赢得顾客满意和忠诚、提高企业和品牌形象为目的,而开展的计划、组织、执行、控制的管理过程。

相对于大众传媒,人际传播不仅可信性强,而且富有活力,便于记忆,因而对消费者影响较大,被现代营销人视为具有病毒特色的营销模式。特别对于那些营销资源有限的中小企业或弱势品牌,口碑营销更是市场制胜的有力法宝。

(2)口碑营销的内容。口碑营销的内容包括三个层面:首先是体验层,即公众对企业或组织相关信息的认识、态度、评价;其次是传播层,即传播过程中的事例、传说、意见、好恶、熟语等传播素材;最后是公众对其的认可层面,即满意、颂扬。

(3)口碑营销的好处。口碑为什么会拥有如此大的威力?消费者为什么愿意采取口碑方式传播产品或服务信息呢?一方面,消费经验一般分为直接经验和间接经验:直接经验是指消费者真正体验某项服务的过程中所获得的经验。但是如果大家这样做的话,每个人付出的成本会很高,因为必须有大量的时间和金钱来体验新服务;间接经验,即从别人那里获得经验,这不仅节省时间和金钱,而且不用冒直接体验新服务的风险。二者相比,人们更倾向于获得间接经验。另一方面,大多数人认为企业刊登的服务信息广告,有王婆卖瓜的嫌疑;销售人员的推销也是因为企业雇用了他们并给予他们佣金,他们也一定遵循"不管黑猫白猫,卖出去就是好猫"的原则,很难避免言过其实之嫌。只有口碑传播,是自然地将信息传播给他人,是既不被企业雇用又不自卖自夸的独立的第三方传播工具。因此,口碑传播比任何媒体广告和销售人员的可信度都高。

**【实例 3-16】**

#### 杭州枣工坊的口碑营销

枣工坊是杭州新近开设的店,知名度不高,所以它通过微博等新媒体来宣传推广。从口碑营销来讲,它做得还是比较不错的。

1.体验。枣工坊的实体店里有免费试尝新品的活动。顾客去购买枣糕的时候,枣工坊的销售人员非常热情的让顾客品尝它们的新产品,这让作为消费者对枣工坊这家店有了一个不错的第一印象。

2.传播。枣工坊推出的一分钱换购14元枣糕套餐的要求是,关注枣工坊的微信或者微博,这是一种极为有效的宣传活动。它通过极大的优惠首先抓住了消费者的注意,当消费者参与了该活动后,如果觉得口感不错,就会产生继续购买的兴趣。其次,枣工坊打着"食天然,爱自己"的口号,强调它的产品采用天然食材,不使用添加剂,健康安全。这在食品安全问题十分严峻的今天,是一种十分诱人的宣传口号,很容易引起消费者尤其是喜欢健康饮食的消费者的注意及兴趣。在几乎是赠送和天然食材的双重宣传活动作用下,果然杭州下沙附近校区的大学生渐渐涌入了该店,在不到一年的时间里,枣工坊从籍籍无名到现在小有名气,在大学生中的人气十分旺,平时逛街的时候经常能够看到提着枣工坊口袋的学生。

　　3. 认可。要得到消费者的认可是一种长期的奋斗,鉴于它开业时间不长,大家对枣工坊的认可度还有限。如果它能一直保持现在这种热情的服务,健康美味的产品,优惠的活动,那么相信消费者对它的认可是迟早的事。

　　(资料来源:杭州枣工坊的口碑营销.http://www.ganji.com/gongsi/ 22069125/. 2014-05-27.)

　　**2. 体验营销**

　　(1)体验营销概念。体验营销是通过看(See)、听(Hear)、用(Use)、参与(Participate)的手段,充分刺激和调动消费者的感官(Sense)、情感(Feel)、思考(Think)、行动(Act)、关联(Relate)等感性因素和理性因素,重新定义、设计的一种思考方式的营销方法。因此,体验营销是指企业通过采用让目标顾客观摩、聆听、尝试、试用等方式,使其亲身体验企业提供的服务,让顾客实际感知服务的品质或性能,从而促使顾客认知、喜好并购买的一种营销方式。这种方式以满足消费者的体验需求为目标,以服务产品为平台,以有形产品为载体,生产、经营高质量服务,拉近企业和消费者之间的距离。

　　在体验营销时代,越来越多的企业开始意识到了它的战略意义。无怪乎联想副总裁也说:"体验营销不仅要满足消费者喝水的需求,还要满足消费者对水的喜爱和偏好,让消费者感到商家理解他,尊重他,体贴他,同时给他带来美的享受!"如何在消费过程中给消费者带来美的享受。

　　(2)体验营销策略。感官式营销是通过视觉、听觉、触觉与嗅觉建立感官上的体验。它的主要目的是创造知觉体验。感官式营销可以区分公司和产品的识别,引发消费者购买动机和增加产品的附加值等。

　　情感式营销是在营销过程中,要触动消费者的内心情感,创造情感体验,其范围可以是一个温和、柔情的正面心情,如欢乐、自豪,甚至是强烈的激动情绪。情感式营销需要真正了解什么刺激可以引起某种情绪,以及能使消费者自然地受到感染,并融入到这种情景中来。

　　思考式营销是启发人们的智力,创造性地让消费者获得认识和解决问题的体验。它运用惊奇、计谋和诱惑,引发消费者产生统一或各异的想法。在高科技产品宣传中,思考式营销被广泛使用。1998 年苹果电脑的 IMAC 计算机上市仅六个星期,就销售了 27.8 万台,被《商业周刊》评为 1998 年最佳产品。IMAC 的成功很大程度上得益于一个思考式营销方案。该方案将"与众不同的思考"的标语,结合许多不同领域的"创意天才",包括爱因斯坦、甘地和拳王阿里等人的黑白照片,在各种大型广告路牌、墙体广告和公交车身上,随处可见该方案的平面广告。当这个广告刺激消费者去思考苹果电脑的与众不同时,也同时促使他们思考自己的与众不同,以及通过使用苹果电脑而使他们成为创意天才的感觉。

　　行动式营销是通过偶像,角色如影视歌星或著名运动明星来激发消费者,使其生活形态予以改变,从而实现产品的销售。在这一方面耐克可谓经典。该公司的成功主要原因之一是有出色"JUST DO IT"广告。

　　关联式营销包含感官,情感,思考和行动或营销的综合。关联式营销战略特别适用于化妆品、日常用品、私人交通工具等领域。美国市场上的"哈雷牌"摩托车,车主们经常把它的标志纹在自己的胳膊上,乃至全身。他们每个周末去全国参加各种竞赛,可见哈雷品牌的影响力不凡。

### 3.关系营销

所谓关系营销，是把营销活动看成是一个企业与消费者、供应商、分销商、竞争者、政府机构及其他公众发生互动作用的过程，其核心是建立和发展与这些公众的良好关系。

（1）关系营销的基本模式

关系营销的中心——顾客忠诚。在关系营销中，怎样才能获得顾客忠诚呢？发现正当需求，满足需求并保证顾客满意，营造顾客忠诚，构成了关系营销中的三部曲。

关系营销的构成——梯度推进。贝瑞和帕拉苏拉曼归纳了三种建立顾客价值的方法：一级关系营销（频繁市场营销或频率营销），维持关系的重要手段是利用价格刺激对目标公众增加财务利益；二级关系营销，在建立关系方面优于价格刺激，增加社会利益，同时也附加财务利益，主要形式是建立顾客组织，包括顾客档案，和正式的、非正式的俱乐部以及顾客协会等；三级关系营销，增加结构纽带，同时附加财务利益和社会利益。关系营销的模式——作用方程。企业不仅面临着同行业竞争对手的威胁，而且在外部环境中还有潜在进入者和替代品的威胁，以及供应商和顾客的讨价还价的较量。企业营销的最终目标是使本企业在产业内部处于最佳状态，能够抗击或改变这五种作用力。作用力是指决策的权利和行为的力量。双方的影响能力可用下列三个作用方程表示：一是"营销方的作用力"小于"被营销方的作用力"；二是"营销方的作用力"等于"被营销方的作用力"；三是"营销方的作用力"大于"被营销方的作用力"。在竞争中，营销作用力强的一方起着主导作用，当双方力量势均力敌时，往往采取谈判方式来影响、改变关系双方作用力的大小，从而使交易得以顺利进行。

（2）关系营销的原则

关系营销的实质是在市场营销中与各关系方建立长期稳定的相互依存的营销关系，以求彼此协调发展，因而必须遵循以下原则：

主动沟通原则。在关系营销中，各关系方都应主动与其他关系方接触和联系，相互沟通信息，了解情况，形成制度或以合同形式定期或不定期碰头，相互交流各关系方需求变化情况，主动为关系方服务或为关系方解决困难和问题，增强伙伴合作关系。

承诺信任原则。在关系营销中各关系方相互之间都应做出一系列书面或口头承诺，并以自己的行为履行诺言，才能赢得关系方的信任。

互惠共赢原则。在与关系方交往过程中必须做到相互满足关系方的经济利益，并通过在公平、公正、公开的条件下进行成熟、高质量的服务或价值交换使关系方都能得到实惠。

### 3.5.3 社会化媒体下的服务促销

#### 1.社会化媒体概念

社会化媒体（social media）是指人、社区和组织之间通过相互联系、相互依存的网络进行在线交流、传达信息、整合作用增进联系的方式。其中互联网技术能力（链接技术）和流动性进一步增强了这种联系与沟通（链接）的紧密性。

#### 2.社会化媒体分类

美国社会化媒体专家 Tracy L. Tuten 认为社会化媒体根据其功能的不同一般分为四个区域：一是社会化社区。主要是聚集了具有相同兴趣或身份的人共同参与活动的线上渠道。二是社会化发布。将内容向受众传播,形式有博客、微博、微信等,是人们彼此分享见解、信息、思想并建立关系的在线平台。三是社会化娱乐。主要是提供游戏、娱乐机会的线上渠道。四是社会化商务。主要是使用社会化媒体来辅助在线购买、销售产品和服务。社会化商务在消费者在线购买中有时起到杠杆的作用。

正是社会化媒体对商务的影响使得社会化媒体营销得到迅速发展,这一方面是因为它成本低廉、效率较高,另一方面是因为它作为一种工具在商业上有着广泛的潜在应用,它较容易地获得顾客的注意力、通过市场调研管理客户关系、发展新产品创意、对品牌商品进行促销、增加商店线上线下的客流以及将潜在顾客变成现实顾客。这些都是传统媒体营销无法比拟的。

3. 社会化媒体优势

Tracy L. Tuten 研究认为社会化媒体营销与传统媒体营销相比具有明显的突出优势,主要表现在以下几个方面。

(1)社会化媒体可以精准定向目标客户。通过对用户发布和分享内容的分析,可以有效地判断出用户的喜好、消费习惯及购买能力等信息。随着移动互联的发展,社交用户使用移动终端的比例越来越高,移动互联基于地理位置的特性也将给营销带来极大的变革。通过对目标用户的精准人群定向以及地理位置定向,在社交网络投放广告自然能收到比在传统媒体更好的效果。

(2)社会化媒体互动特性可以拉近企业跟用户的距离。随着社会化媒体的崛起,人们才真正体验到互动带来的巨大魔力。在传统媒体投放的广告根本无法看到用户的反馈,而社会化媒体使人们有了企业的官方微博,有了企业的微信公众号等官方主页,在这些平台上,企业和顾客都是用户,先天的平等性和社交网络的沟通便利特性使得企业和顾客能更好地互动,打成一片,形成良好的企业品牌形象,企业获得的价值是难以估量的。

(3)社会化媒体的大数据特性可以帮助人们低成本地进行舆论监控和市场调查。如小米手机成功的道理就是一例。每当小米手机有活动或者出新品,这些粉丝就会奔走相告,做足宣传,而这些几乎是不需要成本的。

社会化媒体品牌营销目标主要有以下几个:一是提高品牌知名度;二是增加网站访问量;三是扩大或增强公关活动的影响力;四是提高客户服务的感知质量;五是提高搜索引擎排名,产生销售机会;六是降低服务与营销成本。

据此评价社会化媒体对顾客的影响力主要有三个基本指标:一是彼此之间的联系强度;二是彼此之间价值观、生活方式的相似度;三是彼此之间交流信息的可信度。

随着微博、微信等社会化媒体产品出现,社会化媒体营销就是要利用网络在线社区或者其他互联网协作平台媒体,以消费者为原点,思考商业行为,通过深刻洞察消费者的价值与需求,尽可能地整合最好的资源和能力,把产品和服务呈现在消费者面前,让他们真实地购买与体验并使商家从中获得利润。

【实例 3-17】

### Coffee Groundz 订单量的增长

Coffee Groudz 是个受欢迎的,又不太贵的单体咖啡店,位于休斯敦,售卖各种本地烘烤的咖啡,茶,酥皮点心,三文治和酒精饮料。店里有一些雅座,16 张桌子,露台上还有 10 张。自从 Coffee Groudz 利用 Twitter 当咖啡馆的订单平台，实现了 25% 的销售额增长，目前年营业额达到了 2500 万美元，成为小企业利用社会化营销成功壮大的典型。Coffee Groudz 的社会化营销手段表现为：

- 把 Twitter 私信功能当订餐工具；
- 通过 Twitter，带来了 20%～30% 的销售额增长和市场份额的扩张；
- 目前在 Twitter 上，有 14490 个粉丝。

（资料来源：节选自利用社交媒体创造销售奇迹的经典案例有哪些？ http://wenda.hexun.com/question/40951.html.）

## 本章小结

- ◆ 明确 STP 营销（市场细分、市场选择、市场定位）是服务企业营销战略的基础，市场营销组合必须紧紧围绕这个前提得以展开。
- ◆ 服务产品可以分为五个层次：核心利益、基础产品、期望价值、附加价值和潜在价值。服务品牌是消费者对有形部分的感知和服务过程的体验总和。
- ◆ 服务定价是一个复杂的决策，涉及的因素包括顾客的感知价值、服务成本、竞争因素、国家政策与法规以及公司目标等。服务定价的方法分为成本导向定价法、竞争导向定价法和需求导向定价法。服务定价的策略方面，着重介绍了心理定价策略、折扣定价策略、撇脂定价策略、渗透定价策略、差别定价策略和组合定价策略。
- ◆ 渠道是企业连接顾客的桥梁，服务分销渠道的类型，包括直销和经由中介机构销售；服务分销网点的选择，包括服务分销网点的选择标准、层级和选择策略；互联网＋服务分销，重点讨论金融服务和医药服务的虚拟分销。
- ◆ 服务促销与沟通包括服务广告、公共关系、人员销售和销售促进；服务沟通方式的创新包括口碑营销、体验营销和关系营销，社会化媒体下服务促销有了新的特点和趋势。

## ⇨【案例分析】

### 神州租车的分销渠道

神州租车（CAR Inc.）成立于 2007 年 9 月，总部位于中国北京。作为中国汽车租赁行业的领跑者，神州租车积极借鉴国际成熟市场成功的汽车租赁模式，并结合中国客户的消费习惯，为广大消费者提供短租、长租及融资租赁等专业化的汽车租赁服务，以及 GPS 导航、道路救援等完善的配套服务。截至 2014 年 7 月，神州租车在国内 169 个主要城市拥有约 1000 多个直营租车网点，车队规模近 130000 辆，服务的个人客户近百万名，企业客户数千家，是中国目前服务网络最大、服务网点最多、车队规模最大、服务品种最全的全国性大型汽车租赁服务企业。秉持"Any One、Any Time、Any Car、Any Where"的服务理念，神州租车以推动绿色出行观念的普及和新型汽车消费文化的发展为己任，致力成为中国消费者最信赖的汽车租赁服务品牌，并立志为推动中国的汽车租赁产业和汽车工业的发展而努力。神州租车的二手车业务、维修保养服务业务等都已慢慢发展起来。

1. 租车业务的分销渠道

截至 2014 年 9 月神州租车在短租市场的份额有 31%，为行业绝对龙头，大大领先一嗨租车的 8.1%。自 2007 年神州租车成立起，一直都有一个比较清晰的分销渠道建设思路，神州租车的渠道建设有一个明显的节点，2013 年 12 月以前建设直销渠道，2013 年 12 月以后逐步放开加盟渠道。

（1）直营模式。2013 年 12 月以前神州租车主要是瞄准了中国一二线的城市，并主要发展直营渠道门店的建设，截至 2013 年 11 月神州租车的市场网络覆盖达到了 67 个城市，直营模式的建设有效地将神州租车与市场紧紧相连，在为消费者提供高品质服务的同时充分了解了消费市场需求，适时地推出了 24 小时不间断的服务，而且还发展了服务的多样性以满足不同消费者的需求，例如：短租服务、长租服务、二手车销售、融资租赁等，由于自上而下的直营模式，可以快速准确地把握市场动态并将企业的新政策贯彻落实，在消费者心中留下了良好的口碑，同样直营模式在一定程度上减少了利润分配成本，保证了利润的最大化。

与此同时神州租车紧盯着互联网动态，甚至一度形成了神州租车与滴滴打车 VS 一嗨租车与快的打车结盟的格局，并且在滴滴打车与快的打车合并后神州租车快速地做出反应推出了神州专车服务，并筹谋 P2P 市场。虽然滴滴快的合并让出租车市场的竞争告一段落，但专车等其他领域的竞争则刚刚开始。在专车竞争领域，此时拥有强大的直营渠道的神州租车无疑会为自身的神州专车服务提供强大的基础支持，可以说在专车服务上面神州专车已占得先机。

（2）加盟模式。2013 年 4 月 16 日，全球租车巨头赫兹公司（NYSE：HTZ）与中国租车业领导品牌神州租车联合宣布，双方正式签署合作协议并启动全面战略合作。根据协议，赫兹将战略投资神州租车，获得神州租车近 20% 的股权及一名董事会席位。同时，神州租车将收购并整合赫兹在中国的所有租车业务。2013 年 6 月 23 日神州租车与贝克汉姆联合宣布，双方正式签订合作协议，共启神州租车云战略，以推动时尚、科技、绿色的中国汽车新生活。

这些动作标志着神州租车已经做好准备瞄准中国更加广阔的市场三四线城市，2013 年 12 月神州租车启动"百城千店"计划，发力三四线城市，正式开启加盟模式。2014 年 3 月，神州租车首批加盟城市开业。与此同时为了保证加盟店的服务品质，神州租车对于加盟店的建设投入了很大的精力，在为加盟者提供汽车金融、车辆采购、客户资源、品牌授权、信息系统、资产安全和业务培训的同时，也对加盟者提出了较高的准入门槛，例如要求加盟者在当地从事汽车租赁或二手车业务的企业、地级市：两个门店，且相距必须超过 2 公里（国家级旅游景点除外）、必须满足 4 年的合作年限等等。也正是神州租车较高的要求标准和支持力度在吸引了大量加盟者的同时保证了加盟店的品质。

加盟店的建设无疑扩大了神州租车的市场覆盖范围，提升了神州租车的市场价值和市场竞争力，为神州租车的上市之路保驾护航。2014 年 9 月 19 日上午 9：30，神州租车在香港正式挂牌，成为我国汽车租赁行业上市第一股。神州租车以招股价区间上限 8.50 港元定价，经扣除全球发售的相关承销佣金及其他估计开支后，预测净筹资 34.49 亿港元。上市当日收盘，神州租车股价报收 10.96 港元，上涨 28.94%，至此，公司市值已达到 251 亿港元。

2.二手车分销渠道

按照神州租车的置换周期：主要车型持有时间为 30 个月，其他车型 36 个月，再以神州租车统计的截至 2014 年 6 月 30 日的 52498 辆的车队规模为基数，三年内，神州租车就有 5 万多辆的二手车需要消化，如果没有可靠的渠道，这就将是一笔巨大的资金缺口。为解决二手车处理问题，2012 年 10 月神州租车就开始构建二手车交易体系，主要分为线下销售渠道和线上销售渠道。其中线下有三种销售渠道来出售二手车：一是自由招标及拍卖；二是第三方拍卖公司；三是直营二手车门店销售，统计数据显示，截至 2014 年 11 月神州租车线下已在全国 26 个城市设有直营二手车门店。

2014 年 5 月，神州租车与优信拍建立合作，在优信拍网站进行二手车销售，二者的合作为神州租车的二手车销路打开了市场，初步建立线上销售渠道。

3. 分销网点的选择

神州租车对于服务网店的选择也是颇具智慧，以北京市神州租车的网点建设分布为例，在 2010 年神州租车曾与北京地铁建立了战略合作伙伴的关系，同年 5 月神州租车正式入驻 1 号线、4 号线、5 号线、10 号线、13 号线、八通线、机场线等沿线部分站点，如双井、灯市口、四惠桥、安贞门、巴沟、天通苑、芍药居、大钟寺等主要交通枢纽站点。

据统计，客户在选择租车服务提供商时会综合考虑三点：价格、车况和取车的便利性，因此，神州租车与北京地铁合作，就是将服务网点建设得更贴近客户，以方便客户取还车，因此神州租车依托北京地铁，通过在其管辖的既有地铁线路的机动车停车场搭建网点，实现神州租车服务网络覆盖，基本可以做到哪里有地铁，哪里就能找到神州租车，不但方便客户取还车，同时也为完善北京公共交通体系，仅到 2011 年初神州租车就在北京完成了 100 多个服务网点的全覆盖。

神州租车在全国目标城市的商务区、商业区、住宅区、旅游区等人口密集区域进行网点铺设，同时在机场、火车站、长途汽车站和码头等城际交通枢纽，以及地铁、公交枢纽等市内交通枢纽进行网点铺设的网络覆盖；并且这些服务网点，都采取门店和取还车服务点相结合的方式，既考虑到网点服务的功能性，又兼顾了神州租车自身的扩张成本，这种门店和取还车点相结合的网络覆盖模式，是中国租赁行业服务网络建设革命性的变革。

神州租车以商圈区域为圆心点，将城市居民区与商圈区域连成线，形成以商圈区域为核心的辐射面，进而带动区域产生人流、车流、客流，并在一定程度上结合当地的情况，最终实现物流、商流和信息流的全方位把握。神州租车通过革命性服务网点的建设，做到了用最小的成本完成了最大的市场覆盖范围，并通过对服务网点较强的控制力，在保证了服务销售渠道通畅与稳定的同时还充分了解了市场需求，并根据市场需求及时做出调整和改进。

4. 分销网点的策略

2013 年以后可以说是神州租车大跨越的一年，面对越来越大的市场覆盖范围和越来越多的服务网点，神州租车在网点的选择上主要是选择了两种分销网点策略：分散策略和替代策略。在一二线城市神州租车主要采取分散策略，例如神州租车与北京地铁的合作，在地铁沿线建设服务网点，就是实现服务网点的多店铺和多点化策略，通过将网点布局的均衡区域放大，扩大目标市场的覆盖面，有效地提高了知名度，并且具有统一调度资源的能力，进而可以充分利用先行优势取得利益最大化，提高整体竞争力。

对于三四线市场的服务网点建设神州租车主要是采用替代策略，神州租车通过加盟店的大力支持，对充分调动并利用市场的主观能动性，在快速利用加盟网点抢占市场先机的同时,用最低的成本与风险为最大范围的目标顾客服务,实现了加盟商与神州租车的共赢局面。

同时神州租车在互联网端与手机 App 端的建设也为服务网点的资源共享以及网点资源的统筹安排打下基础,数据显示,2014 年上半年,神州租车来自网站和手机客户端的短租订单占总短租订单的比例达到了约 66.4%,在一定程度上保障了加盟商与神州租车的共赢局面。

(资料来源:赵娜.神州租车再战 IPO:生态链新挑战.21 世纪经济,2014.)

**案例讨论题**

1.简要评价神州租车的渠道战略。

2.在租车市场中,神州租车不同之处在哪里? 为什么它会成功?

3. 如何更好地增加神州租车的市场占有率?

⇨ 【思考题】

1.以酒店服务业为例,市场细分的依据有哪些? 并阐述其目标市场与定位。

2.简要概述某服务业务的产品构成,它的品牌建设和管理如何?

3.举例说明服务产品的营销三角形。

4.列举渗透定价和撇脂定价的优缺点,并举例说明。

5.服务分销网点与渠道的选择标准有哪些? 试评价当地某家银行的服务网点选择。

6.服务促销与沟通一般工具有哪些? 举例说明社会化媒体下的服务促销。

# 第4章

## 服务人员与服务过程

≫ ≫ ≫　　≫

- 服务人员及内部营销
- 服务人员的管理
- 服务过程

### 导入语

在服务营销的7Ps组合中,"人"的要素是比较特殊的一项。对于服务企业来说。人的要素包括两个方面的内容,即服务员工和顾客。服务的重要特点是动态性、行动性,服务的生产和消费往往是同时的,服务的价值来自行动过程。因此服务过程也显得尤其重要。

本章首先讨论服务企业员工的问题,即服务企业内部营销。服务营销的成功与人员的挑选、培训、激励和管理的联系越来越密切,人员在服务营销中的作用越来越显得重要。本章还将介绍服务过程的含义和分类,分析服务流程设计的方法和步骤。

**当你学完本章后,你将能:**

◆ 了解服务人员的重要性。

◆ 理解内部营销的概念以及内部营销实施的程序。

◆ 把握服务过程的特点和服务流程的设计方法。

### 关键词

服务人员;内部营销;服务过程

### ⟶【导入案例】

#### 呷哺呷哺的营销秘密

面对众多洋品牌,诸如肯德基、麦当劳和必胜客等大举进军中国市场,中国餐饮企业,是甘居人下,还是奋起搏击呢? 呷哺呷哺的奋斗历程,让我们明白中国餐饮企业是敢于创造奇迹的开拓者。

呷哺呷哺源自台湾,1998年在北京创立,其特点是新颖的吧台式就餐形式和传统火锅的完美结合,开创了时尚吧台小火锅的新业态。通过16年的不懈努力,成功在北京、上海、天津等省直营开店400余家,从2009年起,呷哺呷哺一直位列"中国餐饮百强企业";从2011年起,呷哺呷哺连续荣获"北京十大商业品牌"、"北京餐饮十大品牌"、"北京餐饮企业

(集团)50 强"等诸多荣誉称号。

一流的企业家指挥一流的员工,一流的员工造就一流的企业。呷哺呷哺,在对人才的培养上,有一个最具特色的亮点,那就是"送人才回故乡"的计划。同样,在开店布局上,呷哺呷哺也是从开店的城市提前寻找原籍人才,然后将这些人才进行统一的培训,再把他们作为主力输送到故乡做店长、做主管等进行新店的运营。这一策略的成功运营,直接保障了呷哺呷哺企业目前的三、四天开一个店的神奇发展速度。

呷哺呷哺的服务员的热情程度有口皆碑,有顾客表示,在呷哺呷哺其实更多的是在吃一种"氛围",每一位去过呷哺呷哺的顾客都知道,一进呷哺的门,就会有服务员喊"一桌顾客一位",正当惊喜之时,全店所有的服务员异口同声说道:"您好!欢迎光临!"而不管正忙着上菜或是结账,大家都是那么热情。由于呷哺呷哺的顾客的年龄阶层较为一致,就餐的顾客的周围多是年龄相仿的顾客,这也是为什么两个互不相识的人挨着这么紧吃饭却不觉得不舒服的一个原因吧。

呷哺呷哺的服务过程中的一大亮点便是赠送麻酱。在其他几乎所有的火锅店中,麻酱作为小料是需要单点的,价格从几元到十几元不等。而通常顾客会消耗 2 包碟至 3 包碟麻酱。因此,这一赠送举措让顾客感到很是实惠。还值得注意的是,送麻酱的细节也能体现出服务的周到性。在众多的呷哺呷哺店基本上是用餐之始给一包麻酱,待之后,服务员会注意你的碗中还有多少调料,如果快没有了就会主动将新的麻酱包递送上,不仅省去了顾客叫服务员的过程,更是让顾客心生好感。

在服务营销的 7Ps 组合中,"人"的要素是比较特殊的一项。对于服务企业来说,人的要素包括两个方面的内容,即服务员工和顾客。从呷哺呷哺的事例可以看出员工的行为对于企业的重要性。

# 4.1　服务人员及内部营销

## 4.1.1　服务人员及其作用

服务企业的员工在服务营销中是一个非常重要的因素。在进行服务营销以及提供服务产品的过程中,人(这里指的服务企业的员工即服务人员)是一个不可缺少的因素,尽管有些服务企业的服务产品是由机器设备来提供的。如大家非常了解的自动售货服务、自动提款服务等,但一些零售企业和银行的员工在这些服务的提供过程中仍起着十分重要的作用。对于那些要依靠员工直接提供的服务,比如餐饮服务、医疗服务等来说,员工因素就显得更为重要。一方面,高素质、符合有关要求的员工的参与是提供服务的一个必不可少的条件;另一方面,员工服务的态度和水平也是决定顾客对服务满意程度的关键因素之一。

一个高素质的员工能够弥补由于物资设备及服务条件的不足可能使消费者产生的缺憾感,而素质较差的员工则不仅不能充分发挥企业拥有的物质设备设施上的优势,还可能成为顾客拒绝再次消费企业服务的主要缘由。考虑到人的因素在服务营销中的重要性,克里斯廷·格罗鲁斯(Christian Gronroos)提出,服务业的营销实际上由三个部分组成。包括服务企业与内部员工之间的内部营销、服务企业与顾客之间的外部营销以及服务企业内部员工与顾客之间的互动营销。

外部营销包括企业服务提供的服务准备、服务定价、分销和促销等内容;内部营销则指企业培训员工以及为促使员工更好地向顾客提供服务所进行的其他各项工作;互动营销则主要强调员工向顾客提供服务的技能。从中我们可以清楚地了解员工因素在服务营销中的重要地位。

一般而言,服务企业的人员可分为两类:必须与顾客接触的一线员工、无须与顾客接触的后台服务人员。顾客购买或消费服务的时候,有些员工可以被看到,但有些员工则是看不到的。顾客接触的员工可说是公司里的关键人物。服务业公司的员工职位表应该予以倒置,应该让与顾客接触的员工位居最高层。员工与顾客接触量的多寡则因服务业种类而有所不同,有的公司员工和顾客的接触较频繁,有的则较少。

在研究服务业员工与顾客接触的问题时,应区分员工与顾客接触的程度。高接触度与低接触度的界定可依据顾客处于服务系统中所有时间里接受服务所占时间的百分比。据此,高接触度服务包括大饭店、餐厅和学校;低接触度服务包括政府主管机构和邮局。

服务利润链表明:内部服务质量、员工满意度和员工生产力、提供给顾客的服务价值,与最终的顾客满意度、忠诚度和利润之间有重要关系。顾客满意来自员工满意。服务人员是服务营销的人格化。

1.服务员工的关键作用

服务人员就是服务。一线人员又称边界跨越者,在组织与市场的边界上工作,是联系外部顾客和环境与公司内部运作的纽带。他们的重要性表现在:

- 他们就是服务;
- 他们是顾客眼中的公司;
- 他们就是营销者。

很难想象,没有客户经理,谁向客户提供理财咨询;没有保险推销员,顾客如何了解眼花缭乱的保险产品并投保。服务人员是服务的必要条件。

【实例 4-1】

### 服务员工的关键作用

有两家卖粥的小店,左边店和右边店每天的顾客相差不多,都是川流不息,人进人出。然而,晚上结算的时候,左边店总是比右边店多出百十来元,天天如此。

细心的人发现,顾客进右边粥店时,服务员微笑着迎上去,盛了一碗粥,问道:"加不加鸡蛋?"客人如果说加,服务员就给客人加上一个鸡蛋,每进来一个,服务员都要问一句,有说加的,也有说不加的,各占一半。

走进左边粥店时,服务员也是微笑着迎向顾客,盛上一碗粥,然后问道:"加一个鸡蛋还是两个鸡蛋?"客人笑着说:"加一个"。再进来一个顾客,服务员又问一句。爱吃鸡蛋的说加两个,不爱吃的就说加一个,也有要求不加的,但是很少。一天下来,左边这个小店就总比右边那个卖出很多个鸡蛋。

启发思考:

心理学上有个名词叫作"沉锚"效应。在人们做决策时,思维往往会被得到的第一信息所左右,第一信息会像沉入海底的锚一样把你的思维固定在某处。第一信息的不同,使你做出的决策也就不同。左边粥店的聪明之处在于做事既给别人留有余地,更为自己争取了尽可能大的领地,所以,才会不声不响地获胜。

在人际交往中,语言的妙用往往会带来不同的后果,能起到彼此之间交流思想、通融感情、调节关系、促进和气生财的作用。相反,出言不逊,极易引起矛盾,产生纠纷,这样的事例不胜枚举。我们在做好服务的同时,更应该注重传达给市场和消费者的第一声音,利用准确、鲜明和艺术的第一声音使"沉锚"效应获得成功。

(资料来源:根据相关资料整理。)

### 2.一线员工行为如何决定服务质量

顾客对服务质量的感知包括五个方面,即可靠性、反应性、保证性、关怀性和有形性。而决定这五个方面感知的重要环节是与一线员工接触的互动场合。这里从服务承诺的角度进一步分析,员工如何通过上述五个方面对顾客感知产生影响,进而决定服务的质量水平。

可靠性即按承诺传达服务,往往取决于一线员工。假如服务机构发出了便利快捷的承诺,或方便简单的承诺,或热情周到的承诺,不幸遇到行动迟缓、手续繁杂、面若冰霜的服务员,上述承诺无法兑现,并招来顾客的不满。

反应性即对顾客个性化具体要求的回应。一名反应迟钝的或工作死板的服务人员,肯定适应不了多变的、多样化的顾客需求。相反,那些反应性质量高的服务机构,总是拥有一批头脑灵活、反应迅速的人员。例如当柜台前面出现排队拥挤的现象,迅速增加窗口,加快服务速度。甚至当出现不受欢迎的顾客时,素质高的员工可以表现出不露痕迹的拒绝技巧。

安全性有时又称保证性,是顾客对服务的信心和信任。当员工向顾客讲解产品和服务时,他的言谈举止表现出职业水准和彬彬有礼,可以转化为服务组织稳健可靠的形象,使顾客产生良好的第一印象,进而产生信任与信心,帮助顾客消除疑惑,降低对服务的认知风险。对于无形程度较高的专业技术产品尤其重要。

关怀性又称移情性,是指员工为个别顾客提供需要的服务时,要设身处地地注意每一个顾客的问题。专注、聆听、具有适应性和灵活性的表现,可以充分表现出员工的个人魅力。对顾客特别的个性化的关怀,建立良好个人关系,将提高顾客对服务的评价,顾客回头率较高。

有形性主要体现在员工的外表、着装与态度,以及服务设施、装潢、宣传画册和标志等。

### 【实例 4-2】

## 小门店　大服务

在上海浦东新区上南路沿街的一排小商店之间,有一家并不起眼的兴业银行社区支行,门店虽小,人气却很旺。几天前,正值理财产品到期兑付日,新的理财产品正在销售,这家仅百平方米的支行挤满了前来购买和咨询的客户,3 位社区支行工作人员忙前忙后,耐心解答,指导客户操作购买,场面热闹而有序。

这些客户多数来自周围十来个居民小区,平时都是这家社区支行的"常客",路过时总会进来打个招呼;一时赶不过来办业务,只需打个电话,即便到了下班时间,工作人员也会耐心等候……

"我们支行70%以上的客户是'纯新客户',仅一个小区物业经理就为我们介绍了30多个客户。"兴业银行上南路社区支行负责人告诉记者,"现在网点里有了自助发卡机,客户开银行卡的时间缩短到2分钟,有了卡就能在社区支行办理所有非现金业务,非常便捷。"目前支行活跃客户超过一半,平均每人购买3款理财产品,不少客户还把三方存管关系、水电煤费用代扣代缴等业务绑定在该支行,这样客户黏性和忠诚度提高了,很难流失。

主动走到社区发宣传单,与居委会、物业公司合作举办社区活动,面对面向居民介绍银行服务。"这才是回归银行服务的本质,洗尽铅华,专注服务客户。因为客户才是银行发展的根基,否则不管产品怎么好,也无法落地。"兴业银行银行卡与渠道部副总经理说。

自2013年第一家社区支行开业,截至目前,兴业银行的社区支行已建成千余家,其中1/3已实现盈利,未来3年还将计划建成3000家。

兴业银行副行长表示,利率市场化、金融脱媒和互联网金融的快速崛起,倒逼银行不断创新并调整经营思路,加快转型。近年来兴业银行更加重视零售业务这片"绿海",把发展社区银行作为零售业务转型的战略选择。"商业银行物理网点小型化、社区化、智能化、标准化是大势所趋,我们把建设'小而精'的社区银行作为加快零售业务转型的突破口,通过渠道扩张模式的转变,打通银行服务'最后一公里',有效弥补城市金融服务盲点,推出更多便民利民的服务措施,提升服务水平,提高客户体验,推动零售业务持续健康发展。"

(资料来源:欧阳洁.小门店 大服务.人民日报数字报,2015-08-17.)

**【即问即答 4-1】**

顾客对服务质量的感知包括哪些方面?

### 4.1.2　顾客

对服务公司的营销活动产生影响的另一因素是顾客之间的关系。一位顾客对某项服务质量的感受很可能会受其他顾客意见的影响,这与受服务公司员工的影响在道理上是一样的。顾客总会与其他的顾客谈到服务公司,或者当一群顾客同时接受一项服务时,对服务的满足感往往是由其他顾客的行为间接决定的。

服务业公司与制造业公司的一大区别是,顾客所接触的服务业人员的主要任务是实现服务,而不是营销服务。在工业产品市场,顾客与操作层次的接触很少,对于整个产品的提供,顾客不可能有任何责任。但在服务业市场,接触机会就大得多了,绝大多数的公司员工都与顾客有着某些形式的直接接触。

1.顾客在服务交付过程中的角色

在整个服务的生产运作和传递服务的过程中,顾客至少扮演三种角色:生产性的资源,服务品质和满意度的贡献者,以及竞争者。只有切实把握好顾客的这三种角色,并据此进行服务设计,最终才可能提高经营绩效,使顾客满意,进而维持企业的竞争优势。

(1)顾客是一种生产性的资源。有学者认为,可以视顾客为企业的"部分员工",因为顾客必须投入他们的时间和精力到服务的作业过程,从而成为企业产能的一部分。顾客在服务过程中的主动参与特征,决定了顾客可以作为潜在的生产性资源加入服务过程。例如,许多餐厅很有创意地为顾客提供自助餐服务。如此一来,服务企业可以减少员工配备,顾客也能根据自己的喜好来选择菜肴的种类及数量,使有限的服务能力得到更充分的利用,因此,将顾客视为部分员工的做法可以视为是对企业生产力的贡献。

顾客究竟应该参与服务过程到何种程度? 对服务企业而言,这是一个非常重要的问题。由于顾客的参与会影响服务生产的质和量,有些专家认为,服务的传递系统在设计上应该尽量和顾客分开,也就是减少顾客的参与,才能降低顾客在服务制造过程中带来的不确定性。也有些专家持不同看法,他们认为,如果能够善用顾客,将顾客视为生产性的资源并设计好顾客参与的角色,使其能够对服务生产做出更大的贡献;如果顾客可以执行某些服务的任务,就可以取代部分员工所做的事情。对应于这两种不同的观点,现实中均能找到成功运用的案例,但是需要特别强调的是,多数人认为,如果服务企业着眼于提供超越顾客期望的服务,并不断提高顾客的满意度和忠诚度,那么将顾客视为"部分员工"的观点是值得肯定的。

**【实例 4-3】**

### 春秋航空怎样把"低成本"做到极致?

春秋航空有限公司经中国民用航空总局批准成立于 2004 年,创立之初,只有 3 架租赁的飞机空客 A320 飞机,经营国内航空客货运输业务和旅游客运包机运输业务。10 年间,春秋航空的资本从最初的 8000 万扩大到 30 个亿,探索出了怎样的适合国情的低成本航空商业模式?

春秋航空,34 前年做旅行社出身。作为国内第一家民营资本独资的低价航空公司、最大的民营航空公司,营销策略一点都不低调,推出 Cosplay 动漫航班、"0元出境机票"、"买机票送旅游"。连续三届接待世界小姐大赛,让它总能获得高度曝光。这家平均客座率 95% 左右,在全球同行中坐"第一排"的航空公司,本着"道德经商"的社会责任感,在激烈竞争中越战越勇,把"低成本"玩出了花样,玩出了境界,玩出了与众不同的差异化 Style。

春秋航空有自身做旅游的优势,游客是其天然资源。基于此,它顺应移动互联网的趋势,长期在微博微信上发起特价秒杀和预定活动,同时尝试线上线下活动的结合。它曾做过《非诚勿扰》式的"相亲航班",阅读灯当投票灯,机舱通道做舞台,女嘉宾对男士不满意,就可以灭掉阅读灯。这次活动出现一个惊喜:一个围观的女乘客为被女嘉宾灭灯的男乘客留了一盏灯。值得一提的还有上海航线曾推出的"动漫航班",飞行过程中,空乘人员变装成美少女战士、蜘蛛侠、男仆女仆等,产生了极好的话题效应。这些活动的实际花费全都是"低成本"。

自主研发航空网络系统。春秋航空不进中航信系统、自建销售平台,甚至自主研发旅客自助离港系统、自助登机系统、收益管理系统飞行管理系统、飞机维修管理系统,其强大的科技资源与能力可见一斑,而其直接利益就是,大大节省了请外援做外包的大笔资金。

[资料来源:和斌斌.春秋航空怎样把"低成本"做到极致? 中外管理,2015(6).]

(2)顾客是服务品质和满意度的贡献者。顾客对服务品质和满意度的贡献主要体现在以下两个方面。

一是用顾客的劳动代替员工的劳动，这里体现的是顾客是"部分员工"的观点。尤其是对于那些作用于顾客身体和精神的服务，服务品质的结果大都取决于顾客参与服务生产的程度。在这些服务里，除非顾客扮演好自己的角色，否则服务的工作是不可能做好的。比如为了塑造健美的体形，顾客在健身房接受教练指导的过程中，必须要认真聆听并配合教练的工作，从饮食以及锻炼多个方面严格要求自己才能取得比较令人满意的效果。

二是理顺服务需求，由于服务不可储存，因此企业的服务能力将随时间消失。而服务需求往往具有明显的随时间变化的特点，因此如果需求变化能够理顺，就可以降低需要的服务生产能力。要实施理顺服务需求策略，顾客必须参与，他们的适度参与使得调整他们的需求时间与可获得的服务相匹配成为可能。这样不仅可以减少企业顾客流失，而且顾客可以在参与式的自我服务中减少等待时间以及消费成本。

由此可见，顾客作为服务的参与者，积极参与服务的生产，是对服务品质和自身顾客满意度的一种贡献。

（3）顾客是一个竞争者。正像前面所讲的那样，如果顾客可以在服务制造过程中帮助自己，那么就可以把他视为一种生产性的资源或者说是部分员工，这是顾客选择购买企业的服务的情形。同时我们也发现，在某些情况下，顾客所需的服务内容可以自我提供并实现同样的需求满足，此时顾客也可以选择部分或者全部的服务内容自我提供。例如现在都市蓝领一般都不会回家吃午饭，在这种情况下，他们既可以选择自己在家里做好带到公司去吃，也可以选择订购方便套餐或是到餐厅去吃。前者就是服务的自我提供，而后者就是选择购买。类似的情形在企业中也很容易观察到，例如企业内部的人力资源培训，如果企业内有资深的讲师，那么他就可以无需委托外部专业机构来进行教育培训。从这样的观点来看，毫无疑问，顾客自身也是服务组织的一个潜在竞争者。

2.增加顾客参与的策略和措施

在服务接触和传递过程中，顾客的参与水平和特征，会影响到服务企业的生产力，服务组织相对于竞争对手的位置以及服务质量和顾客满意度。因此，在服务接触的传递中，有效的顾客参与其目的就是为了提高服务的生产力和顾客满意度，同时降低由于不可预测的顾客行为而产生的不确定性。

【实例 4-4】

### 蚂蚁金服推"蚂蚁聚宝"让用户理财变得更简单

移动互联网的快速发展，使得理财正在变得更为简单。8月18日，蚂蚁金融服务集团宣布，推出全新的一站式移动理财平台——蚂蚁聚宝，以独立应用的形式为大众用户提供简单便捷的理财服务。这是在支付宝以外，蚂蚁金服首次发布新的独立应用。

和发达国家相比，中国理财市场的发展还明显处于初级阶段。对大多数人而言，理财显得有些"高高在上"，过高的门槛、过于复杂的操作、过于难懂的信息以及信息不对称下造成的理解与选择障碍，使得大量用户的理财需求难以得到满足。蚂蚁聚宝希望逐步改善这种状况。蚂蚁聚宝在1.0版本里集合了余额宝、招财宝和基金等三种理财类型，并通过一个账号打通。未来，蚂蚁聚宝还将支持通过余额宝购买股票等更多功能。

　　用户的理财需求有两种：稳健型和风险型，前者又分为活期型和定期型。余额宝主要适应活期理财需求，兼具理财和消费功能；招财宝适合定期理财，目前与120多家金融机构合作，为用户提供稳健的定期理财产品。相比余额宝和招财宝，基金的收益范围和投资风险都更大一些，适宜风险偏好较高的用户，蚂蚁聚宝此次和数米基金网合作，首批接入的基金数量超过900只，覆盖所有主流基金公司。

　　据透露，在上线推广期内，所有用户在蚂蚁聚宝平台购买基金产品都无需支付申购费。同时，基金赎回时，可以实现T+1到账，这相对于行业平均T+3以上的到账时间，缩短了至少两天。数米基金网总经理陈柏青表示，如何让用户能够便捷地尝试更丰富的理财方式，采用多元化的投资组合是业界一直思考的方向。蚂蚁聚宝通过一站式和降门槛的方式，在为大众理财多样化探路。

　　移动互联网在理财渠道的扩展使得理财正在变成一种触手可及的服务，大量以往很难接触到理财服务的普通用户，开始成长为理财的主力人群。原先"高大上"的金融，其实也可以变得"小确幸"，一个简单的大众理财时代正在到来。"小"意味着希望帮助每一个普通人的理财愿望，让理财门槛变低、成本变小；"确"则是帮助用户找到最适合自己的理财，对于风险和收益有确切了解和认知，心中有数，理性决策；"幸"则意味着理财本身能够融入生活场景，带给用户幸福感。

　　按照产品规划，蚂蚁聚宝还将陆续推出场景化的智能推荐功能，基于每个用户的投资需求和风险偏好，帮助用户快速找到最为适合自己的投资方式；并通过理财社区的形式引入投资达人，通过智慧共享，促进大众投资者的理财教育，辅助其投资决策。

　　（资料来源：高国华. 蚂蚁金服推"蚂蚁聚宝"让用户理财变得更简单. 中国金融新闻网，www.financial-news.com，2015-08-19.）

　　（1）界定顾客在服务传递和接触过程中的工作。根据服务的特征确定顾客的角色，在此基础上决定需要哪些顾客参与以及参与程度如何等。当参与水平界定清楚了，服务企业就可以更具体地确定顾客应参与承担的工作是什么，即顾客的工作定位。顾客的参与工作描述一般会随着服务类型和组织定位的不同而有所不同。顾客工作可能包括帮助自己、帮助他人并为公司促销。

　　由于顾客存在个体差异，并不是每位顾客都想参与服务过程。服务组织应该在细分市场的基础上以定制化服务适应不同的顾客群体的需要。

　　（2）吸引、教育和奖励顾客。采取有效措施调动顾客有效参与的积极性和主动性。吸引合适的顾客；教育和训练顾客有效地完成角色所承担的任务；对顾客贡献进行奖励；避免不当顾客参与带来的消极结果。

　　（3）管理顾客组合。在服务的供给和消费过程中，存在同时接受服务的顾客群体，因而顾客之间常常相互影响。要有效利用顾客间相互影响带来的积极作用，避免其消极作用，就需要对同时接受服务的顾客组合进行管理，即顾客组合管理。

　　管理顾客组合的主要方法是兼容性管理。所谓兼容性管理是指对多样的、有时是冲突性的细分顾客群体的管理过程或活动。它包含两层含义：一是吸引同类顾客进入服务环境过程的管理；二是对有利环境以及顾客之间的接触进行主动管理，以此来增加令人满意的接触，减少令人不满意的接触。

兼容管理的具体方法是：通过科学定位和细分化策略，最大限度地吸引相似顾客群体；把具有一致性特征的顾客安排在一起，尽可能减少顾客群之间的直接影响；制定相应的顾客行为规则；训练员工观察顾客之间的相互影响，对潜在冲突的敏感性，以及在特定环境下促进积极的顾客接触。

**【链接 4-1】**

## 五招提升客户参与度

所有企业都得面对单个客户以及企业客户快速变化的行为。他们可以轻而易举地获得产品价格信息，对品牌也越发挑剔。最大的挑战是把所有人都变成了营销者：企业和客户之间的互动接触点，正在不断向整个机构的不同部门扩散，因此，客户参与已经变成了所有人的责任。

在很多企业，营销部门负责制定整个机构的客户参与事务，因此要求该部门必须无处不在才能影响到非直接控制的接触点。以下五招有助于高管们超越部门偏见，转而提升广泛接触点的协调活动。通过开阔企业视野，重新看待客户参与需求，提供更快速的反馈以及建立内部沟通渠道，这些方法能够帮助打造一个更为灵敏的机构。

1. 组织顾客参与论坛

几乎所有的企业都会举办年度或半年度业务规划活动，将事业部和职能部门的高管聚到一起商讨企业战略和目标。然而，很少有企业举办类似活动，来商讨如何与企业的衣食父母——客户，进行互动。我们建议组织类似峰会，参会人员涵盖高管和低层职能部门。例如在美国的一家医疗保险机构，CEO 的直接参与引发了整个公司范围内对顾客行为转变，以及公司如何应对的讨论。

峰会的焦点是客户参与而非客户体验。峰会必须强调三件事情。第一，产品线经理和职能部门经理在参与愿景方面应当保持一致：希望和客户建立什么样的关系？例如，通过调查法国和意大利的顾客参与情况，星巴克总结出这些国家的顾客更喜欢当地的传统咖啡样式。随后，星巴克进行了独具特色的店面布置和家居摆设，也调整了饮品和服务技巧。

第二，峰会的参与人员应当在所有接触点协调活动来吸引客户参与。通过客户参与峰会，高管团队能够建立一个协调的方案，例如呼叫中心的客户体验能够和一线员工的行为进行协调，或者将在线注册体验和产品开发进行协调。

最后，企业应当对客户体验生态系统的要素达成一致，即在企业内部团队和外部合作方。因为接触点众多的情况下，内部资源可能无法满足所有要求，例如要素可能包括，内容和沟通，数据分析，产品和服务创新，客户体验设计和送达，品牌，名誉和企业公民管理等等。这些客户参与的规划活动，除了能够激励整个团队围绕顾客参与开展工作，还能避免资源过于分散。

2. 组建客户参与委员会

客户参与峰会的成果之一是认识到需要有一个持续的论坛来确保管理团队聚焦于客户参与这件事。客户参与委员会的目的是及时地将营销、沟通、服务、销售、产品管理等所有的参与形式整合到一起，变成涵盖所有接触点的协调策略。

这个委员会应该是一个运营和决策的实体,要把客户参与峰会的成果转化为在个人接触点上的具体行动。为了实现这个目标,委员会构成必须一方面确保参与者具有代表性,同时委员会人数少而可以进行有效决策。委员会需要了解一切优先级的客户行为和竞争对手的信息。

3.任命一个首席内容官

十多年前,数字革命的范畴逐渐清晰时,很多企业就迅速任命了"数字官员"来监督这些不断涌现的接触点。事实表明,挑战不仅仅是理解数字渠道,而是为了高效使用内容而面临的数量、性质和速度的问题。企业需要建立越发复杂和互动的内容供应链来满足客户对信息和参与的需求,此外还需要建立一个机制来管理客户自己生成的内容。企业作为出版人身份的出现要求任命一个首席内容官。

不同行业的企业,从奢侈品到零售业,金融服务,汽车甚至职业体育行业都在安排这一职务。所有企业都在以一种新闻工作者的方式提供引人入胜的内容,以及与客户建立更深刻的情感连接。首席内容官的角色就是提供与品牌相关的、容易引起争论的内容来吸引客户参与。首席内容官必须开发并管理内容供应链的各个方面,确定内容来源及如何被引用,并监督外部机构和内部创新小组如何生成这些内容。

4.建立"倾听中心"

参与即交流,然而很多公司正逐渐将自己排除在最重要的交流之外。由于社交媒体的出现,现在比以往任何时候都更容易调动粉丝和对手,客户与企业的任何一次互动也许都隐藏着潜在冲突。因此,企业应当成立倾听中心来监控社交媒体、博客以及其他在线论坛上外界对本企业、产品及服务的评价。

将这类监控活动嵌入公司业务当中具有以下作用:缩短冲突发生后的反应时间,弥补内部指标的不足,将顾客意见反馈到产品开发过程,充当测试顾客反应的平台。如今,从金融服务行业到消费品行业,倾听中心正在逐步建立。一家法国电信公司不仅监控在线活动,还准备了一系列的应答工具。

5.挑战你的顾客参与预算

为了让客户有效参与,很多企业都在琢磨如何应付这么多的新方法,新媒介以及各种各样的内容。我们提议换个思路,应该意识到:预算充足,但没用在刀刃上。有了数字和社交媒体渠道之后,相比传统媒体沟通或面对面销售拜访,企业如今可以更高效、以更廉价的方式和顾客沟通。很多公司没有意识到这些生产率提升和跨部门的权衡,是因为没有计算顾客参与的总支出。大部分预算都是按部门分配,也按同样的方式测算影响力。如果以这种方式看待投入和支出,钱永远不够用,因为每个部门都希望增加资金来提升所负责业务的客户互动,最终演变成一场毫无胜利希望的竞赛。

相反,将所有客户参与的开支如销售、服务、运营、产品管理以及营销加总,然后找出所有低成本的方式,并问自己一个问题:"如果预算只有目前的 15%,我该怎么做?或者,竞争对手会如何处理这个问题?"这类练习有助于打破思维定势和潜伏于机构内的传统智慧,强调被忽略的机会。

亚洲的一家零售巨头就是这么做的。面对高涨的成本,该公司审查了全部的顾客参与预算,确定表现不佳或方法缺失的环节。以此为基准削减了 25% 的传统营销预算投入顾客服务,并将其他营销开支调配到数字、社交媒体和移动营销渠道。该零售商把削减的店内运营成本投入顾客忠诚度培养项目,以此来提高顾客的参与程度。

更多接触点上的顾客互动正在塑造顾客感知的参与程度。巩固这一潜在价值的主要障碍是机构层面的,学习制定和执行有效的顾客参与战略的企业将获得优势。其他将处于不利地位。毫无疑问,将来某一天,所有这一切用于管理客户参与的程序和结构都会改变,在此之前,以上五招仍然可以为贵公司提供正确的方向。

(资料来源:Thomas french,Laura LaBerge,Paul Magill. 麦肯锡方法:五招提升客户参与度. 商学院,2014.)

### 4.1.3　内部营销

**1.内部营销的概念**

20 世纪 80 年代,内部营销的概念首次出现在服务营销的文献中,稍后又出现在服务管理的文献中。越来越多的企业开始重视内部营销过程。目前内部营销已被视为外部营销成功的先决条件。

内部营销起源于这样一个观念,即把员工看作是企业最初的内部市场。对于大多数服务来说,服务人员与服务是不可分的。服务首先是一种劳动密集型的行为,因此服务企业员工的素质直接影响服务的质量和服务企业的效益。我们可以这样界定内部营销:通过类似市场营销的一系列活动,调动内部市场员工的积极性和主动性,培养员工的服务意识,使内部员工具有顾客意识和全员营销意识。

内部营销的概念说明,内部营销本身就是一种管理策略,它的核心是培养具有顾客意识和全员营销意识的员工。内部营销作为一种全面的管理过程,能保证服务企业各个级别的员工理解并体验企业的各种行为和活动,保证服务企业的所有员工得到足够的激励,随时以顾客意识和全员营销意识贯穿于服务工作中。

**【链接 4-2】**

菲利浦·科特勒曾指出:"内部营销是指成功地雇佣、训练和尽可能激励员工很好地为顾客服务的工作。"这也就是说向内部人员提供良好的服务和加强与内部人员的互动关系,以便一致对外地开展外部的服务营销。这里所说的对员工的雇佣、训练和激励,包括的内容为服务人员的训练、服务人员的处置权、服务人员的义务和职责、服务人员的激励、服务人员的仪表、服务人员的交际能力、服务人员的服务态度等;内部营销过程实际上也就是对服务营销组合中各人员要素的管理过程。

**【即问即答 4-2】**

什么是内部营销?

**2.内部营销的内容**

内部营销包含两大内容:态度管理和沟通管理,这两大内容实际上也是内部营销两种类型的管理过程。

态度管理是指在管理过程中针对员工对服务意识和全员营销意识的态度、员工动机需要分析以及相应激励等进行有效管理。态度管理是一个持续的过程,从招聘、挑选、训练、开发人力资源到服务企业的日常管理工作,无不贯穿着态度管理。积极有效的态度管理使服务企业内各层次的员工从加入企业的那一刻开始就逐渐培养了"主人翁"意识,在企业适当、正确的员工激励机制下,表现更加积极、主动,企业也会因此获得更好的成绩。

沟通管理是指服务企业的各层次员工需要充分的信息来完成与他们岗位相符的工作,为内部和外部的顾客服务。他们需要的信息包括工作计划、产品和服务的特征、对顾客的承诺、岗位规章制度等。另外,他们也需要适时沟通他们的需要和要求、对提高工作绩效的意见和建议以及他们对发展企业和开拓市场的一些看法。

【实例 4-5】

### 隆力奇:以人为本,注重内部营销

1981 年,瑞典经济学院的克里斯廷·格罗鲁斯发表了论述"内部营销"概念的论文。"内部营销"首次出现在大众的视野中。其实,内部营销是与外部营销相对应的概念。其核心意思是,领导者应该使员工热爱企业品牌,然后再让员工去说服客户热爱这一品牌。二十多年之后,"内部营销"风靡全球,已经成为领导者培养员工的法宝,企业创造效益的利器。

隆力奇 28 年的历史,就是一部内部营销史,有人问隆力奇董事长徐之伟,您经营企业的秘密是什么?徐董回复说:坚持以人为本,充分的内部营销。是的,隆力奇 28 年的发展成就,与 28 年坚持以人为本,坚持充分进行的内部营销有着密切的关系。

在隆力奇的企业文化里,有三个"上帝",而排在第一位的就是员工,其次是消费者和社会其他关系,徐之伟一直强调,只有服务好了我们的员工,员工才能服务好我们的客户。从创建伊始,隆力奇就把自己的目标确定为,为广大员工和合作伙伴提供收入和事业发展的机会,帮助他们了解自身价值并实现创业梦想。

员工是企业最重要的资产,要把他们作为第一营销对象——只有员工满意,才会有顾客的满意;而顾客满意了,企业才能获得利润并持续运行。正是基于这一认识,隆力奇董事长一直说:"一旦有人才加入我们公司,我们就会千方百计地使其安心在公司工作。如果他们不能在某一部门发挥出自己的才干,我们会尽量为他们调换合适的岗位。"他相信,每个人都有自己的专长,无论员工在哪个部门,都必须花时间使他们感到自己的重要性。

隆力奇为员工设立"隆爱基金"、"创新奖励基金"和"职业培训发展计划",以此来提升员工的综合能力和素质。

隆力奇通过对员工的内部营销,帮助他们发掘自身价值,使得员工对企业品牌的认识逐步加深,现在的隆力奇已经拥有了一支相当优秀的员工队伍。这支员工队伍不断地推进着隆力奇的企业向前发展。那些目光长远的企业把员工当作第一营销对象,并对其进行大力的内部营销。如此一来,员工会逐步理解和接受企业文化和价值理念、管理方式以及发展策略等,并反过来回馈企业。

　　因此，让员工满意，已经成为每一个企业领导者面临的最重要、最切实、最根本的问题。伟大的营销专家菲利浦·科特勒曾指出："内部营销是指成功地雇佣、训练和尽可能激励员工很好地为顾客服务的工作。"显然，只要领导者向内部人员提供良好的服务，加强与内部人员的互动关系，一致对外地展开营销，就能获得成功。

　　当然，更重要的是，内部营销是每一位领导者不断与员工分享信息、交流感情、增进认识、分享经验、融合智慧、促进交汇的过程。如果没有这个"水乳交融"的过程，领导者就不可能融合员工，积聚能量，构建健康的企业文化基础。

　　隆力奇领导者只有像水一样遵循"我为人人，人人为客户"的理念，实施充分的内部营销，才能创建世界一流企业，获得更远大的发展。

　　（资料来源：隆力奇. 以人为本，注重内部营销，青岛新闻网 http://www.qingdaonews.com/，2013-11-25.）

很多企业已经认识到态度管理和沟通管理的重要性，但是在实际商务活动中，我们不难发现有一些企业只强调沟通管理或态度管理，忽视了二者在企业内部管理中的共同作用关系。还有一些服务企业关注的是沟通管理中的单向信息沟通，比如召开各种会议只是向与会者提供书面和口头信息，彼此间的沟通比较少，而且经理和主管对他们的下属一般关心有限，没有认识到他们需要双向的沟通和鼓励，这样的企业业绩发展和前景是可想而知的。当然，也有一些服务企业由于正确对待了内部营销管理的这两个方面而取得显著绩效，例如，斯堪的纳维亚航空公司在开展内部营销及其过程管理方面就非常成功，他们的态度管理和沟通管理相辅相成，共同为企业服务。

成功企业的实践经验表明，内部营销要取得成功，首先必须作为战略管理的组成部分；其次，内部营销管理的全过程都要得到企业各组织管理层的全力支持；第三，高层管理者必须自始至终积极支持内部营销的全过程。

　　3. 内部营销的作用

　　原则上，当企业面临以下三种不同的现实管理需要时，内部营销是必需而且非常有效的。

　　(1)企业要创造服务文化和在员工中建立服务导向。因为当服务导向和员工对顾客的兴趣成为组织中最重要的规范时，服务文化就在组织中开始生根发芽了。而内部营销的目标指向便是营销服务导向。值得注意的是，在管理的真空环境下内部营销不可能促成服务文化的形成。只有在其他活动的配合下，内部营销才能成为发展服务文化的有力手段。一般而言，内部营销的具体目标表现为：

　　· 让员工——管理人员、营销人员和服务人员——能够理解和接受企业的使命、战略、战术以及服务、服务过程和营销活动。

　　· 在服务管理中发展服务导向的管理风格和领导风格。

　　· 向员工传授服务导向的沟通与互动的技巧。

　　(2)企业希望在员工中维持服务导向和保持服务文化。服务文化一旦形成，就必须积极地保持下去。否则员工的态度和企业规范可能恢复到原先的状态，那时技术效率就成为了主导原则。而企业在前一阶段为实施内部营销所付出的管理费用和管理精力也将付之东流。具体而言，有助于保持服务文化和顾客导向的内部营销目标包括：

- 确保管理方法能够鼓舞士气,提高员工的服务理念和服务导向。
- 确保员工可以不断得到信息和反馈。
- 在向外部市场推出新服务和营销活动前,先对员工进行培训。

(3)企业向员工介绍新产品和营销活动。新产品、新服务和新的营销活动的推行本身就是一项内部营销任务。不仅如此,它们还有助于建立和保持服务文化,这个层次上内部营销的具体目标表现为:

- 让员工认识和接受企业推出的新服务。
- 让员工认识和接受为新服务导人的传统营销活动和行为,这些行为和活动大都是大众营销活动。让员工重温熟悉的营销活动,也是不断强化顾客意识的过程。
- 让员工认识和接受为营销活动采取的新措施。让他们熟悉这些措施,并理解其中的顾客导向内涵,会使员工对企业与顾客的关系有更加深刻的认识,并能对互动业绩造成影响。

【实例 4-6】

### 海底捞的员工都是发自内心的快乐

**海底捞的"变态服务"**

　　到北京的时侯,朋友告诉我一定要去试试"海底捞",起初我并没有特别在意,因为天太热,不想吃火锅。但是在朋友的一再推荐下,我选择了去海底捞吃饭,到了餐厅我被眼前的情景所震惊,三伏天竟然有食客排长队!

　　海底捞是何方神仙,竟有如此能耐? 它靠什么招数赢得"见多识广"的首都火锅爱好者的青睐? 问那些三伏天在门外排队的食客,你们为什么喜欢海底捞?

　　"这里的服务很'变态'。在这里等着有人给擦皮鞋、修指甲,还提供水果拼盘和饮料,还能上网、打扑克、下象棋,全都免费啊!"

　　"这里跟别的餐厅不一样:吃火锅眼镜容易有雾气,他们给你绒布;头发长的女生,就给你橡皮筋,还是粉色的;手机放在桌上,吃火锅容易脏,还给你专门包手机的塑料套。"

　　"我第二次去服务员就能叫出我的名字,第三次去就知道我喜欢吃什么。服务员看出我感冒了,竟然悄悄跑去给我买药。感觉像在家里一样。"

　　2006 年,百胜中国公司将年会聚餐放在海底捞北京牡丹园店,并说这顿饭的目的是"参观和学习"。百胜是世界餐饮巨头,旗下的肯德基和必胜客开遍全球,而当时海底捞总共不过 20 家店。海底捞的创始人张勇说:"这简直是大象向蚂蚁学习。"次日,在百胜中国年会上,张勇应邀就"如何激发员工工作热情"做演讲时,被这些"大象学生"追问了整整三个小时。

　　1994 年,还是四川拖拉机厂电焊工的张勇在家乡简阳支起了 4 张桌子,利用业余时间卖起了麻辣烫。十多年过去,海底捞在全国 6 个省市开了 30 多家店,张勇成了 6000 多名员工的董事长。张勇认为,人是海底捞的生意基石。客人的需求五花八门,单是用流程和制度培训出来的服务员最多能达到及格的水平。制度与流程对保证产品和服务质量的作用毋庸置疑,但同时也压抑了人性,因为它们忽视了员工最有价值的部位——大脑。让雇员严格遵守制度和流程,等于只雇了他的双手。

怎样才能让员工把海底捞当成家？答案很简单：把员工当成家里人。海底捞的员工住的都是正规住宅，有空调和暖气，可以免费上网，步行20分钟到工作地点。不仅如此，海底捞还雇人给员工宿舍打扫卫生，换洗被单。海底捞在四川简阳建了海底捞寄宿学校，为员工解决子女的教育问题。海底捞还想到了员工的父母，优秀员工的一部分奖金，每月由公司直接寄给在家乡的父母。

要让员工的大脑起作用，除了让他们把心放在工作上，还必须给他们权利。200万元以下的财务权都交给了各级经理，而海底捞的服务员都有免单权。不论什么原因，只要员工认为有必要，都可以给客人免费送一些菜，甚至免掉一餐的费用。聪明的管理者能让员工的大脑为他工作，当员工不仅仅是机械地执行上级的命令时，他就是一个管理者了。按照这个定义，海底捞是一个由6000名管理者组成的公司。

海底捞把培养合格员工的工作称为"造人"。张勇将造人视为海底捞发展战略的基石。海底捞对每个店长的考核，只有两个指标，一是客人的满意度，二是员工的工作积极性，同时要求每个店按照实际需要的110%配备员工，为扩张提供人员保障。

我不记得自己已经去过多少次这家餐厅了，能够打动顾客的就是海底捞员工的努力，而公司的理念也通过员工的行为传递出去，无论是跑步送菜的员工，还是像表演一样拉面的员工，抑或是站在顾客身边做服务的员工，你看到的都是发自内心的快乐，细腻而准确地解决问题。一餐饭给予顾客一定是赏心悦目，"顾客满意"这四个字可以很清晰地传递出来，不是口号，不是理念，是实实存在的顾客感受。

### 达成员工行为共识

海底捞的成功，究其原因就是借助于员工能力的充分发挥，让员工在自己的行动中渗透和表现公司的文化。每一个海底捞人都是自我的管理者，这些员工所展示出来的风貌，让顾客体验了公司的企业文化，形成了顾客的忠诚度，形成了员工的行为习惯就是核心所在。

那么如何形成员工的行为习惯呢？这就需要我们借助于文化的功能来完成。文化的根本功能就是凝聚力的功能，简单地讲就是达成共识。很多人认为达成共识是很困难的事情，但是我不这样认为，关键是你是否关注为达成共识所必须做出的努力。达成共识只需要做到四件事情：共同的事物、共同的语言、共同的举动、共同的感受。

### 共同的事物

无论是服饰还是工作场所以及公司的标识系统，都要给员工明确的共同事物的安排。很多时候人们不关心这些共同的东西，但正是共同的事物让员工可以和组织完全保持一致，如海底捞给员工安排好的住宿等，这些都会让员工形成与公司的共识。相同的服装、公开的办公场所、员工一起用餐的餐厅等，包括公司的标识系统、办公用具以及工作环境，这些共同的事物都会带来共识的达成。所以，尽可能给员工提供一些共同的事物，可以很容易让员工和公司达成共识。我曾经到一家公司调研，这是一家很有活力的公司。在和员工交流中，我问大家在公司里记得最深刻的事情是什么，很多员工回答说，是第一次到公司上班，公司竟然会给每一位新员工买一个星巴克的马克杯，这完全超出他们的想象，就是这样一个杯子，让他们一下子就喜欢上这家公司并愿意努力地在公司工作。一个小小的杯子就有着这样大的凝聚力，只要稍微用心，提供一些共同的事物给员工，共识就会形成。

### 共同语言

语言具有特殊的作用是人们所熟悉的。西方的谚语说：世界上最近的距离和最远的距离都在舌头上。这说的就是语言的功效。如果可以让员工有共同的语言，也就让员工之间达成共识而没有距离。一个好的企业文化会让员工不断谈论这样的话题：第一，诚实地了解顾客并追求顾客至上；第二，不强调职位的高低；第三，我们只有合伙人与伙伴；第四，我们不可依靠系统，而是依靠个人的能力来满足顾客的需求。概括来说就是，在企业中谈论三个关键词：顾客、合作、解决问题。如果员工在日常工作中都是谈论这三个关键词，那么员工所形成的共同语言就可以产生顾客导向的文化和行为习惯，就可以形成相互合作、配合的企业文化和行为习惯，就会形成主动承担责任、积极解决问题的企业文化和行为习惯。语言所创造的氛围一定会影响人们的行为选择和习惯，"你今天有什么好的创意？你有什么好的概念？"在这样的氛围下，只能有一个概念——创新、创业！人们会感到这样的冲动，正是创新、创业这些共同的语言造就了斯坦福的特色也成就了硅谷的神话。所以，我一直主张企业要有自己的歌曲、自己独特的语言以及要求，在企业内部引导员工谈论共同的话题，具有相同的语言是形成文化共识的第二个部分。

### 共同的举止

典型的运用共同举止达成共识的是军队。任何一个军人都会要求自己一切举止符合要求，无论是行走、吃饭、训练以及睡觉，这些完全一致的行为举止训练，使得军队成为强大的组织，并战无不胜。我们在形成企业文化的时候，也一样需要员工具有共同的行为举止。通常情况下，企业中的行为可以分为六种：第一，会议的参与；第二，对于细节的注意；第三，个人关系与人际沟通；第四，在危机中聚集商讨应对顾客需求的对策；第五，品质的标准；第六，劳资关系。这些都是企业中的日常行为举止，这些行为举止的一致性和高标准，就可以形成一个一致的团队。对于举止和行为一致性的训练，是达成共识最有效的途径之一，只要我们观察军队的训练，就很容易获得这样的结论。

### 共同的感觉

员工的感受是第四个达成共识需要关注的部分。海底捞的经验说明，给员工好的感受有着非凡的意义。这家公司从员工的衣食住行入手，为员工提供良好的服务，这些举措使得员工感受到特殊的待遇，并因为这样的待遇感受到公司对于他们的尊重和珍惜，在内心萌发了自豪感和当家做主的感觉，这样的感觉一旦成为员工的共识，就会发挥出巨大的作用。当一家公司的员工评价公司说"公司对我们很好；我们喜欢这个地方；我们关心公司因为公司关心我们"，那么这家公司就已经形成员工的共同感觉了。海底捞为员工安排专人打扫宿舍卫生，换洗床单，带给员工的就是公司关心员工的感觉，这样的感觉造就了员工对于顾客的关爱。

其实，达成共识不是太难的事情，只要善用工作环境、工作服装和工具以形成共同的事务，善用管理制度和激励手段以形成共同的举止，善用公司用语以形成共同的语言，善用公司的形象以形成共同的感受，企业的共识也就达成了，企业文化随之就会展示出来。

（资料来源：选自陈春花.海底捞的员工都是发自内心的快乐.中国社会科学网 http://www.cssn.cn，2015-08-22.）

## 4.2    服务人员的管理

由于服务人员在企业的营销活动中扮演了十分重要的角色，所以需要对服务人员进行良好的管理。具体的管理涉及对服务员工的招聘策略，提供人员发展的环境、内部支持和管理。

### 4.2.1    服务人员的招聘策略

内部营销的起点是人员招聘。招聘工作做得好，招进来的人员素质就比较高，这就为服务机构建立人才优势或降低培训成本创造了条件。如足球俱乐部最重要的也是投资最大的就是聘请好的教练和球员。因此，教练和球员的招聘事务已经衍生为足球经纪人行业，后者专门为球员和教练的转会服务。人员招聘主要考察应聘者的服务兴趣和服务能力。

招聘的服务人员是对服务职业有兴趣的人。其中，一类是天生喜欢服务职业的人。那些喜欢社交、富于同情心、助人为乐和人缘关系较好的人，往往是这类对服务职业有内在兴趣的人。这类人选择服务职业的一个动因就是通过服务获得社交的满足和愉悦。但这类人可能相对较少。大多数可能属于另一类，即对服务职业不一定有内在兴趣但能扮演服务角色的人，也就是能通过角色扮演同样表现出对服务有"浓厚兴趣"的人。这后一类人也是合适的人选。

【实例 4-7】

#### 科沃斯服务机器人"入职"交通银行

在服务业中，大堂经理们负责接待和引导的工作，可以想象这不是个轻松的活儿，尤其在银行这种人流量特别大的地方。如果有一个萌萌的机器人来帮忙，会是一番怎样的景象？近日，在东北某交通银行营业厅，就出现了这么一个特别的"职员"，它就是来自科沃斯的服务机器人旺宝（见图4-1）。

旺宝除了能指导顾客办理相关业务，还能各种调侃卖萌，并针对顾客要求提供个性化服务，吸引了大量目光，成为营业厅里的小明星。这款服务机器人，正是科沃斯将旺宝运用到终端门店的首次尝试，交通银行也是其首批战略合作者。

这台会走路会说话会唱歌的旺宝身高大约70公分，顶部的人机界面是一块大型显示屏,一般情况下屏幕上显示的都是一对呆萌的大眼睛。旺宝的表情不仅能根据心情随时变换,还能通过屏幕进行视频播放。当遇到复杂问题无法回答时,则自动切换到人工服务。在日常应用中,顾客只需按一下旺宝胸前的呼叫按钮,旺宝就会立刻激活,进入接待角色。

值得一提的是,旺宝作为 O2O 的连接中端,可以根据不同商家需求进行用户信息采集,并且将数据传输到云端进行分析和处理,为商户提供大数据支持。未来旺宝承担的职能再也不仅仅是单一的终端导购机,而是能提供导购体系整体解决方案的机器人。这次运用于交通银行,仅仅是旺宝走向市场的第一步。

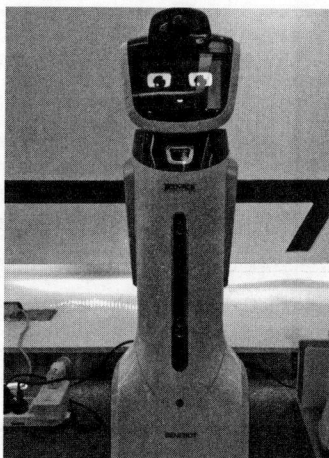

图 4-1　旺宝机器人

"我是萌妹子,我来为你唱首歌吧"、"我是旺宝,你是谁"……旺宝所在之处各种风趣的对话、其"耍宝"角色的扮演,总能吸引大量顾客的围观,顾客停留的时间明显加长了,几乎每个到店里的人都愿意跟旺宝聊一聊,特别是带着孩子来的顾客,对旺宝更是喜欢的不行。

未来,在医院,也许你将看到旺宝变成"大白"、在商场,旺宝化身"哆啦 A 梦",在海底捞,旺宝摇身装扮成"小二"……各种定制版旺宝将不断应用于不同终端门店。

(资料来源:科沃斯服务机器人"入职"交通银行.环球网 http://www.huanqiu.com/,2015-08-19.)

人员的服务能力包括技能、知识、专业化水平和体质等。服务技能,是指服务人员服务的熟巧、技艺、能力等。服务技能包括操作技能和交际技能(服务接触技巧)。服务知识,是指服务人员所掌握的与服务有关的自然知识和社会知识。服务知识既是服务技能的基础,也在服务营销中具有重要作用。不仅高层次的服务需要越来越多和越来越高深的知识,较低层次的服务也开始知识化。

**【实例 4-8】**

## 58 到家采用菲律宾女佣的标准

58 到家是 58 同城在 2014 年初上线的 O2O 项目。其允许用户在手机端就近寻找小时工、搬家师傅、维修师傅、美甲师等各个服务门类的服务人员来提供到家服务。2014 年 7 月,58 到家正式从 58 同城中独立出来,注册为公司,并成为一个与 58 同城并列的品牌。58 同城的创始元老之一陈小华成为这家新公司的掌舵人。

要做好 O2O,就需要在线上构建好的平台和完善的系统,更需要在线下参与服务人员的培养和管理,必要的时候还需要亲自操刀将服务资源整合和进行服务质量的提升,这样的模式才能长久地发展起来。在 58 到家的模式中,线上的平台是服务信息的中转站,还在线下组建了实体性质的公司,拥有日渐完善的管理与培训系统,通过传帮带等多种现实培养提高服务人员的能力,等于是一家用互联网思维做起的非互联网实体公司。

58 到家的一个逻辑是基础服务标准化,"我们更强调的是标准动作,一牵涉到个人的话就千丝万缕,容易好的特别好,不好的特别不好,58希望整体都能在一个水准以上,比如说58到家能达到敲门是怎么敲的、敲几下,进门怎么做,然后几块毛巾、什么颜色,每块毛巾擦哪个位置,全部都是标准动作。"58同城CEO姚劲波在专访中说。

以家政为例,服务员统一培训,全部采用菲律宾女佣的标准姿势,"为什么人家的阿姨从早干到晚都不累,站姿和角度完全不同,人体是呈45度角工作的、手法是S形的手法,这是中国没有的;当浴室犄角旮旯特别脏的时候,用刷子刷和用铲刮,可能都要抠半天,我们的流程是用喷剂,可以先擦亮的地方,擦完了之后再去擦这个地方,就干净了,这是一个时间上的节省。"58月嫂创始人兼CEO王迪解释说。

(资料来源:根据相关资料整理。)

服务的专业化水平,是指服务人员经过专业培训后其服务技能和服务知识及职业道德等达到社会公认的水平,通常都以获得专业或从业资格证书为标志。如注册会计师、律师、国际商务师、导游等。服务的专业化水平是服务技能和知识的综合体现,而且它有社会评估尺度,因此在人员招聘中比技能和知识更具有可操作性。

服务营销普遍需要人员具有良好的体质。如前所述,服务人员本身就是服务的一种有形提示。如果服务人员缺乏良好的体质,就可能影响自身在服务过程中的形象和由此影响服务质量。例如,体质较差的服务人员在比较繁忙的服务过程中容易表现出疲倦感和对顾客不耐烦的情绪,而顾客对这样的服务人员自然不会满意。

【实例4-9】

### 服务制胜:优衣库让你甘愿败家的十个细节

优衣库进入中国之后,针对本土情况不断进行修正,多是来源于某家店铺好的实践经验,经过店长报告给运营部进行确认后,在全店范围内推广。

优衣库虽然也与H&M、Zara等一起被列为快时尚的代表,但是在我看来,"快"和"时尚",都算不上是优衣库的标签。我常常去买优衣库的原因是,东西质量不错,价格还可以,另外很重要的就是服务,尤其是一些细节的设置,真的会让人不由自主地发出"哇,竟然这也想到"的惊呼。

那首先看看有哪些服务细节吧:

1.衣身和衣架上都有明显的尺寸标识,不用翻吊牌查尺寸。

2.堆放着的衣服S号永远在最上,往下是M号,再往下是L号,最下面是XL号。

3.购物袋的胶条贴上去之后还会再折一下,方便顾客撕下(当我发现这条时,我真的惊讶了)。

4.雨天,店员会在购物袋外面再套一个塑料袋,保护衣物不被淋湿(说实话,这是我最喜欢的一条服务)。

5.每个独立的试衣间里配有镜子,这条现在算不上优衣库的独家了,试衣间的重点在灯光。优衣库试衣间的灯光是透过镜子旁边的磨砂玻璃照出来的,光线就不会让顾客感到刺眼。有说法是,由于黄种人脸部轮廓不深,所以比较适合灯光从前面或后面斜照下来。

6. 签单时,店员会刻意让笔尖对准自己,让客人使用起来更顺手(人性化)。

7. 如果使用信用卡签单,店员会特别留意顾客的签名,在说"祝你购物愉快"之前,刻意加上顾客称呼。

8. 不繁忙的时候,店员会叮咛购买牛仔裤的顾客,"请注意和浅色衣服分开洗";店员也会根据自己个性称赞顾客的商品,比如"这件衣服你买得真划算"、"这是我们现在最畅销的商品"这些明知不是很真但听上去仍然会很舒心的客套话。

9. 店员秉承微笑服务,但绝不在消费者身边给建议(最烦店员推荐了不喜欢的款)。

10. 在店铺里,每个店员和顾客擦肩而过时,都会说:"欢迎光临优衣库"。

据说,在淮海中路的优衣库上海全球旗舰店内,还配备了母婴室。如果你还没有享受过上述服务,可以考虑向优衣库投诉,因为他们在培训时都是要求了的。

这些服务细节是如何产生的?

新员工正式工作前,需要在"优衣库大学"接受三天的导入研修,了解优衣库的企业文化和培养基本服务意识。包括譬如坐下的时候应该把包放在什么位置、桌面上的笔记本应该朝往哪个方向、离开的时候要把凳子放回原位等。

员工之间互相打招呼的方式也是培训内容,优衣库认为这是创作愉快工作氛围的前提。在第一阶段,见面时说"你好",告别时说"不好意思,先走了";第二阶段,要求每个员工叫出对方的名字——"某某,早上好"或者"某某,不好意思,打扰了"。微笑,要有内涵。优衣库设定了一项"咬筷子"的练习:让一名员工咬住筷子,用纸遮住眼睛,让其他员工体会,如果没有眼睛的微笑,单是嘴做出微笑的形状,仍然无效。

所有对优衣库员工的考核中,叠衣服是关键一环。顾客在挑挑拣拣衣服时,不能马上走过去整理,优衣库要求店员准确掌握时机,当顾客已经离开或是背对货架时,迅速走过去把衣服用最快速度整理出来。在优衣库,一个中级员工,要掌握一分钟内至少叠好 7 件衣服的技能。

(资料来源:宦艳红. 服务制胜:优衣库让你甘愿败家的十个细节. 联商网,http://www.linkshop.com.cn,2015-08-04.)

【即问即答 4-3】

怎样使顾客获得良好的服务感知? 哪些细节体现了优衣库的优质服务?

## 4.2.2　提供人员发展的环境

服务机构内部营销的策略之一,是给人员提供良好的发展环境,使人员发挥最大的潜能。服务机构内部良好的发展环境,包括:人员培训,向人员授权,人员激励等。

1. 人员培训

员工招聘只是企业人力资源管理的开始,如何使新员工成为符合企业要求的服务提供者,这是企业内部培训要解决的问题。许多企业为培训员工开办了专门的学校,比如假日酒店大学、麦当劳的"汉堡包大学"等等,这些学校为本企业的员工培训制定专门的培训计划,配置专门的培训人员。学校的一切活动都围绕着培训企业需要的人,只要是企业的需要,哪怕是细微的方面也会配合以精心的计划。这些机构的主要任务之一是对员工进行技能培训(针对某些特定的事务),比如说关于酒店的会计系统、现金管理技术等等。这些培训内容主要是一些行为准则,一般是针对那些新加入公司的员工。进行这样的培训是为了让新员工能在今后的工作中以符合标准的行为高效地完成本职工作,并与其他员工取得协调,以便更好地工作。

企业除了对员工进行技能培训外,还应对员工进行交往培训。这是因为,企业的服务质量依赖于员工向顾客提供服务过程中的表现,且顾客是各不相同的,依靠技能培训不能解决员工为顾客服务时遇到的所有问题。由于员工在与顾客交往中可能遇到的问题难以预先料到,因此很难在培训中对这些问题加以模拟解决。所以,在服务组织的培训中,交往技巧的培训在某种程度上比技能培训更困难。许多航空公司对乘务员进行事件分析培训,以帮助乘务员在意想不到的情形下处理好顾客提出的苛刻要求。还有一些企业把角色扮演、创造性技巧和冲突的模拟作为培训方法。

## 【实例 4-10】

### 真功夫的服务营销

真功夫餐饮管理有限公司,是中国快餐行业前五强中唯一的本土品牌,坚持"营养还是蒸的好"的品牌定位,主营以蒸品为特色的中式快餐。1990 年由公司创始人潘宇海先生在东莞长安创办,历经初创期、标准化运作期、品牌运作期、资本运作期,实现了由个体企业向现代化企业集团的飞跃。截至 2014 年 3 月,真功夫门店数量达 570 家,遍布全国 40 个城市。

**树立服务理念**

近年来,麦当劳、肯德基等世界快餐名牌产品的营养问题已经引起人们的普遍质疑,代表着"黄色"和"黑色"的食品,其品种在烹饪方法上主要以煎、炸、烤为主,从而导致了产品的高热量、高脂肪、高蛋白质和低维生素、低矿物质、低食用纤维等对人体需求不利的、易使人体发胖的弊端。"真功夫"捉住机会积极扩展市场,除了宣布"坚决不做油炸",剔除所有油炸产品,推出各款营养食品,以满足人们对健身、健美的追求。"真功夫"的这一做法,恰好迎合消费者的消费习惯,抓住了消费者的心理。美味是中餐的一种共性,"营养"才是"真功夫"的竞争力所在。

**确定顾客服务需求**

在各大城市,每天都有无数白领奔波于家和写字楼之间。由于家庭结构的简单化和工作节奏的快速化,外出就餐成为家庭团聚、朋友聚会、商务活动、逃避繁琐家务的首选方式。真功夫在此基础上提出了"80 秒餐到手"的口号,这也开创了国内餐饮业的一个先河。而这口号也说明是真功夫"速度制胜"的一个完美体现。

**服务设计与实施**

真功夫在国内异地开店时,为了迎合各地消费者各不相同的口味,有针对性地在品种、风味、服务方式等方面进行必要的创新与改造。"真功夫"口味清淡,与北方口味重、分量大的饮食习惯恰恰相反。"真功夫"目前专门为北京市场研制开发了一款面类产品,尽管这款新品能满足部分北方顾客的需求。而在广东市场,最近又适时地推出"菠萝鸭"等时令菜,带给消费者更多的尝新选择。

**服务员工的管理**

真功夫在管理上全面学习麦当劳的流程和店面管理经验。把餐厅经营的各个流程、工序全部细化成为具体的标准，形成 9 本手册，贯彻到员工日常的培训和考核中去。独创的营运手册和经营理念对员工工作和服务都进行了人性化的标准规范。每当进到真功夫用餐，你会给里面彬彬有礼的员工和热情的招待深深打动。

**服务质量的管理**

真功夫标准化是后勤生产、烹制设备、餐厅员工操作三位一体的标准化体系，正是真功夫企业核心竞争力的重要因素。"真功夫"最早解决了中餐的标准化问题，采用"蒸"的方式解决标准化的瓶颈。1997 年它首先突破标准化瓶颈将蒸汽控温控压原理首次引入到餐饮业，创制成独特的电脑程控蒸汽柜，保证蒸制食物过程中的恒温、恒压与精准时间，从而解决了中华美食无法量化烹饪的难题，能做到和洋快餐一样工业化生产，保证食物品质的绝对一致。"真功夫"量化快餐制作的标准，使快餐食品规范化，保证了质量的稳定和口味的纯正。

**实现顾客满意与忠诚**

到"真功夫"用餐，不仅是吃美味的现代中式快餐，更是一种文化和品位的感受。"真功夫"人性化的布局给人以"家"的温馨感，餐厅里摆放着各种名画，给人色彩靓丽、窗明几净的感觉；餐厅内播放着世界名曲，给人一种快乐轻松的氛围。卫生条件同样让你放心，餐具均经过严格的消毒，决不会让你因卫生问题而担忧。地板桌面干干净净，只要有一处弄脏，服务员马上会为你打扫干净。这样的服务也使顾客对其品牌形成很高的忠诚度。

[资料来源：真功夫：厘清战略，突破瓶颈. 销售与市场(杂志管理版)，2012-08.]

根据服务组织类型的不同，可以对技能培训或交往技巧培训有所侧重。培训的另一个作用在于向员工灌输企业的价值观，并使员工对一些与企业发展有关的事给予更多的关注，这是有关企业文化的培训内容。企业文化不仅是企业制定战略方针的思想指导，对企业员工的日常工作也起着指导行为的作用。

为员工精心设计的培训计划对整个企业的运作将产生深远、积极的影响。如果这样的培训计划设计得合理并与企业的特点相适应，如果这样的培训计划被当作系统的一个整体部分而不是只被当作一些空洞的教条，那么对员工的培训将是服务组织最好的工具。

在设计内部员工培训计划过程中，首先应考虑的是企业内不同层次的业务需要，这里所说的业务需要指的是企业各级部门的工作目的、工作内容及所应达到的要求等等。在分析各级部门业务需要的基础上制订培训计划，以满足这些需要。在制订培训计划时还应注意对不同部门的员工、不同职能和不同地区的部门及组织内不同级别之间相互影响、相互联系的领域进行研究，使制订出的培训计划增进彼此间的联系，并在公司遇到的问题与业务流程方面建立起员工之间、部门之间、地区之间的理解。

【实例 4-11】

### Nike 是如何培养员工忠诚度的

Nike 的品牌形象令人羡慕，标志性的 logo 全球知名，已经和体育运动捆绑在一起，作为数字和设计领域的创新者越发受到追捧。Nike能够维持这种品牌声誉的一个重要原因是因为拥有一支献身、投入的员工队伍。那么Nike是如何做到这一点的呢？

快公司的奥斯汀·卡尔（Austin Carr）走访了Nike总部，撰写一篇有关2013年最创新公司的文章，揭示了Nike是如何把员工变成公司理念的坚定支持者的。

在奥斯汀面前，Nike员工可能是有点演过了，但他们看上去的确是在传播公司理念。"员工提到公司格言时仿佛像是在说圣经十诫一样。有十多个人曾经告诉过我，完全是自发的，'去做一个海绵（be a sponge）'，'有身体就是运动员（If you have a body，you're an athlete.）'。"奥斯汀在文章中写道。

Nike对公司的历史和逸事了如指掌，并且让雇员们也做到这一点。比如Nike在创意厨房（Innovation Kitchen，Nike总部园区的米亚·哈姆大楼一层）的中间放置了一辆沃伦贝格（Winnebago）休旅车作为会议室，相传当年公司创始人之一的菲尔·耐特（Phil Knight）就是在同型号的一辆车旁边卖出Nike的第一双鞋子。联合创始人比尔·鲍尔曼在制作橡皮鞋底时弄坏的华夫饼烙锅像博物馆展品一样被保存至今。

这一切都帮助访客更好地了解耐克公司的价值观、历史和分享的文化。意外的是，也加重了公司的神秘色彩。

LinkedIn网站的杰夫·韦纳（Jeff Weiner）认为，保密措施给公司文化带来很大的负面作用，会导致员工的积怨和消息的泄密。Nike则很好地利用了其优点，项目的保密措施和排他性是公司内部文化的一部分，员工的工作有价值所以才需要保密。

Nike公司培训总监尼尔森·法里斯（Nelson Farris）在接受《财富》杂志采访时表示，"弄清楚你想要职业生涯怎样发展，什么时候可以发现需要的资源，接着向Nike提要求就可以了。"他说。正是这种做法能够为公司带来非常忠诚的员工。该篇文章还提到，对耐克员工来说，把公司logo纹在腿上的现象并不少见。

这种神秘色彩和创新特质也广泛存在于Nike的营销和公共形象当中。当公众期望和公司内情两者之间差异不大的时候，公司文化的作用是最强大的，员工会倾向于设计生产人们喜爱的产品

（资料来源：Nike是如何培养员工忠诚度的.商界招商网，http://www.sj998.com，2013-02-18.）

上面我们探讨的培训多集中于基层员工的培训计划，那么管理人员是否也应培训呢？答案是肯定的。每个人就需要知道该做些什么和怎样去做，而且每个人都需要得到他人的鼓励与肯定，总裁也不例外。企业内部全面的培训一般在以下4个层面展开：

（1）最高管理层。对最高管理层的培训以宏观的管理为特色内容，主要在于如何制订、实施以顾客为导向的管理战略。高层管理人员还应学会如何加强管理并以身作则建立以服务为导向的企业文化。

（2）经理和主管。一般的管理人员需要在下放权力、团队建设、做手下员工的顾问等方面学习如何扮演好自己的角色。管理人员还应掌握必要的技巧，使整个组织的计划相互协调以形成整体。这样的培训在许多组织中几乎是强制性措施，是每一位管理人员必须学会的。

（3）一线与顾客接触的员工。前线员工在培训中应学会有关帮助顾客、为顾客做出安排、把顾客需要放在第一位的看法、战略和技巧。前线员工最常犯的错误就是对顾客的"打扰"（事实上，接待顾客的"打扰"正是前线员工的工作）感到厌烦，而当这种感觉反映到态度和行为中时就会把顾客吓跑。

（4）公司里的其他员工。培训计划应使这些员工知道优质服务给公司、给他们自己的事业所带来的好处，并使他们意识到自己在服务提供过程中的重要性，同时帮助他们理解"内部顾客"的含义，更重要的在于使这些员工学会如何在工作中支持、帮助一线员工。

在这 4 个层面的培训中，经理和主管以及前线员工这两个层面较为重要，我们已对前线员工的培训做了探讨。服务组织中经理和主管的培训与其工作特点密切相关。员工对顾客提供服务的过程不仅受管理人员如何对待员工的影响，而且也受到管理人员如何对待顾客的影响。

2. 向人员授权

服务机构向一线人员（前台和后台人员）授权也是一条内部营销策略。通过授权可以对服务营销带来以下好处：

有了处置权，一线人员可以迅速回应和满足顾客特殊的个性化的需要；有了处置权，一线人员可以迅速回应不满意顾客的投诉和采取补救措施；授权可以使一线人员获得尊重或社会地位方面的满足，这是一种激励；授权对一线人员的激励可以转变为一线人员对顾客的尊重和责任感；授权可以增强一线人员参与服务改进或创新的积极性；在授权条件下对顾客特殊需要的满足可以转变为顾客的口碑广告。

服务机构向一线人员授权的同时，要注意提高一线人员用权的勇气和能力。有的一线人员缺乏用权的勇气，怕承担处理失误的风险。服务机构应鼓励一线人员大胆使用处置权。有的一线人员缺乏用权即自主决策的能力，服务机构应通过培训来增强这种能力。

【链接 4-3】

### "授权"一线　看起来很美

一线授权对很多企业来说，是一个看起来很美，但落实起来相当难的一个事情。说它"美"，是因为它的理念不错——让一线员工具备处置和解决客户问题的能力，而不是事事都要层层请示、汇报，这样对一线问题的响应和处置就更加及时了，也更加有效了；说它"难"，是因为实际操作起来有些犯难，授权也可能带来风险，一线员工能力跟不上或者"胡来"怎么办？

在个性化需求越来越受到重视、客户关系资源越来越成为重要战略资源的今天，一线授权是基本发展趋势。但经验同时告诉我们，一线授权不宜一步到位，而是要制定合理的计划，将授权的价值、风险、胜任能力等，与企业成长发展的不同阶段恰当匹配起来，平衡推进，循序渐进地进行。

完整的授权计划，既要有总体的维度，也要有个体的维度。首先，从总体来看，可以授权的工作和事项有很多，风险程度不一，一般情况下宜从风险较小的开始，逐步加大授权；其次，对个体而言，每个人的能力不是一成不变的，可以从较小的授权开始，随着胜任能力的增长而逐步加大授权。

（资料来源：陈欣荣．"授权"一线 看起来很美．经理日报，2010-09-01，A3 版．）

### 3.人员激励

服务企业要尽量满足员工的各种合理的物质和精神需要,建立融洽的员工关系,激发员工的潜能,使员工自觉与企业融为一体,在工作中尽职尽责,形成企业所要求的顾客意识和全员营销意识。

(1)给员工合理的报酬,使员工产生满足感。服务企业要安排好本企业员工的衣食住行,也就是说要给予员工合理的报酬,为员工提供交通补贴、停车场所、饮水柜、寄物箱、食堂餐厅等,使员工产生满足感,切实感到本人的物质利益大小和服务企业的兴衰是密切联系在一起的。在这一点中尤其要注意的是,应该奖惩得当,奖惩分明。不论是奖励还是惩罚都要严格按照企业制度执行,在科学的制度面前人人平等,做到有制度可依,违反制度必究。

(2)创造良好的工作环境,使员工产生舒适感、温暖感。服务企业要千方百计改善员工助工作环境、医疗保健、劳保条件,使员工在八小时内外都感到舒畅适宜。例如,把安全工作贯彻到平时,组织员工参加丰富多彩的集体娱乐活动,条件允许的企业还可以鼓励员工穿企业制服、唱企业歌曲、戴企业徽章等。总之,要给予员工各方面的关怀,使员工把企业当成自己的家。

(3)充分发挥员工个人才干,激励员工产生成就感和方向感。服务企业要积极认识每个员工的个人才华,善于根据员工的个人才能分配岗位,做到人尽其才,尽可能让每个员工实现自己的个人价值,使他们认识到:正是因为有了每个人的努力,才有大家的成功,个人的成就与企业的成就是密不可分的。同时要让员工了解企业的近期发展目标和远期发展目标,使员工对企业寄予希望,对个人职位、职务和工作前途感到乐观满意。如果广大员工的方向感良好,就会对企业产生较强的归属感和依附感,从而形成良好的全员营销意识。

**【实例 4-12】**

### 全友家私:只有服务好员工才能服务好顾客

在全友家私,每一个售后服务人员都深知这样一个道理:千里之行始于足下,千里之堤溃于蚁穴。全友家私在实际的售后服务工作中总结了一系列提高、完善售前、售中、售后服务的标准和理念,即"幸福服务 365"。旨在为每一位全友家私的消费者提供全年 365 天的优质服务,解决消费者的后顾之忧,让消费者真正感受到来自全友的关怀,体验到实实在在的幸福家居生活。

湖南花垣生活馆就是一个非常生动的例子。在湖南花垣生活馆有一个特色服务,那就是每个月为期一周的"小区服务周"活动,活动期间,花垣生活馆的肖总都会亲自带领导购与维修技师到当地小区开展活动,一方面对小区业主进行家具购买和保养方法的培训,一方面为小区老顾客上门提供免费的家具保养和维护(包括顾客家里的非全友产品)。这一做法使全友的服务在花垣的消费者中广受好评,尤其是面对非全友产品时,维修技师依然能够一丝不苟地进行维修和保养,让顾客都非常感动。除了定期的上门服务之外,在"幸福服务 365"理念的感召下,花垣生活馆更是随时将顾客的需要放在首位。曾有一位顾客急需将在全友购买的电视柜从二楼搬至三楼,而按照规定,需要拆装的都应当提前一天预约。专卖店急顾客之所急,没有因为规定在前而推脱,通过加班将电视柜拆装搬运,同时也将顾客需要拆装的其他品牌家具一起拆装。顾客在感受到全友家私的细致服务后,将全友介绍给了他的朋友,因为"全友的优质服务是亲身感受到的"。

积土成山,积水成渊,面对顾客,每一次真诚的笑容和完美的服务的积累才能换来全友家私"幸福服务365"的良好口碑,这不仅仅是对售后服务人员工作的肯定,更是对整个全友家私的肯定。

全友,是员工职业发展的梦工场,为员工创造发展与成长的机会,帮助员工获得工作中的满足感和成就感,实现个人的价值。一次简单却又不失隆重的生日会,一个小小的蛋糕,一声诚挚的祝福,让员工们真切地感受到了家庭的温暖,感受到了董事长和公司的关怀,更激发了员工热爱工作、努力工作的热情。员工集体生日会是全友家居践行鱼水文化与感恩文化,向员工传递企业关爱的一项文化举措,也是增进员工与全友心连心,加深感情,提升团队协作能力的重要途径。

(资料来源:根据相关资料整理。)

### 4.2.3 提供内部支持和管理

服务机构向一线人员提供良好的内部支持和服务,是一种内部营销策略。例如,一家医院要使医生向病人提供顾客导向的服务,就要向医生提供病人档案、检验、治疗设备、药品等支持和服务,这些服务应当是"医生导向"的,即应当围绕医生的要求和使医生满意。内部支持和服务策略主要包括考核内部服务质量、改善服务环境和建立服务导向的组织机制等。

1.考核内部服务质量

服务机构可以建立内部服务质量考核机制,以提高内部支持和服务的质量。例如,美国圣地亚哥一家服务公司为了提高内部服务质量,建立了内部服务质量考核体系。考核对象是公司下属的各个部门。这个考核体系包括内部服务质量的4个层面:服务态度,服务能力,服务反应性,服务效果。考核采取问卷调查的方式。公司每年根据考核结果公布考核评分最高的前4名或前5名的部门经理的名字。公司还将部门经理的收入与本部门内部服务质量的考核成绩挂钩。

【链接 4-4】

内部服务质量是企业内员工之间的态度与相互服务方式,通过内部员工对其工作、同事以及企业的知觉来衡量其水准,也是员工对企业提供的服务感到满意的程度。按照功能可将其分为四类,即:培训教育质量、业务支持质量、人文环境质量、薪酬激励质量。

上述四方面中,培训教育指企业为员工提供岗位技能、职业发展所需培训的情况;业务支持是企业为员工提供工作条件、业务服务等能力;人文环境主要是员工间的人际关系、能否有效沟通等;精神激励是指员工对企业目标的认同度及企业对员工的评估与奖励等。

2.改善服务环境

改善服务环境,也是内部服务的一个主要策略。改善服务环境,包括服务地点的优选、房屋装修、服务设备、工具和用品的更新、维护等。事实上,一个好的工作环境,对服务人员可以起到一种激励作用：只有工作得好，才与好的环境相称。

3.建立服务导向的组织体制

传统的内部体制是管理导向的，即是从上而下的管理关系。许多公司的内部沟通交流乃至决策系统往往围绕领导转，客户的需求被淹没。将公司从传统模式转为面向客户的高效率的办公系统绝非易事。例如银行贷款审批程序由风险控制主导转为客户主导，涉及客户信用等级评定系统、授权系统、风险监管系统等等，运作模式变化很大，转变过程可能发生一定的风险成本。

服务导向的内部体制是变管理关系为服务关系。要提倡"人人都有顾客"的态度。尽管有的员工不接触最终顾客，也应该知道自己在为谁服务，以及在服务价值链中扮演的角色和对服务传递的必要性，从而自觉对一线人员提供有力支持。事实上，许多职能部门常常强调自己职能的重要，忘记了公司的共同的长远的目标。

传统的金字塔形组织机制已经过时。精通服务营销的公司已经明白，要把以领导为导向的层次关系颠倒过来。将顾客放在机构顶部，其次是一线人员，再下面的是中层和基层管理人员，在最底下的是高级管理人员，如图 4-2 所示。

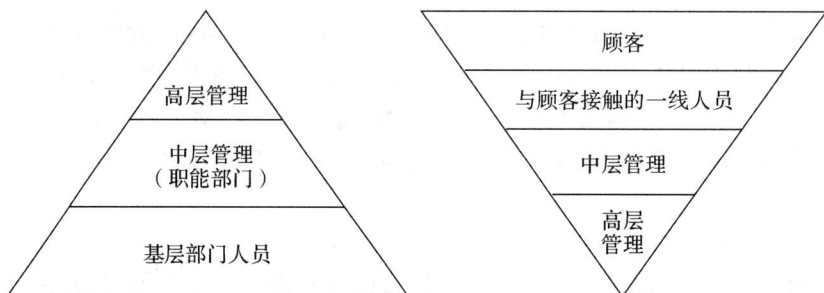

图 4-2　从传统组织机制转变为服务—顾客导向的组织机制

【链接 4-5】

## 内部营销的八个步骤

若要成功实施内部营销方案，需要采取八个步骤。

1.制定从 A 目标到 B 目标的路线。首先想好你希望达成的结果是什么。在你一一实施各项措施后，你希望有什么变化发生？所设目标应该是可以衡量且现实的。

2.了解你的听众。想一想谁可以帮助你，谁是绊脚石。弄清他们各自的需求，然后针对不同的人来调整你要传达的信息。

3.评估企业当时的氛围。对员工的想法做一次极其严格、真实的评估，以便了解他们会如何接受你的品牌信息。

4.确定你要传达的关键信息。要从听众的角度去看待问题。

5.不同的信息要用不同的沟通途径来传递。你可以采用公司内部新闻、财务信息、培训、公司领导指示、奖励等手段来传递信息。问一问自己，你希望大家针对这些信息采取什么行动。

6.选拔骨干。这样的员工会全力支持公司的变革事业，并且有能力左右大家的意见。

7.现在,可以实施计划了。全面展开工作。

8.衡量成功,在需要的时候做出调整。确立衡量标准,再定期评估计划进展情况,这样你能清楚地知道计划的哪个部分需要调整。

## 4.3　服务过程

服务作为一种产品,是一个复杂的生产(运作)过程。所谓服务过程,是指为提供服务而发生的一系列活动及其发生顺序。对绝大多数的服务来说,其生产过程与消费过程同时进行。由于服务的这种同时并发性,使得服务过程始终处于一种互动的状态。

**【实例 4-13】**

### 三亚凤凰机场旅客服务满意度提升

三亚凤凰国际机场(以下简称"凤凰机场")勇于实践服务创新文化,瞄准国际一流服务水平,从观念上转变服务创新理念,以丰富旅客服务体验为基础,以技术创新为突破,以管理创新为保障,创造性地满足客户需求。通过全体凤凰人的共同努力,2014 年度凤凰机场顺利获评了"SKYTRAX 四星机场",同时荣获包括"SKYTRAX 全球最佳贵宾航站楼、全国用户满意单位、工人先锋号、全国青年文明号"等在内的 30 余项国内外服务品牌及荣誉奖项。

凤凰机场时刻秉承"凤凰于飞,温馨相随"的服务文化理念,使其深入到每一位干部员工心中,并能够在日常服务保障工作过程中自觉践行。广大干部员工集思广益,全面挖掘旅客机场乘机需求,通过组织、机构、班组、个人以各种服务展现形式丰富旅客现场体验活动。

在航班旺季保障时,为普及旅客航空安全知识,缩减旅客排队等候折返时间,在机场团委和志愿者协会的精心筹备下,开展"温暖旅途,你我同行"志愿服务活动,志愿者们轮流穿戴小熊玩偶服在凤凰机场国内候机楼出港大厅开展航空安全知识宣传活动,不仅能让旅客增长航空安全知识顺利出行,还向国内外旅客们展示了凤凰机场志愿者的风采,让更多的旅客能够顺利成行。

为了从服务源头上关注顾客、满足需求,凤凰机场积极倾听顾客声音,多渠道收集顾客意见并及时整改提升,2014 年全年共受理顾客反馈信息 2028 条,其中顾客信息咨询 176 条;表扬 1746 件;顾客投诉、抱怨或建议 106 件,凤凰机场对所有顾客反馈数据进行统计、分析,最直接地了解旅客意愿及需求,积极为顾客解决、处理问题。同时,2014 年全年凤凰机场旅客满意度弱项提升完成 81 项,赢得了旅客的广泛好评。

(资料来源:黄治平,任玲.三亚凤凰机场 2014 年旅客服务满意度提升纪实.中国民航网,http://www.caacnews.com.cn,2015-02-10.)

### 4.3.1　服务过程分类

服务组织在进行服务过程设计和管理之前,首先应该了解服务过程的种类图谱以及自己的位属。因为服务种类、形式的复杂多样,服务过程的差别也大。明确了自己的服务过程属性,才可能设计出有效的服务传递流程系统。下面是两种主要的过程分类模式,即三因素分类法、二维坐标分类法。目前比较多用的过程分类方法是三因素分类法。

1. 三因素分类法

(1)按差异程度分类。即为顾客服务是标准服务还是定制服务。

标准化服务(低差异性)是通过范围狭窄的集中的服务获得高销售量。对服务人员的要求不高。由于服务性质的简单重复性,自动化更多地用来代替人力。减少服务人员的判断是实现稳定的服务质量的一种方法,但也可能产生一些负面的后果。例如储蓄柜台业务、付费业务等,由于业务性质简单过程重复,可以实行标准化服务流程,运用自动化技术替代人工作业,降低人力成本,扩大业务规模。

对定制化服务(高差异性)来说,完成工作需要较多的灵活性和判断力。另外,在顾客和服务人员之间要适时地进行信息沟通。因为此类服务过程无固定模式可循,且未被严格界定,因此需要高水平的技巧和分析技能。为了使客户满意,服务人员应被授予较大的自主决策权。如投资理财咨询、公司现金账户管理专业性较强的服务,没有固定的业务模式可以遵循,需要较多灵活性和判断力,不断的信息沟通,较高业务技巧和分析技能。

【链接 4-6】

### 定制服务

自20世纪90年代开始流行的定制化营销是应消费者对消费个性的追求而产生的。只有具备以下条件时,服务营销者才可能开展服务定制化。

消费者的需求个性须具有一定的规律性。从理论上讲,服务定制化完全可以做到针对每个消费者的具体需求设计出一套营销方案,既"一对一营销"。但在实践中,受限于成本和技术手段的因素,这往往不太可能实现。因此,这些消费者的需求必须具有某种程度的共性,可以把它们划分为一些类别。这样,服务营销者才可能对这些类别的个性需求进行服务定制。

必须要有合适的技术手段作为技术支持。服务定制化需要借助一定的技术手段来实现,其中最重要的是计算机技术。只有等这些技术手段在现实中得到广泛的运用,服务定制化才能够顺利地进行。

对服务营销商而言,采用服务定制化应当是有利可图的。这包括两方面的内容:一方面是服务定制化的成本不能太高,否则服务营销商将很难承受;另一方面是服务营销商采用该营销方式后必须能够产生收益,而且该收益要能够弥补其成本支出。只有这样,服务定制化在经济上才是可行的。

【即问即答 4-4】

在个性化越来越受到重视的今天,在市场不断细分、消费不断升级的今天,还有哪些行业,哪些方面的企业能否从中受到启发呢?

(2)按作用对象分类。服务往往有具体的作用对象,作用对象一般分为物品/资金/权益、信息和人。

分析物品首先要分清物品权属,即是顾客物品还是公司物品。例如,银行保管箱、储蓄、货币的汇兑等服务作用的财产、资金均属于顾客,工作人员有保持其完整无损的义务。而有些服务是作用于公司提供的物品/资金/权益上,例如银行贷款就是银行的资产,使用信用卡的机具、融资租赁的设备等,都是完成特定服务过程中的必要组成部分。凡是服务系统一定伴有信息系统。银行服务最典型。它实质上就是一个庞大的货币资金、财务信息处理机器,其间流动着海量信息和巨量资金。有相当多的信息处理属于后台行为,顾客见到的是业务受理和处理结果,例如支票处理。有的服务通过电子方式沟通和处理,例如电话查账、集团公司远程账户资金管理和头寸调度。有的服务如咨询顾问,顾客与服务员工直接接触进行信息交流,拥有一支高水平、高素质的专业服务人员队伍,可以保证这一类服务使顾客满意。

人员的处理是服务行业一大类别,例如为健康服务的体育、健身、按摩,为外表修饰服务的理发、美容、化妆,提供精神服务的音乐、美术、宗教,为家庭服务的清洁卫生、老弱病残护理等。这类服务直接作用于人们的身体和心灵,或接近人们的私秘空间,是服务特征体现最充分的一类服务活动。

(3)按顾客参与程度分类。顾客参与服务传递流程的程度分三种情况,即无参与、间接参与、直接参与。

顾客无参与和间接参与的服务过程,没有顾客出现在服务现场中的种种限制,可以采取类似制造业的方法设计服务流程。有关场址选择、人员配置、工作安排、员工培训等决策可以从效率的角度考虑。如果还加上产品处理的组合,就基本相当于制造活动了。例如大型零售业的配送中心、车队、信息处理中心等,汽车维修的车间,银行支票、汇票托收,现金鉴别与保管、票据单证鉴定、同业往来等业务。

顾客直接参与又分自助服务和交互服务。在电子技术及其应用快速发展的推动下,自助服务应用范围日益广泛,并受到欢迎,如 POS 机、ATM 机、电话银行、网上银行等等。如果顾客愿意保持传统的银行服务方式,可以选择到营业大厅的柜台,在与服务员面对面沟通交流中办理业务。两者的服务过程以及可能发生的问题有很大不同。

**【实例 4-14】**

### 世纪联华引入自助收银机

趁着午休去超市搞定晚餐的食材,一盒葱姜蒜组合是刚好够三口之家一餐所需的量,活鱼可以要求晚上下班前五分钟再现抓、现杀、提货,买了不想让旁人知道的"隐私"商品也可以在自助收银机前低调结账——再过十几天到春节前夕,一家更懂年轻消费者心思的超市将亮相西湖文化广场地下,更多高科技设备、人性化商品设置以及互动体验区的引入也让这家世纪联华超市堪称杭城迄今为止"最聪明"的超市。

这几天,西湖文化广场正中央荷花雕塑的两侧各有一个地下入口正在铺设自动扶梯,再过十几天,这里将成为新开业的世纪联华西湖文化广场店的出入口。由此进入地下,总面积 17000 余平方米的超市将分为两层,地下一层为百货区,地下二层为食品、生鲜区。作为联华华商的自购物业,其实早在七年前联华就拿下了这块地盘,却一直考虑不好该在这个杭州最核心的武林商圈开一家怎样的超市。"方案一再调整,根据商圈、客群市场调研的结果和消费趋势,我们最后决定主打 35 岁以下年轻人和三口之家,做更加个性、专业、体验感强的'智慧卖场'。"

想要吸引更多年轻人来消费,新鲜玩意自然少不了。除了全场免费 WiFi 这样的"标配",这次联华还花费上百万元给新超市配备了两台自助收银机:挑完商品后只要在自助收银机前扫一扫条码,然后选择信用卡、储值卡或者现金付款就可以了。这种无需人工服务的新型支付方式虽然在欧美超市已经成为主流,但在杭州市场却还是头一回出现。引入自助收银机除了更迎合现在年轻人的消费习惯之外,也意味着消费者可以更自如地在这儿购买"隐私"商品。

瞄准年轻人需要的"聪明"之举同样也体现在超市生鲜区的设置上。这家新店的生鲜占比将达到 35%以上,远远高于目前普通超市 20%到 25%的比例,并且包装和服务都会更加适合年轻消费者的。

"比如蔬菜区会引入正在生长中的活体蔬菜,消费者可以买回去当装饰也可以现割现吃,葱姜蒜这类配料或者水果也是更适合单次食用的组合装。考虑到现在很多年轻人不大会做菜或是懒得做、没时间做,我们还专门在生鲜区开辟了烹饪中心,买完菜立马就可以请大厨现场加工。甚至针对利用中午午休来买晚餐食材的顾客,我们也可以提供预约加工服务,你中午买好的鱼,我可以等你晚上下班前几分钟再现抓现杀或者红烧烧好,下班后拿了就能走。"

除了卖的商品很贴心,好玩有趣、体验感强也将成为这家新超市的特色之一。比如在地下一层的婴童中心,小朋友们不仅可以在杭城首家乐高玩具体验馆跟小伙伴一块儿拼乐高,也能体验连大人都很容易着迷的各色体感游戏;传统的自行车销售区到了这里,也将变成一个个 DIY 的改装车间,无论想要拥有一辆怎样的个性自行车都可以在工作人员的协助下随心组装、改装;而图书杂志也不再扎堆摆放,你可以在百货区找到装修家居类的书籍,但如果想买本有关咖啡美食的书,那就得再下一层去食品区找喽……

(资料来源:世纪联华杭州新店将开业引入自助收银机.杭州日报,2014-01-08.)

### 2.二维坐标分类法

以服务的复杂程度和定制化程度为变量,利用平面坐标系将服务分成四类,形成一个二维坐标图,如图 4-3 所示。

坐标系的上半部服务活动复杂程度较高,人员需要经过训练或需要一定投资才能进行,顾客缺乏一定的知识、技能和设备,较难达到预期的服务效果;下半部的活动比较简单,一般顾客都能够做,但要花费一定时间和精力。左半部顾客需求差异大,提供定制程度高的服务,可以满足顾客的需要;右半部的服务客户需求的共性较多,可以提供标准化服务满足顾客需求。

不同的服务类别对员工的服务接触方式和技能要求也不同。处于 II 和 III 象限的服务活动,由于专业技能要求不高,服务组织基本上可以自己培训员工。其中 III 象限的服务,由于复杂程度和定制程度都不高,可以开发标准工作流程,每个员工都能够可靠而统一的工作,即使更换员工也能保证服务质量,由此降低培训成本。而处于 IV 象限中的服务人员,需要比较多的技能,对顾客的要求做出灵活的反应。对于 I 象限中的服务,一般需要依靠比较复杂的设施和设备,需要对员工进行专门训练。

上述对服务过程的分类方法,从不同角度展示了服务活动的复杂导致分类的复杂。如果服务组织理解并掌握了这些流程分类方法,将有助于理解下面将要进行的服务流程设计和管理的内容。

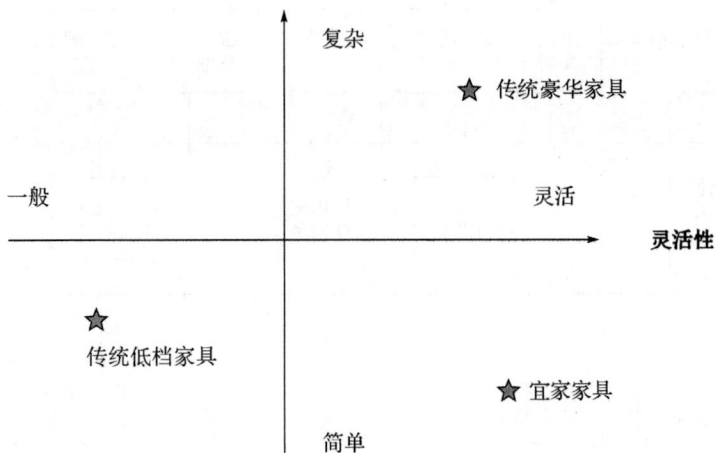

图 4-3　服务分类

【实例 4-15】

### 宜家的服务传递系统创新

与传统家具业不同,宜家为自己的服务流程选择了一个全新的定位。传统的家具与其所处的地区年代是密不可分的,都与当地文化、民族习惯、国家传统紧密相连,可以讲,家具是一种文化,是文化的一部分,许多家具都蕴含着较深的文化底蕴。例如,欧州国家的家具就具有浓厚的古典欧式风格,其造型优雅、大方,工艺精良,占用空间大。东方家具以中国式家具最为典型,许多家具采用雕刻工艺,塑造各种历史人物和神话故事,如龙凤呈祥、双龙戏珠等。制造工艺复杂,木料上乘,油漆技术精细,常常被用来作为传家之宝。所以,传统的豪华家具流程复杂,灵活性较高。而传统的低档家具则与此恰恰完全相反,仅仅具有实用性,而不考虑一致性,配套性,协调性,而且其选材与质地都难以保证。

宜家的服务流程,利用样式齐全、品种繁多的家具保证了灵活性,同时又通过顾客的自选、自助降低了复杂性,确定了自己独特的位置。

流程设计

• 购物前:找寻宜家商场所在位置;阅读宜家产品目录;准备采购清单,测量将要放置新家具的空间尺寸。

• 来到宜家商场:免费停车;在入口处提供购物所需的一切,产品目录、尺、铅笔和便条帮助顾客在没有销售人员的情况下做出选择。

• 挑选商品:完全自选。如果需要帮忙,商场里的 co-worker 也会随叫随到。当然,也可以预约设计师进行洽谈,提供专业的建议和意见。

• 用餐:提供瑞典风味的饮食,专为儿童设计的套餐,还有一些当地的美食,不需预约。

• 提货:完全自助。当然,如果是很大件的家具,工作人员也会给予帮助。

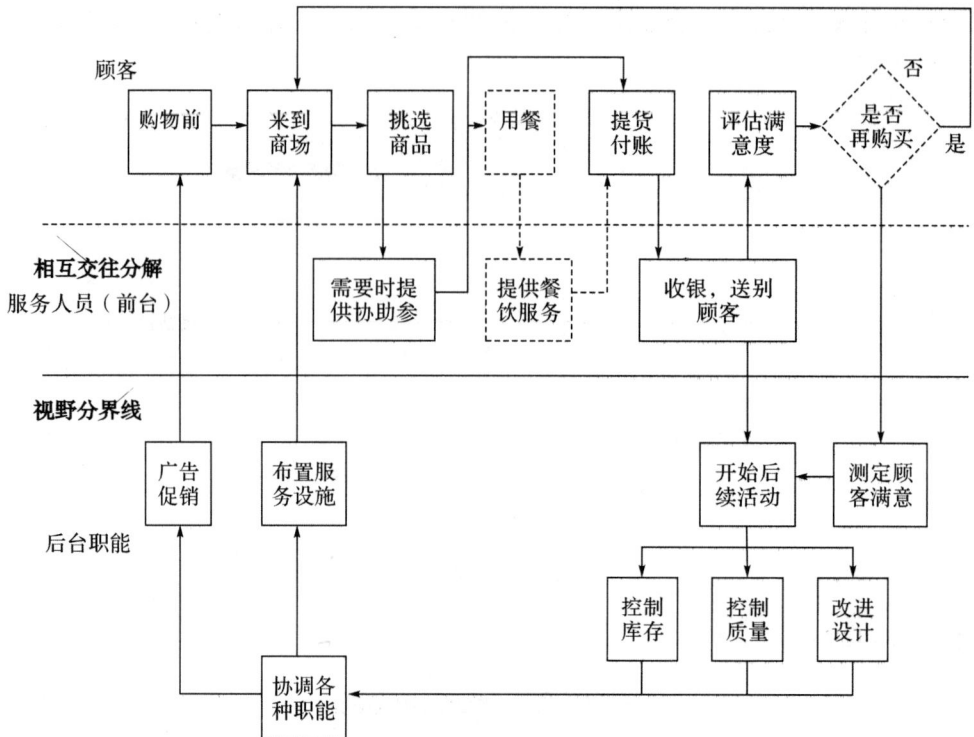

图 4-4    服务流程

- 付款：接受大多数的付款方式。会适应各地区的习惯方法。
- 运送与组装：完全自助。如果需要宜家递送、组装，宜家会提供有偿的服务。
- 退货：如果不满意，宜家保证不问任何问题，只要货品未破损，未超期，就可以凭发票取得原银奉还，或者更换。

## 4.3.2    服务流程设计

服务流程就是对整个企业的组织结构及经营活动的良好写照，其中包括企业发展的进程、决策的制定、执行等内容。服务流程包括服务业务流程和服务信息流程。业务流程图是对作业步骤的描述，它是一张顺序图，说明各个运作步骤之间的前后关系或运作关系。不同的运作步骤类型可以用不同的运作符号来表示。信息流程分析主要包括对信息的流动、处理、存储的分析。它抽象地舍去了具体的组织结构、物资、材料等，单从信息流动的角度来考查实际业务发生的情况。

服务业务流程分析要能够确定在整个流程中，哪些地方有可能与顾客接触，或顾客有可能介入。一个良好的流程，应当详细指明顾客何时何地会提出要求、何时将会离开、在服务过程中顾客和服务流程之间有什么样的接触、顾客是否有可能改变流程等。

根据顾客是否直接参与流程，可以把一个服务流程分成两个部分，一部分是顾客亲身参与的流程（即前台），一部分是与顾客分离的流程（即后台）。在前台顾客可以得到服务的有形证据；而在后台的工作顾客却看不到。这种划分强调了前台的重要性，因为正是在这里顾客形成他们对公司服务效果的感知,因此这些流程中的实体设置、室内陈设、员工的人际沟通技能,甚至打印出来的材料,都在某种程度上反映着服务质量。但是如果后台工作失误或延误也会对质量产生间接的影响。

企业要想获得顾客的积极肯定的评价,就必须深入研究服务流程中的关键环节。在这些关键的环节中,给顾客留下待客最佳的感受。

【链接 4-7】

## 关键时刻

有一本书叫作《关键时刻》,写的是詹·卡尔森在 1981 年进入北欧航空公司(SAS)担任总裁的时候,该公司已连续亏损,金额相当庞大,然而不到一年的时间,通过盯住"关键时刻",卡尔森就使该公司扭亏转盈。卡尔森创造了"关键时刻(The Moment of Truth)"这一词语,并通过一系列的管理手段,让关键时刻成为客人满意而难忘的时刻。卡尔森认为,关键时刻就是顾客与北欧航空公司的职员面对面相互交流的时刻,这个时刻决定了公司未来的成败。他估计,SAS 公司每天有 50000 个关键时刻。他还认为,顾客之所以抱怨,很大程度上就是因为员工没有代表企业,在关键时刻给顾客提供正确的服务,或没有提供顾客真正想要的服务。

一个业务流程包括流程步骤次序、设备和技术的选择、流程各步骤所需的能力、需要完成的任务等,这些是服务流程的关键组成部分之一。另外,一部分包括如何确定这一系列具体流程的有关信息,即信息流程图。如要提高服务质量,就要考察流程流动的细节,重新确定员工是如何完成各种工作目标的,即要在上述的业务流程图和信息流程图基础上建立更详尽的流程图。

服务流程图中涉及的重要环节和步骤,需要企业员工和管理者加以监督和管理。管理人员必须时时到各部门去查看"服务流程"的运行情况。在设计服务流程图时要注意以下问题:

(1)亲身感知顾客的遭遇。你必须以顾客的身份去经历整个服务流程,记录下你认为重要的东西,选择一个你感兴趣的服务流程,做出相应的记录,并考虑顾客在和你公司开展业务活动之前,最先做的三件事是什么。拿起电话和你通话? 填写邮购单? 开车来公司? 如果是电话,那么顾客所采取的步骤是怎样的? 处理业务的员工所采取的步骤又是怎样的? 如果开车来,顾客对公司设施总体印象如何?

【实例 4-16】

## 顺丰嘿客再启程,顺丰速运打造更优服务

对于网店,现在的人大多数都已经再熟悉不过了,只要在网络上浏览页面,轻轻一点,等待快递送货上门,便能轻松完成整个购物过程。然而,如今的新型营业模式正在兴起,那便是顺丰嘿客这样的线下虚拟商店运营模式。现在,顺丰更是推出顺丰家,与顺丰快递合作,让每一件商品都以最快的速度送达至消费者手中。

自顺丰嘿客升级为顺丰家以来,在深圳已经开出了全国首家顺丰家,顺丰表

示,将根据试点情况对其他的嘿客店进行升级。一直以来,顺丰速运都有着便捷的运送路线和快速的运送方式,因而在消费者在嘿客店中选购商品下单之后,顺丰快递都能以最快的方式将商品送达。而升级过后的顺丰嘿客,提供给顾客的是更为优质的服务,其更注重顺丰线上优选平台的打通。

与嘿客店相比,顺丰家还更加注重店内商品的订购功能以及顺丰速运最为注重的便捷的便民服务。顺丰家内的展示区分区明了,消费者无需像逛大超市一般晕头转向便能够找到自己所想要的产品,再通过平板电脑在店内下单,便可以在家等待顺丰快递将商品送到家,或是选择上门自提。顺丰嘿客是一种更为新型的运营模式,尤其是在升级为顺丰家之后,更加注重便民服务,这也是一个以服务为中心的企业所最注重的事。

（资料来源:顺丰嘿客再启程,顺丰速运打造更优服务.中华网财经 http://www.china.com/,2015-08-12.）

(2)从一线员工那里获得帮助、建议和有关反馈信息。你应该像一个流动的"建议箱",拿起纸笔去一线服务人员那里广泛收集建议及反馈信息。一线服务人员每天都在前线工作,直接和大量顾客接触,满足顾客需求,解决顾客问题,并不断提高着顾客的期望值,他们比公司中的其他人更了解顾客的需求,更懂得如何为顾客提供满意的服务。

(3)在你对顾客的某些行为、反应做出分析研究之后,按照你认为重要的服务环节和步骤编制一份服务流程图。

(4)随着情况的变化而不断更新、修改服务流程图。顾客的需求是不断变化的,所以设计的服务流程图也应当是动态的,随着顾客的期望和需求不断改变而改变,并坚持把服务质量保持在一定水平上。

通过追踪业务流程图和信息流程图,服务人员和管理人员能够非常容易地检查每一项业务,知道每一项业务是如何进行的,以及如何才能改进业务流程。当企业的环境发生重大变革时,则需要进行流程再造。

## 本章小结

◆ 服务企业的员工在服务营销中是一个非常重要的因素。一般而言,服务企业的人员可分为两类:必须与顾客接触的一线员工、无须与顾客接触的后台服务人员。

◆ 顾客对服务质量的感知包括五个方面,即可靠性、反应性、保证性、关怀性和有形性。

◆ 内部营销作为一种全面的管理过程,能保证服务企业各个级别的员工理解并体验企业的各种行为和活动,保证服务企业的所有员工得到足够的激励,随时以顾客意识和全员营销意识贯穿于服务工作中。

◆ 由于服务人员在企业的营销活动中扮演了十分重要的角色,所以需要对服务人员进行良好的管理。具体的管理涉及对服务员工的招聘策略,提供人员发展的环境、内部支持和管理。

⊡▷【案例分析】

## 四季度假饭店的服务营销组合

日本游客尤其是商务游客大量涌入美国,每年约达 300 万人。日本饭店为了追随这个市场,纷纷到美国投资,总投资额已经超过 160 亿美元。美国饭店为了争夺这一利润丰厚的市场,重新设计了服务标准,加强了服务营销管理,吸引日本客人上门,使他们有"宾至如归"的感觉。以下是四季度假饭店的一系列服务营销措施:

安排专职对日服务人员。在日本游客较多的旅游地,设置一个日本游客服务会,并安排日语流利、有丰富对日经验的专职经理,专门负责接待日本游客。

提供翻译服务。与"日本语翻译服务系统"联网。这个 24 小时昼夜服务的系统可以提供三向电话,使日本客人、饭店服务人员和口译电话员可以同时通话,便于解释美国的习俗和消除沟通上的障碍。

调整总台服务人员。在总台增加懂日语的服务人员。日本商务团体通常有等级次序,这在入住排房、签名等问题上有所表现。懂日语并略懂日本习俗的服务员可以在办理入住手续时还处理这个问题。此外,在客人入住后,总经理立即派人送上有其亲笔签名的欢迎卡。

提供当地的观光游览指南。饭店有日语版的城市旅游指南和地图,还设计了一个"信息袋",里面有各种"游客须知",如支付小费、娱乐及观光等注意事项。饭店总裁说:"我在东京时,总是带上一盒有饭店名的火柴,在我找不到回饭店的路时就拿出来给司机看。我们送给客人印有饭店名称和地址的名片,也出于这个目的。"

适当提供日式菜肴。日本客人在别国旅游时,一般对当地菜肴持谨慎态度。因此,饭店提供地道的日本料理,如早餐必有绿菜、米粥和泡菜等。在客房和餐厅也有日语菜单。考虑到新鲜水果在日本比较贵,饭店为他们提供免费水果,很受日本客人欢迎。

方便客人的商务活动。许多日本人在美经商,对信息和办公方面要求较高。饭店除了提供一般的商务设施,还帮助客人了解经济信息,如股市行情等。饭店还欢迎他们使用日本信用卡。

提供舒适的家居便服。在回到客房时,日本客人喜欢换上拖鞋和和服。饭店在客房提供这些,此外,还提供日式浴衣和浴室,以适合日本人习惯。

提供各种娱乐设施。日本人喜欢高尔夫运动,尤其是著名的俱乐部的培训,饭店尽量为他们安排。天气不好还提供室内运动。

提供特别服务。比如,日本人生病或需要医护人员护理,孩子需要人照看等。饭店为此提供懂日语的医生和保姆。

让员工熟悉日本文化。日本客人对服务质量期望很高。饭店的服务员对日本礼节不习惯。为消除这种隔阂,饭店专门培训员工,并请日本礼仪专家做顾问。

**案例讨论题**

1. 四季度假饭店哪些措施体现了服务营销中"人"的要素? 四季度假饭店哪些措施体现了服务营销中"过程"的要素?

2. 结合上述案例和自身的学习经验谈谈对服务营销的认识。

**【思考题】**

1. 什么是内部营销？内部营销对服务企业有什么意义？

2. 服务企业的一线人员应当具备怎样的基本素质？服务企业中管理者应怎样处理好与员工的关系？

3. 举例说明顾客对服务质量的感知。

4. 你是怎样理解"只有服务好员工才能服务好顾客"的？

5. 如何理解内部营销的概念以及内部营销实施的程序？

6. 举例说明服务过程的分类与流程的设计。

# 第 5 章

# 服务的有形展示策略

≫ ≫ ≫  ≫

- 服务有形展示概述
- 服务有形展示的作用
- 服务场景的设计与管理
- 服务有形展示的策略

## 导入语

由于服务本身是无形的,顾客常常在购买之前通过有形线索,或者有形展示来对服务进行评价并在消费过程中以及消费完成后对服务进行评价。服务有形展示有不同的分类,通过对服务的有形展示,可以将无形的服务外在化,有利于顾客评价和选择服务产品。通过服务场景的设计和管理、服务包装化、品牌化和承诺化等策略的选择,可以使服务的"不可感知性"有形化。因此,了解服务有形展示类型、内容、作用和服务营销特有的重要策略——有形化策略,加强有形展示的各种管理,对创造良好的服务环境,传达服务价值,满足顾客的期望都具有重要战略意义。

**通过本章的学习,你将能:**

- ◆ 了解有形展示,尤其是服务场景对行为的影响理论。
- ◆ 理解有形展示的功能,服务场景的作用。
- ◆ 学会服务场景的设计,有形展示管理。
- ◆ 服务有形展示的策略。

## 关键词

服务有形化;服务场景;有形服务策略;服务场景设计

## ⟼【导入案例】

### 英国百年零售店 John Lewis 的有形展示

从 1864 年在伦敦牛津街开办第一家店铺算起,约翰-路易斯(John Lewis)百货店已有 138 年的历史,至今生意兴隆。目前,约翰-路易斯从苏格兰东北部到英格兰西南部共开设了 25 家分店,固定职工 4 万人,销售 50 万种商品,年销售额接近 40 亿英镑。

在当今激烈的行业竞争中,John Lewis 不断根据消费者的需求审视和调整,它们以价格合理的时尚品和居家生活用品,为英国的中产阶级人士提供服务。"我们的目标顾客是 30 岁以上的广大的当地居民和各国游客",从销售的商品到商店形象的设计,橱窗的摆设,内部的布局,商品的陈列都明确地反映出这家商店顾客的年龄阶段和收入层次。

【空间设计】面积约为 15 万平方英尺的 John Lewis 精品百货商城空间规划设计理念是打造一个充满艺术审美观的空间陈列,而不单纯是一个零售空间,设计时尚美观,各个区域之间根据产品不同而精心规划,每层楼都有一个方形坚实的天花板,四周是开放的天花板,非常具有灵活性。John Lewis 自有品牌商品的比例在 35% 左右,种类主要是家居用品和装饰品,陈列设计精致时尚。优雅的灰色色调、精致的内部设计和独特的陈列方式使得这些家具好像是一件件精致的艺术品。服装区、化妆品区、鞋履等区域的陈列也各有自己的特点,在强调精品的同时保持着品类的灵活性。John Lewis 品牌的床上用品经常是英国主妇的首选,其优质的面料和舒适的手感,再加上迎合英国人品位的图案,使这类商品的销售在所有大类商品的销售中名列前茅。

【门店与网络销售】"门店的任务就是销售。"门店的人员和部门配置都是围绕销售为中心设置的,除了门店的专业销售以外,网上销售也成为销售构成的重要组成。网络购物的出现完全改变了传统的商品流通渠道,其可以产生的销售规模比门店大得多,所以网上销售已成为各零售商的必争之地。John Lewis 在网络销售方面可谓走在行业的前列,拥有 300 名成员构成的独立的网络销售团队将 John Lewis 的网络销售打造成目前在全英销售额排名第六的零售网站。在英国,很多商店已采用无线频率识别标签(RFID)来对每件货品的进出和顾客行为进行跟踪。总部与各门店的联系完全依靠网络维系,门店订货和补货的订单都是在网上完成,网络提供了一个快捷的平台,创新了经营理念,使扩张更为便捷。

【技术与定制】John Lewis 有一项名为"Any Shape, Any Fabric"(任何形状,任何织物)的定制服务,消费者可以在店内的显示屏上查看沙发款式、颜色及织物类型,然后手动选择,从而查看效果图。2014 年底,John Lewis 开始尝试在家具模型和织物上附加 RFID 标签,这样消费者只需用 RFID 读取器扫一下,显示屏就可以直接显示效果图。这一技术不仅能够方便消费者,也为公司搜集顾客喜好的数据提供了便利。John Lewis 还在探索利用虚拟现实 3D 影像技术,为顾客从各个角度展示虚拟起居室,让顾客"看"到家具放在自己家中的样子,从而决定是否购买。

【体验】John Lewis 还与微软合作,借助 Kinect 技术共同为孩子们打造了一个大型圣诞游乐互动设施,造访伦敦牛津街 John Lewis 百货旗舰店的孩子们能够体验到像是《玩具总动员》和《胡桃夹子》电影中的魔法般的玩具活蹦乱跳的情景。

【广告】John Lewis 每一年的圣诞广告都令人期待,充满了创意和温馨的画面。2014 年由英国广告公司 Adam & Eve DDB 打造的广告主角是一个小男孩和他的企鹅,这个广告的音乐是由英国歌手 Tom Odell 演唱的 *Real Love*,画面被不同时代分割成两个部分,然而,唯一不能分割的是"爱",一部让人感觉甜蜜与温馨的作品! 精致的画面、舒服的配乐、温馨的剧情,这家最会拍广告的百货公司一如既往地呈现了自己稳定的水准,充满诚意。

(资料来源:改编自 http://www.linkshop.com.cn/web/oversea_show.中国商业展示网,等.)

## 5.1　服务有形展示概述

有形展示这一概念由来已久。菲利普·科特勒在 1973 年就提出将"营销氛围"归入营销策略组合中,作为一种营销工具,设计一种环境空间,以对顾客施加影响。1977 年,萧斯塔克引入"服务展示管理"这一术语,提出服务企业有必要对服务的有形物以及能传递服务价值的适当信号和线索进行管理。有形展示之所以备受关注,主要是源于服务的无形性特征所致。因为服务是看不见的,其生产和消费同时进行,所以它们在被购买之前很难理解和评价。在顾客购买商品以前,服务的有形展示作为一个主要提示,影响着顾客的期望,也能影响雇员。

### 5.1.1　服务有形展示的概念和一般要素

1. 有形展示的概念

有形展示是指一切可传达服务价值和服务特点的有形组成部分,在服务营销中具有重要的地位和作用。

由于服务本身是无形的,顾客常常在购买之前通过有形线索,或者有形展示对服务进行判断,并在消费过程中以及消费完成后对服务进行评价。有效地设计有形展示对缩小差距至关重要。

所谓"有形线索"是指在服务市场营销管理的范畴内,一切可传达服务特色及优点、暗示企业提供服务的能力、可让顾客产生期待或记忆的有形组成部分,如内部的实体环境、员工形象及外部的品牌载体、业务信息等因素。有形线索的展示即无形的服务以有形的形式表现出来、使不可触知的服务可以被触知,以帮助购买者事先了解服务产品以及产生消费欲望,并且对其将来的继续消费进行心理提示。

【实例 5-1】

"城市之眼"和"灯光秀"点睛购物城——杭州大厦有形展示

杭州大厦"ABCD"购物城位于杭州武林商圈核心地带。"在享受中购物,在购物中享受;在休闲中购物,在购物中休闲;将杭州大厦购物城作为生活方式和生活空间的一部分"。ABCD 购物城是一座方圆超过 1 公里的购物城,依靠天桥与连廊相接,达到"融四楼于一城"的效果。杭州大厦综合体天桥采用全封闭设计,中间稍高呈圆弧形,像睁开的一只大眼睛,故名"城市之眼"。"大眼睛"天桥共有四个出口,两个电梯出口,两个人行出口。天桥连廊内部净宽 8 米左右,主跨度近 60 米,中间没有柱子,因此技术要求非常高。为了环城北路司机行车安全,天桥内部的灯光设计得比较柔和低调。A、B、C、D 四大板块与武林广场、大运河之间血肉联系的物理手段,以灯光为共同的 VI 识别系的"灯光秀",不仅可以减少楼宇间建筑风格和视觉的差异,增强 A、B、C、D 四座建筑的整体感,而且更能突出杭州大厦购物城的"Z"字形一体化的商业航母特征。因此,最能看出杭州大厦购物城那"矫若游龙"气势的是在晚上。ABCD 四座大楼被璀璨的灯光装点成一道绚丽的视觉盛宴。这台"灯光秀"还包括大型的 LED 视频和一体化媒体墙,其中 A 楼广场视屏面积 167 平方米,D 楼外视屏则超过 200 平方米,规模之大为杭州之最。

有形展示的要素包括组织的有形设施(服务场景)及其他形式的有形传播。影响顾客的服务场景要素既包括外部特征(如标志、停车场地、周围景色),又包括内部特征(如设计、布局和内部装潢等)。网站和互联网上服务场景是有形展示的最新形式,企业可以利用这些形式传播服务体验,使服务在购买前后对顾客都更加可见(旅游、高等教育)。

【即问即答 5-1】

举例说明你所体验过的某项服务的"有形线索"。

2. 服务有形展示一般要素(见表 5-1)

"有形展示"可帮助顾客感觉服务产品的特点以及提高享用服务时所获得的利益,有助于建立服务产品和服务企业的形象,支持有关营销策略的推行。

表 5-1　有形展示的一般要素

| 服务场景 | 其他有形物 | 服务场景 | 其他有形物 |
| --- | --- | --- | --- |
| 外部设施 | 名片 | 内部设施 | 手册 |
| 外部设计 | 文具 | 内部设计 | 网页 |
| 标志 | 收费单 | 设施 | 虚拟场景 |
| 停车场地 | 报告 | 标志 | |
| 周围景色 | 员工着装 | 布局 | |
| 周围环境 | 制服 | 空气质量/温度 | |

[资料来源:瓦拉瑞尔·A. 泽丝曼尔(Valarie A. Zeithaml),等.服务营销.张金成,等,译.北京:机械工业出版社,2015:174.]

这些要素包括所有有形设施(服务场景)及其他形式的有形传播。影响顾客的服务场景既包括外部特征,又包括内部特征。

很明显,有些服务主要通过有形展示传递内容(如医院、旅游胜地、幼儿园等等),有些服务则只利用有限的有形展示(如保险业、邮政快递业等)。每种服务中所涉及的所有要素都向顾客传递与服务有关的具体内容,并且/(或者)为服务的实施提供便利。

【实例 5-2】

## 利用物理特性定位新服务

当 Speedi-Lube 公司在华盛顿州西雅图开业时,它是最早提出 10 分钟加油的一家服务企业。现在类似的商店数以百计,但在当时这一概念是全新的。对于基本汽车加油服务,这一概念将提供垄断性加油站之外的另一种选择方案,快速(在 10 分钟内)而且不必事先预约。因为顾客当时并不了解这一概念,Speedi-Lube 的业主需要为这一服务进行清晰的传播与定位,以便消费者形成正确的期望,因为汽车维修具有很高的无形性,而且顾客经常不知道对他们的汽车实际做了什么,

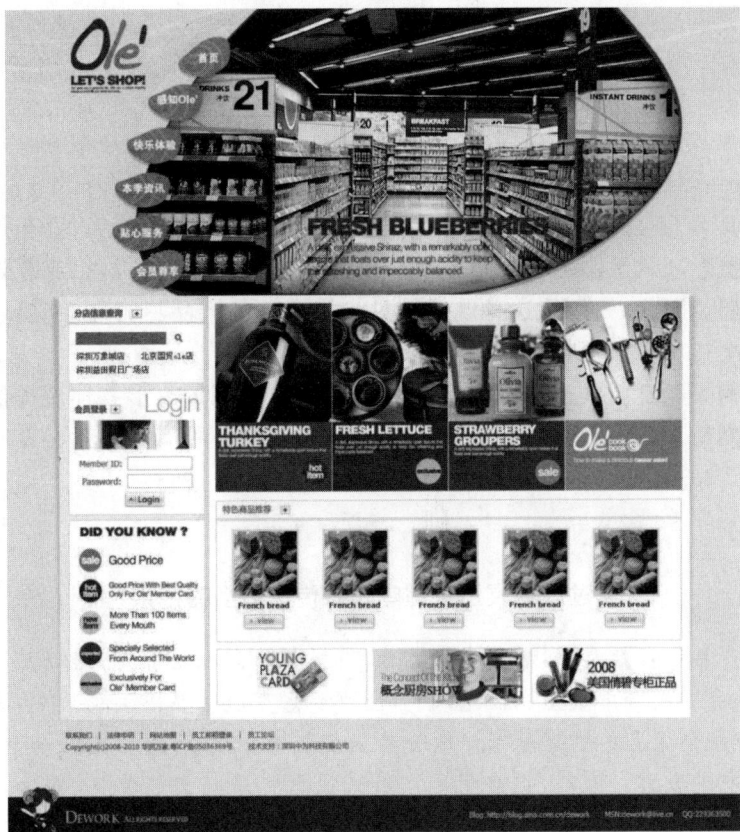

图 5-1　服务有形展示示例

Speedi-Lube 的业主深深地依赖售前、售中和售后的有形展示来传播这一服务概念。如图 5-1 所示。

为传播快速有效服务的形象,Speedi-Lube 公司运用整洁活泼的字母直接了当地进行广告宣传。例如,一块大广告牌上用蓝色和白色字母写着:SPEEDI-LUBE10-MINUTE OIL CHANGE, NO APPOINTMENT, OPEN 7 DAYS, 9 TO 6(Speedi-Lube 10 分钟加油,不用事先预定,每周 7 天营业,早 9 点至晚 6 点)。服务执行所在的建筑物本身也清楚地传达出效率的主题。实际上,一些早期的 Speedi-Lube 的服务站,外表看上去就像快餐店,与快速、有效、可预测是一致的,而且,进出口标记十分清楚,使顾客首次进入 Speedi-Lube 公司就知道将车开到哪里。

在进入服务区,顾客会看到其他有形展示,这在当时使 Speedi-Lube 明显不同于其他竞争对手。服务区非常整洁,油漆的颜色很醒目,有一个看上去很专业性的服务柜台,顾客在此填表以获得服务,穿着专业制服的服务人员将帮助顾客填表,顾客被邀请到干净舒适色等候区等候,这里提供咖啡和杂志(另外也欢迎顾客留在服务区,观察为其汽车所进行的服务)。在等候室的墙壁上,一张很大的示意图显示出汽车的底部,并标明所有需要加油的部位以及正在为给车进行的服务,这种展示为顾客提供了信息,并使他们对正在进行的服务满怀信心。

服务完成后,顾客将拿到一份核对清单,上面逐条列出了所提供的润滑服务。最后服务员工为汽车门锁加润滑油,以表示没有遗漏任何细节。3个月以后,Speedi-Lube公司会邮寄一张明信片提醒顾客该换油了。

[资料来源:瓦拉瑞尔·A.泽丝曼尔(Valarie A.Zeithaml),等.服务营销.第6版.张金成,等,译.北京:机械工业出版社,2015:178－179.]

服务产品具有"不可感知性"的特征,它本身就是抽象的、不可触及的,当然无法再用另外一种无形的概念来赋予服务产品以某种特殊意义或形象。这就给企业有效地推广服务产品带来了难题。因此,如何使这种既看不见又摸不着的产品尽可能地实体化,能让顾客感知并获得一个初步印象,则是营销人员思考的一个问题。

消费者在购买和享用服务之前,会根据那些可以感知到的有形物体所提供的信息而对服务产品做出判断。对于服务企业来说,借助服务过程的各种有形要素必定有助于其有效地营销其服务产品。

【链接 5-1】

## 通过服务展示管理向顾客传送适当的线索

服务产品不可触及,即看不见摸不着,指服务产品无法界定,难以从心理上进行把握,不易在头脑中成型。因此,服务企业要想克服营销方面的难题,采用服务有形化,就是使服务的内涵尽可能地附着在某些实物上,却并没有一句话,说话反而显得没有说服力。例如,饭店用干净纸带或塑料薄膜套包装杯,在抽水马桶上附上一张已消毒的纸条,以及把卫生纸的一端折成非常美观的箭头形状等等。所有这些有形的实物肯定地告诉客人"请您使用,房间已特别打扫干净并浪漫舒适"。

除了使服务有形化之外,服务企业还应考虑如何使服务更容易地为顾客所把握。通常有两个原则需要遵循:一方面把服务同易于让顾客接受的有形物体联系起来;另一方面,把重点放在发展和维护企业同顾客的关系上。

第一,使用的有形物体必须是顾客认为很重要的,并且也是他们在此服务中所寻求的一部分。如果所用的各种实物都是顾客不重视的,则往往产生适得其反的效果。

第二,必须确保这些有形实物所暗示的承诺,在服务被使用的时候一定要兑现,也就是说各种产品的质量,必须与承诺中所载明的名实相符。如果以上的条件不能做到,那么所创造出来的有形物体与服务之间的联结,必然是不正确的、无意义的和具有损害性的联结。

使用有形展示的最终目的是建立企业同顾客之间的长久关系。服务业的顾客,通常都被鼓励去寻找和认同服务企业中的某一个人或某一群人,而不只是认同于服务本身。如在广告代理公司的客户经理,管理研究顾问咨询公司组成客户工作小组等。所有这些都是强调关注于以人表现服务。因此,服务提供者的作用很重要,他们直接与顾客打交道,不仅其衣着打扮、言谈举止影响着顾客对服务质量的认知和评价,他们之间的关系将直接决定顾客同整个企业关系的融洽程度。另外,其他一些有形展示亦能有助于发展同顾客的关系。比如,企业向客户派发与客户有关的具有纪念意义的礼物就是出于此种目的。

## 5.1.2　服务场景对行为的影响

从策略角度考虑服务场景的多重作用及各作用之间的相互关系非常有用,同时,实际决定服务场景设计还需要理解为何会出现某些影响及如何处理这些影响。

理解服务场景对行为的影响的框架遵循着基本的"刺激—有机体—反应"理论,框架中的多维环境要素是刺激,顾客和员工是对刺激做出反应的有机体,该环境下产生的行为是反应。"刺激—有机体—反应"理论认为服务场景的要素会影响到顾客和员工,他们对服务场景的内在反应将决定其行为方式。

图 5-2 中的框图代表一个综合性的"刺激—有机体—反应"范例,表明环境对多方(顾客、员工及其之间的交流)的影响、多种类型的内在反应(认识、情感和生理上的)以及由此引发的不同的个人及社会行为等复杂的程度。

我们对框图的讨论从有形环境开始,然后阐述个人行为与社会交往,从而解释中间的内在反应,包括员工与顾客的反应。

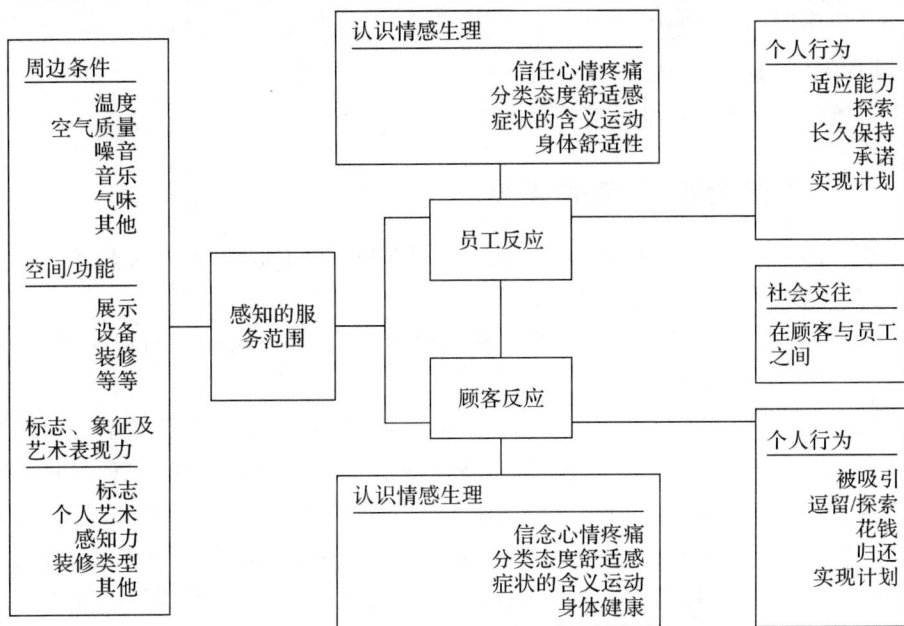

图 5-2　理解服务性组织中环境——用户关系框架图

〔资料来源:瓦拉瑞尔·A.泽丝曼尔(Valarie A.Zeithaml),等.服务营销.第 6 版.张金成,等,译.北京:机械工业出版社,2015:182.〕

## 【实例 5-3】

### 热带雨林咖啡馆

热带雨林咖啡馆是美国的一种新型的饭店。热带雨林咖啡馆和类似的场所是建立在像摇滚乐咖啡馆和时尚咖啡馆这样的早期理念基础上的,有时它被称为"食物博物馆",它把食物当作交往经历的一部分。

　　一家热带雨林咖啡馆的平均面积为 23000 平方米，配备了水族馆。活的鹦鹉、瀑布、机械鳄鱼、玻璃纤维猴子、可视屏幕、聊天树，定时配备有闪电和雷声。这一概念是从中西部开始的，并从那时扩散到佛罗里达、弗吉尼亚和拉斯维加斯等地。

　　在连锁店的装饰和产品强调以环境主题为特色。饭店坚持不提供从砍伐森林的土地上生产出来的牛肉或用网捕到的鱼。聊天树告诉排队等候的顾客关于环境的信息。可是，饭店也把它们大量的精力集中在它们的核心业务——食物上，努力保证它们的质量。管理层相信，不管强调的主题有多么强烈，如果食物不好，顾客仍然是不会回来的。据最近的估计，大约有 68% 的顾客是重复光顾的，这意味着公司在这一领域内是成功的。

　　到现在为止，热带雨林咖啡馆一直位于与巨大的购物中心相联系的、拥有大量的消费群体的中心地带。这些交通流量大的区域，不仅在数量上，而且在人口构成特征上都能达到咖啡馆所需要的客流量。热带雨林咖啡馆理念的一个重要方面就是它的营业额并不是全由销售食物得来的。

　　〔资料来源：K.道格拉斯·霍夫曼，约翰·E.G.彼得森.服务营销精要：概念、策略和案例.第 3 版.胡介埙，译.大连：东北财经大学出版社，2009：172.〕

【即问即答 5-2】

　　请解释服务场景与服务有形展示的关系。

### 5.1.3　服务有形展示的类型

不同类型的有形展示对顾客的心理及其判断服务产品质量的过程有不同程度的影响。

**1. 根据有形展示能否被顾客拥有划分**

根据有形展示能否被顾客拥有可将之分成边缘展示（peripheral evidence）和核心展示（essential evidence）两类。

（1）边缘展示。是指顾客在购买过程中能够实际拥有的展示。这类展示很少或根本没有什么价值，比如电影院的入场券，它只是一种使观众接受服务的凭证；在宾馆的客房里通常有很多包括旅游指南、住宿须知、服务指南以及笔、纸之类的边缘展示，这些代表服务的物的设计，都是以顾客心中的需要为出发点，它们无疑是企业核心服务强有力的补充。

（2）核心展示。与边缘展示不同，在购买和享用服务的过程中不能为顾客所拥有。但核心展示比边缘展示更重要，因为在大多数情况下，只有这些核心展示符合顾客需求时，顾客才会做出购买决定。例如，宾馆的级别、银行的形象、出租汽车的牌子等，都是顾客在购买这些服务时首先要考虑的核心展示。

　　因此，边缘展示与核心展示加上其他现成服务形象的要素（如提供服务的人），都会影响顾客对服务的看法与评价。当一位顾客判断某种服务的优劣时，尤其在使用或购买它之前，其主要的依据就是服务的一些有形线索等实际性的呈现。

【实例 5-4】

#### 苹果体验店的有形展示

　　苹果体验店的核心产品是在店内摆放的用于顾客提供体验服务的苹果产品。

苹果产品可以分为很多类,体验店将其产品根据不同类别分别摆放在不同的圆桌上。这些体验产品几乎完全开放,除了 iPhone 不能提供通话体验外,顾客可以体验产品的每一种功能。

乔布斯将苹果体验店的理念定位为"为生活添彩",他所设计的苹果体验店外观也让所有人眼前一亮:以不锈钢和玻璃的混搭风格为主并在不锈钢长方体面上悬挂巨大的苹果 logo 的"玻璃盒子",散发简洁、科技的魅力,让顾客第一眼便感受到了苹果发出的品牌个性,以吸引他们进入体验店,进行苹果产品的体验。

从苹果体验店的内部来看,也可以从四个重要方面—温度、颜色、音乐和气味来体验苹果所表达出的简洁、科技和人性化的气氛。店内白色的墙壁和墙面上巨大的配以灯光的苹果产品海报很快能吸引顾客进店。店内的地面、天花板、货架以及摆放十分整齐的桌椅无不和苹果产品一样,四角是圆角,颜色是象牙白,这种一致性几乎贯穿在所有与苹果相关的事物中。透明的玻璃,醒目的玻璃楼梯也吸引消费者走上二楼。各层服务员能现场提供不同层次的现场指导,所有的产品都是真机演示,让顾客能方便地直接接触试用。

每一家苹果实体店内都有数百个电子设备产品,但是只要顾客走进店内,总是能很方便地定位到自己所需要的那款设备。举个例子,你可以很快找到最新的 iPad Mini 在哪里,然后去看看这款产品,并亲自体验测试一下产品功能。苹果店内所有电子产品都是功能齐全,而且都充好了电。在这些打开的设备里面装载了许多丰富的内容,还有供用户体验的各种 demo 应用。在每一款你想了解的产品旁边,苹果都会摆放好一个清楚的标签,上面都对应产品的信息。

2. 从有形展示的构成要素进行划分

从有形展示的构成要素进行划主要表现为三种类型,即实体环境、信息沟通和价格展示。

(1)实体环境。影响环境的因素有周围因素、设计因素和社会因素。

周围因素是通常被顾客认为构成服务产品内涵的必要组成部分,是指消费者可能不会立即意识到的环境因素,如气温、湿度、气味和声音等。周围因素是不易引起人们重视的背景条件。但是,一旦这些因素不具备或令人不快,就会马上引起人们的注意。例如,餐厅一般应具备清洁卫生的环境,达到此要求的餐厅不会使顾客感到极为满足。然而,污浊的环境显然会令顾客大为反感,转而光顾另一家餐厅。

设计因素是刺激消费者视觉的环境因素,是主动刺激,它比周围因素更易引起顾客的注意。比如,服务场所的设计、企业形象标志等属于此类因素。因此,设计性因素有助于培养顾客积极的感觉,且鼓励其采取接近行为,有较大的竞争潜力。

社会因素是指在服务场所内一切参与及影响服务产品生产的人,包括服务员工和其他在服务场所同时出现的各类人员,他们的言行举止皆可影响顾客对服务质量的期望与判断。

**【实例 5-5】**

## UV(紫外光)——一个感官餐厅

餐饮服务的有形展示可分为物质环境和信息沟通。物质环境又由周围因素、设计因素、社会因素构成,具体而言如空气质量、气味、温度、湿度、环境清洁度、员工服饰礼仪、企业形象标识设计等。信息沟通总体上有两种形式:服务的有形化和信息化,具体办法就是在服务中和信息交流中强调与服务相联系的有形物,以达到最佳服务效果,比方透过桌边服务或产品陈列展示以达到顾客对于产品与服务的观感提升。作好有形展示管理工作,发挥有形展示在营销策略中的辅助作用,是餐饮服务业管理人员的一项重要工作。管理人员应深入了解本企业应如何巧妙地利用各种有形展示,生动、形象地传送各种营销信息,使消费者和员工都能了解并接受。

如果有一家餐厅:

一天只接待 10 个客人,菜单定死,给啥吃啥,还要提前 3 个月预订才吃得到。

只能通过餐厅官网预订,没有其他管道。每人人民币 3000 元,且预订当天需支付定金 1000 元/人,之后是漫长的三个月等待。

没有具体地址,不能私自前往,统一集合后发车把客人送到用餐地点。

2013、2014 年连续两年获得亚洲最佳 TOP50 餐厅称号,排名中国大陆第一。

什么样的餐厅? 凭啥这么牛?

这家非常前卫的餐厅,是由沪上法国名厨 Paul Pairet 于 2012 年夏季在贸御企业管理咨询(上海)有限公司的支持下创办,之前他们已成功携手经营上海的另一家法国餐厅 Mr & Mrs Bund。它有一个神秘的名字:Ultraviolet by Paul Pairet(简称 UV,直译是"紫外光"),号称"全世界第一个感官餐厅"。

所有顾客均须提前三个月通过官网预约,成功预订后,用餐当晚在上海外滩 18 号 Mr & Mrs Bund 餐厅的楼下,一辆专用的商务车将接送客人前往 UV。注意:只能由专车接送,不接受直接前往,因为餐厅公布的具体地址是:somewhere in Shanghai。车子顺着苏州河沿岸转入几条七拐八拐的小巷,停靠到一个破旧的由老工厂改造的"创意园区"里面。下车后,客人将被带到一栋看似仓库的厂房前面,很神秘,这么破旧的大门里究竟藏着什么乾坤呢?

UV 的主餐厅是一个类似"骇客帝国"电影里的科幻实验室,四面高墙,"纯白色,未来感",连窗户都没有。(当然会清晰打上宴客者的名字与品牌)

位于这个高耸白色空间的正中央,是一种类似"会议室"的摆设——一个巨大的白色长桌和 10 张白色工作椅。头顶上,有 7 部投影机和一系列镁光灯,空气中散发着某些未知香料的味道,这一切,都活似一个拍摄未来风格电影的制片厂。

晚宴主人 Fabien Verdier 会指引每一位客人走到有他自己名字的座位前,连座位铭牌也是用灯光特意投射出来的,专属尊贵感很强。待所有客人坐下后,主人只身离开,灯光渐暗,好戏即将上演。然后,让所有人大开眼界的一刻出现了——四面墙上的大荧幕突然亮起,你会感到整个房间在迅速下沉(原因是巨大投影给人的错觉),一个男人在急促地朗读些什么,类似那些美国科幻电影的开头，房间下沉得越来越快，四面墙上的影像迅速转变，你不知所措但被强烈地吸引。

于是服务人员开始结合影像，许多的桌边服务与有形展示开始了，让人们不仅仅只是享受美味的餐点，更深入了解每一样餐点的来源与工序。不断变换的场景，让一个晚上从都市吃到农村，再从农村吃到原野，最后再回到上海的外滩。

如此极致的有形展示结合顶级的食材，呈现出来的极致餐点。没有什么地点力的问题，有限的座位数，足够的特色性不需要大量的宣传力。你说人均消费 3000 元人民币，究竟是贵还是不贵呢？据说由于无法翻桌，只接受预定顾客，加上极度费工的准备，投入在每位顾客的成本是 5000 元人民币一个人。不过必须说一个坏消息，据说 UV 已经涨价到 5000 元人民币以上了……

（资料来源：http://www.wtoutiao.com/p/v5feVQ.html.）

【即问即答 5-3】

感官餐厅 UV（紫外光）的有形展示给我们什么启示？试举例我们身边是否有类似的例子，它们的优劣势有哪些方面？

（2）信息沟通。信息沟通是另一种服务展示形式，这些来自公司本身以及其他引人注意的沟通信息通过多种媒体传播、展示服务。信息沟通展示包括广告提供的形象概念与数量概念、口碑信赖以及名人的号召作用等。从赞扬性的评论到广告，从顾客口头传播到公司标记，这些不同形式的信息沟通都传送了有关服务的线索，影响着公司的营销策略。服务有形化是在信息交流过程中让服务更加实在而不那么抽象的办法之一，把与服务相联系的有形物推至信息沟通策略的前沿。顾客在选择律师、汽车保养或者大学教授的选修课之前，会先询问他人的看法。信息有形化除了鼓励对公司有利的口头传播，在广告中创造性地应用容易被感知的展示。

麦当劳公司针对儿童的"快乐餐"计划的成功，正是运用了创造有形物这一技巧。麦当劳把汉堡包和法国炸制品放进一种被特别设计的盒子里，盒面有游戏、迷宫等图案，也有罗纳德·麦克唐纳德自己的画像。这样一来，麦当劳就把目标顾客的娱乐和饮食联系起来，令这些目标顾客高兴，使用有形因素能使服务更容易被感觉，因而更真实。

（3）价格展示。顾客把价格看作有关产品的一个线索。价格是对服务水平和质量的客观性展示。价格能培养顾客对产品的信任，同样也能降低这种信任。价格可以提高人们的期望（它这样昂贵，一定是好货！），也能降低这些期望（你付出这么多钱，得到了什么？）。服务是无形的，不可见的，价格是对服务水平和质量的可见性展示。价格成为消费者判断服务水平和质量的一个依据。营销人员把服务价格定得过低就暗中贬低了他们提供给顾客的价值，顾客会怀疑低廉的服务意味着什么样的专长和技术？而价格过高却给顾客造成以价值高估，不关心顾客，或者"宰客"的形象。价格成为消费者判断服务水平和质量的一个依据。

【实例 5-6】

### "新东方"的有形展示

新东方的有形展示在信息展示和价格展示方面做得比较成功。

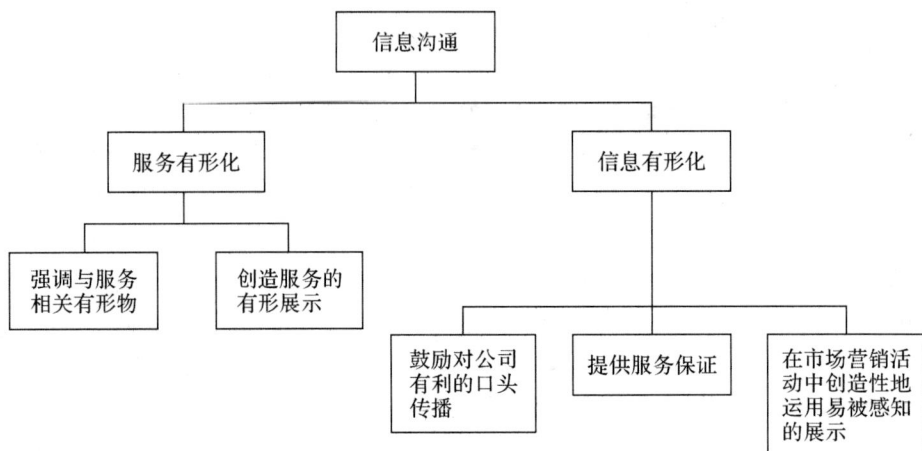

图 5-3　信息沟通与服务

［资料来源：瓦拉瑞尔·A.泽丝曼尔(Valarie A. Zeithaml)，等.服务营销.张金成，等，译.北京：机械工业出版社，2004：198.]

　　新东方在其市场营销过程中打出"语言就是力量"的口号，这一符合当今时代发展的口号使消费者达到重视英语的诉求。在此基础上，新东方将其定位为"中国人学英语的地方"，并树立了"追求卓越，挑战极限，从绝望中寻找希望，人生终将辉煌！"的校训。这些有形化的信息传递可以让消费者与新东方达成统一诉求，使消费者产生共鸣。目前新东方已成为英语教育培训的一大知名品牌，尤其是在青少年当中具有很好的口碑。它是如何做到如此成功的呢？一个重要的原因就是其在信息沟通与服务方面做得很好，如图 5-3 所示。新东方有着一大批关于英语、出国留学以及人生规划的研究专家，他们时刻关注这些信息并通过各种手段，如免费讲座、新东方酷学网站、《新东方英语》杂志等把最新的资讯信息传递给消费者。新东方由创办出国留学类考试培训起家，为了吸引更多的有志青年实现理想，完成出国留学梦，新东方老师会在课堂或公开讲座中向学员讲述自己的留学经历，介绍国外高校的教育情况并告诉学员申请留学的全过程。新东方能够有今天的成就靠的是一种文化、一种精神、一种激励青年奋发向上，在绝望中寻找希望的动力！新东方的收入主要来源于学员的学费。对于一些应试类课程，新东方采取大班授课的形式，有的一个班甚至达到三四百人。这样在减少成本的同时也降低了学员的学费。新东方的低价策略与学生这一消费群体相吻合。

（资料来源：郑锐洪.服务营销理论、方法与案例.北京：机械工业出版社，2014：213.）

**【即问即答 5-4】**

　　说明价格展示时是低价还是高价更有利于有形展示？

3. 从有形展示的展示要素进行划分

从有形展示的展示要素进行划分可分为环境展示、员工形象展示、品牌载体展示。

（1）环境展示包括建筑、装潢、设备、场所设计、背景条件，其中，场所设计主要指根据目标顾客（既包括外部目标市场的客户又包括企业内部员工）的良好心理感受（美化因素）以及给顾客带来便利性（功能因素）的服务流程的需要设计的空间布局、设备摆放等；背景条件也称周围环境,如绿化、气温、湿度、气味、音乐、气氛等。

（2）员工形象展示。服务提供人与顾客密不可分,舞台上的演员会为戏剧演出增色,服务员工的形象与举止也会影响顾客对所接受服务的感知。作为有形展示的组成部分,员工形象展示主要有:着装、修饰、魅力、服务态度和专业技能等。

（3）品牌载体展示通过品牌标记、品牌理念象征物等来进行。品牌需要通过一系列的物质载体来表现。

## 5.2　服务有形展示的作用

许多公司无法将服务有形化,导致了以下情况的产生:
- 难以概念化:很难向顾客描绘服务的传递过程和最终产出;
- 难以评价;
- 不确定性和风险感知提高;
- 难以进行有效的沟通;
- 难以控制服务质量;
- 难以定价。

一旦提供的服务有形化,就能够有效地进行沟通,控制传递质量,设定价格以及将顾客风险降低到最低。有形展示战略来源如表 5-2 所示。

表 5-2　有形展示战略来源简表

| 潜在顾客理解如下: | 管理者回答如下: |
|---|---|
| ①消费之前很难在头脑里想象 | ①广告使之形象化 |
| ②购买服务产品的风险性很大 | ②提供可供选择的不同标准与档次 |
| ③不可触知 | ③服务落实至顾客感官,使可触知化 |
| ④口碑交流更重要 | ④建立良好口碑,刺激口碑效应 |
| ⑤通过价格、设施、设计、布局、人员表现可知服务的质量 | ⑤以适当的价格政策、适应目标顾客心理的环境政策等树立质量形象 |
| ⑥很难对相似的服务产品做出对比 | ⑥品牌与口碑建立信任,让顾客放心 |

（资料修改自:G.佩里切利.服务营销学.张密编,译.北京:对外经济贸易大学出版社,2009:3.）

### 5.2.1　服务有形展示的作用

服务有形展示的作用综合来讲表现在:克服目标顾客感性认识的冒险性、增强目标顾客的消费欲望和信心、培养顾客忠诚来配合公司的营销总战略。有形展示是服务企业让难以接触的服务可触知化、差别化的一种手段,其作用有:

1. 利用感官刺激让消费者感知服务的利益

消费者购买行为理论强调,产品的外观是否能满足顾客的感官需要,直接影响到顾客是否真正采取行动购买该产品。同样,顾客在购买不可触知的服务时,也希望能从感官刺激中寻求到某种购买的驱动力。通过服务展示对顾客感官方面的刺激,让顾客感受到无法触知的服务所能给自己带来的利益,进而影响其对服务产品的需求,能调动顾客的视、听、觉、嗅等感知,从而改善顾客的厌倦情绪,例如,顾客期望格调高雅的餐厅能真正提供优雅、舒适、愉悦的气氛。广告和品牌载体是"包装"的最外一圈,而最初的线索("内层包装")——环境、员工的代表和工作态度是首要的,它们需要与最初信息(即信息沟通所传达的)相吻合。

2.引导消费者对服务的利益产生合理期望

服务的不可触知性使顾客在使用有关服务之前,很难对该服务做出正确的理解或描述,他们对该服务的功能及利益的期望也是很模糊的,甚至是过高的。顾客对服务是否满意,取决于服务产品所带来的利益是否符合顾客的期望。运用有形展示则可让顾客在使用服务前能够具体地把握服务的特征和功能,较容易地对服务产品产生合理的期望,以避免因顾客期望过高而难以满足所造成的负面影响。

3.使消费者形成对服务产品的第一印象

有形展示作为部分服务内涵的载体无疑是顾客获得第一印象的基础,对于新顾客而言,在购买和享用某项服务之前,他们往往会根据第一印象的因素占有很大比重,心理的"第一印象"往往激起目标顾客的购买欲望,而真实的如果与心理的"第一印象"不符,则会减弱或增强顾客对公司服务质量的信心,从而做出购买与否的决定。

经验丰富的消费者受有形展示的影响较少,然而,缺乏经验的消费者或从未接受过该服务的消费者却往往会根据各种有形展示,对该服务产生初步印象,并根据各种有形展示,判断本企业的服务质量。服务企业应充分利用各种有形展示,使各种群体的消费者形成良好的初步印象。

4.促使消费者产生对服务的信任感

消费者很难在做出购买决策之前全面了解服务质量。要促使消费者购买,服务企业必须首先使消费者产生信任感。大部分顾客根据"可感知"服务特质判断服务质量的高低,而有形展示则正是可感知的服务组成部分。与服务过程有关的每一个有形展示,例如,服务设施、服务设备、服务人员的仪态仪表,都会影响顾客感觉中的服务质量。有形展示及对有形因素的管理也会影响顾客对服务质量的感觉。优良的有形展示及管理就能使顾客对服务质量产生"优质"的感觉。

例如:不少服务企业将一部分后台操作工作改变为前台工作可增加信任感。在饭馆餐厅做飞饼表演、拉面表演等,提供服务工作的透明度,使无形的服务有形化,可提高消费者对企业的信任感。

5.使消费者强化服务的有形线索和识别形象

当顾客对曾经消费过服务产品的感觉逐渐淡薄直至成为遥远的记忆的时候,有形线索如广告等就会帮助他回忆起了曾经的消费。这种经常的回忆就会使他在适当的时候向其亲人、朋友、同事推荐,从而形成一种口碑效应。

有形展示是服务产品的组成部分,也是最能有形地、具体地传达企业形象的工具。服务企业或服务产品形象的优劣直接影响着消费者对服务产品及公司的选择,影响着服务企业的市场形象,而形象的改变不仅是原来形象的基础上加入一些新东西,而要打破现有的观念,所以它具有挑战性。要让顾客识别和改变服务企业的市场形象,更需提供各种有形展示,使消费者相信服务企业的各种变化。

6. 提高员工忠诚度,塑造本企业的市场形象

从内部营销的理论来分析,服务员工也是企业的顾客。营销管理人员利用有形展示突出服务产品的特征及优点时,也可利用相同的方法作为培训服务员工的手段,使员工掌握服务知识和技能,指导员工的服务行为,为顾客提供优质的服务,使服务员工完全了解企业所提供的服务。

服务企业必须向消费者提供看得见的有形展示,生动、具体地宣传自己的市场形象。在市场沟通活动中,巧妙地使用各种有形展示,可增强企业优质服务的市场形象。

【链接 5-2】

### 服务有形展示——服务环境下顾客反应的相关理论

【莫拉比安—罗素模型】该模型认为,有意识和无意识的感知以及对环境的解释影响人们在环境中的感觉。反过来,人们的感觉也会影响人们对环境的反应。感觉是这个模型的中心,该模型假定感觉驱动行为。比如,我们在生活中无法避免与周围环境接触,但是拥挤、被别人妨碍、缺乏感知控制以及不能尽快实现自我意愿等这些障碍却使我们产生望而却步的不愉快感觉。在服务环境设计中,我们可以添加一系列消费者感知的结果变量,包括服务的价格,以及人们离去后对于所获得的服务体验的满意程度。

【罗素的情感模型】罗素的情感模型被广泛地用于帮助理解服务环境中的感觉。在环境中,情感反应可以表现为两个维度:愉悦和兴奋。愉悦是人们对环境的一种直接、主观的反应,它取决于个体对服务环境的喜欢与厌恶程度。兴奋是指个体感觉刺激的程度,其范围从深度睡眠到肾上腺素达到最高水平。愉悦的主观性要比兴奋的主观性强,兴奋很大程度上取决于信息量或环境的负荷。因此,服务失败产生的愤怒情感可以表现为高度的兴奋以及高度的不愉悦,与认知归属过程相结合,他们将处于令人痛苦的象限内。若一个顾客将服务失败归因于公司,从而强大的认知归因过程直接引起他的兴奋和不愉悦。

【即问即答 5-5】

描述你生活中遇到过的"无形的服务,有形的展示"经历,并做分析评价。

## 5.2.2　服务场景的作用

在所有的情形下,服务的有形展示将会影响体验的传递,顾客将赋予有形展示的意义、顾客的满意感以及他们与传递体验的公司之间的感情联系。比如服务场景的设计可以影响消费者的选择、期望、满意度及其他行为;工作环境的设计会影响员工的工作效率、积极性和满意度(银行顾客、员工对装潢的认识)。

服务场景可同时发挥很多作用,研究其各种作用及它们之间的相互关系可以让我们更加清楚提供适当的服务有形展示所具有的战略重要性。

1. 包装作用

与有形商品的包装一样,服务场景和有形展示的其他因素基本上也是服务的"包装",并以其外在形象向消费者传递"内在"信息。设计产品包装可树立某种特殊形象,同时又能

引发某种特殊的视觉或情感上反应,服务的有形部分通过很多复杂的刺激可发挥同样的作用。服务场景系统是组织的外在形象,对形成印象和建立用户的期望意义重大,它是无形服务的有形表现。对建立新顾客的期望和刚刚开业,并希望树立某种形象的服务组织来说,这种包装的作用尤其重要。如星巴克、万豪、联邦快递将其服务场景与品牌联系起来,向顾客提供鲜明的视觉隐喻和服务包装以传达其品牌定位。

【实例 5-7】

## 央视 CCTV9 纪录片更换新 logo 探讨"从哪儿来要去哪儿"

中国中央电视台 CCTV 邀请 trollbck＋company 为 CCTV9 记录频道设计 6 个全新的立方体标志(竹子,电子,冰洞,大都市,瓷器,空间站)。为了表现纪录频道的内容,设计师根据 6 个主题创作了不同的标志动画,来表现自然历史、人类活动、启蒙、艺术、进步和基础设施。从雨后湿润宁静的竹林到 rem koolhaas 设计的北京 CCTV 央视总部大楼,每个标志都是具有不同材料属性的多面立方体 logo。

CCTV9 纪录频道是让观众了解世界的窗口,讨论的是我们从哪里来,如何到达,如何生存,以及将要去哪儿的问题,主体鲜明,是对记录本身的探索,客观而真实。与节目内容记录体现的是未来、科技、自然、古今、城市等主题吻合。

2.辅助作用

服务场景也能作为辅助物为身临其境的人们提供帮助。环境的设计能够促进或阻碍服务场景中活动的进行,使得顾客和员工更容易或更难达到目标。设计良好的功能设施可以使顾客将接受服务视为愉快的经历。在员工看来也将提供服务视为快事一桩。与此相反,不理想的设计会使顾客和员工双方都感到失望。

3.交际功能

设计服务场景有助于员工和顾客双方的交流,它可以帮助传递所期望的作用、行为和关系等。设施的设计还能够让顾客了解自己和员工的职责是什么,迎接他们的服务场景应该怎样,员工所处的服务场景应该怎样,他们在该环境下的行为应该怎样以及何种类型的应该给予鼓励等等。例如,专业服务机构中的新员工会通过观察其办公室、办公家具的质量及其相对他人而言所处的位置等渐渐明白自己在公司中的地位。

4.区别作用

有形设施的设计可将一个组织同其竞争对手区分开来,并表明该服务所指向的市场细分部分。因为它能起到区分作用,所以,可使用有形环境的变化来重新占有或吸引新市场。例如,在购物中心,装潢和陈列中使用的标志、着色,还有店堂内回荡的音乐等都能表明其期望的细分市场。

服务场景的用途可以表现为自助服务、交往性服务和远程服务,在不同的场景中其复杂性也表现不同,如表 5-3 所示。

**表 5-3　服务场景的用途及复杂性**

| 服务场景的用途 | 服务场景的复杂性 | |
| --- | --- | --- |
| | 复杂的 | 精简的 |
| 自助服务<br>(只有顾客自己) | 高尔夫球场<br>冲浪现场 | ATM 机<br>大型购物中心<br>邮局<br>互联网服务<br>快件递送 |
| 交往性服务<br>(有顾客和雇员) | 饭店、餐厅<br>保健所<br>医院<br>银行<br>航班<br>学校 | 干洗店<br>美发厅<br>小吃摊 |
| 远程服务<br>(只有雇员自己) | 电话公司<br>保险公司<br>公用事业<br>众多的专业服务 | 电话邮购服务台<br>自动语音信息服务<br>服务传递 |

〔资料来源：瓦拉瑞尔·A.泽丝曼尔(Valarie A. Zeithaml)，等.服务营销.第 6 版.张金成，等，译.北京：机械工业出版社，2015：76〕

**【即问即答 5-6】**

以你体验过的某项交往性服务为例说明服务场景的作用。

## 5.3　服务场景的设计与管理

服务场景是指企业向顾客提供服务的物理场所的各个方面。它属于企业的内部因素，不仅包括影响服务过程的各种设施，而且还包括许多无形的要素。因此，凡是会影响服务表现水准和沟通的任何设施都包括在内。威克菲尔德(Wakefield)和布洛杰特(Blodgett)在实验后得出了结论："顾客感到服务环境是高质量的，就更对服务消费的经历满意，结果当然是乐于在今后再度购买这种服务。"

### 5.3.1　服务场景的形成因素

服务场景是有形展示最重要的表现，影响服务场景形成的关键性因素主要有两点：实物属性和气氛。

1.实物属性

服务公司的建筑构造设计，有若干因素会对其形象塑造产生影响。表 5-4 显示了零售店的若干重要因素对零售店形象的影响，这些因素相互影响，其中任何一项的有无，都会影响到其他各项的个别属性的表现。换言之，这些属性可能对形象的创造与维持有帮助。

表 5-4　影响零售商店形象的主要属性

| 外部 | 内部 |
| --- | --- |
| 建筑之实际规模大小 | 陈设布局 |
| 建筑造型 | 色彩调配 |
| 建筑门面 | 设施装备 |
| 外部照明 | 材料和附属物品（如文具） |
| 使用之建筑材料 | 照明 |
| 大门进口式样 | 标记 |
| 标记 | 货架 |
| 载货车辆和停车场 | 空气调节 |
| | 暖气与通风设置 |

　　服务公司的外在有形表现会影响其服务形象，一栋建筑物的具体结构，包括其规模、造型、建筑使用的材料、其所在地点位置以及与邻近建筑物的比较，都是塑造顾客观感的因素。至于其他相关因素，诸如停车的便利性、可及性、橱窗门面、门窗设计、招牌标示和制式车辆等等也很重要。因为外在的观瞻往往能够树立牢靠、永固、保守、进步或其他各种印象。

　　而服务公司内部的陈设布局、装饰、家具、装修、照明、色调配合、材料使用、空气调节、标记、视觉呈现（如图像和照片的素质）等，所有这一切合并在一起往往就会创造出"印象"和"形象"。从更精细的层面而言，内部属性还包括记事纸、文具、说明小册子、展示空间和货架等项目。

　　2.气氛

　　服务设施的气氛也会影响其形象。气氛对于员工以及前来公司接洽的其他人员也都有重要的影响，它会影响到员工对待顾客的态度。许多服务公司似乎都开始了解气氛的重要。如餐馆的气氛和食物同样重要，大饭店、旅馆应该被视为温暖与亲切，零售商店也应注意尊重顾客，实物布局、陈设方式必须保有一种规划性气氛，从而适合于目标市场，并能诱导购买。此外，银行、律师事务所和牙医诊所的等候室，往往由于是否注意气氛的缘故，而有"宾至如归"或"望而却步"的差别。影响"气氛"的一些因素包括：

　　（1）视觉。零售商店使用"视觉商品化"（visual merchandising）一词来说明视觉因素会影响顾客对商店观感的重要性。零售业的视觉商品化，旨在确保无论顾客在搭电梯，或在等待付账时，服务的推销和形象的建立仍持续在进行。照明、陈设布局和颜色，显然都是"视觉商品化"的一部分。此外，服务人员的外观和着装也是。总之，视觉呈现是顾客对服务产品惠顾的一个重大原因。

　　（2）气味。气味会影响形象。零售商店，如咖啡店、面包店、花店和香水店，都可使用香味来推销其产品。面包店可巧妙地使用风扇将刚出炉的面包香味吹散到街道上；餐馆、牛排吧馆、鱼店，也都可以利用香味达到良好的效果；服务业的办公室，皮件的气味和皮件亮光蜡或木制地板打蜡后的气味，往往可以发散一种特殊的豪华气派。

　　（3）声音。声音往往是气氛营造的背景。若想营造一种"安静"气氛，可以使用细心的隔间、低天花板、厚地毯以及销售人员轻声细语的方式。这种气氛在图书馆、书廊或皮毛货专卖店往往是必要的。青少年流行服装店的背景音乐所营造出的气氛当然与大型百货店升降梯中听到的莫扎特笛音的气氛大不相同,也和航空公司在起飞之前播放给乘客们听的令人舒畅的旋律的气氛全然迥异。

(4)触觉。厚重质料铺盖的座位的厚实感(rich texture)、地毯的厚度、壁纸的感度、咖啡店桌子的木材感和大理石地板的冰凉感,都会带来不同的感觉,并发散出独特的气氛。某些零售店是以样品展示的方式激发顾客们的感度,产品使用的材料和陈设展示的技巧都是重要的因素。气氛可以变成一种特别适当的竞争手段,尤其是在下列情况之下:

- 竞争者越来越增多之时;
- 产品与价格的差别微小之时;
- 产品是针对特殊社会阶层或生活方式的顾客时。

**【实例 5-8】**

### "聆听音乐星巴克"——服务场景设计的创新

　　星巴克的服务代表了一种生活方式的流行趋势,它赋予了咖啡店时代感和精致感。当你漫步于城市的街道,一份独特的芳香弥漫在空气中,它吸引你走进一家有着绿色标志的咖啡店——星巴克。走进店内,找一张舒服的坐椅或有靠背的长椅坐下来,你便可以开始享受咖啡的美味。全球许多星巴克店内还提供免费的无线宽带网络,方便人们上网冲浪。星巴克就是这样一个地方,你可在这里做很多事,但喝咖啡是第一选择。

　　从咖啡店到休闲场所,星巴克的这种转变实际上是一种服务创新。为了延伸流行文化,星巴克推出了"聆听音乐星巴克"服务。在"星巴克音乐咖啡店"内,顾客可以从店铺内精选的、编辑好的 CD 中购买他们想要的音乐。他们还可以选择从包含 100 多万个音轨的数据库中亲手制作个性化 CD,一些新录制的音乐只能在部分星巴克音乐咖啡店内找到。实际上,已经有一些年轻艺人的新专辑只在星巴克店内推出。星巴克还出售电影 DVD 以及一些知名作家和新作家的书籍。星巴克已经与苹果公司 iTunes 无限音乐商店开展合作,允许其在指定的星巴克咖啡店内播放音乐,以及浏览、购买和无线下载最新十首歌曲到 iPhone 和 iPod 上。这些音乐可以在下次连接时同步到 Mac 或 PC 上。很快,我们将不再仅仅将星巴克与咖啡联系在一起,星巴克会变成一个放松与休闲的地方。星巴克公司在开发新服务方面取得了成功。然而,它不能在荣誉中享受太久,因为竞争是激烈的。星巴克必须继续创新以保持在这一行业内的优势。

〔资料来源:克里斯托弗·洛夫洛克(Christopher Lovelock),等.服务营销精要.李中,等,译.北京:中国人民大学出版社,2007:66〕

### 5.3.2　服务场景的设计

1.实物属性设计

企业的实物属性包括外部属性和内部属性两方面。

(1)企业外部属性的设计。企业的外部属性设计,主要包括根据服务产品的特点选择恰当的地理位置;根据企业的实力和市场需求潜力选择恰当的规模;根据目标消费者的需求特点和特色化竞争的需要选择恰当的建筑风格、色彩、装饰材料及图案；根据企业所处的位置及条件选择园林景观及停车场所等。

（2）企业内部属性的设计。在进行企业内部属性设计的时候，要依据消费者的需求特点，根据具体服务场所的形状、大小、朝向、气氛、层次、楼层等，运用艺术设计手法和物质材料、工艺技术，创造功能合理、舒适美观、符合人生理和心理要求的消费环境。既要强调人、建筑和环境三者的和谐，注重环境的文化氛围的营造，又要强调设计的生态化和绿色化，注重环境的宜人性。总之，既要充分解决服务设施的功能问题，使消费者能正常、舒适地进行消费活动，又要营造良好的环境氛围，满足消费者的心理需求。将所有外部属性要素和内部属性要素按照一定的主题风格合并在一起，形成服务企业"有特色的整体个性"，需要相当技术性和创造性。独特的有形要素在使一家企业显示其与众不同的"个性"中发挥着关键作用。

2.视觉环境设计

实验表明，人们从外界获得的信息，83％来自视觉。因此，进行服务环境的视觉设计，要充分考虑各种视觉要素带给消费者及服务人员的感觉。大小感觉、形状感觉、色彩感觉、采光感觉选择等都是视觉环境设计时需考虑的内容。

企业的建筑设施、标志及规模的大小会给不同的消费者传递不同的信息。依据企业目标市场的特点，有形要素的大小对消费者产生的吸引力因不同的消费者类型而各不相同。

服务企业的形状感觉产生于多种来源，不同的形状给人的感觉差别是很大的。在进行服务环境的设计时，采用相似或不相似的形状组合就能产生或一致、或对比、或冲突的视觉效果。具体选择什么样的视觉效果，则要以目标消费者的偏好为依据。

色彩具有强烈的视觉冲击力，对消费者认知和评价服务环境具有至关重要的影响。在服务环境中，颜色的选择直接影响到消费者的服务选择和评价。消费者对色彩的感觉因人、因场合、因时间的差异而各不相同。企业要适应消费者的消费情境的需要，对色彩进行巧妙的综合运用，以营造一种相对消费者来说最适宜、最惬意的环境氛围。

采光环境对人的生理和心理会产生极其深远的影响，它是影响人类行为的最直接因素。不管是人工照明还是自然采光，在进行服务环境的光环境的设计时，必须注意合理控制光照度，必须考虑安全措施以及标志明显的疏散通道。同时要考虑照明效果对消费者造成的心理反应，考虑设备管理维护的便利性，以保证照明系统正常高效运行。

3.听觉环境设计

在人们的消息来源中，听觉占11％。在服务场景中，声音可以调节消费者的情绪、吸引消费者的注意力、传递相关的服务信息。例如：商场中的背景音乐既调节消费者的情绪，又影响到消费者在商场逗留时间的长短。

服务环境中的听觉设计，主要包括两个方面：一是采取有效的措施，减低甚至排除服务场所中的噪音；二是为服务环境配置恰当的影音器材，选择恰当的影音曲目和音量。

4.气味环境设计

服务企业的环境氛围往往受到气味的强烈影响。在人们的消息来源中，有3.5％来自嗅觉。研究表明，一个环绕四周的、令人愉悦的气味弥漫在整个消费环境之中，会有效缓解消费者的精神压力，并使消费者情不自禁地延长在服务场景中的闲逛观游时间。

根据服务场景与服务商品的特点，或放置散发香味的花草盆景，或释放人工制造的特别香味,有针对性地对消费者的嗅觉进行良好的刺激,使他们在消费过程中精神愉快、心情舒畅。进行气味设计,要根据目标消费者的偏好,有针对性地选择能够给消费者带来愉悦感的气味。

5.触觉环境设计

产品的材料可以使消费者产生对产品的某种"感受",材料的质地是重要的感觉来源,不同的材料给人的感觉差异也比较大。因此,服务企业要充分利用某些材料的特点为消费者创造良好的感觉。

由于消费者的触觉主要来自各种有形要素的材料,因此,进行触觉设计,最为关键的是要根据材料的特点和目标消费者的需求特点,恰当地选择建筑装饰材料,使材料给消费者的感觉与服务环境的整体氛围相一致。

**【即问即答 5-7】**

就以下三方面,即周边条件、空间布局与功能以及标志、象征及制品,描述你最喜欢的餐厅的有形环境。

6.其他环境设计

除了以上服务场景的设计外,空间、符号和标志设计与网上服务环境设计也是环境设计的重要因素。

空间布局既要满足消费者的审美需求,更要满足服务的职能需求。进行空间布局,要根据发挥功能的需要,按照大小适度、位置合理的原则合理划分和布局各个功能区域。并要根据空间功能区域的相互关系,设计出相适应的间隔形式,解决功能区之间的相互关联、过渡和协调呼应的关系。同时合理设计人员流动的路线。

在服务消费的环境中,有许多东西都作为符号标志,这些符号标志将有关的信息传递给消费者,既可以帮助消费者找到通往周围环境的道路又可以影响消费者对环境的感受,在树立企业形象方面发挥着重要作用。

网上服务环境设计要适应和满足目标消费者的生理和心理需要。准确进行网站的定位,服务企业富有特色的网络环境设计从网站的定位开始,并将企业的文化理念全面融入网站设计之中。

**【链接 5-3】**

### 停车场设计的指导

停车场在一些服务场所中扮演着重要的角色。标识、符号和装饰品在停车场的有效使用可以帮助顾客找到行进路线,这也会给服务企业带来正面印象。

• 友好的警告——所有警告标识都应该传递给顾客价值。例如,"防火线——为了每一个人的安全,我们请求您不要把车停在防火线处。"

• 安全照明——良好的照明会使顾客泊车更轻松,同时提升其安全感。公司可以通过警示语引起这方面的注意,例如,"停车场为您的安全照明道路"。

• 帮助顾客记清他们停车的位置——在偌大的停车场内,忘记了把车停放在哪里简直就是一个噩梦。一些停车场使用带有颜色标识的楼层来帮助顾客记住他们停车的楼层。此外,一些停车场用特殊符号,例如不同的动物来标记不同的区域。这不仅帮助顾客记清了他们的车所停的楼层,同时也记住了停放区域。在波士顿罗根机场,每一层设计了一个与马萨诸塞州相关的主题作为标识,例如骑手保罗(Paul Revere's Ride)、科德角,以及波士顿马拉松大赛。每个主题被赋予了一个形象——一位坐在马背上的男性、灯塔或者女性长跑者。当等候电梯时,游客将会听到与该层主题相关的音乐。在波士顿马拉松大赛这一层,它的主题音乐来自于影片《烈火战车》——一部描写奥林匹克长跑选手的奥斯卡获奖影片。

　　•　主停车场——法律要求留有残疾人专用区域,但要求车上必须贴有特殊标识。个别细心的组织设置了为残疾人准备的特别区域,并涂上蓝色或粉色线。这一做法显示了对顾客需求的考虑和理解。

　　•　鲜亮的涂漆——限制线、人行横道以及停车线应该在出现任何明显的褪色、剥皮或损坏前定期重新粉刷。重新粉刷通常会给顾客整洁的正面感受,传递企业正面形象。

[资料来源:克里斯托弗·洛夫洛克(Christopher Lovelock),等.服务营销精要.李中,等,译.北京:中国人民大学出版社,2011:210]

【即问即答 5-8】

　　上海浦东机场停车场根据不同颜色的和不同种类的水果来标记不同楼层,帮助顾客记清他们停车的位置,请以某停车场为例对其服务环境做出调整和改造建议。

## 5.3.3　服务场景设计步骤和管理

1.服务场景设计的步骤

设计一个服务场景,既要考虑营销,又要考虑组织行为学的观点。首先,需要调查服务环境,然后做出战略性的计划,同时,在场景设计的决策中必须考虑最终用户和各职能部门的要求。

(1)服务环境调查。设计服务场景的前提是进行服务环境调查,通过调查了解顾客对不同类型环境的偏好和反应。常用的调查方法有问卷调查、观察法和实验法。顾客导向是任何服务营销决策必须坚持的观点,只有建立在顾客认知基础上设计的服务场景才能发挥服务场景的作用,达到预期的效果。几种不同的服务环境调查方法:

环境调查。环境调查要求人们(顾客和雇员)通过调查问卷的形式回答预先给定的问题,从而对不同的环境配置表现出他们的需求和偏好。

直接观察。受过训练的观察人员可以使用一定的观察手段详细描绘环境的条件和大小,同时观察并记录服务场景中顾客和员工的行为和反应,直接观察所获得的信息具有一定的深度和准确性。

试验法。试验法是将几组顾客放在不同的环境配置中,观察其反应,了解特殊顾客和员工真正的反应与偏好。这种试验法的主要优点是结果是可以信赖的。

(2)确定服务场景的设计目标。服务场景的设计目标一定要与服务产品的概念和公司的总体目标或愿景相一致,否则容易导致服务信息之间的不一致甚至冲突。因此计划者一定要明确基本的服务概念、目标市场,公司对未来的构思要明确,知道哪些目标是什么,然后决定展示策略如何提供支持。

　　(3)画出服务场景蓝图。服务场景蓝图给出了在顾客行动时所应提供的每一步服务。服务场景蓝图是一种有效描述服务展示的方法,它有多种用途,从视觉上抓住有形展示的机会时它们特别有用,人、过程和有形展示在服务图上都可以明显的表示出来。

　　(4)协调各职能部门。服务有形展示的设计过程可能需要公司不同部门的参与。要组成一个探讨服务场景设计的多功能小组,以对各职能部门进行协调运作,并对服务场景的战略、设计等做出一致的决策。

　　2.服务场景设计的管理

　　服务场景设计的管理不仅是营销部门的工作,所有的管理人员都应定期考虑以下问题:

　　(1)采用高效的方法来进行服务展示。充分重视对顾客可能感觉到的有关服务的每一件事。对细节进行了很好的管理,关注"小事情",例如:是否保持了服务环境的一尘不染?如果我们的霓虹灯忽然坏了,我们是立即更换还是过后再换?

　　(2)将服务场景设计的管理和市场营销计划结合起来。服务环境设计是否考虑到这一设计能否支持高层营销策略?我们通过调查来指导我们的服务展示管理了吗?在服务设备设计过程中征求过顾客和员工的意见吗?是否向组织内的每个人提问,让他们回答个人在展示管理中的责任?

　　(3)服务场景设计的第一印象的管理。设计的广告、内部和外部的环境设备、标志物,以及员工的服务态度对新顾客或目标顾客是否颇具吸力、独创性?

　　(4)服务场景设计与员工管理,使用有形因素使服务对员工来说不再神秘,使用有形因素来指导员工完成其服务角色,在工作环境中的有形因素中表达管理层对员工的关心。对员工的仪表进行投资,向员工分发服装并制定符合其工作角色的装扮标准。

【实例 5-9】

### 回味无穷的仙踪林

　　提到"仙踪林",熟悉的人马上就会联想到绿藤缠绕的秋千、可爱的小兔子标志还有醇香的奶茶。"仙踪林"进入上海市场的第一个分店就选在复旦大学旁边的五角场,学生的消费观念、消费习惯很容易接受新鲜观念和文化,对"仙踪林"自然而然就容易接受。之后,"仙踪林"又在上海最贵的黄金地段淮海路上设立分店,尽管 200 平方米店面的月租达到了 20 万人民币,但其营业额增长最快,为"仙踪林"树立了良好的品牌形象。接下来,"仙踪林"在上海的繁荣地段淮海中路、福州路、四川北路、西藏南路等地设立了多个分店。"仙踪林"在上海的店址主要集中在办公区和商业区。现在很多上海人把"仙踪林"当成生活的一部分,他们并不是特意来这里,而是抱着一种休闲心态,即便是谈事情也要在轻松氛围下进行,这正是"仙踪林"的追求目标。

　　服务场景是服务企业创造地提供服务的特定舞台,是服务有形展示的综合物理环境。"仙踪林"在服务场景设计上追求国际化潮流,在卖场线条、空间取向上更加简洁,在大厅里有大树、秋千、各种图形、雕塑,规划比较高档,充分体现潮流化和休闲化的特征。进入"仙踪林",你马上会感觉到扑面而来的青春气息和浑然天成的绿树垂藤。置身其间,你会有点飘然成为绿林仙子的感觉。处处可见几人合抱的"参天大树"、原木桌椅、秋千式的吊椅,三五成群的年轻男女白领,在秋千上荡来荡去聊天品茶。而在门口的吧台前,调茶师正在把滚烫的红茶与冰块混合放在不锈钢的调酒器里,手法娴熟地摇晃着,一切显得那样轻松惬意。"仙踪林"经营的奶茶,不仅原料新鲜丰富,而且含有极高的营养价值,就连装奶茶的杯子也十分新奇。坐在绿树葱茏间,手握精致新奇的杯子,轻啜醇香可口的奶茶,倚窗而望马路上来去匆匆的人群,你会感觉仿佛来到了世外桃源……

"仙踪林"的服务场景设计帮助形成顾客的经历,影响他们对服务的满意度,回味无穷的仙踪林服务场景成为顾客重复购买和光顾的决定因素。

(资料来源:改编自 http://www.luosangbbs.com/article-18609-1.html.)

## 5.4 服务有形展示的策略

### 5.4.1 服务有形展示策略的引导

有形展示仅仅是第一步,重要的是利用有形展示的潜力,并进行战略计划。有效的展示策略一定要和公司的总体目标或愿景相结合,做好服务有形展示的引导。

画出服务有形展示的蓝图。从图上可以看到服务传递所涉及的行为、过程的复杂性、人类交互作用的特点。

澄清服务场景的战略作用。有时服务场景在提供服务或营销中不起作用。

有形展示机会的确认与评估。在了解了现有的展示形式和服务场景的作用后,要确认有没有错过提供服务展示的机会(如高价位的餐厅与其设计是否相符);现行的有形展示服务是否适合目标市场的需求和选择;展示策略是否考虑顾客和雇员的需求。

顾客角度的有形展示示例,见表5-5所示。做好准备展示更新和现代化。服务场景要求经常至少是周期性的更新和现代化,即使愿景、目标和公司的物品不变,时间本身也会对有形展示产生损害,随着时间的推移,不同的颜色、设计、款式表示着不同的信息(广告战略)跨职能工作:展示的决策经常是在一段时间内由多种职能部门做出,必须做到有形展示的一致——服务地图或蓝图;组织一个探讨有形展示战略的多功能小组。

**表 5-5  顾客角度的有形展示示例**

| 服务类型 | 服务场景 | 其他有形物 |
|---|---|---|
| 医院 | 建筑外观、停车场、指示标志、候诊区、住院处、护理室、监护室、医疗设备 | 制服、检验报告单、文具、收费单、处方单、病历本、注射用具 |
| 保险 | 不适用 | 保险单、收费单、公司宣传手册、险种宣传资料、信笺/卡片、网站、语音信箱、名片 |
| 旅馆 | 建筑外观、停车场、大厅、前台、电梯、走廊、房间、洗浴设施 | 登记表、钥匙、菜单、制服、信笺 |
| 邮政快递体育运动 | 不适用 | 包裹包装、运输车辆、制服、手提计算机、运输单据、网站 |

[资料来源:瓦拉瑞尔·A.泽丝曼尔(Valarie A. Zeithaml),等.服务营销.第6版.张金成,等,译.北京:机械工业出版社,2015:175.]

**【实例 5-10】**

## 国航提供机上宽带互联网体验服务

　　人民网北京 2014 年 4 月 16 日电,国航由北京飞往成都的 CA4116 航班上,一场通过机上互联网召开的空地视频会议见证了中国民航机上互联网服务的又一次飞越。中央电视台在此次航班上依托机上互联网进行了现场直播,首次从万米高空发出了对观众的问候,红遍互联网的一对老男孩——筷子兄弟分别在两架国航宽带互联网飞机上空中"邂逅",隔空对唱,引爆旅途激情,中国更高网速、更广带宽、更加自由的空地一体宽带互联时代即将来临,旅客的空中生活迎来了更广阔的互联网空间,国航成为首家同时实现地面基站宽带互联技术及卫星通信技术应用的航空公司。所谓地空互联,是指在机上无线局域网的基础之上,将机舱内网络与外部互联网相连接,使机上无线局域网融入整个互联网,旅客通过机上网络平台上的互联网应用即可与外界沟通。国际上,目前有包括汉莎航空、阿联酋航空、维珍航空、美西南航空等航空公司已实现飞机的地空互联,并正在探索更好的软硬件设备和合适的商业模式。

　　近年来,国航围绕旅客需求不断创新。国航自 2010 年开始便积极探索地空互联方式,卫星通信方面,2012 年底已成功完成软硬件的改装及部署,做好技术上的准备,并向国家相关部门提出利用 Inmarsat 卫星进行地空互联的试运行申请。2013 年 6 月,国家相关主管部门已批准国航进行卫星通信互联网验证飞行;地面基站方面,2012 年 8 月中旬国航已完成波音 737－800 飞机成都—西安试飞,2013 年 2 月完成波音 737－800 飞机北京—重庆试飞。2013 年 7 月 3 日,国航在机上实现国内首次全球卫星通信互联网航班飞行,在万米高空为旅客提供定制互联网服务,实现了机舱内上微博、发邮件、查股票,迈出机上互联网服务的第一步。之后,国航继续积极尝试新技术、探索新领域,与航通公司紧密合作,在中国移动、中兴通讯、东软集团等公司的支持下,为旅客提供速度更快、范围更广泛的机上互联网服务。经多次实验测试,国航在不到一年的时间里再次取得突破,实现了空地基站模式(ATG,Air To Ground)宽带无线通信上网。该技术的研发,实现全面国产化,自主知识产权,其基本工作原理是利用布设在沿飞机飞行航线或指定空域的地面基站对空发射的无线电信号,形成空地通信链路,向空中的飞机提供高带宽通信服务,通过这项技术,国航可以创造一个安全、高效、经济的空中网络运行环境,为乘客提供空中互联网接入、Live TV(实时电视)、网络视频电话等服务。与国外同类地空网络比较,国航此次使用的是最新的 4G 技术,网络带宽可达 30M,速度更快,网带更宽,视频音频质量更加清晰。特别值得一提的是,国航拥有本次机上互联网应用的软件系统的自主知识产权,可以按照个性化需求对系统进行优化开发,既能满足旅客需求,又能根据发展趋势进行灵活变化。

　　高速、自由的宽带互联网,提供了商务、社交、娱乐等更广泛的选择,将极大丰富旅客的空中旅途生活。旅客可以如同在地面一样自由上网,通过社交平台发布最新信息,观看实时电视,甚至可以拨打网络电话,进行视频通话。旅客还可以通过国航机上平台网页直接链接合作伙伴的网站,如新浪、网易、腾讯、银河证券、丽子网等,查看实时新闻、刷新微博、发送邮件、进行股票交易、空中网上购物。目前，旅客可以通过自带的手提电脑及平板电脑接入机上 WiFi 无线网络，而手机还是要在飞行过程中关闭电源。

中国民航此次推出的机上宽带互联网通信服务，标志着中国民航科技创新迈上了更高一层台阶，代表着国内机上互联网建设的发展方向，为中国民航在机上网络领域赶超国际先进航空公司奠定了基础，也为商业模式的探索开辟了更加宽广的道路。未来，国航将加大投入力度，在国航机队中实现更广泛的互联网覆盖，让越来越多的旅客都能够体验和使用机上宽带上网服务。国航致力于为旅客提供放心、顺心、舒心、动心的"四心"服务，经过多年的不断努力，品牌价值逐年提升。2013 年，国航以 765.68 亿元的品牌价值再次荣膺"世界 500 最具价值品牌"排行榜，为中国民航唯一入选航空公司。

（资料来源：改编自 http://bj.people.com.cn/n—0416/c82840-21009514.html，2014-04-16.）

## 5.4.2　服务有形展示策略

有形展示要求服务企业应懂得利用组成服务的有形元素，突出服务的特色，使无形的服务变为相对的有形和具体化，让顾客在购买服务前能判断服务的特征及享受服务后所获得的利益。因此，加强对有形展示的管理，努力借助有形的元素来提高感知服务质量，树立独特的企业形象和品牌形象，对服务企业开展市场营销活动具有重要意义。服务有形化是使服务的内涵尽可能地附着在某些实物上得以体现。

**【链接 5-4】**

### 让无形服务"有形化"

近年来，服务业和制造业的边界越来越模糊，产品和服务、制造业和服务业不断融合，许多制造业的生产方式都可以引入服务业中。但是，服务具有自身的无形性、同时性、易逝性和不可存储性等特征，这就决定了服务企业必须针对每个顾客独特的需求，有针对性地提供服务。与产品质量相比，服务质量常常是看不见摸不着的，这也是服务产品区别于实物产品的最大特征——无形性，需要利用内部的实体环境、员工形象、员工的服务行为以及外部的品牌载体、业务信息等一切"有形线索"，传达服务特色及优点，传递品牌提供服务的能力，让消费者产生期待、加深体验和形成记忆。这些"有形线索"看似微不足道，却极有可能影响消费者的最终决策。服务的无形性，让无形的服务"有形化"，不仅意味着要"说出好服务"，还要"做出好服务"，让你的服务被人看见，被人知道，被人传诵。服务有形化可以通过三个方面来实现：

首先是服务产品有形化。即通过服务设施等硬件技术，来实现服务自动化和规范化；通过能显示服务的某种证据，如各种 VIP 卡、票券等代表消费者可能得到的服务利益，区分服务质量，变无形服务为有形服务，增强消费者对服务的感知能力。

其次是服务环境的有形化。一个功能齐备、高雅、清洁、明亮、和谐的环境，会增强消费者享用服务的信心，对企业产生信赖，产生良好的口碑效应，反之，则会使消费者产生反感，对企业提供的服务采取排斥的态度。

再次是服务提供者的“有形化”。服务提供者是指直接与消费者接触的企业员工，其所具备的服务素质和性格、言行以及与消费者接触的方式、方法、态度等如何，会直接影响到服务营销的实现，为了保证服务营销的有效性，企业应对员工进行服务标准化的培训，让他们了解企业所提供的服务内容和要求，掌握进行服务的必备技术和技巧，以保证他们所提供的服务与企业的服务目标相一致。

（资料来源：改编自 http://www.douban.com/note/315993250,2013-11-14.）

**【即问即答 5-9】**

从服务的有形展示理论出发剖析你所熟悉的某一服务产品。

1.服务包装化

（1）服务包装化的概念。服务包装化就是指服务环境，作为服务的有形线索，能够提示它所包装的服务的信息。以零售服务的环境为例：繁华的地段提示商店的服务档次不会低；整洁的环境提示认真、仔细和严谨的服务态度；新鲜而芳香的店堂空气提示所出售的商品更新程度较高；温暖、宜人的气温、柔和的灯光和音乐提示温情、细腻的服务；强烈的灯光和欢快的音乐提示热情、豪爽的服务；赠送礼物提示追求长久的服务；醒目的指示牌和方便的电子查询荧屏提示过程设计周密的服务；服务人员和顾客语言举止的文明提示商店格调的高雅等等。

服务包装或环境是有价值的，它可以使服务增值。服务包装化，在某种意义上，就是服务环境的“营销”，也就是有策略地设计和提供服务环境，让顾客通过接触环境来识别和了解服务的理念、质量和水平等信息，从而促进服务的购买或交易。简单地说，服务包装化就是让顾客接受服务前先接受服务的包装或环境。

（2）服务包装化的作用。服务包装化对服务的营销可以起到以下几方面的作用：

· 有利于识别服务理念和特色。在激烈的服务市场竞争中，服务企业或机构都越来越讲究营销理念或服务理念，而抽象的服务理念通过有形的服务包装或环境可以得到具体的提示，从而有利于顾客识别。由于服务的无形性，服务机构的服务特色比较难于识别，而服务包装或环境能起到提示服务特色的作用，从而有利于服务特色的识别。

· 有利于服务营销组合策略。一是可以烘托和提高服务质量。由于服务的无形性，服务质量较难被顾客识别，而服务包装和环境可以提示服务质量，增强其识别度；二是有利于发展服务渠道。服务环境设计得好，有助于服务网点的建设和发展；三是有利于服务沟通（促销）。服务的无形性使得服务广告比较难做，服务业的内部生产和外部营销的融为一体又使得服务业专门的人员推销变得不必要或不重要，因而服务业的沟通（促销）手段比制造业要少得多，而如果尽量发挥服务包装或环境的信息提示作用，就可以弥补服务沟通（促销）手段的不足。

· 有利于关系营销和内部营销。服务的有形包装或环境可以代表服务机构与顾客及其他社会交往关系，正如人的仪表、言行或外表形象从某种意义上可以代表人与社会的交往关系一样，因此，可以利用服务的包装或环境来开展关系营销。好的服务包装不但有助于外部营销，也有助于激励员工，不断提醒他们将自己的行为与“好的包装”相称，而这正是内部营销的目标。

· 有利于推广服务创新。由于服务的抽象性，服务创新的推广是比较困难的，而如果将服务创新与服务包装或环境的设计结合起来，就可以利用服务包装或环境的提示作用帮助服务创新的推广。

（3）服务包装设计的原则。服务包装或环境的设计，就是服务地点、建筑、装修、场地、设施、工具、用品、信息资料、人员形象、气氛等的设计。其中，服务地点的"设计"实际上是"选择"，或服务机构及网点的"选址"，不同服务行业环境设计之间的差异很大，服务包装或环境设计的八项原则是：

要有利于识别服务理念；

要有利于识别服务特色；

要有利于推广服务创新；

要有利于烘托和提高服务质量；

要有利于发展服务渠道；

要有利于服务沟通（促销）；

要有利于关系营销；

要有利于内部营销。

【实例 5-11】

### 湖南卫视频道的包装

湖南广播电视台卫星频道，简称湖南卫视，昵称芒果台，是湖南广播电视台和芒果传媒有限公司的主力频道，于 1997 年 1 月 1 日正式通过亚洲 2 号卫星传送并更名为湖南电视台卫星频道。2010 年 1 月，湖南广电整合改组后改为此名。2004年，湖南卫视正式确定打造"中国最具活力的电视娱乐品牌"的目标，秉持"快乐中国"的核心理念。《快乐大本营》、《天天向上》、《我是歌手》、《爸爸去哪儿》等热门综艺节目创下综艺收视传奇；开下卫视先河的《跨年演唱会》连续问鼎收视冠军；《金鹰独播剧场》、《钻石独播剧场》和《青春进行时》是湖南卫视晚间档王牌剧场。截至 2014 年 10 月，湖南卫视在中国大陆覆盖人口已达到 10.76 亿，芒果台和湖南卫视国际频道已在日本、澳大利亚、北美洲、东南亚、欧洲等国家和地区落地播出。

2014 年 1 月，湖南卫视再换频道包装，以简洁、扁平、平滑的风格继续引领电视前茅，并打出"越欢聚越青春"口号，编排创新再度升级，从点状分布全面升级为全天带状形态，节目从单一季播化实现全面季播化。湖南卫视全力打造22 点档全新王牌《钻石独播剧场》；全球首创电视节目"主题日"概念，全线占据一周七天，多款大型剧目及节目将轮番登场，《古剑奇谭》收视创新高。

2015 年 2 月，"梦飞扬 更青春"的频道包装正式推出。从2014 年底的"在一起更青春"到 2015 年初的"梦飞扬 更青春"，时间在变，呼号在变，唯一不变的是湖南卫视青春昂扬、创新至上的气势和魄力！2015 年，芒果台将卸下荣耀的自负，在责任品牌创新的价值引领下，在"梦飞扬 更青春"品牌内核的统帅下，用差异化编排、立体式传播、融合性互动三大创新亮。6月 10 日，湖南卫视推出"炫起来更青春"的主题，火热夏季，湖

南卫视继续以"收视稳、受众广、频道热"的绝对优势,淬炼"快乐中国"优质品牌。王牌剧场《钻石独播剧场》播出的《花千骨》城市收视率和全国收视率双网完美破三!《青春进行时》播出的《旋风少女》城市收视率和全国收视率双网破二。2016年1月,"珍惜爱更青春"的频道包装将推出。

　　湖南卫视台标融入了文化内涵,简中见精,寓意深刻,给人美的享受,其简单流畅的椭圆形轮廓,左下方自然形成一个缺口,形成鱼的"大写意",中心呈现一粒稻米的"写真"的放大形状,象征着有"鱼米之乡"美誉的湖南。其环形部分黄色与金色的暖调色彩过渡,如初升之旭日,象征湖南电视人求实、开拓、创新、向上的精神风貌。而椭圆的形状和橙色的颜色,极像一个芒果,所以观众们给它取了个绰号"芒果台",湖南卫视欣然接受了这个绰号,其官方网络电视平台则叫"芒果TV"。

(资料来源:改编自 http://baike.baidu.com/link.)

**2. 服务品牌化**

(1)服务品牌化的概念。服务品牌,是指服务机构或其服务部门、服务岗位、服务人员、服务生产线、服务活动、服务环境、服务设施、服务工具乃至服务对象的名称或其他标识符号,是一个涵盖很广的概念。服务品牌可以是服务机构的名称、服务部门的名称、服务岗位的编号、服务生产线的名称、服务人员的姓名、服务活动的名称、服务环境(地点、自然环境)的名称、服务工具和服务对象的名称等等。

服务品牌化,就是服务机构建立自己各种服务品牌和利用品牌来促进营销,也就是品牌营销。由于品牌是有形的,服务品牌化是服务的一种有形化,品牌化策略是服务的一种有形化策略。

(2)服务品牌化的作用。服务品牌化或服务品牌营销的作用,主要有以下几点:

· 有利于顾客对服务特色的识别和建立。由于服务的无形性,服务机构的服务特色比较难以识别和建立,而服务品牌作为服务的一种有形线索能向市场提示服务特色,从而有利于服务特色的识别和建立。

· 有利于保护服务知识产权和促进服务创新。有品牌的服务创新,一旦注册以后就拥有了受法律保护的知识产权,因此服务品牌化有利于促进服务机构的创新。

· 有利于服务机构的内部营销。服务"机构品牌"可以起到传达机构服务理念的作用,服务"人员品牌"可以起到服务榜样作用,而这些正是促进服务机构内部营销的有利因素。

· 有利于服务机构的关系营销。服务机构一旦树立了自己的品牌,尤其成了名牌,那么,无论对保持老客户、争取新客户或发展社会关系都十分有利。

· 有利于拓展服务渠道和服务市场。服务渠道的拓展往往涉及服务品牌的有偿或无偿转让,而服务机构一旦拥有著名品牌,这种有偿使用或转让就可能比较顺利一些,因而比较有利于服务渠道的拓展。

(3)服务品牌与服务机构评级。服务品牌化或品牌营销的关键是建立和发展品牌。从服务营销的实践看,服务品牌的建立和发展,应注意以下几个要点:服务的个性化、特色化;利用"名人效应";借用其他知名品牌或名称来提高知名度或达到营销的目的。

服务机构的评级,有利于服务品牌的建立和发展,因为服务等级可以直接向顾客明示服务规模、质量和水平等服务信息。一家服务机构等级的提高,显然有利于它服务品牌的建立和发展。服务机构的评级除了星级制度以外,还有银行、保险等业的A级制,医院的甲乙丙三级十等制,餐饮业的特一、特二、一、二、三级等五级制等。这些服务的评级制,对帮助顾客识别服务水平和增强服务营销力都起到重要的作用。

(4)服务机构的行业排名、评奖与估价。服务机构的行业排名或市场排行榜,能体现服务规模、质量和水平,一家服务机构在排行榜地位的提高,也有利于它服务品牌的建立和发展。也可以直接向顾客明示服务规模、质量和水平等服务信息。如现在有些专业机构公布的我国高校科研学术成果排名、高校招生录取成绩排名、高校应届毕业生就业率排名、高校报考人数或录取率排名等,对我国高校服务品牌的建立和发展有重要的促进作用。

服务机构的获奖,多少也能反映它优良的服务规模、质量和水平。服务机构要积极参加国内、国际服务业的各种评奖活动,评上了可以较快地扩大品牌知名度。

服务品牌作为服务机构的无形资产,是有价的。通过品牌估价,可以用一个数字非常简明而精确地体现服务品牌所代表的服务规模、质量和水平。市场可以根据某一行业中一家服务机构服务品牌价值的高低及变化来有效地识别它服务的规模、质量和水平。因此,服务品牌的估价对服务品牌的建立和发展是十分重要的。

【链接5-5】

### 服务品牌的构成

服务质量。就服务内容而言,包括服务项目、服务标准、服务方式等诸多方面,共同构成了服务质量的评价标准。这些评价标准必须以客户为中心,而不是以企业为中心。服务质量构成了服务品牌的核心,正如产品质量对于产品品牌的意义一样,因此必须通过把服务具体化、标准化、规范化,以获得稳定的服务质量。

服务模式。服务模式包括经营模式(如外包、特许、自主等服务扩张模式)、管理模式等方面。通过服务模式可以稳定服务运营质量(包括服务质量、抗风险能力、持续经营能力等)方面的稳定性,使企业不会因组织机构变革、服务人员岗位调整、流失等因素而影响到服务运营,尤其是服务质量,而品牌就是标志一种优质的、稳定的服务质量。同时,也有利于保证服务战略的实现。

服务技术。服务的技术含量是决定服务质量的关键要素之一,同时通过不断创新服务技术可使企业获得持续竞争优势。"IBM就是服务",为什么IBM服务为全世界所称道?就是因为其拥有独异的服务技术,IBM全球服务部不仅可为客户提供基于软硬件维护和零配件更换的售后服务,更重要的是还能提供诸如独立咨询顾问、业务流程与技术流程整合服务、专业系统服务、网络综合布线系统集成、人力培训、运维服务等信息技术和管理咨询服务,从而满足客户日益复杂和个性化的需求,然而这是很多企业都不具备的技术能力。

服务价格。服务亦有成本,如果为无限制地提升服务质量而不计服务成本,这对于企业经营无益。同时,也会导致为客户提供服务的价格攀升,亦难令客户满意,结果与预期背道而驰。因此,企业必须在立足于服务定位的基础上,保证服务价格的公平、合理,为客户所接受,才有利服务品牌营造。诸如一些企业推出的"7×24×4"服务,承诺每周7天,每天24小时,并且在4小时内到达,为用户提供上门服务,完全数字化,很具体很生动,可执行起来却发现成本很高,并且难度也很大。

服务文化。服务文化是服务品牌内涵的"构件"之一,服务文化立足于对企业传统文化(企业品牌文化、产品品牌文化)的继承,以及对市场消费文化的融合,服务文化必须是建立在客户导向的品牌文化,并且这种文化必须随着企业发展、社会环境、市场环境等因素变化,不断扬弃与创新。

服务信誉。诚信是品牌不容缺失的关键因素之一,然而我国很多企业服务都缺乏诚信。一些企业在服务上做了承诺,却不去落实,"说了不算,算了不说",其实这是一个短期行为。企业应该认识到这样一点,客户的不满始于产品而可能止于服务,如果在服务上再缺乏诚信,那么这家企业可能无药可救了,更不要提打造服务品牌。

(资料来源:http://wiki.mbalib.com.)

## 【即问即答 5-10】

以你熟悉的某服务行业为例说明你是如何看待服务业的"名师服务"的。

### 3. 服务承诺化

(1)服务承诺化的概念。服务承诺,是指公布服务质量或效果的标准,并对顾客加以利益上的保证或担保。服务承诺化,就是服务机构对服务过程的各个环节、各个方面的质量实行全面的承诺,并以此促进服务营销。

## 【实例 5-12】

### Merchants 房屋贷款——第一等级服务保证

本文件是 Merchants 房屋贷款有限责任公司和"您的贷款经理"为顾客提供的承诺,作为顾客的按揭贷款咨询师,我们的服务远不止这些。

如果自签署日起 30 日内,顾客觉得 Merchants 房屋贷款有限责任公司和"您的贷款经理"没有达到他们的承诺,"您的贷款经理"会退给顾客 500 美元。

如果顾客觉得 Merchants 房屋贷款有限责任公司和"您的贷款经理"达到或超过了他们的期望,他们就愿意再介绍三位潜在的房屋贷款顾客给公司。

请详细阅读下列决定服务水平的标准:

全部电话和电子邮件会在当日回复(收到的电话或邮件在下午 3∶30 之前)。

顾客了解按揭贷款的程序。

文件在签署之前应仔细检查。

我们的办公人员要做到服务真诚,尊重顾客。

贷款项目有变更时及时通知顾客。

以下信息反映了 Merchants 房屋贷款有限责任公司对按揭贷款交易的责任:

Merchants 在处理房屋贷款时会要求提供恰当的文件。

Merchants 会对独立认证的资产做出评估。

Merchants 会对独立产权公司提供的资产提供保险政策。

Merchants 将会有高技能的贷款处理员,为保险公司全部书面工作做好准备,并根据保险公司要求,审核和汇总当前的文件。

公司的协调员会安排顾客的签署日期并确保文件交给产权公司。

以下信息反映了"您的贷款经理"对按揭贷款交易的责任：

顾客可以迅速退回全部需要的贷款公开文件，以及按揭贷款需要的收入、资产和信用文件。

顾客要遵守贷款处理人要求的全部附加文件。

顾客认可贷款文件的所有内容的准确性。

对再融资贷款，顾客同意在两个工作日内安排评估。

〔资料来源：克里斯托弗·洛夫洛克(Christopher Lovelock)，等. 服务营销精要. 李中，等，译. 北京：中国人民大学出版社，2007：283.〕

(2)服务承诺化的作用。服务承诺化或服务承诺营销的作用，主要有以下几点：

· 有利于服务机构树立顾客导向的营销观念。服务机构要推出服务承诺，就要制定所承诺的服务质量标准，而这种标准既要自己做得到，又要对顾客有吸引力，这就推动服务机构去深入了解服务消费者对服务的各种要求、需要和疑虑。因此，服务承诺化有利于树立"顾客第一"的观念。

· 有利于减少服务消费者的认知风险。由于服务的无形性，服务消费者通常要承担较大的认知风险，而服务承诺可以起到一种保险作用，因而可以降低顾客由于认知风险而产生的心理压力，增强顾客对服务的可靠感、安全感，从而促进服务营销。

· 有利于服务机构的内部营销。服务承诺不但是针对顾客的，而且是针对机构自己的员工尤其服务人员的。服务承诺所承诺的质量标准，不仅对顾客是一种吸引力，而且对服务人员是一种压力，一种挑战，也是一种激励。这有助于增强服务人员的责任心和振奋他们的精神。事实上，一家服务机构敢于推出服务承诺，这本身体现了一种气魄、一种企业精神，对这家机构的人员会起到激励作用。

· 有利于顾客投诉和信息反馈。有了承诺，就有了判断服务是否合格的一种依据，这就有利于顾客意见的反馈和投诉，而完善、方便的投诉或信息反馈渠道，对顾客是一种保障和吸引。事实上，许多服务承诺也正是对服务投诉顾客的一种奖励。

(3)服务承诺的推出。在服务营销中，推出服务承诺，关键是要有效力或营销吸引力。从服务营销的实践看，有效力的服务承诺，一般具有以下五个特征：

彻底性。强有力的服务承诺，一般是无条件的、彻底的承诺，不应留有向顾客"还价"的余地。比较一下两个服务承诺例子：

例1：NTT-ME 的服务保证：我们保证 XeOPhion 每年有 99.99％的时间运行。如果网络服务失效，又不是顾客的错，我们将根据网络暂停的时间向顾客退款。

例2：L. L. Bean 的服务保证：我们的产品保证您在各个方面都百分百地满意。如果不能，您可以随时退货。我们不想让您对 L. L. Bean 的产品有丝毫的不满。

(资料来源：NTT-ME，http://www. asiatele. com，2004-07-14. ；Printed in all L. L. Bean catalogs and catalogs and on the company's Website，2004-07. )

【即问即答 5-11】

请比较以上两例服务承诺的例子，并做出分析说明服务承诺的彻底性。

明确性。有力的服务承诺应当是简洁、明确、不含糊、不引起误解的。如快餐服务承诺，"5 分钟内用餐"是明确的承诺，而"保证及时用餐"是含糊的承诺。不明确的承诺，难以真正兑现,从某种意义上讲,等于没有承诺。

利益性。有吸引力的服务承诺,应当针对顾客迫切的需要,给顾客带来实实在在的利益。承诺所涉及的赔偿或奖励,最好提出金额数字。这点也是上述服务"明确性"的要求。另外,承诺某一种利益,不宜影响另一种利益。

真诚性。有力的服务承诺应当是真诚的或坦诚的。服务承诺的真诚性还应表现在承诺兑现上,即兑现要简便、爽快。如果服务承诺不兑现,或者兑现手续非常烦琐,那么这样的承诺显然是虚假的,没有诚意的。

规范性。有力的服务承诺还应与行业规范接轨,增强承诺的社会规范性。

**【即问即答 5-12】**

试运用服务承诺化观点点评下述服务:

香港的一家四星级酒店有一系列独特的服务保证措施,确保入住顾客得到优质服务:

- 如果客人到达前台三分钟内没有能登记(不包括排长队等候),第一晚的住宿免费。

- 客人进入房间后,八分钟内行李送达。

- 入住"Executive Wing"的客人会得到清洁保证。无论任何原因,如果客房不清洁,酒店将退还第一晚的住宿费。

- 酒店确保为顾客提供网上在线服务,向所有客人提供便利,包括交通、订票等。一切在客人到达前都要准备好。

- 如果没有兑现服务保证,酒店负责承担费用。

(资料来源:http://www.worldroom.com,2004-07-14.)

## 本章小结

有形展示是指一切可传达服务价值和服务特点的有形组成部分,在服务营销中具有重要的地位和作用。作为本章的重点,通过学习,你应该掌握以下几个方面的内容:

- 服务有形展示的概念、类型。有形展示是指一切可传达服务价值和服务特点的有形组成部分,在服务营销中具有重要的地位和作用。对有形展示可以从不同的角度做不同的分类。不同类型的有形展示对顾客的心理及其判断服务产品质量的过程有不同程度的影响。根据有形展示能否被顾客拥有,可将之分成边缘展示和核心展示两类;从有形展示的构成要素进行划分,主要表现为三种类型,即实体环境、信息沟通和价格;从有形展示的展示要素进行划分可分为环境展示、员工形象展示、品牌载体展示等。

- 服务有形展示的作用。有形展示是服务企业让不可触知服务可触知化、差别化的一种手段,其作用有:利用感官刺激,让消费者感受到服务的利益;引导消费者对服务的利益产生合理的期望;使消费者形成对服务产品的第一印象;促使消费者感觉服务和产生信任感;使消费者强化服务的有形线索和识别形象;提高员工忠诚度,塑造本企业的市场形象。服务场景是有形展示最重要的表现,服务场景的作用有:包装作用、辅助作用、交际功能、区别作用。

- 服务场景是有形展示最重要的表现,影响服务场景形成的关键性因素主要有两点:

实物属性和气氛。服务场景的设计包括:实物属性设计、视觉环境设计、听觉环境设计、气味环境设计、触觉环境设计和其他环境设计等。设计一个服务场景,既要考虑营销,又要考虑组织行为学的观点。首先,需要调查服务环境,然后做出战略性的计划,同时,在场景设计的决策中必须考虑最终用户和各职能部门的要求。

◆ 服务有形展示的策略包括:服务包装化,指服务环境,作为服务的有形线索,能够提示它所包装的服务的信息;服务品牌化,是服务机构建立自己各种服务品牌和利用品牌来促进营销,也就是品牌营销;服务承诺化,是服务机构对服务过程的各个环节、各个方面的质量实行全面的承诺,并以此促进服务营销。

## ⇨【案例分析】

### 杭州宜家实体店的服务展示——实体店体验 VS 线上

宜家家居(IKEA)于 1943 年创建于瑞典,从最初仅有一人的邮寄公司发展成为全球最大的家具和家居用品零售商。宜家家居在全球 38 个国家和地区拥有 311 个商场,其中有18 家在中国大陆。

宜家杭州店占地 4.3 万平方米,分三层,比上海徐家汇店还要大,60 个家具展间、8000 多种家具和家居产品、953 个免费停车位、190 平方米免费儿童乐园、634 个座位的瑞典特色餐厅、110 多种零食的瑞典食品屋……2016 年 6月 25 日,杭州宜家正式开业,从开店前的体验日延续到开业,始终保持着超高的人气,无论你置身宜家哪个区域,排队都成了惯性的动作。扎根中国 17 年的家居企业,如何能在顾客心中收获如此之高的礼遇?

#### 杭州宜家开张前为三户杭州家庭改造旧居

宜家带来居家生活新灵感。启动了"有宜家,旧房变新家"家居改造计划。"为回馈杭州消费者对宜家的厚爱,我们将发起一场'有宜家,旧房变新家'家居改造计划,让'宜家民主设计'理念为杭州市民提供家居灵感,点亮更多杭州家庭的家居梦想。"宜家杭州店店长 AmandaMaynard 梅曼达说,今年 4 月,他们对杭州 8 个市辖区的 800 户普通家庭做了市场调查,调查发现杭州市民最大的居家困扰是东西太多放不下和东西太乱找不到。其实这些困扰就是宜家的机会,我们邀请三户最具代表性的杭州家庭,免费由宜家设计师来帮助他们改造旧居,让杭州市民发现宜家的魅力。活动通过宜家官方微信平台(微信号 IKEA-cn),征集杭州普通家庭在居家生活中面临的困扰,并从中挑选三户最具代表性的家庭,免费由宜家设计师来量身定制改造方案,旧房变新家,为杭州市民打造更好的家居解决方案,让大家在夏天开业前,提前感受到宜家带来的居家生活新灵感。

**杭州宜家店的有形展示**

地下一层和地上一层,都是停车区,有 954 个车位。考虑到开业期间开车来的顾客比较多,宜家还借用了周边 3 个地块作为临时停车场,总共约 3000 个泊位。顾客一眼就能看到很大的蓝色"P",一路有保安引导,另外,还有残障人士专用停车位,在宜家杭州商场还特意设置了电动车充电桩。

二层是家居用品区和家具自提区,有 8000 多种各式风格的家具和家居用品。微信朋友圈热传的一些宜家必买低价产品,基本在这个区域。在家具展间看到的所有商品,除了大件以外,在这里都可以找到。灯具区,简洁、大方,配的是 LED 灯,省电更环保。装饰品区,价廉物美,如铁皮花盆之类比花鸟市场卖得还要便宜。自助提货区价签上清楚地标了货架号、位置,对准去找就可以了。宜家用的都是平板包装,开车的话,可以自己带回家安装,有详细的安装说明;嫌重、怕麻烦的话,商场出口有货运公司,可以送货上门,也可以联系宜家上门安装,不过都要收费。

三层是家具展间和餐厅。60 个充满灵感的家具展间包含了各种风格,宜家杭州商场将根据杭州人的生活习惯、户型,有针对性地调整呈现方式,为每一位来商场的市民,提供不一样的家居灵感和解决方案。60 个展间客厅、卧室、餐厅、厨房、书房、卫生间都有,每个风格都不同,其中有 4 个展间是杭州人的家,在宜家进驻杭州前,曾花了 4 个月,走访 800 户杭州人的家,调查发现杭州家庭很多都是 L 形厨房,而且卧室都很小。所以在商场看到的厨房展间,大多都是 L 形的,方便大家参考。床垫区还有专门的睡眠体验中心,可以体验全系列的床垫、枕头,感觉舒服了再决定买。儿童房更是可爱,高低床、室内帐篷,小红心熊娃娃……儿童乐园有 190 平方米,4—7 岁且身高为 1—1.3 米的小朋友,都可以来玩,宜家以 1∶11 的比例,安排员工陪伴小朋友。

三楼的餐厅 634 个座位,卖的都是瑞典特色美食。人手一个托盘自助取食。如果是宜家会员,到餐厅吃饭,宜家最经典的咖啡全球宜家都有,唯有茶,是宜家为爱喝茶的杭州顾客特意供应的。另外,带孩子的家长,可以把孩子放在 190 平方米的斯马兰儿童乐园,自己轻松去逛,宜家杭州店是杭州人的家。

**产品前卫创新,以体验对抗线上**

杭州宜家店长梅曼达认为西方的装修理念与中国不同,为了应对中国的本土化特色,宜家通过市场调研来了解中国人的家居习惯,产品必须经久耐用。也许在梅曼达心里,接地气才是宜家开疆辟土的秘诀,当数以万计的国产家居品牌为了线上的资源挤破了脑袋,宜家的实体店却吸引了较大的流量,取得这样的逆生长,宜家的成功在于它将精力放在成熟的设计、采购、生产和运作体系,奠定的企业文化营造购物的亲民文化等体验感。

根据中国电子商务研究中心统计,家居行业线上销售规模在 2015 年有望达到 2050 亿元。网上商店 24 小时不打烊,产品价格普遍便宜,还能不限地域全球采购,这些优势吸引着越来越多的消费者通过网购购买家居,也吸引着众多的国产品牌加入到激烈的市场争夺战中。目前"线上和线下"成为红星美凯龙主要的运作模式。但宜家目前仅在欧洲 222 家分店中的 13 家商场推行电子商务,在中国市场还未推出任何电商计划。虽然没有电商,但是你也许在杭州宜家就能看到这样的情景:爸爸妈妈带着孩子在家居样板间里玩,情侣们在沙发上依偎着看视频,甚至还有人直接钻进样板间的床上午休下,没有任何工作人员会来制止你,在宜家,你除了能看到"蹭床一族",还能看到在斯马兰儿童乐园里玩得酣畅淋漓的孩子,更能看到在宜家餐厅排队等候的"吃货"。在你眼里,一元一个的甜筒冰激凌,免费的海洋球可能只是普通的福利,而在宜家看来,这是一种绝对的体验感,被给予体验感的路人可能就是宜家明天的顾客。

中国的家居业脱胎于 20 世纪 80 年代初马路边的临时作坊,90 年代之后开始快速发展,涌现出了红星美凯龙、皇朝、康耐登、美梦思等一系列优质品牌。电商冲击之下,这些品牌大多已显出疲态,有的试图自建平台以抗争。宜家在中国的这般自信不知还能坚持多久。有消费者提及,在淘宝等电商平台,不少家居用品以"宜家"为招徕客户的标签。在 2009 年的前 11 年里,宜家产品在中国市场的平均价格下降了约 50%,近五年,价格又下降了 15%。以宜家热销的一款拉克边桌为例,1998 年在中国售价为 299 元,2015 年的价格降到 39 元,在市场普遍通货膨胀的今天,这款产品的价格在过去的 17 年里竟然降了六倍多。宜家会员有优惠价,退换货时间可以从 60 天延长至 180 天,还可享受免费咖啡。

**为大众创造更美好的日常生活**

宜家的愿景是:为大众创造更美好的日常生活。提供种类繁多、美观实用、老百姓买得起的家居用品。宜家杭州店的主管是梅曼达·梅纳德女士,是原上海宜家蔡北店副店长,她已在宜家供职 25 年,在中国宜家工作 7 年多。根据梅曼达的介绍,宜家的企业文化和价值观强调团结一致,协同作业:无论何种职位,在工作中我们都讲究团队协作。勇于承担责任:宜家强调每个人都可以成为 leader,哪怕只是自己领导自己。成本意识:这是宜家一切产品和服务的起点之一。希望员工意识到做任何事都需要考虑到成本。简单:宜家鼓励员工思考更有效的工作方式,简单快速地解决问题。在宜家,每个人都很重要,每个人的声音和想法都会受到重视。宜家特别重视人员的发展,员工成长和业务发展应该同时进行。梅曼达本人就是和这家公司一起成长,每天都在学到新东西。而现在,有机会让杭州的员工也经历这个过程。期待着在美丽的杭州生活,我将要带给杭州市场的,不仅是我对家居的热情,还有宜家的愿景——"为大众创造更美好日常的日常生活"。

今年是宜家进入中国的第 17 年,杭州是中国的第 17 家商场,宜家计划每年以三家新店的速度扩张,计划到 2020 年,中国将有 34 家商场。

我在英国北部长大。梅曼达告诉记者,1988 年,我在家里收到第一本宜家《家居指南》。从那以后,我就深深地被这个品牌吸引住了,我加入宜家,是因为我热爱这些产品,而且我从一个朋友那里听说,在这里工作很不错。我喜欢能够自由自在地发挥创意、承担责任、切实地做出成果……

(资料来源:改编自都市快报,2015-06-25.)

**案例讨论题**

1.宜家杭州店是怎样进行有形展示和服务场景设计的?

2.从服务有形展示的策略看,你认为影响宜家等零售服务业的有形展示的因素有哪些?

3.宜家杭州店是怎样通过有形展示区别与其他同类零售业的服务和产品定位的?它的成功之处在哪里?网上商店不打烊且产品价格普遍便宜,吸引着越来越多的消费者通过网购购买家居,目前宜家在中国市场还未推出任何电商计划,你是如何看待的?

**☞【思考题】**

1.什么是有形展示?如何理解有形展示对服务产品营销的作用?

2.如何理解服务场景对行为的影响？如何进行服务场景的设计与管理？

3.服务的有形展示有哪些类型？影响有形展示的因素有哪些？

4.服务有形展示的策略有哪些？如何应用？

5.服务业应该怎样设计和创造理想的服务环境,以提高顾客对服务的满意度？

6.选择同一领域的两家不同公司(不同的市场细分或服务水平),对其进行观察。描述两家公司的"包装"服务。包装如何帮助区分两家公司？你是否相信包装能准确定位该公司的期望？哪一家公司通过服务场景(或其他形式的有形展示)向顾客传递过分承诺？

7.选择一家服务组织,收集该组织用于同其顾客交流的所有有形展示材料。如果顾客能看到该公司的设备,还应拍摄服务场景的照片。

8.访问几家服务机构的网站。网站的有形展示树立的形象是否同该组织提供的其他展示形式一致？

# 第 6 章

# 服务营销管理 ≫ ≫ ≫    ≫

■ 服务供求管理
■ 服务排队管理
■ 服务接触管理

## 导入语

服务营销管理涵盖的内容比较广泛,本章所涉及的主要包括服务供求管理、服务排队管理和服务接触管理。服务供求管理是需要解决服务的供给与需求的匹配问题,而服务的无形性、不可储存性和易逝性等决定服务供需匹配是服务经营中所面临的最大挑战之一。顾客对服务需求的波动性和服务供给能力的相对固定性二者之间的不匹配往往会产生"排队现象",排队等待现象不仅影响顾客的消费体验和消费评价,也直接影响服务企业的成本和收益。因此,服务企业需要了解顾客在等待服务过程中的心理感受,做好排队管理工作。服务生产和有形产品生产的一个重要区别就是顾客和服务提供者之间发生的服务接触,对服务企业而言,每一次服务接触都是其展示服务水平、提高顾客忠诚度的机会。因此,加强服务接触管理,是服务管理的中心环节,也是提高服务企业竞争力的有效手段。

**通过本章的学习,你将能:**

◆ 了解服务的供求管理,尤其是学习如何平衡服务的需求与供给。

◆ 掌握服务的排队管理,了解顾客排队心理、排队类型和排队管理策略。

◆ 了解服务接触的三元组合,掌握服务接触管理策略。

## 关键词

服务供求管理;服务排队管理;服务接触的三元组合;服务接触管理

### 【导入案例】

#### 上海世博会的供求与排队管理

2010 年上海世博会吸引了各国人士前来参观,以最广泛的参与度载入世博会的史册,但也因此出现了一些问题,世博会在特定的地域范围、特定的参观时间,接待能力(供给)无法满足参展人数(需求)的要求。据统计,上海世博会日均客流量都在百万以上,除了硬件(如隔离栏)的保障,"软件"是至关重要的因素。这个"软件",指的是以人为本的管理意识,及不断创新的管理实践。并针对"如何让排队更高效、更舒适、更快乐"这一主题,探索了一些解决方案。

调节需求与供给。在需求高峰期,适当分散热门展馆的热情,如中国馆和沙特馆等采用限时段和限人数的办法,一些文艺演出和展览物品在冷门展馆前举办以吸引疏导游客。细分市场,在不同时段提供不同特色的产品。7—8 月是国内暑假,6—8 月是海外暑假,都是学生和教师出游比较集中的时间,在此期间展出了一些有高科技含量的,具有知识性和教育性的创意产品。

通过排队和预订储存需求。通过预订方式提前销售门票,"让游客通过互联网登录世博会网站,进行参观热门场馆的预约登记。"通过排队系统有效管理排队。一些热门场馆排队时间动辄四五个小时,"临时离开证"因此诞生。每当有参观者要离队上厕所,或因其他原因要离队时,工作人员会向他发放一张"临时离队证明"。这张证明要游客亲笔签名,并由工作人员填写离队时间,半小时内有效,并要在离开和返回时两次签名。分段排队这种方式是指过一段时间,队伍整体前进几米。这样一来,面对五六个小时的排队,参观者不用一直处于站立、走动状态,而是可以坐在遮阳棚下休息聊天。实行这样的方式后,再也没有发生因争先恐后而摔倒的事件。

杜绝"特权",让排队更有人性化。对利用工作证提前去排队各个参展方要处理,有的参展方警告,有的参展方直接将提前排队的工作人员开除。并在安检通道上设立醒目标语的牌子:"工作人员请勿提前排队"。一位游客说:"记忆最深的就是园里头良好的秩序,还有一系列人性化的设施。"很多馆开辟了"绿色通道",优先残疾人和 70 岁以上老人,可以免费租用轮椅,老人坐轮椅可以不用排队走绿色通道,还可以带一名陪护走绿色通道。德国馆外排队处有遮阳、间断喷水雾设备,中国馆排队区域安装了几块液晶屏幕播放节目,而等候的观众都看得比较投入。进园后发现其实供游客休息的场所非常多,世博轴下的大片休憩区通风又遮阳,相当"乐惠"。

另外,在游客排队期间,穿插一些表演,提供冰块等方法,能有效分散注意力,也能感觉时间过得快一点。排队等待区域供应茶水、报刊、电视等,缓解游客等待的焦灼情绪。这些体现了人性化的排队的理念,从而有效缓解需求。

(资料来源:根据世博网/中国 2011 年上海世博会官方网站 http://www.expo2010.cn/和新华网 http://news.xinhuanet.com 等改编.)

## 6.1　服务供求管理

服务经营中所面临的最大挑战之一是服务的供给和服务的需求量如何匹配问题。因为服务业不同于制造业,制造业可以利用库存、加班加点、延期交货等办法来应对挑战,服务产品具有无形性、不可储存性、易逝性等特点,决定了其生产和消费是同步的,其供应量是不富有弹性的,而服务需求往往很难预测,导致要实现服务业中供求匹配就成为一种挑战。

### 6.1.1　服务需求管理

需求管理通常包含在服务营销管理之内,有效的需求管理首先要了解顾客和顾客的需求,并对需求的本质和模式进行研究,在此基础上做出平衡服务需求与供给的策略选择。美国服务营销学家玛丽·乔·比特纳等提出,为了平衡服务的需求与供给,需要确定各个细分市场的需求量,服务性企业需保存各种有关记录。分析市场总需求量和细分市场的顾客,满足这些顾客的需要。

1.服务需求的内涵与特点

服务需求是顾客对于服务的需求,包括对服务输出结果的需求和对服务过程的需求。如同制造业对资源要素的派生需求一样,服务企业也存在对资源的派生需求。

由于服务无形、易逝或不可储存等的特点,服务需求与有形产品的需求具有很大的差异性,与有形产品相比,服务需求具有明显的周期性和易逝性的特点。

(1)服务需求的周期性。是指需求的有规律变化,这种变化是由服务内容的性质和顾客的行为特征所引起的。服务需求的周期性经常令服务需求在非常大的幅度内发生波动。例如,几乎所有的空调维修服务都集中在夏季;餐馆必须面对人们每日三餐固定的进餐时间;与平时相比,旅游景点在节假日接待的顾客数量要多很多等等现象。

(2)服务需求的易逝性。与有形产品不同,服务需求的第二个显著特点就是服务的不可储存性和易逝性。产品可以储存,服务无法储存,这是产品和服务的一个主要区别。绝大多数服务都无法在消费之前进行生产和储备,服务只存在于其产出的那个"时点"。因此,如果服务企业的生产能力没有在一定时间内得到充分利用,那么这部分生产能力就会随着时间一同流失。如当天航班上没有销售出去的座位不可能在第二天继续出售。服务需求的易逝性,也使得服务需求管理不可能像有形产品那样通过存储和运输方法来解决供需的不平衡问题。服务企业只有深入了解具体细分市场上的顾客为何选择某项服务,才有可能制定成功的战略满足顾客的需求。

2.服务需求管理策略

(1)需求超过最优供给能力。同商品供求关系一样,当需求远远超过供给能力的时候,会出现需求过剩现象,在这种情况下,一些顾客会离开,导致服务机会损失。

即使不会出现顾客离开的现象,但由于供给能力过度使用、顾客太多或已经超过了员工提供稳定服务质量的能力,服务质量也会因为顾客过多和服务设施的超负荷运行而无法达到承诺的水平。这种现象在服务高峰期,如旅游黄金季节的酒店服务、就餐高峰期的餐馆服务等表现突出。

(2)需求低于最优供给能力。劳动力、设备和设施等生产资料未充分利用,导致生产力低下,利润减少。顾客虽可获得好的服务,消费无需等待,但是一种资源浪费,也会因服务质量依赖于其他顾客参与而产生失望。

服务的需求与供给的关系如表6-1所示。

表 6-1　服务的需求与供给

| 供给受约束的程度 | 需求在一段时间内波动的程度 | |
| --- | --- | --- |
| | 宽 | 窄 |
| 通常不需太大的延迟就能满足需求高峰 | 1<br>电力<br>天然气<br>匪警和火警<br>网络服务 | 2<br>保险<br>法律服务<br>银行服务<br>洗衣和干洗 |
| 需求高峰通常超出能力 | 4<br>会计和税务准备<br>客运<br>旅店<br>饭店<br>医院急症室 | 3<br>与 2 中的服务类似,但是不具备达到业务基本水平的充足能力 |

［资料来源:瓦拉瑞尔·A.泽丝曼尔(Valarie A. Zeithaml),等.服务营销.第 6 版.张金成,等,译.北京:机械工业出版社,2015:236.］

(3)需求管理的一般策略。服务需求受很多因素的影响和制约,但一个服务机构或多或少可以通过以下策略去影响和改变服务需求的。

·减小差异化定价策略。定价策略一个常见的方法是短期的随需求变化的价格变动。因为价格是最直截了当的方式,一般对于同样的服务产品,价格下降会增加需求,而价格上升会减少需求。一些服务产品的提供可以在需求不足的时候以低于正常价格提供,从而引导需求从高峰期的转移到非高峰期。如航空公司提供红眼航班、旅游景点非节假日降低门票价格等。

·预定/预约策略。通过预定和预约的方式来提供服务,相当于是服务的"库存"或"延迟发货"。应用于紧缺的服务项目,来保证一个稳定的需求水平,并保证需求不会超过供给计划的上限。对顾客来说能够保障在预定的时间内获得服务,不必排队等候。如航空公司、餐馆和医疗机构都可以运用此策略。

·预先告知策略。给顾客一个简短的消息,告知顾客需求的高峰和拥挤,可以引导顾客在非高峰期和非拥挤期接受服务。

·提供互补性服务需求。提供补充服务,可以使顾客在等待时期因为需求拥挤而离开服务机构。有助于满足等待中的顾客减少抱怨,使他们愿意等待,并觉得心情愉快。互补性服务的开发是扩展市场的一种方法。现在许多商场都附设了酒吧、快餐店等供消费者在逛累了后休闲的场所。还有美容院会提供茶水、报纸、杂志,或者是放一些录像等互补性的服务来分散等待中的顾客的焦急心情。

促销策略。在需求少于期望值时,可以运用广告或提供给消费者额外的利益(如附赠品)等来刺激需求;在需求过高时可忠诚客户优先,服务无折扣,加强与客户沟通。

【链接 6-1】

## 预约服务系统需求管理

预约系统能够被用来对需求进行盘点,带来很多好处:预约的目的是确保服务企业在顾客需要时能够提供可用的服务能力;预约能够以一种更加科学的管理方式控制并理顺顾客需求;预约系统提供的数据能够帮助编制未来一段时间的运营和财务预测。一个手工记录的简单诊所预约簿与支持航空公司全球运营中的中央电脑资料库所提供的数据是截然不同的;预约系统有利于业务的开展。举例来说,对常规维修和保养进行预约能够让管理者确保公司有一定的自由时间来处理紧急事务。因为这些工作通常是不可预测的,所以公司能够收取较高的费用,进而获取更高的利润率;预约还能帮助企业预售服务、告知顾客针对顾客预期进行顾客教育。进行预约的顾客能够避免排队,因为他们已经获得了某一时间的服务保证。

　　设计预约系统的挑战之一就是确保系统对员工和顾客来说都是快捷和用户友好型的。许多企业目前都允许顾客网上进行预订,而这种方式越来越受到企业和用户的青睐。无论顾客采用的是预约中介还是自助式预订方式,他们都希望企业能够快速回答其是否在指定时间得到服务。如果系统能够为顾客预约的服务类型提供更加深入的信息,那么顾客将会更加高兴。

　　[资料来源:克里斯托弗·洛夫洛克(Christopher Lovelock),等.服务营销精要.李中,等,译.北京:中国人民大学出版社,2011:191-192.]

3.其他需求管理

(1)服务需求预测。需求预测对企业的决策都至关重要,服务需求预测是在把握顾客需求构成的基础上,通过对需求波动原因的分析而进行的服务需求变化趋势的估计。

- 按预测期限的长短,可以把预测分为近期预测、短期预测、中期预测和长期预测。
- 按预测方法,可以把预测分为定性预测法和定量预测法两大类。所谓定性预测,即非数量预测,它是以经验分析、逻辑判断和主观推理等对事物的发展趋势和未来状态进行分析、假设、判断、推理、估计与评价。在实践中,企业也可以把定性预测与多种定量预测结合运用,综合各种方法的优点,使之互为补充、相互验证,这种方法就是人们常说的综合预测法。

(2)淡季需求管理。对需求不同来源的寻找会导致对非高峰期服务能力的创造性的使用。比如在比赛淡季将足球场用于中小学生的训练场地或用于社会公益活动。在夏季将一个山顶的滑雪场变成用于飞机跳伞表演的场所。电信局在其设备资源未得到充分完全的利用时,会通过各种打折的方法来鼓励用户使用电话,采用这种促进非高峰期需求的策略就有利于服务资源在其他时间的充分利用了。不同服务其需求波动的周期和原因是不一样的,多数情况下,需求周期可能会呈现多样性,如公共交通的需求水平在一天(上下班高峰)、一星期的不同天(平时的高峰期在周末就不再出现),甚至在一年的不同季节都会呈现不同的水平状态。

【实例6-1】

### 医疗预约服务流程的需求管理

　　好乐医是总部位于杭州的一家移动医疗服务公司,公司业务主要覆盖脑科、骨科等若干重点科室,为科室的顶尖专家提供医疗辅助以及患者管理工作,同时也为相应的患者提供预约与服务。每天发生在好乐医业务系统中的预约行为多达近千次。

好乐医开发了多种用户平台支持策略,患者可以通过好乐医的公众微信、iOS App、安卓 App、网站、400 服务电话五种不同的通道预约专家的门诊、手术、远程会诊等各种服务。同时,各平台的数据信息与请求,均统一汇总至好乐医后台的 MedEx 系统中,该系统会自动为患者分配合适的时间,并在第一时间将预约结果通过微信通知、App 通知、短信的形式通知到相应的专家与患者。这整个过程由 MedEx 系统全部自动化完成。在各个平台上,患者在预约服务的时候可以选择多种支付方式,例如电子银行支付、支付宝支付、微信支付等,支持多通道支付可以避免患者跳出自动化系统,保证预约速度同时也保证了信息的精确性。

在患者预约服务并付费自后,所有的服务管理会转入到 MedEx 系统后台的一个服务流程管理系统中,不仅是所有业务数据的汇总,同时也开放了非常简便的人工管理界面与预警系统给流程管理人员,让相应的流程管理人员可以实时地感知到流程中出现的错误与疏漏。再配合一支各司其职的服务管理人员团队,好乐医的预约与服务流程便可以得到最大程度的精确管理。

**【即问即答 6-1】**

以你体验的一家医院服务为例说明目前医疗服务需求管理体现在哪些方面?存在哪些问题?需要有何改进?

## 6.1.2 服务供给管理

服务的供给,即服务的供应能力、生产能力或服务能力,是指服务提供者在特定一段时期内提供服务的最大量。服务能力的大小取决于企业可用资源的多少。通常情况下,决定服务能力大小的因素有四个:时间、人力、设备和设施。服务能力的大小不仅仅取决于这四个因素,而是取决于这四个因素的组合。这四个因素组合效果实质上反映了企业的管理能力。

1.服务供给的基本问题

服务具有无形性、异质性、生产和消费的同时性以及易逝性的特征,服务的易逝性或者不可储存性以及生产和消费的同时性使服务供给与需求管理因不可储存性而成为服务提供者面临的最基本问题。

服务供给最佳能力超过需求时会呈现供给能力过剩的现象。服务供给过剩时员工、设施等生产资源不能得到充分利用,导致资源部分浪费,生产力低下,获利减少。

图 6-1 中水平线表示服务能力,曲线表示顾客对服务的需求。许多服务企业的供给能力是固定的,一定时间内可以用水平线表示,而服务需求却是经常变化的。最高的水平线意味着最大供给能力,第二条水平线与第三条水平线之间的区域代表着最优能力供应,类似于商品供求关系的三种基本状态(供过于求、供不应求和供求平衡),服务供给能力与需求呈现 4 种不同状态:需求过剩、需求超过最优供给能力、供求平衡和供给过剩。

2.服务供给能力的限制因素

由于服务类别的差异,服务供给能力会受到时间、人力、设备、设施等因素的限制,因此,在给定的时间,通常服务能力是固定的。很多服务企业都会受到多种因素的限制,比如,在我国的一些地区基础教育就会同时受到师资不足和教学设备(包括硬件的电脑等)、设施(没有足够教室)等多种因素的限制,表 6-2 中示例描述了各类服务中最主要的能力限制。

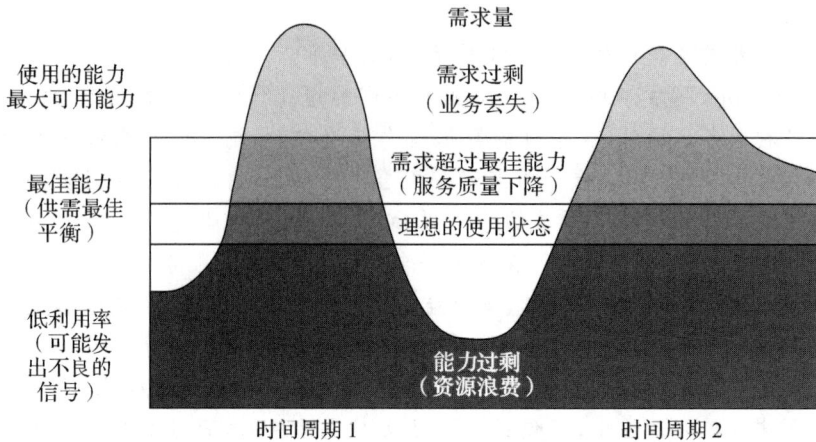

图 6-1　需求相对于能力的变化

[资料来源:瓦拉瑞尔. A.泽丝曼尔(Valarie A. Zeithaml),等.服务营销.第 6 版.张金成,等,译.北京:机械工业出版社,2015:235.]

表 6-2　服务供给能力的限制因素

| 限制因素服务类型 | 限制因素服务类型 |
| --- | --- |
| (时间)<br>·法律<br>·咨询<br>·会计<br>·医疗 | (设备)<br>·传递服务<br>·电话沟通<br>·公共事业<br>·网络服务 |
| (劳动力)<br>·律师事务所<br>·会计事务所<br>·咨询公司<br>·健康诊所 | (设施)<br>·健康俱乐部<br>·饭店<br>·餐厅<br>·医院<br>·航空公司<br>·学校<br>·电影院 |

[资料来源:瓦拉瑞尔·A.泽丝曼尔(Valarie A. Zeithaml),等.服务营销.第 6 版.张金成,等,译.北京:机械工业出版社,2015:236.]

(1)时间。对于许多服务企业来说,时间是服务供给能力的主要限制因素。如律师、咨询师、心理顾问等,如果他们的时间不能有效利用,利润将减少。

(2)人力。许多服务企业,由于需要大量服务人员,人力及人力水平就成为根本的服务供给能力限制因素。律师事务所、大学教育、咨询公司、会计师事务所、维修承包商和服务外包提供商可能面对的实际情况是,由于员工已经处于能力的高峰,因此不能满足特定时间里的需求,这些行业的供给能力受到人力的限制。

(3)设备。在现代运输业(包括客流和物流运输),必备的服务设备(包括汽车、卡车、货车或飞机等)会限制这些服务企业的供给能力。如在春节,无论是公路、铁路,还是航空运输都面临着这一难题。网络服务也有一定的局限,服务器、宽带等是能力的限制因素。

(4)设施。另一些类型的服务企业的供给能力则受到服务设施的限制,如餐厅的座位数量、航空公司飞机的座位数量、教育机构有限的教室和座位设计、医院有限的床位等,很大程度上限制了这些服务企业为顾客提供服务的能力。

3.服务供给能力的最优化管理

服务最优使用能力水平表示资源的有效使用,没有过度使用,顾客能及时得到高质量的服务。

不同服务类型中,最优能力与最大能力的表现很不一致。例如,在受欢迎的餐厅,最大使用能力会导致过多等待的顾客,从顾客满意的角度出发,餐厅的最优使用能力小于最大使用能力。而在设备或设施受限制的服务中,如医院的床位、飞机等交通工具的座位等,一旦需求超过最大设备能力,其影响是非常明显的。

当限制因素是时间或人力时,最大能力很难预测,因为人比设备和设施更灵活。当个人服务提供者的最大能力已经被超过,可能会使服务质量降低。对咨询公司来说,很容易多签一份合约,但会超出员工的最大能力。顾客和员工的不满意将导致潜在成本上升,因此,对企业来讲明确最优和最大能力限制非常重要。

### 6.1.3 平衡服务的需求与供给

一种最理想的状态,服务设施和员工均处于理想水平,没有超负荷运转。顾客无须等待,可以接受高质量的服务。

1.服务中的供求匹配的挑战

服务经营中面临的最大挑战是如何使服务的供给量与服务的需求量相适应。由于服务的不可储存性,服务业很难像制造业一样通过库存来平抑供求差异。服务中存在供求匹配的挑战。多数服务具有易逝性——生产与消费是同步的;大多数服务业来说不能因为后期有较大的需求而提前生产服务,也无法用库存需求。有些服务的供应缺乏弹性,服务的需求较难预测;服务时间的多变性;多数服务受地域限制。

因此,需要进行有效的供求管理,如制定总计划,预测需求,运用差异化定价,通过价格刺激来吸引消费者消费,以平衡需求,满足更多的人的需求,同时也激发潜在顾客的消费欲望,使顾客需求与企业的服务供给能力匹配起来。一般有两个战略方向可选择,一是改变需求以适应现有的供给能力,与现有的服务能力相匹配;二是改变服务供给能力以便适应需求的波动,应对需求不足或需求过剩的情况。

2.平衡服务的需求与供给战略

(1)平衡服务的需求与供给战略一般方法

· 区分需求。对某种服务的需求很少来自于单一来源,需求经常可划分为随机需求和计划需求。例如,银行可以预期它的商务客户每天在大概的固定时间光顾,而个人客户则是随机光顾的。由此,可以对计划需求进行控制。

· 与顾客沟通。向顾客传递需求高峰时间的信号,使其能够了解需求的高峰时间,便于顾客选择其他时间获得服务,以避免拥挤或者等待。对银行服务所进行的研究表明,那些获得预先警告的顾客,即使在不得不等待的情况下,往往比那些没有获得预先警告的顾客表现出较高的满意水平。

· 改变服务交付的时间。有些企业通过改变服务交付时间来更好地适应顾客的需求。

· 改变售价。在需求低谷时间里,企业常用的方法就是"价格打折",该战略依赖于供给与需求的基本经济规律。例如,很多娱乐场所在需求高峰时期没有价格折扣,而在其他时间段则分别提供不同程度的价格折扣,以此来调节不同时间段的顾客需求。但过度使用价格差异战略来适应需求,风险可能会很高,会在行业中引发价格战,使所有竞争者受损。依赖价格的另一个风险是顾客习惯于低价格,并希望其他时间获得相同价格的服务。过度依赖价格作为匹配需求的战略对于企业形象和吸引可能的细分市场造成潜在风险,会造成高付费的顾客被不公平对待的可能性。

• 开发预订系统。预订等于预先提供了潜在服务。当提出了预订概念之后,额外的服务需求就会转移到同一企业内相同设施的其他适宜服务时间或服务设施上。一个好的超额预订服务能最大限度地降低由服务设施空闲而产生的机会成本,预订服务还可以通过减少等候时间和保证随时提供服务使顾客受益。但会出现不能履行预订的现象,需有应对措施。如航空公司一律出售不可退款的打折机票。同时,航空公司还采取一种被称为"超额预订"的策略,但航空公司也可能冒已经预订机票的乘客无法登机的风险。

（2）改变需求适应服务能力

顾客的服务需求往往具有波动性的特征。在这一战略下,企业应当试图使一部分顾客尽量避开需求高峰时间,在需求较低的时候接受服务。在需求的低谷,企业可以采取措施吸引更多的顾客来使用其生产能力。利用表 6-3 所描述的一系列方法来改变或提高需求,以使其与企业的服务能力相适应。

表 6-3　改变需求以适应能力的战略

| 需求太高时 | 需求太低时 |
| --- | --- |
| （在高峰时减少需求） | （刺激需求提高能力） |
| • 在繁忙时段与顾客沟通 | • 告知客户区分峰谷时间的好处 |
| • 激励顾客在非高峰时段接受服务 | • 改变使用方法 |
| • 优先照顾忠诚顾客 | • 差异化价格 |
| • 修改服务交付的时间和位置 | • 改变服务提供方式 |
| • 服务无折 | |

［资料来源:瓦拉瑞尔·A.泽丝曼尔(Valarie A. Zeithaml),等.服务营销.第 6 版.张金成,等,译.北京:机械工业出版社,2015:240.］

（3）改变供给能力适应顾客需求

平衡服务能力与顾客需求的第二种战略方法是改变供给能力,以达到供给与需求的匹配。如表 6-4 所示。服务企业可以暂时性地扩大服务资源的现有能力以便适应顾客的需求。

表 6-4　改变能力适应需求的战略

| 需求太高时 | 需求太低时 |
| --- | --- |
| （暂时提高能力） | （匹配资源） |
| • 激励员工,提供器械效率 | • 维修服务设施 |
| • 使用临时工 | • 给员工安排假期 |
| • 交叉培训人员 | • 安排员工培训 |
| • 利用外部资源 | • 保持绩效并创新 |
| • 租用器械 | |

［资料来源:瓦拉瑞尔·A.泽丝曼尔(Valarie A. Zeithaml),等.服务营销.第 6 版.张金成,等,译.北京:机械工业出版社,2015:241.］

　　服务企业为顾客提供服务的能力是由其服务产出能力所决定的。企业必须寻求供给能力与需求能力之间的平衡,保证企业在需求高峰时期有足够的能力来满足顾客的需求,并在需求减少时,不会因为过多的闲置能力而造成资源的浪费。这种基本战略有时被称为"追逐需求"战略。通过创造性地改变服务资源,企业可以追踪需求曲线,使服务能力与顾客需求模式相匹配。

　　需求太高时的相关的方法主要包括以下几种:

　　·延长或改变服务时间和地点。在需求高峰时期,许多服务企业往往要求服务员工延长工作时间、增大工作强度。例如,银行、酒店、餐厅和电信公司的前台工作人员在需求高峰时也要比需求低谷时向更多的顾客提供服务。一些服务性企业往往会根据市场的需要,改变服务的时间和地点。第一种做法是服务性企业可根据顾客在不同时期对服务时间的要求,确定营业时间,以更好地适应顾客需求,如网上银行业改变了旧有的模式,从分段的时间变为"任何时候、任何地方"的网站;第二种做法是改变服务地点,例如,新华书店可将书籍送到学校、科研机关、企事业单位销售;第三种做法是同时改变服务时间和服务地点。例如,公交公司可在大专院校放假和开学前后安排专线车,确定临时行程时间表,为师生提供迎送服务。

　　·临时增加人员、设施和设备。电影院、餐厅、会议设施和教室可以增加桌子、椅子或其他顾客所需的设备。通过设置站立车厢满足顾客需求,类似地,诸如计算机、电话线、旅游巴士和维护设备可以在最大能力范围内短期增加负荷以满足顾客需求。使用这些临时增加能力战略,需要认清资源的特性以及因为过度延长使用而带来的低质量服务。为保证设施和设备的维护,以及使超负荷工作的员工恢复精力,这些战略应该仅维持相对比较短的时间。

　　·跨职能员工培训。员工经过跨职能的培训(即所谓的交叉培训)以后,就可以接受不同的任务,从而提高整个系统的效率,避免某些部门的员工很清闲而其他部门的员工超负荷工作。

　　·雇用兼职员工。当服务需求高峰是持续而可以预测时,如餐厅的就餐时间、零售店在假日期间、旅游部门在高峰季节、会计师事务所在纳税期间企业人力不足时,如果要求的技能和培训不复杂,可雇用合适的兼职员工,如在校大学生、下岗人员以及那些希望增加收入的人。

　　·租用或共享设备和设施。对一些服务企业而言,在需求高峰时期最好租用额外的设备和设施。例如,快递服务在假日运输的高峰时期租用卡车,而不是购买卡车。相应地,另外一些需求受限的企业则可以把设施与其他企业共享。

　　·外包服务。对于存在自己不能满足的暂时性服务需求高峰,服务企业可以选择外包整套服务。"外包"这些功能用以作为临时(有时或许是长期的)解决方案。

【链接 6-2】

## 收益管理:平抑产能利用率、价格和细分市场

　　收益管理已经发展为一系列方法,其中一些是在产能受限制的服务业中平衡供给与需求的高级方法。使用收益管理已经被定义为:"以合适的价格,分配最佳类型的产能给最适合的顾客以获得最大的财务回报。"

收益管理的应用会涉及很多复杂的数学模型和计算机程序,这种有效的评估方法是特定时期里实际回报与潜在回报的价值比:

$$收益＝实际回报/潜在回报$$

$$实际回报＝实际使用能力×实际平均价格$$

$$潜在回报＝全部能力×最高价格$$

这一等式表明,收益是价格与实际使用产能的函数。产能限制因素可能是时间、劳动力或设施。收益本质上反映的是组织资源(能力)获得全部潜在回报的程度。假设总产能和最高价格不能改变,当实际产能使用增加或者是对给定的产能收取更高的价格时,收益趋近1。例如,在航空业中,管理者可以通过集中于招徕更多顾客以填充产能来增加收益,或者通过找到乐于支付更高价格的顾客来满足受限的产能以增加收益。现实中,收益管理专家将同时关注于产能和定价问题来使不同细分市场的收益最大化。

**【即问即答 6-2】**

举例说明使用最佳使用产能与最大使用产能有何区别?

需求太低时的相关的方法有:

· 维修改造服务设施。有时需要对设备进行预防性的维修保养,或调整移动或创造性地改造现有能力以适应顾客需求的波动。例如,饭店可以通过改造"单间"来实现这一战略。在需求高峰期,两个"单间"可以通过一道临时的门或墙而分别让两批顾客就餐,而在低需求时期又可以将其改造为套间。

· 安排员工假期、培训和裁员。企业的总体服务能力是由它所拥有的服务员工、有形设施和工具以及设备等决定的。因此,企业可以在顾客需求较低的时期安排员工培训、休息,为旺季服务工作做好准备工作。或通过直接减少员工的雇佣来改变供给能力适应顾客需求。

· 制定匹配能力与需求的战略的第一种方法是根据需求量波动调节接待能力,即改变能力以适应需求的波动;第二种是改变需求已适应现存的供给能力,这表明需求曲线的起伏变化将被平滑以与现有能力相匹配,以尽可能地与水平的最优能力线匹配。

· 服务性企业的接待能力是由服务设施、服务设备和服务人员等三个因素决定的。服务性企业也可根据需求量变化,调节生产能力。这种基本战略有时被称为"追逐需要"战略。通过创造性地改变服务资源,组织可以追踪需求曲线,使能力与顾客需求模式相匹配。

**【实例 6-2】**

### 滑雪坡上的夏天

在过去,当积雪融化,人们不能在斜坡上滑雪时,滑雪度假村就会关闭。升降机停止运行,旅馆关门,客房锁闭,等待下一个冬天的到来。

但有些滑雪场经营者及时认识到这些山坡在夏季时也能给人们带来愉悦的体验。有些经营者甚至建立了"阿尔卑斯滑道",它能让带轮的平底雪橇从山顶一直滑到山脚。这创造了更多人对"滑雪升降机"的强烈需求。

山地自行车运动热潮的到来也为这个地区带来了设备租赁、敞开式缆车乘坐的商机。位于佛蒙特州的 Killington 度假村长期招揽夏季旅客乘坐缆车到山顶观赏美景,并在山顶旅馆享受美餐。现在这些度假村还热衷于租赁山地自行车和相关设备(如头盔)等预定生意。除了山脚的客房在冬天可租赁滑雪网架外,夏季旅客还可以从一排排山地自行车中任意挑选一辆。旅行者完全可以偶尔选择骑车上山。通常,旅行者会使用特殊装备的缆车将自行车运到山顶,然后顺着标记好的小径骑车下山。那些较真的旅行者则会采用另外一种游览方式。题目通过标记好的小径爬上山顶,在山顶旅馆小憩恢复体力之后,再乘缆车回到山脚。

很多滑雪度假村都在寻找更多的方式吸引游客在夏季时入住旅馆和租赁屋。例如,魁北克翠湖山脚下有景色迷人的湖泊。除了游泳和水上运动外,该度假村还向游客推出了高尔夫冠军赛、网球和溜冰运动。在行人路过之处,一些免费的游艺活动,如画脸谱、气球玩偶等吸引儿童和年轻人。徒步旅行者和度假的人们可以乘坐两头尖的平底船上山,领略迤逦的湖光山色或空中觅食的鸟群。

许多服务能力有限的企业都面临着需求波动的情形。季节的是这种波动的原因之一。服务能力常常不能储存起来以供日后消费,对宝贵产能的充分利用是很多企业成功的原因。员工、劳动力、设备和设施都应当尽可能发挥他们的能力以创造成果。对滑雪场的经营者来说,对"后冬季产能"的有效运用需要改变活动的属性,让雪坡面和设备依然可以使用。

[资料来源:克里斯托弗·洛夫洛克(Christopher Lovelock),等.服务营销精要.李中,等,译.北京:中国人民大学出版社,2011:178.]

**【即问即答 6-3】**

该滑雪场通过哪些平衡服务的需求与供给战略来使滑雪坡淡旺季调剂盈余的?

## 6.2 服务排队管理

顾客排队等待现象的形成,是由顾客需求的波动性和服务企业接待能力的相对固定性二者之间的不匹配引起的。在很多服务企业,能力与需求会产生不一致,顾客随机到达并要求立即得到服务,此时如果服务能力都被占用,那么顾客就不得不耐心地排队等待。排队等待是每个顾客经常碰到的事情,也是每个服务企业必须面对的问题。排队等待现象不仅影响顾客的消费体验和消费评价,也直接影响服务企业的成本和收益。因此,服务企业需要了解顾客在等待服务过程中的心理感受,做好顾客等待中的服务工作,要科学地设计排队结构类型、排队服务规则,做好排队管理工作。

### 6.2.1 顾客的排队的原因与心理特征

等待服务时间过长,顾客感觉中的服务质量必然下降。不满的顾客会被迫改购竞争对手企业的同类服务。

1.顾客排队等候服务的主要原因

(1)服务性企业管理人员不重视服务质量和顾客满意程度;

(2)服务性企业的接待能力相对固定,需求量却经常波动,在需求量高峰时期,顾客就会排队等候服务;

(3)有些服务性企业管理人员不愿配备足够的服务设备和服务人员,让大批顾客等待,

储存需求量,是这些企业降低成本,提高生产效率的手段;

(4)不少服务性企业按工作岗位分工,强调专业化。然而,严格的分工,却无法适应市场需求量的变化。

**2.顾客排队的心理特征**

顾客往往是依据他们对排队时间的心理感受,即心理等待时间,来对排队服务进行评价的。因此,服务企业不仅要切实减少顾客的实际排队时间,还要设法减少顾客的心理排队时间。顾客在排队服务过程中的心理特点表现在以下几个方面:

(1)知情情况下的等候时间比不知情情况下的等候时间过得更快。在顾客没有获得服务时,他们容易厌倦,比他们有事情可做时更加注意时间。当顾客意识到服务已经开始,那就相当于他们的等待有了希望,因此也会感觉到等待的时间过得快一些。

(2)不平等排队下的等候时间要比公平排队下的等候时间感觉更长。顾客经常会因为受到不平等的待遇而生气,因此也使等待时间变得更长。例如,有人插队、服务员优先接待熟人等,会使正常排队的顾客感觉非常不高兴。

(3)在顾客的感觉中,服务等待时间比正式服务时间要长得多。有人关心的等候比无人关心的等候时间过得更快。独自等候的时间要比集体等候的时间过得更慢。

(4)有趣、愉快的等候比无聊的等候过得更快。焦虑时比放松时感觉时间过得更慢。躺在病床上等待做手术是一种痛苦的煎熬,在绵绵细雨或烈日炎炎中等车也是一件让人难熬的事情。

(5)服务价值越高,能够忍受的等候时间越长。在一家昂贵的餐厅就餐,与在随便一个地方吃饭相比,顾客期望为服务等待更长的时间。为了购买紧缺商品,顾客往往愿意排长队,而一般性商品,顾客却希望随到随买。

**【链接 6-3】**

### 大卫·梅斯特(David Maister):有关等待时间的规则

在经典的《等待心理》一文中,大卫·梅斯特(David Maister)假设几种等待规则,每一种都使组织了解到如何使等待更轻松或至少可以忍耐。

- 等待时无事可干比有事可干感觉时间更长;
- 过程前等待的时间感觉比过程中等待的时间更长;
- 焦虑使等待看起来时间更长;
- 不确定的等待比已知的、有限的等待时间更长;
- 没有说明理由的等待比说明了理由的等待时间更长;
- 不公平的等待比平等的等待时间更长;
- 服务的价值越高,人们愿意等待的时间就越长;
- 单个人等待比许多人一起等待感觉时间更长。

### 6.2.2　排队规则与类型

**1.排队规则**

排队规则也就是优先服务规则,它决定了顾客队列中哪些顾客将优先获得服务。排队规则可能是一个,也可能是一系列;可能是由服务系统明确规定的,也可能是出于行规或人们普遍接受的社会观念而定的。排队规则将会对服务系统的运作产生重要影响,它不仅会影响到顾客获得服务的次序,还会影响队列的秩序、顾客的情绪、顾客对服务系统的评价、顾客平均等待时间、服务系统的效率、服务设施的利用率等。一般排队规则有如下几点:

(1)先来先服务规则。先来先服务规则指先来者先获得服务,这是最常用的一条服务规则。

(2)紧急优先规则。事情都分轻重缓急。如医院优先为急症病人治疗,而且专门设立了急诊室。

(3)预约优先规则。在优先接待预约顾客的时候,必须向正在排队的顾客解释清楚(常用的办法是在墙壁上贴上文字说明),尽量避免让正在排队的顾客产生不良反应。

(4)最大盈利(或最大订单)顾客优先规则。这种规则非常容易引起正在排队的顾客的不满。一个有效的做法就是,单独为这些顾客开辟服务通道,避免让普通顾客看到。如银行为大额存款的顾客办理了金卡,持有金卡的顾客可以不用排队就直接获得服务。航空公司同样可以为购买头等舱的顾客提供优先服务。

(5)最短服务时间规则。服务系统为具有较短服务交易时间的顾客单独设立了一条队列。如超市专门可为购物量较少的顾客设立专门的收银口,以便于节省他们的排队时间。

(6)随机服务规则。到达服务系统的顾客不形成队伍,当服务台有空时,随机选取一名顾客服务,每一名等待顾客被选取的概率相等。

此外,可能还会有其他一些服务规则,如妇女儿童优先、老弱病残优先、手续齐全者优先、信誉良好者优先等。在一个排队服务系统中,经常会出现两种优先规则同时并存的情况,此时服务系统需要向顾客说明哪个优先规则更优先。这些规则可在出现排队情况的时候应用,常见的排队情况如表 6-5 所示。

表 6-5　常见的排队情况

| 地点 | 排队中的人或物 | 服务过程 |
| --- | --- | --- |
| 超市 | 购买日用品的人 | 收银员收银 |
| 高速公路收费站 | 汽车 | 收费站收费 |
| 医生的诊所 | 患者 | 医生和护士医治 |
| 计算机系统 | 要运行的程序 | 计算机运行 |
| 电话公司 | 打电话的人 | 转接设备转接电话 |
| 银行 | 顾客 | 银行的出纳处理业务 |
| 机械维护 | 坏机器 | 修理员修理机器 |
| 海港 | 轮船和驳船 | 码头工人装卸货物 |

〔资料来源:(美)森吉兹·哈课塞弗(Cengiz Haksever),等.服务经营管理学.第 2 版.顾宝炎,等,译.北京:中国人民大学出版社,2005:372.〕

【实例 6-3】

### 英国 ASDA 超市——多渠道解决排队问题

英国的超市很多,不一样的地区有不一样的档次。ASDA 于 1949 年成立,1999年被沃尔玛收购,在市区内很少看到,一般分布离市中心在几个 Post code 环以外的地区,而且规模较大。几乎全周每天都 24 小时营业的 ASDA 在英国的超市里面绝对是个异类,从旅游信息,医疗器械,到汽车贸易,社区活动,ASDA 的服务非常好。这里的货物价格比 Tesco 和 Sainsbury 都便宜。英国 ASDA 公司是英国第一家在自己生产的食品和软饮料中禁止使用人工色素和香料的超市。

位于英国剑桥城东的 ASDA 超级市场也是当地较大的超市,平时一个结账口前排 5 个人左右,很快又会减至 3 人或 4 人。超级市场通过调查得知,顾客可以忍受的最长队伍 7 个人,超过数字就会使顾客感到厌烦而离去,所以许多超级市场使用超级计算机对收银员进行规划调度。ASDA 超市这样的结账口有 10 多个,电子扫描仪有助于加快结账服务,员工一般是雇佣了年纪较大的妇女或者残疾但有行为能力的年轻男女,从排队的顾客购货车来看,一般是购买量较大或是大件货物。

除此之外,ASDA 还设置了专门一条快速结账口。往往排队的人数超过 7 人以上,但顾客为何还是愿意等待呢?因为看似这支队伍排队比前面 10 多支队伍要长得多,但是速度快,因为等待他们的是一个有 10 来台自助扫描机的专门自助区域,即客户自己做收款员。顾客在自助机前自己扫描货物,自己装袋,结束后,自助机可以选择用卡和现金付款,自助机还带有从顾客信用卡中小额取钱功能,方便顾客。这个专属区域虽然有 10 来台自助机,但只有一个年纪比较大的工作人员在来回跑动,他带有一张驱动卡,如果那台机子遇到问题,只要招呼下就到自助机前来处理,大多是处理条形码刷不出的,也有指导初次使用不顺利的情况,大大提高了效率。通常当超市收款员在忙于收款结账时,客户需排队等候,但现在购物者被邀请自己在收款柜台上使用扫描仪结账。ASDA 仍然保留了原始的雇员收款结账的做法,只不过是开设一个排队通道到自助专属区的,以允许那些愿意自己做收款员主动付款结账的购物者通过而已,一般不是推购物车而是提购物框相对小量购物者居多。

ASDA 超市通过传统收银排队渠道和自助扫描区结合,多渠道解决棘手的排队问题,明显减少和缩短了顾客购物等待结账时间。

**【即问即答 6-4】**

请分析多渠道排队系统在 ASDA 收银解决方案中的作用。

**2.排队结构类型**

排队结构是指队的数量、地点、空间要求,以及它们对顾客行为的影响。排队结构是由如下 3 个关键指标决定的:队列数量、服务台数量、服务阶段数量。其中,队列是指排队等待服务的顾客形成的队伍;服务台是指服务员的工作台或接待服务的位置;服务阶段是指服务业务必须经过几个步骤后才能完成。3 个指标相当于 3 个变量,不同的组合,决定了不同的排队结构类型。队列数量、服务台数量和服务阶段数量这 3 个指标不仅决定了排队类型,同时也决定了每一种类型的特点。

(1)队列数量对排队类型特点的影响。一般情况下,队列数量和结构类型对顾客的等待心理具有比较明显的影响。排队系统结构类型有:单渠道,单步骤系统;单渠道,多单步骤系统;多渠道,单步骤系统和多渠道,多步骤系统等四类构成,如图 6-2 所示。

单一渠道排队模型。排队中最普遍的是单一渠道或者是单一服务步骤的排队。在这个系统可能会有下列情况出现:服务按先来后到进行,不管队伍有多长,每个到来者都按秩序等待接受服务;后来的人与先来的人没有关系,但是在一段时间来人的平均(到达率)不

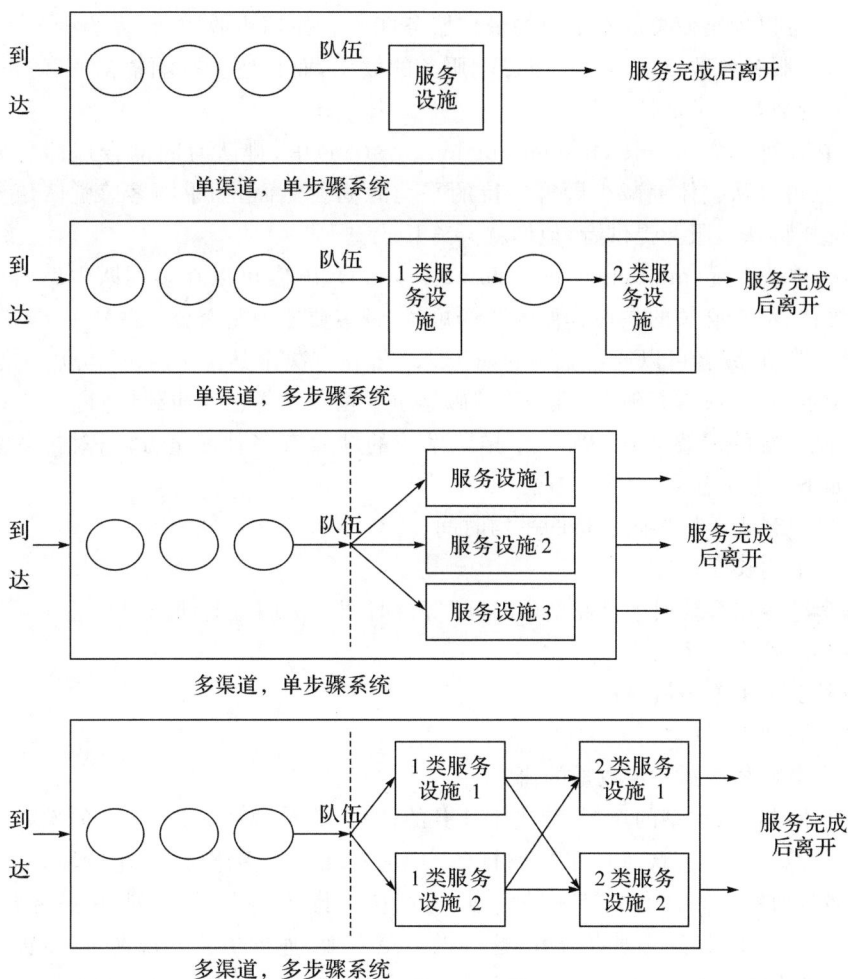

図 6-2　排队系统结构类型

[资料来源:森吉兹·哈课塞弗(Cengiz Haksever),等.服务经营管理学.第 2 版.顾宝炎,等,
译.北京:中国人民大学出版社,2005:374]

变;来人来自不确定的群体(非常大的群体),服从泊松分布规律;顾客与顾客彼此独立,但平均速率是已知的;平均服务速度大于平均来人速度。

　　多渠道排队模型中为到来的顾客提供服务有两个或两个以上的渠道。通常顾客排一个队伍,队列前面的人走到首先空出来的营业员那儿接受服务,常见于很多银行中的队伍。

　　一些顾客偏爱单一队列,因为单一队列比较公平,先来者先服务,顾客不必担心因为排错了队而比后来者(排在另外一条队伍)后接受服务;而另外一些顾客可能比较喜欢多队列,因为多队列给人的感觉总是比较短,离服务员距离近,感觉上更快一些,特别是当他发现自己选择对了队伍,比先来者(排在另外一条缓慢蠕动的队伍中)先获得服务,那么他会获得一种幸运的感觉。

　　(2)服务台数量对排队类型特点的影响。服务台数量是指平行作业的服务台数量,当通过增加服务台的数目来提高服务能力的时候,企业就必须做出权衡,因为随着服务台数目的增加,服务成本也会随之上升,但是它也可以被等待的成本的相应下降而抵消。两项成本相加，就可以确定使总成本最小的最佳服务能力。如超市收银口、麦当劳的收银台、医院的挂号口。服务台数量的多少不仅影响服务的效率，而且还会影响根据顾客多少而关闭或开启服务台数量的灵活性。

- 在单队列系统（single-channel queuing system）中，排队时间的合理性是先到先服务；该系统也可以从整体上减少顾客等待的平均时间。然而，如果顾客感觉队伍太长或者没有机会选择特殊的服务提供者，他们就会离开。
- 多列排队系统（multichannel queuing system），顾客可以在多列队中做出选择在哪个队排队等待，但是麻烦的是在其他的队变短时，顾客要考虑是否要换队；
- 数字选项，顾客可以通过获得的如1、3、9等数字决定其排队的位置，优点是，顾客可以在四周走走，看看或与其他人交谈，当然顾客也要留意是否已经叫到他们。

（3）排队系统的绩效度量。对一个排队系统的绩效有多种度量方法，对排队系统的分析通常有如下一些方法：

- 每位顾客或事物排队等待的平均时间；
- 队伍平均长度；
- 每个顾客在系统内平均花费的时间（等待时间加上服务时间）；
- 系统内平均顾客数目；
- 服务设施闲置的概率；
- 系统的利用率；
- 系统中顾客达到一定数量的概率。

服务企业对排队类型的选择，取决于业务的性质、服务效率、目标顾客的偏好以及经营者的观念。例如，麦当劳快餐店采用的排队类型是多队列、多服务台、单阶段。而温蒂、汉堡王等大多数快餐店则持有另外一种观点，他们认为排队类型：单队列、单服务台、多阶段等能够使顾客订餐、取食的地点分开，这种做法更有效，速度更快。现在，许多银行开始使用号码机代替人力排队，大大缓解了顾客等待的体力和心理压力。为了让顾客知道队列的类型并维持排队秩序，设置一些具有指示作用的道具是很有必要的，如两条平行的红色绒绳、地板上白色的一米线、文字说明或图示说明等。

【实例 6-4】

### 冬园酒店调整前台服务 减少排队时间

冬园酒店（Winter Park Hotel）的经理庞南·谢德（Donna Shder）正在考虑如何调整前台，以达到员工效率和顾客满意的最优水平。目前，从下午3点到5点是登记入住的高峰期，旅店有5名员工当班，每人为一支队伍服务。从对该时间段光顾人数的考察表明，每小时平均来90位顾客（虽然，没有给出在特定时段内来人数量的上限）。前台服务员为每位顾客登记平均花费3分钟时间。

谢得考虑通过减少顾客排队时间来提高服务水平的3个方案。第一个方案是委派一个雇佣专门为团体客户登记，他们登记的平均耗时就只有2分钟。由于把这些顾客单独分出来，所以普通顾客的时间就可减少。

第二个方案是实施单排队系统。所有的人排成一排，然后由5位员工中的任何一个空闲下来的人提供服务。这种选择要求有宽敞的大厅提供排队。

　　第三个方案是使用自动提款机(ATM)的方式。考虑到这种技术最初使用量会很小,所以谢德估计,有 20% 的顾客(主要是老顾客)愿意使用这种机器。(据花旗银行报道,曼哈顿顾客中有 80% 使用 ATM 机)谢德会让接受人工服务的顾客排成一队。整个服务人员仍有 5 个,而谢得希望因为有了机器可使服务人员数目降到 4 人。

　　(资料来源:詹姆斯·A.菲茨西蒙斯,等.服务经营管理学——运营、战略和信息技术.张金成,等,译.北京:机械工业出版社,2000:388.)

【即问即答 6-5】

　　按照实例 6-4 中 3 个方案实施各会发生怎样的变化? 你倾向于哪个方案?

## 6.2.3　排队服务管理策略

1.告知顾客排队的原因,填充顾客的等待时间

　　合理的解释可取得顾客的谅解,不合理的解释反而会激怒顾客。为等待的顾客提供一些活动,特别是,如果这一行为本身能提供给顾客更多的利益,或者在一定程度上与服务相关,就能够提高顾客的感知,并且使组织获得利益。

　　例:航空公司应该向客人说明延误的原因,并告知预计起飞的时间,顾客焦躁不安的情绪就会得到适当的缓解,等待的煎熬也就不那么强烈了。迪斯尼主题公园一旦发现在某个景点顾客排起了长队,流动乐队便会立即出现在队伍的前面,美妙的音乐随之响起,或者进行精彩的杂技表演,或者有其他的娱乐形式。

　　明确告诉顾客大约需要等候多久是很重要的。如果无法估计确切时间,则应随时向顾客通报最新情况。例如,联邦快递在处理丢失的包裹时,每天下班前都向顾客通报最新的搜寻情况。

2.维持排队公平秩序

　　服务性企业应加强排队秩序管理,公平合理地对待每一位顾客。在排队过程中如果排队秩序混乱,许多顾客会焦虑不安。为了保证先到的顾客先接受服务,有些服务性企业为排队的顾客编号,并不断地公布正在接受服务的顾客号码,以便其他顾客估计排队时间,这种做法相当于所有的顾客排成了一个队列。例:一些火车站为了避免一些不自觉的顾客插队进而引起其他顾客的焦虑和不满,专门设置了铁栏杆或红布带以便引导顾客自觉排队。如果服务性企业必须为后来的顾客优先服务,管理人员必须深入了解其他顾客的反应。

　　无论采用哪种或哪些排队规则,都要保证顾客遵守这些规则以便保持良好的排队秩序,同时要避免顾客因看到不公平现象而产生负面情绪。

3.尽早给予顾客服务开始的信号

　　正如戴维·梅斯特所指出的,顾客在进入服务交付系统之前的等候比进入系统后的等候更易引起不满。在接受到首次服务后,顾客感觉已经进入服务系统,顾客可能会感觉服务已经开始,例:航空公司早早地请求乘客们去托运行李,虽然托运完行李后顾客们还要站在长长的队伍里等待,但是感觉上会好得多,因为他们认为航空公司的服务已经开始。餐馆在顾客等待时让他们填写菜单,医院让病人在等待时填写病历,都会让顾客们觉得服务已经开始。

4. 为顾客提供一个宽松、安全的排队环境

在顾客等待过程中,尽量分散他们的注意力,甚至增加一些有趣的、具有体验价值的活动。消除焦虑情绪,提供舒适的软椅、温馨的环境、遮阳伞、电风扇、遮雨篷等都能增加顾客等待时的舒适感。在纽约的 Omni Park 中心酒店,当排队超过一定程度时,助理经理会为等待者提供橘子以及果汁,这些顾客就知道他们没有被遗忘。提供全面服务的餐馆已经认识到了顾客舒适的重要性,其做法是在顾客等候就餐时给他们提供休息厅休息。这就形成了一种双赢局面。一方面餐馆可以获得等候就餐顾客的饮料消费收入,另一方面又为顾客创造了一个既愉快又舒适的等候环境。

5. 排队顾客细分化服务,鼓励服务创新

根据需求的基础或顾客的优先级,把顾客分成不同部分,允许一些顾客等待的时间比其他顾客短。最普遍的是先到先服务,可以按照以下几类减少排队:

- 那些经常性顾客或花费大量时间在组织里的顾客可以获得优先权;
- 可以对那些急需获得服务的顾客先服务;
- 短期服务工作通过"传递途径"可以获得优先权单独列为一队;
- 支付溢价,那些额外支付的顾客可有单独的检票口或运输系统为其工作。
- 鼓励服务创新,包括提供网络服务以及在一些环节使用自动化设备等。服务性企业应采用高新科技成果,利用自动化设备,加快服务速度,提高服务工作。

例如:自选商场使用自动扫描设备,可加快结账服务速度,缩短顾客等待时间。

6. 建立预订流程,缩短顾客实际等待时间

当排队不可避免时,预订系统可以帮助扩展需求。预订系统是保证减少等待时间,在顾客到来时可以获得及时服务,预订系统也通过转移需求到低需求时段而获得潜在利润。预订系统的挑战是如何处理违约问题,为减少违约的现象,一些组织(如酒店、航空公司、会议举办方或电影院等)会在一定时间里,对那些违约或取消预约的顾客收取违约金。

【实例 6-5】

## "12306"通过在线预订储存需求 节省顾客时间

"12306"即中国铁路客户服务中心是铁路服务客户的重要窗口,集成全路客货运输信息,为社会和铁路客户提供客货运输业务和公共信息查询服务。2013 年 11 月新增支付宝支付通道,12 月手机客户端正式开放下载,从 2014 年 12 月,铁路互联网售票预售期由之前的 20 天逐步延长至 60 天。12306 网站启用图形验证码后,所有抢票工具已经无法使用 12306 账号登录。

旅客使用二代居民身份证在网站购票且不晚于列车开车前 36 小时的,可自愿选择办理车票快递服务。12306 网站及"铁路 12306"手机购票客户端的购票、退票和改签时间由不晚于列车开车前 2 小时调整为 30 分钟。自 2015 年 6 月,铁路部门推出"变更到站"服务措施:旅客购票后,如需调整行程,变更新的目的地,在车票预售期内、开车前 48 小时以上,到车站售票窗口或 12306 网站变更新的到站即可,无需将原车票退票后再另购新车票。如果新车票票价低于原车票,只需支付退票费。12306 网络售票系统经优化调整,能将多人同一订单购票的旅客安排在相邻的座位或铺位,还能凭身份证号识别 60 岁以上老年旅客,为其优先安排下铺。

2015 年 11 月,12306 网站又出大招,即新用户注册,需要进行手机双向验证。

"12306"通过在线预订储存需求,帮助顾客减少节省时间。

(资料来源:改编自 http://baike.baidu.com/subview/3221215/3221215.htm.)

7.强调服务态度,使等待变得有趣或至少可以忍耐

良好的服务态度可消除或减轻顾客的不满情绪。管理人员应鼓励服务人员为顾客提供热情、友好、礼貌的服务。服务性企业应为等待服务的顾客提供轻松、愉快、有趣、参与性消遣活动,分散顾客的注意力。顾客排队等候时,有许多可供消遣的事务,比如阅读刊物、浏览橱窗、听听音乐等,都被证明是有效的。提供一个相应环境,使顾客在等候过程中可以顺便干一些自己的事情。例如,机场就设置了带有桌子的休息室或装有传真机、PC 及互联网接口的私人区。

**【即问即答 6-6】**

你或许听说过,"无论我选择哪一条队伍等待,另外一条队伍总是要快一些",为什么?

## 6.3　服务接触管理

服务生产和有形产品生产的一个重要区别就是顾客和服务提供者之间发生的服务接触。对服务企业而言,每一次服务接触都是其展示服务水平、提高顾客忠诚度的机会。因此,加强服务接触管理,是服务管理的中心环节,也是提高服务企业竞争力的有效手段。

### 6.3.1　服务接触概述

服务接触(service encounter)一词最早出现于 20 世纪 80 年代初期,是指顾客与服务人员之间的互动(伦南特·索罗蒙),即顾客在服务消费过程中与服务企业的人员、布局、设计、设施等服务要素发生的所有接触。服务企业与顾客接触或顾客与服务企业接触,既是服务运营的基本特征,也是服务运营的核心内容。服务接触是一个复杂的过程,在这一过程中,服务提供者与顾客发生联系并完成相应服务产品的生产和消费。可见,顾客在服务接触的每一个环节的感受并不仅形成他对这一部分服务的质量认知,而是对整个服务企业的质量评价。

有些服务接触对于顾客对服务质量的评价和对企业印象的形成起着至关重要甚至决定性的作用,因此有人把这些关键时刻称为"真实瞬间(moment of truth)"。服务质量很大程度上取决于客户感知,客户感知又以服务接触能力为基础。

**【实例 6-6】**

赢得瞬间

"真实瞬间"(moment of truth)一词来源于斗牛术语,是指斗牛士在结束战斗之前采取最后一个行动时面对公牛的那一刻。这个词被引入服务管理中,以强调服务企业与顾客接触的重要性。

在星巴克咖啡馆工作的服务生首先得学会"大胆地与顾客进行眼神接触",这

种与顾客的互动构成了"星巴克体验"的一部分。

宝洁公司首席运营官柯楷锐（Kerry Clark）认为,宝洁公司赢得消费者有两个瞬间,一是消费者在货架上选择品牌的瞬间;二是用户在家中第一次使用产品的瞬间。每年宝洁公司都会对全球超过 700 万的消费者进行近距离的接触,仅仅在头发护理这一方面,宝洁公司每年都对超过 4000 名的亚洲妇女展开市场调查。

斯堪的纳维亚航空公司（SAS）前总裁简·卡尔森（Jan Carlson）在其公司内广泛使用了"真实瞬间"这一概念,形成了特色鲜明且富有竞争力的高质量服务,他对服务接触的解释:"我们为 1000 万名顾客提供了服务,每位顾客大约需要和我们 5 名员工接触,每次与每名员工的接触时间平均为 15 秒。这样一年中有 5000 万次、每次 15 秒,顾客的脑子中会创造出 SAS。这 5000 万次的'真实瞬间'最终决定了我们公司的成败。我们必须在这些时刻向顾客证明,SAS 是他们最好的选择。"

1.服务接触概念

"服务接触"是从管理角度提出来的,主要研究的是在服务企业与顾客接触的过程中,所发生的一系列事件和各种主导力量,以及遭遇到的各种困难。瓦拉瑞尔·A.泽丝曼尔（Valarie A. Zeithaml）认为:"服务接触是发生在确定时期的非连续事件。"

从广义上讲,服务接触可以被看作由一系列接触事件构成的整个过程;从狭义上讲,服务接触可以被看作整个接触过程中的某一个接触事件。从广义和狭义两个角度看待和分析服务接触都具有实际意义。

服务接触是由一系列服务接触事件构成的过程。每一个服务接触事件都会影响顾客的感受、体验和对服务企业形象的评价。服务接触过程中的任何一次接触失败都可能会对企业形象构成重大危害。企业的良好形象是一次又一次的良好接触累积起来形成的,而企业的恶劣形象可能是由一次恶劣接触形成的。以下情况在顾客眼里都是企业的行为而不是单个人的行为:

• 当顾客受到某位服务员的粗暴对待时,顾客并不认为是与一位粗暴的服务员打交道,而是认为与一个粗暴的服务企业打交道;

• 当顾客坐在一个不太干净的等候区等候服务时,顾客并不认为是保洁员没有把清洁工作做好,而是认为这是一个不太干净的公司;

• 当顾客无奈地等待着没有如约上门服务的维修技师时,顾客并不会考虑技师本人临时有什么情况,而是认为这个维修公司是一个不守约的公司。

【链接 6-4】

## 高接触服务、低接触服务与显性服务

高接触服务:

• 顾客在整个服务传递过程中,都必须在服务工厂里;

• 顾客与服务人员都必须主动接触;

• 包含大多数处理人的服务。

低接触服务:

• 顾客与服务供应者极少实际接触;

- 藉由电子或实体的配销管道作为媒介进行远程接触；
- 新科技（例如：网络）可协助降低接触程度。

中度接触服务介于两者之间：

有些服务的服务接触次数很少，而有些服务的服务接触次数则很多。在大多数情况下，越靠前的接触事件给予顾客的感受和体验越深刻，对于顾客对服务企业整体形象的评价影响越大。人们都有先入为主的思维习惯，顾客对企业的初始印象往往能够在很大程度上决定对企业的整体印象；更关键的是，顾客在初始接触阶段形成的情绪和印象，常常会使顾客带着"有色眼镜"去评判后续接触，并影响后续接触的效果。

真正决定顾客满意度或者说顾客真正关注的，是那些具有实质性接触的事件。用服务包的概念解释，实质性接触就是顾客寻求的显性服务。

**2. 服务接触特征**

对服务接触特征的理解和把握，有益于我们设计和管理服务流程，以及有针对性地培养服务员工。顾客与服务企业的接触，看似简单，实则体现了多重复杂关系。我们可以从社会、经济和法律角度来理解服务接触的特征：

（1）服务接触的社会特征。服务接触在大多数情况下是一种人与人的互动关系，也是一种社会性交往。因此，在顾客与服务提供者的接触交往中，要求双方遵循适当的社会交往规范。为了使服务接触更能满足顾客的社会心理需要，增强顾客的心理感受和体验，服务企业一般会对服务人员提供适当的服务培训，甚至制定一些标准服务用语和着装规则。

（2）服务接触的经济特征。服务接触的双方（服务提供者与顾客）代表着两个利益主体。双方之所以能够在此时、此地进行接触，是因为他们都企图通过对方达成自己的目的。服务提供者通过提供服务获得经济利益，而顾客通过花钱获得自己需要的服务。因此，接触双方是一种经济交换关系或供求关系。

（3）服务接触的法律特征。顾客雇佣服务企业为其提供特定的服务，相当于顾客授权服务企业为其财产做出一定的决策和处置。只要这种雇佣关系成立，即形成事实上的服务与被服务关系，就意味着服务企业与顾客之间建立了一种合约关系。在服务过程中出现超出合约规定（或服务公约规定）的服务失败，而且这个服务失败对一方构成伤害，那么受害的一方就可以按照合约规定向对方追究责任和寻求赔偿。例如，顾客去餐馆就餐时因地板太滑而摔伤，餐馆必须承担责任，向顾客做出适当的赔偿。

**【链接 6-5】**

### 服务蓝图的接触点内容

服务蓝图是详细描画服务系统的图片或地图。服务蓝图需要重点标示和界定的接触点内容包括：

- 有形展示。蓝图的最上方是服务有形展示，典型的服务蓝图设计方法是在每一个接触点上方都列出相应的有形展示。
- 顾客行为。顾客行为是指顾客在购买、消费和评价服务过程中的步骤、选择、行动和互动。

• 服务人员行为。服务人员行为包括前台员工行为和后台员工行为。前台员工行为是指顾客能看到的服务人员的行为和步骤。

• 支持过程。支持过程是企业的内部服务、支持服务人员的服务步骤和互相行为。

服务蓝图中用来连接三种服务行为的箭头是流向线，它表明发生了服务接触，并指明了行为步骤的顺序。

3. 服务接触的方式

了解服务接触的方式有益于我们设计、管理和创新服务流程。我们可以从接触的主客体和接触的距离两个角度来划分服务接触的方式。

(1)按照接触的主客体划分服务接触方式。服务提供者（主体）可以分为人和机器两类，服务接受者（客体）也可以分为人和机器两类。如表 6-6 所示。该表同时列出了各部分服务接触取得成功的关键要素。

**表 6-6　不同服务接触方式下取得成功的关键因素**

| 服务接受者 | 服务提供者 | |
| --- | --- | --- |
| | 人 | 机器 |
| 人 | 饭店、医院、理发、按摩等 | ATM 机、自动售货机、图书馆通过电脑查询书、医院通过电脑查询药价等 |
| 人 | 成功的关键：<br>认真挑选员工——态度比技术更重要<br>认真培训员工——员工要有好的交际能力和沟通技巧<br>去营造一个融洽的环境，建立良好的服务支持体系造就顾客信任 | 成功的关键：<br>服务设备要有友好、直观的界面<br>便于顾客跟踪、检查、核对，易沟通<br>服务交易可靠、安全<br>如果需要的话，可以得到人的帮助 |
| 机器 | 汽车维修、房屋装修、修剪草坪等 | 电子数据交换、软件下载、汽车清洗、火车站对行李的检查等 |
| 机器 | 成功的关键：<br>服务员技术过硬<br>服务员容易沟通<br>服务企业快速反应<br>留有交易证据<br>可以利用网络服务，提供远程服务或监控 | 成功的关键：<br>硬件和软件配套<br>自动检测、核对<br>具有跟踪能力和交易记录<br>交易安全<br>设备发生故障时自动停止或变更操作<br>机器与机器相互不损坏 |

[资料来源：瓦拉瑞尔·A.泽丝曼尔(Valarie A. Zeithaml)，等. 服务营销. 第 2 版. 张金成，等，译. 北京：机械工业出版社，2002：83.]

(2)按照接触的距离，可将服务接触方式分为三种：面对面接触、电话接触、远程接触服务。

• 面对面接触服务。是指顾客与服务企业或服务人员的直接接触。这是服务接触中最普遍和最基本的接触形式，面对面接触服务是一种近距离的接触方式，互动性最强。

• 电话接触服务。是指顾客以电话为媒介，接受企业的服务。在电话接触服务中，顾客往往通过接线人员的语气、专业知识、沟通能力、处理问题的速度和效率、电话流程的设置等来判断所感知的服务质量。电话接触服务属于中程距离的服务接触,互动性也比较强。

• 远程接触服务。指顾客与服务企业之间通过相应的技术设备实现的远距离的接触。在远程接触服务中,顾客通常会把有形设施、技术过程、系统的质量等作为服务企业的服务质量的依据。如顾客通过 ATM 机与银行进行接触,通过网络与银行、证券公司等进行接触都属于远程接触服务。

需要特别指出的是,由于远程接触服务(网络接触)具有一定的互动性、信息容量大、服务功能强等优势,而且随着网络科技的进一步发展(如网络与可视电话的结合),这些优势将变得越来越突出,因此,远程接触服务(网络接触)已经成为服务管理研究中的一个新型、独特的研究领域。

按照服务接触距离划分的接触方式本身反映了服务接触的程度,显然,随着信息流量的增加,服务接触程度加深。而且,服务接触程度与销售机会成正比,与生产效率成反比。因此,在选择接触方式时,需要考虑销售机会与生产效率之间的平衡。

### 6.3.2　服务接触的三元组合

在服务接触过程中,并不仅仅是服务员工与顾客的互动接触,在他们接触的背后还存在着"第三只手",即服务企业。服务企业在服务接触中,是通过服务策略、服务流程设计、服务制度与标准的制定,以及随处走动的管理人员的监督等方式来发挥作用的。因此,在服务接触过程中,实际上存在着三方互动力量:顾客、服务员工、服务企业。三者之间存在着两两互动关系,如图 6-3 所示。通常把三方力量之间的互动关系称为服务接触的三元组合。

三者的相互作用形成了三元博弈的局面,形成既合作又冲突的关系。

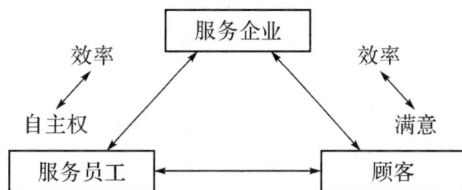

图 6-3　服务接触的三元组合

(资料来源:詹姆斯·A.菲茨西蒙斯,等.服务经营管理学.张金成,等,译.北京:机械工业出版社,2000:165.)

1.服务企业与服务人员、顾客的博弈

服务企业出于追求利润和提高竞争力的目的,会通过制定服务规范、优化服务场景等方式控制服务接触过程,通过标准化降低成本,并提高服务传递的效率和服务质量的稳定性。但这也同时限制了服务人员的自主权和判断,使服务缺乏针对性,工作满意度也随之降低,从而导致顾客不满。

2.服务人员与服务企业、顾客的博弈

服务人员希望通过降低其服务接触的范围来减少在满足顾客需求中的压力,也希望在服务过程中控制顾客的行为,从而使服务进程易于管理;还希望利用服务技能和客户关系控制服务企业,以期获得更大的授权和更多的利益满足。

3.顾客与服务企业、服务人员的博弈

作为顾客,则希望在服务接触过程中能充分利用服务企业提供的服务场景和服务人员的服务传递以获得更多的利益。

在服务传递过程中,任何一方完全占优的体系是不利于提高服务水平,应使三方都获得最大满足的。服务接触的三元组合中,每一方的利益和出发点是不同的。服务企业关心的是效率、成本、质量和企业声誉;服务员工关心的是自主权和与之相关的责任,以及对顾客感知的控制和引导;顾客关心的是通过对接触过程的控制,更大程度地满足自己的个性需求。

在三方互动接触过程中,每一方都试图从自己的出发点来支配接触过程,或者说使这种互动安排更符合自己的利益。两方利益一致而与另外一方利益发生冲突的现象是常见的。理想的情况是,服务接触中的三要素协同合作从而创造出更大的利益。满意和有效的服务接触应该保证三方控制需要的平衡。

**【实例 6-7】**

### 两家杭帮餐饮的接触服务

在餐饮服务中,尤其是需求比较旺的餐饮店或餐饮时段,如杭州的外婆家和老头儿油爆虾,需要使用排队叫号系统服务,顾客、员工和快餐业主(或管理人员)之间的利益追求是有冲突的,比如:餐饮业主和员工都希望顾客能够配合服务,自觉排队,快速选择他们所要的产品,缩短吃饭时间,但是顾客可能并不希望这样;餐饮业主坚持顾客永远是对的,顾客也喜欢受到这种待遇。

外婆家餐饮连锁机构缔造了 12 年"外婆家"吃饭排队的餐饮业神话。叫号小姐面前的桌面上嵌着一块电脑屏幕,密密麻麻地排着好多的顺序号,假如轮到某号客人入座,大厅里响起一个奶声奶气的小朋友声音:××号,外婆喊你吃饭了……那亲切的接触服务——叫号,令你想起自己童年时在外婆家吃饭的温馨。被叫到号的那几位满心欢喜地应声而入,没叫到号的则坐在餐厅门外,长龙一直排到隔壁餐厅的门口。"外婆家"坚持"顾客眼中的价值才是真正的价值"为核心理念,在大众点评网发布杭州菜系浏览量排行中,以 10670 票高居第一。

老头儿油爆虾也是最家常的杭帮菜,同样是叫号接触服务,在等候区域顾客还能通过大屏幕看到厨房直播实时动态,穿戴整齐正热火朝天炒菜的厨师,忙碌走动的帮厨,整洁的锅具和灶台的火苗,让顾客看后吃着放心。

两家热门的杭帮菜餐饮借助叫号等候体系和视频直播完美打造餐前服务接触点。

## 6.3.3　服务接触的管理策略

服务企业进行服务接触管理的核心是建立顾客导向的接触管理体系,提高顾客在服务接触中的满意程度,实现"顾客满意—企业盈利—员工忠诚服务优异—顾客更加满意"的良性循环。

1.服务接触的基础管理

服务接触管理的重点就在于不断优化服务环境,为服务接触创造良好的氛围。

(1)建立顾客导向的服务接触体系。要求员工对顾客有更深入的了解,有采取实际行动为顾客服务的权力。管理者为服务传递提供必要的支持和服务,为大量"真实瞬间"的成功实现和相应机遇的有效利用创造条件。

(2)优化服务实体环境的设计和布局。服务的设施和实体环境包括企业的建筑物的外观设计、停车场、周围的风景、室内的设施及陈列、摆设等。这些是形成顾客体验的可接触的基本方面,是决定服务接触成功与否的关键,也是影响服务人员服务热情和服务传递的重要因素。

(3)追求的企业文化核心价值理念。顾客确定服务价值的重要依据是企业文化,可为服务人员在服务传递过程中解决各种突发性问题提供了基本的判断标准。

2.服务接触的三元组合管理

大多数服务企业的基本特征是服务提供者和顾客之间发生接触。

(1)服务接触中的顾客管理

· 服务接触中的顾客参与

在服务业很多情况下需要顾客参与到服务生产过程中来。在不同的服务业,顾客的参与水平也有高低之分。

顾客参与的优点:使顾客变成临时劳动力,既增加生产能力又降低生产成本;使顾客亲身实践和体会,既提升服务价值,又增强顾客体验;使顾客根据生产速度调节需求时间和消费进度,既协调供求关系,又稳定服务秩序。

顾客参与的缺点:顾客参与导致服务系统输入不稳定,因而造成服务质量不稳定;管理难度加大;容易出现意想不到的服务失败;容易使顾客成为潜在的竞争者。

顾客参与水平的确定既取决于公司的战略定位,也取决于业务性质,同时也会随着高科技(特别是互联网)的发展而发生重大变化。一些服务的提供通过减少顾客参与程度获得了成功,如银行使用 ATM,零售商采取邮购服务,制造商通过互联网进行售后服务等,都是获得巨大成功的案例。

【链接 6-6】

### 顾客及顾客参与

· 顾客是办事处里最重要的人……不论是亲自来还是通过邮件;

· 不是顾客依赖我们……而是我们依赖顾客;

· 顾客不会太断我们的工作,他正是我们工作的目的所在。我们不是通过服务帮助他……而是他通过给我们机会去帮我们;

· 不要与顾客争论或比赛智力。没人能在争论中胜过顾客;

· 顾客是一个告诉我们他想要什么的人。我们的工作就是要努力地得到那些东西,为他也为我们自己。

顾客参与的发展:

生产和消费同时进行是服务区别于有形产品的一大特点。在许多情况下,这要求顾客不同程度地介入服务过程。顾客同员工及其他顾客共同合作,生产最终的服务产品。直到 20 世纪 70 年代，大部分营销学家都将顾客视为消极的购买者，认为他们的参与会扰乱组织的日常规则和程序，并且抑制了潜在的经营效率（Aldrich 和 Herker,1977）。而 Peters 和 Waterman(1982)认为仍然没有一个理论能解释顾客参与。这种看法，连同之前的研究，将研究重点直接转向了顾客在生产和服务传递中的活动作用。从此，对于顾客参与的关注就渐渐普遍起来。顾客参与目前被视为营销中的一个"功能性前提"；整合为"营销概念"；"下个竞争性效力的边界"；"创造价值的关键"。Gronroos(2000)认为，"顾客价值是通过关系被顾客创造出来的，部分存在于顾客与供应商之间的互动中"。也许这就是为什么服务业在它们所提供服务的生产中包含了越来越多的顾客。

　　顾客参与的不断发展实际上是伴随着顾客角色的演进而进行的，顾客由最开始的纯粹的消费者到后来的半生产者再到如今定制时代的定制者，其涉入产品/服务的生产或传递过程的程度也越来越深。随着企业逐渐转向顾客并且并入了越来越多的自我服务技术，顾客将通过营销过程承担更为重要的作用，尤其是在生产环节。实际上，单个或群体的顾客，都被认作是市场交换的重要竞争者。

　　［资料来源：(美)麦斯特(Richard Metter)，等. 服务运营管理. 金马，译. 北京：清华大学出版社,2004：134；http://wiki. mbalib. comwiki. ］

- 服务接触中的顾客角色选择、培养

　　从管理角度来看，顾客实质上扮演了三种主要角色：顾客作为生产力；顾客作为服务质量和顾客满意的贡献者；顾客作为潜在的竞争者（例如，顾客从汽车维修站学会了一些汽车维修技能后，可能会自己购买工具和零配件做一些简单的维修工作）。

　　顾客选择。选择合适的顾客参与服务过程可以提高了服务质量的感知，降低服务系统输入的不确定性。服务单位需要通过市场调研和服务产品设计来确定目标顾客群体；通过广告、人员推销和公司的其他信息资料来清楚地描述所期望的顾客角色和相应的要求，并以此来吸引潜在的目标顾客。顾客了解到角色要求后，通过预见他们承担角色的能力以及完成角色要求的可能性，来决定是否进入服务系统。将服务这种分类用于服务产品顾客的划分：

　　经济型顾客。这些人往往苛求且有些挑剔，他们对价值的追求将检验服务企业在市场中的竞争力。这些顾客的减少提供了潜在竞争威胁的早期信号。

　　道德型顾客。那些在社区服务方面具有良好声誉的企业可以拥有这类忠实的顾客。例如，麦当劳面向住院治疗儿童的计划帮助麦当劳树立了良好的形象。

　　个性化的顾客。顾客需要人际间的满足感，诸如认可和交谈。在许多其他类型的企业中，如果一线员工使用巧妙的话，标准化的顾客档案也可以给顾客留下类似的个性化的经历。

　　方便型顾客。方便是吸引他们的重要因素。方便型顾客常常愿意为方便服务或无忧服务额外付费。

　　正确选择顾客、教育顾客和激励顾客，管理好顾客组合，使顾客参与变成一种使企业和顾客双赢的策略。使他们认同服务企业的价值观，理解角色的期望和要求，学会扮演好角色所需的知识和技巧，掌握与企业以及其他顾客互动的能力。

　　例如：学校常为新生及其父母提供入学教育，发放学生手册，以使学生了解学校的文化、规则、对学生的期望等。许多医院都利用患者手册(类似于员工手册)来描述患者到达医院时会发生什么,患者在医院应该做什么,有关探视时间和付费程序的规定,甚至还描述了家庭成员的角色和责任。美国在早期的关于胸部肿瘤 X 射线测定的研究中发现,入门介绍或正式的顾客教育可以减轻顾客的恐惧以及加强对风险的认识,并且最终提高顾客的满意度。

同样,服务单位也可以拒绝特定顾客接触服务产品过程,比如:北京罗杰斯(现在改名为乐杰士)尽管认可"顾客是上帝"的服务理念,但是该公司仍坚持不允许衣冠不整的"上帝"进入店中的原则。美国西南航空公司经常"解雇"那些对服务员粗暴无礼的顾客,并对他们说:"对不起,我们这儿不欢迎你。"

## 【链接 6-7】

### "小米"的顾客参与

小米诞生之时,做智能手机的企业超过 200 家,到 2015 年上半年手机销量 3470 万台。如同苹果帝国是建立在 iOS 系统之上,小米体系是建立在米柚之上,小米从一开始就是在构建年轻顾客的社区,而不是卖产品或建平台,这个社区是目前已经 6300 万活跃用户,并仍在不断扩展中,从小米网、到同城会、到小米之家……占据安卓系统活跃用户数量的 70%。在社区中顾客参与小米成长的各个阶段:当小米开发产品时,顾客热情地出谋划策;当小米新品上线时,顾客涌入网站参与抢购;当小米要推广产品时,顾客兴奋地奔走相告;当小米产品售出后,顾客又积极地参与到产品的口碑传播和每周更新完善之中……顾客和品牌相互贴近,互动广泛深入。通过互联网,顾客扮演着小米的产品经理、测试工程师、口碑推荐人、梦想赞助商等各种角色,他们热情饱满地参与到一个品牌发展的各个细节当中,小米在与顾客互动关系中让交易自然发生,并构建物质激励和精神激励,对不同参与强度的顾客分别进行激励,促使顾客参与行为渗透到企业产品开发的创意生成、研发测试以及商业化等各个阶段中,企业对顾客参与的知识贡献每个阶段持续获取,促使企业快速生成创意、改进产品、拓展服务,最终实现企业的微创新。在社区中构建企业与顾客的一体化关系,进而把竞争对手屏蔽在社区之外。小米的战略壁垒不是构建在手机上,也不是米柚上,而是在顾客参与社区上。

顾客角色培养的手段包括:广告、顾客经验、其他顾客的经验、服务手册、流程图(导购图)、顾客入门推广活动、顾客手册等。顾客激励:当顾客有效地完成了他们的角色要求,就应该对他们的贡献和积极参与的意愿给予适当的奖励。企业对顾客的激励和企业对员工的激励相同道理。

## 【即问即答 6-7】

某餐馆有即将毕业的大学生聚餐正在庆贺顺利毕业,而其他一些顾客可能是一家三代人的家庭团聚或三口之家小聚餐,前者喜欢相互敬酒、唱歌甚至猜拳,后者则喜欢安静祥和的环境。作为餐馆管理者应该如何布局餐馆位子并引导安排他们的就餐以满足这些有独特需求的顾客群?

(2)服务接触中服务员工管理。服务员工是服务产品的生产者、传递者和营销者,是服务接触工作能否赢得顾客满意,能否赢得服务工作质量和效率的直接责任人。服务接触中的员工行为被称作服务行为。

- 服务接触中员工的招聘和培训

选聘服务人员。首先应该注重的是服务意愿和品质。只有对服务工作充满激情能够设身处地地为顾客着想的人才能做好服务;其次,要注重其灵活性和沟通能力。服务员工除了满足基本的要求(年龄、学历、容貌)外,内在素质也许更重要:灵活、宽容、监督与改变顾客行为的能力、设身处地为顾客着想的个人品质等,达到外在条件和内在素质二者皆备。

服务人员的招聘中年龄、学历和外貌等外在条件是非常容易考察的,通过查看申请表、学历证书和一般面试就可以确定。深度面试的方法包括抽象提问、情景小品和角色扮演等。

**【链接 6-8】**

### 服务接触中员工的招聘情景小品

请考虑如下情形:餐馆内有一桌共3位客人在就餐,其中有一位客人声称东坡肘子肉有异味,要求退菜。但是,他的口气并不坚定,其他两位客人也没有明确的表态。而且你知道,你们的进货是绝对没问题的,所有的肉都是新鲜的。那么此时,你应该怎样做呢?

还可以接着问下一个相关问题:如果顾客突然变得很恼火和固执,你应该采取什么步骤来处理这种情形? 面试官必须要特别留意求职者的内心反应是否存在着善意。

情景小品方式提供了一个机会来确定求职者是否能够"以他人的立场思考"。即使一个具有良好沟通能力的求职者也不能清楚地显示出服务顾客的真正愿望或理解他人的本性。另外,面试者需极其注意求职者反应的本质及其方式。

角色扮演可以提供理想的环境,获得必要的沟通经验。受过良好培训的员工能够以专业的方式控制服务情形,最终提高顾客满意度并减少服务提供者的压力和挫折感。企业应开发出必要的项目来培训员工在特定情形下的反应。

例如,对于"我要携带所有行李登机"的反应,员工只需说:"对不起,国家安全规定,一名旅客只允许携带两件可置于座位下或头上行李舱的小件行李。我可以帮您托运大件行李吗?"

- 服务人员的培训。当顾客接触人员得到合适的培训,同时顾客的期望和在服务传递过程中的角色有效地得到沟通时,组织为了保持经济有效性而对效率的需求也可以得到满足。培训包括课程培训(在总公司)、岗位轮训(在店内)、纪律培训(如军训)、团队协作培训和积极心态训练等。服务人员培训方法包括情景教学法、角色扮演法、专人指导法、示范讲座与直观教学法、对话训练法、组织比赛、对营业场所实地评估等。

**【即问即答 6-8】**

在给一个大型聚会提供了食物后的一天,一个顾客退回一些小蛋糕,声称蛋糕不新鲜。尽管此人要求退款,但他口气并不坚决且胆怯以致隔着柜台你几乎听不到他在说什么。你知道蛋糕并非是你公司制作的,因为蛋糕看起来不像是出自你们的厨师的手艺,你应该做些什么呢?如果他突然变得很恼火和固执,你应该采取何种步骤来补救这种情形?

· 服务接触中的员工激励与授权

员工激励。美国哈佛大学教授威廉·詹姆斯(William James)关于激励的效力的研究发现,按时计酬的职工仅能发挥其能力的20%～30%,而如果受到充分的激励,其能力就可发挥至80%～90%。这就是说,同一个员工在受到充分激励后所发挥的作用相当于激励前的3～4倍。服务企业可以采取组建服务团队等方式来调动员工的积极性。服务企业还可以通过发挥管理人员的作用激励员工努力工作,激励理论和激励方法还有很多,如目标管理、参与管理、变动工资、灵活福利、工作再设计、股票期权、年薪制等。

员工授权。通常的观点认为,员工总是喜欢拥有更多的自主权,希望能有更多的自我发挥的余地。但是,任何权力都是和责任相联系的,如果考虑到责任问题,很多人其实并不喜欢拥有更多的自主权。给予员工多大的自主权,要看具体的业务种类。从服务业务角度看,增加员工自主权的好处在于增加服务工作的创新性、适应性和个性化,适应无法标准化的服务情景;减少员工自主权(遵守服务标准)的好处在于保持质量一致、减少服务失误率、提高效率、降低成本,适合于标准化程度比较高的服务工作。

【实例 6-8】

### 艾米冰淇淋的员工的角色和行为

艾米冰淇淋是一个建于得克萨斯州奥斯丁市并扩展到得州其他许多城市的企业。当被问及它的推动力时,生产经理解释到:"产品质量上乘且有独一无二的口味,最根本地说,冰淇淋就是冰淇淋。人们可以很容易地去商店买到冰淇淋,但服务是使艾米与其他企业有所区别且使顾客不断光顾的原因。"确实,艾米的服务是独一无二的。

艾米·米勒作为企业的所有者和创立者,当她为史蒂夫公司工作时就开始了其制冰淇淋的生涯。当她于1984年10月开办第一家艾米冰淇淋店时,她有两个信条:其一是雇员必须从他或她所做的事情中得到快乐,另一条是服务和冰淇淋必须使顾客微笑。这些信条为一个10年以后地位牢固和繁荣的企业打下了基础。

刚开始时,戏剧和艺术专业的大学生经常受雇为服务员,因为他们享受所做的事情。这些外向型的、极富创造力的雇员们熟练地通过柜台表现出他们丰富多彩的个性,他们边开玩笑边满足顾客的服务。顾客被玩笑和多种多样的服务所深深吸引,他们将其描述为"冰淇淋戏院",而且一旦被吸引,顾客就一次又一次地返回并要求再次表演。

艾米店怎样招聘那些会表演的新雇员呢?最初,招聘申请表格并不正式,只是简单的手写和油印的表格。克莱先生曾记得,有一天他用尽了所有的表格,突然来了一位粗犷的男人索要表格。当那男人听说表格用完时变得有些恼怒。于是,克莱先生拿出一个白纸袋——那是柜台下唯一的能书写的东西,并将它作为一个"预备"表格递给那男人。申请人十分满意并将它拿去完成。当克莱先生将这个故事讲给艾米时,她说白纸袋会很好用的。这样白纸袋就成了新的"正式"申请表格。实际上，它被证明是一个很好的指示器来表明申请人是否想要或能够既容易又创造性地展现自我。使用袋子的人只是写下通常的个人经历的信息（如姓名、地址、社会安全号码等），可能并不像一个雕刻家在一个木偶或热气球上工作那样有趣。在艾米店得到一个硬纸袋具有一个全新的意义，通过硬纸袋测验的申请人就可进行面试。

新雇员须经历一个工作现场培训过程，这个培训的一部分内容涉及冰淇淋的生产过程，以便使服务员能提供始终如一的产品。培训的另一部分内容是教给他们如何在柜台后表现自我，包括现在哪些顾客喜欢嬉闹、哪些顾客希望独处，也要明白对不同顾客玩笑可以开到什么程度。一般情况下，雇员们可以自由地与那些乐于这样做的顾客们戏剧性地开玩笑。艾米店的利润率大约为3％。相应地，服务员的薪水也较低。他们当中大约80％的人是非全日工人，他们没有额外的福利。实际上，多数的经理年收入少于15000美元，最高水平为30000美元，包括艾米。虽然报酬较低，但艾米冰淇淋店为什么总能招募到那些能使顾客满意的高素质员工呢？

原来他们能以成本价得到艾米冰淇淋T恤衫，并且所有的冰淇淋他们都很喜欢，然而，最主要的原因很可能是它的自由而不是它的制度。工作人员必须穿的唯一制服是：一件围裙，它的主要功能是在柜台后面设计出一种连续的感觉；一顶帽子，但是雇员们可以自由地选择任何款式的帽子，只要它能有效地扎住头发。此外，人们还可以穿着任何款式的衣服去配合他们的心情，只要它不是肮脏的、政治性的或太暴露的。

雇员们可以把他们的音乐带来，记住他们的顾客的类型，在商店里播放。例如，一家坐落在闹市区的艾米店吸引了大批年轻狂热的轻松音乐爱好者；而另一家位于大型商场的艾米店则吸引那些喜欢安静一点儿的音乐的顾客。

每一家商店的设计及其陈列的艺术品都追求多样化和随意化，但是雇员们却能自由地做出他们的贡献。艾米店要雇用一名当地的艺术家为其装饰所有的商店，当然，各商店的经理可以充分发表他们的意见，即什么样的装修对于商店所在的位置是最理想的。这些艺术品往往体现了当地艺术家的努力。

艾米店的每一个员工都要做店里需要做的每一件事。如果地板需要清洁，经理就会像清洁工一样将地板清洁干净。店里洋溢着强烈的团队合作精神。员工会议通常在凌晨1点召开，此时正好是最后一个艾米冰淇淋店关门之后。公司设立Door奖来鼓励员工的参与。

很明显，来艾米店工作是一种生活方式的选择。这些雇员们是这样的一群人，他们不要那种在工作中必须穿着特定的工作服，有固定的工作时间，没有丝毫乐趣的"真正的工作"。

艾米冰淇淋店已经创造了一种被定义为"非主流环境"的东西，许多人认为正是它使成千上万的顾客感到快乐，而正是这些快乐的顾客使企业保持繁荣发展。

[资料来源：(美)詹姆斯·A.菲茨西蒙斯,等.服务营销管理——运营、战略和信息技术.张金成,等,译.北京:机械工业出版社,2000:175—177.]

【即问即答 6-9】

请使用抽象提问、情景小品/角色扮演等方法,为艾米店设计一个人员挑选程序。

（3）服务接触中服务企业管理

服务行为具有二重属性。从顾客角度看,服务行为是服务产品的组成部分,具有"服务性",可以为顾客提供某种利益或效用,在这个意义上,服务行为是一种情感劳动;从服务员工和企业角度看,服务行为具有"工作性",是完成服务产品生产所必须的工作,在这个意义上,服务行为是一种技术劳动和体力劳动。

服务企业具有服务行为的规范化和个性化,规范化是个性化的基础,个性化是针对顾客的个性化需求提供有特色的服务,它是规范化服务行为的延伸和扩展,其目的是更能满足顾客的需求和赢得顾客的欢迎。

· 服务规范化。服务规范是针对常见的、共性的顾客需求制定的。规范化服务的好处在于能够提高服务效率、减少犯错误的概率。从员工角度来看,由于规范性服务已经变成一种职业化行为,会缺乏感情和个性。

· 服务个性化。个性化服务能够针对顾客的个别需求提供有特色的服务,能够充分表达服务员工的感情,而且由于服务不落俗套,因而能够引起顾客情感上的共鸣。个性化＝人情化＋特色化。但个性化服务效率低、容易犯错误或引起顾客不满。

· 规范化与个性化是相对的,是可以相互转化的。过去的服务规范不合时宜,就需要改进或者重新修订规范,使之变成富有企业特色的服务规范。如果把服务行为的规范化与个性化设计称作服务行为的格调设计,那么对服务行为构成要素的设计就属于细节性设计了。

· 发挥服务企业作用。服务企业主要是通过两种方式发挥作用的:一是制作剧本,二是充当导演。

· 制作剧本。服务企业的剧本既包括标准、制度、流程、政策等硬性的规定,也包括经营理念、经营思想、创业故事等软性的企业文化。其中,前者的"硬性规定"部分为服务员工与顾客之间的接触规定了框架或模板;后者的"软性文化"部分为服务员工确定了行为反应方式。

· 充当导演。在服务接触中,服务企业还通过它的代言人——管理人员来发挥作用。从舞台概念来讲,管理人员扮演着导演的角色,在大多数情况下,管理人员隐藏在服务员工与顾客接触过程的背后。

【实例 6-9】

### 独辟蹊径的创新服务

当绝大多数的其他食品特许专营商保持着传统的管理方式,致力于做更多的广告,更多的促销,开发更多的新产品和设立更多的新经营场所的时候,Taco Bell则一直把重点放在顾客身上。Taco Bell 认为,公司的组织应该支持顾客认为真正有价值的东西——食品和服务的提供系统。

与其他食品特许专营商不同,Taco Bell 把公司的运作重点从制造转移到装配上。原来在后厨执行的,像清理莴苣头、切番茄片、切碎奶酪和做 Taco 卷筒等任务都外包给其他企业去做。这样一来,员工现在的主要任务就是服务顾客,而不是像以前那样准备食物。相反,这个行业中许多其他的公司都在通过提供像现烤的饼干和比萨饼等产品来扩张现场的食物制造业务。遵循这一战略的公司使它们的业务操作复杂化了,并且强调生产而不是在服务提供上。

Taco Bell 公司业务操作上的其他变化包括整个公司管理层次上的改进。这种变化表现为经理人员的作用是指导和劝告而不是命令和控制。另外,还重新强调选择和培训公众接待人员的重要性。在现金技术上的投资也使得该公司和它的员工们处于最先进的水平。与其他的利用技术来监控、控制,有时甚至是代替它们员工的做法不同的是,Taco Bell 公司将技术作为帮助员工完成任务的资源而提供给他们。

Taco Bell 也已经认识到,员工的士气和忠诚度对于顾客感知服务质量的重要性。为了提高员工的士气,该公司给一线员工所提供的工资高于同行业中其他员工的平均水平。此外,由于慷慨大方的奖金制度,经理们得到的奖金超过了他们竞争对手奖金的 225%。这些措施不但提高了员工的士气,而且降低了雇员的流动率,还提高了新员工的素质。

Taco Bell 公司在培训方面也是很独特的。公司鼓励经理们花一半的时间在沟通、授权和业绩管理等领域来开发员工的能力。结果是,Taco Bell 公司的大多数员工都认为他们现在有更多的自由,更多的决策权,对他们自己的行为也有更多的责任。

总的来说,Taco Bell 为改进它的服务提供系统所做的重建努力的结果绝对是积极的。在这个行业中的其他企业受市场萧条的时候,Taco Bell 公司的销售额增长超过了 60%,利润增长每年超过 25%。相比之下,麦当劳的美国特许专营商同期利润只增加了 6%。最令人惊讶的是,Taco Bell 公司 25% 的利润增长是在菜单上的多数项目降价 25% 的同时取得的。正是这些战略使得顾客对 Taco Bell 公司产生超过竞争对手的价值导向的感受。

［资料来源:K.道格拉斯·霍夫曼(K.Douglas Hoffman),等.服务营销精要概念、策略和案例.胡介埙,译.大连:东北财经大学出版社,2009:359.］

**【即问即答 6-10】**

Taco Bell 的创新服务体现在哪里? 对你有何启发?

## 本章小结

本章所涉及服务营销管理的主要包括服务供求管理、服务排队管理和服务接触。作为本章的重点,通过学习,你应该掌握以下几个方面的内容:

◆ 服务供求管理。由于服务缺乏库存能力、影响服务供给的因素和需求变化的原因等一系列问题存在,使得服务供给和服务需求量如何匹配问题成为服务经营中所面临的最大挑战之。本章提出了使供需相匹配的战略,包括需求战略(改变需求以适应供给能力)和供给战略(使能力有弹性以适应需求),需求战略主要是平滑需求的高峰和低谷,供给战略主要是使供给能力与需求保持一致,从而平衡服务的供给和需求。

- ◆ 服务排队管理。顾客排队等待现象的形成,是由顾客需求的波动性和服务企业接待能力的相对固定性二者之间的不匹配引起的。排队等待现象不仅影响顾客的消费体验和消费评价,也直接影响服务企业的成本和收益。因此,服务企业需要了解顾客在等待服务过程中的心理感受,做好顾客等待中的服务工作,要科学地设计排队结构类型、排队服务规则,做好排队管理工作,并针对性地采取措施使等待变得可以接受,甚至成为美好的体验。

- ◆ 服务接触管理。服务接触可以按照不同的标准进行划分,每种服务接触成功的要素不尽相同。每一个服务接触事件都会影响顾客的感受、体验和对服务企业形象的评价。服务接触可以看成是由服务企业、顾客以及服务人员构成的三元组合,其中顾客与服务人员由服务组织界定的环境中的服务过程实施控制,服务人员是服务产品的生产者、传递者和营销者,服务企业需要正确理解服务接触中的顾客角色,科学、合理地定义顾客的工作,正确选择顾客、教育顾客和激励顾客,管理好顾客组合,使顾客参与变成一种使企业和顾客双赢的策略。

▷ 【案例分析】

## 民宿创造新需求

民宿是指利用自用住宅空闲房间,或者闲置的房屋,结合当地人文和自然景观、生态和环境资源及农林渔牧生产活动,以家庭副业方式经营,提供旅客乡野生活之住宿处所。此定义很好诠释了民宿有别于旅馆或饭店的特质,民宿不同于传统的饭店旅馆,也许没有高级奢华的设施,但它能让人体验当地风情、感受民宿主人的热情与服务,并体验有别于以往的生活,因此蔚为流行。这股潮流民宿旅游风潮,从一片原属于低度发展的行业中,创造出另一片管理有序、品质服务、创造旅游型态的新需求。

**一、民宿的起源与类型**

1. 民宿的起源。民宿的起源有很多说法,更多认为是来自于英国。公元 1960 年代初期,英国的西南部与中部人口较稀疏的农家,为了增加收入开始出现民宿,当时的民宿数量并不多,是采用 B&B(bed and breakfast)的经营方式,它的性质是属于家庭式的招待,这就是英国最早的民宿。直至今日,英国的 B&B 依然是游客的潮流所选,具有品质、服务、管理等特点,又可以体验正宗英国生活风情,当然价格会比一般旅馆便宜许多。

2. 民宿的类型。欧陆方面多是采用农庄式民宿(accommodation in the farm)经营,能够享受农庄式田园生活环境,体验农庄生活;加拿大则是采用假日农庄(vacation farm)的模式,提供一般民宿假日可以享受农庄生活;美国多见居家式民宿(homestay)或青年旅舍(hostel),不刻意布置的居家住宿,价格相对饭店便宜的住宿选择;其他类似性质的服务。

(1)日本民宿:规范审批程序,拓展多元经营。20 世纪 70 年代是日本民宿繁荣发展的时期。日本民宿按经营主体分为洋式民宿(pension)和农家民宿(stay home on farm)两类,洋式业者均为民间具有一技之长的白领阶层转业投资,并采取全年性专业经营;农家民宿则有公营、农民经营、农协(农会)经营、准公营及和第三部门(公、民营单位合资)经营等五种形式,有专业经营也有兼业经营,即使偏远地区的简易民宿都采取许可制,禁止非法经营。按功能分还有纯粹住宿型和特色服务型两大类：纯粹住宿型一般临近景区，依托周边景区的人气而发展，具有干净清爽、价格低廉等特点；特色服务型自身也是旅游吸引物，通常结合周边资源，打造温泉养生、乡村运动等特色主题，提供农业体验、生态观光多项服务。

（2）法国民宿：政府强力主导，协会全面支持。在法国，民宿的发展是从简单的小农庄开始的，经过不断发展法国民宿形态日益多元，除了常见的依托农庄而建的乡村民宿之外，有毗邻城市中心的复古阁楼，甚至还有文艺复兴时期的文艺古堡。通过一栋栋居家风格迥异的民宿，游客们能很好地感受并融入周围的产业环境，充分领略当地历史风貌与现代产业文化相结合的魅力。法国政府对民宿的经营规模、安全规范及食品标准都有着严格的规范，此外还成立了民宿联盟协会对民宿的经营、建设予以指导和支持。

（3）中国台湾民宿：民宿在台湾的发展有很长的历史，最早大规模民宿发展的地区是垦丁公园，时间约在1981年左右，当初是解决住宿不足的问题，只是一种简单住宿型态。起因于游憩区假日的大饭店旅馆住宿供应不足或缺乏服务，或登山旅游借住山区房舍工寮，有空屋人家因而起意挂起民宿的招牌，或直接到饭店门口、车站等地招揽游客，而兴起此行业。民宿业因平民化、平价化、亲民化而广受游客之喜好。包括景观民宿、原住民部落民宿、农园民宿、温泉民宿、传统建筑民宿、艺术文化民宿。满足游客的艺术体验，有复古经营型民宿、赏景度假型民宿和农村体验型民宿。

### 二、民宿发展迎合了消费新趋向

中国社会正在发生着深刻的变化。社会结构中受教育的人群比重正在加大，70、80、90后的人群正在成为社会的主力军，这类人群受教育程度高，对于"健康"和"幸福"的概念，有着和上一辈人完全不同的理解。他们消费理性，追求内涵、品质和服务，更懂得生活，平日工作压力较大，民宿模式符合了他们追求自我解放的需要，可以从日常压力环境中释放出来。随着经济发展到一定程度，人们逐渐提高了对感性消费的需求，民宿模式还满足顾客的怀旧体验。

1. 消费观念的升级，旅行模式的改变。游客对于旅游出行首要关注的不再只是价格，相反更愿意花更多的钱买更好的享受。人们对旅游出行中居住的体验感需求不断提升，更能接近大自然的民宿客栈将会是最好的选择。

2. 逃离城市，回归乡村。随着城市工作压力大、空气污染指数高，使得都市人群越来越想逃离，强调生态自然、生活情怀的民宿给予人们回归和实现自我梦想的空间，人们更愿意"解甲归田"寻找内心的平静。

3. "新农人、新创客"对美丽中国乡村梦的追寻。针对于民宿这一新兴市场的许多政策监管的盲区和雷区需要理清。近半年时间，国家连续推出多项利好民宿的发展政策，民宿的发展打破了瓶颈，呈现出高速发展的态势。

我国民宿产业的发展与乡村、农业的多路径发展有着复杂的交织，民宿一方面肩负着促进乡村旅游升级发展，转变农业生产方式，强村惠民的重要功能；另一方面又承载着大批返乡"新农人、新创客"对美丽中国乡村梦的追寻。多重功能的交织无疑让民宿成为2015年旅游圈中最热门的话题。

### 三、民宿创造了消费新需求

社会的大变革、大发展时代造就了很多新旧的快速更迭、消失，因此对于承载着太多回忆、情感的怀旧系列商品，消费者更愿意买单。民宿的主题可能为怀旧提供了样板。在民宿,大家可以体验儿时的环境和感受;在民宿可以体会失去的时光;可以体验 hide away(逃离);寻找归属感,民宿"家"的情怀将成为它长久的竞争力。民宿具备个性化经营特色,在乡村或旅游景区的民宿,通常会依托当地的旅游资源或人文资源经营一些特色项目,与其他旅游产品协同、融合及互补。同时,民宿将要整合餐饮、咖啡、酒吧等相关业态,成为一大趋势之一。

1. 在线民宿预订市场爆发式增长。2014 年第 2 季度在线民宿客栈预订市场规模达到 1.3 亿元,环比增长 58.5%,同比增长 333.3%(数据来源:易观国际——中国在线客栈民宿预订市场专题研究报告 2014)。另根据《2015 上半年中国旅游住宿预订排行榜》,在住宿类型的选择上中外游客的偏好十分相似,选择别具特色的民宿和客栈已经成为当前国内旅游住宿的一大趋势。作为一种旧乡愁与新乡土相结合的产物,民宿被称之为有温度的住宿、有灵魂的生活。在多主体的共同推动下,民宿近年来呈现井喷式增长,以杭州地区为例,仅 2015 年上半年杭州西湖周边的民宿数量就激增了四成之多,民宿俨然成为群雄逐鹿旅游的重要战场。

2. 民宿不仅数量增长较快,品质也很高。民宿主要分布旅游资源丰富的南方的著名的景点和旅游目的地城市,如杭州、丽江、大理、阳朔等地,具有天然的"地利",民宿数量增长较快,品质也很高。我国目前已有 11 个民宿群带,其中最核心的民宿。集聚区分别是长三角、滇西北、浙闽粤。长三角民宿聚集区以浙江德清的莫干山为首,由于周边城市经济发达,民宿偏向中高端人群,以小巧精致型为主。莫干山因为十五年前几个老外游客留下来开咖啡馆兼客栈,后来慢慢开出了 400 多家大大小小的下榻地,最近还成立了一个民宿联盟。后起之秀杭州最近三四年也开了不少,主要集中在灵隐、四眼井、满觉陇一带。杭州周边千岛湖一带淳安也从民宿 1.0 发展到现在的民宿 3.0——精品民宿阶段,如富文乡的"美客爱途"为代表的一批精品民宿就落户在这里。浙闽粤海岸民宿带以厦门鼓浪屿为代表的沿海城市,民宿风格以台湾为原型。滇西北民宿聚集区依托于丽江、大理的旅游风景,将其特有的民族风情、人文情怀融入在民宿中。另外,安徽黄山脚下的一些村落也有几家。

### 四、民宿市场的供给

目前市场上做民宿供给方的主要分为三大类:建筑师与艺术家、酒店运营方、地产开发商。

1. 建筑师与艺术家。除了房东依托自家房屋自发开发的民宿,更多的是建筑师、艺术家涉足民宿行业。建筑师和艺术家基于自身的专业知识,将建筑和艺术价值、文化共鸣融合在一起打造出民宿独一无二的个性。坐落在杭州千岛湖富文乡的"美客爱途"的主人是位景观设计师,"一山、一竹、一溪、一泉"构建了山居整体的轮廓空间,设计师巧妙地从自然山水中,剥离并营造出一个门前开阔、意境深远的家园,找寻一种能带给客人的归属感。莫干山裸心谷外观看似一座座简朴的树顶别墅和夯土小屋,这些建筑的材料都是采用环保材料。

2. 酒店运营方。酒店品牌方进入民宿行业,不仅是对自身业务的补充,实现产品多元化;同时也可以对客人进行引流,把商务客人引流到景区去,把景区的客人引流到城市里来,获取更多的客户。中国最大的民营高星级连锁酒店集团开元酒店的"绍兴大禹"整体规划着眼于古村落的自然生态环境,以白墙墨瓦的明清建筑为主体,小桥流水穿插其中,祠堂、戏台、天井、古街、石巷等景致相映成趣,品原始生态的绍兴水乡文化、酒文化、禹文化、书法文化的古城韵味,使旅客陶醉在四千年的沉淀中。

　　3. 地产开发商。目前介入民宿行业的地产开发商不多,但他们的进入将是必然趋势。开发商运营民宿的主要模式,开发商可以在旅游地产项目中规划出民宿板块进行开发,或者将项目中闲置的小地块和房屋出租给民宿投资人或返乡创客。

　　渴望拥抱大自然的美丽风景,感受原汁原味的当地风情,体会丰富多彩的文化特色。民宿作为一种旧乡愁与新乡土相结合的产物,被称之为有温度的住宿、有灵魂的生活。民宿在我国大陆不过七八年的发展时间,近年来在政策、金融等多方的共同助推下,呈现井喷式增长,已经迅速在旅游住宿板块的低、中、高端市场都占有一席之地。民宿创造了新需求,经营之火爆可见一斑。

　　(资料来源:改编自 http://sanwen8.cn/p/178qhU1.html;http://travel.sohu.com/20151013/n423093834.shtml;http://business.sohu.com;http://baike.baidu.com/link? url=;http://fashion.sina.com.cn/l/ds/2015-08-21.)

**案例讨论题**

　　1. 试比较集中民宿类型,说明民宿的兴起是怎样改变传统的旅馆酒店市场供给的。

　　2. 有人说"一些民宿不仅让顾客感受旧乡愁与新乡土,而且服务人员甚至民宿主人会与顾客'一杯茶一段聊天',体现了一种服务接触管理。"请解释之。

　　3. 为什么说民宿创造了新需求?

**【思考题】**

　　1. 为什么在服务业中平衡供给和需求具有挑战性? 找出服务企业鼓励顾客在非高峰期进行消费而调整定价战略或其他营销组合要素的例子。

　　2. 找出你所经历过的好的预订系统和坏的预订系统。分析它们成功或失败的原因并给出系统的建议。

　　3. 企业为什么要对顾客做出选择,这样做的优缺点是什么? 讨论顾客作为合作生产者的角色。

　　4. 深度观察两家店铺中服务员与顾客互动的细节,比较分析顾客、员工和管理人员在互动过程中的角色、地位和作用。

　　5. 排队等待的队伍设计有哪几种主要方式? 各自的优缺点是什么?

　　6. 服务接触有哪些基本方式? 服务企业如何进行服务接触管理? 运用服务接触三元组合描述服务企业的服务传递过程。

# 第 7 章

# 服务质量与补救

$\gg\gg\gg$ $\gg$

- 服务质量
- 服务失败
- 服务补救

## 导入语

　　服务质量是产品生产的服务或服务业满足规定或潜在要求(或需要)的特征和特性的总和。由于服务产品生产与消费不可分离及异质性等特点,对服务质量的理解与评价就相当复杂。顾客会基于他对服务的预期和对服务的实际感知之间的差距来评价服务质量的好坏和满意程度。服务的无形性、异质性、同步性和不可储存性等特点决定了服务失败是在所难免的。早期针对服务失败的对策研究,主要是顾客抱怨处理,即在顾客遇到服务失败、顾客不满意并且向企业抱怨后的处理对策。服务补救比顾客抱怨处理包含了更广泛的活动内容。服务补救是围绕顾客满意和顾客忠诚的总目标、对服务失败进行的主动和有效的一系列管理活动,它不仅包括对顾客抱怨的处理和服务失败的实时弥补,还涵盖了对服务失败的事前预警与控制,它是一种主动的反应,是一个系统的管理,是持续的服务质量改进过程。

　　**当你学完本章后,你将能:**

- ◆ 了解服务质量的内涵和维度,掌握服务质量缺口管理。
- ◆ 了解服务失败与服务抱怨,认识服务失败对顾客的影响与反应。
- ◆ 掌握服务补救的内涵、步骤和策略,了解服务补救的特别工具——服务承诺。

## 关键词

　　服务质量;服务缺口;服务失败;服务抱怨;服务承诺;服务补救

## 【导入案例】

### 淘宝网的假货风波与补救

　　近年来,淘宝网已成为亚太最大的网络零售商圈,并致力于打造全球领先网络零售商圈。截至 2014 年底,淘宝网拥有注册会员近 5 亿,日活跃用户超 1.2 亿,在线商品数量达到 10 亿,在 C2C 市场,淘宝网占 95.1% 的市场份额。淘宝网在手机端的发展势头迅猛,据易观 2014 年最新发布的手机购物报告数字,手机淘宝十天猫的市场份额达到 85.1%。截至目前,淘宝网创造的直接就业机会达 467.7 万。随着淘宝网规模的扩大和用户数量的增加,淘宝也从单一的 C2C 网络集市变成了包括 C2C、分销、拍卖、直供、众筹、定制等等多种电子商务模式在内的综合性零售商圈。另一方面,在惊人的数据背后,几年来淘宝网也经历了多次"假货风波"。

众所周知,淘宝网最核心的内容其实就是鼓励单个体开店销售,通过它的网络平台实现个体经营与客户的对接,大大降低了开实体店的成本,从而能吸引到相当多想开店经营,而又没有足够资本的小个体商家。这本来是淘宝网得以成长壮大的最大优势所在。开店成本极大的降低,客户和商家之间不用直接的接触,这为那些贩卖假冒伪劣产品,低质粗劣产品的商家和个人提供了极为广阔,极为便利空间。从 2014 年 11 月开始的,中国羽绒工业协会在天猫、淘宝上匿名购买了销量排名比较靠前的羽绒服 38 件,其中男装 8 件、女装 21 件、童装 9 件 38 件样品于 11 月 15—18 日分别寄给两家由国际羽绒羽毛局认可的中国检测实验室检测。2014 年 12 月 12 日,中国羽绒工业协会已经在其官方网站发布了调查结果。在被抽检的 38 个样品中,仅 9 个样品合格,合格率为 23.7%。2014 年 8 月到 10 月,工商总局网监司委托中国消费者协会开展了网络交易商品定向监测活动。2015 年 1 月,国家工商总局公布 2014 年下半年网络交易商品定向监测结果,此次监测共完成 92 个批次的样品采样;淘宝网正品率最低,仅为 37.25%。阿里巴巴近日遭遇了前所未有的危机:国家工商总局发起的质量抽检让淘宝深陷假货风波,虽然事件以阿里与工商总局"握手言和"作为结局。淘宝在打击假货方面态度一直很明确,在淘宝有几个部门,专门来打假,包括网安团队、反作弊团队、搜索团队等。

积极回应,审核和抽检。淘宝在审核和抽检中一旦发现售假,会有扣分,扣分达到一定程度,就关店处理了。如果售假证据确凿,网站会将卖家拉入黑名单;如果售假数量、金额达到一定程度,卖假者将被永久封杀,封闭店铺的 IP。

技术识别和过滤假货。淘宝目前采用的是大数据技术打假。通过分析商品信息、消费者评价、维权、投诉与登录 IP 等数据,淘宝能从中分离出售假卖家信息,进而通过 IP 有效定位卖家地址。这种打假比线下打假更易操作。通过大数据,阿里还制作出了一份全国线下假货流通分布地图。淘宝网建立了标准产品价格库。机器会识别正常商品的价格,从标题、属性、价格方面做过滤。搜索也会过滤很多关键词。如果某些商品价格波动异常,假货可能性很大,机器会将此商品自动下架。另外,对于不能通过机器排查的非标准商品,淘宝网还设有专门的人工排查部门,做到 24 小时巡查,随时下架问题商品。

资金和人力投入。据悉淘宝在 2013 年 1 月到 11 月期间,共投入了 10 亿元资金进行网络打假。其次是人力投入,淘宝近 2 万名的员工中有超过 2000 名员工专门从事保障消费者利益打假淘宝售假行为的工作。

接待投诉和举报。这方面还发展了不少志愿者,一起来做这件事情。

阿里为打假是付出过努力的,并不是说事情做了,就能做好。打击假货的事情更是如此,这就要求淘宝加大监管力度,与工商总局配合线上线下共同打假,如此才可以恢复淘宝声誉,促进网购市场的健康发展。

(资料来源:改编自 http://baike.baidu.com/view/3950066.htm.)

## 7.1 服务质量

服务是顾客所感知的质量,与有形产品相比,影响顾客对服务质量感知的因素更为复杂,本小节在了解服务质量概念和重要性的基础上,分析服务质量的内涵和维度,以及服务质量的差距,并给出服务质量缺口管理的方法。

### 7.1.1 服务质量概述

服务质量可以被定义为顾客对实际所得到服务的感知与顾客对服务的期望之间的差距。ISO8402:1986《质量一术语》中将产品或服务的质量定义为:产品或服务规定或潜在需要的特征和特征的总和。但这是一个笼统的、一般化的概念,需要对服务质量作进一步的分析和研究。质量管理大师 J. M. 朱兰(J. M. Juran)认为:"质量就是适用性。"

1.服务质量的定义

质量是一个受到广泛关注的话题,也是顾客所期望的,但是要定义却很不容易。戴维·加文(David Garvin)教授归纳出了五个种类的质量定义,它们分别反映了五个不同的方面:

(1)出类拔萃(transcendent)。所谓出类拔萃,就是无与伦比的天生优越,这样的质量仅能靠经验来鉴别。换言之,人们可以作如此的结论:"你不能定义质量,但是当你看到它的时候就知道质量是什么了。"然而,这对于经营者来说,并不具有现实的指导意义。

(2)关注产品(product-based)。认为质量是一种精确的、可衡量的变量,以产品来定义质量,靠的是可以检测的量,给了一个客观的质量评估。比如,你的订单货物能在几天内装船运输,或者你的电话咨询是否立刻得到答复等。以产品为基础的定义的一个缺陷是,它假设所有的顾客都想要同样的属性,是无法解释单个顾客或者整个细分市场的品味、需求和偏好的差异的。

(3)关注用户(user-based)。这种定义质量的方法就把质量等同于最大化的顾客满意度。质量存在于旁观者的眼中是以用户为基础的定义前提。这些定义这种主观的、以需求为导向的观点认识到不同的顾客有着不同的偏好和需求。比如,有顾客急着要吃点东西去赶路,你却花上半小时才将精心制作的一餐美食端到桌上,顾客就会认为这餐饭质量低劣。

(4)关注生产(manufacturing-based)。以制造为基础的观点是以供应为基础的,以生产为基础来定义质量,是把质量视为工程和生产过程的产出。根据这个方法,质量就是"与需求相一致"的。换言之,就是产出究竟在多大程度上与设计计划相匹配。例如,火车应该按时刻表到达站点误差不能超过 10 分钟。这样的质量水平很容易判断和衡量的,只要比较时刻表时间和实际到达时间就行了。这种方法的缺点是,除非标准是按顾客的需求和偏好制定的,否则质量会成为一个企业内部的问题。

(5)关注价值(value-based)。这种方法把价值与价格在定义中融为一体。质量被认为是经营结果与顾客可接受的价格之间的平衡。把价值作为基础的定义是根据价值和价格定义质量的。

这些不同的质量定义代表了企业中各个不同岗位(比如营销部门、生产部门和设计部门等)对质量所持有的不同观点。例如,关注用户的定义最接近营销的观点,而设计人员更倾向于以产品为基础来定义质量,生产部门的管理者则希望以生产为基础来定义质量。

美国国家标准研究所(American National Standards Institute, ANSI)和美国质量协会(American Society for Quality, ASQ)联合推出正式的质量定义是:所谓质量是指"产品和服务得以满足一定需求的全部特征和性质"。

2.顾客定义的服务质量标准

顾客定义的服务质量标准可以分为两种主要的类型:一是硬性标准;二是软性标准。

对于确定的硬性标准,还要建立评估反应系统,确保企业传递产品、处理顾客投诉、回答顾客的各种问题和上门维系服务的速度和及时性。另外,在建立了说明反应程度的标准外,企业还要配有顾客服务部门,而且部门的员工要精挑细选,一旦顾客的电话没有得到及时接听,那么企业的反应性就会降低到零。

软性标准为员工满足顾客需求的过程提供指导、准则和反馈,并且通过评估顾客的理解与信任得以度量。这些标准对于诸如专业服务中的销售过程和送货过程等需要人与人接触互动的服务尤为重要。软性标准或软性尺度是建立在意见的基础上的,无法观测到,必须通过顾客、员工或其他人的交谈才能搜集到确切的信息。

建立顾客定义的服务标准是为了明确地满足顾客所期望企业的运营程序和人员表现。光有空泛的标准如"提高企业服务水平"这样的标准是难以传达、衡量和落实的。有效的服务标准是应该以具体的方式进行定义的,可以让员工清楚地知道他们应该做什么,当然这些标准也最好是根据服务人员各自的具体行为反应来建立并衡量。

【链接 7-1】

### "零缺陷"思想

菲利普·克劳士比(Philip B. Crosby)被誉为当代"伟大的管理思想家"、"零缺陷之父"、"全球质量管理大师",终身致力于"质量管理"哲学的发展和应用。零缺陷理论核心是:"第一次就把事情做对"。零缺陷管理最早应用于美国马丁-马瑞塔公司的奥兰多事业部。"零缺陷"思想包括以下内容:

第一次就把工作做对总是比较便宜的;

"零缺陷"就是缺陷预防的呐喊,它意味着"第一次就把事情做对";

所谓第一次做对,是指一次就做到符合要求,因此,若没有"要求"可循,就根本没有一次就符合"要求"的可能了;

我们基本的工作哲学便是预防为主,坚持"第一次就把事情做对"的态度,使质量成为一种生活方式。

## 7.1.2　服务质量的重要性

服务质量是产品生产的服务或服务业满足规定或潜在要求(或需要)的特征和特性的总和。特性是用以区分不同类别的产品或服务的概念,如旅游有陶冶人的性情给人愉悦的特性,旅馆有给人提供休息、睡觉的特性。特征则是用以区分同类服务中不同规格、档次、品味的概念。好的服务质量能够带来高的顾客忠诚、高的市场份额和投资回报,带来忠实的员工和低成本,因此具有重要意义。

1.高的顾客忠诚(higher customer loyalty)。质量是顾客满意的重要组成部分。优质产生高满意度,而高满意度又能产生忠诚的顾客,顾客的忠诚是导致收益提高和增长的源泉。

2.高的市场份额(higher market share)。忠实的顾客为企业提供了稳固的顾客基础。这些顾客口口相传的广告能带来新的顾客,这就创造了更大的市场份额。

3.高的投资回报(higher returns to investors)。研究表明,因其商品或服务而著称的厂商是能够盈利的厂商,如他们的股票等就会成为好的投资对象。

4.忠实的员工(loyal employees)。如果一个企业能生产优质的商品和服务,它的员工会为自己的工作而骄傲,他们能从工作中获得较高的满意程度。满意的员工往往更加忠诚,生产率更高。

5.较低的成本(lower costs)。优质意味着一举成功,这样企业可以用较少的投入来纠正错误或者补偿不满意的顾客。

【实例7-1】

### 政务大厅服务标准化

"全国政务大厅服务标准化工作组"日前在山东省新泰市宣布成立,并召开工作组第一次会议。会议讨论通过了工作组章程,发布了《政务服务中心标准化工作指南》《政务服务中心运行规范》两大系列6项国家标准及《政务服务中心网上服务规范》国家标准。新标准将于2016年5月1日起正式实施。这是我国首批关于政务服务中心建设、管理、运行的国家标准。工作组是负责全国政务大厅标准化建设的专业技术组织,主要承担全国政务大厅服务领域国家标准体系规划的编制、国家标准的研究制定与审定、标准化学术交流和标准实施效果评价等工作。

"哪些行政服务大厅建设的比较好?哪些行政服务大厅的服务更贴心?"通过网友推荐心目中的优秀"政务大厅",点赞"政务大厅"——行政服务大厅典型案例展示活动在中国行政体制改革研究会、《紫光阁》杂志、人民网、中国政府网共同努力下,呈现在广大网友面前了(活动时间:2015年5月27日—2015年6月27日),该活动的主要目的是通过展示各地各系统在建设行政服务大厅方面的典型经验,搭建互相学习交流的平台,推动各地各系统以行政服务大厅建设为平台,深入推进简政放权、深化行政体制改革。

(资料来源:人民网 http://dangjian.people.com.cn/GB/136058/396240/396414/index.html;光明日报,2014-10-13.)

## 7.1.3 服务质量的内涵和维度

鉴于服务交易过程的顾客参与性和生产与消费的不可分离性,服务产品的质量难以衡量,也无法通过生产过程来控制,服务质量只能通过顾客对实际感知与其预期相比较而体现出来,下面分别讨论服务质量的内涵和顾客感知服务质量的维度。

1.服务质量的内涵

服务质量的内涵与有形产品质量的内涵有区别,消费者对服务质量的评价不仅要考虑服务的结果,而且要涉及服务的过程。

服务质量最表层的内涵应包括服务的安全性、适用性、有效性和经济性等一般要求。服务具有暂时存在的特点,"热情的欢迎"不可能被检验和储存,人们不能够"维修"服务质量。当差错产生了再采取补救性措施时,公司服务质量的声誉已在一定程度上受到影响。与产品质量管理不同,服务质量管理不可能在"生产"之后采取防范措施。服务质量的内涵应包括以下内容:

- 服务质量是顾客感知的对象;
- 服务质量既要有客观方法加以制定和衡量,也要按顾客主观的认识加以衡量和检验;
- 服务质量发生在服务生产和交易过程之中;
- 服务质量是在服务企业与顾客交易的"真实瞬间"实现的;
- 服务质量的提高需要内部形成有效管理和支持系统。

不同顾客对同一服务产品的质量判断可能会有很大差别,而且顾客所理解的质量同服务生产者对产品质量的理解也会有一定差距,服务生产者认为是高质量的服务,在顾客眼中也可能认为是低质量的。可见,服务质量的评价标准包含了很大的主观性。在服务传递过程中,顾客扮演了一个直接而重要的角色,服务质量取决于顾客对服务的预期质量同其实际感受的服务水平(体验质量)的对比。

2.服务质量的维度

服务产品的质量不像有形产品的质量那样容易测定,很难用固定的标准来衡量服务质量的高低。美国学者 Parasuraman, Zeithaml, Berry 在 1985 年从顾客感知服务质量的角度,归纳出可靠性、保证性、有形性、移情性和反应性五个属性,即服务质量模型(SERVQUAL Model),基本上解决了服务质量测量难题。SERVQUAL 为"Service Quality"(服务质量)的缩写,理论依据是全面质量管理(Total Quality Management,TQM)中提出的一种新的服务质量评价体系,其核心理论是"服务质量差距模型",及服务质量取决于顾客所感知的服务水平与顾客所期望的服务水平之间的差别程度(因此又称"期望—感知"模型)。

他们认为顾客在评价服务质量时主要从下述十个标准进行考虑,即可感知性、可靠性、反应性、胜任能力、友爱、可信性、安全性、易于接触、易于沟通以及对消费者的理解程度等。在进一步研究中,上述十个标准被归纳为五个,其中有形性、可靠性和反应性保留不变,而把胜任能力、友爱、可信性和安全性概括为保证性,把易于接触、易于沟通以及地消费者的理解程度概括为移情性。如表 7-1 所示。SERVQUAL 评价模型可以通过对评价服务质量的五大要素中的每一方面的条款的不同分数进行算术平均来提供分值。

(1)有形性(tangibles)。有形性即指服务产品的可感知性,如各种设施、设备以及服务人员的外表等。由于服务产品的本质是一种行为过程而不是某种实物,具有无形的特性,所以,顾客只能借助这些有形的、可视的部分来把握服务的实质。可从两个方面影响顾客对质量的认识,一方面,它们提供了有关服务质量本身的有形线索;另一方面,它们又直接影响到顾客对服务质量的感知。

(2)可靠性(reliability)。服务业中的可靠性是指可靠、准确地履行所承诺的服务的能力。承诺出现在服务的每个环节上。可靠性实际上是要求企业避免在服务过程中出现差错,许多以优质服务著称的企业都是通过可靠的服务来建立自己的声誉的。比如精确的出账,正确的记账以及在保证的时间内完成服务。

(3)反应性(responsiveness)。反应性是指企业随时准备为顾客提供快捷、有效的服务。对于顾客的各种要求,企业能否予以及时的满足将表明企业的服务导向,即是否把顾客的利益放在第一位;同时,服务传递的效率则从一个侧面反映了企业的服务质量。例如提供快速的服务,及时邮递交易传票,不懈怠地接听顾客的电话等。

(4)保证性(assurance)。保证性是指服务人员的友好态度与胜任能力,它能增强顾客对企业的服务质量的信心和安全感。与员工的知识、能力、得体相关,也与他们传递信任和信心的能力相关。当顾客同一位友好和善并且知识丰富的服务人员打交道时,他会认为自己找对了企业,从而获得信心和安全感。友好态度和胜任能力二者都是不可或缺的。

(5)移情性(empathy)。移情性表现为对顾客的关心和细致入微的个体关怀。它包括与服务提供者的可接近性和便捷性,还包括员工努力去了解顾客和顾客的需求。移情性不仅仅是服务人员的友好态度问题,而且是指企业要真诚地关心顾客,了解他们的实际需要(甚至是私人方面的特殊要求)并予以满足,使整个服务过程富有"人情味"。

表 7-1　顾客评价服务质量的维度

| 维度 | | 定义 | 顾客可能会提出的问题的例子 |
|---|---|---|---|
| 有形性 | | 有形场地、设备、人员和沟通资料的外观可靠地、准确地完成 | ·我的会计师穿着是否得体?<br>·我的银行对账单是否简单易懂?<br>·如果律师说她将在 15 分钟后给我回电话,她是否会做到? |
| 可靠性 | | 所承诺的服务的能力帮助顾客和提供迅速的服务 | ·我的电话账单不会有错吧?<br>·我的电视是否一次就修理好了?<br>·如果出了问题,企业是否会立即予以解决? |
| 反应性 | | 服务的意愿 | ·我的股票经纪人是否愿意回答我的问题?<br>·有线电视公司是否愿意告诉我安装工人到来的具体时间?<br>·银行出纳员是否能够熟练地处理我的交易? |
| 保证性 | 胜任能力 | 拥有执行服务所需要的技能和知识 | ·在我打电话给旅行代理人的时候,她是否能够获得我需要的信息?<br>·牙医看上去是否很专业? |
| | 友爱 | 顾客接触人员的礼貌、庄重、体贴周到和友好 | ·飞机乘务员的行为举止是否令人愉快?<br>·电话接线员在答复我的过程中是否一直很有礼貌?<br>·水暖工在踏上我的地毯前是否脱掉了他沾满泥浆的鞋子? |
| | 可信性 | 服务提供者的可信任程度和诚实程度感 | ·这家医院名声好吗?<br>·我的股票经纪人不会强迫我买进吧?<br>·修理企业对它的工作提供保证吗? |
| | 安全性 | 免于危险、风险或疑惑 | ·在晚上使用银行的自动柜员机安全吗?<br>·如果发生未经授权使用情况,我的信用卡是否受到保护?<br>·我是否能够确信我的保单提供了完整的承保范围? |
| 移情性 | 易于接触 | 可接近性和接触的容易程度 | ·如果我有问题,找主管对话的容易程度如何?<br>·航空公司是否有 24 小时免费订票电话?<br>·酒店是否坐落在交通便利的地方? |

续表

| 维度 | | 定义 | 顾客可能会提出的问题的例子 |
|---|---|---|---|
| 移情性 | 易于沟通与理解 | 倾听顾客的要求,使用他们能够理解的语言向他们传递信息,努力了解顾客和他们的需要 | · 在我要投诉的时候,经理是否愿意倾听?<br>· 我的医生是否可以避免使用医学术语?<br>· 如果无法准时赴约,电工是否会打电话过来?<br>· 酒店中是否有人认出我是常客?<br>· 我的股票经纪人是否试图决定我的财务目标?<br>· 搬运公司是否愿意适应我的时间安排?<br>· 酒店的设施是否有吸引力? |

[资料来源:根据李晓.服务营销.武汉:武汉大学出版社,2004:318-319整理.]

根据上述五个维度,Valarie A. Zeithaml,Parasuraman 等建立了 SERVQUAL 模型来测量企业的服务质量。具体的测量主要是通过问卷调查、顾客打分的方式进行。该项问卷包括两个相互对应的部分:一部分用来测量顾客对企业服务的期望,另一部分则测量顾客对服务质量的感受。

【实例 7-2】

### BanPonce 公司的服务

BanPonce 公司是一家具有 100 多年历史的金融服务联合企业,在波多黎各的银行界占支配地位,它实际是这个岛国经济的代表,它承担着商业和个人贷款并占有所有存款总额的 30% 以上。近来 BanPonce 最引人注目的业绩是其在美国大陆的业务。该行在纽约有 30 个分行,在新泽西、伊利诺伊和加利福尼亚另有 10 家分行。

在西班牙语工薪阶层区营业时,该行以双语出纳和为常常上夜班的人安排专门的服务时间而使客户感到宾至如归。BanPonce 同时也挖掘小的细分市场。在纽约市布朗克斯(New York's Bronx)的东特莱蒙大街(East Tremont Avenue),ATM 一直开到晚上 10 点,而在附近街区作为某唯一竞争对手的化学银行(Chemical Bank)的 ATM 则只开到下午 3 点。仅这一家分行的 ATM 的月交易量即超过 10000 笔,其中非客户占到 60%,每人每笔交易就会带来 75 美分的收入。其扩张战略很简单:选定正在兴起的西班牙语社区为目标,然后迅速切入,其方式通常是购买陷入困境的银行的分行并加以改造。

[资料来源:(美)约翰·E.G.贝特森(John E.G.Bateson),等.服务营销管理.邓小敏,译.北京:中信出版社,2004:326 改编.]

【即问即答 7-1】

从顾客评价服务质量的五个维度出发,你认为顾客对银行的服务质量评价标准主要有哪些?

## 7.1.4　服务质量缺口管理

服务质量的好坏,取决于服务产品满足顾客需求的程度,顾客会基于他对服务的预期和对服务的实际感知之间的差距来评价服务质量的好坏和满意程度。

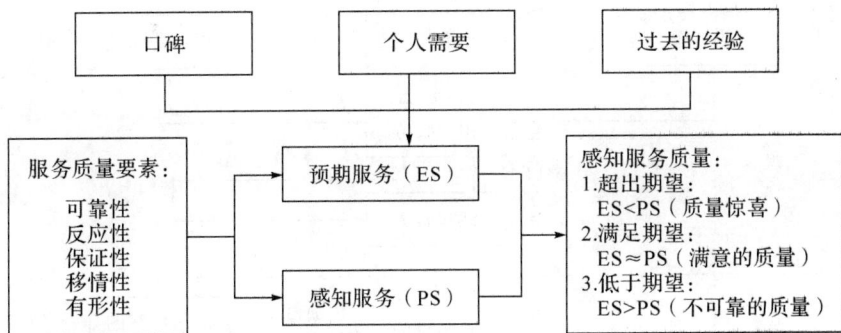

图 7-1 感知服务质量

[资料来源:(美)詹姆斯·A.菲茨西蒙斯,等. 服务营销管理－运营、战略和信息技术.张金成,等,译.北京:机械工业出版社,2000:188.]

如图 7-1 所示,如果"感知服务"超过了"预期服务",顾客就会对提供的服务质量满意和高兴;如果相反,则会不满意和失望;如果两者一致,那么顾客不会感到高兴,只是不会失望而已。因此,服务质量是一个主观范畴,它取决于顾客对服务的预期质量和实际体验质量(即顾客实际感知到的服务质量)之间的对比。在顾客体验质量达到或超过预期质量时,顾客就全满意,从而认为对顾客的服务质量较高;反之,则会认为企业的服务质量较低。

1.服务质量的缺口模型

瓦拉瑞拉·A.泽丝曼尔(Valarie A. Zeithaml)等开发了"服务质量缺口"模型("gap"model),用以描述"预期服务"与"感知服务"的差距和缺口。根据顾客按照服务的5个方面的预期和对实际提供服务的感知的差异,形成了服务质量的概念。如果存在差异,就说明有"缺口"。为了测量这些缺口,他们设计了一份涉及 22 个项目的问卷,即 SERVQUAL模型。

服务质量缺口模型见图 7-2,该模型说明了服务质量是如何形成的。模型的上半部涉及与顾客有关的现象。期望的服务是顾客的实际经历、个人需求以及口碑沟通的函数。另外,也受到企业营销沟通活动的影响。

缺口模型对了解提供优质服务的挑战性来说,提供了有价值的研究。图 7-2 给出了缺口模型的一个图形说明。

缺口 1:管理者感知与顾客期望之间的差距(GAP1)。这是指管理者不能准确地感知顾客期望所造成的差距,不了解顾客的预期。

缺口 2:管理者感知与服务质量规范之间的差距(GAP2)。这是指管理层所感知的顾客期望与所制定的服务质量规范不一致而出现的差距。例如,当你去一家高级餐馆的时候,你发现有个服务员很仔细,也很会体贴人,而且很主动地与顾客交流,而另一个服务员,尽管他的服务没出差错,却让人觉得不够热情,有点居高临下的样子。结果,服务不协调,而顾客的体验也会有天壤之别。

缺口 3:是服务质量规范与服务传递之间的差距(GAP3)。这是指由于服务人员在服务生产、传递过程中没有按照企业设定的标准来进行而造成的与质量规范之间的差距,这是在实践中最容易出现问题和最难管理的环节。例如,零售店员工可能接受过专业培训,要求他们在顾客上门时要致以问候,但他们却没有那样做,这或许是因为培训没有得到很好

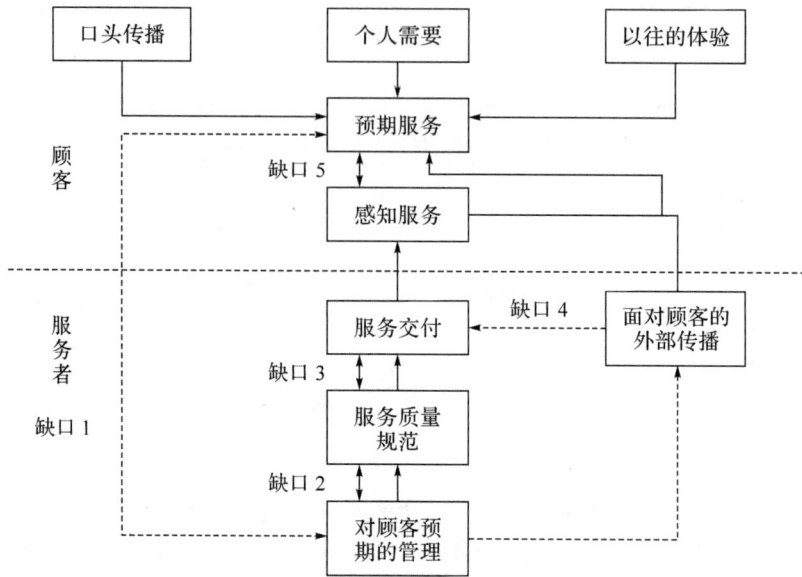

图 7-2　服务质量缺口模型

［资料来源：瓦拉瑞尔·A. 泽丝曼尔（Valarie A. Zeithaml），等.服务营销.张金成，等，译.北京：机械工业出
版社，2004；129.］

巩固，或许是因为有些顾客对他们这种问候反应冷淡。

　　缺口 4：是服务传递与外部沟通之间的差距（GAP4）。这是指外部营销沟通所宣传的服务与企业实际提供的服务之间的差距，一个企业对服务所做出的保证和实际提供的服务之间的差异。例如，一家轮胎零售兼修理店承诺 20 分钟内可以装好轮胎，但实际上却花了更长的时间；一家理发店承诺只要等待 5 分钟就可以提供服务，但顾客却等了 20 分钟；等等。

　　缺口 5：顾客期望的服务与感知的服务之间的差距（GAP5）。这是指顾客所期望的服务与顾客实际体验到的服务之间的差距。

　　2.服务质量缺口原因

　　分析和设计服务质量时，这个基本框架说明了必须考虑哪些步骤，然后查出问题的根源。要素之间有五种差异，也就是所谓的质量缺口。缺口分析是一种直接有效的工具，它可以发现服务提供者与顾客对服务观念存在的差异。分析缺口模型能指导管理者发现引发质量问题的根源，并寻找适当的消除差距的措施，提高顾客满意程度。

　　缺口 1：主要是顾客预期与管理者对顾客预期的理解的差别，其主要原因：

　　·缺乏营销导向的研究，对市场研究和需求分析的信息不准确；

　　·管理者与顾客之间的交互活动不够；

　　·管理层次过多造成信息阻塞或失真；

　　·缺乏需求分析和选择正确的服务设计和标准。

　　缺口 2：是管理者不能将对顾客预期的理解转换成具体的服务质量水平，其主要原因有：

　　·对服务质量的不适当保证；

　　·对可行性缺乏了解，计划管理水平低；

　　·服务的标准化程度不够，服务质量计划缺乏高层管理者的有力支持；

　　•组织缺乏明确目标。

　　缺口 3：也叫服务绩效差距，即服务的实际交付没有达到管理规范的要求，其主要原因有：

　　•监督控制系统与良好服务质量的要求相抵触；

　　•员工对服务角色不清晰，没有按服务标准提供服务；

　　•内部营销不充分，培训、评价系统和奖励系统不适当；

　　•技术和系统没有按照标准为工作提供便利。

　　•员工对监控缺乏感知，服务技巧不足或水平参差不齐。

　　缺口 4：指的是实际交付的服务与向顾客承诺的服务之间的差别，其主要原因有：

　　•服务沟通计划与服务生产没统一；

　　•经营部门、营销部门和人力资源管理部门之间横向交流不够；

　　•传统的外部营销与服务运营不够协调；

　　•外部营销沟通的计划与执行没有和服务生产统一起来；

　　•供应商不能履行承诺，有过度承诺的倾向。

　　缺口 5：是预期服务与感知服务间的差距，它直接关系到其他四种差距，其主要原因有：

　　•受到其他差距的影响，即 $GAP5 = f(GAP1, GAP2, GAP3, GAP4)$；

　　•顾客本身的因素，如顾客个人需要、顾客以前的服务体验、顾客的偏见、顾客自身对服务的错误理解等，企业或服务在市场中的口碑、形象也会影响这种差距；

　　•企业外部沟通分别会对期望的服务、感知的服务产生影响。

　　这一差距指感知或经历的服务与期望的服务不一样，它会导致以下后果：消极的质量评价（劣质）和质量问题；口碑不佳；对公司形象的消极影响；丧失业务。伦纳德·施莱辛格（Leonard Schlesinger）与詹姆斯·赫斯克特（James Heskett）将这种自我持续现象称为"恶性循环"。随着循环的进展，服务企业的质量水平持续恶化。从长期看来，这些企业的销售额和利润率必然会下滑。

　　所以，从理论上说，GAP 模型不仅能够帮助服务管理者理解服务质量的产生和构成，还能够帮助管理者发现服务质量问题可能出在什么地方、分析问题的原因并制定有针对性的、有效的改进措施。

【链接 7-2】

## 最好的服务保证的五项标准

　　如果一个服务企业要得到这些益处，它的保证就必须满足五项标准：

　　•无条件的。带有条件的保证缺乏力量，也少了对顾客的吸引力。最好的服务保证是没有任何条件的。

　　•通俗易懂。保证看起来不应像一个法律文件。它应该措辞简单，便于顾客理解。应该是"10 点半送到，否则退款，"而不是"迅速送达"。

　　•有意义。所谓保证，必须是保证对顾客来说重要的东西。保证银行的报表不出差错，显然比保证报表每个月底之前送达更有意义。保证还必须要与经济赔偿挂钩。如果保证顾客不满意就赔偿，那么赔偿必须与服务的成本和给顾客带来的不便成正比。

　　• 容易投诉。如果一个顾客要求投诉,企业不能要他经过很多关卡才能去投诉。否则,保证就失去了意义,还可能使本不高兴的顾客更不高兴。

　　• 容易获得赔偿。如果顾客要求赔偿,企业不能让顾客等候很长时间,或者走许许多多的部门才能得到赔偿。如果可能,最好是就地给予赔偿,或者是自动转账。

　　3.服务质量缺口管理

　　要弥合服务质量这一缺口,更好地满足顾客,并最好能同顾客建立长久稳定的关系,服务营销的任务就是针对这个差距进行沟通。缩短服务差距的路径有以下几个方面,见表7-2。

表 7-2　服务质量缺口管理策略

| 缺口 | 解决方法 | 具体管理建议 |
| --- | --- | --- |
| 缺口1 | 努力了解顾客对服务的期望 | • 通过研究、投诉分析、顾客的小组讨论等途径更好地了解顾客的期望;<br>• 顾客与企业的服务人员或管理人员的直接沟通;<br>• 改善与顾客接触的前台人员与企业管理人员的沟通,减少沟通的层次,信息及时准确地传递到管理者;<br>• 把获得的信息和观点转化为行动,赢得顾客的信赖,方便地获得顾客的信息。 |
| 缺口2 | 期望建立正确规范的服务质量标准 | • 让服务人员和管理层的上行沟通更加顺畅,尽快采取行动;<br>• 最高管理层要不断努力从顾客的观点去定义质量;<br>• 设定沟通和加强以顾客为导向的服务标准;<br>• 对员工传递优质服务所需要的技能进行培训和引导;<br>• 将重复性较大的服务进行标准化、程序化;<br>• 让员工了解并接受服务质量目标和优先顺序,进行绩效评估并定期反馈和奖励;<br>• 建立明确的、具有挑战性和现实性的详尽的服务质量目标以满足消费者的期望。 |
| 缺口3 | 保证服务的具体实施达到标准 | • 对员工阐明在服务中各自的角色,使员工参与标准制定,以便消除员工之间的角色冲突;<br>• 选用先进可靠的技术提高员工绩效;<br>• 通过学习,让员工知道顾客的期望、认知和问题;<br>• 提高员工人际交往的技巧,培训员工设定优先顺序和时间;<br>• 赋予管理人员和一线员工在工作现场做出决策的权力;<br>• 加强员工的团队合作精神,将激励因素与优质服务、报酬等结合;<br>• 确保后台人员对前台人员的支持并提供优质的服务,在企业内部建立网络;<br>• 充分调动顾客的参与性,把顾客当成"半个雇员",培养和激励他们扮演好合作生产者的角色。 |

**续表**

| 缺口 | 解决方法 | 具体管理建议 |
|---|---|---|
| 缺口 4 | 保证服务传递与承诺相匹配 | ·在做广告等策划时,寻求生产人员的积极参与;<br>·保证广告内容准确地反映出那些在顾客同组织的接触中对他们最重要的服务特征;<br>·对顾客的期望进行管理,展开有销售人员和生产人员参与的顾客交流会;<br>·不同地点的服务标准统一性要有保证;<br>·保证在多个地点传递的服务标准是一致的,服务中出现差错要给出确定的和合理的不可控的理由。 |

　　除表 7-2 中所列的对服务质量进行缺口管理建议以外,美国的森吉兹·哈克塞弗(Cengiz Haksever)、巴里·伦德尔(Barry Render)、罗伯塔·S. 拉塞尔(Robert S. Russell)和罗伯塔·G. 默迪克(Robert G. Murdick)探讨了全面质量管理(Total Quality Management,TQM)理念的基本原理。

　　关注顾客满意度。TQM 首要的原则是关注顾客,它要求对顾客的需求和期望进行系统的、持续不断的了解,提出了一些建议:

　　·领导。强有力的、乐于奉献的领导是实现成功 TQM 的先决条件之一,必须创立清晰的质量价值,改变工作方法,推动和促进满足顾客的需求和期望。

　　·开展培训和教育员工。很多质量问题的一个主要原因是缺乏对员工的培训。培训员工如何解决问题,如何持续改进服务方法。培训的量和培训的方法应该由工作的性质来决定。

　　·参与、授权团队工作和表彰。各个层面的员工参与是至关重要的,所谓授权是指授予员工制定和执行决策的权力,以改变他们自己工作的环境。团队工作是可以实现员工参与的另一个途径。不管是个人的努力,还是团队工作的结果,只要达到了提高质量和满意顾客的目的,就必须给予表彰和奖励。表彰或许是管理层增强企业新的价值观和实现TQM 要求的实践活动中最有效的途径。

　　·长远的观点和战略方法。一个战略性规划可以帮助明确为改变企业文化和企业经营方式所要做的重要的工作。规划中要随着企业内外的环境变化,规划也应随之更新。

　　·度量和分析。服务决策要以事实为依据,就需要服务企业必须对顾客的需求等数据进行收集和处理,服务的设计和传递与顾客需求性符合。

　　·快速反应和持续改进。服务企业应对不断变化的顾客的需求要有一定的快速反应能力。持续改进质量,以满足不断变化的顾客需求、预期和满意度。

【链接 7-3】

### 六种改进服务质量的方法

　　有以下六种方法能提高公司员工的奉献精神来为顾客服务。这些步骤是任何成功的服务不可缺少的部分。

　　(1)进行销售和服务环境调查。组织环境就像天气一样,是工作的气氛。环境影响着个人和组织的工作表现。对销售和服务的环境调查能让你知道你的员工是如何看待影响服务过程质量成功的关键因素的。应该了解员工关于以下指标的看法：团队工作、目标清晰度、领导关系、交流的障碍、职业道路、员工和培训。

（2）创造员工满意度，并把它写进战略计划。一旦做了环境调查，每一年或每两年重复一次。如果你的员工满意度提高了，你的顾客满意度也会增加，两方面的因素将会给公司的生意带来积极影响。服务成功的关键是稳定的、有经验的员工。高员工流失率会损害公司的服务前线，因为这样一来培训费就浪费了，顾客也丢失了。

（3）尽可能地让员工涉入服务过程。员工参与服务越多，就越可能对服务产生积极性和支持。最好让整个公司上下同时投入改进服务的活动中。在这个过程中，员工之间感觉像伙伴一样，员工也从自己对公司的贡献中得到了极大的满足。负责使员工参与这一过程，取得服务质量改进成功的组织是服务委员会和服务改进小组（SITs，Service Improvement Teams）。

（4）认可并奖励员工的出色服务销售行为。行为学家认为，认可是改变或加强根深蒂固的行为的重要工具。很多企业贬低员工的表现，实际上，经理们私下里认为员工的表现很不错。这种前后不一致给发展销售和服务文化造成了障碍。当员工觉得自己不受赞赏时，他们的士气和动力会受到消极影响。相反，当员工发现自己的额外努力被注意到时，销售和服务行为就会加强。所有的人都受益了，包括经理、员工、顾客。要让员工知道自己是受到认可的。一定要建立正式的销售和服务认可程序。

（5）加强公司的定位程序。许多公司关心顾客对公司的第一印象。你关心过员工对公司的第一印象吗？他们了解公司的服务宗旨和他们在服务质量文化中扮演的角色吗？员工定位是他们把公司理念灌输给顾客的第一步。而公司的定位影响着新员工日后的工作决定、与公司融合的程度投身于服务质量过程的程度。

（6）投资培训员工。奇怪的是仍然有很多公司认为它们没有钱培训员工。其实，投资培训会对一线的服务质量有很大影响。一家有竞争力的公司，拥有专业知识和技能的员工，训练有素的团体，将是一种有力的竞争利器。

可感知服务质量的形成过程及影响因素。顾客对服务产品质量的判断取决于经历质量与期望质量的对比。在经历质量既定的情况下，期望质量将影响顾客对整体服务质量的感知。与顾客接触时间越多，影响服务质量的因素数量越高，则服务质量的不满意程度越高（见图7-3）。

## 7.2　服务失败

服务的无形性、异质性、同步性和不可储存性等特点决定了服务失败（Service Failure）是在所难免的，服务领域的实践者和研究人员提出，企业应针对服务的缺陷或失败采取反应与行动，即服务补救（Service Recovery）。

早期针对服务失败的对策研究，主要是顾客抱怨处理，即在顾客遇到服务失败、顾客不满意并且向企业抱怨后的处理对策。

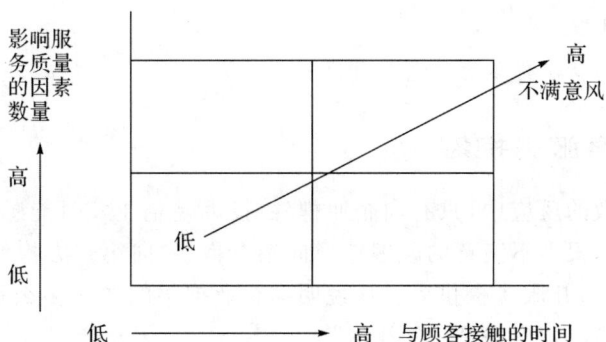

图 7-3　差异率与顾客接触时间的长短的关系

［资料来源：郑吉昌.服务营销管理.北京：中国商务出版社，2005：277.］

顾客抱怨处理的前提假设是顾客会向企业提出抱怨，但事实上，仅有 5％～10％的不满意顾客会主动抱怨和投诉，被动的抱怨处理并不能解决绝大部分不满意却未抱怨的顾客的问题。因此，Smith，Bolton 和 Wagner 指出，"服务补救比顾客抱怨处理包含了更广泛的活动内容，因为其所处理的状况包括了服务差错已经发生但顾客并未提出抱怨的情境"，"我们要抓住未抱怨的顾客，并考虑预先补救，而不是仅采用被动的顾客抱怨处理"。服务失败是服务中由于各种原因造成的顾客不满意状态。

【实例 7-3】

### 酒店顾客流失问题

客户投诉一：顾客通过某酒店预定中心预订了上海某酒店的房间，当顾客到酒店时，却被告知因为晚到一小时，房间取消了预订，现在酒店已经没房间了。可在预订时顾客已经就跟前台说了，会在 4 点以前到，但酒店前台却告诉他们，房间只保留到下午 3 点。

现在一家老小和满地行李都已到达酒店，却不能入住。该怎么办吧？

解决方案：从客户的投诉中，我们可以了解到，投诉表面原因：酒店取消了房间预订。表面需求：酒店的大床房一间，能马上入住。酒店稍加分析就可以觉察到客户的实际需求是，客户经过旅途的奔波，需要一间舒适的房间，能让家人安顿下来。但他到达酒店后却被告知预订的房间取消了，所以他投诉的实质原因是对酒店预订中心的工作和服务不满意。

客户投诉二：客人凌晨入住，10 分钟后要求取消入住并退还所有费用。客人凌晨一点多入住，进房 10 分钟后表示房间太小，床太小，不能上网，要求取消入住，并退还所有费用。酒店表示，当时客人是同意入住的，并且房内所有的设施已经动过，门店已客满，无法为他换其他房型，已过凌晨，电脑已入账，无法退钱，客人表示不能接受，于是投诉。请问如何解决较妥？

解决方案：为客人提供折扣，如客人明天继续入住并有房则安排房，如客人坚持退房并客气地告诉客人可以按时钟房收取少许费用，请客人留下地址，月结后再寄还剩余金额。

遇到类似的情况你认为该怎样处理?

### 7.2.1 顾客服务抱怨

顾客对服务失败的反应中,只有向企业抱怨/投诉是企业及时能感觉到的。从各种研究、调查中可以看到,很多不满意的顾客选择向亲友抱怨、向第三方抱怨(包括消费者权益组织、政府机构等)、离开服务提供者。这说明向企业抱怨的顾客多么弥足珍贵。因此,一些企业和研究人员指出,"抱怨是一件礼物"。

1. 顾客抱怨行为与分类

(1)顾客抱怨行为。国际上针对顾客抱怨行为的研究始于 20 世纪 70 年代,多数研究是 20 世纪 70 年代、80 年代在美国进行的。Hirschinan 关于顾客抱怨的研究成为早期研究的基础。

顾客抱怨是指顾客对于商品或服务品质不满意的一种反应,当顾客感到不满意时,就会产生抱怨行为。顾客抱怨分类框架如图 7-4 所示。正如 Singh(1988)所定义的,顾客抱怨行为是一系列的多重反应,其全部或部分由某次购买中感知不满意引发。Hirschinan(1970)将顾客抱怨行为分为行为性抱怨行为(behavioral complaining behavior)和非行为性抱怨行为(non-behavioral complaining behavior)。前者包括顾客表达不满的各种行动,如退出(exit)、表达(voice)或采取第三方行动;后者是不采取行动,忘掉不满意、保持忠诚。

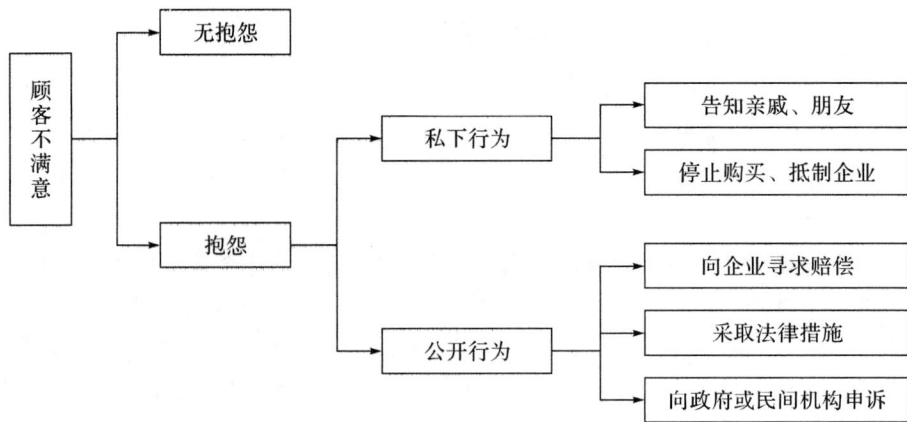

图 7-4　顾客抱怨分类框架图

(资料来源:范秀成.服务管理学.天津:南开大学出版社,2006:339.)

### "顾客永远不会错"

在 19 世纪末,美国最大旅馆的创建人斯坦特勒提出了"顾客永远是对的",而在同一个时期,欧洲最豪华饭店的创始人里兹提出了相同的服务理念"顾客永远不会错"。这个服务理念一直被服务业沿用到现在。尽管所有企业都不会认为所有顾客在任何情况下都是正确的,但是大多数服务企业还是宁愿维持这个理念,因为它对服务员工的服务行为具有良好的指导作用,对于服务企业构建服务文化提供了核心的文化价值观,这个理念能为企业带来价值。为了说服服务员工,也为了说服自己,一些精明的企业领导人对该服务理念进行了进一步的解释。

解释一

原则 1:顾客永远是正确的。

原则 2:如果你认为顾客错了,请参考原则一。

解释二

如果你认为是顾客错了,那么就把对让给顾客。

(资料来源:冯俊,等.服务管理学.北京:科学出版社,2010:168.)

**【即问即答 7-3】**

你是如何看待"顾客永远不会错"这一观点的?

(2)顾客抱怨分类

第一,将顾客抱怨行为按照两个维度划分(Davidow&Dacin):一个维度是抱怨对象是否在顾客圈子内,另一个维度是抱怨对象是否与不满意的购买直接相关。依据这两个维度,顾客抱怨行为分为四种类型:

· 直接抱怨是顾客向自己圈子之外、与不满意购买直接相关的对象(企业)进行抱怨;

· 第三方抱怨是顾客向自己圈子以外、与不满意购买没有直接关系的对象(消费者协会或法院)进行抱怨;

· 负面口碑是顾客向自己圈子以内、与不满意购买没有直接关系的对象(亲戚、朋友)进行抱怨;

· 沉默抵制是顾客向自己圈子以内、与不满意购买直接相关的对象(自身)进行抱怨。

第二,将顾客抱怨行为按公开的和私下的抱怨行为划分(Day&Landon):

· 公开的抱怨包括顾客直接向企业寻求赔偿、采取法律行动以获得赔偿、向政府机构或民间机构申诉等;公开的抱怨是企业即时或以后能感觉或察觉到的。

· 私下的抱怨即顾客采取个人行动,诸如停止购买该产品或品牌、抵制企业或警告其亲戚、朋友等。顾客无抱怨行为及私下行为企业一般很难察觉的。

从以上对顾客抱怨的划分可以看出,在服务管理研究中定义的顾客抱怨与平时人们所指的抱怨是有一定区别的,一般意义上的抱怨大多指公开的抱怨,按照这种理解,很容易忽视顾客私下的抱怨和非行为性抱怨,造成顾客抱怨管理的盲区。

**【实例 7-4】**

<h3 align="center">对 Presto 洗衣店的投诉</h3>

为改进服务质量,Presto 洗衣店安装了一套新型计算机控制设备。该设备旨在缩短顾客等待时间,简化送衣、取衣程序。可是新设备启用没多久,总裁 J. W. Sewickley 先生就收到乔治·谢尔顿先生的投诉信,他送洗的衣服不见了。信中描述了谢尔顿先生在 Presto 洗衣店接收投诉处理的经历并要求赔偿和道歉。为答复该投诉,W. Sewickley 先生把投诉信转交公司客户投诉办公室,要求其提供更多的信息。Paul Hoffner 答复说,有些情况情有可原,一些顾客不值得长久保持。

又是两个多星期过去了,乔治·谢尔顿先生又给 Sewickley 先生去信说从

Hoffner 先生那里依然没有任何消息。信中认为公司对待顾客的方式和 Hoffner 先生的所作所为,沟通的缺乏,以及他们引进的这套荒谬的设备,都使其感到气愤,"这些衣服晚交了差不多两个月,我还不得不付洗衣费,不得不购买新衣服来弥补贵店的错误。我的期望如下:全额退还我为丢失的衣服所支付的洗衣费;全额支付我为补偿衣服丢失而不得不购买四件衬衣的费用;加上 Hoffner 先生的真诚道歉。如果以上都可以实现,会考虑再给予贵店一个机会。否则将永远不再光顾贵店。"

"作为贵店的顾客,既气愤、失落又失望。事实上,在最近发生一系列事件之前的一年以来,我们对贵店的服务都非常满意。当你们在 Adams 和 Broadway 交口处开新店时,我们特别高兴。尽管在此地区贵店并不是价格最低廉的干洗店,但我们都觉得由于地理位置便捷,营业开门早、闭店晚,店员又乐于助人,使得物超所值。可是这些都是贵店安装计算机控制设备之前的事了。现在发生一系列事实向您解释为什么现在我们不再光顾贵店,要使我们重新成为满意的顾客你们应做些什么。"

【即问即答 7-4】

顾客永远是对的吗?对于赔偿和服务,公司应在何处划定界限?处理顾客投诉的最佳办法是什么?

2.影响顾客抱怨行为的因素

顾客抱怨行为是由不满意的感觉或情感触发的。也就是说,如果顾客感知的服务没有达到顾客期望的服务将直接引起顾客抱怨行为。既然不满意引起顾客抱怨行为,为什么在有些情况下顾客会产生行为性抱怨行为,而有些情况下顾客选择非行为性抱怨行为,如沉默;在几乎相同的情况下,为什么有些顾客进行行为性抱怨,而有些顾客没有行为性抱怨;等等。

【实例 7-5】

### 可口可乐公司对顾客抱怨的一次调查

2001 年,可口可乐公司进行了一次顾客沟通的调查。调查是在对公司抱怨的顾客中进行的。下面是那次调查的主要发现:

- 超过 12% 的人向 20 名或更多的人转述可口可乐公司对他们抱怨的反应。
- 对公司的反馈完全满意的人们向 4～5 名其他人转述他们的经历。
- 10% 对公司的反馈完全满意的人会增加购买可口可乐公司的产品。
- 那些认为他们的抱怨没有完全解决的人向 9～10 名其他人转述他们的经历。
- 在那些觉得抱怨没有完全解决的人中,只有 1/3 的人完全抵制公司产品,其他 45% 的人会减少购买。

(1)不满意的强度。在服务失败或出现问题时,服务失败的严重程度或产品的重要程度将直接影响顾客付诸抱怨行为的可能。服务失败严重程度高或产品重要时,顾客诉诸行为性抱怨的可能性较高;服务失败严重程度低或产品不是很重要时,顾客诉诸行为性抱怨的可能要低一些。Richins 和 Verhage 的研究也证明,产品的价格、问题的严重性等与抱怨行为有较高的相关性。Granbois 等曾提出一个关于顾客抱怨行为的概念模型,他们认为不满意是顾客行为性抱怨的一个必要条件,但不是充分条件。不满意的强度将直接影响顾客付诸抱怨行为的可能性(Bearden&Teel)。

(2)顾客的特征。一些研究表明,顾客抱怨行为与顾客的特征有关。这些特征包括人口统计特征以及包含价值观、个性、意见和态度在内的。顾客抱怨行为同年龄负相关、同收入和教育正相关的假设,并且发现抱怨行为直接与自信的程度相关。研究表明:公开抱怨的通常是年轻的、有良好教育的和高收入的顾客;Morganosky 和 Buckley 的研究表明,与没有抱怨的顾客相比,诉诸抱怨的顾客更重视独特性、个性和自主性。Richin 的研究也证实了态度与实际抱怨行为之间的相关性。Bearden,Crockett 和 Teel 发现态度同自我报告的抱怨意向显著相关。

(3)企业因素。企业因素同样对顾客的抱怨行为施加着影响,这些因素包括企业在质量和服务上的声誉、对抱怨的响应程度、施加的销售压力的大小等。Day 和 Landon 发现制造商、零售商的声誉对顾客不满意的反应方式有着复杂的影响,一般情况下,质量和服务上高的声誉会鼓励顾客在遇到问题时寻求赔偿。Richins 发现顾客在有机会获得合适赔偿的情况下更倾向抱怨。感知作出响应的可能越高,期望的回报与付出的努力的比值就越高,顾客越愿付诸抱怨。

(4)情景变量。一些情景因素也呈现出对顾客抱怨行为的影响。例如,情景中对顾客抱怨的提示物、现场有关抱怨的提示会促使和加快顾客抱怨行为。有关专家提出:鼓励顾客抱怨、合适的抱怨承诺有助于顾客意见有效反馈。另外,企业对抱怨的响应速度和抱怨的方便程度,也会影响顾客的抱怨行为。Richins 和 Verhage 的研究证明,抱怨的方便程度和企业响应的声誉等与抱怨行为有较高的相关。

(5)文化因素。文化背景会对顾客抱怨行为产生了影响,一项研究证实,在新加坡公开抱怨的顾客具有年龄比较大、良好教育、高收入的特点。而在欧美进行的研究所证实的结果——公开抱怨的通常是年轻的、良好教育的和高收入的顾客。

除此之外,还有其他一些因素会对顾客的抱怨行为产生影响,比如行业的市场结构,在完全竞争市场结构和寡头垄断市场结构下,顾客的抱怨行为会表现出差异。总之,多方面因素影响着顾客抱怨行为,对顾客抱怨行为的分析不能拘泥于一个方面,而应考虑多方面因素。

【链接 7-5】

### 原因—效果分析技术——鱼骨图

日本质量专家石川馨(Kaoru Ishikawa)开发了一种"原因—效果"分析技术。管理者和员工组成小组,用头脑风暴方法找到所有可能导致问题的原因。然后这些原因被分为设备、人力、原材料、过程、其他五大类,绘制成"原因—效果"图,因为它的形状像鱼骨,所以称鱼骨图。这一技术已经在制造业使用多年,近年来也逐渐应用在服务业中。图 7-5 是一个扩展的鱼骨图,它显示了 27 种可能导致飞机晚点起飞的原因。一旦识别出所有导致飞机延误的主要潜在原因,就有必要测量每个原因对实际延误的影响程度。

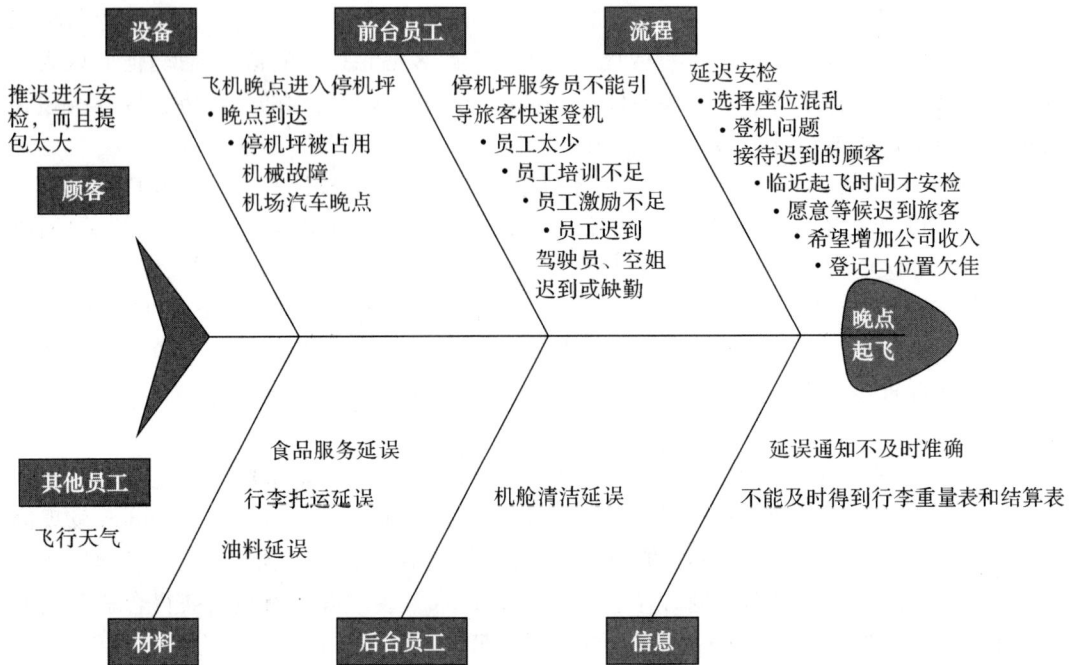

图 7-5　航空公司鱼骨图分析——航班延误原因

[资料来源:克里斯托弗·洛夫洛克(Christopher Lovelock),等.服务营销.郭贤达,等,译.北京:中国人民大学出版社,2007:380.]

### 3.顾客抱怨时的期望

顾客面对服务失误,可能采取消极的情绪对待,保持沉默;也可能采取积极的行动,向服务提供者、周围的人或者第三方抱怨。当顾客以一种积极的态度花费时间和精力进行抱怨时,一般都抱有很高的期望。他们期望能够得到迅速的帮助,期望在服务失误过程中的不便和不愉快能够得到补偿,期望第二次能够得到公平的对待和良好的服务。在顾客对服务失误进行投诉或者抱怨时,他们最希望得到的是正义和公平。服务补救专家史蒂夫·布朗(Steve Brown)和史蒂夫·塔克斯(Steve Tax)已经总结出三种顾客在投诉后所寻求的公平的类型:结果公平、过程公平和相互对待公平。

一旦服务失败,人们期望他们得到公平充分的赔偿。但是,最近研究发现许多顾客感到他们没有被公平对待,并且没有享受到充分的公平。当顾客感到不公平时,他们的反应通常是直接的、情绪化的以及持久的。塔克斯和布朗(Tax&Brown)发现与服务补救相关的满意中有 85% 由图 7-6 所示的公平的三个维度决定。

(1)结果公平。顾客希望公平或者得到的赔偿与他们遭遇服务失误后的不满意是相匹配的。这种赔偿可以是物质的,也可以是精神赔偿,比如一次正式的道歉或者热情的接待等。顾客认为他们应该得到这种公平的结果是因为服务供应商应该为自己的失误付出同等代价来补偿顾客已经遭受的损失。

(2)过程公平。顾客除了期望得到公平的结果之外,他们期望进行投诉或者抱怨过程的政策、规定和时限公平。他们希望服务提供者提供很容易接受投诉的渠道,以便他们简便地进入投诉过程,拥有公平的关于解决投诉的规定和可以快速处理问题的能力。

公平过程的特点包括:清晰、快速和无争吵。勇于承担责任并且能快速解决问题。例:

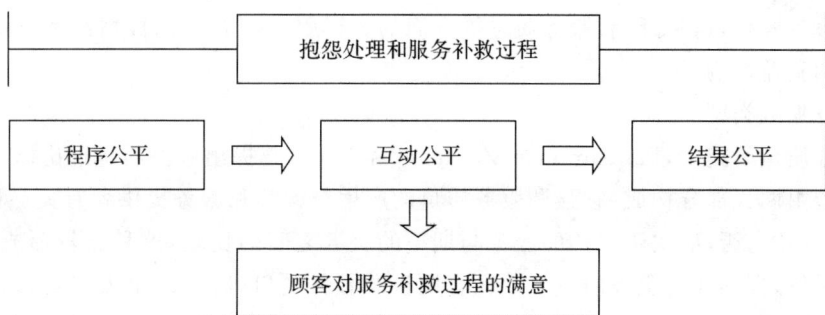

图 7-6　服务补救过程中感知公平的三个维度

[资料来源:克里斯托弗·洛夫洛克(Christopher Lovelock),等.服务营销.郭贤达,
等,译.北京:中国人民大学出版社,2007:345.]

某些企业要求顾客必须提供证明,也会让顾客感觉到不公平,因为如果他们无法提供证明,他们就是错的或者是在撒谎,这显然是顾客无法接受的。

(3)相互对待公平。顾客除了要求公平赔偿,投诉过程应清晰、快速,还希望得到公平、诚实的对待。如果顾客感到公司及其员工对处理问题漠不关心并且没有采取任何解决问题的措施,他们将会表现出更加强烈的负面情绪并感到困惑,同时把失误完全归咎于服务供应商。

### 7.2.2　服务失败

服务失败是服务中由于各种原因造成的顾客不满意状态。在服务中,由于服务的无形性,很多情况下很难制定明确的质量标准,无法进行精确的质量控制;由于服务的异质性,即使在有质量标准的情况下,不同人员提供的服务也存在差别,使得服务质量控制的难度加大;由于服务的生产、传递和消费大多是同时进行的,问题常常是即时出现的;由于顾客或多或少参与服务的生产过程,顾客本身的活动、与其他顾客之间的互动以及顾客本身的错误等,都加大了服务失败和服务中问题出现的可能性以及确定问题的困难。因此,服务质量控制的难度比有形产品质量控制的难度大得多。

对服务企业来说,提供完美无缺的服务是一种理想状态,服务企业管理者必须正确认识服务失败,了解并分析服务失败的原因、产生的影响和顾客的反应,这样才能有针对性地进行持续的改进和努力,不断提高服务质量。

首先,服务是一系列的行为或者过程,服务的生产和消费是同时产生的,在出售和消费之前无法进行事前的质量控制,无法保证提供给顾客的都是合格的或者是能满足顾客期望的产品;同时,在服务过程中,顾客和服务提供者要进行一系列的接触,在接触过程中出现服务失误在所难免。

其次,服务的评价比较主观,即使是相同标准的服务,不同的顾客就有不同的服务质量感知。有些顾客可能会感到满意,也有些顾客可能因为各种客观或者主观的原因而感到不满意。

再次,服务差异性的特点决定了服务品质难以稳定,服务失误难以避免。企业提供给一个顾客的服务不可能与提供给下一个顾客的服务完全相同。

此外,还有一些客观和主观的原因,比如天气、员工态度、一些顾客的行为等会造成各种各样的服务履行,送货延期、服务质量等方面的失误引起顾客的消极情绪和反应,给企业带来消极的利益影响。

1. 服务失败类型

在服务质量研究中,Parasuraman,Zeithaml 和 Berry 曾提出服务质量理论模型 GAP 模型。该模型由两大部分构成:它强调服务质量的产生与顾客和服务提供者有关。根据 GAP 模型,顾客满意与否,取决于感知的服务与期望的服务之间的比较,这种比较形成了顾客认为的服务质量,即感知的服务质量。而顾客期望的服务受口碑沟通、个人需要、以前服务体验的影响。同时它受服务提供者外部营销沟通的影响。顾客感知的服务是服务提供者一系列内部决策和活动的结果,同时,也受服务提供者外部营销沟通的影响。据 GAP 模型的构成(顾客和营销者两大方面),可以将服务失败的原因归纳为以下几类:服务本身造成的、服务提供者(员工)造成的、顾客与服务提供者之间互动造成的、顾客造成的。

与此类似,Bitner,Booms 和 Tetreault 在对服务接触的研究中,将服务失败分为三大类。第一类:服务传递过程所造成的失败,如服务延迟、无法提供服务等;第二类:顾客与一线员工之间互动造成的失败,如顾客提出额外的要求、顾客自身的偏好、顾客自身造成的失败以及其他顾客的干扰等;第三类:一线员工所造成的失败,如对顾客的疏忽、员工行为异常、文化观念的差异以及受上司责备后的反应等。

在 Bitner,Booms 和 Tetreault 的分类中,将顾客自身原因造成的服务失败放在第二类失败中,之所以如此,是因为:即使顾客可能对服务失败负有不可推卸的责任,但企业应十分清楚与顾客争论谁对谁错是毫无意义,甚至是有负面影响的;另一方面,管理者应明白顾客教育也是提高服务质量的一个重要途径。

Kelley,Hoffman 和 Davis 按照 Bitner,Booms 和 Tetreault 的分类,对零售业进行了调查,发现服务传递过程造成的失败占整个失败事件的 70.5%,员工与顾客之间互动造成的失败占 8%,员工行为不当造成的失败占 21.5%。同时,他们还调查和研究了针对这些失败采取补救措施后能补救的程度、平均所需的时间、顾客的维持率等。

【链接 7-6】

### 服务失败的一些基本事实

在公司总部收到的每一个投诉后面,都隐藏另外 19 名不满意的客户,他们不愿意花时间来投诉;

换一个客户比留住一个客户要多花 5~10 倍的钱;

客户得有 12 次好的体验才能改变一次不好体验的影响;

一个客户有投诉,他会告诉另外的 9 或 10 个人;可是,如果其投诉得到圆满解决,他只会告诉另外的 5 个人;

多数公司花 95% 的服务时间来解决问题,只花 5% 的时间去努力找出什么地方出了错而导致客户不满意;

对那些确实想做点什么以试图消除客户怒气的公司来说,针对客户的投诉而不尽力去补救,实际上反而增加了负面反应,以致客户不满意。

[资料来源:约翰·E. G. 贝特森(John E.G. Bateson),等.服务营销管理.北京:中信出版社,2004:350.]

2.服务失败对顾客的影响与反应

提供完美的服务是无数服务管理人员的追求,但现实可能不尽如人意,总是存在一些服务失败或问题。除了尽量避免服务失败外,服务提供者还应清楚地了解服务失败造成的影响和顾客可能的反应,以便制定相应的对策。

(1)服务失败对顾客的影响。当出现服务失败或服务问题时,顾客感到不满意,这会给顾客造成两种影响:

第一,顾客经济上的损失。顾客为获得服务付出了各种成本,不仅包括顾客为服务所支付的费用(短期可见成本),而且包括关系成本——直接关系成本、间接关系成本和心理成本等,在有些情况下,由于服务失败,顾客可能还会面临一种没有选择其他服务提供者的机会损失;

第二,顾客精神上损失。顾客可能会因为服务失败产生焦虑、挫折或懊悔的感觉,失望、愤怒等情感会影响顾客的服务体验或对服务质量的感知,会影响到顾客原有对服务提供者的感知。

除了经济和精神上的影响外,服务失败还会改变顾客的期望、信任、与企业之间的关系强度等。例如,通过比较顾客对初始服务和服务补救的期望,Parasuraman,Berry 和 Zeithaml 发现,服务失败会使顾客对适当服务的预期提高,造成容忍区域变窄甚至消失。

(2)顾客对服务失败的反应类型。在服务失败的情况下,不同的顾客可能会有不同的反应。不同顾客群对满意的认知、后续行为等方面都有显著差异。

遇到服务失败时,顾客可能的反应包括:直接向企业抱怨、向家人或朋友抱怨、向第三方抱怨、离开企业、继续购买等。顾客会产生各种各样的反应(见图 7-7)

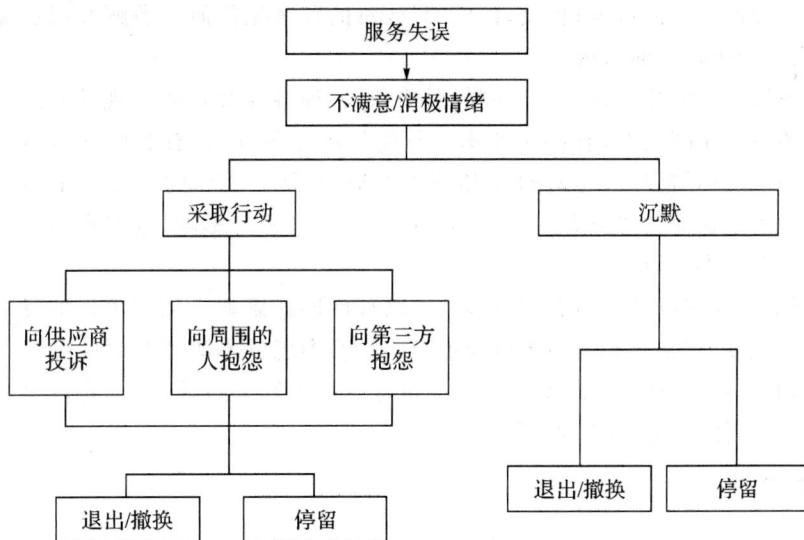

图 7-7　服务失误发生时的顾客反应

[资料来源:瓦拉瑞尔·A.泽丝曼尔(Valarie A. Zeithaml),等.服务营销.第 6 版.张金成,等,译,北京:机械工业出版社,2004:244－245;2015:129.]

根据顾客对服务失败做出的反应,顾客按照不同的反应风格进行分类可划分为:消极者、发言者、发怒者、行动者。当不同的顾客可能采取不同的行为方式,对企业也会造成不同的影响。

第一类是消极者。这类顾客往往保持沉默，极少采取行动，他们经常怀疑抱怨的有效性。所以，他们不大可能对服务人员说任何事情，也不大可能向第三方进行抱怨。企业很难注意到这些顾客，他们经常在无声无息中存在或离去。在某种程度上他们再次与该服务提供者发生接触的几率相对较小，对于公司来说，消极面对不满意的顾客对公司今后的成功是一种威胁。

第二类是发言者。这类顾客乐于向服务人员抱怨，但他们不大可能传播负面消息、改变供应商或向第三方抱怨。他们认为抱怨对社会有益，认为向服务人员抱怨的结果非常积极，这就提供给公司一个立即反应的机会。这类顾客应该算是服务提供者最好的朋友，因为公司可以有第二次机会当场满足顾客的需要，保留住公司在这位顾客身上的长期收益，并潜在地避免了负面的口头宣传。

第三类是发怒者。这类顾客与其他类型顾客相比更有可能极力向朋友、亲戚传播负面消息并改变供应商。虽然他们确实相信向供应商抱怨带来的社会利益，但他们不可能给服务供应商第二次机会，取而代之的是转向原供应商的竞争对手，这类顾客是企业负面口碑的倡导者。这类顾客不会给企业服务补救的机会并更容易给企业造成负面影响。

第四类是行动者。这类顾客向供应商抱怨，还会告诉其他人，并且比其他类型更可能向向第三方抱怨，比如商业改善协会（Better Business Bureau）、政府的消费者事务主管部门、许可证发放部门、行业协会或是私人律师等。他们对所有类型抱怨的潜在正面结果都感到非常乐观，比较倾向极端行为。

一般来说，平静的、容忍的顾客比其他类型的顾客更可能满意、最可能保持忠诚、最不可能离开企业和产生负面口碑；相反，愤怒的、敌对的顾客比任何一类顾客都更可能退出企业、向企业表达或传播负面口碑等。

顾客之所以会对服务失误产生不同的反应，有各种各样客观或主观的原因。有些企业与顾客接触的方式是间接的，有些企业本身制度的不完善，顾客有时候甚至不知道应该如何抱怨，如果顾客感觉抱怨只是对时间和精力的浪费，认为他们的行动根本不会得到对服务失误带来的不愉快的补偿或者对别人不会产生任何积极的影响，这些顾客就可能以消极的态度对待服务失误，保持沉默。

此外，服务失误本身的性质和与顾客的关联程度同样影响人们对失误的反应。如果服务失误不是很重要，那么顾客就不大可能抱怨。顾客会感觉不值得花时间和精力去采取较为积极的行动。尽管如此，如果这种不重要的失误一再发生的话，当顾客再次需要这种服务时，他们极有可能转移到竞争者那里。

【链接 7-7】

### 服务失败与顾客抱怨

通常在对产品和服务不满的顾客中，只有 4% 的顾客会直接对公司讲，在 96% 不抱怨的顾客中，有 25% 有严重问题。

4% 抱怨的顾客比 96% 不抱怨的顾客更有可能继续购买。如果尽快解决，这一比率将升到 95%。不满意的顾客会将它们的经历告诉 10～20 人。抱怨被解决的顾客会向 5 个人讲述他/她的经历。

在小额服务中(5 美元以下),有 55% 的不满意顾客直接向企业抱怨,有 45% 的不满意顾客不再光临;在大额商品购买中,有 73% 的不满意顾客会向企业抱怨,有 41% 的不再购买而选择别的品牌;在大额服务中(100 美元以上),63% 的不满意顾客直接向企业抱怨,有 50% 的不满意顾客不再光临。除了向企业抱怨或离开企业外,不满意的顾客还可能传播坏口碑。

培养"抱怨"是好事的心态。培养抱怨的顾客成为企业的朋友的理念。抱怨能成为企业提供有价值的反馈,使企业不仅有机会找出发生在抱怨顾客身上的服务失误,还能确定其他顾客可能经历的服务失误。使"抱怨"更加容易。如果企业真正希望聆听经历失败服务的顾客声音,就应该使顾客与企业分享他们的经历更加容易。抱怨应该是轻松的容易的——顾客在不满意时最不希望面对的就是复杂而难以接近的抱怨过程。

[资料来源:部分选自瓦拉瑞尔·A.泽丝曼尔(Valarie A. Zeithaml),等.服务营销.第 6 版.张金成,等,译.北京:机械工业出版社,2015:123-124.]

当服务失误发生时,企业唯一的解决方法就是忽略服务失误出现的原因,承担服务失误的责任,并采取措施纠正错误,让顾客满意。否则,顾客就会感到不满并流失。当第一次服务出现失误后,服务提供者必须小心而认真地为顾客提供良好准确的第二次服务。营销大师菲利普·科特勒的研究表明,如果顾客的投诉得到妥善的处理,有 54%~70% 的顾客会再次购买企业的产品,如果投诉处理得十分迅速,这一数字可达 95%。由此看出令人满意的补救措施可以将愤怒的、不满的顾客转化为忠诚的顾客。有时,这种补救甚至可能比"第一次就把事情做好"更能增进顾客对于企业的了解。可见,服务失误是服务提供者提高顾客感知服务质量的第二次机遇。企业处理服务失误的方式成为弱化或者强化顾客关系的基础。如果服务失误处理得当,有助于顾客与企业建立良好的信任关系,也会提高顾客对企业的信赖和顾客忠诚度。

【实例 7-6】

### "世界上最受喜爱的航空公司"欢迎投诉

英国航空公司(BA)的广告加强了公司作为"世界上最受喜爱的航空公司"的品牌策略。确实,英航受到全世界旅行者的喜爱,但它并不总是这样。英航从一个认为允许大众乘坐其飞机是施人恩惠的官僚集团变为一家对顾客反应迅速的世界级的服务提供商,这应归功于它当时的首席执行官科林·马歇尔(Colin Marshall)爵士:马歇尔先生在 20 世纪 80 年代加入公司,来领导这个重要转变。他的做法代代相传,并进一步推动英航获得现在的成功。

该成功很大一部分是由于以新的方式倾听顾客心声和处理顾客抱怨。马歇尔先生做的第一件事是在希思罗机场设立了一个小录像间,这样一来,不满的顾客可以马上在机场进入录像间直接向他抱怨。马歇尔先生对系统和培训做了一系列改变,以对客户的抱怨进行鼓励和快速反应。用他的话来说:"我热切地相信顾客的抱怨对我们是珍贵的机会,这既可保住顾客,防止他们把业务带到别处,又可从中获悉哪些问题需要改进。"

最初,英航确实进行了研究,了解不满意或碰上麻烦的顾客在业务上的影响。

研究发现那些没有向英航抱怨其所遇到问题的顾客有 50% 转到了竞争对手那里，而那些告诉英航他们所遇到麻烦的顾客有 87% 留在了英航。显然，抱怨应该被鼓励。

英航通过建立一种"使顾客感到很好"的模式做出反应。新系统的目标是：(1)更有效地使用顾客反馈来改进质量；(2)通过团队合作努力预防未来的服务失误；(3)按顾客的而不是公司的要求来赔偿；(4)用实际行动而不仅仅是用宣言来保留顾客。最基本的目标：防止顾客离去。

为实现这个目标，英航设置了一套 4 步骤的过程，用来指导其技术和人员的传递系统的发展。该过程基于其所了解的有关顾客希望其抱怨被怎样处理的知识。过程的第一步是向顾客道歉；第二步迅速接受抱怨；第三步是让顾客相信问题正在得到处理；最后，收集顾客的抱怨，为此建立了 12 个不同的"倾听哨"。首先，英航投资建立了一个名叫 Caress 的计算机系统。通过扫描或人工录入方式，直接保留不满意的顾客投诉数据库。英航一直要求提供高水平服务的客户服务代表要接受新的培训，如倾听技巧、怎样处理愤怒。

（资料来源：J. Barlow, C. Moiler. A Complaint Is a Gift. San Francisco：Berrett-Koehler Publishers, 1996：16—18.）

## 7.3　服务补救

服务补救是围绕顾客满意和顾客忠诚的总目标、对服务失败进行的主动和有效的一系列管理活动，它不仅包括对顾客抱怨的处理和服务失败的实时弥补，还涵盖了对服务失败的事前预警与控制，它是一种主动的反应，是一个系统的管理，是持续的服务质量改进过程。服务补救对于一个完整的服务产品组合是不可或缺的，是服务产品决策必须考虑的重要问题。

### 7.3.1　服务补救的内涵

在服务补救理论的演变过程中，不同的学者和研究对服务补救有过不同的定义。通过对这些定义的概括性介绍和梳理，能帮助我们把握服务补救发展的过程，并从不同角度、层次来认识服务补救。

1.服务补救的概念

哈特等（Hart，Heskett&Sasser）明确提出了服务补救（service recovery）的概念。认为服务补救是一种不同于以前的管理哲学，赢得顾客满意的评价方法由成本面转为价值面。格罗鲁斯（Gronroos）认为服务补救是指当服务失误发生后，服务组织针对顾客的抱怨行为所采取的反应和行动，是对顾客抱怨的处理。在他的新版著作《服务管理与营销》（2000）一书中承认服务补救和抱怨处理是有区别的，抱怨处理不是建立在顾客导向的基础之上，而服务补救则是建立在顾客导向基础之上的。进一步将服务补救定义为：与顾客建立关系过程中对服务失败和服务问题的处理策略。史密斯（Smith）、波顿（Bolton）和华吉纳（Wagner）等指出，服务补救比顾客抱怨处理包含了更广泛的活动内容，服务补救不仅包括服务失误后组织被动的顾客抱怨处理，也应该包括主动的针对未抱怨顾客的补救和预先补救。塔克斯和布朗(Tax&Brown,2000)认为服务补救是一种管理过程,它首先要发现服务失败,分析服务失败的原因,然后在定量分析的基础上,对服务失败进行评估并采取恰当的管理措施予以解决。服务补救的实质是服务提供者在出现服务失误时所作出的一种适时性和主动性的反应,其目的是通过这种反应,将服务失误对组织所带来的负面影响减少到最低限度,重新建立顾客满意和顾客忠诚,强调服务补救是一种管理过程。

2.服务补救的认识

综合以上定义和研究结果,我们可以得到以下对服务补救的认识:

第一,服务补救是一种完全不同于传统抱怨处理的管理哲学。它是从关系营销的层次来进行认识的,而不是交易营销的层次;它强调赢得顾客的评价方法由成本面转为价值面,关注外部效率,而不是内部效率。

第二,服务补救是一个持续的质量改进过程,它不是仅停留在对一次服务问题或服务失败的纠正上,更重要的是找出问题或失败原因,对服务程序或相关方面进行重新设计和改善。

第三,服务补救是一个赢得顾客的营销策略。通过有效的服务补救,企业能够重新使顾客达到满意,提高顾客的满意度和重购意愿。

第四,服务补救是一个管理过程。它应纳入企业整个管理过程,而不是临时的举措;它是企业整体服务质量管理过程的一个重要环节,同时,服务补救本身的运作也应符合管理程序的要求。

第五,服务补救是一种主动的反应机制,而不是被动的临时处理。这种反应机制应能在服务过程中随时反应服务问题或错误,并能及时采取适当的服务补救策略。

第六,服务补救是一个系统。这个系统涉及服务提供者的部门、人员及外部顾客、机构等,包括监测问题、解决问题、重新设计等部分,它应该能自动地、有效地运转。

【链接 7-8】

### 服务补救悖论

补救理论研究表明,高效的服务补救努力可以产生一个"服务补救悖论"(service recovery paradox)现象,即顾客第二次的满意(即服务失误和服务补救后的满意)比失误之前的满意水平还要高。

若此推论,则公司可以制造通过人为地制造失误,再进行补救来提高顾客的满意度。如餐饮、银行等,较大幅度的经济赔偿或对未来服务的折扣等补救方式,会使顾客所得超过所失,但服务人员和公司须投入较大的补救资源来取悦顾客。

但人为地制造服务失误,并通过高效补救达到顾客更好的评价,牵涉到服务行业的道德问题,一旦被消费者察觉,不但谈不上好的口碑,还会影响到企业的生存,因此,这是一种机会主义行为。

【即问即答 7-5】

不满意的顾客经历了高水平的出色的服务补救,最终会比那些第一次就获得满意的顾客具有更高的满意度,并更可能再次光顾。因此,得出他们的结论:公司应故意令顾客失望,这样就可以利用补救服务获取更高的顾客忠诚度,这种观点被称为"补救悖论"。你赞同吗? 为什么?

### 7.3.2  服务补救的意义

有效的服务补救对服务质量、顾客、员工等有着多方面的影响,它使得服务更为完善,能够提高顾客的满意度、忠诚度,同时对员工的满意和忠诚也有着正向的影响。

1.提高顾客满意度和顾客忠诚度

尽管遭遇了服务失败,如果成功地进行服务补救,反而会提高顾客重购的可和顾客的忠诚度。服务失败是导致顾客不满和抱怨的主要原因,除了经济的损失外,服务失败中的不愉快经历会给顾客留下深刻的印象,损害着顾客对企业的信任、忠诚等。而如果服务补救及时、有效,不仅可以维持顾客忠诚,甚至可以进一步提升顾客忠诚(Miller,Craighead&Karwan)。早在1987年,吉利(Gilly)就指出,经过服务补救而重新感到满意的顾客,会比根本没有抱怨的顾客具有更强烈的再购意愿。根据Goodman法则,"把潜在的顾客不满,以申诉抱怨的方式使其外显化,并给予满意的解决,可促进顾客的再购买率,确保高度的品牌忠诚度和系列产品忠诚度。"

2.服务补救有利于不断改善服务质量

服务补救是影响顾客感知服务质量的重要因素。首先,服务补救是一个高度互动的接触过程,服务补救为企业提供了与顾客进行深度交流的机会,企业可以从中获取有价值的信息以便对存在问题的服务进行改进或制定新的服务、新的标准等;其次,服务补救是不断改善服务质量努力的一部分,帮助企业改进服务流程;最后,持续进行的服务补救将不断改进质量,达到持续质量改进的效果。

3.服务补救有利于改善与顾客的关系

成功的服务补救将会加强服务提供者与顾客的关系,使其有机会获得持续的利益。Hart,Heskett和Sasser认为,服务提供者所采取的服务补救措施会影响顾客对服务提供者服务质量的衡量及顾客关系。成功的服务补救可以增进顾客与企业的关系质量,提高顾客对企业的信任、承诺等。因此,建立有效的服务补救机制,可以加强顾客与服务提供者之间的关系。

4.服务补救有利于改善顾客感知的公司形象

有效的服务补救可以避免引起大的纠纷,控制坏口碑的传播,树立起良好的组织形象。成功的服务补救能增强顾客对已经购买的产品或服务的认同(Zemke&Bell)。同时,有效的服务补救策略也能增强顾客对公司形象的认知。

【实例 7-7】

#### 希尔顿酒店服务补救措施

希尔顿酒店在服务补救方面的措施主要有:酒店首先对员工进行CRM入门培训,告知服务补救的重要性,使服务补救理念融入企业文化之中。酒店还制定严格统一的服务标准,设立宾客档案经理的职位,负责顾客信息的汇总并建立数据库,从而保障在每个宾客接触环节都可以识别某个顾客及其个人偏好。结合顾客反馈消息不断改良顾客信息库,这样在失误发生后,能根据客人的个人偏好、特殊要求以及在各个接触点的过往的服务失误采取有针对性的补救措施。

在上述补救过程中,酒店积极开发顾客投诉渠道,为顾客建立了"服务补救工具箱"供顾客投诉和反馈消息,以保证服务补救的成效,消除客人因为服务失误造成的不快。在希尔顿酒店,员工被授权可以花费 2000 美元为顾客解决问题。尽管这笔钱很少用到,但公司这一激励措施使员工行使其补救权力时不用担心受罚。

### 7.3.3　服务补救的步骤

1.服务补救的划分

服务补救过程可划分为三个阶段(Miller,Craighead&Karwan):

(1)前服务补救阶段(pre-recovery phase),它是指从服务失败到服务提供者意识到失败的发生为止。这个阶段的时间可能很短,也可能很长,取决于服务提供者意识到服务失败的能力;

(2)即时服务补救阶段(immediate recovery phase),它是指从服务提供者意识到失败到顾客得到公正的补偿,这个阶段应该越短越好;

(3)后服务补救阶段(follow-up recovery phase),它是指顾客得到公正的补偿之后的阶段,时间长短取决于补救的效果和领先因素的情况(如失败的严重程度)。

还可将实施服务补救的类型划分为心理补救和有形补救,前者包括移情和道歉,表现出对顾客需要的关心;后者是指对顾客的补偿(包括确定的和感知的损失),向顾客提供公平的赔偿,对其成本和带来的不便给予补偿,或提供增值的弥补。

2.服务补救的步骤

综合上述研究,实施服务补救的基本步骤包括:

(1)倾听和判断。确认顾客不满意和服务失败的原因,判断顾客对服务补救的期望。

(2)移情和道歉。对顾客的抱怨和愤怒表示理解,并通过采取一些令顾客心情愉悦的事件尽快减轻和消除顾客的受挫情绪。道歉并展现企业解决问题的诚意,道歉意味着承认服务失误和肯定顾客抱怨,它能够使顾客深切感受组织的理解和重视,为顺利进行服务补救和重新赢得顾客打下了基础。

(3)赔偿和增值。给予顾客公平的补偿,并通过心理的和有形的补偿让顾客感到增值。

(4)追踪和关心。对服务补救的效果进行追踪,通过上门面访、电话回访、寄信或电子邮件等形式,对服务补救进行跟踪,为恢复顾客满意和顾客忠诚做努力。

Kellev 和 Davis 的研究认为,最有效的服务补救是:给予未来服务的优先权、赔偿、VIP卡、提升道歉层次等方法,并认为首先应考虑服务补救的需求、行动要快速、注意员工的培训、一线员工授权等。泽姆克(Zemke)总结了顾客在服务出现失误后的期望,如表 7-3 所示。

表 7-3　服务失误出现后的顾客期望

| 顾客期望 | 具体内容 |
|---|---|
| 道歉 | 亲自道歉,即使服务失误不是由企业造成的 |
| 合理赔偿 | 与顾客接触的员工当场对顾客做出合理的赔偿 |
| 善待顾客 | 真诚对待那些遭遇不好服务体验的顾客,主要是安抚顾客情绪 |
| 超值补偿 | 把顾客认为有价值的东西送给顾客,有些情况下合理的补偿就可以起到这种作用 |
| 遵守服务补救中做出的承诺 | 与顾客接触的员工对服务补救中所做出的一切承诺都要兑现(不好的消息比没有消息要好:直接告诉顾客飞机要晚点 60 分钟比告诉顾客 4 遍飞机要晚点 15 分钟要好得多) |

【链接 7-9】

### 典型的服务补救的常见错误

· 管理者不认为服务补救将产生重要的财务收益。近年来,许多企业关注削减成本,而且仅对保留最盈利的顾客付出口头努力。从这一点上看,它们缺乏眼光,应该尊重所有顾客。

· 公司在避免服务问题方面没有足够的行动。理想状态下,服务策划人员在顾客提出问题之前应该确定潜在的问题。虽然避免问题的方法不能降低顾客对服务补救措施的需求水平,但是在很大程度上减轻了一线员工和服务补救系统的负担。

· 服务人员态度不佳。在服务补救中最重要的是态度。无论设计或策划多么好的服务体系,如果没有一线员工友好的态度(包括表情和声音),这个服务体系也不会奏效。

· 企业没有为顾客抱怨或反馈设置方便的渠道。虽然,我们可以看到企业在这方面做出的一些努力,如酒店和餐馆提供的意见卡,但企业很少将意见卡的方便性和意义与顾客进行沟通。研究表明,顾客抱怨在很大程度上是因为他们没有找到方便的反馈渠道帮助他们解决问题。

〔资料来源:克里斯托弗·洛夫洛克(Christopher Lovelock),等.服务营销.郭贤达,等,译.北京:中国人民大学出版社,2007:346.〕

## 7.3.4　服务补救的策略

服务补救作为企业整体经营管理中的一种策略,是围绕与顾客关系建立过程中对服务失败和服务问题的处理而进行的。服务企业有必要形成自己的正式、规范的服务补救策略。

1.服务补救的策略

Kellev 和 Davis 在研究中提出企业可采用的六种不同的服务补救策略:

(1)被动补救策略。对服务补救不做整体的规划,采取一事一议的解决方法。该策略的优点是比较容易实施,基本没有运营所需的成本;但其问题也是致命的,处理问题往往像救火一样,针对问题讨论方案,让顾客感觉不正式,处理结果的信度太低。

(2)系统的响应策略。建立制度化的服务补救机制,事先模拟可能出现的抱怨种类,并分别制定标准的作业程序。这种策略建立了标准的反应机制,可以迅速响应顾客的抱怨并有序地进行处理;不足的是当有意想不到的抱怨产生时,具体操作人员可能无法应对。

(3)早期预警机制。在服务失败发生之前,采取预防措施。其优点是可以降低因服务失败对顾客所造成的影响;但该策略会大大提高服务提供者用于分析和监控服务传递过程的开支。

(4)零缺陷服务系统。尽可能消除服务过程中出现失败的可能。这是一种理想状况,企业实际操作上都希望达到这一目标,但非常困难。

(5)逆向操作策略。有意造成服务失败,然后展现服务提供者的服务补救能力。这种方法走入了"补救悖论"的误区,成功的服务补救显然会提高顾客的满意度和忠诚度,但操作失误会弄巧成拙。

（6）正向证明方式。当竞争者出现服务失败时，积极争取为顾客服务的机会。这种方法的优点是能获得新顾客，但在实施中，得到竞争者服务失败的信息并不是件容易的事情，况且竞争者是否能给机会也是个问题。

上面六种策略是按照服务补救的方式划分的，在实际中，企业可能是整合其中几个策略来进行的，优秀的服务补救是各种策略在一起发挥作用的综合体。比如，在服务提供中贯彻零缺陷的要求，采取早期预警措施进一步降低服务失败出现的可能，而出现服务失败后运用系统的响应机制来应对等。

**【实例 7-8】**

### “欧洲之星”的服务补偿

欧洲之星（Euro Star）是一条连接英国伦敦圣潘可拉斯火车站（St. Pancras Railway Station）与法国巴黎北站（Gare du Nord）、里尔以及比利时布鲁塞尔（南站）的高速铁路服务。这种列车离开伦敦之后便跨越英吉利海峡进入法国，在比、法境内欧洲之星列车与法国 TGV 和 Thalys 使用相同的轨道，欧洲之星的最高时速可达到 300 公里/小时，从伦敦到巴黎原本只需要 2 小时 35 分钟。

2009 年圣诞节前夕，“欧洲之星”高速列车受大雪影响导致电路出现故障，5 列列车瘫痪在海底隧道中，导致数千名旅客在没有食物、饮水和毯子的情况下受困数小时。随后“欧洲之星”列车公司暂停运行 3 天，调查事故原因并进行安全测试。“欧洲之星”列车公司表示，将向圣诞节前夕受到列车停运影响的乘客提供 1000 万英镑（约合 1600 万美元）的补偿。

2014 年的春天的普通一天，在巴黎工作的 C 女士购买了往返巴黎和伦敦的“欧洲之星”的商务火车票，在办完事务第三天回程的时候，列车因故延误了，整个路程花费了将近 5 个多小时，到达巴黎已经是子夜 1 点左右，“欧洲之星”列车公司首先提供了出租车（车费凭票报销），再给予了往、返同等档次和价格的列车票各 1 张（共 2 张），延迟的是回巴黎的那趟，但补偿的是来回 2 趟，因为她购买的时候是巴黎与伦敦来回套票，而且使用有效期是一年，可自己使用也可以转让给她指定的其他客户使用。

“欧洲之星”的优质服务补救不但发生在公司本身原因或者是自然等不可抗因素造成影响的情况下，顾客自己原因造成的，公司也提供最好的补救。

2014 年的夏季，来英国访问的 W 学生在网上预订了伦敦—巴黎的“欧洲之星”打折火车票，因为是提前预订选择了打折票，明确提示打折票一旦支付成功将不能退票或改签，该学生支付订完票的当晚才发现来回出发到达站正好写反了，也就是定了先从巴黎到伦敦，再从伦敦到巴黎的，但其身在伦敦这是不可能实现的，询问了周围的人都说没辙了，打折票不能退订与改签，这是支付前认可的。第二天，该学生抱着试试看的想法给公司打电话，也说明完全是自己的失误，出乎意料的是公司马上留下客户电话，说转接到有关可以帮助处理的部门，让等着接听回话即可。过了不到 5 分钟，公司就来电详细询问了情况，征求顾客意见后帮着重新匹配了正确的来回车票，并且也是非常紧俏的打折优惠票，只是补交了其中一张票的差价 13 英镑，没有收任何手续费和服务费，快速弥补了原本可能造成的几百英镑来回票价损失。真心的服务补救是不问是谁的原因造成，而是努力为顾客着想，让顾客暖在心里。

"欧洲之星"自从 1994 年 11 月第一班正式营运开始后，已经成为伦敦——巴黎铁路路线之间最受欢迎的列车。

（资料来源：根据 http://baike.baidu.com/item/欧洲之星/1862706 和两则真实发生的故事编写.）

### 2. 服务补救策略"链"

Zeithaml 和 Bitner（2000）总结了若干企业成功的服务补救策略。沿着服务补救的过程，归纳了一条服务补救策略"链"，包括：尽量避免服务失误，争取在第一次做对；欢迎并鼓励顾客抱怨；出现服务失败或问题时快速行动；服务补救中，公平地对待顾客；从服务补救的经历中学习；从失去的顾客身上学习。优秀的服务补救是各种各样策略一起发挥作用的综合体，如图 7-8 所示从"尽量避免服务失误"开始，直到"从失去的顾客身上学习"，表示完成了服务策略的一次循环，之后又回到起点，这是一个循环的过程，企业应该尽量避免服务失误，争取第一次就把事情做对。

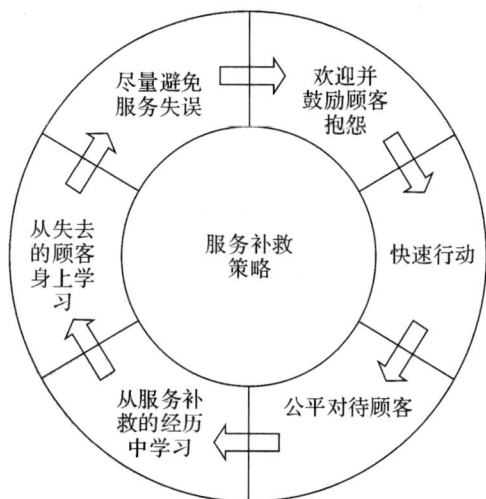

图 7-8　服务补救策略

（1）尽量避免服务失误。服务失误具有不可避免性。著名的服务运作专家迪克·切斯（Dick Chase）建议服务企业采取防故障程序的质量控制手段，对服务进行"错误防护"。每时每刻都关注着如何让顾客满意，并积极寻找改善服务的方法。

（2）欢迎并鼓励顾客抱怨。抱怨是应该被预期、被鼓励和被追踪的。可以通过多种方法来鼓励和追踪顾客抱怨。企业必须拥有使顾客很容易进行抱怨的程序，比如免费呼叫中心、800 免费电话、电子邮件甚至电脑软件，来帮助顾客和追踪抱怨，其他的方法还包括：满意调查、重大事件研究、丢失顾客研究以及特别设计顾客研究项目。

（3）快速行动。企业必须对顾客的期望有清楚的了解，顾客在进行抱怨的同时，也期望企业能够快速行动来解决问题。企业应该在一线关心问题的解决。无论顾客是通过个人、电话还是互联网进行抱怨，倾听其抱怨的人就可以给他们一个明确的解决问题的答复。企业必须对员工进行培训并授权给员工，保证在服务出现失误时问题当场就得到解决。

（4）公平对待顾客。企业在快速解决服务失误出现的问题同时，还应该了解顾客要求得到公平对待的期望。如前所述，顾客期望得到公平的结果；期望他们进行投诉或者抱怨过程的政策、规定和时限的公平；期望相互间的对待公平并且诚实。这些公平同样是顾客感知企业服务质量的重要因素。

（5）从服务补救的经历中学习。在顾客得到服务补救之后，企业通过追踪服务补救的努力和过程，可以发现服务交付系统中需要进行改进的系统问题，通过分析根本原因识别问题的来源，对过程进行改进，进一步提高企业服务的可靠性，提高顾客对服务质量的感知。

（6）从失去的顾客身上学习。从已经失去的顾客身上学习是有效的服务补救策略的另外一个重要组成部分。企业应该对失去的顾客进行深入的调查,确认其离去的真正原因,正确审视自己的服务失误,避免同样的失误再次发生,以免损失更多的顾客。

（7）完成循环回到起点:把事情做对。企业完成了补救策略的一次循环之后,又回到了起点:尽量避免服务失误并第一次就把事情做对。通过集成所有的战略,企业对服务补救的需要将越来越少,即使需要服务补救,企业也早有准备,这样会给顾客留下深刻印象并可保住业务。

## 【实例 7-9】

### 巴黎 Med-Cancun(坎昆)俱乐部的服务补救

有一次度假者在从纽约前往目的地墨西哥的途中就一直麻烦不断:飞机起飞晚点了 6 个小时,途中意外降落了两次,并且在着陆前盘旋了 30 分钟。由于这些耽搁和意外,飞机飞行超过了预计时间,长达 10 小时,而且食物和饮料均消耗殆尽。最后,飞机在凌晨两点到达目的地,而且降落过程十分颠簸、着陆过猛,以至于氧气罩和行李都从头顶上坠落下来。直到飞机舱门打开的那一瞬间,气愤的旅客由于饥饿都要晕倒了。他们觉得自己的假期还没开始就遭到了破坏。飞机上的一名律师甚至已经收集了所有旅客的名单和住址,准备提起集体诉讼。很显然,由于种种原因,坎昆俱乐部的服务很失败,顾客非常的不满意甚至愤怒的要集体起诉。如果坎昆俱乐部处理不好此次事件,那么极大可能会失去这次事件的顾客和一大批潜在顾客,并且自己的形象也会受到很大的负面影响。

坎昆俱乐部的服务补救措施:

Cancun 度假村的总经理西尔维奥·德博托雷,一个全组织上下都知道其具有使顾客满意能力的传奇人物,在得到这次可怕飞行的消息后,在顾客没下飞机前,就制定了补救策略,带领工作人员等候顾客到来,实时、有效、迅速的解决问题,并且选择了一个补救的良机。他派遣一半员工去机场,布置一张摆满点心、小吃和饮料的桌子和一套音响系统,用以播放舒缓的轻音乐。登记出港时,旅客受到了单独问候,有人帮助他们搬运行李,同情地听他们诉说,并有专门汽车将他们送往度假村。坎昆的补救服务主动、热情、亲切,重视顾客的问题,把顾客放在了第一位,让顾客感受到了他们的诚意,缓和了顾客的不满情绪。当到达 Med 俱乐部时,受到乐队和香槟的热情款待,迎接他们的是完全墨西哥风味并有香槟酒的丰盛宴会,晚会一直持续到黎明。许多客人都说,这是他们大学毕业后最开心的一次晚会。坎昆的服务补救并不仅限于此,还把这些顾客吸纳为会员,消除了顾客的不满,提升了顾客的忠诚。

虽然公司无法具体估计那天夜里的行动为日后带来了多大的市场份额,但可见赢得市场份额战斗的胜利不仅是通过分析人口趋势、比率点和其他综合指标,而是通过一次服务补救取悦客户的行动实现目标。结果可想而知,坎昆的服务补救获得很大成功。

（资料来源:改编自:http://wenku.baidu.com/link? url=T5IgF89t8PSZ4EbXXP_AEPLtfuMs42AkO-RIC.）

### 7.3.5　服务补救的特别工具

承诺是一种特别的补救工具,由于服务产品具有非实体性的特点,并且服务的生产和消费是同时发生的,并带有很大的易变性,所以服务在很长时间里被认为是无法保证的。服务承诺是企业对顾客能够得到的服务的具体内容、利益,以及出现服务失误时能够获得补偿而向社会公开做出的保证。它可以被看成是整体产品中的延伸产品。利用服务承诺补充企业的服务补救策略,将其作为一种服务工具来帮助实现企业的服务补救。

1. 服务承诺的作用

有效的承诺对公司有以下几方面的积极作用:

(1)促使公司关注顾客。企业只有了解顾客所希望的"满意"的内涵才有可能有针对性地提供相应的产品和服务,而且只有在此基础上提出的服务承诺才有可能是最有效的。

(2)为组织设立了清晰标准。有效的承诺促使公司清晰定义对员工的期望,承诺为员工提供了以顾客为导向的目标,承诺可以让员工提高员工感知服务质量和服务补救效率,使公司能够采取快捷的行动进行补救,提高顾客的并维持顾客忠诚。

(3)从顾客那里快速得到相关反馈。有效的承诺可以激发顾客来抱怨,并为他们进行的抱怨提供依据和引导;同时这些信息被跟踪并汇总到持续的改善活动中,强化了顾客和服务运作决策之间的反馈联系,继而改善和加强企业和顾客之间的关系。

(4)塑造企业良好形象,提高顾客和员工忠诚度。有效的承诺可以强化企业在顾客心目中的信誉和形象,让员工产生自豪感,使员工的士气和忠诚度也得到加强,服务得以改进,可以说既能够使顾客受益,也能够使企业和员工受益。使顾客、企业和员工达到多赢的效果。

(5)帮助顾客消除不确定感,变潜在需求为现实需求。承诺帮助顾客降低了由于服务的无形性和个性化特点带来的不确定感,会有效地解除顾客的疑虑,将其购买欲望转换成为购买行为。

2. 有效服务承诺的特性

服务承诺的实质是企业对顾客正当权益所做的一种保证,其目的是赢得顾客的信赖和好感,所以,服务承诺内容的确定应以顾客的需求为转移,绝不能凭借企业的主观想象,这样才能保证做出的承诺对顾客形成应有的影响力、震撼力和刺激力。有效服务承诺的特性:

(1)无条件。承诺应该是无条件的——没有附加条件。企业在向顾客做出承诺时,一般不该带有"假如"、"除了"等内容。

(2)有意义。要承诺的是那些对顾客来讲十分重要的服务元素;赔偿应该抵消顾客所有的不满。

(3)易于理解和沟通。顾客需要知道能期待什么;员工知道该做什么。

(4)易于援用和赔付。在承诺的援用和赔付过程中不应该有过多的约束和阻力。

【实例 7-10】

#### 埃克斯林公司的服务质量担保

埃克斯林的服务质量担保明确解释了本公司对为顾客提供的增值服务所做

的保证和承诺,并将其写入合同中。这里所使用的条款与顾客合同中的条款基本相同。

性能担保。埃克斯林保证为顾客提供稳定的网络上传或下载服务。传输速度是一般网站的 200%。为例达到上述承诺,埃克斯林公司会对网络性能进行监测。

有效性担保。除了不可抗力或定期维护所带来的暂停服务外,埃克斯林公司保证服务 100% 的稳定性。

顾客服务担保。一旦公司的服务没有达到第一、第二条中所规定的标准,埃克斯林将在服务失误发生后将一个月的服务费用划入顾客的账户以弥补当月所受的影响,此担保只提供给那些在失误发生后的 5 天内给公司提供有关服务失误的书面通知的顾客。如果顾客没有做到此要求,将丧失对此项担保的索取权。埃克斯林公司将在安排维修之前的 48 小时之内通知顾客。如果服务是因为任何其他原因失效,埃克斯林将迅速通知顾客并采取一切必要的措施来进行服务补救。埃克斯林公司设有 24 小时支持服务中心,对顾客提出的任何与服务相关的问题在接到问题后 2 小时内进行解答。

安全和隐私政策。埃克斯林完全尊重服务期内顾客存储在本公司的任何隐私数据。埃克斯林公司也不会要求顾客提供终端用户的隐私细节。顾客向埃克斯林公司提供的所有数据储存都只是为了顾客自身的利益。埃克斯林公司不得分享、泄漏或出卖个人的识别信息给可能进入的人,并确保顾客信息与数据的安全性。对属于埃克斯林公司所有的顾客信息和数据只有在以下情况下才可以泄露:法院传用的需要;为了保护埃克斯林公司的权利和财产;为了执行合同中所规定的服务的使用条款。埃克斯林将保证顾客信息和数据的安全性,避免未经授权进入和非法使用客户信息和数据,这包括在批准进入前采取合理的措施更改顾客的识别信息。

除了对顾客做出服务保证外,埃克斯林公司给所有员工一封关于实施服务质量担保的电子邮件,要求大家仔细阅读公司最重要的服务质量担保,将会发现它非常富有挑战性,它要求公司的每个人都要参与其中。告诉员工顾客并不想要一个"服务水平协议",而只是希望网络正常且能一直运行。这就是公司创造这项"无差错"担保的原因所在。这种担保在其他靠服务制胜的行业被证明是非常成功的(如 Gartner Group、LLBean、Nordstorm 等行业领先者)。强调作为埃克斯科林公司团队的一员,是实现顾客满意的关键!

[资料来源:克里斯托弗·洛夫洛克(Christopher Lovelock),等.服务营销.第 2 版.郭贤达,等,译.北京:中国人民大学出版社,2007:548.]

**【即问即答 7-6】**

一个设计良好的服务保证(承诺)将会产生什么样的市场影响? 此保证(承诺)能否为艾克斯林公司的卓越服务营造一种文化?

### 3.有效服务承诺的时机选择

企业在设计自己的服务承诺时,要充分认识到适应企业经营管理环境的重要性。

(1) 需要建立服务承诺：

· 企业在推出新产品时企业的一种产品刚进入市场,企业有针对性地公开做出服务承诺,就会在一定程度上解除顾客的疑虑,进而打开产品销路。

· 经营高档、耐用消费品时相对而言,这两种商品的价值高,使用周期长,消费者一旦购买到不满意的商品将会遭受较大的经济损失。没有必要的服务承诺,一般不敢轻易将购买欲望付诸实践。

· 经营体积大、笨重的物品时这类商品搬运不便、移动困难,因此,需要经营者向顾客提供送货、安装、维修到家等服务承诺。

(2) 不宜做服务承诺：

· 企业现有的服务质量低劣,再建立一项承诺,不仅不会通过服务承诺达到提高企业形象的目的,还会严重损害企业信誉,破坏企业名声,使企业陷入极其被动的状态。

· 承诺与公司的形象不符。

服务承诺是一种特殊的服务补救工具。有效的服务承诺不仅仅可以作为一种营销工具,帮助实现企业的服务补救,更能通过承诺促使企业关注顾客的需要,从顾客那里得到快速及相关的反馈,塑造良好的企业形象,提高企业内部的服务质量,帮助顾客消除购买时的不确定感,对企业、员工及顾客都有益处。服务承诺并不适合所有的企业,因此企业了解什么时候适合使用服务承诺也至关重要,否则做出服务承诺的效果将适得其反。

【实例 7-11】

### 一个来自买家和卖家的承诺体验

淘宝网违背承诺规则主要指卖家未履行其与买家所达成的对交易的补充或变更约定,且该约定与规则的强制性规定无冲突,包括但不仅限于以下情形：

1. 交易订立过程中,卖家承诺给予买家赠品,但实际并未赠与;

2. 如双方无其他约定,卖家拒绝按照买家拍下的价格交易或履行发货义务;

3. 卖家拒绝给予买家,其曾在交易过程中与之达成的对商品价格的个别优惠或折扣。对于该优惠或折扣价格的有效期,如双方已有约定的则遵从约定;双方未约定的,则有效期应视为卖家给出优惠或折扣价格的当日。买家在有效期内拍下且完成付款,即可享受约定的优惠或折扣。

来自买家的抱怨：

"我在淘宝上买个东西,之前说好了都给五分好评,就会给我优惠券。之后我照做了,他找种种理由不给,比如你没截图(你怎么不早说,你知道当时不截图就没机会,这不是坑我吗)。"有消费者反映店家的承诺不兑现。淘宝店家如果违背承诺将受到最低 3 分,最高 12 分的处罚。由于处罚颇为严厉,所以一般卖家们还是认真履行自己的承诺的。例如卖家如果承诺了 24 小时闪电发货,却由于快递原因导致无法履行承诺,那就需要提前跟买家好好协商。

来自卖家自述：

"昨天北京突然降暴雨,很大,在北京的朋友都可以感受到的。我家的货是发申通快递的,申通小哥骑电动车来取件,浑身被雨淋得湿透。我说给他找个衣服,他说不用。因为我家发货比较多,需要让他等待时间较长,他说没事,愿意等待。

但我因为害怕快递员感冒，就说今天我不发了，让快递员回家赶紧换个衣服休息，以免感冒。然后我给每个买家发了信息。告诉今天由于北京突降暴雨导致无法发货。很多顾客都说没有关系，甚至有个顾客是等着急用的，马上要出差了也说没有关系，还有个送女朋友礼物的也说表示理解。但今天突然有一个顾客，竟然埋怨本人食言，说快递来了应该让快递发，因为他的货物没及时送到被朋友埋怨了，这对他不公平。""请大家给评评理，难道我们发货赚钱就只能考虑自己的利益？难道卖家不能为快递着想吗？同样，难道买家不能为卖家想想吗？"卖家说道。

（资料来源：根据 http://www.kaitao.cn 资料改编.）

【即问即答 7-7】

1. 分析评述淘宝卖家的承诺与实际处理效果。
2. 结合作为买家亲身经历，举例说明并点评某卖家某项承诺的时机选择及效果。

【链接 7-10】

### 教育机构的全面质量管理

越来越激烈的竞争遍布世界各处。为了争取生源，教育机构也不能置身于外。高等教育机构已经认识到了这一情况，开始接受这样的事实：它们需要更加努力地以顾客为中心，千方百计提高顾客满意度。然而，在高等教育机构中，服务质量意味着什么呢？萨科斯维尔（Sakthivel）、拉詹德南（Rajendran）与拉贾（Raju）利用衡量高等教育机构服务质量不同维度的五个变量建立了全面服务质量模型，并指出这些变量将会提高学生的满意度。这五个变量包括：

· 高层管理者的承诺。高层管理者必须做到言行一致，确保提出的内容得到贯彻。

· 课程传递。一方面，高等教育机构要雇佣具备专业知识技能的专家学者；另一方面，要确保将这些学者的知识以专业的讲授方式耐心地传授给学生。

· 校园设施。需要关注于创造良好的学生学习和课外活动的配套设施，并对这些设施保持适时的维修。

· 谦恭有礼。强调一种对待学生的正面态度，这将创造一个友好的学习环境。

· 顾客反馈与改进。来自学生的不断反馈将带来对现实卓越服务流程的改进。

他们研究了一家通过 ISO 认证的机构和一家未受认证的机构的工程专业学生，发现显示在五个预测学生满意度的变量中，有两个变量对于学生的影响更为显著。这两个变量是高层管理者的承诺和校园设施。高层管理者的承诺是对服务质量的保证，它确保了其他变量能够恰当地改进学生体验。

［资料来源：Sakthivel P. B., Rajendran G. & Raju R. TQM implementation and students' satisfaction of academic performance. *The TQM Magazine*，2005(06)：673—689.］

顾客是否对服务补救满意可能还取决于服务失误的严重性和这种服务失误能否补

救——没有人能补救一张不满意的结婚照或由某个服务设备导致的伤害。在这些情形下，很难想象需要多么专业化的服务补救才能让顾客真正高兴起来。最佳战略是在第一时间做好。正如迈克尔·哈格罗夫(Michael Hargrove)强调的："服务补救是将服务失误转变为你意想不到的机会。"圆满实施服务补救措施虽然很重要，但是失败是不能容忍的。遗憾的是，最近的研究表明，40％～60％的顾客对服务补救过程不满意。管理者认识到顾客是价值资产，所以他们觉得有必要为了弥补顾客不满意的经历开发有效的服务补救系统。图7-9展示了有效服务补救系统的核心。

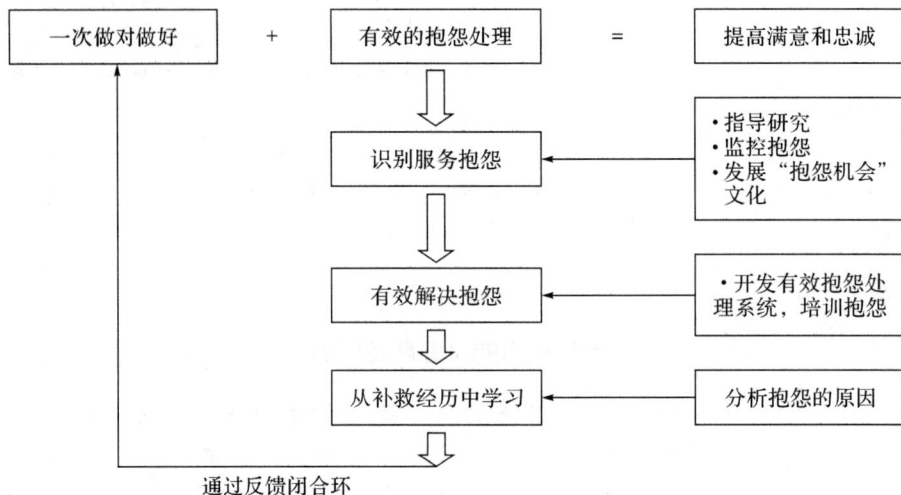

图 7-9　有效服务补救系统的构成

[资料来源:克里斯托弗·洛夫洛克(Christopher Lovelock),等.服务营销.第2版..郭贤达,等,译.北京:中国人民大学出版社,2007:348.]

服务补救过程需要有计划地进行应该根据服务失误情况制定权变的服务补救计划,尤其是对那些经常发生的失误。补救要求授权给员工服务补救应该是柔性的,让他们通过自己的判断,以自己的沟通方式开发出一套能让抱怨顾客满意的解决方案。

【链接 7-11】

### 一线员工指南:怎样处理顾客抱怨

快速行动。如果抱怨发生在服务传递的过程中,那么时间是获得全面补救的根本。如果抱怨发生在服务过程之后,许多公司已经建立了24小时之内的响应政策。即使全部解决方案会持续很长时间,迅速承认错误也是非常重要的。

理解顾客的感受,无论是默默地还是明确地(例如,"我能够理解您为什么心烦")。这能帮助创造和谐的气氛,是重建受损关系的第一步。

不要与顾客争论。我们的目标是收集事实,然后达成一个双方满意的解决方案,不是要在争论中获胜或证明顾客是傻瓜,应该注重倾听而不是进一步激怒顾客。

证明你已经从顾客的角度理解了这个问题。从顾客的角度去观察是理解他们认为哪里出了问题以及他们为什么心烦的唯一途径。服务人员应该尽量避免根据自己的想法妄下结论。

澄清事实真相,找出事故原因。失败可能源于服务的无效性,或源于顾客错误的理解,或源于第三方的错误行为等。如果你已经做错了,就应该尽快承认错误以赢得顾客的理解和信任。顾客越能宽恕你,他们期望得到的赔偿越少。不要自我防卫。自我防卫可能意味着公司有什么事情在隐瞒或者不愿意完全分析情况。

考虑赔偿。当顾客没有享受到他们付费的服务或由于服务失误遭受巨大不便或损失大量的时间和金钱时,提供金钱补偿或者等价的服务作为补偿是很恰当的。这样可以减少生气的顾客采取法律行为的风险。通常,服务保证中会对这类补偿有所规定,企业应该确保能按服务保证的原则进行赔偿。

给顾客怀疑的权益。不是所有的顾客都讲道理,也不是所有的抱怨都是合理的。但是顾客有权抱怨,直到有充分的证据证明抱怨不合理为止。如果补救涉及大量资金(如保险索赔或潜在的诉讼),那么认真调查是根本。如果涉及的资金很少,就不值得就赔款或其他形式的补偿讨价还价。无论怎样,查询历史记录是个好主意,因为从记录中可以发现这个顾客是否经常有可疑的抱怨。

提出解决问题的步骤。当不能立即确定解决方案时,告诉顾客企业计划怎么做会使顾客明白事情正朝正确的方向进行。同样,也给顾客设定了期望的时间(所以公司不能许诺得太多)。

让顾客了解进展。没有人希望被蒙蔽。不确定性滋长了好奇心和压力。如果知道事情的进展和收到周期性的进展报告,人们将更容易接受。

坚持重新获得顾客的购买意愿。如果顾客已经失望了,最大的挑战就是保持顾客的信心,维持未来的关系。坚持可以减少顾客的怒气并使顾客确信企业在采取行动避免问题再次发生。出乎意料的补救努力可以有效地构建忠诚,产生顾客推举。如果发生顾客抱怨的责任不在公司,您也不应该仅将真相告诉顾客并加以解释,而是应该态度缓和并表示理解。一些礼物会给顾客带来惊喜,从而产生正面的口碑效应。

自我检测和追求出色。在观察顾客之后,您应该认真检测一下服务失误是偶然发生的还是由于系统缺陷造成的。充分利用每一次抱怨去完善服务系统。即使抱怨是因顾客的误解所造成的,也暗示了沟通系统的某个部分可能会存在问题。

## 🌿 本章小结

本章所涉及服务质量和服务补救内容主要包括服务质量、服务失败和服务补救。作为本章的重点,通过学习,你应该掌握以下几个方面的内容:

◆ 服务质量。服务质量是指服务给消费者带来的效用及其对消费者需要的满足程度的综合表现,是服务营销的核心。服务质量的一组维度(可靠性、反应性、保障性、移情性、有形性)为大多数服务衡量可适用。服务质量的好坏,取决于服务产品满足顾客需求的程度,顾客会基于他对服务的预期和对服务的实际感知之间的差距来评价服务质量的好坏和满意程度。服务缺口模型着重讨论顾客预期和顾客实际感知到的服务之间的差异。服务质量缺口管理策略。

◆ 服务失败。服务的无形性、异质性、同步性和不可储存性等特点决定了服务失败是在所难免的,当出现服务失败或服务问题时,顾客感到不满意,这会给顾客造成影响。早期针对服务失败的对策研究,主要是顾客抱怨处理,即在顾客遇到服务失败、顾客不满意并且向企业抱怨后的处理对策。对服务企业来说,提供完美无缺的服务是一种理想状态,服务企业管理者必须正确认识服务失败,了解并分析服务失败的原因、产生的影响和顾客的反应,这样才能有针对性地进行持续的改进和努力,不断提高服务质量。

◆ 服务补救。服务补救是围绕顾客满意和顾客忠诚的总目标、对服务失败进行的主动和有效的一系列管理活动,它不仅包括对顾客抱怨的处理和服务失败的实时弥补,还涵盖了对服务失败的事前预警与控制,它是一种主动的反应,是一个系统的管理,是持续的服务质量改进过程。服务补救作为企业整体经营管理中的一种策略,是围绕与顾客关系建立过程中对服务失败和服务问题的处理而进行的。正式、规范的服务补救的整体效果要远远强于随意、不规范的服务补救。因此,服务企业有必要形成自己的正式、规范的服务补救策略。

⊟▷【案例分析】

### 衡量服务质量:联邦快递的质量承诺

联邦快递隶属于美国联邦快递集团(FedEx Corporation),为顾客和企业提供涵盖运输、电子商务和商业运作等一系列的全面服务。2013年财富世界500强排行榜第245位。联邦快递集团旗下超过2.6万名员工和承包商最大限度满足客户和社会的需求,屡次被评为全球最受尊敬和最可信赖的雇主。2013年4月1日起,联邦快递中国有限公司实施GDS(全球分销系统)中国区全境覆盖计划。2014年12月16日上,美国联邦快递公司同意收购逆向物流公司Genco。这表示联邦快递在向电子商务领域大举进军。

弗里德里克·W.史密斯(Frederick W. Smith),联邦快递董事长兼首席执行官。他凭着一名优秀企业家的潜在素质和特有的直觉就预见到美国工业革命第三次浪潮将靠电脑、微处理机及电子装备来维系,而这些装备的维修则要靠量少价昂的组件和零件及时供应,而有关信件、包裹、存货清单也需要在尽快的时间内获得。他认为创立一种隔夜传递服务公司是十分必要的。弗雷德·W.史密斯把他的想法写成了论文,而他的教授认为论文有可取之处,但这些观点是行不通的。弗雷德·W.史密斯创办隔夜快递公司的初衷始终没有动摇过。当1973年4月17日联邦快递首次开门营业时,它发运了8个包裹,而其中7个是其工作人员之间的试运件。没有人料想到这将标志着一个行业的诞生:隔夜速递。弗雷德里克·W.史密斯称:"我们相信服务质量一定有数学方法可以测量。"公司有明确的、经常重复的质量承诺目标,并对这些目标不断进行测量。这种实践形成了质量控制基础。联邦快递设有"准时送达保证",向客户保证国内货物快递不过夜,即使是晚上交货也能在第二天上午10时30分前送达。史密斯保证:"只要耽误60秒,公司就退款。"

联邦快递有两个宏伟目标:每一次交流和交易都要达到百分之百的客户满意度;对递交每一个包裹的服务感到百分百的满意。在其早期,联邦快递将客户满意度和服务表现定义为准时送到包裹所占的百分数。在对客户投诉进行多年分类记录之后，公司发现，准时送达所占的百分数即及时投递率只是衡量客户满意度的一种内部标准，并不一定是按客户的标准反映出绝对的客户满意度。

在联邦快递公司对顾客投诉进行系统分类后，公司开发了正如 CEO 史密斯说的"恐怖事件等级"，它是指八种最常见的顾客抱怨：(1)投递日期不对；(2)日期是对的，但时间晚了；(3)没有取件；(4)包裹丢失；(5)联邦快递公司错误地通知顾客；(6)账单、文件错误；(7)员工操作失误；(8)邮包损坏。根据由客户投诉所产生的这些分类，显而易见，对联邦快递的客户而言，重要的标准不仅仅是准时送达。在此基础上，联邦快递公司建立了顾客反馈系统。

除对客户投诉进行分类外，开发了服务质量指标体系(SQI)，建立了从顾客角度评价服务质量和满意度的 12 项标准。根据每一项标准的重要性规定权重，从而决定整体的顾客满意度。所有的包裹每天都被跟踪，这样可以计算一个连续的指标。联邦快递每天都分别跟踪 12 个服务质量指标从总体上来衡量客户满意度。另外，公司每年都要在 5 个方面进行很多次客户满意度调查：顾客满意度调查。

• 目标顾客满意度调查。这种调查针对某些目标顾客展开，每半年对在过去三个月与联邦快递有服务接触的一些顾客进行调查，即联系曾经经历过联邦快递 10 项专门性程序（如客户服务、开票及发票调整等）之一的客户；

• 联邦快递评论卡。联邦快递中心评价卡的收集、列表，每年两次，并反馈给每个中心的管理人员；

• 在线顾客反馈调查。联邦快递公司经常进行在线服务（例如，包裹跟踪）调查以及新产品的意见调查。对联邦快递 7600 个最大客户进行的客户自动化调查，这些客户的业务占到公司包裹总量的 30%，并为他们配备了自动化系统，可以进行包裹跟踪和一系列其他自助服务活动；

• 细分市场调查。每年一次的加拿大客户调查，加拿大是美国以外联邦快递包裹最频繁的目的地。

通过核心细分市场分层，每季度对随机抽取的几千名顾客进行电话调查，即电话通知联邦快递的基础业务、美国以外地区递送客户、专人递送中心客户以及快件箱客户，并向高层管理人员汇报结果。

另外，在史密斯看来，没有满意的雇员就不会有满意的客户，公司的持续增长也就无从谈起。公司领导人必须加强与员工的沟通，赢得员工的信任。"员工、服务、利润"已经成为公司的口号。"我们是员工至上的工作团队；即使要让公司成为市场的领导者，不断地发展，让公司服务为更多的人所熟知，员工永远还是第一。"为了加强员工与公司的感情，史密斯决定所有飞机都以员工的孩子来命名。迄今，600 多架飞机联邦快递飞机都是员工儿女的名字。

联邦快递运送的货物五花八门：有鲜龙虾、鲜花、水果、飞机轮胎、电脑部件、玩具、血浆等。联邦快递公司也接大件货物，例如 F1 赛车。在 2000 年，联邦快递从北京为华盛顿国家动物园运送两只大熊猫……

除了能随时反映过程质量和顾客偏好的 SQI 以外，联邦快递公司还使用不同的方法来获得顾客反馈。联邦快递是美国历史上第一个在成立后的头 10 年里销售额超过 10 亿美元的公司。而且联邦快递所享有的客户满意度也具有传奇色彩。在采用从"完全满意"到"完全不满意"的五分法调查中,迄今为止,其最高客户满意度达 94%。多数企业在衡量客户满意度时,将"有些满意"与"完全满意"的回答合二为一来计算,而联邦快递却不这样。正是由于取得了这样的成绩,联邦快递获得了马尔科姆·鲍德里奇全国质量奖（Malcolm Baldridge National Quality Award）。

（资料来源:根据约翰·E. G,贝特森·K,道格拉斯·霍夫曼.服务营销管理. 北京:中信出版社,2004:343 和 http://baike.baidu.com/link? url 改编.）

**案例讨论题**

1. 联邦快递是如何衡量服务质量的？你如何看待？

2. 联邦快递是如何分析顾客的抱怨的？并据此做出了怎样的反应系统？你认为是否恰当？

3. 联邦快递进行顾客满意度调查值得吗？结合网上购物服务的特点,你认为应如何建立一个完善有效的服务补救系统？

▷ 【思考题】

1. 举例说明你的期望与实际服务的差距最大的体验？你认为其原因可能是什么？你认为主要表现在哪个维度上？应当采取什么步骤提高服务质量？

2. 为什么公司更希望不高兴的顾客来抱怨？公司怎样做才可以使不满意的顾客乐于抱怨？

3. 根据顾客对服务失败做出的反应,可以将顾客分为哪几种类型？比较他们的异同点。

4. 请描述服务缺口模型中服务质量的 5 个方面。

5. 为什么服务传递最好还是一次成功？为什么应该使服务补救变得主动、有计划、经过培训和充分授权？

6. 阐述服务补救的步骤以及服务补救的策略。

7. 顾客满意是 TQM 理念的基础。你同意这种看法吗？为什么？

# 第 8 章

# 非营利组织服务营销

>>>>  >

■ 非营利组织的分类与特点
■ 非营利组织服务营销概述
■ 非营利组织服务营销发展

## 导入语

非营利组织是社会组织的重要组成部分。非营利组织与营利组织一样,也有自己的服务对象、自己的顾客,满足他们的需要是非营利组织存在和发展的基础。

对于非营利组织来说,由于营利不是动机,也不是目的。因此"满足顾客需求"——即以顾客要求为导向,要求非营利组织应该更多地关注公共产品的提供,并有义务说明如何有效地交换这种产品。

**当你学完本章后,你将能:**

◆ 了解非营利组织的特点。

◆ 理解非营利组织服务营销的重点。

◆ 掌握非营利组织服务营销的新发展。

## 关键词

非营利组织;社会营销;政府电子化服务

## 【导入案例】

### 中国制造　世界合作

2009 年 11 月 30 日,我国政府推出一系列全球广告。这则由中国商务部牵头制作的题为"中国制造,世界合作"的广告(见图 8-1),被认为是中国政府在海外投放的首个"形象广告",旨在"发出自己的声音",提升"中国制造"的整体形象。美国有线电视新闻网(CNN)这个星期起开始在亚洲市场播出一则 30 秒的商业广告,内容是宣传在全球化大背景下,"中国制造"产品其实也是世界上各个贸易体共同分工协作、盈利共享的事实。当然,该广告也有利于重新打造与巩固"中国制造"在全球市场上的声誉。

通过观看视频,可以发现这则 30 秒的广告围绕"中国制造,世界合作"这一中心主题,强调中国企业为生产高质量的产品,正不断与海外各国公司加强合作。广告一个个画面集中展现了"中国制造无处不在的身影"，"中国制造，世界合作"的理念贯穿整个广告。一日之计在于晨，清晨跑步的运动员所穿的运动鞋是"中国制造"，但是"综合了美国的运动科技"，日常家庭中所用的冰箱印着"中国制造"的标签，但是融合了欧洲风尚，为您储存美味的食品。一个类似 iPod 的 MP3 播放器上用英文标注"在中国制造，但我们使用来自硅谷的软件"，体现了爱音乐也爱中国制造的理念。就连法国顶级模特儿所穿的知名品牌衣裳也由"中国制造"，而广告最后出现的飞机

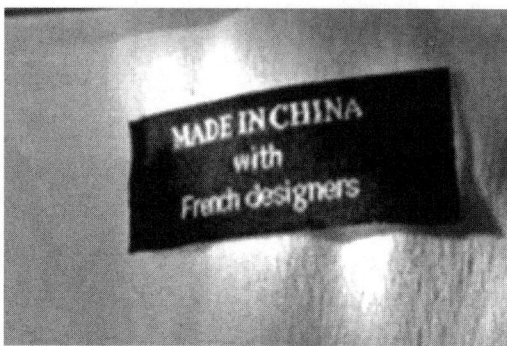

图 8-1 "中国制造，世界合作"的广告视频截图

画面，是融合全球各地工程师的结晶，更是展现了"世界合作"这一理念。

"中国人以前笃信'酒香不怕巷子深'，现在直接把广告打到 CNN，路径转换的勇气可嘉，创意也值得称赞。"新华网发展论坛的网友这样评价，"但'中国制造'绝不能仅是廉价、低品质商品的代名词。"凤凰网网友表示："不能寄希望于广告的'暂时效应'，品牌形象宣传固然重要，但产品质量过硬，才是形象之所依。"

这则广告背后所体现的，也是中国政府管理者对于国家品牌塑造战略的理念和实践。实际上，国家品牌的概念早已被美日和欧洲发达国家广泛使用，日本的精益求精、美国的崇尚创新、法国的追求时尚、德国的完美主义等，这些国家对自己的国家品牌形象有着准确的定位，并且通过大众传媒和现代营销手段不断强化国际消费者对这种定位的认知，从而把这种认知延伸到其制造的产品中去，扩展品牌的巨大价值。从这个意义上说，对"中国制造"进行全面的营销策划，制定长远的国家品牌战略，体现合作共赢，对于"中国制造"乃至中国企业的国际竞争具有重要的战略意义，而在美国有线电视新闻网播出的广告可以说在这方面迈出了重要的一步。

（资料来源：改编自 http://www.chinanews.com/gj/gj-zwgc/news/2009/12-02/1995307.shtml；http://baike.baidu.com/link? url=.）

非营利组织的管理者很早就开始利用会计制度、内务管理、人事管理、战略计划等在营利性企业中广泛使用的管理和控制方法，营销管理是最后一个被非营利组织所采纳的管理方法。从国外来看，20 世纪 60 年代以前，在卖方市场条件下，市场营销往往被非营利组织所忽视。而当这些组织面临顾客背弃、会员减少、赞助金缩减等挑战时，就不得不开始考虑市场问题了。例如，许多大专院校纷纷运用市场营销原理分析自己所处的环境、所面对的市场和所服务的顾客及其特性，评估现有资源状况及资源趋势，明确自己的使命、目标及市场定位。通过对市场、资源及使命的分析运作，不少大学做出了明智的营销决策，招生数量不断增加，教授招聘进展顺利，资金的募集日见成效且趋于制度化。

在美国，还有许多医院也运用市场营销原理指导其管理活动，并取得了一定成效。例如，有些医院根据患者的需求，研究如何招募优秀医生、护士，建立社区声望，争取得到更多的赞助等。越来越多的医院行政管理人员积极参加市场营销研讨班，掌握更多的营销研究知识本领，不断开发新的服务项目等。伊利诺伊州的伊文斯顿医院是一家拥有 500 个床位的大医院，也是世界上第一家聘任营销副总裁的医院。

## 8.1　非营利组织的分类与特点

### 8.1.1　非营利组织的分类

1. 非营利组织的界定

非营利组织(non-profit organization,NPO),这个概念是从国外引进的,从广义上,它包含所有不以营利为目的运营的机构、组织和企业,是以服务大众为宗旨,不以营利为目的,具有志愿性和自制性的正式组织。从狭义上,它特指某些社会团体或组织如行会、协会、基金会等。

2. 非营利组织的分类

非营利组织是一个巨大的制度空间,包含形形色色的组织。根据不同的角度,非营利组织可以有不同的分类方法。

(1)根据注册地点分类

- 地方性组织,这些组织主要分布在省级城市或者地县;
- 全国性组织,这些组织在国家注册,在全国范围内开展工作;
- 国际性组织,这些组织在国外注册同时也在国内注册开展工作,它们在资金上比较有保证,影响较大。

(2)根据非营利组织的性质分类

- 学会机构,主要是科技方面的学会和专业委员会;
- 协会机构,主要以兴趣和爱好为媒介,以分享信息为主要目的的协会;
- 研究、教育和培训机构,主要进行科研和培训的机构;
- 项目实施机构,主要是通过申请项目或者接受委托执行项目;
- 筹资机构,主要通过社会筹资,支持其他机构开展社会公益事业的工作,如中国青少年发展基金会、中华慈善总会等。

(3)根据非营利组织的工作行业分类

- 教育机构,以培训和教育为工作领域;
- 医疗卫生机构,以提高公众健康为工作目的;
- 环境保护机构,以生物多样性保护、环境治理为工作对象;
- 扶贫机构,以帮助贫困人口改善生活条件为工作目的;
- 综合机构,越来越多的机构走向综合发展的方向。

(4)根据不同地区与国家标准分类

- 联合国国际标准产业分类体系(The U. N. International Standard Industrial Classi-fication System,简称 ISIC);
- 欧共体经济活动产业分类体系(The European Communities' General Industrial-Classification of Economic Activities);
- 美国慈善统计中心设计的免税团体分类体系。

(5)非营利组织国际分类体系

由约翰·霍普金斯大学非营利组织比较研究中心协调 13 个国家的专家学者组成的非

营利组织国际分类体系（The International Classification of Non-Profit Organization，简称 ICNPO）。ICNPO 体系分类标准遵循以下原则：一是尽量与各国非营利组织的实际情况相结合；二是尽量靠近联合国国际标准产业分类体系（ISIC），以便研究者能充分利用联合国收集的各国国民收入数据。由于一直致力于把握现实世界，使分类与各国非营利组织的实际情况相符合而较有借鉴意义。ICNPO 体系的分类基准是经济活动的领域，该研究中心设计的非营利组织国际分类体系（ICNPO）把非营利组织分成 12 个大类，24 个小类，各小类再被分为近 150 小项。

- 文化与休闲：文化与艺术；休闲；服务性俱乐部。
- 教育与科学研究：中小学教育；高等教育；其他教育；研究。
- 卫生：医院与康复；诊断；精神卫生与危机防范；其他保健服务。
- 社会服务：社会服务；紧急情况救助；社会救济。
- 环境：环境保护；动物保护。
- 发展与住房：经济、社会、社区发展；住房；就业与职业培训。
- 法律、推进与政治：民权与推进组织；治安与法律服务；政治组织。
- 慈善中介与志愿行为鼓动。
- 国际性活动。
- 宗教活动和组织。
- 商会、专业协会、工会。
- 其他。

（6）根据经费来源分类

判断一个组织是否属于非营利组织并不完全依名称而定。在许多行业集团中，既有营利也有非营利组织。例如，有营利和非营利医院、营利和非营利学校，甚至还有营利的宗教组织。非营利组织所强调的是这些组织的宗旨不是为了营利，但它们存在的目的不是为了营利并不等于说它们不能营利。事实上，非营利组织的收入往往大于支出，换句话说，它们是营利的，但它所赚取的利润必须服务于组织的基本使命，用于扩大向社会所提供的服务数量和质量，而不能进入经营者和管理者的腰包，这是非营利组织和营利组织的最大区别。而且，不同的非营利组织在向社会提供服务和产品所采取的收费政策也有很大区别。从经费来源来看，主要有三种类型：

- 自给自足型：这些非营利组织在经费上完全是自负盈亏。比如说，大多数医院，必须为所提供的服务设置一个合适的收费标准，以便得到适当的收益来补偿全部开支，维持正常的营运。
- 部分收费型：这些非营利组织能得到政府财政拨款和有关方面的捐款。因此，所提供的服务或产品收费标准可以低于其平均成本。例如，我国高等教育所收取的学费仅占培养学生平均成本的很小部分，随着市场经济的发展，学费会逐步提高，但仍将低于其运行成本。
- 无偿提供型：这些非营利组织是完全靠政府的财政拨款或捐款支持运行，也就是无偿提供服务，不收取任何费用。最典型的是消防、天气预报、地震报警等。

【链接 8-1】

## NPO(非营利组织)与 NGO(非政府组织)

NPO(non-profit organization)即"非营利组织"是指在政府部门和以营利为目的的企业(市场部门)之外的一切志愿团体、社会组织或民间协会。这种组织形态最早于 17 世纪便存在,是应生于工业革命中出现的社会不平等现象,其后伴随着西方近代资本主义的发展而发展起来,因而它也具有丰富的西方文化和社会体制的背景。非营利组织是一个基于市场经济、政府与企业部门严格分工、独立的企业等背景下出现的概念,它的存在和特征是与市场经济的进程和营利部门(企业)的发展密切相关的。非营利组织的出现被理解为政府失灵和市场失灵的产物。现在,对非营利组织的定义最受认同的是约翰·霍普金斯大学非营利组织比较研究中心推荐的"结构—运作定义",认为凡符合组织性、民间性、非营利性、自治性和志愿性等五个特性的组织都可被视为非营利组织。与非营利组织类似的词汇还有"非政府组织"(non-governmental organization)、"第三部门"(third sector)、"公民社会组织"(civil society organization)等。

"非政府组织"(non-governmental organization)非政府组织一词最早出现在 1945 年联合国成立时的一份重要文件里,当时主要指那些在国际事务中发挥中立作用的非官方机构,如国际红十字会、救助儿童会等,后来成为一个官方用语被广泛使用,泛指那些独立于政府体系之外具有一定公共职能的社会组织。1995 年,北京举办第四届世界妇女大会,因同期举行的"世界妇女非政府组织论坛",而使非政府组织这一词汇在中国推广开来。与追求专属于本集团的、其利益具有强烈排他性的利益集团不同的是,非政府组织从事的是社会公益事业,提供的是公共物品,其涉及的领域也相当广泛,包括环境保护、社会救济、医疗卫生、教育、文化等领域。非政府组织比非营利组织概念要狭窄。

(资料来源:改写自 http://baike.baidu.com/)

## 8.1.2　非营利组织的特点

关于非营利组织的特点不同的研究机构和专家有不同的论述。

1. 莱斯特·萨拉蒙的观点

美国研究非营利组织的专家,约翰·霍普金斯大学的莱斯特·萨拉蒙(Lester Salamon)认为非营利组织的共同点有 5 个最关键的特征:

(1)正规性:即有一定的组织机构,是根据国家法律注册的独立法人。

(2)私有性:即非营利组织在组织机构上独立于政府,即在制度上与国家相分离,既不是政府机构的一部分,也不是政府官员来主导。

(3)非营利性:即不以营利为目标,不为其拥有者积累利润,非营利组织可以营利,但是所得的利润必须用于组织使命所规定的工作,不能在组织的所有者之间进行分配。

(4)自治性:基本上能独立处理各自的事务,能控制自己的活动。非营利组织有不受外部控制的内部管理程序。

(5)志愿性:这些机构的成员不是受法律约束而组成的,这些机构接受一定的时间和资金的自愿捐献。在组织的活动和管理中都有相当程度的志愿者参与,特别是形成有志愿者组成的董事会和广泛使用的志愿者。

2. W. 纽曼和 H. 瓦伦德的观点

W. 纽曼(W. Newman)和 H. 瓦伦德(H. Walleder)指出在研究非营利组织战略管理工作时,必须注意组织所具有的 5 个特性:

(1)营利组织提供的服务往往是无形的,因此难以度量。

(2)服务对象的影响一般较弱。

(3)组织的雇员一般都具备丰富的专业知识,以及对组织的强烈献身精神。

(4)资金来源的提供者——资助者或政府,可能会对组织的内部管理工作进行干扰。

(5)组织的奖惩措施应主要依据(1)、(3)、(4)的内容制定。

3. 沃夫的观点

美国学者沃夫(Wolf)也指出非营利性组织有如下 5 个方面的特质:

(1)服务大众的宗旨。

(2)不以营利为目的的组织结构。

(3)有一个不致令任何人利己营私的管理制度。

(4)本身具有合法免税地位。

(5)具有可提供捐助人减(免)税的合法地位。

4. 清华大学 NPO 研究所的观点

根据清华大学的 NPO 研究所自 1999 年在全国范围内进行较大规模的 NPO 调研的大规模的问卷调查结果分析,目前我国非营利组织的发展呈现如下特点和最新变化:

(1)地区分布不均衡。东部发达地区多,西部贫困地区少,从业人数也有很大差距。根据 1996 年中国基本单位普查资料,东部发达地区的社团数量较多,如江苏省、上海市、浙江省的社团数量分别占全国社团总量的 70% 以上。而西部贫困地区的社团数量相对较少,如宁夏、青海等地的社团数量仅占全国社团总量的 1% 以下。从社团从业人员的分布看,最多的上海市社团从业人员占全国社团从业人员总量的 8.8%,而最低的宁夏、青海则不到 1%。

(2)活动范围有限。大多数组织只在特定区域(市、区、县)内展开活动。据调查显示,全国 68.7% 的 NPO 活动范围在一个市、区、县范围之内,跨省活动的只有 6.3%,活动范围涉及港澳台地区或国外的有 6.1%。有 70.7% 的 NPO 没有任何与海外的联系。

(3)大多数 NPO 的规模一般不大,人员结构较为合理。调查显示,71.5% 组织的专职人员在 1~9 个人,相当的组织雇佣兼职人员,但较少使用志愿人员;普遍来说,NPO 员工里有一定比例的年轻人(30 岁以下占 30%),但总的来说还是中年人居多(30~59 岁和 60 岁以上的员工占到近 70%);文化程度以高中、中专和大专为主(占 59.1%);员工中来自政府机关和事业单位转岗、分流、离退人员较多;近一半的 NPO 负责人有在政府部门任职的经历;人员构成专业化程度低,且优秀人才转向企业或国外机构的流动性较大。

(4)NPO 主要的收入来源依赖政府,且财务制度不够健全。由各级政府提供的财政拨款和补贴占到 50%,政府以项目为引导的经费支持占 3.6%;除政府资金外,NPO 其他主要的收入来源依次是:会费收入(21.2%)、经营性收入(6%)、企业赞助和项目经费(5.6%)。其他诸如募捐收入、资本运作收入、其他基金会资助、国际组织和国外政府资助等方面的收入来源,合计不到 5%,总体上资金规模较小,收入结构单一;在财务制度上,一半以上的

NPO通过内部审计或不通过审计做定期的财务报告,只有14.7%的组织通过注册会计师等外部审计进行规范的年度财务报告,而10.5%的NPO没有年度财务报告制度。

【实例8-1】

### 穆罕默德·尤努斯与格莱珉银行

　　穆罕默德·尤努斯(Muhammad Yunus)是孟加拉国经济学家,孟加拉乡村银行 Grameen Bank 即格莱珉银行的创始人,有"穷人的银行家"之称。尤努斯于1976年在孟加拉吉大港大学经济系一名教授的时候拜访了乔布拉附近的一个小村庄,和那里的一些穷人进行了交流。他问这些穷人需要什么,而他能够做些什么来帮助他们。这些穷人告诉他,他们需要一些钱来做生意,而他们只能找那些放高利贷的人借钱。当尤努斯知道和他交流的47人一共只需要27美元时,他拿出自己的钱借给他们。这些穷人将拿去的钱拿去投资,然后赚到钱后全额还给了尤努斯。尤努斯想到:"如果你花这么点钱就可以使那么多人高兴,为什么不多为这些穷人做些事情呢?"1976年,尤努斯走访乡村中一些最贫困的家庭。一个名叫苏菲亚的生有3个孩子的年轻农妇,每天从高利贷者手中获得5塔卡(相当于22美分)的贷款用于购买竹子,编织好竹凳交给高利贷者还贷,每天只能获得50波沙(约2美分)的收入。苏菲亚每天微薄的2美分收入,使她和她的孩子陷入一种难以摆脱的贫困循环。这种境况使尤努斯异常震惊,尤努斯写道:"在大学里的课程中,我对成千上万美元的数额进行理论分析,但是在这儿,就在我的眼前,生与死的问题是以'分'为单位展示出来的。什么地方出错了?! 我的大学课程怎么没有反映苏菲亚的生活现实呢?"

　　在微型信贷的观念指导下,尤努斯逐渐建立了一个小型的信贷网络,并在1983年成立了格莱珉银行,这个小型银行属于社会企业的早期形式,他借给穷人小金额的贷款,让他们投资在农场、商店和手工制品上。他每次借钱给一个五人团体,这样每个人都可以保证其他的人能够还清贷款。多年来,格莱珉银行主要将钱借给妇女,因为尤努斯认为妇女更加可靠。这在孟加拉是非常大胆的尝试,但是这给予了妇女和一般的穷人更多的财政支持。尤努斯还给乞丐钱,并教他们如何在乞讨的过程中通过出售商品来赚钱。2003年,他把目光瞄准孟加拉数以百万计的乞丐,发起"奋斗成员"项目,帮助了7万多名乞丐改善生存条件,最终摆脱乞讨生涯。他给一些农村妇女钱,让她们买手机,这样,她们就可以向那些需要打电话而自己又没有电话的邻居收费。在全球进入信息时代后,他意识到信息技术将是穷人们手中的"阿拉丁神灯",于是在1996年底创办了非营利性的"格莱珉电信公司",让40多万名妇女能够使用上通信服务,他还让她们去经营电话租赁业务以赚取利润。尤努斯最近的创举还包括建立格莱珉—达能食品公司,向穷人们提供营养而廉价的婴儿食品,下一步他还将开展低成本的眼睛保护和视频会诊的乡村医院项目。他希望在2015年前,能把这个世界的贫穷现象消灭掉一半。

　　2005年格莱珉银行借贷的总额超过了50亿美元。到2006年5月,它共拥有661万名借款人,其中97%是女性。格莱珉银行在71371个村庄提供微型信贷服务,其对穷人的帮助非常显著,世界银行、国际粮食政策研究所(IFPRI)以及孟加拉发展研究所(BIDS)都对格莱珉银行做了专门的记载和研究。其模式已被复制到其他一些国家和地区。2006年10月13日,穆罕默德·尤努斯和格莱珉银行被共同授予了诺贝尔和平奖。但他很清楚,对抗贫穷的这场战争还远没有到可以庆祝胜利的时刻。格莱珉银行仅仅覆盖了孟加拉75%的穷人,在其他国家地区还只有10%。因此在1989年,尤努斯创建了格莱珉信托基金,募集资金为亚、非、欧、拉丁美洲等30多个国家100多个组织在复制格莱珉银行时提供支持,已提供了1600多万美元的援助资金。1998年,一场世纪洪水肆虐孟加拉长达2个多月,造成大量穷人家庭资产损毁,尤努斯也在此时对格莱珉银行20多年的运作进行了反思,最后做出了大胆的改革,推出了全新体系的"第二代格莱珉银行",取消了原有的一些贷款种类、借款约束以及"团结组",取而代之提供了住房、高等教育等贷款项目,并根据借款者的情况量身定制,提供更为灵活宽松的贷款方式以及年金储蓄计划,新的银行运作方式吸引了更多的借贷者加入。

　　穆罕默德·尤努斯开创和发展了"微额贷款"的服务,专门提供给因贫穷而无法获得传统银行贷款的创业者。2006年,"为表彰他们从社会底层推动经济和社会发展的努力",他与孟加拉乡村银行共同获得诺贝尔和平奖。曾获得过总计60多项荣誉,如1978年孟加拉总统奖、1985年孟加拉银行奖、1994年世界粮食奖、1998年悉尼和平奖,以及2004《经济学人》颁发的社会经济创新奖等。

　　　　[资料来源:改编自http://baike.baidu.com/link? url=,艾伦R.安德里亚森(Alan R. Andreasen),菲律普·科特勒(Philip Kotler),等.战略营销:非营利性组织的视角.北京:机械工业出版社,2010:153.]

【即问即答8-1】
　　通读上述案例,你认为穆罕默德·尤努斯和格莱珉银行的成功之处体现在哪里?


## 8.2　非营利组织服务营销概述

### 8.2.1　非营利组织营销研究溯源

营销应用于非营利组织的思想诞生源于Kotler和Levy(1969)、Kotler和Zaltman(1971)以及Shapiro(1973)等撰写的一系列文章。他们认为营销是一种非常普遍的社会活动,不仅仅是销售牙膏、肥皂和钢铁,还可用于政治竞选、高等教育、公益筹款等领域,虽然特定的商业概念在非营利组织中有不同的功能,但它们可以用来提高非营利组织的运作效率。如果非营利组织能够有效地应用营销观念,那么将会明显提高组织效率(Zaltman&Vertinsky,1971)。

　　20世纪70年代后期,在发达国家的非营利组织发展进程中,随着各国和地区社会经济的进步及非营利组织的发展,一部分非营利组织认为为实现其宗旨和目标需要应用营销理论。而且,非营利组织当时已经开展了一些尝试性的"营销"活动。非营利组织通过直接的"销售"来筹措资金。通过宣布公共服务的公告和采用传统的广告等形式刺激更多的群体"消费"非营利组织的服务。在其宗旨的指导下,非营利组织采用此战术以唤醒人们的认同意识,增加政府与社会对非营利组织发展的支持。起初,非营利组织极少将此类活动称为营销。有些组织甚至不知道其各类活动之间的关系,或者不认为营销能为非营利组织带来收益;其他部分组织虽然认识到营销的特性,却非常不愿意将其活动冠以营销之名,因为那时"营销"还有太多的负面内涵。世界随着发展而进步,非营利组织亦不例外。

1970 年前后的非营利组织营销的启动很缓慢,到 1980—1990 年,其变化却是里程碑式的——营销进入了非营利组织所代表的公民社会这一政府、市场之外的第三领域,特别是在教育、艺术、社会服务、图书馆和公共服务等方面越来越显示其重要性。20 世纪 80 年代末,非营利营销理论达到生命周期的成熟阶段。这一时期诞生了大量关于非营利组织营销的著作和新的学术性期刊,关于非营利营销的研究也越来越多。1989 年 Drucker 曾撰文指出,"非营利组织正在成为美国管理界的领袖,实践着大多数美国商人所鼓吹的事情",并进一步提出,虽然非营利组织致力于公共服务,但它们也应该意识到好的意图不能代替管理与领导,不能代替责任、绩效和成果(Drucker)。

20 世纪 90 年代以来,非营利组织面临着更加激烈的竞争,营销理念已经成为非营利组织成功的主要因素和基本因素,营销在非营利组织运营中扮演了越来越重要的角色。非营利组织的管理人员需要掌握怎样谨慎选择目标市场,面对竞争者如何提供高效服务,以及如何整合营销项目的诸多因素以获得尽可能多的有限资源。营销为非营利组织的生存、发展和增强它们对社会福利的贡献,提供了巨大的潜力(Kotler)。随着社会的发展,人们对非营利组织服务的需求日益增加,非营利组织在社会中发挥着日益重要的作用,具有重大的经济和社会影响,向社会生活的各个方面渗透,人们开始对非营利组织的市场导向问题以及非营利组织的产品、价格、渠道和促销等营销策略进行深入的研究,并逐渐向非营利组织的国际化和非营利组织的伦理关怀等方向发展。

非营利组织重视营销的趋势明显。市场营销一般而言是企业制胜的武器之一,但随着的发展和环境的变化,很多国家、政府组织、大学、社团或其他非营利性组织也开始运用营销策略来提升组织的知名度了。

【链接 8-2】

### 高校营销——宣传片

美国著名教育管理学家加利福尼亚大学教授马克·汉森直言"用营销的语言来说,教育变革实际上就是面临顾客需求变化情况下的产品设计"。从 20 世纪 90 年代开始,学校营销理念已成为改革学校传统管理的一项重要策略。这种理念强调,要"识别并试图满足学生家长、学生和其他人的需要和需求"。学校营销具有三个特征:一是提供的产品是服务而不是具体的商品;二是服务对象多样;三是多目标。

高校作为非营利性组织,都有独特的文化,宣传片成了表达高校本身气质与风格的最好方式。几年前的国内一些高校宣传片还是主打官方说教版,但是最近几年,我们已经不难发现,伴随着标榜个性与创新的 90 后成为大学舞台的焦点,宣传片本身也向着更加个性、更加亲和、更加贴近内心的方式发展。2012 年,《北大光影交响曲》在光与影的交替与律动中,将北大的历史,北大的传承,北大的积淀一应展现在大家面前,整个宣传片充满着动与静的和谐的美感,就如同北大的气质一样。香港大学的招生宣传片完全以英文为主打,可见港大的国际化程度与国际化视野,整部宣传片也以传统的介绍院校基本情况为主,在轻快地背景音乐的陪衬下,和男声的标准英式发音构成了这部宣传片的主旋律。哈佛大学作为全球最受关注的高校之一,其宣传片重在对学校本身的环境、教学等方方面面进行介绍,整部宣传片没有过多的渲染,简易的西方音乐,令人好像回到了古典时代,毕生追求学术的大师们争辩的场景。剑桥大学贯穿整部宣传片的主旋律是安静、柔软、浪漫,用诗歌来诠释爱情,正如剑桥本身的气质一样,诗歌一样美丽的剑桥,爱情一样令人着迷的剑桥。耶鲁大学宣传片展现了美国高校中学生们多才多艺的一面,每个学生用歌唱的形式,完美地将耶鲁的方方面面呈现在公众面前,歌曲悦耳好听,朗朗上口,听几遍甚至能够做到跟着哼起来,这种宣传效果自然可见一斑。在斯坦福大学的宣传片中完全贯穿其中是清新加励志,这简直就是最能表现大学气质与能力的关键词,让大家知道斯坦福为硅谷输送了大量的人才,他们改变了世界的同时,也了解原来斯坦福的气质里还有如此丰富的内涵。每年的宣传片成了高校重要的营销,多所大学密集发布招生宣传片,引发关注。各所大学犹如"八仙过海,各显神通"。有教育界人士称拍摄宣传片成为近年来高校的一股潮流……

(资料来源:改编自 http://edu.sina.com.cn/z/video/AdmissionsVideo/#71282145.)

非营利组织管理者意识到他们必须具备高效的市场人素质,他们的组织必须有高效的营销。事实上,经验表明最好的非营利营销者在许多方面常常比市场部门的同行高明。1989年夏季,管理大师彼得·杜拉克曾在《哈佛商业评论》指出:"特别是在战略领域及有效发挥董事会作用的领域,非营利管理者实践着大多数美国商人所鼓吹的事情。20年前,非营利组织营销是一个肮脏的字眼。而现在,他们大都认识到非营利需要营销管理,甚至超过了商业的需要,因为他们没有底线原则。当然,非营利仍然致力于'做善事'。但是他们意识到好的意图不能代替管理与领导,不能代替责任、绩效和成果。"

清华大学90周年校庆时,曾邀请中学校长200余人出席庆典。其目的之一就是对生源进行营销。北京申奥、上海申博的成功,与其说是申办的成功,不如说是营销北京、营销上海的成功。非营利性组织运用营销方式来达到宣传推广目的的活动将越来越多,并渐成一种趋势或热潮。在我国,非营利部门和公共服务部门的营销活动也在不断增加。

非营利组织需要营销的理由如下:

· 通过营销,分析并确认公众的需求,非营利组织可据此提供正确的公共服务,并有意识地引导公众的健康需求。

· 通过营销,非营利组织把自身的组织宗旨和其他信息传达给公众,从而提高公众形象,并刺激公众给予回应。

· 根据营销,决定组织目标,并拓宽组织资源的吸收途径,使任务的实现更为顺利。

· 通过营销,引起公众的注目,吸引非营利组织需要的各种关注和支持。

· 通过营销,使非营利组织在社会上具有更大的影响力。

**【实例 8-2】**

## 可口可乐的生意经——非营利组织能学到什么?

在 TEDxChange 系列中,美琳达·盖茨果敢地倡议非营利性组织向可口可乐这样的大公司学习。可口可乐公司遍布全球的网络能够保证世界上任何一个偏远的村庄都能得到一瓶可口可乐。为什么不对安全套、卫生设施以及疾病疫苗也采取这样的推广手段呢?

非营利组织能够从可口可乐那里学到什么? 美琳达·盖茨在 TED 的演讲中说,她在盖茨基金会工作,有机会去发展中国家,让她吃惊的是那些偏远的地方,有的家里的地面就是黄土地,没有自来水,没有通电……但让她纳闷的是他们连基本的生活条件都没有,居然都拥有可口可乐:"可口可乐无处不在!"于是她在思考可口可乐是怎么把可乐送到这些穷乡僻壤的? 如果他们能做到,非营利组织的"想方设法普及安全套和各种疫苗"等计划岂不是也能做到吗? 可口可乐每天能售出 15 亿瓶可乐,政府和非政府组织如何加快把其中奥妙运用在公共服务上。例如"埃塞俄比亚的医疗普及计划",2003 年埃塞俄比亚政府开始推行这套新医疗体系。他们对 35000 名医务人员进行培训,让他们直接给人们提供医疗服务。在短短五年里,原本每 30000 人仅有一名医务人员的情况,变为每 2500 人有一名医务人员。这些医务人员的贡献巨大,计划生育,产前护理,儿童疾病防疫,劝告产妇及时到医院以免耽误生产。在埃塞俄比亚,全靠这些医务人员才使得成百上千的儿童得以存活。它使得 2000 年到 2008 年该国婴儿死亡率降低了 25%。

可口可乐的市场营销战略秘诀就是主动出击。它把产品与人们所追求的生活联系起来。采取的是因地制宜的策略。他们在全球的宣传标语是"畅爽开怀",让它更具地方色彩。创作了歌曲《旗帜飞扬》,这首歌翻译成了 18 种语言,在 17 个国家的流行歌曲排行榜上取得冠军。卫生应该如何进行市场营销呢? 它们总是被动地躲避,而不是主动出击。"勤洗手,防痢疾",这些口号听起来一点也不像《旗帜飞扬》。每年全球大约有 150 万名儿童死于痢疾,而造成这种情况的原因主要是人们随地大小便。解决方法很简单:建个厕所。但一些地方建好厕所却没有人来使用,用它来做杂物房或用它来储藏粮食,甚至用它来做鸡笼。如何利用市场营销让人们学会注重公共卫生,进而消灭痢疾呢? 印度北部的一个邦,他们把厕所和婚姻联系在一起,取得了非常好的效果。"妇女们不嫁家里没安厕所的男人"、"没厕所,不过门",非常有创意的营销宣传,但更重要的是,它拯救了生命。

美琳达·盖茨说我们能改变一个社区,甚至就能改变一个国家。小儿麻痹症是最有力的例子之一。在二十年间,小儿麻痹症病例总数下降了 99%。1988 年,全球的小儿麻痹症病例约有 35 万例。而到了 2009 年,这个数字降到了 1600 例。是什么导致了这样的变化呢? 以印度为例,这个国家的人口超过十亿,但是他们在各地有 35000 名医生和临床医师、药剂师组成的庞大病情通报体系,另外他们还有 250 万名疫苗接种人员。例如有一个 18 个月大的小男孩出现小儿麻痹症,基因测试证明了这个病毒株是从北部来的,于是,到他住的地方给 200 万人注射了疫苗。就这样,在短短不到一个月的时间里,一例小儿麻痹症病例发展成了一整套针对性疫苗注射行动，阻止了疾病的大规模传播，这也表明了当人们及时掌握了确切数据，他们就能够拯救生命。对付小儿麻痹症的挑战之一，仍然是市场，我们的问题还在于如何在捐助者中做市场。

美琳达·盖茨所观察到的可口可乐成功的三个重要原因：数据管理，对实时数据的反应；扶植当地的企业人才；市场营销战略，主动出击。美琳达·盖茨研究可口可乐成功原因的目的是想把其应用到慈善事业中。正像最后她所说的："幸福就是母亲把自己健康的孩子紧紧抱在怀里的那一刻。"

（资料来源：根据美琳达·盖茨在 TED(http://open.163.com/movie‐10/9/上演讲"可口可乐的生意经"改编.)

### 8.2.2　非营利组织服务营销的特点和分类

**1.非营利组织服务营销的特点**

非营利组织在开展市场营销的过程中，呈现出与营利企业营销明显不同的特征。

（1）公众复杂多样。非营利组织至少有两大公众需要引起重视，一是顾客，二是捐助者。前者涉及资源吸引和资源配置问题，后者仅涉及资源吸引问题。除此之外，非营利组织尚需借助营销原理来妥善处理与其他各种公众的关系。例如，一所大学可以用潜在生源、在校学生、学生家长、教职员工、当地企业、当地政府等公众为目标，来开展其营销活动。

（2）多目标。非营利组织倾向于追求多种目标，而不是仅仅追求一种目标，如利润。非营利组织除了要谋求自己组织的利益，尽可能地增加收入，使本非营利组织发展壮大，但更多的是为了目标群体的利益，其最终目标与任务在于造福整个社会。对于非营利组织的营销者来说，要想实现所有目标是很困难的，因此，必须善于从中选择较为重要的目标，以便有效地配置资源。营利企业组织虽然也存在多种目标，但追求利润最大化无疑是压倒一切的主要目标。

（3）产品以服务为主。大多数非营利组织提供的主要是服务，而服务具有无形性、相联性、易变性和时间性等特点。例如，大学提供的服务是教育，教育本身就是无形的，它与其提供者即教师紧密相联.不同教师的授课质量又各不相同。

（4）公众监督。非营利组织要受到社会公众的严格监督，因为其提供的必要性公共服务是享受资助和政府免税的，所以、非营利组织的经营活动必须服从或服务于公众利益，从这个意义上讲，非营利组织所承受的政治压力远大于市场压力。

（5）伦理性。"济危解困"是一个古老的伦理观，一向被视为美德。古代中国和古代埃及很早就出现了阐释这一伦理观的论著。现代医疗、教育、福利、科技等非营利活动，无不受到伦理的制约与影响。

因此，非营利组织在进行营销活动时，要以人为本，要求员工不仅应当具有深厚的专业知识、高超的技能，而且还要求他们应当具有高度的责任感和综合的个人道德。例如医务人员要发扬救死扶伤、人道主义精神，及对医疗事业无私奉献的价值观念、高尚的医德情操。医疗营销与服务道德要强调的是社会效益，医院要服务于全社会，使社会效益与经济效益有机统一。

【实例 8-3】

## "敬老专线"老年人可电话叫车

凤凰科技讯 2015 年 10 月 20 日消息,滴滴快的今日上线"敬老专线"服务,对智能手机不熟悉的老年人可通过 4006165000 呼叫出租车。重阳节前夕,该专线将在北京、上海、南京、济南和青岛 5 个城市先期试运行,以解决老年人打车难问题。

具体来说,老年人拿起手机拨打滴滴 4006165000 敬老电话专线,确认出行需求后,滴滴工作人员将使用软件为其叫车。为了支持该敬老专线的运行,方便更多老年人打车,滴滴方面在技术和补贴上采取了多种策略。

滴滴出租车负责人介绍,技术上滴滴将向司机端优先播报"敬老专线"订单,并进行特别标注,同时如果出现订单无人应答的状况,系统将自动启动加价补贴机制,按照订单质量通过大数据分析确定补贴金额给到出租车司机,以激励其接单,以实现快速接单和成交。

此外,滴滴会主动提醒司机做好老年人用户的接送服务。司机确认接单后,滴滴出租车客服人员会提醒司机主动联系老人,并沟通和协商接送的详细位置,确保快速到达,减少等待。

同时,滴滴出行还将上线"敬老专线"活动页面,乘客可以在"定制敬老专线服务"中,预先提交老人信息,包括老人联系方式及其住址。在老人发出叫车需求后,后台就能自动获得对应的地址信息。

目前,首批"敬老专线"目前在北京、上海、南京、济南和青岛 5 个城市试运行,接下来会逐步在全国其他区域推出。

(资料来源:程贺.凤凰科技 http://tech.ifeng.com/a/20151020/41493297_0.shtml.)

### 2. 非营利组织服务营销的分类

非营利组织根据其资金来源的不同,可以分为两大类:顾客支持型和公众支持型。相应地,这两种类型的非营利组织的市场营销也有明显的区别。

(1)顾客支持型。顾客支持型在经费上需要自给自足,有些像营利性企业,它们通过销售自己的产品和服务,从顾客那里获取主要的资金来源,如医院、私立大学等,这就必须为所提供的服务制定一个合适的价格,以便获得适当的收益来补偿全部成本。很明显,这种类型的非营利组织能否生存和发展,很大程度上取决于市场。同营利性企业一样,顾客支持型非营利组织总是想要更多的顾客,因为更多的消费意味着更多的收入,更多的收入意味着更大的成功。

(2)公众支持型。公众支持型组织与营利性企业完全不同,它们的收入主要来自于社会捐款或政府拨款,提供服务的价格可以低于平均成本甚至无偿提供。例如一些非营利组织完全靠政府或捐赠来支持本组织的运作,这些组织可以无偿向社会提供服务,不收取任何费用,如各种慈善、消防、地震报警机构以及我国的计划生育协会、希望工程等。在这种情况下,非营利组织提供的服务与其所获得的收入没有直接的联系。在公众支持型非营利组织中,顾客的人数与组织的成功之间没有直接的联系。

从上面的分析,我们可以看出,顾客支持型非营利组织的市场营销更倾向于传统营利企业的市场营销,如医院提供的治疗服务和药品、大专院校提供的教育服务,这些都与营利性企业提供的产品与服务有很强的相似性。基于这种产品与服务的营销我们称之为产品营销,而公众支持型非营利组织的提供服务的营销,我们称之为社会行为营销。社会行为营销的目的在于改变目标群体的行为,造福整个社会,为了社会公益事业只提供服务而不索取报酬。这与顾客支持型非营利组织的市场营销有很大的区别。当然,不管两者有多大的区别,营销管理的核心——以顾客需要为中心、以市场为导向则对于两者都是适用的。

**【实例 8-4】**

## 人人有信用　信用有价值

宜信理念是"人人有信用,信用有价值"。每个人都是有信用的,信用与财富的水平并不挂钩。你给予他们信任和尊重,他们会加倍地返还于你。中国人有信用、中国人的信用有价值。大多数人的内心都是美好的,他们愿意去改变自己,关键是要配以完备的诚信教育,并要让大家认识到,信用也是一种无形资产,信用是有价值的。个人可以通过信用价值的释放,获得信用贷款,实现自己的理想。

宜信公司创办人唐宁将孟加拉国银行家、经济学家穆罕默德·尤努斯教授的穷人银行(也译作格莱珉银行)实践与西方成熟的商业模式相结合,并结合中国本土的情况,将国外先进的信用理念和模式引进中国,把信用带给中国千千万万的老百姓,通过助农、助学、助工、助商实现信用的价值,助力建设中国的社会诚信体系。

宜学贷是面向教育培训机构和个人推出的普惠金融咨询服务,为学生及学生家庭提供信用借款咨询服务,推荐便捷、广泛的资金来源,帮助学生解决资金压力,获得教育培训机会。宜学贷填补了国家助学贷款以外的市场空白,无论是学历教育、IT 培训、语言培训或是艺术培训、职业技能培训等项目,宜信普惠均可以根据教育培训机构的特点,结合学生的具体需求,量身定制不同的"宜学贷"解决方案,使学生可以轻松通过分期付款的形式来完成学业,形式更灵活,申请更便捷。宜信普惠作为"教育培训信用借款"的专业借款咨询服务机构,先后获得"教育培训助学贷款领军企业"及"百万读者推崇的教育培训信贷服务机构"称号。宜学贷目前服务网络覆盖北京、上海、广州等近 40 个城市,已为 1000 多家全国性、地域性合作伙伴的数万名学员及学员家庭提供了便捷服务,实现信用的价值。

宜农贷作为一种"可持续扶贫"的创新公益模式,突破原有以捐赠方式为主的"输血"式扶贫模式,以借贷方式实现"造血"式扶贫模式,不仅实现了精神扶贫和物质扶贫的双重收获,而且实现了公益性和商业性的完美结合。助农平台上的借款人及宜信均不以营利为目的,象征性的收取 2% 的爱心回报,使受益方承担起创造价值的责任。宜农贷为解决中国"三农"问题进行了创新探索和实践。无法忽视,在快速发展的中国依然有成千上万的农民、尤其是农村妇女生活贫困、缺乏机遇,但她们有良好的信用并迫切地需要金融支持。因此,一个真心实意帮助穷人的项目启动了,用信用为那些农村的贫困人群创造机会。这就是宜农贷的诞生,始于 2009 年。这是个针对农村贫困妇女的 P2P 公益助农平台,将您的爱心直接传递给她们。成为宜农贷的候选农村借款人必须属于"三农"(农业、农村、农民)范畴;借款人必须属于贫困人群,或者为其他经过合作贷款机构认可的农村中低收入者；借款人必须为 60 周岁以下的已婚女性。为什么宜农贷的借款人针对的是农村女性？他们实地考察农村妇女比男性更加需要扶贫工作的关注，她们处于社会底层，没有财富、没有权力、没有文化、甚至没有社会地位。但是她们有的是支持家庭的责任心、摆脱贫困的决心和对帮助给予回报的感恩之心。只要我们能为她们提供一个支点，她们就能够通过自己的努力来撬动一个美好的未来。

2013 年 1 月，宜信宜农贷捧获"2012 年度公益创新奖"。2015 年 12 月 18 日，宜信公司旗下宜人贷在纽约证券交易所成功上市。

（资料来源：节选自 http://baike.baidu.com/link? url＝和 http://www.creditease.cn/yxd/）

**【即问即答 8-2】**

宜信公司的"宜学贷"和"宜农贷"成功有何启示？

### 8.2.3　非营利组织营销与传统营销的异同

与营利组织相似，非营利组织的营销过程也是由一系列营销活动组成的。首先，分析非营利组织的营销环境，进行一定的市场调查和预测，了解顾客需求变化的发展趋势，在此基础上，非营利组织需要分析市场环境的各基本因素，如经济、政治等，研究其对营销的影响，从中发现市场机会和威胁，结合组织自身的优势和劣势，采取相应的措施和策略来实现营销目标，然后，进行市场细分并选择目标市场。最后，制定与实施 7Ps 策略，它是非营利组织营销中十分重要的内容。非营利组织通常将这七种营销手段综合起来，制定市场营销组合策略，以实现组织的营销管理目标。实施和控制在非营利组织营销活动中具有重要的作用。非营利组织应建立营销问题研究组织机构做好职责安排和方案预算，以保证营销计划的顺利实施。而对营销活动的控制则可以把由工作本身和人为因素造成的偏差控制在可接受的范围内，从而保证最大程度上实现营销活动的目标。

同时，非营利组织营销在营销组合上应与传统的营销有所不同并有所创新。

1. 产品

任何组织或机构都要为自己的目标群体提供产品，因为人们是通过获取产品来满足需求和欲望的。营销学是以满足消费者的需求来研究产品的。从这个角度出发，产品应是指那些对消费者具有价值的，用于满足某种欲望和需要的实物、服务、理念、创意及观点等。这样来看，产品的范围相当广泛，它不仅是指有形物品，而且还包括了无形的服务及创意、观点等附加利益。非营利组织可提供的产品大多趋向于服务或所供应的综合利益。服务是一种活动或利益，它由一方提供给另一方，但并不发生所有权的转移；服务代表着组织或机构的公共形象，是组织或机构与目标群体进行沟通接触的主要"界面"。非营利组织提供的服务要更优于营利性企业，因为它关系到消费者的长远利益，甚至是国家的长远利益。产品的质量体现在服务中，因此，提供的服务质量如何要以公众的标准来进行衡量，由于服务的无形性，故购买服务要完全基于对提供者的信任。非营利组织要向目标群体充分展示产品的核心利益，增强公众的信心，通过使目标群体满意来维系其忠诚度。这就要求非营利组织在调查分析的基础上开发并创造出公众所接受的产品，通过由指导到引导的过程来满足公众的需求。如北京市政府为方便市民出游，推出便民旅游工程，现已开通 18 条旅游专线直通北京市的各主要景点，并且服务价格经济合理。人们可以自由选择，尽情享受清新自然之风，领略田园郊野情趣，追寻名胜古迹神韵。旅游服务单位在为人们提供旅游产品的服务中，既方便了公众，也收到了相当可观的经济效益。

2. 定价

非营利组织的主要问题是如何筹措资金，这一点与营利性企业略有不同。营利性企业筹资的来源主要是发行股票和公司债券，而非营利组织却没有资本金，也没有利润导向的定价制度，它们必须依靠其他资金来源来支持组织或机构的活动。非营利组织的经费大多来自税收和捐赠，因此，募捐是非营利组织的一项非常重要的工作。组织或机构有多种不同的资金来源，大体上可分为个人、基金会、企业和政府机构四类。

（1）个人捐赠是慈善捐款的主要来源。如重庆大学关心下一代工作委员会设立的特困优秀学生奖励基金会收到单位及个人捐款达 60 多万元，其中个人捐献占到很大的比例。

（2）基金会是非营利组织获得资金的另一个重要来源。我国现有的基金会有：中国青少年发展基金会、中国红十字基金会、中国扶贫基金会、中华文学基金会、宋庆龄基金会、援助西藏发展基金会、中国法律援助基金会、中国中小学幼儿教育奖励基金会等，这些基金会支持的范围极广，大部分捐助了扶贫救灾、希望工程等社会公益性事业。

（3）企业也可以为非营利组织提供多种形式的捐助，如捐赠现金、产品、债券以及劳务等。

（4）政府机构、地方政府捐款支持教育、社会服务及其他一些值得捐助的项目。

3. 渠道

非营利组织的产品和服务如何以最便捷的方式提供给目标群体，这也是组织或机构要完成的任务之一。然而，大多数非营利组织都相对缺少资源，靠组织或机构自身无法完成渠道计划，因此，它们必须求助于人，以获得其他机构的支持与协助。非营利组织要善于利用渠道分担成本，尽可能采取发展中介机构的一些有效措施，提供时空上的便利性，使少量的资源能够充分发挥效用。组织或机构要与渠道成员相互协调好，使双方都感到对社会负有共同责任。摩洛哥政府通过媒体获取妇科医疗器械信息以服务于国民就是一例。摩洛哥得到一笔世界银行资助社会优先发展计划的贷款，其中一部分由摩洛哥公共卫生部人口司用于招标，求购超声波检测仪、微量避孕药片和注射避孕药剂以及产床等妇产科医疗器械用于满足国内对这种产品的需求。另外，我国也通过电视、广播等传播渠道做公益性广告，引导消费者食用碘盐，以增强国民体质，取得了良好的社会效益。

4. 促销

大多数非营利组织是利用传播来影响其目标群体行为的，它们选择公众乐于接受的媒体（广告、宣传、销售促进和人员推销），设计并传播为目标市场提供利益的有关方面信息。在与目标市场进行沟通的同时，还争取谋求外界持续不断的支持，通过获得协助以共同达到协调公众的态度并进而影响其行为的目的。非营利组织最易于获得协助的沟通方式便是广告，付费广告或公益广告为了获得宣传效果愿意为公共利益提供相应的技术与服务。同时，赞助社会福利事业可以提高组织或机构的知名度，树立自己在公众心目中的良好形象。如国家通过广播、电视、报纸等传播方式多次提醒国民关注环境保护和资源再生问题，呼吁社会各界采取多种措施减少污染和提高环境质量。资源再生与环境保护是一项非常复杂的社会化系统工程，它需要全社会的配合，需要配套的法律手段和经济政策的支持，更需要国民素质的提高。大多数发达国家的废纸回收率超过 50%，在欧洲最富有的国家瑞士，废纸回收率高达 90%。在一些发达国家，购买和使用再生纸正在成为一种社会时尚。

人们用再生纸印制名片、写信、印文件，以显示自己有环保意识，显示其文明和教养。现在，不少西方国家提出，从事管理的人员应具备环保意识。

【实例 8-5】

### 母亲水窖

"母亲水窖"是中国妇女发展基金会 2001 年开始实施的集中供水慈善项目，重点帮助西部地区老百姓特别是妇女摆脱因严重缺水带来的贫困和落后。

"母亲水窖"的劝募书。"半夜出门去翻山，翻过一山又一山。鸡叫天亮找到水，回家太阳快落山。"这是西北山区广为流传的一首民谣，它诉说着山区百姓的无奈，也道出了山区人民饮水的艰辛。严重缺水，导致当地农民生活贫困，教育落后，男人们纷纷外出打工，妇女几乎承担着全部的生活重任。挖土窖，平场院，积蓄雨水。干旱切断了生命之源，威胁着碗中的粮食。劝募书非常生动地说明了西部贫困母亲正在为改变缺水状态而努力的同时需要社会各界的救助，帮助她们修建集雨水窖就是帮助她们播下丰收的种子，播下美好的希望，呼吁大家伸出双手，捐赠 1000 元给西部母亲一份绿色的希望。

"母亲水窖"的企业支持。完美公司作为第一家支持该项目的企业，先后为该项目捐款逾 1100 多万元，极大地带动了社会各界的广泛关注。六年里公司总裁胡瑞连除了组织公司员工和代理商捐赠之外，向亲朋好友、商业伙伴介绍母亲水窖，宣传这项造福西部农民的公益事业。他甚至自掏腰包四处请朋友到西部地区实地考察，他要让人们都认识到这是一项"功在当代、利在千秋"的工程，他把他的马来西亚、新加坡的朋友带来了，把他的法国和德国的合作伙伴带来了，把他在清华大学总裁班的同学带来了……

"母亲水窖"公关活动。2000 年全国妇联、北京市政府、中央电视台主办，中国妇女发展基金会具体承办了"情系西部·共享母爱"世纪爱心行动大型公益活动，募捐善款 1.16 亿元，用于设立"大地之爱·母亲水窖"项目专项基金，并于 2001 年开始实施。2001 年 10 月，"母亲水窖"项目被载入国务院《中国农村扶贫开发白皮书》，年底被评为中国女性十大新闻，2003 年 11 月被评选为"中国十大公益品牌"之一，2005 年 11 月荣获首届"中华慈善奖"。2010 年 3 月，妇基会拨款 150 万元联合搜狐公益倡议捐建母亲水窖缓旱情。2015 年 11 月，第三届梅花营销创新奖颁奖典礼在上海举办，康师傅优悦一元一滴共建母亲水窖荣获最佳社媒营销创新奖铜奖。

"母亲水窖"系列宣传。视频有《母亲水窖润泽东乡》《母亲水窖宣传片》《宁夏母亲水窖宣传短片》《母亲水窖短片——涛涛的梦想感人至深》《大地之爱——母亲水窖工程周年纪实》《心灵的震撼——企业家考察缺水地区》。在北京的地铁里候车能看见"母亲水窖"的公益广告——那位名叫涛涛的小女孩拿着一个水瓢，眼神中流露的是孤独和无助，似乎在祈求老天下几滴雨，她的身后，是一块块龟裂的土地……

"母亲水窖"是沉淀、是包容，是对点滴善意的积累和生命的再次萌动。

（资料来源：根据 陈亮.成功营销，2007(8)；http://baike.baidu.com/pic/母亲水窖/改编.）

## 8.3　非营利组织服务营销发展

### 8.3.1　非营利组织服务营销新观念

1.出现发展成熟的社会营销概念

非营利组织社会营销鼓励公众支持某项事业,从事有益于社会的活动,目的就是在于改变公众的行为。同时公众得到了来自组织或机构的激励和鼓舞,他们会对社会公益事业表现出积极的热情,因为他们本身就有改善社会的良好愿望,愿意为某项具有特殊意义的活动尽一份爱心,或是通过参与公益性事业以获取有关此方面的经验,以团体或榜样的力量影响他人,改善以往的生活方式。

**【链接 8-3】**

### 非营利性组织的社会营销

社会营销作为非营利组织营销的一种新的发展趋势,尤其是在非营利组织主线诸如公信力的缺失、社会捐赠和资助的下降、非营利领域竞争的加剧等问题时,为了维持自身的生存和发展,非营利组织必须采取措施进行变革——开展社会营销,抛弃了传统营销思维中只重视产品的观念,更加注重消费者欲望需求的满足,更加关爱顾客,重视消费者的利益。社会营销运用市场营销学的原理、技术和方法来解决社会问题和达到一定的社会目的。它的应用能够将组织发展的社会功能和营销功能相结合,并提高公益项目运作的有效性和价值,为非营利组织带来重塑组织形象、提升品牌竞争力、争取宽松发展环境、赢得更多资金支持等诸多益处。社会营销应用和借鉴了市场营销的理论体系、策略和技术,但与市场营销有许多明显的不同。传统市场营销主要是以营销为目的所进行的营销活动,其主体主要是营利组织或个人,其营销对象主要是有形的产品或服务。而社会营销一般是非营利的,其主体一般是非营利组织,其营销的对象一般是无形的概念或行为(见表 8-1)。

表 8-1　社会营销与市场营销

| 类别 | 社会营销 | 市场营销 |
|---|---|---|
| 目的 | 以社会价值为出发点,针对有争议性的行为,多选择高风险的目标 | 以经济价值为出发点,提供不具争议性的商品或服务,多选择易达成的目标 |
| 资金来源 | 以税收,捐赠为资金来源 | 以投资为资金来源 |
| 效果衡量 | 对公众负责,成果难衡量 | 对私人负责,以利润、市场份额来衡量成果 |
| 运行周期 | 长期行为为目标 | 短期行为为目标 |
| 关系基础 | 以信任为关系基础 | 以竞争为关系基础 |

2.非营利组织开始关注绿色营销

绿色营销要求社会组织的企业、政府、非营利组织这三大部门按照"共生"的理念,在营销过程中将自身利益、环境利益和社会利益有机结合起来,在满足人们当前的物质、文化需求的同时保持自身与环境的和谐,提高当代人与子孙后代的生活质量。非营利组织目前已经开始适应社会可持续发展的要求,以绿色营销导向作为其经营哲学,协调非营利组织与生态环境的关系。

【实例 8-6】

## 阿拉善 SEE 生态协会

中国经济持续高速增长的同时,空气和水污染、江河湖泊枯竭、洪灾旱灾频繁发生,森林面积缩小、草场退化、生物多样性锐减、土地荒漠化、沙尘暴兴起。由于人口众多,资源稀缺,环境容量小,企业科技积累较低,中国的现代化进程将持续面临环境资源的压力。经济与生态的双重压力,要求我们积极寻求经济增长与环境保护的统一。阿拉善 SEE 生态协会是目前中国规模和影响力最大的企业家环保组织,2004 年 6 月 5 日,百位中国企业家在广袤的腾格里沙漠里排成一道历史性的风景——中国首家以社会(society)责任为己任,以企业家(entrepreneur)为主体,以保护地球生态(ecology)为实践目标的 NGO(非政府组织)公益机构——阿拉善 SEE 生态协会正式诞生。并于 2008 年底发起成立 SEE 基金会。

SEE 以推动人与自然的可持续发展为愿景,遵循生态效益、经济效益和社会效益三者统一的价值观。SEE 一方面专注于内蒙古阿拉善地区的荒漠化防治,运用内生式社区工作手段,促进当地社区生产生活方式的改善,从而达到遏制阿拉善地区荒漠化趋势加剧的目标;另一个重要使命是推动企业家参与公益、环保活动。推动建立中国最有影响力的企业家环保平台,用资金、行动等模式实现企业家群体自觉承担更多的生态责任和社会责任。

SEE 多年来在以下方面做出了极大地努力:一是荒漠化基础研究。通过调查阿拉善荒漠成因,研究治理办法,建立本地生物样性数据库,同时与政府合作,探索相关政策模式。二是植被保护。通过保护以梭梭为代表的荒漠植被,控制荒漠扩展。三是地下水保护。通过调整作物,合理灌溉等方式,与农牧民一起留住荒漠绿洲。四是教育和公众参与。向公众倡导环境保护和阿拉善蒙古族文化保存,让更多人了解阿拉善,了解荒漠化,并把环保融入到自己的生活中去。五是社区发展。以社区为环保主体,解决区域环境问题的同时,实现社区的可持续发展。

经过近十年的努力,阿拉善 SEE 协会正日益成长为世界上具有专业水平的荒漠化治理组织,最大的推动和支持富有成效的可持续的环保行动组织和中国最有信誉的企业家环保平台。截至 2015 年 12 月,SEE 公益机构已累计投入环保公益资金 2.7 亿元,直接资助了 191 个中国民间环保 NGO 的工作、推动了中国荒漠化防治及民间环保行业发展,企业家在捐赠资金之外还投入志愿服务时间超过 10 万小时。SEE 基金会于 2013 年获得"中国社会组织评估等级 5A 级证书"。

(资料来源:改编自 http://www.see.org.cn/Conservation/和 http://hope.huanqiu.com/ngo/2012-12/)

### 3.非营利组织开始关注体验营销

非营利组织要实现可持续发展,并在发展的基础上,不断推出新的准公共产品与服务项目,为社会做贡献,就必须通过适当的营销活动拓宽收入来源的渠道,不能只依靠捐赠与政府的财政拨款、免税等来勉强地维持组织的日常运转。同时,非营利组织通过营销及时了解顾客的愿望与要求,可以调整与完善自身提供物的诸方面,并根据顾客需求,进一步提供新的服务项目,从而使非营利组织进入新的循环,实现持续发展。体验经济的到来,使非营利组织面临机遇与挑战,实施体验营销将是其有效履行使命与宗旨,迎接挑战的有力举措。

## 8.3.2　非营利组织领域新发展

### 1.营销联盟的重要性不断增加

政府补贴或资助的数额和项目已越来越少,企业也不再是简单地捐资于非营利组织,而是要寻求到一定的商业利润,这为非营利组织营销联盟管理提供了契机。非营利组织认识到他们越来越需要外部的支持,他们开始转向私有部门的伙伴寻求帮助。而企业已经意识到这类公共部门的活动不仅提高了他们的公众形象,而且能够满足企业营利的底线。

【实例 8-7】

#### 安索帕协助　QQ全城助力帮助"失联"儿童早日回家

QQ全城助力是腾讯公益推出的一个公益项目,该项目联合公安部打拐办、"宝贝回家"公益组织,希望通过QQ 8亿多用户和LBS定位技术,在儿童"失联"的黄金72小时内,向儿童失踪地所在城市的QQ用户推送寻人消息,提供精准全民救援,打造中国版的"安珀警报"。

"安珀报警"(AMBER Alert)是美国专门为被绑架或被拐少年儿童设立的。该系统使用美国紧急警报系统(EAS)透过商业广播电台、卫星电台、电视台,以及有线电视向全国发布,并同时会利用电子邮件、电子交通状况号志以及无线装置的短信发布。为了让"QQ全城助力"这一项目得到更广泛的传播和使用,安索帕中国集团受腾讯公益邀请,承担了相关推广的策划和创意工作。

负责此次创意的意凌•安索帕首席执行官兼执行创意总监陈民辕表示:"儿童走失或打拐是复杂社会下的产物,离每个人很远但是又很近,大家都想提供帮助但是又不清楚如何做到。孩子离开父母的恐惧与痛苦,是我们无法想象的。我们需要用直白的真相来告诉大众,每个人的立即行动将有机会把一个无辜孩子从恐惧与绝望中释放。所以我们利用第一人称视角拍摄在线视频,让观众身临其境的观看体验深刻地感受走失/被拐儿童的紧张心理,引起对项目的关注并进而利用简单、清楚的H5页面设计为网友解释'全城助力'的操作流程,并且用情感感化消费者能主动迅速传播和分享。"

(资料来源:http://socialbeta.com/t/hunt-weekly,2015-09-26.)

### 2.非营利组织在市场营销中的形象竞争受到重视

会的变迁和营销环境的变化已带来了一种全新的消费观念,即"形象消费"。它包含了两个方面的含义:一是消费者根据所接受的社会组织的形象来选择消费;二是消费者在基本需求得到满足之后滋生起来的对形象本身的消费,例如人们都想去知名度高的学校就读,都愿意到名牌医院就医。非营利组织越来越重视树立组织的形象,提高非营利组织的知名度。

3.对非营利领域的道德规范越来越重视

慈善领域总是会发生诈骗。目前,关于该问题的监督范围扩大了。第一,随着商业机构越来越多地涉足社会和慈善活动,许多观察家开始特别关注那些参与此类活动的企业和非营利组织的道德规范。第二,随着营销技术被广泛地应用以改变 AIDS、堕胎、滥用药品等严重的社会问题,营销者开始自问何时、如何使用其有力的营销技术。最后,营销者意识到他们用于非营利世界的许多方法在其他环境下可能并不公正。他们被质疑政治性广告是否应该与公司广告采用同一标准,市场研究技术是否应该探索在某些种族和宗教文化背景下被认为是禁忌的主题。

### 8.3.3　政府营销

1.政府营销及其特点

斯内夫利 1991 年在美国公共行政评论发表的《政府部门的营销:公共政策模式》一文,指出应该把营销观念运用于政府部门,并且公共组织在运用企业组织中的营销理念时,应该加以调整,以形成如何选择营销管理工具和建立营销管理目标的模式。美国著名营销大师菲利普·科特勒出版了一本被誉为州长、市长的必读书《区域营销》。这是菲利普·科特勒首次提出政府营销的概念,他认为,一个国家的各省、各市相互之间都会为了自己的区域利益进行事实上的竞争,这种竞争关系的存在,决定了各省、各市为取得自己的相对竞争优势进行区域营销。各级政府营销绩效的大小,影响当地经济发展的快慢和居民生活质量的优劣,也直接决定着企业发展的大环境。在这一过程中,各级政府充当着营销主体,并产生各种旨在促进和扩大交换的营销行为。

"国家其实是由消费者、制造商、供应商和分销商的实际行为结合而成的一个整体。"在菲利普·科特勒看来,国家不仅是一个巨大的消费市场,更是一个庞大的营销机器。站在这个视角上看,政府是这个庞大营销机器的监管者,而企业则是使之不断良性运转的轴承。因此,政府不仅要时时刻刻给高速运转的企业添加润滑剂,更要激活自己的能量。

政府营销是指政府在社会管理和提供公共服务的过程中,运用营销理念来推广政府政策、树立政府形象、提升政府声誉,为本国的社会、经济、文化的发展创造良好的环境,从而建立与居民、企业、社会团体、民主党派、其他国家的良好关系,实现公众满意和社会全面发展。

【链接 8-4】

#### 政府营销的顾客让渡价值与价值系统

政府必须提供高于竞争对手的顾客让渡价值,才可能对目标市场更具吸引力。政府可以通过两个方面改进工作:一是通过改进政府形象、优化政府产品、提高政府公务人员的价值等来设法增进顾客的总价值;二是可以通过降低成本,减少顾客的时间、精力和体力上的耗费来降低其成本支出。这两方面与政府软硬环境的特性及政府产品的品质息息相关。可见，优越的顾客让渡价值只是一种竞争导向的策略，它增加了政府产品营销的可能性与机会。如果政府要获得持续并提升其价值，还需要重视与顾客建立长期的关系，即进行顾客的满意度与忠诚度建设。在政府与顾客的营销过程中，政府通过营销执行与顾客建立了一种良好的合作关系，并能使顾客价值得到最充分的认知，且顾客的满意也一直是高的，则顾客会转变为忠诚顾客。此时，政府产品的价值得到充分体现，政府与顾客收益实现"双赢"。政府营销的价值系统构成有以下两方面：

一是政府"关系价值网"。借鉴迈克尔·波特五力模型的 Payne 教授的六大市场模型的建构，将顾客价值、雇员价值与利益相关者价值整合起来，从不同的关系角度拓宽了对顾客市场的关系分析。迈克尔·波特指出，每一企业都面临与五种竞争力量的价值交换，这些价值交换关系联系成一张"无形的网"，呈现出一种"牵一发而动全身"的状况。这五种竞争力量作为企业的利益方，会随着作用力合力的变化而导致企业最终利益发生根本性的变化。一般地，会有不同的利益方占据着统治地位，并从关系形成的角度来看起着关键性作用。在关系营销中，英国 Cranfield 管理学院 Payne 教授提出了经典的六大市场模型，认为企业的营销活动无一例外地要与这些利益相关者发生各种各样的关系，而这些影响力量对顾客市场的作用力显然也是不同的。该模型清晰地反映了各市场之间的网络关系，同时更确立了顾客市场在市场营销中的核心地位。政府网络空间是一个远比企业组织更为复杂的价值网络系统。

二是新的"政府价值链模型"。鉴于政府营销价值的多元动态性、价值创造和提供的复杂性，概括和提炼出一个具有解释力的价值链模型十分困难。参照迈克尔·波特对价值链思想的阐述，它至少应该满足三个条件：一是模型能够列示出政府总价值；二是支持活动与基本活动之间有相对边界，又呈链条式彼此连接；三是所有价值创造活动的指向同一性，即均指向创造边际价值的方向。

（资料来源：改编自 http://baike.baidu.com/link? url=.）

政府营销的主要目的是整合社会资源、推动投资发展、构建市场化运作模式，搭建国际化、规范化、透明化的投资服务平台。而企业则在政府营销中扮演推动者和双赢受益者的角色。政府营销力求将政府视为一个企业，将政府拥有的各种资源和优势加以整合，将政府所提供的公共产品或者服务以现代市场营销的方法向购买者兜售。

【链接 8-5】

### 《中国政府营销报告》发布

历时整整一年，由中国政府营销网、中国传媒大学联合编撰的《中国政府营销报告》（2013 年度）于 2014 年 1 月 12 日在北京正式对外发布。

该报告是在当前大数据环境下第一次尝试把政府营销的理论体系进行模块化和数据化研究和解析的产物，是国内第一本专门致力于深度研究政府营销实践领域的报告，是对近年来中国政府部门经典营销案例的一个客观总结和梳理，是国内首部深度研究中国政府行业营销理论与实践并重的指导性读物。报告的发布方相关负责人介绍,伴随政府化进程加快和 WTO 带来的全球化挑战,经济、科技、文化、人才等资源的区域化乃至全球化流通,以及政府的产业集群和企业集群的萌生发展,加剧了政府间在资金、技术、人才、知名度等方面的激烈竞争。为获取更大的经济效益和增长潜力,以及更为广阔的发展空间和更高的成长平台。

近年来,各级政府都开始积极探寻政府品牌营销的发展道路,拓宽政府营销思路,着力打造政府品牌形象。政府功能的完善、营销体系的科学、都市品牌的推广正成为当下各级政府振兴与发展的新思路。进入 21 世纪以来,满足公众需求已经成为政府管理和提供公共服务的首要目标。中国政府的一些部门已经开始了对营销理论的探索和运用,采用政府营销来提高公众满意度,事实证明这种运用是非常有效的。所以,运用营销理论进行政府形象塑造是非常可行而且十分必要的。

(资料来源:中国新闻网 http://www.chinanews.com/cul/,2014-01-12.)

【即问即答 8-3】

政府营销的目的是什么?

2.政府公共营销服务特点

与私人产品营销服务相比,政府公共营销服务包括农村公共营销服务等,具有以下特点:

(1)非营利性。政府公共营销服务不以营利为目的,而是以体现地方共同利益和公民公共利益为目的。相对于传统上政府不从事或基本不从事公共营销服务的现实,当前应尽量强化政府的公共营销服务职能,其服务投入应作为政府公共投入的一部分;

(2)公益性。政府公共营销服务具有明显的公益性特征。在服务对象选择方面,应首先考虑服务对象的公益性大小和范围。政府公共营销服务的范围、内容、方式、程度应与该公共品所具有的外部性的范围、性质、大小在整体上保持一致。外部性越大,政府承担的公共营销服务职能越多,服务程度越高,投入强度也越高;

(3)整合性。包括不同类型公共营销产品与服务的整合、相关政府官员营销服务职能的整合和效益的整合等。可以认为政府提供的所有公共营销服务所带来的效益必须进行一定程度的整合或者说再分配,以体现其公益性,特别是针对私人产品的公共营销服务,效益的整合更为明显;

(4)偏好性。政府的公共营销服务应强调偏好性和个性原则,突出重点,不应面面俱到,要对某些公共品和特定时期本地优势产业、优势企业、优势产品和优势资源进行公共营销服务,提高核心竞争力,择优扶持。依法制定政府公共营销服务准入标准,规范政府官员的公共营销服务行为,符合标准的方能进入政府公共营销服务范围;

(5)附属性。履行政府公共营销服务职能的不是政府常设的专门公共服务机构或独立的公共营销实体。政府公共营销服务主要依托政府官员和政府对外交流渠道,协助行业组织、俱乐部产品组织或服务产品所属企业进行营销服务。

【实例 8-8】

### 加强公共营销促进农产品产销对接和出口

为帮助农民及时销售农产品,提高农产品流通效率,浙江省人民政府办公厅于2014年出台了"浙江省人民政府办公厅关于加强公共营销促进农产品产销对接和出口的意见"。要求各市、县(市、区)人民政府,省政府直属各单位围绕促进农业增效农民增收、保障农产品市场稳定均衡供给的目标,以加强农产品产销衔接为重点,按照"政府搭台、企业唱戏"的思路,搭建农产品展示展销、产销对接、品牌培育、信息交流等营销服务平台,开展形式多样的农业展会、农产品推介、农事节庆等活动,积极推进农产品生产、加工、销售一体化经营,培育现代农产品营销服务主体,着力减少流通环节,降低流通损耗和成本,提高流通效率。具体内容还包括:扎实推进农业产加销一体化经营。推进"农超对接"、"农批对接",支持农业龙头企业建设农产品生产基地,发展订单农业,支持批发市场开展农产品批发零售对接,建立社区平价菜店和开通蔬菜流动售卖车。推行"公司+合作社+基地"发展模式,提高出口农产品质量。大力培育农产品营销服务主体。加强公益性农产品公共营销服务队伍建设,培养一批专业营销服务人才,提高营销服务水平。扶持农产品出口主体做大做强。多形式举办农业展会和农事节庆活动。培育和推广农产品区域品牌。加强农产品市场信息引导。优化农产品营销及出口服务。推进海关通关便利化;优化检验检疫监管模式;简化农产品出口检验程序;优化金融服务;加大政策支持力度,包括加大财政支持力度;加大用地支持力度;落实用电用水价格政策;规范和降低农产品市场收费;落实农产品税收扶持政策;降低农产品运输成本。

"意见"强调政府要高度重视农产品公共营销工作,将其与农业生产、产业提升、保障供给、农民增收等工作统筹安排,进一步加强组织领导和政策引导,搭建和完善农产品公共营销服务平台。强化农产品公共营销队伍建设,将农产品公共营销纳入基层农业公共服务中心建设内容,提高营销服务水平。各有关部门要认真履行职责,落实扶持政策,加强协作配合,优化服务,积极推进农产品产销对接和出口,促进农业现代化建设和农民增收。

(资料来源:节选自浙江省人民政府办公厅."浙江省人民政府办公厅关于加强公共营销促进农产品产销对接和出口的意见",2014-02-07.)

### 3.政府电子化服务

(1)政府电子化服务的内涵。互联网的发展为政府服务提供了前所未有的理想平台,如何利用这个平台为广大社会大众提供简单、实用、可靠、个性化的电子化服务已经成为世界各国政府机构共同关心的问题与之相关的理论研究与实践应用正成为为全球政府服务创新的一个热点。

政府电子化服务,简单地说,就是基于互联网的政府服务,具体地说,政府电子化服务是指政府机构为了使社会公众更好、更快、更多、更省地享受政府服务,充分应用以互联网为核心的信息技术,通过互联网、呼叫中心、电话、信息家电、移动通信等各种途径向社会提供全天候、全方位的政府服务。

按照政府服务性质的不同,政府电子化服务主要可分成四个方面:

信息服务。信息服务是指政府机构直接通过网站等途径向社会公众提供单向的、非接触式的政府信息服务,如通过政府网站提供政策、法律、法规条文,政府各职能部门的联络方式、具体分工、办事程序等。信息服务是政府电子化服务最基础、也是最容易实现的内容。

沟通服务。沟通服务是指政府机构充分利用互联网的交互功能，实现政府与社会公众的双向交流。如政府通过电子邮件等获取公众对政府服务的请求并做出及时回复，又如政府针对某项具体决策通过互联网收集社会各界对方案的具体意见，以便使政府决策更为民主、科学。

**【链接 8-6】**

### 电子政府的职责与核心需求

电子政府是指在政府内部利用现代信息技术和网络技术，建立起网络化的政府信息系统，并利用这个系统为政府机构、社会组织和公民提供方便、高效的政府服务和政务信息。

人们普遍认为电子政府（E-government）仅仅是在互联网上提供政府服务而已。这种看法有失偏颇，有两方面原因：首先，它缩小了电子政府的职能。因为它既忽略了政府广泛的非直接的服务，也没有意识到除互联网之外，还应用了其他大量重要技术；其次，它将电子政府的实质过分简单化，给人一个假象——一个设计优美、面向用户的网页就是政府的全部。这样就忽略了在人力、工具、政策及流程上的巨大投入，忽略了其背后电子政府内部自身所做的大量工作。电子政府工作的概念应该是指利用信息技术来支撑政府运作、管理市民并提供各项政府服务。它包括以下四个重要方面体现了政府自身职能：

E-服务：它以电子形式发布政府信息、计划及服务，常常通过（但绝不是全部）互联网来实现。

E-民主：它采用电子通信手段帮助市民参与公共决策过程。

E-商务：它包括实物和服务的电子交换，例如市民交付税和公共设施费用、续办车辆登记、娱乐项目消费，或政府购买供给物品和拍卖剩余设备。

E-管理：即利用信息与技术改进政府管理，从流线化业务流程到维护电子记录，改善工作流程并对信息加以整合。

最后一点 E-管理往往最易被人们忽略，因为它对大众而言并不是显而易见的，但是它对于电子政府的方方面面都不可或缺，没有它，电子政府所承诺的各种服务、公共管理、高质量、低成本就无法兑现。

奥巴尼大学政府技术中心通过有关学术研究，并结合与纽约州政府等许多政府部门合作的实践经验，指出电子政府需要有以下五点核心需求：一是电子政府要有全面、连贯的战略；二是计划驱动的传统服务向集成服务的转型；三是服务中隐私和数据共享问题的有效解决；四是传统的静态 Web 向交互式动态 Web 的转化；五是公私合作及其他网络化组织的新模式。

（资料来源：节选自 http://baike.baidu.com/link? url=.)

针对性服务。针对性服务主要是指政府机构根据社会公众的个体化需求，通过电子化手段提供政府相关服务。如政府通过公民关系管理系统为公民个体提供个性化的教育、医疗、就业服务；又如政府通过互联网为企业提供国际经贸等专项服务。

交易服务。交易服务主要是指政府机构作为交易的监管方或直接的参与方，为交易参与各方提供相应的电子化服务。如政府在网上为交易双方提供身份认证、信用鉴定等配套服务；又如政府为企业提供网上纳税、电子合同签证等相应服务。

政府电子化服务的内容十分广泛，可以覆盖绝大多数与公民、企业以及其他社会组织相关的政府服务。在我国，目前推出电子化服务的政府机构还很少，虽然有些政府部门已经有了一些尝试，但电子化服务的面还远远没有铺开。随着我国电子政务的深层次发展，以及政府改革的进一步推进，政府电子化服务必将受到政府与社会公众的高度重视。

**【实例 8-9】**

### 瑞典政府营销"全民动员"和瑞典邮政的"你说我写"

瑞典政府非常重视对社会与公众的服务，他们把为企业和居民服务，增加透明度，促进民主化，作为电子政务的第一目标，1997 年电子政务建设之初就提出了 4 项具体要求：一是公众能够在任何时候、任何地点得到政府提供的信息；二是所有信息必须是电子的，时间上必须是达到要求的，标准必须是统一的，经济上必须是独立核算的；三是不论是企业还是居民，在向一个公共部门提供信息后，就不必向政府任何部门再次提供信息；四是政府网站对应该向社会公开的信息不能有遗漏，保证企业和居民进入一个政府门户网站就可以得到所有政府信息。瑞典电子政务发展的主要特点有：一是政府把为企业和居民服务，增加透明度，促进民主化，作为电子政务的第一目标；二是政府门户网站由瑞典司法部统一负责建设，政出一门，标准统一；三是注重信息共享；四是尊重边远地区居民享受信息化的权利，努力缩小数字鸿沟；五是瑞典政府外围组织如各种委员会、联合会、行业协会在电子政务中发挥的作用非常大，是政府与企业、居民之间联系互动的桥梁。

在称为"瑞典监护人（Curators of Sweden）"的新计划推动下，瑞典政府决定将其在 Twitter 的官方账号"@Sweden"的经营权交给瑞典人民。"微时代"背景下，企业、品牌、社会机构或者政府部门开设官方微博已经成为大势所。Twitter 上面"@Sweden"的账户一直是瑞典旅游局在运营，为了让更多的人了解瑞典的风土人情，瑞典政府作为广告主做了一个"全民动员"广告，在 2011 年 12 月他们开始运行全民齐行动计划，让有代表性的瑞典人来运营这个账户。之所以采用这样的形式，他们的理由是："没有人比瑞典人民更能体现这个国家的风土人情"，他们找来具有在某一方面能代表瑞典的价值观和先进之处的人，比如尊重同性恋者的权利、具有时尚、设计和创新精神的个人等，这次活动参与中有广告人、作家、牧师、教师等。这种比较特殊的形式让很多瑞典人自发性的传播，也让很多国家的旅游局纷纷效仿该做法。

瑞典邮政的"你说我写"广告背景是因为越来越多的年轻人选择使用网络邮件或是 IM 工具等来互相沟通。为了提高年轻人对于传统书信的认识以及使用率，其实最主要是提高瑞典邮政自己的快递系统。他们开发了一个网站，Pratpost. se 年轻人只需要对着电脑讲话，系统就会翻译成文字，"写"在纸上，用户可以选择字体的类别，要浪漫一点的字体，还是普通的字体等。当用户说完要邮寄的书信，填写邮寄地址，那么瑞典邮政就会帮这些人把这些书信打印出来，最快第二天就可以送到朋友那边(这里是为了和网络上的邮件或是 IM 工具比较)。有趣的活动形式吸引了大量年轻人的关注。

(资料来源:根据 http://iwebad.com/case/1255.html 等改编.)

(2)政府电子化服务的策略。提高政府电子化服务水平是政府服务提供部门和社会公众的共同愿望,具体的策略与措施有很多,主要内容如下:

满足需求,超越期望。要提高政府电子化服务的水平,首先要保证满足公众和现有的需要,同时要在此基础上有新的突破,力争超越公众的期望。了解公众需求最常用的方法是在网站上提供用户反馈功能,收集公众对政府电子化服务的意见。与此同时,还应通过其他方法主动获取公众的真实评价。英国政府为了听取公众对政府电子化服务的意见,专门成立了一个由 5000 人组成的公众代表会,成员是在全国随机选择的,他们代表英国不同年龄段、不同地区、不同背景、不同性别的各方面人士。政府有关部门定期组织专门的调查,了解诸如"公众希望哪些服务能做到 24 小时进行","公众希望用何种方式同政府打交道"等,以便政府服务机构能更加有的放矢地提供针对性服务。政府服务部门前瞻性地把握信息技术的发展趋势和社会公众对政府服务的潜在需要,学习借鉴国际、国内的先进经验,结合当地的实际需要,创造性地提供政府服务的电子化实现方案,为社会公众提供更多、更好、更快的政府服务,这样能争取超越公众期望要求。

提高政府服务网站的有效性。提高政府网站的有效性首先必须注意合理使用自动化技术。因为政府电子化服务必然要应用相关的自动化技术,如对公众电子邮件的自动回复,公众信息的自动收集整理等,但如果自动化技术使用不当难免会产生消极作用。因为,如果公众看到的回复来自于机器,必然会怀疑信息的真实性,并对政府部门的诚意缺乏信心,不少人会理所当然地打消再次参与政府电子化服务的念头。合理使用自动化技术对提高政府服务的有效性也有很大的关系,因为在使用政府电子化服务的公众中,既有经验老到的网络高手,也有刚刚出道的"菜鸟"(初学者),如果过分依赖自动化技术来完成,会使很多用户因不适应而放弃。所以,在使用自动化技术时应避免这类情况的发生。

提高政府网站的有效性还应充分考虑到不同访问者的需求,尽可能让不同类型的访问者满意。以下一些问题有助于网站设计有效性的判断:

- 访问者能迅速地找到常见问题的答案吗?
- 能否迅速回复公众的服务请求,疑难问题能在 24 小时内回复吗?
- 网站内容能随着公众的反馈而不断更新吗?
- 是否提供 E-mail 服务,把站点的最新信息传递给访问者?
- 最有用或最常用的信息是否首先展示给访问者?
- 知道经常光顾的访问者对哪些信息感兴趣吗?
- 是否建立了一些方法来分析访问者对服务的需求?
- 是否能经常听到公众对政府服务站点的正面或反面的评价?

如果对以上的问题回答基本是肯定的话,则说明政府网站的有效性是有保证的。否则,就要进行大的调整,以更好地适应公众的需要。

营造良好的政府服务文化。高水平的政府服务离不开优秀的服务文化,政府电子化服务的发展同样需要营造良好的电子化服务文化。新的服务文化要求政府相关部门和政府公务员树立起以下一些基本思想:要设身处地地为公众着想,帮助他们解决实际问题;要真心诚意成为公众的朋友,了解他们的深层次需求,明确他们的真实想法;要培养团队精神,提倡相互信任、相互合作、互帮互助;要转变观念和工作方式,自觉抵制官僚主义的思想、作风和行为;要善于倾听,不断吸收公众对政府电子化服务的意见和建议,并及时加以改进;要树立终生学习观念,不断更新知识,把自己培养成复合型人才。

全面创新服务观念与机制。政府电子化服务还要求政府的服务观念和服务机制有重大的创新,以促使政府相关部门和人员形成正确的服务观,并能把"为公众提供高水准的政府服务"作为自身崇高的使命,体现到每一个政府服务的环节中去。

服务观念创新要求政府公务员做到:

牢固树立"公众利益至上"的思想。在我国,全心全意为人民服务是各级政府一切工作的出发点,作为政府公务员,理所当然应该树立起"公众利益至上"的思想。

牢固树立"用心服务"的思想。政府服务部门要急公众所急,想公众所想,主动了解公众的需求,了解服务工作中存在的各种问题,增强与公众的亲和力,并从时间的迅速性、技术的准确性和承诺的可靠性等方面切实保证政府服务的高水准。

牢固树立"全员服务"的思想。服务是一项系统工程,它不仅仅是某个政府部门的事情,而是需要政府不同部门通力合作,共同配合。因为只有一体化的优质服务,才能真正体现高水准的客户服务。

牢固树立"服务就是生产力"的观念。优质的政府服务是促进经济发展和社会进步的重要推动力,也是扩大招商引资、增进就业、繁荣市场的"助推器",政府不同部门要牢固树立"政府服务就是生产力"的观念,并把不断提高政府电子化服务水平作为一项根本性的任务来抓。

政府服务机制不健全是导致服务水平低下的重要原因,比如服务程序不完整,服务流程不清晰,服务体系不完善或服务任务不明确等都会导致服务质量的低劣。因此,服务机制创新在政府电子化服务的发展中同样具有重要作用。具体包括:

服务运作机制创新。服务运作机制创新要求政府相关部门和人员建立起"技术为业务服务,后台为前台服务"的全方位服务支撑体系,理顺各个部门的关系,明确各自的职责,建立起规范化的服务业务处理流程,提高服务效率和水平;

服务监督机制创新。服务监督机制创新要求政府相关部门不断完善服务监督机制,逐步采用定量化的服务质量评价方法,加强考核,不断提高服务人员的素质,形成科学合理、优胜劣汰的服务机制;

服务激励机制创新。服务激励机制创新要求政府有关部门把调动政府服务人员的积极性、主动性和创造性作为一项重要的机制,加大政府服务的激励力度,鼓励政府公务员不断提高服务水难,为创造高水准的政府服务工作尽心尽力。

【链接 8-7】

## 4Cs 组合理论与政府营销

1990 年,美国学者劳特朋教授提出了 4Cs 理论。4C 主要指 Customer(顾客的需求与欲望)Cost(消费者为满足需求所愿意付出的成本)Convenience(消费者购买商品的便利性)Communication(与顾客之间的平等的双向沟通)。它主要强调以消费者为导向。4Cs 策略站在顾客的立场上,以消费者需求为导向,这与我国政府的服务宗旨即最大限度地满足公众需求是一致的(见表 8-2)。

**表 8-2 政府营销的 4Cs 组合策略**

| 满足公众的需求与欲望 | 努力为公众提供最好的服务 |
| --- | --- |
| | 努力提高政府的服务能力 |
| | 努力提高政府的服务质量 |
| 努力降低公众享受政府服务的成本 | 制定相关法律法规 |
| | 进行政府部门的内部整治 |
| | 建设电子政务和移动政务 |
| | 减少和规范行政审批 |
| 充分提高公众享受政府服务的便利性 | 减少政府服务的层级 |
| | 增加政府服务"网点" |
| | 践行和推广政府服务承诺制度 |
| 以公众为中心实施有效的沟通 | 通过广告宣传与公众沟通 |
| | 通过工作人员与公众沟通 |
| | 通过有形展示与公众沟通 |
| | 通过网络平台与公众沟通 |
| | 通过政务公开与公众沟通 |

[资料来源:陈东灵,苏朝晖.论政府营销的 4Cs 组合策略.商业时代,2008(30).有修改。]

(1)满足社会公众的需求与欲望。政府部门能否树立为"顾客服务"的理念,是政府营销成败的关键所在。政府要一切从人民的利益出发,坚持以人为本,使出台的规章、政策、规定满足公众的需要,实现公众让渡价值的最大化。同时也要提供合理的公共产品,对一些即将出台的政策、法规、制度最好事先进行社会公众需要测评,阻止那些不适应社会公众需要的产品问世。

(2)努力降低公众享受政府服务的成本。公众享受政府服务的成本是指公众在使用公共产品和接受公共服务时所支付的费用和精力、体力的付出。到政府办事,手续繁琐,费时费力,已引起了公众的严重不满。政府解决此问题的最好办法就是尽力降低公众成本,使之趋近于零。目前许多政府部门仍收取较高的行政服务费用,究其根源,主要是由于政府机构庞大,行政人员队伍臃肿造成的。要降低政府的行政服务费用就要从政府内部的源头做起——降低政府自身的行政成本。应注意以下两方面:一是加强对政府内部人员监督,避免公款吃喝、手续繁琐等问题的出现。二是精简机构和人员,严格控制编制,减少政府的不必要开支。

(3)充分提高公众享受政府服务的便利性。政府服务渠道是指政府通过设置机构和分配人员将服务提供给公众。政府要想提高服务的便利性,就应努力实现服务的扁平化与多样化。

一是服务层级扁平化。我国的纵向机构结构分为五个等级。与国际大多数国家的三级纵向结构相比,我国政府行政层级多、渠道长,这在一定程度上导致了行政效率低下、管理成本较高。为了改善这一状况,有必要合并或撤离一些虚设的职位或机构,以便畅通政府的服务渠道,提高政府的服务效率。二是服务形式多样化。首先,增加服务站点或采取一站式服务,便利政府对公众的服务;其次,延长服务时间,满足公众对政府服务的需求;最后,设计和创造有效的服务方式,可以简化行政审批程序、设立行政事务咨询处、实行网上办公、政务公开等途径来实现服务效率最大化。

(4)以公众为中心实施有效的沟通。以前政府的许多活动都处于不公开状态,从政府机构设置、人员安排、职责权限到权力的运行规则和方式,乃至工作程序都很难为"外人"所知,给人一种"神秘"的印象。政府营销与公众最有效的沟通方式就是进行政务公开。政务公开除了可以采用公开栏、广播、报纸等传统方式以外,还可以利用召开记者招待会、开通数字电视的阳光政务频道、网上公开政府办事程序等其他新形式。让公众通过各种渠道了解政府的政策、工作流程、办事规则、机构设置等有效信息。以便政府能更好地为公众服务。

## 📖 本章小结

- ◆ 非营利组织是以服务大众为宗旨,不以营利为目的,具有志愿性和自制性的正式组织。非营利性组织运用营销方式来达到宣传推广目的的活动将越来越多,并渐成一种趋势或热潮。在我国,非营利部门和公共服务部门的营销活动也在不断增加。
- ◆ 非营利组织在开展市场营销的过程中,呈现出与营利企业营销明显不同的特征:公众复杂多样、多目标、产品以服务为主、公众监督和伦理性。
- ◆ 政府营销是指政府在社会管理和提供公共服务的过程中,运用营销理念来推广政府政策、树立政府形象、提升政府声誉,为本国的社会、经济、文化的发展创造良好的环境,从而建立与居民、企业、社会团体、其他国家的良好关系,实现公众满意和社会全面发展。

## ➡️【案例分析】

### 政府营销——上海市的 F1 大赛

美国著名营销大师菲利普·科特勒首次提出政府营销的概念。他认为,一个国家的各省、各市相互之间都会为了自己的区域利益进行事实上的竞争,这种竞争关系的存在,决定了各省、各市为取得自己的相对竞争优势进行区域营销。政府营销的主要目的是整合社会资源、推动投资发展、构建市场化运作模式,搭建国际化、规范化、透明化的投资服务平台。而企业则在政府营销中扮演推动者和双赢受益者的角色。

政府营销目前还属于营销的空白地带。在城市化进程中,每个城市的发展都需要讲品牌。越来越多的副省级、乃至县级城市都开始注重城市品牌的推广和营销,因此很多市政府都聘请了专业营销公司来承担这一职责。像阿佩思承接的推广张家界、乐山大佛等项目,都是接受政府的委任。还有"中国国际美食旅游节",是成都市政府全力打造的一个盛大民俗节日。经过阿佩克思四年的持续筹办,该节日地方特色鲜明、国际化程度高、全民参与性强的形象早已深入人心,现已成为成都第一节会品牌和一张全新的城市名片。而更关键的意义在于,办节模式有了重大突破——由政府和广告公司共同组建公司来统筹运作政府节会,这种做法在国内鲜见。

在上海进行的 F1 大赛是上海市政府进行政府营销,整合政府资源,进行商业化运作的典范。在这个最国际化,商业化的比赛中,政府营销在商业运作中的强大作用已初现端倪。F1 世界一级方程式汽车大奖赛,与奥运会和足球世界杯并列为国际三大赛事。对于这样一个国际化比赛,需要的是一个全面产业链条支持,在迄今为止的 600 余场比赛中,70% 的场次在欧洲举行,亚洲只有日本和马来西亚有机会成为 F1 分会场,但经过 50 多年的发展,F1 在欧洲每年收入增长只有 1% 左右,为了满足商业化赛事对利润的无限渴求,开拓具有广阔市场的发展中国家已经成为 F1 必然选择。正因为此,F1 对中国政府来说是一个契机和诱惑。F1 对于中国的关系用一句简单的话来表达:F1 需要中国,中国需要 F1。把握这种经济上的依存关系,是政府和企业营销在选择载体时的一个基础和前提。

放在一个更大的背景下来看,更容易理解上海市政府承办 F1 比赛的真正用意。近几年,中国的汽车工业空间发展,根据上海“十五”远景规划,地处上海西部的嘉定区已经被规划为汽车制造业和对外贸易的基地,并即将成为中国著名的汽车城。借助 F1 比赛拉动上海的汽车工业,同时发展相对滞后的上海西部经济,正是上海市政府的“醉翁之意”。

在整个 F1 赛事的背后是强大的上海市政府,而被这场比赛推向前台的是 2002 年 2 月成立的上海国际赛车场有限公司,这家注资 8 亿元人民币的公司有三大投资方,分别是上海久事集团、上海市国有资产经营公司和嘉安投资发展有限公司。三家公司利用 F1 政府营销的便利政策支持,支持政府改善整个汽车行业商业环境,组建了商业化投资团队,并争取到了包括汇丰银行在内的多家金融机构支持,愿意提供资金和咨询等方面的协助。

不妨给上海国际赛车场有限公司算一笔账,在 2004 年到 2010 年,一期赛道工程耗资 26.45 亿元,安驾乐园耗资 36 亿元,注册费 4.77 亿美元,购买电视转播权 10.5 亿元。合计超过 110 亿元。收入方面包括门票、电视广告经营权分成、授让台北地区电视转播权、停车费,收入核算的结果是上海国际赛车场有限公司将在 12 年内全部回收成本。而实际上,上海国际赛车场有限公司的另一笔经济账来自对已经建好的上海国际赛车场的另一盘打算,即上海国际赛车场有限公司不打算让赛道仅仅用来跑 F1 赛车,今后还会在国际赛车锦标赛上获得更稳定长久的收益。如果仅仅把它看成一个赛车场,那么它的营运水平是非常有限的。但把 5.3 平方公里的上赛场看做一个竞技和娱乐的经济圈,才是 F1 赛事的一本真正的账。

对于上海市政府来说,承办 F1 象征着这个城市处于世界先进城市前列,拉动经济相关的产业链条的发展,是超越 F1 比赛自身具有的意义。F1 对提升上海国际化大都市的地位和影响是毋庸置疑的。城市形象对商家来说可能是一个比较虚的概念,难以测量,但 F1 实实在在的“聚金效应”则是上海市政府所乐于看到的。据官方统计,2004 年来上海旅游的海外游客将达到 350 万人次,超过历史上最好的 2002 年,这其中 10% 是冲着 F1 来的。在本次 F1 比赛期间,赛车场方圆 30 公里以内酒店全部爆满,上海以及周边城市的酒店入住率上涨 20%,价格也升了一倍,靠近赛场的一些酒店住房价格甚至是平时的 4 倍。赛场周边土地增值 25 倍多,房价普遍看涨。

至此,F1 已经带来了一系列产业链条的增长,迅速拉动了汽车生产、贸易、物流、餐饮、娱乐,甚至房地产等相关行业。

世界经济一体化使国内市场与国际市场对接,进而导致国内市场国际化,不可避免地把现代企业营销置于一个国际化的环境之中。政府营销和资源利用成为企业营销发展的必然趋势。非营利组织重视营销的趋势明显。市场营销一般而言是企业制胜的武器之一，但随着社会的发展和环境的变化，国家、政府组织、社团或其他非营利性组织也开始运用营销策略来提升组织的知名度了。北京申奥、上海申博和 F1 赛事的成功，与其说是申办的成功，不如说是营销北京、营销上海的成功。随着旅游业、会展业的兴盛，非营利性组织运用营销方式来达到宣传推广目的的活动将越来越多，并渐成一种趋势或热潮，政府营销最终必将与企业营销一起成为经济舞台的领舞者。

（资料来源：节选自 http://baike.baidu.com/link? url=.）

**案例讨论题**

1. 上海市 F1 赛事中政府营销所起的作用有哪些体现？

2. 上海市 F1 赛事等成功说明了非营利组织服务营销怎样的趋势？

3. 非营利组织服务的特点有哪些？上海市 F1 赛事成功举办给我们有何启发？

## 【思考题】

1. 非营利组织在营销管理方面具有哪些特点？有哪些类型？

2. 请阐述非营利组织服务营销的特点和分类。

3. 怎样才能制定一个有非营利组织特色的营销组合？

4. 列出你所熟悉的非营利组织，分析该组织是如何实施其服务营销理念的。

5. 举例说明政府营销。

6. 非营利组织服务营销发展有哪些表现？

# 第9章

# 服务行业的国际化

> > > >

- 服务营销的全球化趋势
- 国际市场的特点及进入障碍
- 服务企业市场进入策略

## 导入语

经济全球化使世界经济形势发生了深刻的变化,技术、市场、顾客、竞争已经跨越国界,促成了全球营销的产生和发展。纵观世界经济全球化的发展过程,我们可以发现全球化的显著特征之一就是服务业迅猛发展,服务业在国民经济中发挥着越来越重要的作用。随着国际服务贸易的迅猛增长和跨国服务企业的日益增多,有关全球营销策略的制定和实施已成为服务企业面临的重要问题。在这种背景下,全球服务营销理论逐渐受到重视,得到了很大程度的发展。

本章将服务营销放在全球化这一更加广阔的背景下,首先分析服务营销的全球化趋势,探讨全球营销时代的特点、国际市场的吸引力和服务企业全球化的动力;然后剖析国际市场的特点,服务营销在国际化道路中遇到的障碍,以及服务企业国际营销能力的构成;随后在此基础上以一种全球视角,讨论服务企业国际市场的进入策略,具体包括国外自建服务点、特许经营、收购、使用代理和中间商、虚拟渠道。

**当你学完本章后,你将能:**

◆ 了解服务营销的全球化趋势。
◆ 了解国际服务市场的特点。
◆ 掌握国际服务市场的进入障碍。
◆ 掌握国际服务市场的进入策略。

## 关键词

服务营销的全球化趋势;国际市场的吸引力;国际市场的特点;国际市场的进入障碍;国际市场的进入策略

## ▷ 【导入案例】

### Uber 打车软件的中国市场进入策略

旧金山是一座神奇的城市,汇集着来自世界各地的创业者,在大多数情况下,只要产品好用,即便一个小公司,也很容易吸引注意力。如果说2013年有哪些值得书写的创业公司,融资2.5亿美元,四年间在全球扩张到70个城市的Uber肯定算是一个。不过即便他们也没有想到,如果比较从正式落地之日起六个月内的乘车请求数据,增长速度最快的居然不是旧金山、纽约或西雅图,而是中国上海。"上海是中国大陆国际化程度最高的城市,Uber希望让人们的出行更方便,它符合上海的生活方式;另一方面,这里有用户。在Uber的数据中,Uber在上海试运营之前一个半月就有不少注册用户,比中国其他城市都多"。

当下只要谈到打车服务,都会提到监管。2012年七月北京市政府试行了《北京市出租汽车手机电召服务管理实施细则》,要求将手机电召服务商纳入同一平台等。所以Uber选择与租车公司合作,对方提供车和司机,与Uber进行分成。这和Uber在旧金山的做法不一样,在旧金山拥有注册资质的司机可以自己申请去做Uber的司机,有媒体统计在2013年,旧金山超过三分之一的注册出租车司机申请成为Uber的司机。在中国这种做法的根据是"Uber的美国总部有一个专门研究各国交通、打车方面政策的团队,对此是有准备的。"

我们不想重复,但又要承认——从硅谷来的科技公司,几乎无一例外地会在中国遇到"水土不服"的问题。"我知道科技公司想在中国站住脚很难,但是我更愿意大家把Uber看作一个科技与生活方式结合的产品,星巴克、麦当劳等国际品牌都在中国获得了不错的成绩。"Uber给自己的参考坐标更接近星巴克等消费类品牌,而不是从硅谷来的科技公司。接入支付宝作为支付手段之一是本土化的努力。"我们从一开始就知道需要一个本土的支付手段"。

(资料来源:没有中国区负责人的Uber如何进入中国市场.凤凰科技,2014.)

# 9.1 服务营销的全球化趋势

## 9.1.1 服务营销全球化的特点

近一二十年来,世界经济环境发生了深刻的变化,产业、市场、顾客、竞争日趋全球化,这些作为外因促成了全球营销的产生与发展。与此同时,大型国际公司为了主动适应和利用环境的变化,加强竞争力以主宰全球市场,在观念上、行为上也进一步走向全球化。

1.产业的全球化

世界经济正在从工业经济时代走向知识经济时代。知识经济是以智力资源的占有、配置,以科学技术为主的知识的生产、分配和使用为最重要因素的经济。知识经济在生产中以高技术产业为第一支柱产业,以智力资源为首要依托,因此是可持续发展的经济。它与传统工业产业相比的一个重大区别在于:高新技术产业生产出的第一份产品或服务具有极高的成本,包含了全部研究开发费用,而从第二份起边际成本变得很低,平均成本迅速下降。而且因为边际成本不易反弹,不会出现规模不经济的现象,因此没有明显的边际收益递减倾向。这一点最明显的例子莫过于软件开发,第一份Windows 95的研制成本是相当高的,而再拷贝一份的成本极低。因此,知识产品生产者从一开始就以全世界市场为目标,开发出能够满足人们普遍需求的标准化产品,希望通过在最广泛的市场——全球市场上的大批量销售来收回研究开发成本并获取高额利润。所以,知识产业从一开始就定位于全球产业,知识经济必然是全球经济,并促成经济的进一步全球化。知识产业的营销必将是着眼于全球的营销。

**2. 市场的全球化**

目前,市场经济体制已为世界上各主要国家所接受。各国政府对外国产品进口及外国公司直接投资的限制逐渐放宽,国际贸易迅猛发展。国际金融市场也已全球化,各国货币先后可自由兑换,欧盟、北美自由贸易区、亚太经合组织的出现和发展在经济上淡化了国界,走向区域经济一体化。此外,随着世界贸易组织及其他国际组织成员国的不断增加,越来越多的国家的经济政策将受到国际法规与条约的约束。这一切都使得世界经济、政治、法律环境的差异性减少,使得国际公司在开展营销活动时,逐渐模糊了国界的概念。

**3. 顾客的全球化**

一方面,世界各国消费者的需求日益趋同。许多国家青少年一代的消费具有惊人的相似性。他们都喝可口可乐、吃麦当劳、穿牛仔裤、听摇滚乐等。卫星电视、互联网使得各国消费者不出国门也能了解到异域风情,各种流行时尚能够迅速风靡全球。另一方面,国际商务旅行和旅游度假业日益增多,旅行者希望在世界各地都能买到他们熟悉的值得信赖的产品,享受标准化服务。这使得营销人员能够更多地考虑各国消费者需求的共同点而非不同点,更加注重全球产品、价格、广告、服务的标准化而非差异化。当然,全球营销者也不能完全忽视需求的差异性。

**4. 竞争的全球化**

开放意味着本国企业要承受外来竞争的压力,要与外国的国际公司竞争。企业进入外国市场,也并不只是与当地公司争夺市场,还要与其他国际公司抢占份额。产业、市场、顾客的全球化使企业面临的不是要不要全球化经营的问题,而是如何全球经营的问题。企业要在所面临的全球竞争中获得较低的成本或其他明显的优势才能够生存下去,否则在竞争中势必会处于劣势,甚至威胁到自身的生存。因此,竞争的全球化是越来越多的企业开展全球营销的又一动因。

**【实例 9-1】**

### 海利网娃——玩具加游戏　网娃闯天关

浙江海利控股集团始创于 1992 年,是一家集制造业、文化产业、金融服务业三大产业为一体的多元化现代企业集团,总部位于浙江省海盐县,共有七家控股子公司,业务范围涉及玩具、化纤、电子等多个行业。集团通过投资控股及参与日常经营管理实现对各子公司的管理。从 1992 年靠 3.5 万元起步制作玩具的小作坊到总资产达 10 亿元,年产值超 18 亿元,年创利税 2.5 亿元,2009 年入围浙江省工业行业龙头骨干企业。多年来,海利集团凭借自己独特的商业模式走出一条属于自己的跨越式发展道路。

1. 扩大销售

2007 年 6 月,海利集团成立了浙江网娃动漫文化有限公司和浙江成长网络科技有限公司,立足传统产业基础,向书籍、动画片、动漫衍生产品、益智游戏、主题体验馆层层渗透,形成了一条庞大的、完整的文化产业链。这时,他们认为国外市场具有高价的潜力,盈利机会可能更大。因此在 2008 年经济危机的时候,海利集团没有被经济泡沫冲垮,而是以完善的产业链优势为基础,采用"依托信息技术、融入文化创意、带动传统制造业"的商业模式,在北美创下了 1 亿美元的销售业绩,同时在中国成功上市。

**2. 追随顾客**

有一位合作多年的玩具商,在 2007 年给海利集团下了一份高于以前十倍的订单,并且这位客户在美国的销量超过迪士尼,这让海利信心倍增,开始打算将市场开拓到美国,这不仅能更好地维护老客户,还能扩大经营规模。因此,他们采用把普通的网游业和传统的生产制造业以及销售终端结合在一起的模式,掌握自主知识产权,开拓更加广阔的市场。

**3. 获得技术**

决定了企业的发展方向后,海利开始进行实践,但一直苦于在国内找不到合适的合作者,在益智游戏"网娃总动员"的设计过程中,他们聘请了一些国内和来自美国的高端网络技术人才,在市场调研的基础上量身打造出绿色精彩的网络世界。2008 年初,海利的创始人方光明又自己拿出数千万元,收购了一家韩国的游戏公司为自己开发网游,打造出一支技术团队,解决了技术上的难题。

在中韩团队的共同努力下,2008 年下半年,"网娃"网络游戏终于上线。到目前为止,"网娃"游戏已经有了 50 万注册用户,毛绒玩具、文具用品、服装鞋帽等游戏衍生产品形成上下游企业 50 多家,1 万多名员工的产业链。

(资料来源:吴晓波,黄勇.浙江省服务业企业商业模式创新案例.杭州:浙江大学出版社,2011.)

### 9.1.2　全球化趋势下的中国服务贸易

在全球产业格局不断调整、服务领域加速开放的背景下,服务业成为经济增长和效率提高的助推器、经济竞争力提升的牵引力、经济变革与经济全球化的催化剂。服务贸易也日渐成为各国提高国际分工地位的重要领域,成为贸易的新增长点。据世界贸易组织(WTO)统计,2008 年至 2014 年,世界服务贸易出口从 3.98 万亿美元增长到 4.94 万亿美元,年均增长 3.7%,显著高于同期货物贸易 2.7%的增速。

近年来,我国服务业快速发展。仅 2015 年前三季度,中国服务业增加值占比进一步上升到 51.4%,高于第二产业 10.8 个百分点。服务业吸收外资金额增速高达 19.3%,占中国实际利用外资总额的 61%。9 月份中国非制造业商业活动指数(PMI)为 53.4,远高于 49.8的制造业采购经理指数,表明我国服务业发展势头向好。

**1. 中国已逐步进入服务业主导的经济发展阶段**

据统计,2015 年前 11 个月,中国服务贸易进出口总额为 3.15 万亿元,比上年同期增长 18%。其中,服务出口 1.27 万亿元,同比增长 16.1%;服务进口 2.44 万亿元,同比增长 19.1%。服务贸易的高速增长使其在对外贸易(货物和服务进出口额之和)中的比重持续攀升,由 2011 年的占比 10.3%上升至 2015 年 11 月的 14.4%,中国外贸结构的优化在服务贸易快速增长的同时,服务贸易结构也继续优化。其中,计算机服务、广告服务、文化和娱乐服务等高附加值服务出口快速增长,对服务贸易结构调整和优化起到了重要的推动作用。2015 年前 11 个月,计算机和信息服务出口额为 1342.7 亿元,同比增长 33%;保险和其他商业服务也分别增长 25.5%和 224%。新兴服务业出口的快速增长,提高了中国服务贸易出口附加值,促进了知识密集型企业发展,为国内产业结构升级做出了积极贡献。

2.中国的服务贸易差距依然很大

从全球范围看,服务贸易占货物贸易的比重在 20％左右。2014 年美国、德国和日本服务贸易占货物贸易的比重分别为 28.3％、21.8％和 23％,而我国仅为 14％。即使与同为"金砖国家"的印度相比,我国在服务贸易方面也存在着较大差距。印度是服务贸易占货物贸易比例最高的国家之一,2014 年该比重为 35.4％。

从国际服务贸易发展结构来看,旅游、运输、建筑等传统的服务业在服务贸易中所占的比重逐步下降,通信、计算机和信息服务、咨询、金融保险等高新技术和附加值高的现代服务业发展迅速,而我国的服务贸易的结构虽然也在不断优化,传统服务的出口比重逐年下降,但还是主要集中在传统行业。2015 年前 11 个月运输、旅游和建筑等传统服务产业的出口额占服务出口总额的比重依然占据半壁江山,占比为 49.2％。可见,与货物贸易相比,我国服务贸易的国际竞争力依然较弱,未来发展的空间依然很大。

3.中国服务贸易政策的相继出台

为推动服务贸易加快发展,2015 年初,国务院印发了《关于加快发展服务贸易的若干意见》,把扩大服务贸易规模、优化服务贸易结构、创新服务贸易发展模式、培育服务贸易市场主体、进一步扩大服务业开放和大力推动服务业对外投资等作为加快服务贸易发展的主要任务来抓。此后,又公布了《关于促进跨境电子商务健康快速发展的指导意见》,提出要鼓励各类跨境电子商务服务商发展、完善跨境物流体系,推进跨境电子商务通关、检验检疫、结汇等关键环节单一窗口综合服务体系建设。为保障上述政策落到实处,2015 年 8 月,国务院建立服务贸易发展部际联席会议制度,协调各部门服务进出口政策,统筹服务业对外开放,推进服务贸易便利化和自由化,从而进一步推动文化创意、动漫设计、金融保险、生物医药等领域服务贸易与服务外包业务的发展。

此外,为加快服务业的"请进来"和"走出去",中国正积极与"一带一路"沿线国家签订服务贸易合作协议,力争在双边框架下开展务实合作,促进第三方咨询和认证、金融保险、物流采购等服务业企业走出去。2015 年 1—8 月,中国企业与"一带一路"沿线国家签订服务外包合同金额 93 亿美元,同比增长 27.9％,增速明显高于对其他国家和地区服务外包的增速。

为进一步适应以"跨太平洋战略经济伙伴关系协定"(TPP)规则为样板的国际服务贸易规则的新变化,我国在上海、广东、天津和福建等四个自由贸易区对新规进行了有针对性的先行先试,探索对外商投资实行准入前国民待遇加负面清单的管理模式,提高利用外资的质量和水平。

为基本实现内地与港澳服务贸易自由化,2015 年 11 月底,又与香港签署了 CEPA 框架下的《内地与香港服务贸易协议》,于 2016 年 6 月 1 日起正式实施。这是首个内地全境以准入前国民待遇加负面清单方式全面开放服务贸易领域的自由贸易协议,标志着内地全境与香港基本实现服务贸易自由化。在该协议下,内地对香港服务业全面或部分开放的部门有 153 个,占世界贸易组织全部 160 个服务贸易部门的 95.6％,其中"商业存在"的服务模式有 62 个部门对香港实行国民待遇。针对"商业存在"服务模式的负面清单,覆盖 134 个服务贸易部门,共保留 120 项与国民待遇不符的限制性措施。覆盖跨境服务、电信和文化服务领域的正面清单,新增了 28 项开放措施。在投资便利化方面,香港服务提供者在大部分服务贸易部门的公司设立及变更的合同章程审批改为备案管理。"协议"成为我国服务业开放的新里程碑,也必然促进内地和香港服务贸易的快速发展。

【链接 9-1】

### 全球贸易新标准:TPP 协议

跨太平洋战略经济伙伴关系协定(Trans-Pacific Partnership Agreement),也被称作"经济北约",是目前重要的国际多边经济谈判组织,前身是跨太平洋战略经济伙伴关系协定(Trans-Pacific Strategic Economic Partnership Agreement,P4)。是由亚太经济合作会议成员国中的新西兰、新加坡、智利和文莱四国发起,从 2002 年开始酝酿的一组多边关系的自由贸易协定,原名亚太自由贸易区,旨在促进亚太地区的贸易自由化(见图 9-1)。

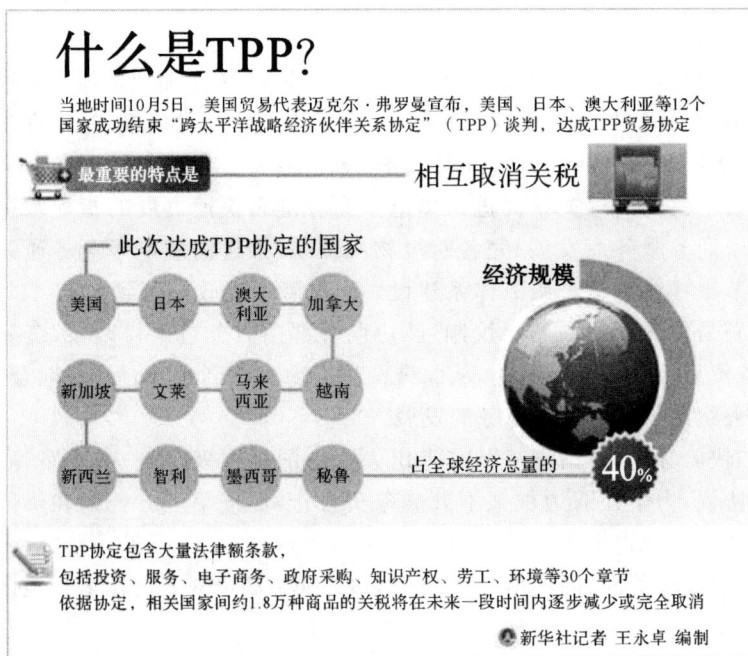

图 9-1　跨太平洋战略经济伙伴关系(TPP)

TPP 成员国之间会带来产品、服务价格下降,物流速度增加,各国可以取长补短,消费者是最直接的受益者之一。但是贸易开放一直都是一把双刃剑,有领域受益,就有领域"受伤"。成员国的国家利益或某些产业的利益可能会因此受到他国的冲击,这一问题在关税方面尤其突出。

TPP 谈判始于 2010 年 3 月,谈判由两大类内容构成:一是知识产权保护规则等 12 个谈判参与国一起决定的领域;二是如某类商品进口关税减免等双边磋商领域。

2015 年 10 月 5 日,跨太平洋战略经济伙伴关系协定(TPP)终于取得实质性突破,美国、日本和其他 10 个泛太平洋国家就 TPP 达成一致。12 个参与国加起来所占全球经济的比重达到了 40%。TPP 将对近 18000 种类别的商品降低或减免关税。

2016 年 2 月 4 日,美国、日本、澳大利亚、文莱、加拿大、智利、马来西亚、墨西哥、新西兰、秘鲁、新加坡和越南 12 个国家在奥克兰正式签署了《跨太平洋战略经济伙伴关系协定》。

### 9.1.3　国际市场的吸引力

什么因素驱使服务企业跨越国界在国际市场上寻求利益呢？下面介绍一些促进服务企业进入国际市场的可能的驱动因素，它们可能是单独作用也可能是共同作用的。

1.扩大销售

首先，一些企业是受到成长需要的驱使而进入国际市场的，它们意识到本国市场的市场规模或是竞争态势使其成长机会受到限制。国际扩张对于那些在狭小的国家市场或细分市场经营的企业来说很有吸引力。因为对于它们来讲，国外市场与国内市场相比有时还处在发展的初级阶段，当地企业缺乏相同水平的技术和经验。其次，经理们可能认为，在国外市场提高企业的盈利能力机会更大，因为在那里可能具有低成本或是高价格的潜力，或是兼而有之。再次，扩大销售的方法还包括吸引外国顾客到国内购买服务进行消费。

【实例 9-2】

#### 联想弘毅并购 Pizza Express

联想弘毅并购 Pizza Express 案例更能体现服务领域"境外收购、意在国内"的特征。2014 年 7 月，弘毅斥资约 9 亿英镑（折合人民币约 95.5 亿元），全资收购英国著名休闲餐饮品牌 Pizza Express，是欧洲餐饮行业过去五年中金额最大的并购案。

弘毅投资成立于 2003 年，是联想控股成员企业中专事股权投资及管理业务的公司。看今天弘毅基金的组合，转型已经基本确定：以前以制造业为主，今天从锦江到城投，从 Pizza Express 到 STX，新投资项目中近 70% 的配置是服务业。

此次弘毅百亿投资的核心目的，就在于认准随着中国中产阶级的崛起，中国休闲餐饮可能将以每年 8%～9% 的速度增长，而将这一知名餐饮品牌加速引入中国市场，潜力无限。

(资料来源：赵令欢.详解 Pizza Express 收购.财新网,2014.)

2.追随顾客

一些企业，例如美国捷运，通过追随其现有的国际顾客进入新的市场，从而得到发展。在企业对企业（Business to Business，B2B）的服务中，顾客可能根据自身的需要要求服务供应商在一个新的地点提供服务，此时服务企业必须进入新的国家的市场以满足顾客需求，这既防止了老顾客的流失又扩大了经营规模。这种情况在管理咨询、法律和会计服务、银行业和许多外购种类的服务领域经常发生。

3.追随竞争者

不是每个在国外经营的服务企业都是该市场的第一个进入者，很多企业是出于竞争战略的需要，跟随其竞争对手被迫进入该市场来抢占一个市场位置的。企业以此来避免其竞争对手在该市场经营成熟时，建立不可撼动的市场地位。

#### 4.获得专门技术

在某些服务行业,一些国家被视为领导国,因为企业在那里具有在其他市场不可比拟的技术和策略方面的创新优势。然而,不同的服务行业可能会有不同的领导国。例如,在很多领域都处于领先地位的美国,在移动电话方面的技术就逊于芬兰。服务企业希望通过在领导国的经营,或者只是购买当地已有的供应商,获得经验和专门技术并将其反馈到母国及他国市场以增强其整体的竞争优势。

#### 5.抢先进攻

首先进入一个国家市场的企业,如果恰当地处理进入策略就能够获得先动者的优势。当企业注意到其竞争对手开始进入其他国家市场时,它可以寻找进入一个不同但是有发展前景的国外市场,以便在竞争对手进入之前占领有利的位置。对于企业来讲,特别是在收购当地企业成为首选扩张方式时,与追随领导者相比,这种策略是更有吸引力的选择。

【链接 9-2】

### 国际化的理论依据

有一些理论可以被用来解释服务企业国际化的进程。我们在这里简要介绍六种理论,它们是:乌普萨拉模型(基于瑞典文化背景而建立的行为方法);交易成本理论(由诺贝尔奖获得者科斯提出);"小站模型"(由约翰森和瓦诺提出);网络模型;博恩模型;随机方法。

表 9-1　六种国际化理论

| 国际化理论 | 基本内容 |
| --- | --- |
| 乌普萨拉模型 | 该理论的关键术语是"知识"和"致力于国际化"。随着知识的累积,资源将逐步向海外流动。它是一种系统或主动国际化与被动国际化相结合的方式。 |
| 交易成本理论 | 对国内外交易成本会进行详尽的分析,当国内市场上的交易成本趋近或等同于国外市场上的交易成本,国内交易利润下降时,国际化进程便开始了。 |
| 小站模型 | 企业进入国际市场必须首先积累相关的知识,然后资源才能向海外转移。第一阶段:①产生国际化动机,进行战略规划;②进行市场调研。第二阶段:①选择目标市场;②选择进入模式;③权变计划制订;④进入后的战略承诺。 |
| 网络模型 | 不同企业结成网络,相互依赖和支撑,共同进入国际市场。关系"黏结剂"可以是经济的,也可以是技术的。在多变和任何一个企业都无法独自取得竞争优势的行业,企业通常会以此形式进入国际市场。 |
| 博恩模型 | 在国际市场上,保持小规模和灵活的经营方式,他们所寻求的是同质服务,其成功取决于:灵活的经营方式;高效率的流程,成本更低,价格更具竞争性;对市场情报信息的捕捉更准确和及时;与国外合作者在分销渠道等方面存在着长期而稳定的合作关系。 |
| 随机方法 | 这是一种权变的方法,并没有一个确定的模式。其国际化过程的启动可能是非常偶然的,没有详尽的规划。 |

(资料来源:汉斯·卡斯帕尔.服务营销与管理——基于战略的视角.第 2 版.北京:人民邮电出版社,2008.)

### 9.1.4  服务企业全球化的动力

前面我们从企业微观战略的角度分析了国际市场自身具有的优势,那么从宏观产业的角度看,又是什么推动了服务企业的全球化? 依普(Yip)的研究确定了一些影响企业全球化的力量或产业动力(industry drives)。下面我们把一个经过修正的依普分析框架应用于服务业,其中每一种动力的相对重要性随服务种类或服务行业的不同而有所差异,我们将在后面进一步分析全球化动力对不同服务种类的影响。

1.市场动力

一致的顾客需要、全球顾客、全球渠道、可转让的营销和领导国是服务全球化市场动力的五个重要因素。对许多服务行业来讲,全球顾客是特别重要的一个因素,他们从全世界的供应商那里得到统一的服务,并对迅速发展的有形供应链或电子网络形式的全球渠道有迫切的需求。随着大公司顾客全球化的不断发展,跨国服务企业常通过对供应商进行标准化和精简化处理,以保证服务质量、降低服务成本。近年来,这种发展趋势在以信息为基础的服务中尤其值得注意。

同时,这种趋势也出现在对国际性的商务旅行人员和观光旅游者使用的某些人体处理服务中。如果一些同旅行有关的服务企业,如航空公司和旅馆等,能够在全球范围内建立自己的服务网络并保证统一的服务质量,旅客往往会感到更加满意。在实物处理的服务中,由于某些服务企业的全球后勤生产能力崛起,许多制造商开始外购服务来执行企业内部的后勤职能,并由这个企业协调全世界范围内的运输和仓储业务活动。

2.竞争动力

服务企业可能会受到某特定产业高水平的出口和进口、来自不同国家的竞争者、国家的独立性和竞争者自身的全球化政策等竞争动力的影响。由于在全球开展经营活动的顾客很重视全球性的服务供给,企业可能被迫跟随它的竞争者进入新市场,以维护其在现有市场上的地位;同样,一旦某个大型企业进入了一个新的国外市场,在竞争的企业之间就会发生市场争夺战,如果该企业更倾向于收购当地最成功的企业或采用授予其特许经营权这种方式扩张,市场争夺就会变得更加激烈。

3.技术动力

技术动力包括以下要素:电信、电脑化、软件的工作性能和生产能力的进步、设备微型化以及声音、图像和文本的数字化。通过以上技术,所有的信息都可以被储存起来并且以电脑的数字化语言进行传递。

对于以信息为基础的服务而言,伴随着能够快速传递大量数据的宽带电信渠道可获性的增强,技术动力正在开拓新市场方面发挥重要的作用。全球互联网的快速发展使得服务企业可能并不需要在每个新的市场都复制所有的信息元素,因为通过在全球范围内建立集中的"信息中心",服务企业可以取得巨大的经济效益。

【实例 9-3】

#### 腾讯借投资 Fab 展开全球电商布局

中国互联网公司腾讯参与投资美国闪购网站 Fab 的消息引发高度关注,外媒消息证实腾讯将获得 Fab 的一个董事会席位。对此多名电商业内人士分析,这是腾讯在全球展开电商布局的开始,也是看重未来创意、设计产品的消费大趋势。

分析认为,Fab.com以设计、创意为导向的产品定位越来越迎合市场和用户的需求,而在中国本土同类网站很少且规模不大,腾讯可能非常看好这种未来的消费趋势。当然,腾讯此次借投资Fab也希望在全球开启电商布局,在这之前腾讯在国内已经大举进军电商领域,且坚持自营和开放平台并行。

《华尔街日报》评论指出,投资Fab可能会帮助腾讯来对付电商巨头阿里巴巴,而Fab在迅速建立用户口碑上很有经验。Fab创始人兼CEO杰森·戈德伯格(Jason Goldberg)表示,如果Fab只是想做美国本土的生意,没有必要拿这么多的投资,在未来Fab也希望在腾讯的平台上销售自己的产品,以此争抢中国市场。

除了腾讯之外,Fab此次还引入了日本的投资方伊藤忠商事,这说明了其对亚洲市场的高度关注。国际业务也是Fab的一个重要增长来源。Fab目前在英国拥有100万用户,对该公司欧洲销售额的贡献接近40%。亚洲则是Fab关注的另一个新市场。

Fab的前身是一家同性恋社交网站,在两年前转型成为一家电子商务公司。该公司目前销售种类丰富的产品,包括家具、珠宝、宠物用品等,注册用户数达到1200万,远远高于去年7月的500万。分析称腾讯借投资Fab展开全球电商布局。

(资料来源:向霜.分析称腾讯借投资Fab展开全球电商布局.凤凰网,2013.)

### 4.成本动力

服务企业还将面对全球规模经济、陡直的经验曲线效应、采购效率、稳定且高效的后勤、国家成本的差异(包括汇率)、大量的产品开发以及关键的通信和运输技术成本相对于性能而言迅速下降等问题,这些都是促成服务全球化的成本动力。

成本动力会因进入不同行业所需固定成本的水平和取得高效益的可能性不同而产生不同的影响。但是,通常情况下,较低的电信和运输营运成本以及不断地改进性能,有利于推动企业进入全球市场。对于设备租赁业,寻找像酒店这样设施由投资者所有的合作伙伴,然后以管理合同的方式出售或者向当地企业授予特许经营权,都可以降低因设备和场地的先期投资成本所导致的进入壁垒。然而,对于那些主要以人员为基础并且需要在多个地点对大多数服务要素进行重新生产的服务而言,成本动力可能不太适用。因为在这样的服务行业,规模经济效益比较低,经验曲线也相对平缓。具有较低新产品开发成本的服务企业,受到成本动力影响的可能性也比较小。

### 5.政府动力

政府动力包括适宜的贸易政策、相容的技术标准、共同的营销管制、政府所有的竞争企业和顾客、东道国政策。我们认为政府动力更适用于那些在当地市场上有大量实体存在的人体处理服务和实物处理服务,因为这些服务能够为当地创造就业机会;政府为保护国内的服务企业,使其在本国市场免受国外同行业服务公司的进攻,往往对国外公司进行管制。在航空业,典型的做法是限制国外航空公司的降落权,或者限制它们的定点航班在本国的中转站接运乘客的权力。

与交通运输服务相比,以信息为基础的服务的出口更加容易,因为能够通过电子渠道实现数据在全世界范围内的同时传送。在这类服务领域,政府能够在要求采用国际兼容的技术标准方面发挥重要作用。在娱乐、金融这类服务行业,由于服务的进口很难受到限制,所以常常会被政府看作是对经济和文化的威胁。因此,政府就有必要采取一些诸如管制国际性银行业务、禁止私人拥有卫星天线或者限制使用互联网上的某些服务等措施,避免文化和经济服务的过分进口扰乱本国市场的正常发展。

我们将服务划分为三种类型:①需要每个顾客直接参与服务传递的、以顾客的有形个体为目标的人体处理服务;②以属于顾客的有形物体为目标的实物处理服务;③以顾客的头脑或其无形资产为目标的以信息为基础的服务。

## 【实例 9-4】

### 众包业正在亚洲兴起

一个新兴的在线行业正在亚洲兴起并迅猛发展,这就是新型外包业——众包,即通过开放式、通常被称作"群众"的群体完成外包任务,如商标设计等。当前,中国、印度和澳大利亚的众包业都呈现了爆炸式增长,但是却很少有人关注过这种发展趋势。我们可以从以下四个方面,了解亚洲众包业的发展现状。

1. 猪八戒网是全球最大雇主

中国的外包/众包服务中文网站猪八戒网声称拥有 760 万用户(即等待接活的"工人")。果真如此的话,这个使用卡通猪作为吉祥物的网站将是全球最大的在线外包/众包网站,其"工人"人数超过了 Freelancer.com(650 万)和 Elance.com(200 万)的"工人"人数总和,就连美国国防部(雇员人数 320 万)也望尘莫及,是当之无愧的全球最大雇主。

当然,这种对比并不完全具有可比性,因为众包网站用户并非全职,不过从另一个角度也足见猪八戒网站的规模之大。猪八戒网并非中国唯一的众包网站,除此之外,中国还有一品威客网(Epweike.com)、时间财富网(680.com)和任务中国网(Taskcn.com)等十几家众包网站。众包业在中国非常流行,业内称之为"威客"(Witkey)。

2. 印度众包业者收入是美国工人平均收入的 40 倍

尽管中国可能拥有全球最大的众包网站,但是从经济角度来说,与全球其他国家相比,印度无可争辩地从众包业中受益最多。英语众包网站大有被印度用户主导的趋势。比如,Elance.com 上挣钱最多的前 25 人中有一半以上为印度人,其中挣得最多的 3 名印度人的收入合计达 1700 万美元,仅过去一年的收入就超过了400 万美元。

去年,这些印度人的平均收入为 100 万美元,是美国工人平均薪水的 40 倍。印度人年均薪水为 1410 美元,因此如果印度人通过众包服务一个月可以挣上 1 万美元的话,那么印度人热衷于众包服务就不足为奇了。正因如此,加上印度是全球人口第二多国家,也是全球英语人口第二多国家,因此印度的众包业发展呈现出爆炸式的增长就显而易见了。亚洲和东欧的其他国家也拥有大量的众包网站用户,但是印度无疑是"众包之王",印度已经完全接纳了这个全新的外包形式,最近印度政府甚至还向外众包了印度货币卢比图案的设计。

3. 亚洲众包业规模将增至 4 倍

亚洲众包业正迅猛发展,今后 5 年,亚洲众包业规模将增至 4 倍。多数人并没有意识到,全球 5 个英语人口最多的国家中有 3 个是亚洲国家,分别是印度、巴基斯坦和菲律宾,不过,这些人多数不具备上网条件,但是他们渴望获得工作,是潜在的众包业者。亚洲的互联网普及率为 27.5%,而美国却高达 79%。仅在印度,只有 1.37 亿人具备上网条件,占印度总人口的 12%。

目前,亚洲的互联网用户为 11 亿人,北美为 2.75 亿人。此外,亚洲用户已经在众包网站上占据了主导地位。设想一下,如果其余亚洲人也具备了上网条件,那么情况会是怎样?如果未来 5 年,互联网在亚洲的普及率翻番,从事众包业的人数将增加一倍,那么亚洲众包业的规模将增至 4 倍。不过,人们很容易把关注焦点放到令人难以置信的亚洲"工人"/消费者的数量上,从而忘记了这个市场的 B2B 领域。目前,印度拥有 2600 万小微企业,超过了英国、加拿大和澳大利亚的总和。因此,亚洲的众包服务需求所带来的机会巨大。

4. 众包业竞争已经开始

亚洲众包业的竞争已经展开。Shutterstock 和 iStockphoto 网站相继推出了网站的日文版、中文版和韩文版。DesignCrowd 登陆了印度、新加坡和菲律宾。

更加有趣的发展趋势是亚洲众包网站正在走向英语国家的市场。中国的猪八戒网直接推出了英文版网站 Witmart.com,让美国企业可以利用其 760 万中国用户提供的服务。尽管这项服务目前还不十分普及,但这是一个令人关注的发展趋势,也是亚洲众包网站竞争的一部分。

(资料来源:Alec, Lynch. Asia's Secret Crowdsourcing Boom: 5 Things You Didn't Know About Crowdsourcing In Asia. TechCrunch, 2012. )

【即问即答 9-1】

从亚洲众包业的发展现状分析,是哪些力量推动了亚洲众包业的全球化?

## 9.2　国际市场的特点及进入障碍

在经济全球化快速发展的背景下,服务企业的全球化进程也遵循某种规律和特点。本节将以此为切入点分析总结服务业跨国公司发展的特点,结合服务业自身特征,剖析服务企业进行全球扩张将遇到的各种障碍,分析服务企业全球化面临的挑战。

### 9.2.1　服务企业国际化发展的特点

1. 服务业全球扩张的主导战略由追随型转为主动型

服务业一般是跟随在制造业之后推行其跨国活动的。20 世纪 70 年代以前,制造业跨国公司主要以利用东道国的资源及廉价劳动力为动机,曾带动了铁路、公用设施和基建等劳动密集型服务业企业的海外延伸,然而,从投资规模和对东道国经济的影响来看,服务业只是作为制造业的补充而落后于制造业。

20 世纪 70 年代起,一方面,制造业跨国公司不断成熟,对外投资结构升级、形式多样,为在发达国家经济地位日趋上升的服务业的对外发展奠定了基础;另一方面,产品及技术的国际贸易蓬勃发展,对为工商贸易提供服务的全球发展需求日增。

20 世纪 80 年代以后,服务业已不再单纯尾随在制造业企业之后走向海外,企业跨国化形成的国际竞争环境极大地促进了服务业寻求在全球范围内设立分支网络渗入世界主要市场谋取利润的战略意识的加强。

特别是 20 世纪 90 年代以来,各国放松了对历来限制甚严的电信、金融等服务部门的管制,这成为服务业迅速向海外扩张的契机;它们逐渐摆脱了纯提供中间性生产投入的传统角色;也开始参与制造业活动,如:跨国银行接受跨国公司委托,承办并直接参与为跨国公司所需要的银团、企业组建和变动等有关活动。但服务业跨国公司更多的是向同行业其他部类的服务领域扩展,这种多样化扩展主要强调相互衔接的一条龙服务。

2.服务业跨国公司成为推进服务业国际化的主体

美国《财富》杂志每年一度的"全球 500 强"的评比是对跨国公司实力的一个综合考察,由近年的数据可以看出,500 强中的服务业公司在绝对数量和相对比重上都有了较大的增长,其所占的比重已超过所有其他行业跨国公司的份额加总。

服务业跨国公司实力的提升还体现在其居高不下的营业收益率上。以中国为例,2014 中国企业 500 强中有 260 家制造企业和 17 家银行企业,260 家制造企业的营业收入合计为 23.0 万亿元,资产合计为 20.9 万亿元,净利润合计为 4623 亿元,分别占 500 强营收总额、资产总额、净利润总额的 40.6%、11.8%、19.5%;而 17 家银行的营业收入合计为 5.52 万亿元,资产合计为 107.3 万亿元,净利润合计为 1.23 万亿元,分别占 500 强各项总额的 9.7%、60.8%、51.0%。

3.服务业跨国并购成为服务业对外直接投资的主要方式

随着各国对外商投资的限制放松,跨国并购可以充分发挥其投资迅捷和有效避税的优势逐渐成为对外直接投资的主要方式。2007 年是 2003—2013 年 10 年间全球并购交易规模的顶点,达 4 万多亿美元。金融危机的爆发不可避免地中断了这种上升趋势。相比 2007 年,2012 年全球企业并购市场交易规模缩减了 47%,并购交易约为 3.7 万件,也比 2007 年的繁荣时期下降了近 20%。2013 年全球跨国并购交易额为 7744 亿美元,比 2012 年的 8752 亿美元下降 11.5%。

跨国并购在服务业对外直接投资中也发挥了主要的作用。多年来,在全球巨型跨国公司主导下,能源领域的并购交易一向具有交易频繁、平均交易规模大的特点。2012 年,该领域完成并购交易总额达 5870 亿美元,占当年全球并购交易总额的 24%。进入 2013 年后,信息技术领域取代能源领域,成为并购交易最为活跃、总交易规模最大的领域。2013 年全球信息产业并购交易金额达 5101 亿美元,同比增长 54.1%,在全球并购市场各个产业所占份额中的比例从上年的 14.5%上升到 23%。在信息产业中,有 14 件并购案的交易金额超过 50 亿美元。无论从交易总额还是大型并购交易件数,都创下 2008 年以来的最高纪录。

这一点在美国并购市场表现得尤为明显。在美国 2013 年交易规模最大的并购案中,有 5 桩发生在信息技术领域。其中就包括美国威瑞森公司收购英国沃达丰在美国的移动通信业务,交易额 1300 亿美元,位列 2013 年全球最大、历史第三大并购案。

4.服务业国际化成为新技术重要的促进者

服务业国际化的推进已成为现代技术的发源地、传播者和推动器。制造业跨国公司建立国际分支网络的目的是实施相似体系内的劳动分工,将劳动密集度相对高的那部分生产转移至海外分支机构,母公司则保留资本和技术相对密集部分的生产,从而拉开母公司与子公司间的技术层次。与制造业相比,服务业跨国公司用于硬技术研究和开发的投资并不多,而以软技术优势见长,而且由于服务业产品的生产和消费难以分隔,从母公司生产中分离出技能相对低的那部分服务的可能性很小,因而服务业跨国公司向海外分支转移的技术更安全,更接近母公司的水平。日趋发达的跨国界信息流动降低了服务业海外活动的成本,跨国的计算机网络和通信系统使服务业跨国公司的海外分支成为母公司全球战略的重要组成部分,母公司能够更有效地组织其全球范围的活动,通过海外分支向发展中国家输出当地并不具备的现代服务,而在发达国家则提供价格更低廉、质量更优异的服务。会计、保险、租赁、跨国银行、数据处理和信息传递等现代服务领域的跨国公司对东道国,乃至世界经济发展都产生了重大影响。

5.服务业国际化成为全球产业与市场整合的黏合剂

服务业国际化是经济全球化发展的核心所在,作为沟通全球经济贸易活动和企业跨国生产经营的联系纽带,在构建世界统一市场的进程中,服务业有着传统制造业所根本无法比拟的特殊功能和重要地位。知识密集型的生产性服务业,正在成为企业提高劳动生产率和货物商品竞争能力的关键投入,更是企业构成产品差异和决定产品增值的基本要素。因此,一个国家社会生产力的长远发展,一个企业国际竞争力的普遍增强,新型服务产业作为国民经济的基础设施部门,已经构成某种特定的具有战略意义的决定性因素。新型服务产业这种突飞猛进的深入拓展,一方面固然是国际间技术转让步伐加快和社会分工程度深化的集中体现,但另一方面却突出地标志着国际服务业从全球经济增长的客观结果迅速转变为世界贸易扩张的前提条件。国际社会的这一深刻变革,被众多西方学者称誉为"服务业的革命"。其具体表征和客观趋势是,推动以知识为基础的新型服务产业的迅猛发展,进而扩大服务的可贸易性,而服务业国际化背后的根本动力,则来自于信息传输系统的全球联网,以及这种网络给长距离服务带来的现实可能,因此信息技术的进步,是促使服务业本身产生革命的真正原因。与此同时,服务业实际上还是信息技术的主要投资者。就发达国家而言,拓展服务贸易最理想的方式就是跨境设立商业机构,将国际服务贸易变成外国直接投资的一种基本补充。

服务业的国际化过程必须依靠跨国投资来推进,而明显区别于传统的国际商品贸易形式。众所周知,主要从事制造业的跨国公司通常在母公司和子公司之间建立起垂直分工体系,由母公司控制生产工艺流程的核心技术,而子公司则负责制造标准化的劳动力密集型产品。但经营服务业的跨国公司由于技术优势主要是现代的服务手段和管理方法,在设立海外分支机构时无法将其(例如:信息的复制)彻底剥离,因而彼此之间多半只能构成水平分工的关系。也就是说服务贸易自由化在扩大服务出口的同时,还能切实帮助发展中国家逐渐达到优质高效的服务水准。

美国经济学家谢尔普(1984)在《服务技术在发展中的作用》一文中指出,"农业采掘业和制造业是经济发展的'砖块'(bricks),而服务业则是把它们黏合起来的'灰泥'(mortar),"如今,服务业国际化已经超越一国经济的界限,通过技术扩散机制和制度扩散机制,在全球产业与市场整合中发挥着越来越大的作用,日益成为经济全球化的"黏合剂"。

【实例 9-5】

### 魅族科技的服务营销全球化

魅族科技成立于 2003 年 3 月,是国内知名的智能手机厂商,总部位于中国广东省珠海市,是国产手机十大品牌之一,多媒体终端行业知名品牌,以生产 MP3 随身听、手机的多媒体终端的科技公司,专注多媒体终端研发与生产的高科技企业。主要产品有魅族 M8、魅族 M9、魅族 MX、魅族 MX2、魅族 MX3 等。魅族在全国一共拥有近 600 多家专卖店,产品在中国大陆、中国香港、俄罗斯、法国、乌克兰、以色列、捷克、斯洛伐克、马来西亚等国家和地区有销售,魅族一直积极部署更为深入的海外市场战略。

2014 年 3 月 6 日,魅族在法国浪漫之都巴黎发布旗下的第五款旗舰手机 MX3,正式进军法国市场。魅族此次进军法国市场,是希望通过法国为中心,向欧洲市场扩散。魅族深谙"产品大于商业"之理念,也对智能手机给出了"J. Wong 式"的定义,追求细节,稳中求变。旗下 Flyme 系统与腾讯手机管家的合作是魅族设计理念在软件更深层上的体现,也是魅族手机的核心竞争力之一,被魅族称为"产品的灵魂所在"。

2013 年初,魅族参加了西班牙举行的世界移动通信大会(Mobile World Congress,MWC),世界各国的国际运营商与魅族达成合作的消息不断传出,但显而在 MWC 上获得成功的魅族并未止步于国际舞台。魅族更已打入以色列市场,跟当地最大的零售商合作,并且已经瞄准下一个战略目标,三星的根据地——韩国。魅族已有意进军韩国这个三星根据地,初步已经跟三至四家企业洽谈,但还没有时间表。

也许受到魅族在香港、俄罗斯的积极影响,魅族在国际布局迅速全面铺开。以色列当地最大的零售商,从 MWC 展会与魅族洽谈成功到引入 MX2 并全面推广仅用了一个季度的时间,如今以色列等中东地区的各大媒体、科技网站已经对魅族 MX2 铺天盖地的报道。除了苹果、三星这种具备超强实力与国际地位的厂商外,这种快速合作方式在整个行业内鲜有发生。这些都表明以色列等世界级厂商对魅族以及其旗舰产品 MX2 信心十足,魅族已经成为国内乃至国际值得信赖的合作伙伴。

魅族的成功除了拥有像 MX2 这样的极致产品,还与其具备远瞻性的市场策略有关,魅族的策略在不同地区都有着不一样的定位。在本年度于巴塞罗那举行的世界移动信息大会 MWC2013,魅族向世界展示了其开放的决心,也意味着魅族当时已有计划地将产品线延伸到国外,加入国际化竞争的队伍中,使其国际地位再一次攀升。而后,与魅族达成合作的俄罗斯电信 InfoProject 更是以高于国行价格开售,并且受到海外消费者的一致青睐,同时在国内获得"业界良心"的高度评价。这一系列的准备都为魅族在海外的地位建立奠定基础。

2013 年末魅族透露,魅族将参展 CES2014 美国拉斯维加斯国际消费电子产品展,通过消费展和当地运营商合作模式准备进军美国市场。魅族刚刚在乌克兰与当地运营商通力合作下发售魅族 MX3,2014 年又马不停蹄的想打开更大的国际市场。根据国外资讯网站 Business Wire 信息显示,魅族将参展 2014 年 1 月 7—10 日在美国拉斯维加斯举行的国际消费电子产品展。2014 年魅族已经确定将会参加 CES2014 大会。毫无疑问,本次大会是魅族挺进美国市场的一个信号,而据消息称,魅族手机最快明年登陆美国市场。2014 年 9 月 4 日,魅族科技与戴尔签署合作备忘录，双方将建立长期战略合作伙伴关系，致力于加速魅族移动互联网基础建设，同时协助魅族搭建内部私有云。也体现了戴尔对中国高端手机制造业的支持。

魅族以专注于创造受用户认可的完美产品。除此之外，与国内优秀运营商以及电商合作是魅族逐步开拓国内外市场口碑和销量的进一步战略。像俄罗斯以及刚开拓的以色列市场以建立品牌为主，而拥有国内外资源的中国香港则用于开拓世界市场。

（资料来源：从未止步 魅族全球性战略解读.MSN中文网,2013.）

**【即问即答 9-2】**

魅族科技的服务国际化有哪些特点？

## 9.2.2 服务企业国际化的障碍

虽然服务业的全球化趋势越来越明显，服务业跨国公司在全球的发展速度和增长规模也使其在世界经济中占据越来越重要的地位，但是，我们还应该看到，与国际商品贸易相比，在服务全球化道路上仍然存在着许多壁垒和障碍，阻碍了服务企业的全球化发展进程。

**【链接 9-3】**

服务企业进入国际市场的障碍（见表9-2）。

表 9-2　进入国际市场的障碍

| 一般层面障碍 | 产业层面障碍 | |
|---|---|---|
| ·文化、风俗、语言障碍 | ·规模经济 | ·技术需求 |
| ·关税、配额 | ·范围经济 | ·转换成本 |
| ·法律、规则、税收 | ·经验资源 | ·分销渠道的进入 |
| ·物流和交通成本 | ·服务差异 | ·与规模无关的成本劣势 |
| ·当地竞争者的反应 | ·资本需求 | ·竞争强度 |
| ·来自公司内部的阻力（反对国际化） | | |

（资料来源：汉斯·卡斯帕尔.服务营销与管理——基于战略的视角.第2版.北京：人民邮电出版社,2008.）

目前，国际服务贸易障碍主要有以下几种：

1. 政策障碍

在全球贸易自由化的浪潮下，鉴于服务贸易不易征收关税的特殊性，各国纷纷采取隐蔽的非关税壁垒措施保护本国的服务业。如政府通过制定不利于外国竞争者的标准制度对外国服务提供者的进入和在境内从事服务活动设置障碍；政府在安排服务支出时，优先考虑支持本国企业；政府对本国服务出口实行隐蔽性补贴、减免税等，通过采取各种隐蔽措施，使本国服务业在国内及国际服务市场竞争中处于有利的地位。

（1）地方保护主义的限制。政府具有保护本国服务企业免受外来竞争的本能倾向，它们只会从国内服务供应商那里购买服务，以此来维护本国服务企业的利益。这种狭隘的保护主义在一定程度上阻碍了服务业的全球化发展。

（2）服务产品移动的壁垒。服务进口国规定服务进口的最高限制，当外国供应商提供的服务超过最高限制时,进口国完全禁止外国服务产品进入本国市场。如加拿大要求本国刊登的广告必须在境内制作和拍摄,阿根廷和墨西哥要求批发和零售商品的货运者所运货物须向东道国保险公司投保等。

(3)人员移动的壁垒。服务的不可分割性使得跨国服务企业有时必须与政府部门合作。当服务的提供者必须亲自到当地市场提供服务时,政府的移民和劳工部门就会参与进来。他们会对外国劳动力进入本国工作或就业进行限制,如严格控制给予劳务人员和移民的签证,对国内企业雇用外籍人员规定苛刻的限制条件和标准等。

(4)不平等待遇的壁垒。这个壁垒同国民待遇原则有联系。当地政府对通过以自然人流动和法人商业形式进入本国的外国服务提供者,在税收、经营范围、股权拥有比例和其他方面进行限制,实行低国民待遇,从而达到减少外国服务进口的目的。

(5)信息流动的限制。越来越多的服务和信息技术结合在一起,它们都不同程度地受到国际数据传输的限制或是跨国数据流动约束的影响。各国普遍通过对信息传输方式的限制、网络进入限制、数据处理约束等,来限制外国服务供应商所提供的信息在本国的流动。例如,当 1998 年 10 月 25 日欧盟新的跨国数据传输法案开始生效时,任何属于欧盟公民的数据资料在那些没有相同法律保护水平的国家都是不允许被传输和使用的。甚至当其他国家提供相同法律保护的时候,公司还必须按要求向顾客提供所有侧面数据并按需要进行修改。

**【链接 9-4】**

国际服务贸易壁垒如表 9-3 所示。

**表 9-3　国际服务贸易简表**

| 服务行业＼壁垒形式 | 运输 空运 | 运输 水运 | 电信 | 数据处理 | 银行 | 保险 | 工程建筑 | 广告 | 影视 | 会计 | 法律 | 软件 | 旅馆 |
|---|---|---|---|---|---|---|---|---|---|---|---|---|---|
| 数量/质量限制 | √ | | | | | √ | | √ | √ | √ | | | |
| 补贴 | √ | | √ | √ | | | √ | √ | | | | | |
| 政府采购 | √ | √ | | | | | √ | | | | | | |
| 技术标准 | | √ | √ | √ | | | √ | √ | √ | | | | |
| 进口许可 | | | √ | | | | | | | | | √ | |
| 海关估价 | | | √ | | √ | √ | | √ | | | | | |
| 货币控制及交易限制 | | | | | | | | | | √ | √ | | √ |
| 特殊就业条件 | | | | | √ | √ | | | | √ | | | |
| 开业权限制 | | | √ | | √ | √ | | √ | | | | | √ |
| 歧视性税收 | | | √ | √ | | √ | | √ | | | | √ | |
| 股权限制 | | | √ | √ | √ | | | √ | | | | | √ |

注:"√"表示此种壁垒存在于该行业中。

(资料来源:卢进勇,虞和军,朱晞颜.国际服务贸易与跨国公司.北京:对外经济贸易大学出版社,2002.)

2.经济障碍

(1)公司在本国服务市场的资产和能力。当一个公司没有机会使用资产和能力时,它们本身就成为了企业进入市场的障碍。比如,降低单位服务成本对于国际饭店业十分重要。在其他国家没有实际经营经验意味着一家饭店缺乏运营知识。当饭店缺乏提高客房管理效率的技术时,会更强烈地感觉到这一点。此外其他成本劣势问题也要考虑进去,比如,高薪吸引海外员工和技术娴熟的当地人,投资语言培训课程,办公室和公寓的高额租金等。

(2)资本移动的限制。有些服务进口国通过外汇和投资管制等措施对外国服务提供者的投资本金和收益的汇出进行限制。目前,其主要形式为:只允许外国服务提供者在特定的服务领域设立经营机构,如规定印刷业不允许外国人进入;限制外国服务提供者在本国的企业形态,如只能设立合资企业、合作企业,不能设立外商独资企业;限制外国服务提供者在企业中的股份、利益和投票权,如规定必须由本国人控股;对外国公司的活动进行限制,如雇佣人员要符合有关规定;限制外国服务者在本国所设立的企业的外汇来源、外汇兑换。

3.文化障碍

在服务贸易中涉及人与人的直接接触,与商品贸易相比,文化在服务贸易中扮演着更重要的角色。许多国际服务营销的失败,其重要原因就是国际文化的差异及营销者对文化因素的忽视。如美国保健服务者在日本从事的生育服务营销就是一个例证。对日本市场所进行的初步经济与法律分析表明,日本是一个巨大的潜在市场。一位日本的潜在合资伙伴被精心挑选了出来,并向其提出了合资经营的建议,但日本人未做出任何反应。在东京进行了一年的争取活动,耗费达100000美元之后,这家美国公司最后被迫放弃了。在这一例子中,营销失败的原因可能源自以下三种文化障碍之一:①消费者自身可能拒绝服务创新。在最初的研究中,没有一位日本妇女被直接接触;②日本的医疗和保健制度非常保守;③美方经理人员可能从来没有与他们的日本对手建立起亲密的个人关系,而这种关系在日本正是商业关系的基础。事实上,这三种文化障碍在经济上可行的合资经营项目中都可能起着重要的作用。

在国际服务营销中,文化障碍主要包括语言、价值观和态度、方式和习惯、物质文化、审美观、教育与社会机构等文化范畴。

(1)语言。语言是文化间的一个显著差异。文化价值观体现在语言的专门词汇、形式和结构之中。沟通是营销工作的一个必要的组成部分,因此服务营销者必须使用语言。一个重要的语言问题是使用什么语言来提供服务。显而易见,使用顾客的本地语言是最合适的。这方面的失误可能引起顾客做出激烈的反应,当一个文化群体感到受到另一文化群体的威胁时尤其如此。如《洛杉矶时代》报道,服务接触中的语言问题可能导致顾客关系的迅速恶化,即使是在多元文化的美国也是这样:当一位商店店员用西班牙语愉快地询问一名中学历史教师"我可以帮你忙吗"时,这位中学教师感到非常愤怒:"这是一种社会侮辱,我是一名顾客,我不说西班牙语。他们(在美国)应该用英语做生意。如果你想用西班牙语做生意,那么我就要说请回到墨西哥去。"

(2)价值观念和态度。分析这些因素有助于判断一个文化群体的成员认为什么是正确的、重要的以及什么是被期望的。因为消费者行为源于他的价值观念和态度。不同的文化价值观念和态度对国际服务营销产生不同的影响,或是积极作用,或是消极作用。跨文化的营销者必须了解不同群体间价值观和态度的差异及其变化。一个社会群体的价值观和态度有些是可以变化的。例如,我国改革开放的初期,不少消费者都产生了一种"崇洋"的消费心理,盲目地相信"洋货"。但随着改革开放的深入,特别是我国经济的发展、民族企业的成长以及消费者的日趋成熟,国货精品也日益受到消费者的青睐。

(3)行为方式和习惯。这是有关行为方式的文化观。这些文化因素对服务接触过程的效果有着直接的影响,因此关注方式和习惯的差异对于国际服务营销具有重要的意义。例如,麦当劳要求波兰雇员无论何时与顾客相遇都要保持微笑。但波兰雇员往往不理解保持微笑的含义,从而使得许多雇员变得虚假、不真诚。麦当劳最后学会了鼓励它在波兰的经理人员研究雇员问题,把那些爱惹麻烦的雇员委派到厨房而不是餐厅柜台。

(4)物质文化。物质文化可能构成国际服务营销的障碍。物质文化是指有形的文化产品。在世界各国,由于其生产力发展水平不同,人们所拥有的以及使用和展示他们的物质财富的方式存在着差异。汽车、房子、衣服、家具等都属于物质文化的范畴。例如,大多数的墨西哥人都不拥有汽车,从而限制了零售店的商业范围。而且大多数墨西哥人都使用小冰箱且收入有限,这又限制了他们能一次购买的消费品的数量。与典型美国人的每周一次的采购不同,墨西哥人采用经常的小批量的购买方式。促销也因媒体的可得到性而受到限制。电视和收音机的拥有量影响了服务营销者向消费者传递信息的能力。

(5)审美观。审美观是指有关美和美的体验的观念。这些反映在音乐、艺术、戏剧、舞蹈以及对颜色和形式的鉴赏上。

(6)教育和社会机构。教育是传播技能和知识的过程,可以在学校和较不正式的"训练"中进行。每种机构的结构和运行都受着文化的深刻影响。文化在社会机构的人与人的接触中的表现最淋漓尽致。日本学生习惯于听课时做笔记,仅在课后才向老师提问。在西班牙,大学生往往是数百人而不是几十人在一起上课,因此学生们常在老师讲课时与朋友聊天。类似地,保健服务的递送系统和医生与病人的相互作用也反映了文化的差异。美国人先提问然后给出建议。保健服务的创新以广泛的营销调研为基础。相反,社会等级制深深地渗透在日本的保健制度中,但不是顾客即病人处在金字塔的塔尖,而是医生受到尊敬。因此,日本的保健系统对顾客的需要反应迟钝。

【实例 9-6】

### 对欧投资需突破法律和文化制约

尽管 2012 年中国投资欧洲大幅增长,但是,让人感到意外的是,2013 年中国对欧洲的投资竟意外出现了下降。9 月 9 日,由商务部、国家统计局、国家外汇管理局联合发布的《2013 年度中国对外直接投资统计公报》显示,2013 年,中国对欧洲地区投资 59.5 亿美元,同比下降 15.4%;而对拉丁美洲、大洋洲、非洲、亚洲的投资分别实现了 132.7%、51.6%、33.9%、16.7%的较快增长;对北美洲投资较上年实现 0.4%的微增长。之所以出现下降,主要是中国企业在欧洲投资遇到了法律和文化等方面的障碍。

在法律方面,首先,多边或双边制度安排的缺失使中国对欧投资在法律层面遭到歧视。目前,中国与欧盟 27 个成员方中的 26 个已签署双边投资保护协定(爱尔兰尚未签署),且仍然有效。但由于历史原因,协定侧重于对对方国家来华直接投资的保护和促进,涉及中国企业对欧盟投资的内容相对较少,随着中国企业对欧盟投资的迅速增加,原有协定已不能适应现实的需要。

其次,全球还没有形成统一的投资制度。从欧盟看,其在现行的诸多条约、对外签署的国际协定中,都明确指出对来自非欧盟成员的投资和相关人员流动不能享受成员国的待遇,而与欧盟或欧盟成员国签署了自由贸易协定的国家,在一定程度上享受到仅次于欧盟成员国的市场准入待遇。"当前除中国、俄罗斯外,欧盟已将其他主要贸易伙伴纳入自贸区战略范畴内。"

在文化方面,欧盟成员国在民族、语言、文化、风俗等方面具有多样性。而中国企业对欧投资,往往缺少懂当地语言、了解当地社会文化的跨国经营人才。例如,在中国,企业员工上下班打卡是通常的管理方式,而在意大利则被视为对员工的侮辱;在中国,企业员工加班是再正常不过的事,而在意大利则被视为管理低下的表现。

近年来,欧盟部分政界人士和民众对中国资本心存疑虑,也是阻碍中国企业走出去的因素之一。欧债危机发生后,对于来自中国的资金,欧盟及其成员国心态复杂。一方面,中国企业的投资有助于欧盟国家摆脱危机、创造就业,欧盟国家总体上持欢迎态度;另一方面,其又担心中国企业通过投资并购获取发展所需的核心技术、品牌和国际化经验,使欧盟企业在国际市场丧失领军地位、沦为二流。

近年来欧盟内部出现"中国投资威胁论",主张对华强硬、在欧盟层面设立统一投资审查制度等的呼声有所升高。包括法国、意大利等在内的多个欧盟成员国纷纷成立相关机构,以加强对核心产业的监督,比如法国涉及汽车、航空航天、铁路运输、奢侈品、消费、科技、医疗和可再生能源等行业,意大利则涉及能源、电信、科技、防务和食品等行业。从近年来冰岛土地收购案、光明食品集团并购法国酸奶制造商 Yoplait、美菱电器收购意大利电器商意黛喜落空等失利案例都反映出,中国对欧盟并购所面临的阻挠逐渐增多。业内人士表示,欧洲国家但凡在国有企业私有化过程中能找到其他融资来源,来自中国的资本都会被拒之门外。

(资料来源:去年中国对欧洲投资同比降 15.4% 法律文化成障碍.人民网—中国经济周刊,2014.)

4.服务差异化

服务差异化是服务企业面对较强的竞争对手而在服务内容、服务渠道和服务形象等方面采取有别于竞争对手而又突出自己特征,以战胜竞争对手,在服务市场立住脚跟的一种做法。目的是要通过服务差异化突出自己的优势,与竞争对手相区别。服务差异化策略主要有:

(1)无形产品有形化。如赠送附有酒店广告的卫浴用品给顾客。

(2)将标准产品进行顾客化定制。如美容院提供个人设计师、果汁吧及放松的环境,以此区别于其他的理发店。

(3)减少视觉风险。如针对顾客缺少汽车修理的知识,服务提供者可以专门安排时间解释问题,无形中将会建立顾客的信赖关系,并让顾客愿意额外付出。

(4)服务员工训练。由于服务主要是人员提供的,如果实施高质量的员工训练计划,则可以促进服务质量提高,建立难以模仿的竞争优势。

(5)高水准的质量管理。服务产品是比较容易的模仿和复制的,相比之下,高水准的质量管理能力不容易复制,因为,高质量的质量管理设计到员工训练、程序管理、技术开发等复杂内容,所以不容易复制。

【实例 9-7】

### 赫兹租车的中国囧途

赫兹,成立于 1918 年,进入中国市场最早可以追溯到 1994 年,当时上海的一家汽车租赁公司曾借用过赫兹品牌,可后来因效益不显著,品牌费用支出压力过大而夭折了。随后 1998 年赫兹与安华集团开始商谈合作事宜,1999 年 8 月,安华集团拿到了赫兹的品牌授权,但特许经营授权直到 2001 年 10 月才正式签约,2002年 1 月 29 日,由安华集团经营的赫兹中国正式开业,虽然合同期为 5 年,但由于经营不善,此次合作的实际仅维持了 3 年时间,2005 年 10 月,赫兹终止与安华集团的合作,有点灰溜溜地退出了中国市场。2009 年,赫兹以建立独资公司的模式再次进入中国,把自己在国外的很多特色业务也都带入了中国市场,2013 年,赫兹战略投资神州租车,神州租车收购并整合了赫兹中国租车业务。

赫兹作为全球汽车租赁行业的领头羊,在美国和全球 146 个国家拥有 8500 多个租车门店。为何在中国的业务如此举步维艰呢?

1. 政策障碍

赫兹第一次进入中国市场失败的主要原因在于当时的中国信用卡使用政策尚不完善,赫兹作为一个美国企业,在 20 世纪 90 年代,美国拥有比较完善的信用服务制度,客户在租车时可以凭借信用卡租车;在中国,由于政策不完善,只能以交付押金等手段来租车,相比于信用卡租车,此种方法麻烦而且客户心理上不易接受。

中国交通对于违反交通的处罚是对车主进行罚款,美国是对违反交通的驾驶者进行罚款。这也会导致赫兹租车在中国发展的不适应。

2. 经济障碍

20 世纪 90 年代的中国还不是很富裕,1995 年的中国人均月工资为 458.3 元左右,租车对当时的国人是一项较大的开支,这样将会导致消费者较少,是企业发展的一大障碍。

3. 文化障碍和服务差异化

中国地大物博,有五千年的久远历史,有自己的传统文化和生活习惯。神州租车董事局主席兼 CEO 陆正耀对中国租车行业有着清醒的认识,在 2013 年与赫兹公司联姻时,他表示,租车企业,就是汽车流通行业中的一个渠道企业——为人们提供一种使用汽车的渠道。在这里,消费者更看重的是:在哪里拿到的车,价格如何,有哪些配套的服务体系? 谈到神州租车的优势,他自信地说:"我们更了解中国社会文化,能提供更迎合消费者需求的产品和服务。"

(资料来源:邓英英.国外租车公司玩转中国市场有点难.中国汽车报网,2014-9-20.)

### 9.2.3　服务企业国际营销能力的构成

对服务企业国际营销能力的研究,必须在企业资源状况、企业文化、企业经营哲学的基础上,对战略层面和策略层面进行综合分析。

1. 基础层面

基础层面是服务企业国际营销能力培育的起点,也是营销能力的根基所在。由于国际服务市场竞争激烈,服务跨国公司规模巨大,服务企业必须在一定经济资源、人力资源、品牌资源的基础上构建国际营销能力。另外,在服务提供过程中,人员的素质、服务意识、企业的团队精神等都对服务提供过程有重要的影响。企业文化是企业在长期的经营活动中形成的共同持有的理想、信念、价值观、行为准则和道德规范的总合,对服务企业国际营销能力来说,也具有特殊重要的意义。

2. 战略层面

营销战略的核心是公司的竞争性定位战略,如何细分市场、如何选择目标市场、如何赢得目标市场构成了竞争性定位的主要内容。但是,许多学者对竞争性战略的分析只是基于某一个确定市场来说的,不涉及跨国或者跨文化的营销决策,对于服务企业国际营销能力来说竞争性定位战略只是战略层面的一种战略。服务企业如何选择目标市场国家,选择什么样的国际市场进入方式,也是战略层面的重要内容。因此,服务企业国际营销能力战略层面的内容更加复杂。

3. 策略层面

策略层面所包含的是实施战略层面决策的能力和技巧,在这个层面上,服务企业必须具有国际市场的环境分析能力,通过对环境的分析,了解国际市场上的需求特征,然后以国际服务产品设计能力为基础,为当地市场设计适当的服务产品。如:麦当劳的汉堡是全球标准化,但是汉堡里面的内容(夹的食品)却根据不同餐饮文化的要求,设计了不同的口味。

由于服务产品具有生产和消费的同时性,在跨国服务提供过程中,文化差异中的许多因素都对服务质量有重大的影响,为了克服文化差异给顾客感知质量造成的不利影响,服务企业必须具有较高的服务提供能力以及国际服务质量控制能力。另外随着技术的发展,特别是信息技术的发展,为跨国服务营销提供了良好的技术支持,企业的技术支持能力已经成了实现企业营销目标,增强营销能力的重要因素。

最后,企业在具备为顾客提供高质量服务产品能力的情况下,还必须通过各种营销传播手段,将企业的这种能力传递给顾客。一般情况下有以下几种目标:市场占有率目标、利润目标、销售额目标、顾客满意度等。

## 9.3　服务企业市场进入策略

任何一个准备走出国门的企业都必须克服那些可能阻止它进入目标市场的障碍。所以,"走向国际化"这个决定在一定程度上意味着查找进入障碍,并以创造性的方式对待它们。比如对国外企业来说,被排挤于成熟的分销渠道之外是个极大的威胁。有时候国内企业之间会通过非正式的方式联合抵制新进入市场的服务企业。一家大型的保险公司涉足世界许多国家,它在日本建立传统中介网络的时候遇到了麻烦。为了克服这个障碍,公司开始决定把加油站作为分销渠道。在日本,加油站提供的产品和服务多种多样。这就是为什么这一销售渠道十分适用的原因。不仅如此,日本的加油站被认为是典型的提供高水平个性化服务的场所,因而非常适合保险业务的推行。

因此,为了方便顾客购买和使用服务,服务企业必须不断拓展服务渠道,大力发展独立渠道和综合渠道,并不断创新服务分销方法。随着国内市场的扩张,服务企业可以选择如下几种方式将它们的服务传递到其他国家:国外建厂、特许经营、收购、使用代理和中间商、虚拟渠道。

## 9.3.1　国外自建服务点

当服务需要通过实物"工厂"传递的时候,企业经常考虑将那些对国内成功有重要贡献的技术和人力策略复制到国外市场。国外建厂在这方面拥有了高度的控制权。采用该方式的一种选择是企业投资于必要的设备,在公司自有品牌下直接经营,但是这种方式需要大量的资金,可供选择的其他财政措施包括租赁或者与拥有工厂的当地投资者合作,与服务提供者签署管理合同,授予他们租赁和实际操作的责任。这种策略在酒店业经常使用。

【实例 9-8】

### 海外医疗市场再升级

盛诺一家成立于 2010 年,是一家专注于严肃医疗的海外就医服务机构,发展至今,已与美国排名第一的哈佛大学医学院附属麻省总医院、哈佛大学医学院附属布列根及妇女医院、丹娜法伯癌症研究院、波士顿儿童医院、梅奥诊所等众多美欧顶尖医疗机构建立了正式的合作。

由于中国与发达国家间在药品、医疗技术、专家、设备方面存在落差,近年兴起的海外就医服务行业日渐火爆,重症患者的就医人数攀升至每年数千人,专注于严肃医疗的海外就医服务机构业已增至 10 余家。包括春雨医生、惠美极致等机构都在已不同方式切入到海外医疗的服务领域当中。更多竞争者的加入,也让整个海外医疗服务市场进一步向 2.0 发展。

进入 2015 年,最早涉足海外就医服务行业的盛诺一家计划提升这一行业的门槛——筹建国际医学诊断中心。从一家服务机构变为准医疗机构,由已经建立合作关系的国际医疗机构的医学专家出诊或远程会诊,为前来求医的患者提供诊断方案。患者则可以根据诊断方案选择在国内就医,或者海外就医。与中介性质的服务机构不同,盛诺一家专门设有研发部门,聘用了医学专业人才,国际医学诊断中心则以研发部门为基础成立。据悉,首家诊断机构将落户北京。

（资料来源:陆宇,刘涌.两家美国明星医院登陆中国 海外医疗市场再升级.21 世纪经济报道,2015-09-24.）

## 9.3.2　特许经营

特许经营是指特许者将自己拥有的商标(包括服务商标)、商号、产品、专利和专有技术、经营模式等以合同的形式授予受许者使用,受许者按照合同规定,在特许者统一的业务模式下从事经营活动,并向特许者支付相应的费用。特许经营是一种普遍的国际市场进入方式,美国有超过2500家特许人准许被特许人使用其品牌名称、业务过程或模式、独特的产品、服务或商誉,收取特许使用费,得到被特许人的忠诚。被特许者按合同规定,在特许者统一的业务模式下从事经营活动,并向特许者支付相应费用。特许经营适合于那些可以标准化或者实际上可以被复制的服务。

1.特许经营的优势

(1)对特许商。对于特许商来说,借助特许经营的形式,特许商实行大规模的低成本扩张,并且获得如下优势:

· 特许商能够在实行集中控制的同时保持较小的规模,既可赚取合理利润,又不涉及高资本风险,更不必兼顾加盟商的日常琐事;

· 由于加盟店对所属地区有较深入的了解,往往更容易发掘出企业尚没有涉及的业务范围;

· 由于特许商不需要参与加盟者的员工管理工作,因而本身所必需处理的员工问题相对较少;

· 特许商不拥有加盟商的资产,保障资产安全的责任完全落在资产所有人的身上,特许商不必承担相关责任。

(2)对受许人。对于受许人来说也有很多好处,有人形象地把加盟特许经营比喻成"扩印底盘",即借助特许商的商标、特殊技能、经营模式来反复利用,并借此扩大规模。

· 可以享受现成的商誉和品牌。加盟商由于承袭了特许商的商誉,在开业、创业阶段就拥有了良好的形象,使许多工作得以顺利开展。否则,借助于强大广告攻势来树立形象是一大笔开支;

· 避免市场风险。对于缺乏市场经营的投资者来说,面对激烈的市场竞争环境,往往处于劣势。投资一家业绩良好且有实力的特许商,借助其品牌形象、管理模式以及其他支持系统,其风险大大降低;

· 分享规模效益。这些规模效益包括:采购规模效益、广告规模效益、经营规模效益、技术开发规模效益等;

· 获取多方面支持。加盟商可从特许商处获得多方面的支持,如培训、选择地址、资金融通、市场分析、统一广告、技术转让等。

2.特许经营的劣势(见表9-4)

表9-4　特许经营的劣势

| 对象 | 劣势 |
| --- | --- |
| 特许商 | (1)不容易控制和管理受许人。由于特许人和受许人之间没有直接的业务往来,特许人便无权控制和干涉受许人的经营活动,这无形中加大了特许人的经营风险;<br>(2)公司声誉和形象会受个别经营不好的加盟店的影响。一旦受许人的经营出现问题,尤其是造成消极社会影响的时候,特许人的声誉受损就是必然的;<br>(3)挑选受许人并不是一件容易的事,当特许人发现加盟店主不能胜任时,却已无法更换,这被不少特许人戏称为"最大的风险";<br>(4)在保证受许人经营的产品和服务质量达到统一标准问题上存在风险。 |

续表

| 对象 | 劣势 |
|------|------|
| 受许人 | (1)受许人承担全部前期投资资金。具体来说,受许人必须提供用于创立和经营分店的资金、再投资资金、补贴和用作遣散的费用、失业费用、公司养老金等的保证金;<br>(2)特许人出现决策错误时,受许人会受到牵连;<br>(3)受许人受到了与特许人签订的特许经营合同和协议的限制和监督,缺乏自主权;<br>(4)当特许人的发展速度过快时,总部的后续服务可能会跟不上,这就把适应新情况的难点和风险留给了受许人;<br>(5)受许人需要支付加盟费并从营业额中提取管理费,这就像在履行一笔无期限的债务,从而造成长期的资金压力。 |

## 【链接 9-5】

### 荷兰商业特许经营的市场发展情况

荷兰商业特许经营行业于二战后逐渐发展起来,目前在零售和服务行业已占据重要地位,业务模式较为成熟完善。一些早期成立的荷兰商业特许经营企业至今仍然非常活跃,例如书刊文具零售商 Bruna 于 1949 年成为特许经营企业,现拥有的网点约 370 家,百货商店 Hema 于 1960 开始特许经营,目前在荷兰的网点达 530 家,在比利时、卢森堡、法国和德国等地也设立了多家网点。

荷兰的商业特许经营模式在各零售和服务行业运用较为广泛。荷兰特许经营协会(NFV)将特许经营企业按业务性质划分为食品零售类、非食品零售类、服务类、餐饮类和其他类,其中食品零售类包括超市、肉店、鱼店、奶酪店、糕点店等;非食品零售类包括百货商场、服装店、书店、自行车店、文具店、家具店;服务类包括技术服务、行政服务、家庭服务、机动车服务、金融服务等;餐饮类包括咖啡厅、酒吧、快餐店、餐馆;其他类包括酒店、车辆保养和维修、加油站、装修等。

据荷兰特许经营协会、Panteia 咨询公司和荷兰合作银行共同发布的统计数据,近年来荷兰特许经营市场发展呈稳中有升的态势,特许经营的品牌数量、网点数量、员工人数和营业额波动幅度较小,受金融危机的影响并不明显(见表 9-5)。2013 年,荷兰共有各类特许经营品牌 749 家,网点 30785 个,提供就业岗位 281800 万个,创造营业额 315.02 亿欧元,较 2007 年分别增长 10.7%、9.1%、14.8%、6%。

表 9-5 2007 年至 2013 年荷兰特许经营行业总体情况

| 年份 | 品牌数量 | 网点数量 | 员工数量 | 营业额(亿欧元) |
|------|---------|---------|---------|----------------|
| 2007 年 | 676 | 28219 | 245576 | 297.0 |
| 2008 年 | 669 | 28466 | 250201 | 302.5 |
| 2009 年 | 678 | 28475 | 246708 | 292.3 |
| 2010 年 | 714 | 29509 | 257400 | 301.7 |
| 2011 年 | 761 | 30324 | 274200 | 310.8 |
| 2012 年 | 773 | 30197 | 262600 | 312.4 |
| 2013 年 | 749 | 30785 | 281800 | 315.02 |

　　根据协会的细分统计,荷兰特许经营品牌中服务类最多,占比达 42.7%;非食品零售类网点数量最多,占比 34.6%;食品零售类雇员人数和营业额最高,占比分别达 43.3%和 43.2%(见表 9-6)。

表 9-6　2013 年荷兰特许经营行业细分情况 I

| 行业 | 品牌数量 | 网点数量 | 员工人数 | 营业额(亿欧元) |
|---|---|---|---|---|
| 食品零售 | 87 | 5954 | 121900 | 136.03 |
| 非食品零售 | 194 | 10649 | 73100 | 98.62 |
| 餐饮 | 92 | 2458 | 41100 | 18.63 |
| 服务 | 320 | 9386 | 34100 | 44.61 |
| 其他 | 56 | 2338 | 11600 | 17.13 |
| 总数 | 749 | 30785 | 281800 | 315.02 |

　　按照品牌平均值和网点平均值计算,食品零售类在网点数量、营业额等方面均位列第一,其每个品牌的平均网点数量达 68 家,平均营业额超过 1.5 亿欧元,每个网点的平均营业额为 228.5 万欧元(见表 9-7)。

表 9-7　2013 年荷兰特许经营行业细分情况 II

| 行业 | 品牌平均值 | | 网点平均值 | |
|---|---|---|---|---|
| | 网点数量 | 营业额(万欧元) | 员工人数 | 营业额(万欧元) |
| 食品零售 | 68 | 15636 | 20 | 228.5 |
| 非食品零售 | 55 | 5084 | 7 | 92.6 |
| 餐饮 | 27 | 2025 | 17 | 75.8 |
| 服务 | 29 | 1394 | 4 | 47.5 |
| 其他 | 42 | 3059 | 5 | 73.3 |
| 整体平均数 | 41 | 4206 | 9 | 102.3 |

　　这一现象的主要原因是行业细分中将超市归为食品零售类,其中仅 Albert Heijn 超市在荷兰境内的网点数量即达 930 家,大幅拉高了食品零售类统计的平均值。

(资料来源:荷兰特许经营业简况.环球网,2015.)

## 9.3.3　并购

　　国外自建服务点和特许经营都需要时间来赢得市场份额,通过购买现有的服务供应商来获得市场份额是另一种可供选择的方式。对于那些想要获得国内现有顾客基础的服务企业来说,并购是首选的方法,同时也是获得全球更高市场份额的最简单的方法。例如,如果一家会计公司已经在许多国家为同一位顾客提供服务,那么它就能通过购买该客户在其他国家的服务供应商来轻而易举加入该业务网络。UPS 和联邦快递经营的全球快递航运网络的成长,部分是通过并购成功的当地企业来实现的。

虽然并购比内部扩张快得多,并且可以直接接触到运营系统和人员,但是存在的缺陷是重组和员工的再培训需要将新的并购组织与购买者现有的经营领域及文化方向融合,因此需要一个过渡时期。在这个时期服务质量的下降、有价值人员的离开等会导致顾客的疑惑甚至是竞争者的攻击,因此在并购后立即更换原品牌名称可能是不明智的。

**【实例 9-9】**

### 安邦保险收购东洋人寿与 VIVAT 保险公司,进入国际保险市场

已有十年历史的安邦保险集团,是中国保险行业综合性大型集团公司之一,截至目前总资产规模超过 8000 多亿元。集团旗下拥有财产险公司、寿险公司、健康险公司、养老险公司、资管公司、金融租赁公司和银行等 10 多家子公司,逾30000 名员工,通过遍布全国的 3000 多个网点,为 2000 多万名客户提供综合性金融解决方案。

2015 年 2 月 16 日安邦保险集团正式收购荷兰 Vivat 保险公司。被收购的Vivat 是一家荷兰保险和资产管理公司,拥有 100 多年的经营历史,是 SNS ReaalN.V.——荷兰 100% 国有银行及保险集团的全资子公司,在定期寿险市场具有一定竞争力。SNS Reaal 的执行委员会主席表示,很高兴宣布将 Vivat 出售给安邦保险集团,并欢迎安邦到荷兰进行投资。

安邦保险相关负责人介绍:此次收购符合安邦全球化的战略,安邦可以从荷兰保险市场的整合中受益颇多。Vivat 客户群体稳定,其 Reaal 及 Zwitserleven 两个品牌有近 300 万名客户,品牌认知度均逾 80%。收购后,安邦可借助于其各个品牌进入当地多个保险板块,整合多种资源,通过客户资源共享,同步为欧洲客户提供更好的服务。

2 月 17 日安邦保险集团股份有限公司再次宣布收购韩国东洋人寿并保持东洋人寿上市地位。韩国东洋人寿保险股份有限公司成立于 1989 年,总部设于首尔,是韩国保险领域快速成长的中型保险公司,尤其在理财储蓄、人寿保险、年金产品方面颇具竞争力。2009 年 10 月,东洋人寿成为韩国首先公开上市的险企。这是中国公司首次进入韩国保险市场。

在全球化道路上一直"低调前行"的安邦保险,真正的一鸣惊人始于 2014 年10 月,安邦保险收购纽约地标性建筑——华尔道夫酒店大楼,一举刷新了中国企业在美国地产的交易纪录。此后,又收购了比利时百年保险公司 Fidea、德尔塔·劳埃德银行两大机构。今年安邦保险又相继收购了荷兰 Vivat 保险公司与韩国东洋人寿。至此,安邦保险的海外并购已经横跨欧、美、亚三大洲。

对外经贸大学副校长林桂军则表示,国内大型保险公司在国外收购一些固定资产及金融保险等企业,是因为全球低息环境导致了一些欧美金融企业盈利能力下降,估值较低,给国内险资"走出去"提供了便利,或将由此得到持续稳定的高回报。

（资料来源:安邦保险:"一带一路"是未来十年的战略性机会.腾讯网,2015.）

### 9.3.4　使用代理商和中间商

与在其他国家建立自己的实体相比,服务企业可能更愿意选择雇用代理商或中间商来代表它的利益并提供本地服务供应。例如,银行经常为了那些在国外需要金融服务的顾客的利益与外国银行建立相应的合作关系;许多物流企业雇用当地供应商来扩大它们的网络以收发当地货物,因为在这些地方设立专门的办事处并雇用劳动力对于它们来说并不经济;当地的保险经纪人可能代表国外的保险商并为其争取业务。

这种方式的缺陷是服务企业只拥有较小的控制杠杆,使企业不能充分地了解当地顾客和市场,但是,这种代理关系可能通过直接投资甚至完全并购而转变为合作关系。

**【实例 9-10】**

#### 多伦多旅游局的中国代理商

加拿大多伦多旅游局正式宣布,委任中视金桥国际传媒集团为其中国市场代理机构,全权负责在中国市场的推广活动。中视金桥是全球首家为多伦多旅游局提供整体服务的代理机构。

作为多伦多旅游局的在华推广机构,中视金桥的主要工作包括 MICE 市场拓展、组织各种媒体公关活动、完善社交媒体平台及相关市场活动。此外,还将鼎力协助多伦多旅游局为中国的旅行社提供周到细致的服务。

多伦多是加拿大最大且到访人数最多的城市,也是到访加拿大的中国游客的首选目的地。2015 年,多伦多全年共接待来自中国游客超过 26 万人次,与 2014 年相比增长 13%。多伦多地区人口数量近 600 万,是位列墨西哥城、纽约、洛杉矶之后北美第四大城市。

### 9.3.5　虚拟渠道

1.网上营销渠道

网上营销渠道是一种使个人与电脑和调制解调器建立通信的渠道。调制解调器将电脑与电话线连接,从而使电脑用户得到网上的各种信息服务。网上渠道有两种:

(1)商业网上渠道。公司大都建立了网上信息与营销服务,凡登记并付月租金者都可以进入。

(2)互联网。互联网建立的最初目的是用于研究和学者交流,现在则用途广泛。用户能够收发电子邮件、交换观点、购买产品等。

2. 虚拟渠道优势

利用网络进行销售是一种新生事物,相对于传统的服务渠道,它运用系列化、系统化的电子工具,将原有的纸张流动、货币流动甚至人员流动几乎全部变成了电子流动。虚拟渠道的优势主要表现在以下几个方面:

(1)提供服务的时间随意化、空间虚拟化。这是网络渠道的最大特点与优势。从购物时间看,顾客可以任意安排时间,大大方便了顾客;从空间看,网络渠道构成的空间没有地域界限,是一个依靠互联网进行交流的虚拟空间。

（2）企业经营成本低廉。首先 IT 设备的购置费用低，而传统的服务店铺需要昂贵的租金；其次，一个经营良好的网上服务点，可以将库存降至最低，减少库存品的资金占压；最后，网上服务可以节省大量的时间，减少通信、谈判、交通等方面的支出，服务供应商与客户可以直接在网上进行沟通。

（3）信息处理快捷。一方面，在网上搜集处理传递信息以电子化的方式进行，增加了沟通的便利性；另一方面，服务供应商可以与顾客就交易的内容在短时间内达成一致，大大缩短了交易的时间。

（4）强调个性化服务。网络渠道的最大特点是以顾客为导向，顾客将拥有比过去更大的选择自由，他们可以根据自己的个性特点和需求在全球范围内寻找服务提供商，不受地域限制。通过进入感兴趣的网站或虚拟店铺，顾客可以获取企业的相关信息，使购物更显个性。

（5）降低成本。在交易成本方面，互联网提供了最低成本的交易途径。研究表明，通过互联网与 1000 个用户建立联系的成本几乎只相当于采用传统方式与 1 个用户建立联系需要的成本。也就是说，通过互联网进行交易的边际成本几乎为零，但边际效益却大于零。

【实例 9-11】

### 微信赴美展拳脚

2011 年 1 月腾讯正式推出微信，当年 10 月就推出了英文版，2012 年 4 月，微信推出 4.0 版本，英文版微信正式更名为 WeChat，并整合了 Facebook 和 Twitter 等多个社交网站内容。目前，微信的国际化产品 WeChat 支持 iPhone、Android、Windows Phone、塞班、黑莓等多种平台，并推出繁体中文、英语、泰语、印尼语、越南语、葡萄牙语等语言版本，同时支持境外 100 多个地区手机短信注册微信账号。

但此前，微信对于国际化市场的开拓主要集中在港台地区和东南亚国家。有外媒报道，在东南亚，微信除了投入铺天盖地的广告外，还通过吸引名人去使用他们的产品，并同当地经销商开展合作，从而提高自己的曝光度，积累起首批种子用户。据悉，在移动社交软件中，微信在包括泰国、马来西亚在内的东南亚国家以及沙特的苹果商店下载量一度达到第一。在韩国市场，根据腾讯去年第一季度财报披露，腾讯向"韩国微信"KaKaoTalk 投资了 4.03 亿元，获得 KaKaoTalk13.84% 股份。

但在欧美市场，微信仍默默无名。曾有数据统计，截至去年 9 月，微信在美国的注册用户数接近 10 万，用户主要是留学生等华人。Facebook 近日"跟风"微信的举动，也让腾讯看到微信在美国的市场需求。2013 年 1 月 29 日，Facebook 推出新版 iOS 客户端，新版本中一大亮点便是：支持发送语音信息。显然，Facebook 看到了这一应用的巨大影响，或将借此弥补自己在移动领域的先天不足。

对于现在的微信而言，进军美国市场的时机是否已经成熟？在金种子创投基金联合创始人董江勇看来，腾讯微信进军美国，除了决心与勇气之外，是在结合了大量数据挖掘和调研分析的基础上做出的决定。他认为，与在东南亚等地区"高举高打"和"真金白银动刀枪强攻"不同，在美国设立办公室还是偏低调的，以收集研究分析数据为主，属于国际化大战略的一个有益补充和储备。

在美国市场，腾讯面临的竞争对手更强大，如与微信功能类似的国际化社交产品 WhatsApp 以及 Facebook Messenger 等，还有同样计划进军美国市场的日本移动社交产品 Line。董江勇认为，包括 WhatsApp、Facebook Messenger 等在内的与微信定位相似的产品，其用户规模和市场占有率远远称不上决定性的成功，某种程度上一些功能甚至落后于微信几个"身段"。也有分析人士认为，较传统的互联网，如今移动应用已经变得更容易打进国际市场。苹果、谷歌的应用商店正在为开发者提供一个很好的全球化推广渠道。得益于移动互联的迅速传播性和全球普及性，开发者只要有一个受欢迎的好产品，在全球不同市场都取得成功是有可能的。在移动社交混战的美国市场，用户相对成熟，更愿意尝试多种服务，腾讯目前资本实力雄厚，完全有能力在新的市场上开展较大规模的营销攻势，开发出适合美国当地用户使用的社交产品。

（资料来源：腾讯帝国的国际化野心：微信赴美展拳脚.凤凰网，2013.）

## 本章小结

◆ 面对日益国际化的服务营销环境以及跨国服务企业在进行国际扩张时遇到的各种障碍，本章以一种服务营销的全球观点来看问题，试图分析服务营销的全球化趋势、特点，国际市场的吸引力和服务企业全球化的动力，着重阐述了服务营销在国际化道路中遇到的障碍，讨论服务企业国际市场的进入策略。

◆ 服务营销的全球化趋势呈现出产业的全球化、市场的全球化、顾客的全球化和竞争的全球化。扩大销售、追随顾客、追随竞争者、获得专门技术和抢先进攻等因素相互作用，驱使服务企业跨越国界在国际市场上寻求利益。我们把一个经过修正的依普分析框架应用于服务业，分析得出市场动力、竞争动力、技术动力、成本动力和政府动力推动了服务企业的全球化。

◆ 虽然服务业的全球化趋势越来越明显，服务业跨国公司在全球的发展速度和增长规模也使其在世界经济中占据越来越重要的地位，但是，我们还应该看到，与国际商品贸易相比，在服务全球化道路上仍然存在着许多壁垒和障碍，阻碍了服务企业的全球化发展进程。目前，国际服务贸易障碍主要有以下几种：政策障碍、经济障碍、文化障碍、服务差异化障碍。

◆ 任何一个准备走出国门的企业都必须克服那些可能阻止他们进入目标市场的障碍。所以，"走向国际化"这个决定在一定程度上意味着查找进入障碍，并以创造性的方式开拓服务渠道，具体包括国外自建服务点、特许经营、收购、使用代理和中间商、虚拟渠道等形式。

## 【案例分析】

### 百度的激进之旅与亿元教训

2006 年，百度在中国搜索引擎市场正式超过雅虎，以 55.2% 的市场份额名列第一。李彦宏曾对百度有过总结：2002 年是技术年，百度搜索技术真正成熟；2003 年是流量年，流量比上一年涨了 7 倍；2004 年是品牌年，百度受到广泛的认可；2005 年是收入年：百度顺利上市,并在美国本土创造了中国资本神话。2006 年,百度继续保持了收入增长的势头。根据财报,百度 2006 年度总收入为 10740 万美元,同比增长 162.5%;净利润 3870 万美元,相比 2005 年的 590 万美元增长了 533.9%。

在国内市场的风光使得百度将眼光放到了国外——更大的市场和想象空间。事实上,国际化一直是李彦宏的心结:根据媒体报道,2002 年起,李彦宏每年都会在董事会上提出国际化构想。然而,这一提议遭到了屡次否定。直到 2006 年,百度在中国实现了真正的成功,或许让李彦宏有了进军国际市场的底气。2006 年底,百度高调宣布国际化,并将第一站选择在了日本。这一决定在 2006 年的百度大会上提出,马上引来了一片质疑,认为百度“没有根基、不扎实”。但李彦宏却对日本之行充满信心。

不过,与传统行业不同的是,作为一家互联网服务提供商,百度仍具有一定优势:它并不需要面对其他行业必须面对的那些来自本土利益集团的竞争壁垒。更重要的是,日本的搜索市场巨大、又缺乏竞争,而且雅虎和谷歌在日本都获得了成功,这显示出了日本互联网市场相对的“开放性”。因此,虽然 2006 年时雅虎和谷歌在日本搜索引擎市场分别占据了 50% 和 47% 的份额,李彦宏还是决定将海外第一站选在了日本。

百度认为,雅虎之所以在日本市场取得成功,原因在于:(1)早在 1996 年就进入日本市场,成为了互联网的代名词;(2)日本是一个倾向于忠诚的市场;(3)营销活动卓有成效;(4)本地化做得十分出色;(5)凭借很多搜索以外的服务占领了日本市场。

同时,谷歌的进入没有能够撼动雅虎在日本的地位,但它使得很多小的搜索引擎退出了市场。但是,根据百度内部对于进入日本市场的 SWOT 分析,不难发现,几乎没有一项是称得上具有排他性的优势。百度这次日本之行仍是一步险棋——李彦宏对百度的劣势和威胁没有提起足够的重视。

百度第一次国际化也在一定程度上受到了来自资本的压力。2006 年,百度的纯利润增长率较 2005 年有所下降;2006 年的二、三季度财报发布后,百度的股价应声下跌——这反映出资本市场对于百度高增长的担忧。

综合以上,面对巨大的利益诱惑和来自资本市场的压力,李彦宏才选择了冒险进入日本市场。2006 年底,百度正式宣布进军日本;2007 年 3 月,百度日本站开始测试;2008 年 1 月 23 日,百度日本公司正式成立。这是一次激进之旅。

实际上,百度在进入日本之前,就对这个市场的特殊性有着清醒的认知:

(1)日本市场对企业监管十分严格,版权管理规范;

(2)在日本,企业口碑非常重要;

(3)在日本,先发优势非常重要;

(4)日本顾客对产品质量非常挑剔;

(5)更注重细节,并对功能有很强的敏感性;

(6)日本用户对一站式服务情有独钟;

(7)日本很少有人在网上灌水、蹭点,或者刷新论坛;

(8)无线上网用户多于电脑上网用户。

百度没有一项所谓的优势可以满足以上日本用户的特殊需求。相反,这些特殊性大部分戳中了百度的软肋。日本国情和法律与中国不同、版权制度十分严格,这些都使得百度无法利用其在中国打败其他竞争对手的方式吸引用户。

　　另外一个十分明显的失误是,百度在明知日本用户不会在论坛等站点逗留的情况下,还是将贴吧服务嫁接到了日本市场中。而这次嫁接的结果是:从 2010 年 5 月到 2011 年 8 月,百度日本贴吧只存活了一年多一点的时间。

　　在没有任何跨国公司运作经验的情况下,进入一个极为特殊的市场,这本就是一件非常冒险的行为。虽然建立起了本土团队,百度却选择了直接推出与竞争对手相同或相仿的搜索产品,未能实行真正意义上的本土战略——归根结底,百度没有对日本市场的特殊性提起足够的重视。据媒体消息称,从 2008 年到 2010 年三年来,百度日本的直接汇报人三度改变,并且层级逐渐下降:由最初 CEO 李彦宏,变成前 CTO 李一男,再变成后来的总裁助理张东晨。

　　况且,本身搜索引擎就是一个相对容易产生垄断的市场,日本市场尤其如此。根据百度的调研,2006 年,日本消费者"只使用一个搜索引擎"的比例为 57%;"使用两个搜索引擎"的比例达到 87%。在这样一种情况下贸然入场,百度也得到了损失数亿元的教训:根据此前媒体的报道,在向美国证券交易委员会(SEC)提交的文件中,百度披露,2008 年到 2010 年的三年中,百度在中国以外地区的税前净亏损数字分别为 1.96 亿元人民币、2.24 亿元人民币、2.6 亿元人民币(约合 3950.7 万美元)。

　　日本的铩羽给予了百度疼痛,但更多的是警醒:直接用搜索进入一个成熟市场,并不是一个好主意。因此,百度改弦更张:它选择了新兴国家,并且选择了通过渠道引流——这一成熟的、具有中国烙印的方式为搜索做铺垫。与此同时,百度在日本市场的策略也做出了改变:大力推广手机输入法(与日本移动互联网较为发达有关)和 Hao123 导航站,并且停止了商业化。

　　这是一次尴尬的转向:当初百度进入这个市场,正是因为觊觎日本网络广告的潜力,以及曾在中国打败过雅虎和谷歌两大竞争对手。而现在,百度似乎明白了"欲速则不达"这个道理。

[资料来源:节选自详解百度激进国际化(中):独家材料还原日本教训.钛媒体,2013.]

**案例讨论题**

　　1.百度进入日本市场遇到了哪些障碍?请对百度进入的日本市场环境进行 SWOT 分析。

　　2.简述 2006 年百度高调宣布国际化,并将首站选在日本时受到质疑的原因。

　　3.百度进入日本市场的策略中可以做哪些修改?

**【思考题】**

　　1.全球营销时代的到来有哪些表现?

　　2.什么因素驱使服务企业跨越国界进入国际市场寻找机遇?

　　3.从宏观产业的角度看,影响服务企业全球化的力量有哪些?

　　4.选取一个服务企业,列举其在进入国际市场时会遇到哪些障碍?

　　5.服务企业进入国际市场的策略有哪些?以及各自的优缺点。

# 第 10 章

## 服务营销的发展前景

> > > >

- 服务文化与伦理
- 服务营销研究与创新
- 新型服务产业的发展

### 导入语

服务业是 21 世纪的主导产业,服务营销必将成为新时代的主导形态。在我国,服务业的发展方兴未艾,服务营销的研究也刚刚起步,随着服务业的发展和服务营销实践活动的加强,对于服务营销的理论研究将会不断深入,服务营销具有蓬勃的生机,服务营销理论的研究同样具有广阔的前景。

**当你学完本章后,你将能:**

- ◆ 理解服务文化与伦理的内涵。
- ◆ 了解服务营销的研究与创新。
- ◆ 把握新兴服务业的发展趋势。

### 关键词

服务伦理;服务文化;新兴服务业

### 【导入案例】

#### 云栖小镇:带动创新的地方

云栖小镇这个规划 3.5 平方公里、半个西湖大小的地方,已引进各类涉"云"企业 180 余家,预计 2017 年产值将达到 50 亿元。人才、资本、技术等高端要素在这里充分协调,产生化学反应,释放创新动能。诞生于杭州的阿里云,早已与云栖小镇相生相融,2013 年 1 月,云栖小镇确定以云生态为核心的发展之路,"云"成为小镇最鲜明的基因,并正式命名为"云栖小镇"。10 月,小镇联盟成型:一群对中国发展下一个二十年的云计算产业志同道合的人聚在一起——既有 3 万人的大公司,也有几个人的小企业,他们相信云计算将改变世界,大数据将驱动未来,他们致力于去创造一个中国真正意义上的云计算产业生态。

镇小能量大,创新故事多。小镇其实是一个创新平台,不同于行政区划上的镇,也不同于中关村,是一个全新的机制。"你能想到生活的方方面面背后都有云计算,只是你不知道而已,这才是最高境界。比如今天你能在 12306 网站上买票,就是用了杭州的云计算。"

云栖小镇坚持发展以云计算为代表的信息经济产业,着力打造云生态,大力发展智能硬件产业。目前已经集聚了一大批云计算、大数据、App 开发、游戏和智能硬件领域的企业和团队。云栖小镇采用了"政府主导、民企引领、创业者为主体"的运作方式。政府主导就是通过腾笼换鸟、筑巢引凤打造产业空间,集聚产业要素、做优服务体系。民企引领就是充分发挥民企龙头引领作用,输出核心能力,打造中小微企业创新创业的基础设施,加快创新目标的实现。创业者为主体就是政府和民企共同搭建平台,以创业者的需求和发展为主体,构建产业生态圈。这是云栖小镇最有创新活力的部分。

云栖小镇构建了"创新牧场—产业黑土—科技蓝天"的创新生态圈。"创新牧场"是凭借阿里巴巴的云服务能力,淘宝天猫的互联网营销资源和富士康的工业 4.0 制造能力,以及像 Intel、中航工业、洛可可等大企业的核心能力,打造全国独一无二的创新服务基础设施。"产业黑土"是指运用大数据,以"互联网"助推传统企业的互联网转型。"科技蓝天"是指创建一所国际一流民办研究型大学,就是西湖大学,现在已经在紧锣密鼓地筹办当中。

云栖小镇创建了真正服务于草根创新创业的云栖大会,目前是全球规模最大的云计算以及 DT 时代技术分享盛会。"2015 年杭州云栖大会"吸引了来自全球 2 万多名开发者以及 20 多个国家、3000 多家企业参与。云栖小镇其实更像一个大课堂,告诉那些有梦想的人怎么在云上创业。

（资料来源：http://www.ccitimes.com,2016-02-26,中国文化创意产业网综合.）

进入 21 世纪,服务行业对国民经济的影响举足轻重。服务营销环境正发生着深刻变化。本章着重探讨服务营销文化与伦理、服务营销的热点及服务营销的发展前景。

## 10.1　服务文化与服务伦理

服务文化是企业在长期对用户服务的过程中所形成的服务理念、职业观念等服务价值取向的总和。理念系统是服务文化建设基础,是服务文化的精神内核,是影响服务中一切问题的根本,根植于服务理念中产生的服务态度、行为,对服务素质、技能的要求,服务体制、标准的制定以及服务设施建设,都将对企业最终的服务质量和服务形象产生影响。

柔性化管理认为,服务的竞争实质是文化的竞争,文化的经营是最高层次的经营。企业难以仿效和复制的原动力是将心放在顾客上,而非竞争对手上。

在服务日益重要这个大背景下,创造一种优秀的更加重视提供良好服务和顾客导向观念的企业文化尤为重要,这或许比在制造导向观念盛行的时代更为如此。这一切从现在服务业生产和消费的特性中不难看出来。通常情况下,由于买卖双方互动过程中人们的相互影响,服务业的生产不可能像生产流水线那样标准化。由于条件时常变化,因此,需要严格的服务导向的企业文化来告诉员工如何来应付各种从未经历过的或无法预料的,甚至是让人尴尬的场合。

**【链接 10-1】**

### 服务文化的构成

服务与文化具有天然的一致性,有服务就有文化。服务是文化的载体,文化是服务的支撑。服务是满足他人需求的价值双赢的活动,实质是文化的沟通、价值的确认、感情的互动、信任的建立。顾客无时不在的品评挑剔影响着企业的服务文化,员工无时不在得创造传播展示着企业的服务文化,服务文化的主体的素质影响决定着服务质量的高低。

服务文化由三个层面的内容构成:

1. 精神层面:包括服务意识、服务理念等,这是服务文化的核心。

服务意识是对服务性质、服务质量、服务重要性的直觉反应和理性思考。优秀的服务意识要做到:意识第一,标准第二;制度第一,领导第二;顾客第一,企业第二;满意第一,利润第二。服务理念指导服务文化的实施,有什么样的服务理念,就有什么样的服务态度和行为。围绕"以人为本"的服务理念,服务企业应培育以下几种服务观念:客户至上、诚信至上、真诚贴心、全员参与等。

2. 物质层面:包括企业的服务形象、硬件设施及服务品牌等,这是服务文化的基础内容。

企业形象是服务文化的外在表现,包括员工形象和企业标识。硬件设施包括服务机构的设置、服务设施的完善、消费环境的优化等。服务品牌建设是推进服务文化深入的重点,它建立在顾客的高度信任和忠诚的基础上。

3. 制度层面:包括服务机制、服务手段等,这是服务文化建设的重要保障。

企业将优秀的服务文化用制度的方式规定下来,形成科学的管理体系和服务机制,将抽象的服务概念和要求变为具体的服务指标,渗透到企业的经营管理当中。现代化服务手段的应用和创新(如电子商务、供应链管理等)有助于提升服务管理的水平和效率。

## 10.1.1　服务文化的功能

一般说来,服务文化有以下四项主要功能:

1.导向功能

服务文化能够使组织成员更具有服务导向的特点。具备服务导向观念的员工对顾客有兴趣,为顾客做得更多,行动中更加谦恭,更加灵活,并努力尝试去寻找满足顾客期望的恰当的办法,以便能有效应付尴尬的或未曾想到的情境。进而,我们也知道,顾客感觉的质量才是企业收益的决定性因素。所以,服务导向观念指导了顾客心目中的服务质量,这也相应地积极地影响了企业收益。这个有益的过程能持续进行下去这是因为良好的收益又为在员工中保持和进一步提高服务导向的态度提供了方法。并且这个过程能够自我完善。

2.约束功能

企业文化对每个企业成员的思想和行为具有约束和规范作用。规章制度等"硬管理"固然是必要的,但是因为它具有刚性的特点,无法顾及人的复杂情况及多方面的需要,所以它的调节范围和功能是有限的。企业文化理论注重的是管理中企业精神、价值观等"软因素"。通过企业文化的塑造,企业在组织群体中培养与制度等"硬因素"相协调相对应的环境氛围,包括群体意识、社会舆论、共同礼仪和习俗、物质文化等内容,从而形成强大的心理压力,这种心理约束进而对企业成员的行为进行自我控制。可见,企业文化这种无形的约束力量比有形的约束力量更为强大。

### 3. 凝聚功能

企业文化可以产生一种巨大的向心力和凝聚力,把企业成员团结起来。企业文化是全体成员共同创造的群体意识,寄托了企业成员的理想、希望和要求,因而企业成员对这种群体意识产生了"认同感"。这就促使企业成员积极参与企业事务,为企业发展贡献自身的力量,逐渐形成对企业的"归属感"。企业文化的凝聚功能还表现在企业文化的排他性上。对外的排他性在某种意义上是对内的凝聚力,外部的排斥和压力的存在,使个体产生了对群体内部的依赖。同时,也使个体对外部压力增强敏感性和竞争性,促使个体凝聚于群体中,形成"命运共同体。"

### 4. 激励功能

企业文化具有引发企业成员产生一种高昂的情绪和奋发进取精神的效力。传统的激励方法本质上是外在的强制力量,而企业文化所起的激励作用不是消极被动地满足人们的心理需求,而是通过文化的塑造。使每个成员从内心深处自觉地产生献身精神、积极向上的思想观念及行为准则形成强烈的使命感、持久的驱策力,成为职工自我激励的一把标尺。倡导企业文化的过程,也就是帮助职工寻求工作意义,建立行为的社会动机,从而调动积极性的过程。所以,企业文化能够在组织成员行为心理中持久地发挥作用。避免了传统激励方法引起的各种短期行为和非集体主义的不良后果。

服务企业文化的四大功能中,导向功能是最基本的。这四大功能也不是单独发挥作用,它们同时互相影响地起作用,形成企业文化的功能体系。

【实例 10-1】

## 众里寻他千百度

百度目前是全球最大的中文搜索引擎,它的自我使命是让人们最便捷地获取信息,找到所求,致力于向人们提供"简单、可依赖的"信息获取方式。百度的五个最核心的价值观,记录在百度每个员工的胸牌上:"为人们提供最便捷的信息获取方式;永葆创业的激情;每一天都在进步;容忍失败,鼓励创新;充分信任,平等交流"。

为人们提供最便捷的信息获取方式。

百度狂热地追求更好的搜索技术,追求给网民带来最好的搜索体验,追求为人们提供最便捷的信息获取方式。百度拥有数以千计的研发工程师,这是中国乃至全球最为优秀的技术团队,这支队伍掌握着世界上最为先进的搜索引擎技术,使百度成为中国掌握世界尖端科学核心技术的中国高科技企业。从创立之初,11年来,百度都秉承"以用户为导向"的理念,始终坚持如一地响应广大网民的需求,不断地为网民提供基于搜索引擎的各种产品。例如我们所熟悉的百度贴吧、百度音乐、门户频道等。

永葆创业的激情。

百度勤俭的创业作风倡导每个百度人能够最大效用地利用资源,任何事情都专注于目标和结果,而非奢华的形式。"我们在百度工作,其实更是一种生活方式。"一位百度工程师如是说。他列举了在百度工作的种种快乐:"我穿着我喜欢的衣服上班;公司还有免费的早餐在等着我;这里是弹性工作制;业内顶尖高手尽是身边同事,每个新人有一位导师;同时,我也体会到了巨大而实在的成就感⋯⋯"现在的百度也一直延续了这种作风,保持了创业时期的那种简洁的公司文化,他们没有繁文缛节的条纹约定、扁平的组织结构、以结果为导向的高效决策方式。

容忍失败,鼓励创新。

这是百度的创新文化基础。百度的一位员工接受采访时说,"哪怕是实习生,只要你有想法,都可以说出来,很多项目都会交给你全权负责。"他们给予每位员工最宽松的环境,鼓励所有人说出自己的想法,以此来推动技术进步、制度改革等。尝试中的失败是有责任的,是有责任不断地完善的。能够以包容地态度给予尝试者改进的机会,才能创造一个勇于创新并敢于创新的环境和氛围!

充分信任,平等交流。

"因为在百度没有任何限制,每个人都形成了某一种表达的欲望,久而久之就养成这种氛围。"一个普通的员工也可以毫不犹豫地把他的想法说出来,看似松散,百度却有很强的凝聚力和创造力。百度是个充分授权的公司,在百度管理的各个层面上,都以信任、责任和良好的沟通为正确决策的前提的,百度的沟通方式永远都是开放的、直接的和有效的,从而才会有务实的和坦诚的一致行动。

百度给员工提供的宽松环境和个人发展平台,以及百度一系列的创业、品质、创新、沟通文化,再加上百度做搜索引擎的技术领先性,这些完美的因素组合在一起,就形成了百度所特有的文化氛围。

(资料来源:节选自百度文库 http://wenku.baidu.com/link? url=.)

## 10.1.2　服务文化的塑造

服务文化的塑造是一项艰巨的系统工程。这项工程的顺利实施,需要有一个严密、科学的基本思路。由于行业的特点,企业服务文化的塑造有着不同于一般企业文化塑造的地方。总的说来,它包括以下一些必不可少的步骤:

1. 分析和规划

企业服务文化是企业在长期生产经营活动中形成的,没有足够时间的延续,难以形成稳定的文化积淀。因而,只有正确地认识本企业的历史和现状,才能对未来的文化建设进行规划。企业首先要追溯本企业的历史传统,考察历史上的重大事件、兴衰历程、崇高的精神、礼仪风俗、惯用的思维方式等。然后,企业应对企业现状进行系统的分析,主要包括内部环境和外部环境两方面。内部环境是企业服务文化生根发芽的土壤。外部环境是企业本身无法控制的力量,但对企业的经营状况和员工行为影响很大,优秀企业成功的关键在于能够根据企业外部环境的变化,及时调整内部环境以适应竞争。

在对企业历史和现状进行完整系统的分析之后,企业可以着手进行文化建设的规划,这些规划包括总体思想、实施重点、实施方法和时间表等,其中总体思想是核心。例如,联想集团在确定其"大船文化"总体思想的时候,着力突出整体意识,树立追求整体效益的价值观,该企业文化建设及其他规划都围绕这一总体思想展开。

2. 组织和实施

组织和实施是企业服务文化塑造的关键阶段。它通常包括以下几个方面:

（1）调整现有的规章制度。规章制度是企业内部约定的行为规范，具有强制性的特点。在企业文化塑造过程中，需要检查哪些规章制度与企业文化有矛盾。正如管理学大师彼得·德鲁克指出的，"应该调整规章制度，而不是企业文化，因为组织调整规章制度比调整企业文化容易得多"。例如，如果企业文化强调人人平等，那么保留规定某些管理人员享有特权的制度显然是不适合的，必须予以废除。当然，在调整规章制度时，应充分考虑人们的既得利益和心理承受能力，采取慎重稳妥的方式。

（2）全面提高员工的素质。企业员工的素质是企业素质的基础。国内外优秀企业无不把提高员工素质作为企业文化建设的基础性工作。员工低素质的现状，使得企业文化建设的有效措施难以得到积极的回应和贯彻，即使能够得到贯彻，也往往在低水平上徘徊。因此，全面提高员工的素质，是塑造企业文化的当务之急。

（3）强化员工的企业意识。如果员工能够把企业工作真正当作个人生活的组成部分，他们就会很自然地对企业产生感情。在企业取得成功时，管理人员应该不仅向顾客和公众而且向企业员工进行宣传，以强化员工的企业意识；加强民主管理，鼓励员工积极参与经营决策也是树立员工主人翁责任感的重要途径。

（4）设计各种仪式和活动。企业员工只有在亲身实践中感受到企业的价值观，才能产生对本企业文化的兴趣。一些有远见的企业善于设计组织一些仪式和活动，以营造适宜的环境气氛。例如，上海一家大商场在成立30周年之际，印刷了一批首日封，总经理及其他领导早晨守候在商场门口，将精美的首日封亲手送给每一位上班的员工。这种别出心裁的文化活动，对于增强企业凝聚力起到了意想不到的效果。

（5）完美文化网络。企业文化的实践表明，文化网络能够广泛快速地传递大量的信息，它在企业文化形成过程中往往起着正式传播渠道无法替代的作用，因此，在企业文化塑造中，应重视文化网络的作用。例如，切实抓好各种联谊会、兴趣小组等，使之起到交换信息、密切联系的作用。除此之外，还要善于发现和引导各种特殊的文化网络，如同乡关系、师徒关系等。企业应充分利用这些渠道传播企业的价值观，促进企业文化的形成和发展。

【实例 10-2】

## 华为文化是考核出来的

华为的企业文化是什么？按任正非的解释：华为文化是包容性的洋葱头，不断的吸纳别人优秀的文化，把自己的文化做大做强；华为文化是可可西里的电影和残疾人表演千手观音，归纳为八个字"追求完美，无私奉献"，这就是华为主张的文化。

有人总结华为的文化具有狼文化有四大特征：第一，敏锐的嗅觉，时刻关注外部机会，比别人快半步闻到肉味；第二，强烈的进攻意识，一旦闻到这个味，本能的冲上去，不讨论、不开会、不汇报；第三，不是一只狼扑上去，是一群狼，讲团队精神；第四，团队在扑上去的时候不是一窝蜂，而是有分工与合作，有主攻、有副攻、甚至还有做出牺牲的。

华为公司是以奋斗者为本的公司，确定的是以奋斗为主题的文化。华为公司所有制度、政策都是以奋斗来定位的，不能奋斗者就不是华为人，就要被淘汰的。华为建立的各项制度的基本假设是员工是努力奋斗的，而公司决不让雷锋吃亏。

现在华为是国际化公司,在市场上华为当地员工占 70%,华为有很多高层觉得跟中国人讲奋斗可以,跟老外讲奋斗可以吗?老外是否能够认同华为文化,对其本地化员工,美国人、印度人、非洲人,是否能理解华为文化?结果发现,老外反而比华为人更能认同华为文化。任正非说经常挂在嘴边的有 3 句话:第一,以客户为中心;第二,以奋斗者为本;第三,长期坚持艰苦奋斗。他说,这就是华为成功的秘诀。

以客户为中心不是一条标语,华为是怎样把这个基本主张贯彻下去的呢?就是通过制度、流程变成每个人自主的行动。华为本身就是奋斗者,所以长期坚持以奋斗者为本。至于艰苦奋斗到什么时候,没有限定,一个公司其实当他的商业模式、基本模式成型以后,就是不断的复制。

(资料来源:改编自 http://club.1688.com/article/59876466.html,2015-11-06.)

**【即问即答 10-1】**

华为的企业文化可以给我们以什么最有价值的启示?为什么海外本地员工更能认同华为文化?

## 10.1.3　服务伦理

服务业产品显现异于其他产业的特殊属性,主要是因为人员是影响服务品质的主要因素,这使得服务品质呈现无形性(如服务人员的礼仪是无形产品),以及不可分割性亦即服务与其提供的服务来源(服务人员)密不可分。因此服务人员在其服务过程中显露出的忠诚、诚恳与专业技巧等不同程度的精神与行为,多数属于企业伦理观的范畴,关乎服务品质的优劣。

服务伦理,是指企业从服务理念的制定、服务决策到具体的服务实践等全部客户服务活动所应遵循的伦理观念、伦理原则和道德规范。其主要任务是要在正确认识企业与消费者、经销商、供应商、股东、企业员工、社会组织乃至整个社会之间的利益关系的基础上,指导企业树立起社会责任意识及各种服务伦理观念,重视人性和道德,以社会利益和消费者利益为第一标准来处理经营和服务中出现的冲突与摩擦,积极为社会和广大客户提供真正有益的服务,在提高社会效益的同时提高企业的经济效益。

**【实例 10-3】**

### 2014 年度"青年态度·大型国企社会责任实践金牌案例"节选

案例一:"电力爱心教室"公益行动

国网北京市电力公司"电力爱心教室"公益行动改变以捐款捐物为主的运作方式,积极利用电力企业专业优势,通过在试点学校统一布置"电力爱心之角""电力爱心教室"等方式,利用开学第一课、课后三点半辅导、假期课堂,吸引和鼓励学生参与活动,以寓教于乐的形式增强学生在用电方面的自我保护意识,增长电力科普知识,实现电力安全普及常态化。2013 年以来,国网北京市电力公司用于支付"电力爱心教室"项目的资金近 60 万元,在学校、区县少年宫建立固定的"电力爱心教室"培训基地,参加活动的服务人员共 2104 人,开展活动 95 次,为更多青少年学习电力知识提供专业平台。"电力爱心教室"公益行动,充分发挥了政府、学校和电力公司各方优势,探索了电力企业"最后一公里"服务举措,建立了企业积极、持久履行社会责任的长效机制和平台,受到教委、学校师生以及家长的一致好评。电的运用如此普及,但在我国,电的教育却相对缺失。一家企业,主动承担起社会教育的职责,这本身就是一件很了不起的事情。国网北京市电力公司的"电力爱心教室"公益行动,精心编写专业教材,统一制作专业教具,用青少年能理解的方式,配合学校教育的特点,顺利完成安全用电、科学用电、节约用电的普及教育,堪称企业履行社会责任的典范。

案例二:高校媒体走进国网冀北电力

国网冀北电力有限公司作为第一家将履行社会责任行动扩展至高校校园的省级电力企业,于2012年至2014年连续3年举办"高校媒体走进国网冀北电力"活动,把帮助大学生成长成才纳入了企业履行社会责任范畴。该项活动通过邀请校园媒体记者走进电力企业生产、经营一线体察采访,为同学们提供了一个了解电力行业的实践平台,引导培育大学生群体的社会责任意识;同时通过校媒记者们生动、独特的表达,将央企履行社会责任的意愿、行为和绩效充分呈现给社会公众。3年以来,活动寻访足迹遍布北京和冀北5市、20余个县区,49所高校的60位学生记者参与其中,寻访总里程近5000公里,共发布万余条原创微博,网络阅读、转载量突破百万次。

案例三:中国移动爱"心"行动——贫困先心病儿童救助计划

为了帮助贫困先心病儿童摆脱疾苦,造福患儿家庭及社会,2011年8月,中国移动慈善基金会在内蒙古启动了中国移动爱"心"行动——贫困先心病儿童救助计划。2012年项目又拓展到辽宁、河南两省,2013年新增山西为项目省,2014年又新增青海为项目省。截至2014年12月,中国移动已累计捐资6500万元,为内蒙古、辽宁、河南、山西、青海的23840名贫困儿童提供了免费的先心病筛查,并对确诊的2260名贫困先心病患儿提供了免费手术救治。项目荣获2012年全球契约中国最佳实践奖、2012年人民网"人民微公益奖"、中国移动2012年CSR十佳实践奖。用6500万元,拯救2260名孩子的生命,让原本雪上加霜的贫困家庭,在绝境中收获温暖、重燃希望。中国移动爱"心"行动,在拯救先心病儿童的过程中,不仅移走了死神,移来了希望,也把更多公众的感动,转变为志愿者的行动。心,永远在动。爱,永恒不变。

(资料来源:中国青年报,2015-07-14 T04版.)

"公司—员工—顾客"的平衡关系,被认为是服务业必须正视的重要课题。很多实例显示,公司要求员工对顾客做好服务,必须先做好对自己员工的服务工作,包括待遇和工作环境等。当公司对员工做好服务之后,员工才有心力去服务顾客。顾客接受了好的服务之后,会对公司施予正面且有利的回馈,也就是继续光顾消费。

这种关系可以是一种良性循环,如同前面所说的,当顾客再来消费回馈公司之后,公司的收益提升,也就更有能力去善待自己的员工。于是,员工获得公司良好待遇后,很自然地又将好的服务加在顾客身上。当然,这种关系也可能是恶性的循环,只要三个群体中任何一方对待另一方的服务不够好,都极可能形成彼此之间服务欠佳的不良后果。总之,整个服务伦理会在这个平衡生态中显露无遗。良性循环的关系,服务伦理程度就高;反之,恶性循环的关系,伦理程度就低。简单地说,想要服务伦理程度高,绝不是三类群体中某一方面的事,而是公司、员工、顾客均有责任。

顾客也应肩负服务伦理的责任。除了接受良好服务后再来消费回馈公司之外,还有一件相当重要的事,那就是现代的顾客有接受教育的责任。下面的章节,将通过对服务伦理模式的解说,讨论服务伦理的新观念。

**【实例 10-4】**

### 安达信会计师事务所的倒闭

安达信在其于 2002 年倒闭前,是和普华永道、毕马威、安永、德勤比肩的全球五大会计师事务所之一。安达信的倒闭缘起美国另一家巨子企业安然公司的破产案,企业安然公司造假行为不仅欺骗了投资者,也使自己付出了沉重的代价,同时,损害了资本市场的秩序,给美国经济造成了重大的影响。这些企业的舞弊行为目的不同,手段各异,其中安然公司的财务舞弊事件比较典型,影响也比较大。

安达信会计师事务所在全球专业服务业处于领导地位。凭借自身在企业咨询、审计、税务和企业融资等领域全面深入的专业技术、经验和知识,向客户提供一体化的解决方案,并在一些国家和地区提供法律咨询服务。安达信在全世界 84 个国家拥有 85000 多名员工。多年来,安达信公司经常被世界主要媒体及出版物评为"最适合工作的公司",并在有关客户满意度的独立调查中持续名列榜首。安达信自安然公司 1985 年成立伊始就为它做审计,安然一半的董事与安达信有着直接或间接的联系,甚至首席会计师和财务总监都来自安达信。从安然案爆发的半个月时间,安达信竟销毁了数千页安然公司的文件,直到 11 月 8 日收到美国证交委的传票后才停止销毁文件。

2002 年 3 月,美国司法部以妨碍司法公正对安达信提起刑事诉讼,理由是该公司在安然丑闻事发后毁掉了相关文件和电脑记录,从而开创了美国历史上第一起大型会计行受到刑事调查的案例。同年 6 月,安达信被美国法院认定犯有阻碍政府调查安然破产案的罪行。安达信就此宣告倒闭,正式遁迹于其从事了近 90 年的会计审计业。

## 10.2　服务营销研究与服务创新

田志龙等对于服务营销主题的分类,在微观层面上扩展了 Valarie A. Zeithaml 等提出的经典服务营销管理框架,按照认识顾客(以顾客为中心)、倾听顾客需求、服务设计、传递与执行服务、管理服务承诺、弥合服务差距 6 个阶段划分将服务营销研究划分成了 18 个主题;在宏观层面上主要是按照服务与经济、服务竞争与战略两大方面划分了 8 个主题。如表 10-1 所示。

表 10-1　服务营销的研究主题

| 层面 | 阶段 | 主　　题 |
|---|---|---|
| 微观层面 | 认识顾客 | 服务中的消费者行为与服务购买决策过程 |
| | | 顾客对服务的期望 |
| | | 服务的顾客感知与顾客满意 |
| | 倾听顾客需求 | 营销调研 |
| | | 建立顾客关系与关系营销 |
| | | 服务补救 |
| | 服务设计 | 服务开发与设计 |
| | | 顾客定义的服务标准 |
| | | 有形展示与服务场景 |
| | 传递与执行服务 | 服务传递中的员工角色与内部营销 |
| | | 顾客在服务传递中的角色与顾客参与 |
| | | 服务接触与服务经验 |
| | | 通过中间商和电子渠道传递服务 |
| | | 管理服务需求和服务能力、排队管理和收益管理 |
| | 管理服务承诺 | 服务承诺与整合服务营销沟通 |
| | | 服务定价 |
| | 弥合服务差距 | 服务质量、顾客满意度与服务绩效评估 |
| | | 服务质量差距测量与弥合 |
| 宏观层面 | 服务与经济 | 服务与实物商品的经济属性 |
| | | 服务与国民经济 |
| | | 服务贸易 |
| | 服务竞争与战略 | 服务的国际化与全球化 |
| | | 服务行业 |
| | | 服务竞争 |
| | | 服务品牌 |
| | | 顾客导向 |

［资料来源：田志，等.服务营销研究的热点与发展趋势.管理学报,2005(2):217-228.］

## 10.2.1　国外服务营销研究主题

从研究主题来看,在国外,服务中的消费者行为与服务购买决策过程,服务的顾客感知与顾客满意,营销调研,服务传递中的员工角色与内部营销,服务承诺与整合服务营销沟通,服务质量、顾客满意度与服务绩效评估,服务与实物商品的经济属性,服务的国际化与全球化八大主题是近 10 年研究的热点。

1. 服务中的消费者行为与服务购买决策过程研究

研究可以分为四个方面：

(1)顾客在服务中的行为研究。例如研究描述一个对消费者消费产品、服务、品牌形象和购物经历进行说明的解释框架。

(2)顾客对于服务的选择采用研究。

(3)顾客服务转换行为研究。以顾客采用和转换的数据预测模型例证消费者对于特殊通信服务的需求，并引入三个要素：传播、顾客特质、转换。

(4)影响消费者行为的外部因素，例如金融服务的经济地理特性等。

2. 服务的顾客感知与顾客满意研究

研究可以分为三类：

(1)服务的顾客感知研究。研究消费者在购买考虑时预期产品/服务的使用价值，并提出一个描述性模型，解释消费者在对充分利用一次性费用的评价时习惯过高评价的可能性及这种可能性取决于使用者对预期用途的感知范围。

(2)顾客的满意与抱怨研究。通过对消费系统的满意构建了一个理论上的模型，结果显示满意度、行为动机都能够改善我们对服务领域的顾客抱怨和其购买行为之间关系的理解。

(3)影响顾客对服务感知的因素。研究服务场所的顾客感知因素对于提高顾客对服务场所评价和购买行为之间的关系。

3. 营销调研研究

研究可以分为三类：

(1)营销调研的方法和手段。例如对服务市场营销研究中的多变量信息收集方法进行了研究，并用不同的多维排序(MDS)和空间方法分别分析这些变量，设计了一种新潜在的结构 MDS 程序来对包含相同反应群体的多套变量结构进行共同描述。其他的研究还包括传真与邮件方式顾客调查反馈比较、消费者研究中的技术展望等。

(2)营销调研后的数据收集处理和利用。

(3)营销调研的成本研究。如电子商务界面的信息研究成本等

4. 服务传递中的员工角色与内部营销研究

研究可以分为两类：

(1)员工在服务环境下的态度行为研究。

(2)服务组织内部的员工互动与团队合作管理。雇员公共价值的认同和组织的判断对消费者的判断认知、满足感、亲密的言语、购买意图的影响。其他研究还包括多界面下的服务雇员管理、内部雇主与雇员谈判模型、金融服务跨边界自助服务团队的服务风潮的因果关系研究等。

5. 服务承诺与整合服务营销沟通研究

研究主要集中在两个方面：

(1)服务的推介及促销模式研究。

(2)服务广告内容研究。

6. 服务质量、顾客满意度与服务绩效评估研究

研究集中在三个领域：

（1）服务质量评价方法。

（2）客户满意度测量。通过定性和实证的研究，提出顾客对于服务质量的认知遵循3级因子模型，顶端是服务的认知质量，第1级包括3个彼此独立而又可测的维度，分别是结果、互动和环境质量；然后每一个维度下面又对应3个不同方面（第2级），例如结果维度下面包括等待时间、单位价格、有形展示3项；互动维度则包括态度、行为和经验3项；环境质量维度包括设计、周围环境和社会因素等；上述9项每项又都用可靠的、能回应的、移情的3级量表来进行评价，形成第3级。模型的实证结果显示改进模型中的各要素，能够有效地改善服务质量认知。

（3）服务绩效管理。研究服务品质对于顾客全面满意和重复购买意向的不对称影响，研究表明它们之间的关系是非均衡和非线性的。

**【实例 10-5】**

### FTSE 的服务创新：社会负责投资的 FTSE4Good 指数

FTSE 集团是资产指数和相关数据服务创新与管理的世界领先企业。它管理并开发了全球认可的指数，包括 FTSE 世界指数和最近推出的 FTSE4Good 指数系列。FTSE 的所有权归金融时代（The Financial Times）和伦敦股票交易所（London Stock Exchange）所有。

FTSE 推出了一套名为 FTSE4Good 的新指数。该指数的目的在于帮助创造一种全球标准，使投资者可以识别和衡量下面这类公司的绩效水平：其经营实践得到认可，符合相应的标准并实施符合社会责任的活动。在过去一段时间里，对道德和社会责任基金的投资正快速增长，FTSE 正是为了满足这些投资者的兴趣才发明了 FTSE4Good 指数。另外，2000 年 7 月，英国政府制定了一项新的规定，要求职业养老基金在投资政策中必须说明他们的投资在多大程度上考虑了道德、社会和环境因素。今天，企业以对社会承担责任的方式展开其经营活动是特别重要的。

［资料来源：曼弗雷德·布鲁恩（Manfred Bruhn），等.服务营销：服务价值键的卓越管理.王永贵，译.北京：化工工业出版社，2009：154－155.］

**7. 服务与实物商品的经济属性研究**

研究主要体现在两个层面：

（1）服务与实物商品的特性区别。研究了商品与服务在顾客满意度、生产率和收益率上的差异。

（2）服务及服务管理中类似实物商品的经济属性。研究服务中的柠檬产品问题得出竞争能导致低质量的广告商击败低价高质的非广告商，并赢得市场份额，因此顾客最终会对低质高价的产品满意——比如柠檬产品。

**8. 服务的国际化与全球化研究**

研究分为三个主要方面：

（1）服务企业及服务业的国际化方式。如研究在亚洲、欧洲、北美范围内顾客对提供的服务的不同价格弹性，揭示价格弹性依赖于服务质量、服务类型、提供服务的水平、不同水平的细分市场，所以要为不同跨国之间的交易提供不同的定价策略。

（2）服务企业及服务业国际化过程中的知识管理和风险收益管理问题。研究表明缺乏国际化知识对企业和制度知识的短缺有很大的影响，然而缺乏国际化知识对国际化感知成本无直接影响。

（3）国际化的服务组织和模式研究，包括国际旅馆业的组织形式研究、美国银行国外服务模式研究等。

## 10.2.2　国内服务营销研究主题

从主题来看，在国内，服务行业研究，服务竞争，服务品牌，服务质量，顾客满意度与服务绩效评估，通过中间商和电子渠道传递服务，管理服务需求和服务能力、排队管理和收益管理，建立顾客关系与关系营销，服务的顾客感知与顾客满意八个主题是国内学术界研究的热点。

1. 服务行业的研究

研究主要分为三个方面：

（1）介绍引入西方服务行业管理经验。如对国内外科技中介服务机构和西方国家公共服务市场化的实践介绍与评价。

（2）对中国服务业转型与变革的思考。如对中国服务业发展相对滞后的原因分析；服务业的开放及其对工业乃至中国的战略意义。

（3）研究中国个别行业的服务特征及策略，如对中国大型零售企业业态变革的研究；如对中国移动通信服务行业、气象服务业等个别行业产业化问题与竞争发展及其战略调整。

2. 服务竞争研究

研究主要集中在三个方面：

（1）服务企业的竞争力来源问题。对基于顾客感知价值的服务企业竞争力进行探析；商业企业的核心竞争力内涵的界定、培育途径等。

（2）服务企业的基本竞争策略的研究。

（3）中国企业的服务竞争案例研究。

3. 服务品牌研究

研究主要分为两个层面：

（1）服务品牌战略及品牌建设问题。包括实施服务品牌战略的设想；塑造顾客体验来创建服务品牌的策略；服务名牌战略具有竞争、扩散、聚合、创新等功能，有助于第三产业结构调整。

（2）服务品牌的影响因素分析。

4. 服务质量、顾客满意度与服务绩效评估研究

研究主要分为三个方面：

（1）中国企业的服务现状初步调查。

（2）服务业中存在的质量管理问题及评价。

（3）影响顾客满意度的因素研究。例如顾客期望、需求的满足程度、顾客感觉中的服务实绩与顾客满意度的关系。

5. 通过中间商和电子渠道传递服务研究

研究分为两类：

（1）服务系统或网络的整体构建。

（2）供应链或物流配送中的服务。

**6. 管理服务需求和服务能力、排队管理和收益管理研究**

研究主要包括服务等待和收益管理两个方面：

（1）服务等待与排队管理，例如虚拟企业售后服务部门的顾客排队模型。

（2）服务的收益管理，例如服务利润链的管理；旅游业市场营销收益管理等。

**7. 建立顾客关系与关系营销研究**

研究主要侧重两方面：

（1）顾客忠诚及影响因素。例如顾客满意感与各类忠诚感之间的关系；基于顾客价值进行顾客忠诚管理。

（2）客户关系管理。服务企业在售前、售中和售后的服务过程采取的客户关系管理策略；服务企业建设和实施 CRM 的策略。

**8. 服务的顾客感知与顾客满意研究**

研究主要分为两类：

（1）顾客如何感知服务质量。例如从价值创新的思路出发提出了价值曲线评价方法。

（2）影响顾客感知服务质量的因素。如通过对服务质量评价最重要的评价方法 SERVQUAL；基于过程的信任机制等。

**【链接 10-2】**

### 德国的服务创新

服务作为一个经济推动力在不断增长，但在企业和政府中对于服务研究和创新的关注度相比其他有形的产品与技术比较低。最近，企业和国家意识到服务创新的需求。企业意识到未来保持增长和利润的需要在服务行业具有全球性竞争力，不管它是纯粹的服务经济还是制造业或者高科技行业，很多国家的政府也认识到对于服务创新、教育和研究行业的投入需求。

德国因它的工程和制造的高超技术而闻名于世。但是，从 20 世纪 90 年代开始到现在，德国政府已经意识到服务创新的需求，并投资于服务创新的研究项目。通过教育科研部门，开始服务创新项目，对服务创新进行投资。其中一个关键的合作伙伴是 Fraunhofer 机构（www. Fraunhofer. de），一个应用研究组织，主要由工业和政府授权项目投资。机构有 18000 多名工作人员，他们大多数为科学家、研究院和工程师。通过工业工程设备，Fraunhofer 现在从事 200 多项有关服务发展和管理的研究。在最近几年，他们建立了"服务实验室"来测试服务创新。

[资料来源：节选自瓦拉瑞尔·A. 泽丝曼尔（Valarie A. Zeithaml），等. 服务营销. 第 6 版. 张金成，等，译. 北京：机械工业出版社，2015：136.]

## 10.2.3　服务创新

**1. 服务创新概念**

J. A. 熊彼特在其 1912 年出版的《经济发展理论》一书中提出创新理论。服务创新是指在服务过程中服务企业应用新思想和新技术来改善和变革现有的服务流程和服务产品，提高现有的服务质量和服务效率,为顾客创造新的价值,最终形成服务企业的竞争优势。服务创新是服务组织通过服务概念、服务传递方式、服务流程或服务运营系统等方面的变化、改善或提高,向目标顾客提供更好的服务产品,增强顾客忠诚度,创造更大的服务价值和效用。

服务创新有不同的定义。有时指的是对于自己服务的创新和改进,在其他情况下,服务创新与新的内部服务流程相关,这将使组织提高生产力和效率。新的技术支持系统的推出,对于一线雇员来讲是一种服务创新。另外,服务创新与增强客户体验或客户角色的重大变动也密不可分。服务创新使潜在用户感受到不同于从前的崭新内容。服务创新为用户提供以前没有能实现的新颖服务。

2. 服务创新种类

服务创新的种类包括服务供给创新、围绕顾客角色的创新和服务解决方案的创新。

服务供给创新。包括激进创新,指为尚未定义的市场提供新的服务;创新业务,包括一切为现有市场的同类需求提供的心服务;为现有的服务市场提供新的服务;服务延伸,指扩大现有的服务产品线;服务改善,指改变已有的服务性能;服务风格转变。

围绕顾客角色的创新。当顾客的使用和共同创造的角色被重新定义,服务创新也就可能出现。例如,当在服务背景下顾客扮演者用户、采购者或者付款者的角色,当以前角色发生变化时就会产生新服务。

服务解决方案的创新。传统的思维认为解决方案是公司提供给客人的"产品和服务的捆绑销售",但事实是解决方案是一系列面对顾客的流程。当一家公司开始思考为客户提供解决方案时,他们就开始花更多的时间在客户上,听取和观察他们的问题,并定义可以通过创新解决方案而达到关键点。例如,在一定程度上,Facebook 也是一个解决消费者需求的方案,它是一个全面的、完全创新的、针对消费者的社会解决方案,而且可以在线提供。

3. 服务蓝图

根据瓦拉瑞尔·A. 泽丝曼尔等在其《服务营销》(第 6 版)对服务蓝图的阐述。服务蓝图的概念、构成、绘制包括以下内容:

(1)服务蓝图的概念。服务蓝图是服务创新和设计的技术,是详细描画顾客经验和服务系统的图片或地图,直观上同时从几个方面展示服务:描绘服务实施过程、接待顾客的地点、顾客和员工的角色以及服务中可见要素。服务蓝图与其他流程图最为显著的区别主要是顾客及其体验服务过程。它提供了一种把服务合理分块的方法,再逐一描述过程的步骤或任务、执行任务的方法和顾客能够感受到的有形展示。

服务蓝图是服务流程图的复杂版本,它更为详细地说明了服务过程是如何构成的、包括哪些顾客可视细节和服务过程中潜在的失误点等。

(2)服务蓝图的构成。服务蓝图的主要构成包括顾客行为、前台员工行为、后台员工行为和支持过程。4 个主要的行为部分有 3 条分界线分开。第一条是外部互动线,表示顾客与组织间直接的互动。第二条极关键的可视线,可以得出顾客是否被提供了很多可视服务,这条线还把服务人员在前台与后台所做的工作分开;第三条线是内部互动分界线,可以区分服务人员的工作和其他支持服务的工作和工作人员。

(3)服务蓝图的绘制。对服务流程图中既定活动进行更为细致的提炼、推敲;列出主要顾客活动行为,并按照时间先后顺序排列。

- 为每个前台活动界定标准(时间、态度、准确度等);
- 列举出所有前台活动中的涉及的有形线索或其他证据:

(外部互动线)——————————
一线服务人员提供的前台服务活动;
(可视线)——————————
一线服务人员的后台服务活动;
(内部互动线)——————————
其他员工对于服务的支持活动;信息技术的服务支持过程;确认所有人员均包括在内。

# 10.3  新型服务产业的发展

## 10.3.1  新兴服务业的发展渊源

新兴服务业是指伴随着信息技术的发展和知识经济的出现、伴随着社会分工的细化和消费结构的升级而新生的,或用现代化的新技术、新业态和新的服务方式改造提升传统服务业而产生的,向社会提供高附加值、满足社会高层次和多样化需求的服务业。

在服务营销管理活动中,基于人们对复杂服务业的管理需要,通常将其分类予以简化,形成简便、通行的服务业分类方法,具有代表性的服务业分类如表 10-2 所示。

表 10-2  具代表性的服务业一览表

| | |
|---|---|
| 1.公用事业 | 5.工商服务、专业性和科学性服务 |
| 　煤气公司 | 　广告 |
| 　电力 | 　顾问咨询 |
| 　供水 | 　营销研究 |
| 2.运输与通信 | 　会计 |
| 　铁路 | 　法务 |
| 　乘客陆运 | 　医药和牙医 |
| 　货品陆运 | 　教育服务 |
| 　海运 | 　研究服务 |
| 　空运 | 6.娱乐和休闲业 |
| 　邮政 | 　电影和剧院 |
| 　电信 | 　运动和娱乐 |
| 3.分销业 | 　旅馆、汽车旅馆、餐厅、咖啡室 |
| 　批发 | 　公用场地和俱乐部 |
| 　零售 | 　伙食包办费 |
| 　经销商和代理 | 7.杂项服务 |
| 4.保险、银行和金融 | 　修理服务 |
| 　保险业 | 　理发 |
| 　银行业 | 　私人家庭 |
| 　金融业 | 　洗熨业 |
| 　产权服务 | 　干洗店 |

相对于传统服务业而言,新兴服务业具有市场细分程度高、服务个性化强以及知识性、专业性高等特点,其主要包括金融、房地产、文化、旅游、物流、信息、中介、社区、会展等。从新兴服务业的产生和发展过程看,其形成主要来自于以下三个方面:

1.市场需求持续扩张

工业化形成了坚实的产业基础,使新兴服务业在规模上不断扩大,进而分化、升级形成了新兴服务业群。从产业发展的历史看,许多新兴行业是早已存在的,如金融、保险等。在初始阶段,由于经济发展的总体水平较低、规模较小,对经济的作用也不足以使其作为独立的、成熟的产业存在。随着资本、人才等经济要素的发展以及总体工业化进程的推进,金融、保险等行业的作用和功能日益凸显,并在产业规模上迅速升级,带动了其他相关产业的迅速发展,改变了经济社会原有的产业格局。

2.科学技术不断进步

在市场化高度发展的今天,科技作为一种新型的知识性"资本"逐步走向市场,并与市场的其他要素结合产生了许多新兴行业,如咨询服务、技术服务等单独形成了高度知识化的服务市场,给整体经济注入了新的活力。从目前的发展趋势看,随着科技创新的深入发展,将会有更多形式的科技类服务在市场中崭露头角。

与此同时,科技的发展还深深地改变了许多相关行业的服务形态,如互联网技术所提供的网上服务等,在管理上、经营上给新兴服务业的组织结构和经营业态等方面带来很大变化。

【实例 10-6】

### 花旗银行服务营销新内涵

花旗银行(Citibank)迄今已有近 200 年的历史。进入新世纪,花旗集团(Citigroup)的资产规模已达 9022 亿美元,一级资本为 545 亿美元,被誉为"金融界的至尊"。时至今日,花旗银行已在世界 100 多个国家和地区建立了 4000 多个分支机构,在非洲、中东,花旗银行更是外资银行抢滩的先锋。

花旗银行可以说是银行服务营销的创始者,同时也是银行服务营销的领头羊。花旗银行能成为银行界的先锋,关键在于花旗独特的金融服务能让顾客感受并接受这种服务,进而使花旗成为金融受众的首选。多年以来,银行家们很少关注银行服务的实质,强调的只是银行产品的盈利性与安全性。随着银行业竞争的加剧,银行家们开始将注意力转移到银行服务与顾客需求的统一性上来。银行服务营销也逐渐成了银行家们考虑的重要因素。

金融产品的可复制性,使银行很难凭借某种金融产品获得长久竞争优势,但金融服务的个性化却能为银行获得长久的客户。花旗银行深刻理解并以自身行动完美地诠释了"以客户为中心,服务客户"的银行服务营销理念。在营销技术和手段上不断推陈出新,从而升华花旗服务,引领花旗辉煌。

花旗通过变无形服务为有形服务,提高服务的可感知性,将花旗服务派送到每一位客户手中。花旗银行在实施银行服务营销的过程中,以客户可感知的服务硬件为依托,向客户传输花旗的现代化服务理念。花旗以其幽雅的服务环境、和谐的服务氛围、便利的服务流程、人性化的设施、快捷的网络速度以及积极健康的员工形象等传达着它的服务特色,传递着它的服务信息。

花旗在银行服务营销策略中，鼓励员工充分与顾客接触，经常提供上门服务，以使顾客充分参与到服务生产系统中来。通过"关系"经理的服务方式花旗银行建成了跨越多层次的职能、业务项目、地区和行业界限的人际关系，为客户提供并办理新的业务，促使潜在的客户变成现实的用户。同时，花旗还赋予员工充分的自主服务权，在互动过程中为客户更好地提供全方位的服务。

通过提升服务质量，银行服务营销赋予花旗服务以新的形象。花旗在引导客户预期方面决不允许做过高或过多的承诺，一旦传递给客户的允诺就必须保质保量地完成。如承诺"花旗永远不睡觉"，其实质就是花旗服务客户价值理念的直接体现。花旗银行规定并做到了电话铃响10秒之内必须有人接，客户来信必须在两天内做出答复。这些细节就是客户满意的重要因素。同时，花旗还围绕着构建同顾客的长期稳定关系，提升针对性的银行服务质量。通过了解客户需求，针对此提供相应的产品或服务，缩短员工与客户、管理者与员工、管理者与客户之间的距离，在确保质量和安全的前提下，完善内部合作方式，改善银行的服务态度，提高银行的服务质量，进而提高客户的满意度，提高服务的效率并达到良好的效果。

（资料来源：http://mp.weixin.qq.com/mp/appmsg/show? biz,2014-10-03.）

### 3.市场化进程逐步深入

随着市场体系日趋完备，政府部门已经不适宜再采用过多的监督、控制手段干预产业的发展，因此政府逐步采取市场化、产业化的手段在一些国家垄断性的行业内部引入竞争机制，并最终实现从该产业的退出。

由国家垄断管理到产业化经营、非市场调节到市场调节，这种转换体现了政府在发展经济过程中职能上的转变，同时政府在相关产业的退出也给新兴服务业带来了发展的契机。从我国的情况看，这种转变正在不断地扩大，其范围也正逐步的扩展到教育、公共服务业等领域。

## 10.3.2　新兴服务业的主要领域和特点

### 1.信息服务业

信息服务业具有知识密集等特点，技术人才和管理人才对信息服务业的快速健康发展起着重要的推动作用。信息服务业包括：社会调查业、信息处理业（计算机服务、数据处理、数据库服务）、信息提供业（咨询、广告、出版业）、电信服务业、咨询业（公证业、律师事务所）、经纪业、公共信息服务业、其他信息服务业。据行业内专家预测，动漫、网络游戏和影视制作等数字内容将成为信息服务业向高端发展的突破口。作为现代服务业的重要组成部分，信息服务业对于人才提出了更高的要求，他们的工作领域与专业要求各不相同，相同点则是知识密集、技术密集、智慧密集。总的来说人才必须具备三方面的能力：一是专业化，有创新能力，创新精神，懂得国际商业惯例，熟练的外语能力。二是理论水平，信息服务业属于知识密集型产业，理论知识至关重要。三是学习能力，随着市场化和信息化技术的发展，市场格局瞬息万变。信息服务业从业人员应随时进行知识结构方面的调整，善于接受新事物，产生新思维，这样才能适应现代服务业的发展。

### 2.旅游服务业

随着知识经济的到来，人们消费水平提高和生活质量的改善，人们用于国内与国际旅游的需求将会与日俱增,以适应这种需求而兴起的旅游业将得以迅速发展,成为各国 GDP 中占有较大比重的行业。近年来,泰国和印度都出现了新的服务贸易形式,泰国以牙医为优势,在开放旅游市场和为境外人士提供旅游服务之外,配套推出牙科诊疗,使国外旅客不仅可以享受到泰国风情,还可以得到治疗牙齿的便利,形成了一个新的全球化牙齿治疗产业;印度拥有大量留学欧美的医生,在印度进行外科治疗可以比美国便宜一半以上,一些美国病人在美国等不及长期排队来到印度,不仅可节约费用,还可以享受到贵宾的礼遇。

3. 社区服务业

社区服务是指地方政府倡导,以街道居民委员会等基层性质社区组织为依托,为满足社区成员的多种需要,解决社区问题而开展起来的具有社会福利的新兴事业。随着国家大力推进社会保障制度社会化,原先由单位承担的社会保障义务逐渐向社会剥离,企业退休人员的社会化管理和服务、下岗失业人员再就业、社区教育、社区文化、社区体育、社区卫生都进入了社区服务中心的工作范畴。社区服务也由原来单一的为老年人、残疾人和其他特殊群体及广大社区居民群众便民利民服务逐渐转向多元化的服务功能。也就是说,随着经济体制改革的深化和政府职能的转变,社区将承担越来越多的社会管理和服务功能,社区服务必将走向行业管理,最终建立社区服务业。另外,随着城市居民收入水平的不断提高,生活节奏的日益加快,以及人口结构老龄化趋势的日益明显,也要求提供高质量和全方位的社区服务。

【链接 10-3】

### 有关社区服务业——什么是社区服务 App?

社区服务 App 是指在原有社区的管理基础上而建立的一个 App,集业主家庭互动和社区居家生活服务于一体,为业主们提供各类生活、居家服务的一站式服务移动 App,可有效帮助用户解决与生活息息相关的问题。

传统的社区商业模式已经逐渐被淘汰,新的 App 生活和商业模式正在颠覆人们的传统思维,以"价值和服务"创造认可的方式更为有效,社区服务 App 正用另一种途径演绎全新生活方式。以彩之云为例,一个为彩生活社区业主服务的一站式服务平台,可有效帮助用户解决与生活息息相关的问题。一个包含物业服务、B2F 商业服务、虚拟服务、商品服务、智能管家和连锁经营的社区服务 App。包含缴物业费、缴停车费、投诉报修、有奖问答、幸福中国行、小区通知、周边优惠、天天特价、生活超市、充值中心、机票、旅游酒店、火车票、推荐好友、招商加盟、彩票等,旨在为业主提供衣、食、住、行、娱、购、游等的全家全生命周期的服务。

(资料来源:http://baike.baidu.com/link? url=ijnXc5uziJU7N1Y-.)

4. 中介服务业

社会中介组织是指按照一定的法律、法规、规章或受政府的委托,遵循独立、客观、公正的原则,在社会经济活动中发挥服务、沟通、鉴定、公证等功能,实施社会性、技术性、执行性、服务性行为的社会组织。简而言之,社会中介组织就是为各种社会主体提供中介服务的组织、机构的总称。中介组织分为市场中介和非市场中介。市场中介指与市场直接相关,有助于资源优化配置的中介组织。非市场中介指承担从政府职能中分离出来的部分服务于公共利益的中介组织,如各类协会、公证行业等。中介服务业是现代服务业的重要组成部分,是其他服务业及各产业发展的纽带和桥梁,其发育程度及在现代服务业中所占的比重,是衡量一个地区市场经济成熟程度和经济竞争力的重要标志之一。

**【实例10-7】**

### 爱屋吉屋:无门店免中介的新型租房

爱屋吉屋诞生于上海,从2014年3月开始创业至今,已经有1500人的团队规模。它是一家新的房屋中介公司,提供的是双倍于传统中介底薪、广招优秀经纪人的"重模式",与传统公司运作完全不同,通过系统性分析,重新量化,重塑了整个业务流程,实现了O2O的无缝对接。

不设门店,也不给中介顾问佣金提成,以避免经纪人对客户"挑肥拣瘦",通过高底薪、快成交、以客户打分为基准的服务费激励租房顾问提供服务,对租客一视同仁,在上海推出"租客佣金全免"的火爆倒贴活动,在北京则只收租客一半的佣金。独特的模式,使得爱屋吉屋成立7个多月,就引发业界关注。

在买家、卖家基本上都有智能手机的时代,以店为核心的租房模式弊端逐渐显现,通过利用互联网手段,把租房这个复杂而长期的交互过程简化、标准化,同时也节约了大量人力成本。爱屋吉屋改变了传统租赁短板,让租房流程透明化、用户体验优化,效率大大提高。

(资料来源:选自2014年中国十大"小而美"的O2O经典案例.)

5.会展服务业

会展业是会议业和展览业的总称。是一个新兴的服务行业,影响面广,关联度高。会展经济逐步发展成为新的增长点,而且会展业是发展潜力大的行业之一。会展业地位和作用日益凸现,会展业涉及工业、农业、商贸等诸多产业,对结构调整、开拓市场、促进消费、加强合作交流、扩大产品出口、推动经济快速持续健康发展等发挥重要作用,在城市建设、精神文明建设、和谐社会构建中显示出其特殊的地位和作用,并日益显现出来。从二十世纪八十年代以来,我国会展业经历从无到有,从小到大,以年均近20%的速度递增,行业经济效益逐年攀升,场馆建设日臻完善,已成为国民经济的助推器和新亮点。全国以北京、上海、广州为一级会展中心城市,初步形成三大会展经济产业带,即包括北京、天津、烟台、廊坊等地的环渤海会展经济带,以上海为龙头、沿江沿海为两翼的长江三角洲会展经济带,以广交会和高交会为龙头的珠江三角洲会展经济带。随着会展业市场化程度的提高,会展城市内部场馆之间、会展城市之间的竞争日益明显。

**【链接10-4】**

### 会展经济的发展

2016年G20峰会花落杭州,进一步提升杭州的城市知名度和美誉度,从而为杭州文创产业开展国际交流提供更为广阔的平,为推动中国文化"走出去"提供更为强劲的内生动力。

从世界会展经济发展趋势上看,会议业的经济效益增长速度快于展览经济增长速度,而且会议和展览之间的关系更加融合。有调查显示,在未来几年中,世界会展业的速度增长将达到30%~40%,其中地区内会展预期增长在18%左右,国内会展预期增长在13%左右,国际会展的预期增长约为8%。

国际会展业已经成为一个在全球经济中占有相当比重的新兴产业。许多国家和地区的经济对会展业的依赖程度很高,会展业发达的欧洲流行这样一句话:会展是城市的面包。就拿瑞士来说,瑞士是一个人口只有700万的内陆小国,可每年举办的国际会议平均超过2000个,仅会议每年就吸引外国游客超过700万人。1999年1月举行的达沃斯世界经济论坛,来自40多个国家的元首、政府首脑、内阁部长和100多个国家的政治、经济界名人和新闻记者共3000多人出席会议。据统计,论坛期间,普通与会人员平均支出2000美元,政要和企业家支出更多。由此可见,会展经济已经成为瑞士不可或缺的支柱产业,是整个国民经济具有活力的动力"引擎"。

6.环保服务业

全球经济的可持续发展要求世界各国重视并加大投入环保服务业。环保服务业包括两个方面:一是环境污染治理服务,即从事废水处理、废弃物处理处置、大气污染控制、噪声污染控制等的开发、设计及其工程总承包以及设施的运营。二是与环境管理相关的服务,即环境影响评价(评估)、环境污染治理工程可行性研究、评估以及招投标活动的组织,危险废物处置风险评估,环境与经济政策研究,环境调查,环保法律法规咨询,环保科技成果和实用技术的引进、筛选及推广,排污许可证、污染治理证等管理活动中的具体事物的承办,环保产品、无公害产品的组织认证活动等。

7.物流服务业

企业的存在就是为了满足顾客某方面的需要,为顾客提供产品和服务,而物流服务是保证企业能有效提供优质服务的基础。面对日益激烈的竞争和消费者价值取向的多元化,企业管理者已发现加强物流管理、改进顾客服务是创造持久的竞争优势的有效手段。

8.科技教育保健业

各个领域的科技开发将出现强劲发展态势,尤其是航空航天、生物医药、海洋工程等领域将会发生前所未有的突破性进展。与科技领域发展的需要相匹配,教育将以产业发展的态势进入快车道。医疗、卫生、全民保健服务业的发展也会开创新的天地。

就中国而言,美容服务、物流产业、汽车服务产业、高级家政、金融保险、文化艺术设计以及餐饮服务、医疗、娱乐、健身、体育和正在快速发展的电子商务、网络安全、下载服务、游戏设计等产业都可以称为新兴服务产业。这些产业的形成和发展将为中国经济提供新的增长动力,也是真正解决中国就业问题的重要途径。

【链接 10-5】

### 服务业面临"互联网+"转型挑战

以互联网为代表的新技术革命为服务业企业突破传统模式,发展新业态、新模式提供了最有力的生产要素。我国服务业企业快速、健康成长的时代正在到来。服务业所占比重逐年攀升,自2012年超过第二产业,达到45.5%后。从固定投资的角度看,资本对服务业有更多的青睐,社会的期待值更高,预示着在未来服务业的发展有更好的基础条件。互联网的兴起给服务业的发展带来新的活力。"互联网十"助推服务业企业转型升级。

首先,流通企业与互联网继续深度融合,商业模式从买卖差价升级为集合金融、信息、仓储、物流等供应链服务模式。从消费终端向产业互联方向发展。出口电商是贸易的互联网化,重塑了传统贸易的利益链条,打破了进口商、批发商、分销商的垄断,而直接面对零售商,甚至是终端消费者,大大缩减了交易的中间环节,减少成本,提升效率。出口电商也将逐渐由传统的"搬运工"升级成为品牌培育者。跨境电商的发展,将重塑我国对外贸易的格局。

第二,互联网作为"普惠"媒介正在改写金融业的竞争格局。互联网具有天然的降低信息不对称功能。目前,"互联网十"对金融三大细分领域的改造机会在于,证券交易业务因标准化程度较高,互联网对传统模式的替代较强;互联网银行则通过 P2P、征信业务及供应链金融业务,弥补了传统金融机构未能满足的小微企业贷款需求;互联网时代产生的大数据使得保险产品的精准定价成为可能,将极大促进保险的精细化发展。

第三,互联网和旅游企业的结合,使得客户资源逐渐向线上转移。旅游企业也呈现出线上线下(OTA 模式)互相融合渗透的趋势,企业间在资源整合、品牌推广、服务体系构建等领域开展激烈竞争,这正是传统旅游企业开辟新渠道、提升全产品服务质量,打造品牌形象的大好机会。

最后,职业教育发展是"互联网十"与传统产业深度融合基本前提。社会资本引入教育和其他的传统服务业大企业的成长道路在"互联网十"的浪潮中都将被重新塑造。

(资料来源:改编自 http://finance.sina.com.cn/chanjingcyxw2015-09-15/)

从"新兴"和"传统"的发展领域看,两者区别是较为明显的:一是新兴服务业注重的是为消费市场提供更多的精神层面的服务,如文娱活动、个人理财、保险、教育服务等,脱离了传统服务业吃、住、行等物质含量较多的层面和领域。二是新兴服务业在整个社会经济中处于较高的战略位置,可以通过资本的周转,甚至是虚拟经营来发挥作用;而传统服务业则处于重要的基础性地位,行业操作的实务性较强。新兴与传统服务业的发展领域不同,其发展的特点也不同,主要有以下三方面:

1. 资本密集

金融、保险等行业,作为资本吸纳和市场运作的主体行业在工业化后期的发展中,呈现出对资金流很强的调配能力。从初期的银行业信贷到后来的证券以及现在的二板市场,金融业体现了越来越强的资源配置力。正因为如此,金融、保险业这类资本高度密集的新兴服务业始终被看作是经济发展中的战略性行业。

2. 知识含量高

随着市场需求个性化趋势日益增强,知识型的新兴服务业得到了迅速的发展。出现这种情况的原因主要有两方面:首先,知识含量高的新兴服务业适应了经济社会发展的需求。面对新型需求不断增加的市场,知识资本的融入形成了社会经济发展中必不可少的一环,尤其是技术上的进步以及科研服务的发展给经济社会带来了强大的推动力。其次,知识含量的增强促进了新兴服务业管理方式的革新,并随之带来了高效率和快发展。以目前发展较快的策划、咨询、培训等新兴服务业为例,这些行业都是在知识与市场不断融合的过程中产生和发展起来的,都是通过"知识＋资本"的发展模式而迅速发展壮大的。这些知识型新兴服务业的发展充分体现出知识创新与经济发展密切融合的特点。

3.产业延展性强

由于新兴服务业自身处于社会经济发展的前沿,因而对其他行业的带动作用也较为显著。从新兴服务业的延展方式看可以分为横向延展和纵向延展两类。横向延展主要包括金融、保险等产业的跨行业服务,其所形成的延展产业之间并不存在链接关系;纵向延展则主要包括信息服务、旅游、文化、房地产等行业,其产业链的前向和后向的延伸较为显著,范围大、涉及的行业多,一般会由具体的区域特色发展成为各地区的基础性产业。

传统服务业和新兴服务业在许多方面也具有共性。首先,无论是传统服务业还是新兴服务业都具有服务业的特点,即服务成果的商品性、较强的技术性、明显的地方性、经营的复杂性和服务的直接性等。其次,传统服务业与新兴服务业都是一定社会生产发展的产物,是社会分工的需要,是社会进步的表现。新兴服务业的出现正是在当前依靠科技进步、依靠信息沟通、依靠社会合作的体现。随着科学技术和社会生产力的发展,还将出现与之相适应的更新的服务行业。

我国的新兴服务业才刚刚起步,如科学技术咨询服务、信息服务、广告服务、现代旅游服务业等已有了一定程度的发展。但从整体上看,还不能适应国民经济飞速发展的需要。

发展新兴服务业,对我国的现代化建设有着积极的意义。近年来,我国经济虽发展很快,但却日益受到技术落后、人才短缺、劳动者素质低下的制约。因此,大力发展科学技术咨询服务、文化技术培训服务,信息服务等服务业,对培养专门人才、提高劳动者素质和企业的技术水平,拓宽企业生产经营的视野等意义重大。另外,随着对外经济联系的日益紧密,新兴服务业对外提供服务,还可以为国家赚取大量外汇。

新兴服务业是一个动态的概念。它随社会经济的发展进步和时间的推移会变成传统服务业,而同时也会产生与经济社会发展相适应的新的服务业。

【链接 10-6】

### 微信营销及其特点

微信营销是网络经济时代企业或个人营销模式的一种。是伴随着微信的火热而兴起的一种网络营销方式。微信不存在距离的限制,用户注册微信后,可与周围同样注册的"朋友"形成一种联系,订阅自己所需的信息,商家通过提供用户需要的信息,推广自己的产品,从而实现点对点的营销。其主要有三个特点。

一是点对点精准营销。微信拥有庞大的用户群,借助移动终端、天然的社交和位置定位等优势,每个信息都是可以推送的,能够让每个个体都有机会接收到这个信息,继而帮助商家实现点对点精准化营销。

二是形式灵活多样。

漂流瓶:用户可以发布语音或者文字然后投入大海中,如果有其他用户"捞"到则可以展开对话。如:招商银行的"爱心漂流瓶"用户互动活动就是个典型案例。

位置签名:商家可以利用"用户签名档"这个免费的广告位为自己做宣传,附近的微信用户就能看到商家的信息。如:饿的神、K5便利店等就采用了微信签名档的营销方式。

二维码:用户可以通过扫描识别二维码身份来添加朋友、关注企业账号;企业则可以设定自己品牌的二维码,用折扣和优惠来吸引用户关注,开拓O2O的营销模式。

开放平台:通过微信开放平台,应用开发者可以接入第三方应用,还可以将应用的logo放入微信附件栏,使用户可以方便地在会话中调用第三方应用进行内容选择与分享。如:美丽说的用户可以将自己在美丽说中的内容分享到微信中,可以使一件美丽说的商品得到不断的传播,进而实现口碑营销。

公众平台:在微信公众平台上,每个人都可以用一个QQ号码,打造自己的微信公众账号,并在微信平台上实现和特定群体的文字、图片、语音的全方位沟通和互动。

三是强关系的机遇。微信的点对点产品形态注定了其能够通过互动的形式将普通关系发展成强关系,从而产生更大的价值。通过互动的形式与用户建立联系,互动就是聊天,可以解答疑惑、可以讲故事甚至可以"卖萌",用一切形式让企业与消费者形成朋友的关系,你不会相信陌生人,但是会信任你的"朋友"。

(资料来源:http://baike.baidu.com/link.)

**【即问即答10-2】**

新兴服务业有哪些?

## 10.3.3 现代服务营销的趋势

**1. 从基础服务转向知识服务**

从基础服务转向知识服务是一个值得关注的趋势。现在,服务的内容不断深化,服务本身在延伸,这是非常明显的一个特色。例如有的超市为顾客提供生活资讯、消费情报、商品知识等属于知识服务。知识服务未来将是各个行业形成服务特色的一个重点,所以要注意考虑如何在知识方面提供更好的服务。

**【实例10-8】**

### 招商银行的微博、微信营销

微博作为一种简单快捷、低成本的品牌宣传和营销方式,越来越受到银行业的重视和喜爱。虽然各家银行都开通了微博,但是效果却有天壤之别。光大银行于2010年2月25日在新浪开设微博,成为首家开设微博的银行。之后,工商银行、农业银行、中国银行和建设银行四大国有商业银行,招商、兴业、浦发、中信、华夏等股份制商业银行,还有哈尔滨、青岛、齐鲁、宁波、上海农商行等地方城商行都纷纷在新浪开通了官方微博,并经过加"V"认证。招商银行表现突出,2011年2月微博粉丝数量已经超过35万,排名第一。从主要银行各级分支机构开通微博数量的对比可以发现,招行的粉丝数量最多,发布的微博数量也是最多的,遥遥领先排第二位的建行和第三位的中行。招商银行之所以能够吸引大量的粉丝有两个方面的原因。一是招商银行微博活跃度较高,每天发微博条数比较平均,上午、中午、晚上都有发布；二是招商银行发微博的内容包含政策法规、营销活动、业界动态、休闲娱乐等多方面内容，与其他银行相比内容比较丰富。

　　微信官方对漂流瓶的设置，也让很多商家看到了漂流瓶的商机，他们开始通过扔瓶子做活动推广。使得合作商家推广的活动在某一时间段内抛出的"漂流瓶"数量大增，普通用户"捞"到的频率也会增加。招商银行就是其中一个。日前，招商银行发起了一个微信"爱心漂流瓶的活动"：微信用户用"漂流瓶"功能捡到招商银行漂流瓶，回复之后招商银行便会通过"小积分，微慈善"平台为自闭症儿童提供帮助。在此活动期间，有媒体统计，用户每捡十次漂流瓶便基本上有一次会捡到招行的爱心漂流瓶。

［资料来源：根据 2015 微信营销十大成功案例和众多银行争夺微博营销（中国经济网）编写.］

**【即问即答 10-3】**

　　招商银行的官方微博和微信营销说明了现代服务业怎样的一种趋势？

**2. 从单项服务转向互动服务**

美国有专家提出，现在营销的最主要趋势是消费者主权营销，即消费者要参与，有一定的权利，企业必须让消费者在参与的过程中解决服务需求。例如，对于超市来说，设立意见箱、成立商圈顾问团，甚至开设网站与消费者沟通等做法，就是互动服务。

**【实例 10-9】**

### Burberry——"从伦敦到上海的旅程"

　　相对于传统的被动消费模式，今天的消费者更加青睐新感官主义和品牌体验。他们希望能在消费行为中随时与企业对话、走进品牌体验店或者直接参与企业的体验活动。而这一消费趋势正在潜移默化中影响着企业未来的市场策略（见图 10-1）。

图 10-1　Burberry——"从伦敦到上海的旅程"

（资料来源：2014 年微信营销成功的案例.）

　　21 世纪最吃香的是什么才？ 全才！ Burberry 深谙这个道理，所以在"从伦敦到上海的旅程"上，就能看出一些端倪（www.cyone.com.cn/）。 要进入这个浑身上下散发着浓浓文艺气息的 H5,第一步,得先"摇一摇";第二步,点击屏幕进入油画般的伦敦清晨;第三步,摩擦屏幕使晨雾散去;第四步,点击"河面",河水泛起涟漪;最后点击屏幕上的白点,达到终点站上海。总而言之,你能想到的互动方式,Burberry 都用在里面了。技术的精进最大程度满足了移动营销多元化的交互与联动,技术宅也有春天就对了!

3. 从粗放服务转向精细服务

细节营销,顾名思义,就是指企业营销工作的每一细节设身处地为消费者着想,籍以最大限度满足其物质和精神需求的营销工作。细节营销的产生,有着深刻的社会背景。细节营销是在产品设计和生产过程中除了满足消费者基本需要外,同时在细节上做足文章。使消费者在消费商品时更加简便、安全、舒适和高性价比的工作。商品设计和生产中的细节营销。说到底,就是充分考虑消费者多层次需求,使企业营销工作更具人性化。

在社会不断进步、人们生活水平不断提高。消费意识不断增强,以及企业的产品、营销工作日益趋于雷同的背景下,不仅要求企业在经营决策等大的方面从消费者的需求出发,更要求企业在营销细节上考虑消费者各个方面的需要,突出自身的优势和特色,全心全意地为顾客服务。消费者在物质需求得到满足的基础上,同时得到了尽善尽美的延伸服务和享受,势必成为企业的忠诚顾客,从而实现了真正的"双赢。"

服务水平的高低和服务的竞争有时候并不取决于服务产品的设计、服务的承诺,而是取决于服务的细节,所以未来的服务运作一定要非常精细化。有的超市在进行电话调查的时候发现顾客经常很不耐烦地挂电话,其实电话调查本身的方向是对的,但是精细化程度不够。解决的办法是在顾客填写个人资料时,设计一个选项:"您是否愿意配合超市进行调查? 如果愿意的话,您希望采取的方式是信函、电话还是发电子邮件?"让顾客自己选择。

【实例 10-10】

### "海底捞"与"杂货店"的细节营销

好的服务有口皆碑,海底捞火锅店的服务细节之处更是让人赞叹不已。下面以四个小细节证明:

A. 提供围裙,避免油、汤溅到身上。

B. 当顾客把手机放到桌子上时,服务员立刻拿来一个小袋子,将手机放在里面,避免油烟沾到上面。

C. 服务员主动把菜倒入锅中,并且不时去检查菜有没有煮熟,以保证顾客在最好的时机享用最好的菜品。

D. 主动送来鲜榨西瓜汁和果盘,非常体贴。若还有人在排号,餐馆精心为耐心等待的顾客免费提供棋牌、瓜子、甜点等,可以让他们消磨时光。

E. 在顾客离开时,免费发放口香糖。

海底捞的成功主要体现在细节营销上面,着眼点在服务,很好地实现了差异化,不光在产品上有创新,服务上也为产品提供了增值服务。这样看来,海底捞的成功也就不是偶然了。

但是,一个细节的疏忽也会直接影响一个杂货店的生意。一位妇女每星期都固定到一家杂货店购买日用品,在持续购买了 3 年后,有一次店内的一位服务员对她态度不好,于是她便到其他杂货店购物。12 年后,她再度来到这家杂货店,并且决定要告诉老板为何她不再到他的店里购物。老板很专心地倾听,并且向她道歉。等到这位妇女走后,他拿起计算器计算杂货店的损失。假设这位妇女每周都到店内花 25 美元,那么 12 年她将花费 1.56 万美元。只因为 12 年前的一个小小的疏忽,导致了他的杂货店少做了 1.56 万美元的生意!

细节的力量贵在坚持,那些成功的企业之所以成功,其中的"注重细节"是不可忽视的。许多世界著名企业如宝洁、沃尔玛无不是从精耕细作走向辉煌的。

4. 从一般性服务转向个性化服务

要从对所有顾客一视同仁的服务方式转向个性化服务,这样才能充分挖掘服务的内涵,才能使服务项目得到延伸,也使得顾客与超市的关系更加密切。

有人认为未来的营销是数据库的营销加差异化的营销,即先建立一部分档案(即数据库),然后再根据顾客的差异化进行个性化服务,这样营销工作就会逐步做得更细致。同时,个性化服务也是超市开展营销工作成是进行服务策略定位时需要充分考虑的。个性化服务包含了亲情、随和等成分,也就是说,将来的服务要越来越情感化,未来这种服务的情感附加值会越来越高。

【实例 10-11】

### "百分点"网络购物平台个性化服务

百分点成立于 2009 年,当时主要为电商企业提供个性化推荐引擎。2011 年 7 月,百分点获得 IDG 资本和名信中国成长基金 720 万美元的投资。2013 年 7 月,百分点获得第二轮 1000 万美元融资,投资方为东方星空创投和 IDG 资本,公司由提供大数据技术进入到大数据管理与应用领域。2014 年 7 月,百分点宣布获得 2500 万美元的 C 轮融资,由高瓴资本领投。

百分点拥有目前国内最专业的推荐引擎技术平台、最大的跨网站消费偏好平台,专注为电子商务企业提供站内流量转化和商业智能分析的整体优化解决方案。现在百分点已经成功地为库巴网、58 团购、走秀网、红孩子、麦包包、珂兰钻石、玛萨玛索、途牛网等在内的近两百家知名电子商务企业和资讯类网站提供个性化的服务。作为国内最大的母婴用品在线商城,在架的商品数量超过 5 万多种,同时,其根据女性的需求又上线了另外一个独立的时尚购物网站——提供家具、厨电以及保健品等商品。百分点为其两个独立的在线商城提供整体的个性化商品推荐服务。

百分点针对该电子商城的需求的特殊性,以及网络购物行为需求的特点,提供了以下的个性化解决方案,当客户进入商品明细页面时,其具体商品需求的品牌和品牌类已经相对确定。在该页面,百分点个性化的商品推荐具体包括以下几个方面:在客户既定的商品偏好下,提供同类的替代型号商品——客户可以通过该推荐列表直接到达其偏好的商品明细页面,能够有效降低客户的退出率;提供与该客户具有相同偏好的其他客户的购买行为,作为其购买决策的依据——能够帮助客户购买决策,提高订单转化率;动态的提供经常一起沟通的商品组合,能够有效地提高商品的交叉营销（Cross-Sell），并且，包括母婴商品和时尚商品网站之间的交叉推荐；当客户选择完商品进入购物车时，其主要的商品需求已经基本满足，百分点个性化商品推荐引擎通过基于客户添加购物车的商品列表，实时的计算出满足客户偏好的潜在的商品列表。

根据该客户的需求，百分点个性化智能引擎是综合计算该店上的母婴和时尚两个网站的商品和客户整体数据之后，根据客户的网络购物行为特征，提供整体的解决方案。百分点个性化推荐对于电子商城销售提升有持续和稳定的作用——平均客单价增长率约为15%，平均的购买商品种类数和件数的增长率都在50%以上；从客户购物体验的角度，百分点个性化推荐引擎有利于提高网站用户黏度，提升网站用户回头率。

## ✦ 本章小结

- ◆ 服务文化是企业在长期对用户服务的过程中所形成的服务理念、职业观念等服务价值取向的总和。服务伦理，是指企业从服务理念的制定、服务决策到具体的服务实践等全部客户服务活动所应遵循的伦理观念、伦理原则和道德规范。

- ◆ 服务创新是指在服务过程中服务企业应用新思想和新技术来改善和变革现有的服务流程和服务产品，提高现有的服务质量和服务效率，为顾客创造新的价值，最终形成服务企业的竞争优势。服务创新的种类包括服务供给创新、围绕顾客角色的创新和服务解决方案的创新。

- ◆ 新兴服务业是指伴随着信息技术的发展和知识经济的出现、伴随着社会分工的细化和消费结构的升级而新生的，或用现代化的新技术、新业态和新的服务方式改造提升传统服务业而产生的，向社会提供高附加值、满足社会高层次和多样化需求的服务业。相对于传统服务业而言，新兴服务业具有市场细分程度高、服务个性化强以及知识性、专业性高等特点，其主要包括金融、房地产、文化、旅游、物流、信息、中介、社区、会展等。

## ⇨ 【案例分析】

### 杭州：文化创意的天堂

白居易走马的孤山道，苏东坡登临的望湖楼，柳永笔下的自古繁华，杨万里眼底的接天莲叶，陆游听过的小巷风雨，辛弃疾曾观的元夕灯会——杭州的青山绿水引文人骚客写下华美辞章，台湾著名现代诗人洛夫到访杭州时感叹，杭州完全可以成为中国的诗歌之都。如今，杭州在中国文化产业异军突起，成为一座"文创之都"。2007年，杭州首次提出了建设全国文化创意产业中心的目标，而据2015年4月由清华大学国家文化产业研究中心和亚太文化创意产业协会联合发布的《2015两岸城市文化创意产业竞争力研究报告》显示，杭州文创实力已居大陆城市第三位。

3月18日，雨后初霁，记者走进位于浙江杭州西湖区的之江文化创意园，这个由旧水泥厂转型而来的文创产业园宁静而繁忙。园区近年来依托中国美术学院，完善基础设施，优化服务环境，促进"互联网＋文创、文创＋金融、文创＋科技"的融合发展，实现了重生。园区集聚了蔡志忠、孟京辉等文创名人及 124 家文创企业，成为全国首个艺术类国家大学科技园。"目前亩产税收是原水泥厂的 400 倍！"

杭州处于我国经济社会发展颇具活力的长三角地区，民营资本活跃，创业环境优越，文化消费需求旺盛，同时文化底蕴深厚，专业人才集聚，发展文创产业、促进转型升级成为这座城市的战略选择。记者发现，杭州不仅有之江文创园，还有西湖创意谷、西溪创意产业园、白马湖生态创意城等十大园区。在这里，听到频率最高的词是"创意""创新""融合"，杭州也被企业家和创客赞为"文化创意的天堂"。

创新融合发展开辟新天地

"我国文化创意产业的崛起与发展，为杭州开辟了一片文创新天地。今年政府工作报告中的'互联网＋''众创空间'等词汇，更激发了杭州文化创新活力，我们迎来了文创发展的新机遇。"杭州市委宣传部负责人说，"杭州近 10 年文化创意产业从小到大、由弱到强并跨越式发展，靠的是文化自觉，走的是不断创新、融合、发展之路，实现了社会效益与经济效益的统一。"

事实上，杭州如今是联合国教科文组织全球创意城市网络"工艺和民间艺术之都"，是全国首批"国家级文化和科技融合示范基地"和"国家三网融合试点城市"。杭州拥有全国唯一的"两岸文化创意产业合作实验区"，在全国率先提出打造"动漫之都"战略目标，杭州市连续 11 年承办中国国际动漫节，以"动漫的盛会、人民的节日"为宗旨，是规模大、人气旺、影响广的海内外知名动漫盛会；中国国际动漫节坚持文化惠民与产业促进双管齐下，发挥出巨大的社会效益和经济效益，不但带动当地动漫产业由无到有、由弱而强，更是成为全国动漫产业的风向标。

重机制创新，抓顶层设计

大批文创领军企业和知名品牌，正源源不断地为杭州文创产业发展增添活力、动力和影响力。文化创意产业增加值 1607.27 亿元，同比增长 15.9%，占 GDP 的 17.5%；规模以上文创企业单位资产总额 4347.56 亿元，主营业务收入 2842.07 亿元，利润总额 587.32 亿元；文创从业人员 33.68 万名，规模以上文创企业 3183 家，其中民营企业 3023 家；杭报集团成功借壳上市后，杭州文创上市企业达 22 家……为了解决文创产业由于轻资产特性而面临的融资瓶颈，杭州在全国率先开展了一系列文化金融的探索，每年安排不低于 1 千万元的投融资专项资金，鼓励在杭金融机构为文化创意企业提供金融服务。它是全国首个建有两家文创金融专营支行的城市，拥有全国首个文化创意产业无形资产担保贷款风险补偿基金，仅杭州银行文创支行就为 200 余家中小文创企业提供了 9 亿元的信贷支持。

杭州文创产生发展抢眼的数字背后，是政府体制机制的不断创新和践行。

文创产业飞速发展的背后是一系列行之有效的政策支撑。杭州先后出台了涉及园区建设、基地建设、电影院线建设、动漫游戏产业发展、文创人才队伍建设的一系列意见，并设立了市级文化创意产业专项资金，最高额时达到 4.11 亿元。最为业界认可的是杭州市政府有效落实"四个有"，即"有钱办事、有人办事、有房办事、有章理事"。比如，杭州通过资助、贴息等方式带动社会投资，6 年来市级财政资金扶持 3100 多个文创项目，带动社会投资约 630 亿元，实现了"有钱办事"。杭州于 2008 年在全国率先成立当地正局级全额拨款事业单位的市文化创意产业办公室。近年来，杭州不断推动文创园区及楼宇建设，成片的老厂房、老仓库、老楼宇、旧街区和农居得以华丽转身——已建成 5 家国家动画产业（教育）基地、8

家国家文化产业示范基地、24 家市级园区、33 家市级文创楼宇，"有房办事"让创客们获益。

目前，杭州上市文创企业就有 23 家。以这批领军企业为核心，全市已经形成了 5 个国家动画产业（教育）基地、8 个国家文化产业示范基地和 8 个国家级文化产业园。市财政每年安排 4500 万元资金，从人才的选拔、引进、培养、使用和服务等环节，不断壮大创意人才队伍。推出成长型文创企业高端培训等人才项目，采用 PPP（政府、企业和社会资本合作）模式全面培养人才；同时，每年举办中国杭州文化创意产业博览会，搭建起"西湖创意市集""创意力量大讲堂"等载体，为普通创意阶层提供机会，营造了良好的"众创空间"。

量身定做金融产品

文创企业无形资产比重大，很多处于初创阶段的企业流动资金不足、信用等级不够、盈利模式尚未形成，融资难是困扰文创产业发展的瓶颈。对此，杭州通过鼓励为文化创意企业提供融资服务、加快推进文创企业创业板上市等政策，构建了"政策扶持—战略合作—风险共担—专营机构—贴息支持—还贷周转—投资引导"的文创企业融资服务链。在文创专项资金中每年安排不低于 1000 万元的投融资专项资金，引导金融机构加大信贷投放；杭州市文创产业无形资产担保贷款风险补偿基金为超过 120 家文创企业提供超过 5 亿元的无形资产担保贷款；相关金融机构通过财政注资引导，推出文创产业集合信贷产品，已为 187 家次中小微文创企业提供 4.05 亿元信贷支持，杭州市文创产业专项资金已为 112 家中小文创企业提供超过 900 万元贴息扶持，诸如此类的"银政投"创新合作渠道，有效缓解了文创产业发展的资金瓶颈。

此外，杭州还引导民营资本相继组建了"杭州文诚创业投资基金"等多个以文创产业为主要方向的股权投资基金，对有高增长潜力的文创企业实行战略性融资，以促进文创企业做大做强。杭州文创产业发展迅速。2015 年前三季度，全市文创产业实现增加值 1571.83 亿元，同比增长 20.3%，比地区生产总值同期同比增速高出 10.1 个百分点，占同期地区生产总值比例已达 22.1%。

在浙江杭州，具有"人脑＋文化＋电脑"特色的文化创意产业，已经从一个"稚嫩"的新兴产业，成长为城市重要支柱产业、经济发展的新引擎。杭州优越的自然环境、深厚的历史人文积淀、发达的民营经济，以及浙江大学、中国美术学院等在杭院校的人才、技术优势，使其成为发展文化创意产业的"风水宝地"。

（资料来源：改编自人民网，http://www.ccitimes.com2015-11-18，新华网和杭州文化报，2015-03-03.）

**案例讨论题**

1. 一个城市应该怎样因地制宜打造新型的服务产业？

2. 布局蓝海的政府主导力应如何作为？怎样全方位盘活文化市场，如何用好文化创意人才资源？

3. 杭州市的文化创意产业发展给你有何启发？

**【思考题】**

1. 在现代市场经济条件下，为什么要构筑服务文化？

2. 试访问一家有鲜明服务文化特色的著名服务企业网站，分析网站提供的信息是如何强化其企业服务伦理与文化的。

3. 试阐述服务创新的种类与服务蓝图的绘制。

4. 试阐述新兴服务业的发展与现代服务营销的发展趋势。

5. 论述"互联网＋"给服务业带来的转型挑战。

6. 举例说明新兴服务业及其发展。

# 第 11 章

## 综合案例分析:顺丰速运的服务 ≫ ≫ ≫　≫

## 11.1　顺丰速运简介

顺丰速运(集团)有限公司(以下简称顺丰)于 1993 年成立,总部设在深圳,是一家主要经营国内、国际快递及相关业务的服务性企业。

自成立以来,顺丰始终专注于服务质量的提升,不断满足市场的需求,在中国大陆、香港、澳门、台湾建立了庞大的信息采集、市场开发、物流配送、快件收派等业务机构及服务网络。与此同时,顺丰积极拓展国际件服务,除开通中国大陆、香港、澳门和台湾外,顺丰目前已开通美国、日本、韩国、新加坡、马来西亚、泰国、越南、澳大利亚等国家的快递服务。截至 2014 年 1 月,顺丰已拥有近 24 万名员工,1 万多台运输车辆,14 架自有全货机及遍布海内外的 7800 多个营业网点。顺丰持续加强基础建设,积极研发和引进具有高科技含量的信息技术与设备,不断提升作业自动化水平,不断优化网络建设,顺丰致力于快速、安全、准确地传递客户的信任,一直努力以科技提升服务。近年,顺丰积极研发和引进先进信息技术和设备,先后与 IBM、ORACLE 等国际知名企业合作,共同研发和建立了 35 个具备行业领先水平的信息系统,逐步提升作业自动化水平,实现了对快件流转的全程信息监控、跟踪及资源调度。新技术的实现在促进快递网络优化的同时,确保顺丰服务质量稳定、客户满意。实现了对快件产品流转全过程、全环节的信息监控、跟踪、查询及资源调度工作,确保了服务质量的稳步提升。

## 11.2　顺丰速运的服务营销

### 11.2.1　顺丰产品:特色服务

顺丰可以提供全国 32 个省、自治区、直辖市和港澳台地区的高水准门到门快递服务。采用标准定价、标准操作流程,各环节均以最快速度进行发运、中转、派送,并对客户进行相对标准承诺。顺丰可以按照寄件方客户(卖方)与收件方客户(买方)达成交易协议的要求,为寄件方客户提供快捷的货物(商品)专递,并代寄件方客户向收件方客户收取货款;同时,可以提供次周、隔周返还货款的服务。

1. 顺丰的产品及服务优势

(1)快捷的时效服务。从客户预约下单到顺丰收派员上门收取快件,1 小时内完成;快件到达顺丰营业网点至收派员上门为客户派送,2 小时内完成;自有专机和 400 余条航线的强大航空资源以及庞大的地面运输网络,保障各环节以最快路由发运,实现快件"今天收明天到"(偏远区域将增加相应工作日)。

(2)安全的运输服务。自营的运输网络:提供标准、高质、安全的服务。先进的信息监控系统:HHT 手持终端设备和 GPRS 技术全程监控快件运送过程,保证快件准时、安全送达。严格的质量管控体系:设立四大类 98 项质量管理标准,严格管控。

(3)高效的便捷服务。先进的呼叫中心:采用 CTI 综合信息服务系统,客户可以通过呼叫中心快速实现人工、自助式下单、快件查询等功能;方便快捷的网上自助服务:客户可以随时登录顺丰网站享受网上自助下单和查询服务;灵活的支付结算方式:寄方支付、到方支付、第三方支付,现金结算、月度结算、转账结算、支票结算。

2. 顺丰的产品及服务特色

(1)365 天全天候服务。一年 365 天不分节假日,顺丰都一如既往地提供服务。

(2)多项特色增值服务。顺丰提供代收货款、保价、等通知派送、签回单、代付出/入仓费、限时派送、委托收件、签收短信通知、免费纸箱供应等多项增值服务。

(3)新增夜晚收件服务。为满足客户需求,延长收取快件时间,自 2009 年 7 月 1 日起,顺丰在北京市、天津市以及山东省、江浙沪和广东省服务地区推出夜晚收件服务。

## 11.2.2　顺丰定位:市场准确

首先,顺丰对于自身产品的定位有着自己独特的标准,顺丰不与联邦快递、TNT 等国际快递争夺高端市场,也不会降低自身的价格与服务质量来与"四通一达"打价格战来获得低端市场,顺丰只专注于快递行业中的小件且单位价值较高的中端市场。

其次,目标市场确定的前提下,顺丰按照客户细分设计了自己的市场定位——为中端客户提供高端服务,收取高端价格。以上的产品定位与市场定位对于顺丰发展有两大好处:一是中端客户自身品牌忠诚度很高,不易被竞争对手抢走;二是小件高价值货品对快递质量要求高而对快递价格承受力强。

## 11.2.3　顺丰速度:口碑效应

顺丰速运虽然保持着较高的产品价格,但是它的服务体验在整个民营快递行业中也是首屈一指的。当你有一份会议急件需要在 24 小时之内从广州送达北京时,周围的人一定会首先为你推荐顺丰。到目前为止,顺丰是国内快递业中唯一一家使用全货运专机的民营快递企业,运输方式的独特性和完善的全国服务网点,再加上快件"今天收明天到"、"365 天无节假日"的服务承诺,使得顺丰迅速赢得了广大消费者的心,并且保持着较高的品牌忠诚度。

几乎不需要任何媒介的宣传推广,低调的顺丰通过消费者的口口相传就顺利实现了"快速"这一独特的品牌诉求(USP)。顺丰历来重视口碑效应,从来不进行广告投资,只专注于提升快递速度和质量,这样做既更好地满足客户需求,有可以有效保障了自身长远发展的利润空间。

### 11.2.4　顺丰服务:标准统一

顺丰对于员工已经有了十分严格的要求,在新员工上岗前都会有专业的培训,其包括:基本准则、收派员形象规范、收派员行为规范、收派员用语规范。他们认为同等条件下,优质的服务是顾客选择顺丰的重要理由之一。服务和价格是直接面对客户,能最深刻的影响到客户。而优质的员工服务应该是:礼貌、热情、自信、专业、诚信。顺丰认为服务可以分为3个层次。

第一阶段:服务在我形。

1.仪容要求

头发、面容、口腔、耳部、体味、手部都有详细而严格的要求,如头发方面:长短适中,要勤洗,无头皮屑,且梳理整齐;不染发,不留长发,以前不盖额,侧不掩耳,后不及领为宜;保持端正的发型(女士要把头发扎起来)。手部:保持手部的清洁,指甲修理整齐,指甲不得长于指尖;男士女士都不得涂指甲油。手指不能佩带造型奇异的戒指,佩带戒指的数量不超过一枚。

2.着装要求

身着公司统一制服,服装要熨烫整齐,不得有污损。工牌佩带于胸前,不得佩带装饰性很强的装饰物、标记和吉祥物。衣服袖口须扣上,衣领要摆好,上衣下摆须束在裤内。手腕除了手表外不得带有其他装饰物。系黑色皮带,鞋带要系好,保持鞋面干净,穿深色袜子,不得穿着拖鞋。

3.工作姿势

坐、立、行也必须按照规范的姿势给客户一个良好的感觉。

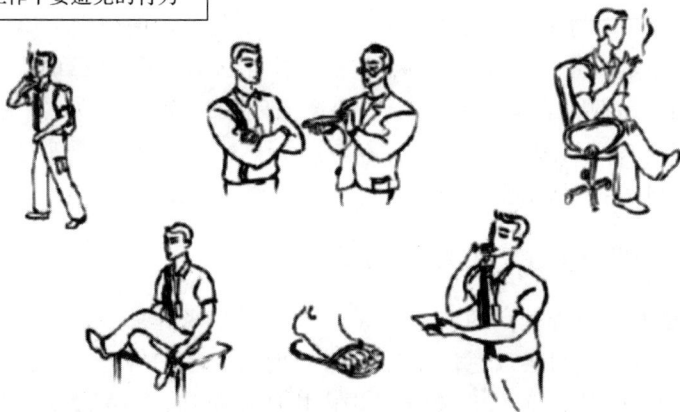

图 11-1　工作中要避免的行为

第二阶段:服务在我行。工作中要避免的行为如图 11-1 所示。

要求员工对客户:尊重、体谅、主动,顺丰人认为对客户有尊重之心,礼貌就会自然而生,就会在语言上、态度上、行为上有所表现。而且在与客户打交道的时候对日常服务用语、招呼用语、应答用语、辞谢用语、电话服务用语、回答客户咨询时的用语、询问客户具体位置时的用语、结束电话用语都有具体的规定。

第三阶段:服务在我心

用心为客户去服务,因为客户想要的是解决问题,而不仅仅是你的态度;客户想要知道为什么,而不是只告诉他不行;客户想要的是付有所值,而不仅仅是一次交易。顺丰会要求员工做到:同样是微笑,我们力求更真诚一些;同样是服务,我们力求更精细一些;同样是承诺,我们力求更可靠一些;同样是竞争,我们力求更文明一些。为客户着想、替客户分忧、解客户之急 才能与客户共同成长。

## 11.3 顺丰速运的服务质量

服务质量是指服务能够满足规定和潜在需求的特征和特性的总和,是指服务工作能够满足被服务者需求的程度。是企业为使目标顾客满意而提供的最低服务水平,也是企业保持这一预定服务水平的连贯性。

快递业也是物流行业中的一种特殊形式,所以可以借鉴物流服务质量来分析快递业服务质量。根据服务质量的组成要素理论,参考物流服务质量度量因素,建立快递业服务质量度量因素。快递业服务质量特性如表 11-1 所示。

表 11-1 快递业服务质量特性表

| 特征 | 描述 |
| --- | --- |
| 及时性 | 快件人员能够在满足客户要求的前提下及时将快件送到客户手中 |
| 响应性 | 是指快递企业员工能在最短时间内迅速为客户提供服务 |
| 保证性 | 快递企业员工能够提供热情周到的服务,且技能娴熟,体现出与可信赖性 |
| 可靠性 | 物品在递送过程中的安全;企业可靠,即企业可信赖度 |
| 便利性 | 网点分布均匀,快递企业能够提供上门取件和送件上门服务 |
| 快捷性 | 快递企业在处理客户业务时花费时间的多少 |

无论从以前快递刚开始发展的初期到现在,快递们对于"快速"的追求从未停止。只不过对于从前的快递来说,"快"是一个单一的标准,而对于现在的快递来说,它不仅仅要做到"快",还要做到"优质的服务"。如何定义一个快递的快和慢? 这就涉及了时效性的问题,对于顺丰速运来说,快速的方式有很多种,而顺丰次晨(见图 11-2)就是其中的一种。

图 11-2 顺丰次晨

作为顺丰速运所推出的新服务的一种，顺丰次晨完全刷新了人们对于"快"的定义。只要通过顺丰次晨所寄送的快件，顺丰速运便能够保证其在第二天上午十点半之前送达收件人的手中。为什么要推出顺丰次晨？实际上，在快递行业的竞争越来越激烈的今天，以"天"为时效单位的快递已经无法满足客户的要求，而此时，以"小时"，甚至是"半小时"为单位的快递就开始崭露头角。

顺丰速运所推出的顺丰次晨，是国内快递中唯一一个以早上十点半为分界单位的快递，甚至可以说是已经精确到了以半小时为时效单位的服务。同时，在提升时效性的同时，顺丰速运也丝毫没有忘记如何提高服务质量——如果快件发生了超时派送的现象，顺丰速运将会为用户主动免去运费；对于一些月结的用户，在出现了延时的情况之后顺丰速运甚至还会登门拜访，争取客户们最大的谅解，可见顺丰速运对于服务的重视。

服务蓝图（见图11-3）的实质是对服务流程的一种"二维描述"，横向按照服务流程的顺序安排，所有的快递服务业务所涉及的元素全部按照流程的顺序排列；纵向表示服务提供过程中涉及的职能部门及其相互关系，可以清楚地展示快递的客户服务部门、集货部门、运输部门、分货部门与配送部门之间的相互关系和流程。顺丰的高服务质量也得益于服务蓝图。通过对服务蓝图中关键时刻（失败点：容易引起顾客不满的地方）的分析，改善关键环节的服务，尽量减少失误（见图11-4）。

通过服务蓝图，不但可以形成对整个服务提供过程的明确认识，而且可以清晰地确定服务传递过程中影响服务质量的内外部服务接触点，从而便于确定参与服务质量评价的主客体。通过服务蓝图可以建立快递企业内部运行绩效标准，确立不同环节应达到的标准，便于分析不同环节对服务成功的贡献和服务失败的责任，发现服务传递过程中的薄弱环节和失败点，有利于企业加强对快递服务流程的全面控制，提高服务质量。

## 11.4　顺丰的员工管理

顺丰公司在年成立总部前，多数是采用合作加盟形式的，无所谓员工管理规范，只求业绩。这种经营模式下，整体服务能力参差不齐，很难保证统一品牌下的统一服务水平，甚至有可能出现对品牌的负面影响，促成了顺丰公司逐步向直营化的转变。区别于此前的承包制，所有收派员都由顺丰总部统一管理，在此基础上，顺丰公司对员工的管理进行了规范统一。其员工管理文化主要有以下一些特点：

1. 为追求上进的员工提供不断发展的平台，帮助员工实现和提升自身价值。

顺丰速运为员工提供了广阔自由公开的职业发展平台，E-Learning学习平台，鼓励并协助员工在企业内得到自我的全面发展。主要资源有：完善的内部信息办公系统，这是新员工学习的主要资源；公司完善的培训体系，包括企业文化与制度培训、管理培训、专业培训等。

员工可以根据自身特点，结合业务发展，选择职业发展通道，并通过不断提升自身工作能力，逐步实现职业发展规划，公司为员工提供以下两种职业发展通道：一是管理发展通道，通过带领和管理团队职务的轮换或晋升取得自身的发展。二是专业发展通道，指在某类专业领域内，持续深入发展，追求专业技能的提升，通过专业等级的晋升，取得的一种发展。在管理晋升方面，主要通过提前储备选拔管理人员，并对其进行专项培养，在其能力提

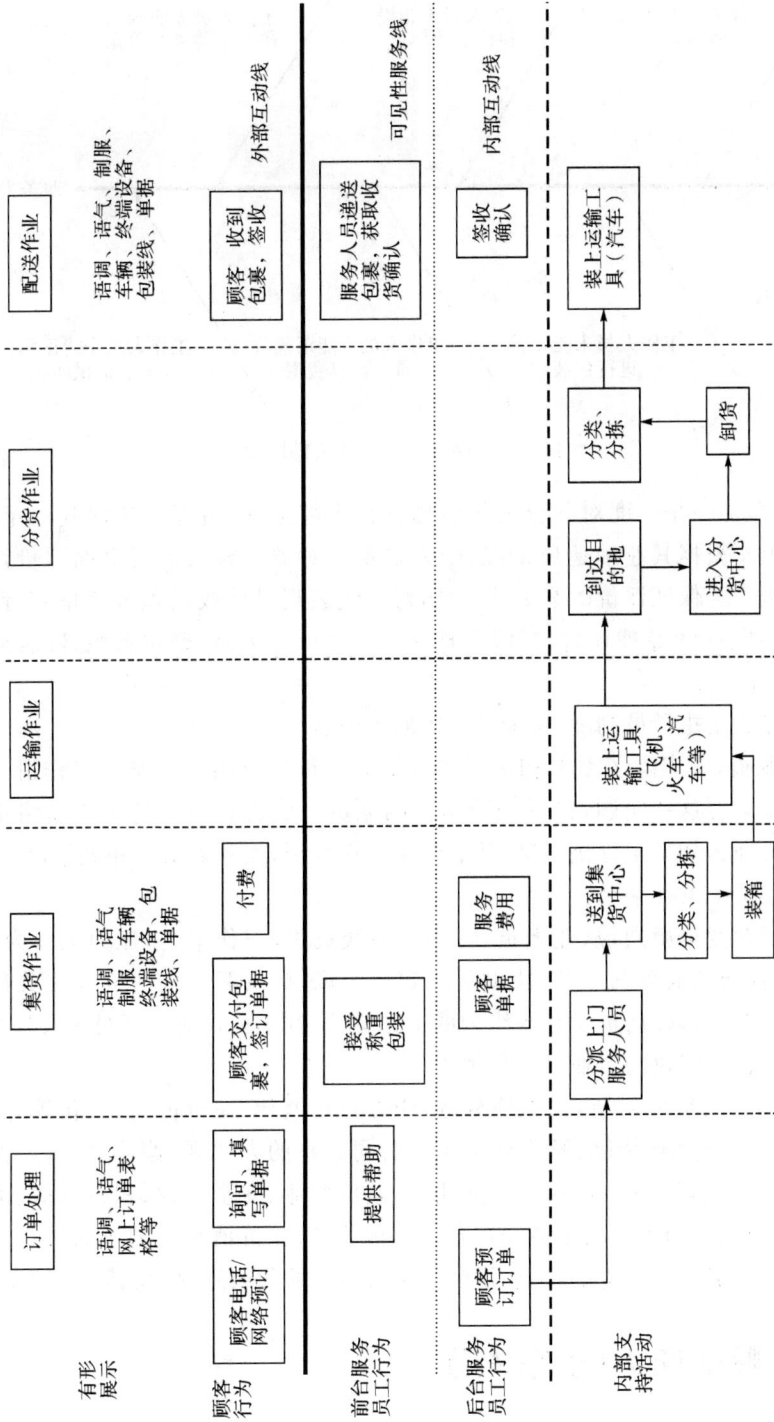

图11-3 顺丰服务蓝图

升后,晋升到新管理职位。

2.能者居前,公开、公平、公正的用人机制,为员工提供具有市场竞争力的薪酬福利。

顺丰员工绩效管理以工作业绩为基础,根据岗位性质特征分别采取月度、季度、半年

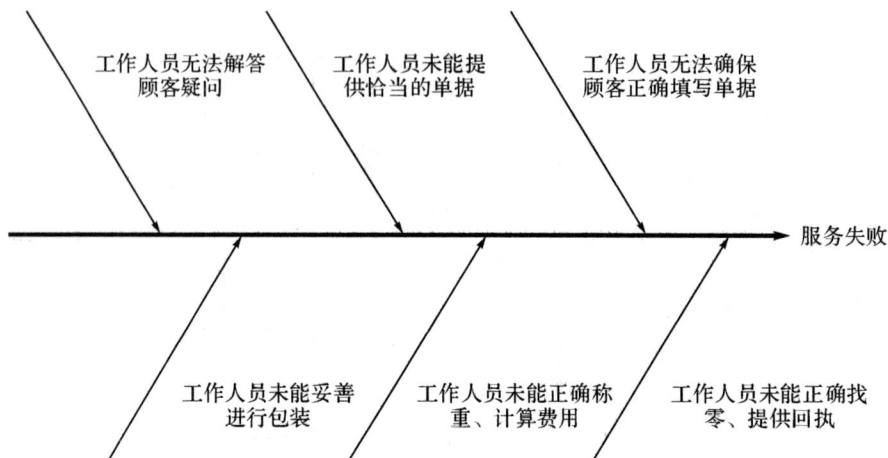

图 11-4　导致服务失败的关键因素

度、年度考核。总部一年一度对各分公司经理进行干部考核，由高层考评其一年的工作绩效。被考核人上司根据其业绩达成情况、个人表现等对被考核人进行全面评价，确定被考核人的绩效等级。为保证评价的客观公正性，对业绩表现最佳或最差者严格实行三级评价机制，即员工自评、一线经理评价、二线经理评价。考评结束后，确定晋级、降级或出局，能者上、庸者下。

3.建立工作联络指导员制度，协助新员工融入团队。

对于新进职员，顺丰除了委派相关工作人员向新员工介绍公司具体工作情况外，同时针对新老员工不兼容这一问题，指派经验丰富的老员工成为新员工的工作联络指导员，在工作生活等各方面为新员工提供帮助，从而改善工作氛围，使新老员工相处融洽。

4.建立顺丰员工关怀平台。

国内快递行业竞争激烈，从业人员，特别是一线员工，工作辛苦，压力大。为疏解员工工作压力，提供预防性的咨询服务，协助员工解决困难，提供职业场所的人文关怀，提高生产率，并有效减少开支，提高员工在组织中的工作绩效，顺丰公司成立了员工关怀平台。

5.培养具有传统特色的企业员工价值观。

快递企业的人员组成复杂，工作地分散，能力存在差异，在价值观、文化等方面的冲突也是必然存在。针对这种情况，顺丰建设了其公司独特的人才观：德才兼备、品德优先、共同成长。另外，全体员工还必须做到以下几点：诚信敬业、安全高效、积极进取、谦虚务实、心系客户、勇于承担。顺丰力求塑造知行合一的价值观，让价值观的内涵通过员工的所思、所行体现出来。形成一股精神的力量，增强员工对企业的归属感，提高其主人翁意识。

## 11.5　顺丰速运的新举措

### 11.5.1　顺丰合作便利店

"顺丰试水新合作模式，以此拓展经营渠道，这是本土快递业尝试借助第三方网络渠道合作发展的新阶段。"在深圳、广州便利店试点后，顺丰将这种经营模式推广到其他地区。

与零售企业的联手,不仅可实现人力资源的整合、降低成本,同时还可扩大网络,增加小包裹市场份额。不过就目前来看,这种合作只是顺丰速递扩大寄收件网络的起步,直接掌握渠道资源才是顺丰的最终目标。

顺丰在深圳开出 20 多家以"顺丰"为品牌的便利店(见图 11-5),除终端收件功能外,还增加了日用品等零售业务。这是继网上商城外,以快递为主业的顺丰首次涉足实体零售业务。"增加收件网点只是为了方便来取件、寄件的客户,所有业务还是以快递为中心。"现在,此业务已在中国大陆及港澳台地区推广。

**快件自寄自取**

自寄:随时寄递快件,节省等待上门时间;

自取:就近地点存放,取件时间由您决定。

**服务更便捷**

简单的流程,优惠的价格;

更有保价增值服务,从此寄件便捷又轻松。

**地址保密**

无须告诉寄方您的具体收件地址,只需要对方在寄件时填写您方便取件的便利店即可。

**贴心简讯提醒**

快件抵达您附近便利店的第一天,您将会收到由顺丰发送的取件简讯,通知您领取快件的便利店地址等。

**快件寄递限制要求**

托寄物内容:外包装良好的非易碎快件。

体积重量:提供 1kg、2kg、3kg、5kg 重量与便利箱/袋/封的绑定服务。

业务类型:顺丰标准快递产品。

附加业务:除保价外,暂不提供其他附加业务。

付款方式:寄付现结或到付。

**寄件流程**

您随时可以前往就近的顺丰合作便利店寄件,寄件时请按店员引导完成运单填写动作。

**取件流程**

您收到简讯通知后,请在指定的时间内,携带身份证或其他有效证件至便利店领取您的快件。

图 11-5 顺丰合作便利店

## 11.5.2 互联网＋顺丰

"双十一"电商狂欢季,顺丰对症下药,推出电商专属服务分仓备货、保时达和买卖保,从仓储、运力、售后三大物流核心环节入手,助力电商商家智慧布局,省心省力度过电商旺季。

分仓备货、保时达、买卖保三款物流产品,均紧扣商家在爆仓、物流差评、售后保障环节的痛点进行设计。选择分仓备货的产品的合作商家可与顺丰进行系统对接,再根据商家自身情况，选择顺丰在全国 15 个地区的 20 个仓库备货。顺丰根据用户需求进行仓库货品的库内操作、货品配送及各仓之间的调拨，实现库存存储、调拨作业、订单发货、包裹配送一条龙服务。分仓备货除了帮助用户提前备货到发货地，实现订单未下，宝贝已先行的智能化操作，还能通过长途件变区内件、仓内作业、代发货等连锁操作，帮助用户有效降低人力成本、运费成本。以目前的顺丰电商月结客户的最低月发件量 1000 票粗略计算，顺丰分仓备货，可让商家每月节省超过 5000 元运费，节省 30％左右的订单配送成本，节省 40％以上的仓库及人工成本。"保时达"则是在电商旺季运力资源极其紧缺的情况下，开辟特殊运力保障通道，专门针对高端电商客户推出的增值服务。如果货物能够准时送达，买家尽早确认收货，不仅减少退货率，更减少了催件、查件的客服量。如在规定时效内没能送达，顺丰将主动赔付，这一照顾消费者情绪，帮助商家挽救信誉与损失的产品设计，在进行产品测试阶段就已获得商家及消费者的关注与认可。

推出"买卖保"主要是针对"双十一"后因宝贝破损产生的退货、理赔等问题，顺丰"买卖保"通过在运费基础上加收 1 元保费，若物流过程中快件损坏或遗失，商家最高可获得运费的 100 倍赔偿（最高不超过 3000 元），消费者在无任何损失的情况下，最高也可获得 100 元的赔额。同时对商家与消费者双方奏效的赔付条款，使商家用极小成本就能解决因物流环节引起的损失，同时也可化解消费者负面情绪，留存用户带来重复购买。

随着互联网的普及，尤其是手机应用的广泛，各大企业都开始注重客户端、微信等方式的营销策略，然而，实际情况却是，客户手机上的 App 越来越多，微信公众号的未读信息也越来越多，消费者对 App 的安装和公众号的关注也并不是来者不拒了。而顺丰正是看到了支付宝使用的普遍性，于是搭着顺风车就把自己的 App 顺利地植入了客户的手机。

**【思考题】**

1. 顺丰成功地运用了服务营销组合中的哪些要素？顺丰是如何实施内部营销管理的？

2. 顺丰是如何保证服务质量的？分析顺丰服务蓝图设计考虑了哪几个方面的问题？

3. 评价顺丰速运的服务营销理念和实践，你认为顺丰的成功服务管理经验对其他服务企业有何借鉴？

4. 网络时代给了我们许多意想不到的体验，微博、微信、App、第三方网络平台，谈谈顺丰如何在网络时代继续前行？

# 参考文献　⟫ ⟫ ⟫　⟫

[1] [美]瓦拉瑞尔·A. 泽丝曼尔(Valarie A. Zeithaml),玛丽·乔·比特纳(Marry Jo Bitner),德韦恩·D. 格兰姆勒(Dwayne D. Gremler). 服务营销[M]. 第 6 版. 张金成,等,译. 北京:机械工业出版社,2015.

[2] [美]克里斯托弗·洛夫洛克(Christopher Lovelock)等. 服务营销精要[M]. 李中,等,译. 北京:中国人民大学出版社,2011.

[3] [美]K. 道格拉斯·霍夫曼,约翰·E.G. 彼得森. 服务营销精要:概念、策略和案例[M]. 第 3 版. 胡介埙,译. 大连:东北财经大学出版社,2009.

[4] [美]詹姆斯·A. 菲茨西蒙斯,莫娜·J. 菲茨西斯. 服务管理:运作、战略与信息技术[M]. 第 7 版. 张金成,杨坤,译. 北京:机械工业出版社,2013.

[5] [美]森吉兹·哈课塞弗(Cengiz Haksever),等. 服务经营管理学[M]. 第 2 版. 顾宝炎,等,译. 北京:中国人民大学出版社,2005.

[6] [美]约翰·E. G. 贝特森(John E. G. Bateson),K. 道格拉斯·霍夫曼(K. Douglas Hoffman). 服务营销管理[M]. 邓小敏,译. 北京:中信出版社,2004.

[7] [意]G.佩里切利. 服务营销学[M]. 张密,译. 北京,对外经济贸易大学出版社,2009.

[8] [荷兰]汉斯·卡斯帕尔(Kasper H.). 服务营销与管理——基于战略的视角[M]. 第 2 版. 韦福祥,译. 北京:人民邮电出版社,2008.

[9] [美]克里斯托弗·洛夫洛克(Christopher Lovelock),等. 服务营销[M]. 亚洲版. 第 2 版. 郭贤达,等,译. 北京:中国人民大学出版社,2007.

[10] [美]克里斯托弗·洛夫洛克(Christopher Lovelock),约亨·沃茨(Jochen Wirtz). 服务营销[M]. 第 7 版. 韦福祥,等,译. 北京:机械工业出版社,2014.

[11] [美]肯特·B.门罗(Kent B. Monroe). 定价:创造利润的决策[M]. 第 3 版. 孙忠,译. 北京:中国财政经济出版社,2005.

[12] [瑞士]曼费雷德·布鲁恩(Manfred Bruhn),多米尼克·乔治(Dominik Georgi). 服务营销:服务价值链的卓越管理[M]. 王永贵,译. 北京:化学工业出版社,2009.

[13] [芬兰]克里斯廷·格罗鲁斯(Christian Gronroos). 服务管理与营销:基于顾客关系的管理策略[M]. 第 2 版. 韩经纶,等,译. 北京:电子工业出版社,2006.

[14] [美]森吉兹·哈课塞弗(Cengiz Haksever),巴里·伦德尔(Barry Render),罗伯塔·S. 拉塞尔(Roberta S. Russell),罗伯特·G. 默迪克(Robert G. Murdick). 服务经营管理学[M]. 第 2 版. 顾宝炎,等,译. 北京:中国人民大学出版社,2005.

[15] [美]麦斯特（Richard Metter）等. 服务运营管理[M]. 金马译. 北京：清华大学出版社,2004.

[16] [印度]尼密·乔杜里（Nimit Chowdhary）. 服务管理[M]. 盛伟忠,等,译. 上海：上海财经大学出版社,2007.

[17] [美]艾伦·R. 安德里亚森（Alan R Andreasen）,菲律普·科特勒（Philip Kotler）,等. 战略营销：非营利性组织的视角[M]. 北京：机械工业出版社,2010.

[18] 陈贺菁. 国际服务贸易自由化[M]. 厦门：厦门大学出版社,2009.

[19] 陈信康. 服务营销[M]. 北京：科学出版社,2009.

[20] 陈祝平. 服务营销管理[M]. 北京：电子工业出版社,2008.

[21] 杜向荣. 服务营销管理[M]. 北京：北京交通大学出版社,2014.

[22] 郭国庆. 服务营销管理[M]. 第3版. 北京：中国人民大学出版社,2013.

[23] 郭国庆,汪晓凡,李屹松. 非营利组织体验营销的特征及组合策略研究[J]. 当代经济管理,2009,31(3):17-21.

[24] 郭国庆. 市场营销学通论[M]. 第6版. 北京：中国人民大学出版社,2014.

[25] 李晓. 服务营销[M]. 武汉：武汉大学出版社,2004.

[26] 刘建堤,梁东. 市场营销学[M]. 北京：清华大学出版社,2006.

[27] 田志龙,戴鑫,戴黎,樊帅. 服务营销研究的热点与发展趋势[J]. 管理学报,2005,2(2):217-228.

[28] 涂永式. 服务营销[M]. 广州：广东高等教育出版社,2007.

[29] 王方华,吕巍. 企业战略管理[M]. 第2版. 上海：复旦大学出版社,2015.

[30] 吴健安. 市场营销学[M]. 第5版. 北京：高等教育出版社,2014.

[31] 吴晓云. 服务市场营销管理[M]. 上海：格致出版社,2012.

[32] 阳林,汤发良,李荣喜. 服务营销[M]. 第2版. 北京：电子工业出版社,2014.

[33] 郑吉昌. 服务营销管理[M]. 北京：中国商务出版社,2005.

[34] 周明. 服务营销[M]. 北京：北京大学出版社,2009.

[35] 史凯,美菱. 从营销产品到营销服务[J]. 销售与市场,2010(11):95-97.

[36] 慈鹏鹏. 百思买折戟中国[J]. 销售与市场（评论版）,2012(12):55-57.

[37] 黄玥. 经济新常态下,快递行业何去何从？[EB/OL]. 新华网. 2015-03-27.

[38] 徐烨儿,戚海峰. 芭比在中国遇到的文化陷阱：原因及发展建议[J]. 现代市场营销,2013(3):23-28.

[39] 从AWE2015看智能家居的发展[EB/OL]. http://ianpo.com/article_retrieve_view-7373.html. 2015-03-14.

[40] 杨钊. 商业价值：颠覆者虎扑[J]. 商业周刊,2013(1).

[41] 吴英鹰. 大数据背景下旅游企业网络营销的创新——基于AISAS消费者行为分析[J]. 中国商贸 2013(35):107-108.

[42] 张岩松,王海鉴. 现代市场营销案例教程[M]. 北京：清华大学出版社,2010.

[43] 无印良品年销售百亿产品秘密[EB/OL]. 创业邦,2014-04-14.

[44] 美琳达·盖茨. 可口可乐的生意经[EB/OL]. TED(http://open.163.com/movie/2010-10-09/.

[45] 程贺.凤凰科技[EB/OL].http：//tech.ifeng.com/a/20151020/41493297_0.shtml.

[46] 陈司星.特斯拉：神话背后的理性[J].国企杂志,2014(4).

[47] 与众不同的楼下 100[EB/OL].国际品牌网,2015-02-03.

[48] 从游戏到现实,风靡的密室逃脱[EB/OL].http：//www.ithome.com/html/it/139083.htm.2014-04-04.

[49] 咖啡伴你官方网站[EB/OL].http：//www.caffebenechina.com.2014-09-10.

[50] 解读品牌集合店的机遇、挑战和发展趋势[EB/OL].http：//www.linkshop.com.cn/web/archives/2014/295844.shtml.2014-07-22.

[51] 欲重塑传统健身房的乐刻,怎么玩[EB/OL].21 世纪商业评论,2015-07-08.

[52] 郑娟娟.当运动打开体验阅读的窗口——杭图运动分馆盛大开馆[EB/OL].杭州网,2015-09-19.

[53] 王昊.外婆家"小而精"动手吧等各副牌引领餐饮新时尚[EB/OL].联商网,2015-03-28.

[54] 上海航空公司机票里程积分[EB/OL].http：//www.360doc.com/content/06/1018/22/4338_233969.shtml.2006-10-18.

[55] 黄龙亚朵酒店[EB/OL].http：//www.guanhotel.com/gh/361623/? id＝361623.2014-05-27.

[56] 直销银行落地一周年,业务呈现多元化[EB/OL].新华网,2014-10-13.

[57] 中国电子商务研究中心.海底捞火锅：每日微信预订 100 万[EB/OL].http：//b2b.toocle.com/detai—6170235.html.2014-05-04.

[58] 刘永丽.支付宝发布 2015"互联网＋"城市服务报告[EB/OL].青年时报,2016-01-15.

[69] VISA 广告创意[EB/OL].http：//blog.sina.com.cn/s/blog_958448920100y899.html.2012-03-06.

[60] 澳洲卖房：可怕的营销细节[EB/OL].http：//hhht.loupan.com/html/news/201401/1133881.html.2014-01-23.

[61] 2015 天猫双十一活动时间,1111 购物狂欢节最新动态[EB/OL].搜狐,2015-11-03.

[62] 颜圣仁.英语培训机构：体验营销刷新格局[EB/OL].全球品牌网,2006-3.

[63] 赵娜.神州租车再战 IPO：生态链新挑战[N].21 世纪经济,2014-6.

[64] 杭州枣工坊的口碑营销.[EB/OL].http：//www.ganji.com/gongsi/22069125/.2014-05-27.

[65] 李光斗.情感营销：如何让消费者爱上你的品牌[M].北京：北京大学出版社,2008.

[66] 没有中国区负责人的 Uber 如何进入中国市场[EB/OL].凤凰科技,2014-2.

[67] 黄勇,吴晓波.浙江省服务业企业商业模式创新案例[M].杭州：浙江大学出版社,2011.

[68] 向霜.分析称腾讯借投资 Fab 展开全球电商布局[EB/OL].凤凰网,2013-7.

[69] John.Lin.Asia's secret crowdsourcing boom：5 things you didn't know about crowdsourcing in Asia [EB/OL].TechCrunch, in In the News Aug 14, 2013.

[70] 从未止步 魅族全球性战略解读[EB/OL].MSN 中文网,2013-5.

[71] 去年中国对欧洲投资同比降 15.4％ 法律文化成障碍[EB/OL].人民网,2014-10.

[72] 邓英英.国外租车公司玩转中国市场有点难[EB/OL].中国汽车报网,2014-9-20.

[73] 陆宇,刘涌.两家美国明星医院登陆中国　海外医疗市场再升级[EB/OL].21世纪经济报道,2015-09-24.

[74] 荷兰特许经营业简况[EB/OL].环球网,2015-4.

[75] 安邦保险:"一带一路"是未来十年的战略性机会[EB/OL].腾讯网,2015-4.

[76] 腾讯帝国的国际化野心:微信赴美展拳脚[EB/OL].凤凰网,2013-7.

[77] 王卫."顺丰速运"转型"顺丰服务"的创新与变革[J].中关村,2014(12):74.

[78] 杨峰.服务营销成就顺丰快递[J].销售与市场(管理版),2010(11):102—104.

[79] 徐洋.顺丰速运服务营销的成功经验研究[J].中国商贸,2014(18):40—41.

[80] 徐红.顺丰速运:优化服务铸造品牌[N].经济日报,2009-08-19.

[81] 郑锐洪.服务营销理论、方法与案例.北京:机械工业出版社,2014:213.

[82] 陈东灵.论政府营销的4Cs组合策略.商业时代,2008(30).